本書爲教育部哲學社會科學後期資助項目（19JHQ038）

四庫全書館密函

于敏中致陸錫熊手札箋證

〔清〕于敏中 撰 張曉芝 箋證

中華書局

圖書在版編目(CIP)數據

四庫全書館密函:于敏中致陸錫熊手札箋證/(清)于敏中撰;張曉芝箋證. —北京:中華書局,2023.7
ISBN 978-7-101-15399-6

Ⅰ.四… Ⅱ.①于…②張… Ⅲ.《四庫全書》-史料
Ⅳ.Z121.5

中國版本圖書館 CIP 數據核字(2021)第 205058 號

書　　名　四庫全書館密函:于敏中致陸錫熊手札箋證
撰　　者　〔清〕于敏中
箋　　證　張曉芝
責任編輯　吴愛蘭
責任印製　管　斌
出版發行　中華書局
(北京市豐臺區太平橋西里 38 號　100073)
http://www.zhbc.com.cn
E-mail:zhbc@zhbc.com.cn
印　　刷　河北新華第一印刷有限責任公司
版　　次　2023 年 7 月第 1 版
2023 年 7 月第 1 次印刷
規　　格　開本/920×1250 毫米　1/32
印張 16⅝　插頁 8　字數 432 千字
印　　數　1-3000 册
國際書號　ISBN 978-7-101-15399-6
定　　價　98.00 元

目　録

于敏中及其手札述要

清乾隆三十八年（1773）纂修《四庫全書》，于敏中充四庫全書處正總裁。乾隆四十四年（1779）于敏中去世，前後在館共計六年。在歷任十六位總裁、十二位副總裁中，于敏中在館時間最長，其以實際總裁的身份直接促成了《四庫全書》的編纂完成。在《四庫全書》編纂期間，于敏中曾於乾隆三十八年至四十一年間的五月至九月隨乾隆前往熱河行宫（避暑山莊），現存于敏中手札五十六通，即寫於此時。《于文襄手札》所記，係于敏中授意陸錫熊編纂《四庫全書》相關事宜，而“編纂四庫全書掌故，私家記載極稀，諸函備述當時辦理情形，多爲官文書所不及，事關中秘，殊可寶貴”①。此手札先後被上海徐氏（渭仁）②、星沙黄氏（芳）③、武進陶氏（湘）④、北京顧子剛⑤收藏。然手札諸通編次錯亂

① 陳垣：《書于文襄論四庫全書手札後》，《陳垣學術論文集》（第二集），北京：中華書局，1982年版，第44頁。

② 徐渭仁，字文臺，號紫珊，清代藏書家、金石學家、書畫家，藏有《于文襄手札》《頤齋文稿》等。

③ 黄芳，原名黄晃，字荷汀，清代咸豐、同治時期人。

④ 陶湘，字蘭皋，號涉園，清末民國時藏書家、刻書家。陶氏刊有《武進涉園陶氏鑑藏明版書目》《涉園所藏宋版書影》《涉園明本書志》等，訂有《清代殿本書目》《涉園收集影印金石圖籍字畫墨跡叢書拾遺》等。

⑤ 顧子剛，原北京圖書館副研究員。現國家圖書館所藏手稿《于文襄公手札》二册見於《顧子剛先生捐贈本館圖書目録》（《圖書季刊》1946年第12期）一文。關於顧氏生平，趙愛學、林世田之《顧子剛生平及捐獻古籍文獻事蹟考》（《國家圖書館學刊》2012年第3期）所述甚詳，可參看。

無序，1933年袁同禮囑陳垣訂正，付北平圖書館影印[①]，是爲現在學界常用之本。1934年7月胡適談及"因爲考查戴震校的《水經注》的案子，注意到這一册手札"[②]，於是寫有《跋〈于文襄手札〉影印本》一文。這篇長跋逾七千字，對陳垣編次的順序進行了修正，所排之序頗顯考據之功，除個别函有待修正外，已基本可讀。

然陳、胡兩先生對手札的編次只是手札研究的第一步，後續文字識讀闕如。于敏中擅長翰墨，書風近董其昌，是當時頗有影響的書法家。這五十六通手札皆用草書書寫，因其草書寫法率性而爲，極其不易辨認。加之一頁之内又有内容的塗抹、添加，有時添加的小字内容字數甚至超過正文，信息量極大，所以識讀起來有相當大的困難。2005年徐慶豐依陳垣影印本順序，將手札中的内容進行初步釋讀，並就于敏中與《四庫全書》纂修問題進行了探究，完成《〈于文襄手札〉考釋——並論于敏中與〈四庫全書〉纂修》一文[③]。此文係首次對《于文襄手札》進行釋讀和研究，篳路藍縷之功不可没也。就手札而言，對原札文字的識讀是關鍵，然這一部分有諸多未解疑難。徐先生《考釋》一文中皆存在不能識讀或識讀錯誤之處。然徐先生所做的基礎工作對進一步整理和研究《于文襄手札》頗有助益，研究者多以此爲藍本進行文獻引用，如張昇《四庫全書館研究》、楊雪《于敏中年譜》等，所據文字大部分即依徐本所考。就内容研究而言，張曉芝撰有《于敏中與〈四庫全書〉》短札[④]，對手札中的諸多細節予以關注。趙嘉有《〈于文襄公手札〉與〈四庫全書〉纂修》一文[⑤]，以手札内容爲中

---

① 陳垣：《再跋于文襄論四庫全書手札後》，《陳垣學術論文集》（第二集），北京：中華書局，1982年版，第59頁。

② 胡適：《胡適全集》第十三卷，合肥：安徽教育出版社，2003年版，第530頁。

③ 徐慶豐：《〈于文襄手札〉考釋——並論于敏中與〈四庫全書〉纂修》，北京師範大學碩士學位論文，2005年。

④ 張曉芝：《于敏中與〈四庫全書〉》，《讀書》2013年第11期，第45頁。

⑤ 趙嘉：《〈于文襄公手札〉與〈四庫全書〉纂修》，《圖書館雜志》2015年第12期，第102–106頁。

心揭櫫諸多問題。就于敏中其人而言，楊雪碩士論文《于敏中年譜》對于氏一生事蹟進行勾勒，文獻詳贍，頗具考據之功[①]。之後，劉貝嘉對楊文進行了修正，豐富了于敏中履歷資料[②]。然從現有成果來看，對于敏中及其手札的研究尚處於起步階段。筆者不揣淺陋，先詳查記載于敏中相關史料，對于氏事蹟進行考察，再將手札進行精確考識，在此基礎上進行編年和箋證。現就于敏中事蹟及手札之要述之於下，以就教於方家。

一、于敏中事蹟

于敏中自乾隆二年（1737）狀元及第後步入仕途，至乾隆四十四年（1779）十二月卒，宦海歷練四十餘載。而其事蹟，諸家史料記載詳略不一，魯魚亥豕之誤充斥其中。今將記載于敏中存世史料進行比勘，辨證相關問題。于敏中一生主要事蹟可劃分爲兩個階段：一、中進士前，即康熙五十三年（1714）至乾隆二年，這一時期是于敏中讀書成長時期。二、乾隆三年（1738）至乾隆四十四年，這是于敏中仕宦生涯時期。于氏事蹟主要見於《國史列傳》《國朝耆獻類徵初編》《清史列傳》《清史稿》《章氏遺書》《清秘述聞》《金壇縣志》等。其中《國史列傳》《國朝耆獻類徵初編》《清史列傳》所記内容詳實且大略相近，《清史稿》則較爲簡略，《章氏遺書》有《爲座主梁尚書撰于文襄公墓誌銘》（下稱《于文襄公墓誌銘》）一文，述于敏中事蹟亦詳。又阮元《石渠隨筆》、法式善《清秘述聞》《槐廳載筆》、昭槤《嘯亭雜録》、陸以湉《冷廬雜識》、震鈞《國朝書人輯略》、朱汝珍《詞林輯略》、陶湘《昭代名人尺牘續集》、李放《皇清書史》等亦有相關事蹟記載。文獻駁雜兼有魯魚之誤，各史所記前後齟齬，今據相關史料辨證如下。

---

① 楊雪：《于敏中年譜》，南京師範大學碩士學位論文，2014年。
② 劉貝嘉：《于敏中年譜新編》，南京大學碩士學位論文，2019年。

（一）讀書成長時期

于敏中生於康熙五十三年（1714）四月二十一日。章學誠《于文襄公墓誌銘》記載："公生康熙五十三年甲午，母張太夫人感異兆生公。"[①] 于敏中《奏爲恭謝天恩事》中提及"乾隆三十八年四月二十一日，臣六十生日"[②]，據此可知具體月日。

于敏中年幼穎異過人，章氏《于文襄公墓誌銘》記有兩事，一者"方六七歲，有族姑苦節，家貧不能自達有司，與子姓言之而悲。公遽曰：'姑勿悲，兒他日成名，必顯揚姑。'"[③] 二者"年十三，從宣平公官舍，會賑饑，公已能經畫部署，老吏巨猾，悚息不敢爲奸"[④]。雍正七年（1729），舉於鄉。鄉試具體時間見於《清世宗實録》"雍正七年己酉秋七月庚午，以……大理寺卿黎致遠爲江南鄉試正考官，編修李清植爲副考官"[⑤]。《乾隆江南通志》記載鄉試中試名單，"雍正七年己酉科共一百四人……于敏中，金壇人"[⑥]。段玉裁《素餘堂詩文集後序》云："年十六中式江南雍正己酉鄉試。"[⑦] 乾隆二年（1737），登進士第，《清高宗實録》《清秘述聞》《清史列傳》《章氏遺書》皆如是記載，《清史稿》誤記爲乾隆

---

① 章學誠：《爲座主梁尚書撰于文襄公墓誌銘》，《章氏遺書》第十六卷，吴興劉氏嘉業堂刊本。

② 于敏中：《素餘堂集》卷二八，《清代詩文集彙編》第三三四册，上海：上海古籍出版社，2010年版，第446頁。

③ 章學誠：《爲座主梁尚書撰于文襄公墓誌銘》，《章氏遺書》第十六卷，吴興劉氏嘉業堂刊本。

④ 章學誠：《爲座主梁尚書撰于文襄公墓誌銘》，《章氏遺書》第十六卷，吴興劉氏嘉業堂刊本。

⑤《清實録》第八册第八三卷，北京：中華書局，1985年版，第113頁。

⑥ 趙弘恩等：《江南通志》卷一三四《選舉》，《景印文淵閣四庫全書》第五一〇册，臺北：臺灣商務印書館，1986年版，第897頁。

⑦ 于敏中：《素餘堂集》卷首，《清代詩文集彙編》第三三四册，上海：上海古籍出版社，2010年版，第446頁。

三年[①]。

這裏附帶説一下于敏中字號問題。章氏《于文襄公墓誌銘》云，“公諱某，字叔子，號耐圃”[②]，這是關於于敏中字號最早的記載。章學誠座主梁國治曾充任《四庫全書》副總裁，與于敏中共事多年，當時章氏代主試官所記當屬可信。法式善《清秘述聞》卷五、卷七兩處記載于敏中字，一云“仲常”，一云“重常”[③]，未及其號。法式善原名運昌，字開文，號時帆，又號梧門、詩龕、陶廬、小西涯居士，蒙古烏爾濟氏，内務府正黄旗人[④]。乾隆四十五年進士，旋派武英殿分校《四庫全書》[⑤]。此年爲于敏中去世後一年，于敏中等所定《四庫全書》纂修事宜及作爲正總裁的影響力當依舊存在。法式善對這位正總裁也應較爲熟悉，所記似亦可信。然“仲常”“重常”音同字異，從字號取法來看，二者皆有合理之處。雖《顔氏家訓》稱“名以正體，字以表德”[⑥]，但亦可進行比喻延伸或反義相對，從于敏中名與字判斷似取相反之意，“仲常”一詞當釋爲“當中普通的”，“重常”蓋爲“特别一般的”之意。從各種史料記載來看，章學誠與法式善所記于敏中字號當爲後世文獻的兩個源頭。因襲章學誠所記者有阮元《石渠隨筆》、震鈞《國

① 按，《清史稿》卷三一九載：“于敏中，乾隆三年一甲一名進士。”按馮春生《于敏中卒年和中進士年份小考》首作考實［《浙江師範大學學報（社會科學版）》，1987年第2期，第30頁］，楊雪《于敏中年譜》一文也有辨證（第7–8頁）。

② 章學誠：《爲座主梁尚書撰于文襄公墓誌銘》，《章氏遺書》卷一六，吴興劉氏嘉業堂刊本。

③ 法式善等：《清秘述聞三種》（上），北京：中華書局，1997年版，第159、253頁。

④ 按，見趙爾巽等撰《清史稿》第四四册第四八五卷，北京：中華書局，1977年版，第13402頁；《清史列傳》卷七二，《清代傳記叢刊》第一〇四册綜録類二，臺北：明文書局，1985年版，第999頁；阮元《梧門先生年譜》，《北京圖書館藏珍本年譜叢刊》第一一九册，北京：北京圖書館出版社，1999年版，第421頁。

⑤ 阮元：《梧門先生年譜》，《北京圖書館藏珍本年譜叢刊》第一一九册，北京：北京圖書館出版社，1999年版，第428–429頁。

⑥ 顔之推撰，王利器集解：《顔氏家訓集解》第二卷《風操》，上海：上海古籍出版社，1986年版，第98頁。

朝書人輯略》、陶湘《昭代名人尺牘續集》及《清史稿》等[①]，與法式善相近者有李放《皇清書史》、朱汝珍《詞林輯略》等。值得注意的是，《皇清書史》《詞林輯略》雜糅文獻跡象明顯，如“于敏中，字重裳，一字仲常，號叔子，又號耐圃”[②]，“于敏中，枋子，字重常，號耐圃，又號叔子”[③]，其中“重裳”應爲明顯訛誤。綜合比較各種史料來看，于敏中字叔子，文獻最早也較爲可信，章學誠云“公（敏中）天性孝友，初爲季父編修諱枋嗣，編修公後有子”[④]，可見章氏對于氏過繼季父于枋一事是非常清楚的，而“叔子”有“除老大、老二及幼子之外的所有兒子”之意，具有不確定性，這從事實上契合于敏中早期經歷。于枋後有子，于敏中歸生父于樹範，重新選字亦在情理之中。綜上，于敏中字號或表述爲“字叔子，又字仲常、重常，號耐圃”似較爲妥洽。

（二）仕宦生涯時期

于敏中乾隆二年（1737）進士及第後，留任京師，開始了其漫長的仕宦生涯。初入仕途之相關記載，即乾隆三年至七年間事，《國史列傳》《國朝耆獻類徵初編》缺，而《章氏遺書》《清秘述聞》

---

① 按，震鈞《國朝書人輯略》引阮元《石渠隨筆》云："于敏中，字叔子，號耐圃。”見震鈞《國朝書人輯略》卷五，《清代傳記叢刊》第八五册藝林類二四，臺北：明文書局，1985年版，第355頁。《清史稿》云："于敏中，字叔子，江蘇金壇人。”見趙爾巽等撰《清史稿》第三五册第三一九卷，北京：中華書局，1977年版，第10749頁。《昭代名人尺牘續集》："于敏中，字叔子，號耐圃，江蘇金壇人，乾隆丁巳進士，以第一人及第，官至太保，文華殿大學士，贈太傅，謚文襄。”見陶湘《昭代名人尺牘續集》卷一，《清代傳記叢刊》第三二册學林類五〇，臺北：明文書局，1985年版，第161頁。

② 李放：《皇清書史》卷四，《清代傳記叢刊》第八三册藝林類二三，臺北：明文書局，1985年版，第129頁。

③ 朱汝珍：《詞林輯略》，《清代傳記叢刊》第一六册學林類一八，臺北：明文書局，1985年版，第150頁。

④ 章學誠：《爲座主梁尚書撰于文襄公墓誌銘》，《章氏遺書》卷一六，吴興劉氏嘉業堂刊本。

與《清高宗實録》有部分記載。據《于文襄公墓誌銘》所云“乾隆三年戊午、六年辛酉，分校順天鄉試”[①]，《清秘述聞》卷一五《同考官類》記有于敏中。同考官亦稱“房考”“房師”，科舉考試中協同主考和總裁閱卷之官。清沿明制，凡鄉試、會試均設有同考官，負責各房分卷、評閱等事。順天鄉試及會試之同考官，由禮部開列進士出身之内閣侍讀學士、侍讀、侍講學士、侍講、典籍、中書、編修、檢討官及郎中、員外郎等員，題請皇帝欽派[②]。據《清高宗實録》，“乾隆二年丁巳六月己未，授一甲一名進士于敏中爲翰林院修撰”[③]。因此，三年及六年兩次分校順天鄉試當屬事實。四年，授清書修撰。七年，分校禮部會試，充同考官。

乾隆八年至三十七年，《國史列傳》等記載于敏中官職履歷較爲清晰，兹略録如下，遇有齟齬之處略加按語辨證。

八年十一月充日講起居注官。（《清高宗實録》卷二〇四，《國朝耆獻類徵初編》卷二七，《國史列傳》卷五六，《清史列傳》卷二一）

九年二月遷左中允，七月充山西鄉試正考官，十二月督山東學政[④]。（《國朝耆獻類徵初編》卷二七，《國史列傳》卷五六，《清

① 章學誠：《爲座主梁尚書撰于文襄公墓誌銘》，《章氏遺書》卷一六，吴興劉氏嘉業堂刊本。

② 朱金甫、張書才主編，李國榮副主編：《清代典章制度辭典》，北京：中國人民大學出版社，2011年版，第237頁。

③《清實録》第九册第四四卷，北京：中華書局，1985年版，第773頁。

④ 按，楊雪《于敏中年譜》辨證：“關於于敏中初任山東學政年份，《清秘述聞》卷一一《學政類》三《山東省》記：‘于敏中……乾隆丁巳進士，十年以中允任。’《金壇文史資料》第十五輯《清代名臣于敏中》：‘十年，督山東學政。’其他各書均記九年，《清高宗實録》卷二百三十：‘乾隆九年甲子十二月辛亥，命左春坊左中允于敏中提督山東學政。’《滿漢名臣傳》續集卷五六：‘九年（乾隆）十二月，提督山東學政。’《章氏遺書》卷一六《于文襄公墓誌銘》：‘九年視學山東。’故《清秘述聞》、《金壇文史資料》是誤九年爲十年。”又按，《清實録》記載乾隆九年十二月八日命于敏中提督山東學政，諭旨下達至于敏中赴任，這之中尚需時日，而此時距十年僅二十幾日之期，于敏中赴任山東屬外派官員，據《大清律例》記載：“官員赴任過限。凡已除官員在京者，以除授（轉下頁）

史列傳》卷二一,《清高宗實録》卷二二〇,《章氏遺書》卷一六,《清秘述聞》卷六)

十年,山東學政任上[①]。

十一年,遷侍講[②]。(《國朝耆獻類徵初編》卷二七,《國史列傳》卷五六,《清史列傳》卷二一)

十二年九月典山東武鄉試,十一月調浙江學政[③]。(《清高宗實録》卷三〇三,《國朝耆獻類徵初編》卷二七,《國史列傳》卷五六,《清史列傳》卷二一,《章氏遺書》卷一六)

十三年,浙江學政任上。

十四年七月扈從木蘭,八月轉侍讀。(《國朝耆獻類徵初編》卷二七,《國史列傳》卷五六,《清史列傳》卷二一)

十五年十二月直上書房行走。(《清高宗實録》卷三七九,《國朝耆獻類徵初編》卷二七,《國史列傳》卷五六,《清史列傳》卷二一,《清史稿》卷三一九,《金壇文史資料》第十五輯)

十六年三月遷侍講學士,九月充武會試副考官。(《國朝耆獻類徵初編》卷二七,《國史列傳》卷五六,《清史列傳》卷二一)

十七年九月轉侍讀學士,十一月遷少詹士。(《國朝耆獻類徵

(**接上頁**)日爲始;在外者,以領該部所給文憑限票日爲始,各依已定程限赴任。若無故過限者,一日笞一十,每十日加一等罪,止杖八十並留任。"升除出外文職,已經領敕領憑,若無故遷延至半年之上不辭朝出城者,參提依違制律問罪;若已辭出城,復入城潛住者,交部議處。"(《文淵閣四庫全書》第六七二册,第503頁)從這一點判斷,《清實録》《國史列傳》《章氏遺書》或依諭旨下達之日,《清秘述聞》則依到任之期。

① 按,乾隆九年于敏中提督山東學政,依清制,學政乃欽差之官,各帶原銜品秩,任事三年,而不論本人官秩大小,皆與督撫平行。(參見《清代典章制度辭典》,第405頁)

② 按,《民國杭州府志》卷一八"于敏中……十二年以侍講任",相關辨證見楊雪《于敏中年譜》。

③ 按,《皇清奏議》卷四四:"乾隆十一年,提督浙江學政臣于敏中謹奏爲請賜益典以表忠烈疏。"《金壇文史資料》第十五輯《清代名臣于敏中》:"十一年,改督浙江學政。"相關辨證見楊雪《于敏中年譜》。

初編》卷二七，《國史列傳》卷五六，《清史列傳》卷二一）

十八年三月遷詹事，七月授内閣學士，九月復提督山東學政。(《清高宗實録》卷四三四，《國朝耆獻類徵初編》卷二七，《國史列傳》卷五六，《清史列傳》卷二一，《清史稿》卷三一九）

十九年二月擢兵部右侍郎[1]，九月武會試，知武舉。(《清高宗實録》卷四五六，《國朝耆獻類徵初編》卷二七，《國史列傳》卷五六，《清史列傳》卷二一，《清史稿》卷三一九）

二十年二月轉兵部左侍郎，七月充經筵講官。(《清高宗實録》卷四八二，《國朝耆獻類徵初編》卷二七，《國史列傳》卷五六，《清史列傳》卷二一，《東華續録（乾隆朝）》乾隆四十一）

二十一年，生父樹範病故，憂免兵部漢左侍郎一職。(《國朝耆獻類徵初編》卷二七，《國史列傳》卷五六，《清史列傳》卷二一，《清史稿》卷一八四）

二十二年六月署刑部左侍郎。(《清高宗實録》卷五四〇，《國朝耆獻類徵初編》卷二七，《國史列傳》卷五六，《清史列傳》卷二一，《清史稿》卷一八四、卷三一九）

二十三年五月嗣父枋病故，奏請回籍治喪。(《清高宗實録》卷五六三，《國朝耆獻類徵初編》卷二七，《國史列傳》卷五六，《清史列傳》卷二一，《清史稿》卷一八四、卷三一九）

二十四年閏六月授刑部左侍郎，調户部右侍郎。(《清高宗實録》卷五九一，《國朝耆獻類徵初編》卷二七，《國史列傳》卷五六，《清史列傳》卷二一，《清史稿》卷一八四、卷三一九）

二十五年五月充殿試讀卷官，八月行走軍機處，命爲軍機大臣，充方略館總裁。(《清高宗實録》卷六一九，《國朝耆獻類徵初編》卷二七，《國史列傳》卷五六，《清史列傳》卷二一，《樞垣記略》卷二，《清史稿》卷一八四、卷三一九）

二十六年三月充會試副考官，十一月轉户部左侍郎兼錢法堂

---

① 按，于敏中任兵部右侍郎年份，見楊雪《于敏中年譜》辨證。

事，十二月充經筵講官。(《清高宗實録》卷六三二,《國朝耆獻類徵初編》卷二七,《國史列傳》卷五六,《清史列傳》卷二一,《清秘述聞》卷六,《清史稿》卷一八四)

二十七年，户部尚書①。九月命紫禁城内騎馬。(《清高宗實録》卷六七一,《欽定南巡盛典》卷七五,《槐廳載筆》卷七)

二十八年、二十九年，經筵講官户部左侍郎②。

三十年正月遷户部尚書，七月充國史館副總裁。(《清高宗實録》卷七二六、卷七四一,《國朝耆獻類徵初編》卷二七,《國史列傳》卷五六,《清史列傳》卷二一,《東華續録(乾隆朝)》,《清史稿》卷一八四、卷三一九,《章氏遺書》卷一六)

三十一年至三十三年七月，户部尚書任上③，禮器館總裁。(《清高宗實録》卷七六四、卷七八三、卷八一二、卷八一六,《東華續録(乾隆朝)》,《御批歷代通鑑輯覽告成進呈表》)

三十三年八月加太子太保。(《清高宗實録》卷八一六,《國朝耆獻類徵初編》卷二七,《國史列傳》卷五六,《清史列傳》卷二一,《東華續録(乾隆朝)》,《清史稿》卷三一九)

三十四年、三十五年，經筵講官太子太保户部尚書任上④。

---

① 按，據《清高宗實録》卷六七一，乾隆二十七年九月命户部左侍郎于敏中在紫禁城内騎馬，此時于敏中職銜户部左侍郎。又據《四庫全書》本《欽定南巡盛典》卷七五所載，乾隆二十七年召試浙江諸生，閲卷大臣于敏中官銜户部尚書；召試江南諸生，閲卷大臣于敏中官銜户部右侍郎。《清高宗實録》卷七二六，乾隆三十年乙酉春正月癸丑，于敏中著被授户部尚書。

② 按，《御製文初集・序》有“經筵講官户部左侍郎于敏中謹奏”云云(《文淵閣四庫全書》第1301册，第2頁)。

③ 按，《清高宗實録》卷七六四云，乾隆三十一年七月諭于敏中隨從木蘭，所有户部尚書事務，著舒赫德暫行兼署(《清實録》第一八册，第395頁)。《清高宗實録》卷七八四云，“乾隆三十二年丁亥五月辛未，定文武各官雨衣品級，禮器館總裁于敏中等奏……”(《清實録》第一八册，第644頁)。

④ 按，《清文獻通考》卷七五《學校考》十三云：“三十五年，是年春，皇上東巡，詣文廟，行釋奠禮。……協辦大學士于敏中等奉諭旨前歲修葺太學告成。”(《清朝文獻通考》，上海：商務印書館，1936年版，第5551頁)此處記載有誤，三十五年春，于敏中未授協辦大學士職。

(《恭進平定准噶爾方略表》)

三十六年二月爲協辦大學士。(《清高宗實録》卷八七九,《國朝耆獻類徵初編》卷二七,《國史列傳》卷五六,《清史列傳》卷二一,《清史稿》卷一七四、卷三一九,《槐廳載筆》卷七)

三十七年,協辦大學士,户部尚書。

三十八年閏三月充《四庫全書》正總裁,八月晋文華殿大學士兼户部尚書,九月充國史館、三通館正總裁,十一月命在上書房爲總師傅兼翰林掌院學士。(《清高宗實録》卷九三〇、卷九四〇、卷九四二、卷九四七,《國朝耆獻類徵初編》卷二七,《國史列傳》卷五六,《清史列傳》卷二一,《清史稿》卷三一九,《中書典故彙紀》卷八,《素餘堂集》卷二八,《纂修四庫全書檔案》四八條)

三十九年,四十年,無任免。

四十一年正月賞一等輕車都尉世職,二月畫像紫光閣,七月充文淵閣領閣事。(《清高宗實録》卷一〇〇〇、卷一〇〇二,《國朝耆獻類徵初編》卷二七,《國史列傳》卷五六,《清史列傳》卷二一,《清史稿》卷三一九,《平定兩金川方略》卷一三一,《樞垣記略》卷六,《東華續録(乾隆朝)》,《皇清文穎續編》卷一八,《笥河文集》卷一)

四十二年,無任免。

四十三年三月充會試正考官,七月扈從聖駕巡盛京。(《清高宗實録》卷一〇五二,《清秘述聞》卷七,《國朝耆獻類徵初編》卷二七,《國史列傳》卷五六,《清史列傳》卷二一,《光緒順天府志》卷一二七、《欽定盛京通志》卷一五,《御製詩四集》卷五四)

四十四年十二月卒。(《清高宗實録》卷一〇九六,《國朝耆獻類徵初編》卷二七,《國史列傳》卷五六,《清史列傳》卷二一,《清史稿》卷三一九,《東華續録(乾隆朝)》,《御製詩集四集》卷六四,《素餘堂集·戴衢亨跋》)

于敏中卒後,四十五年侄孫争奪敏中遺貲,乾隆命大學士英廉等查辦。四十七年敏中孫德裕承襲一等輕車都尉，並加恩以主事用。五十一年撤出賢良祠。六十年撤世職。

于敏中深受乾隆器重，其一生爲清朝廷做出很多重要貢獻。他在政治、軍事、水利、財政、税收、科舉、文化等諸多方面都有政績，特别是乾隆三十八年《四庫全書》館開館，于敏中任總裁，在政務繁忙之時依舊勤於修書，付出甚多。四庫館開館前，劉統勳"欲寢其（朱筠）議"，于敏中則據理力争，《四庫全書》編纂方得肇始。通觀手札所記，修書工作事多且雜，而于敏中皆能從容應對，他是促成《四庫全書》編纂完成的重要人物之一。

二、《于文襄手札》述要

《四庫全書》纂修時期的原始資料留存較少，私家記録更是鳳毛麟角。惟于敏中之《于文襄手札》記載頗詳，爲《四庫全書》原始資料之最重要者。"在《四庫全書》纂修之初，于敏中曾四次隨乾隆帝前往承德避暑山莊。這期間正是《四庫全書》體例草創、人員召集、工作籌備等事情多雜之時，于敏中採取書信遥控的方式，密授機宜"[①]，所涉修書事宜皆關中秘。今以《于文襄手札》爲切入點述手札之要，以于敏中晚年奉旨纂修《四庫全書》事爲研究中心，結合手札和纂修《四庫全書》存世史料進行比勘，揭櫫《四庫全書》纂修過程的諸多細節問題。

（一）逐漸完善的修書體例

《四庫全書》編纂之初並無先例可尋，發凡起例、書籍甄選、人員配備、職司所屬、工作協調、任務部署、後勤保障等皆需統籌。從現存文獻來看，早在乾隆三十八年（1773）閏三月十一日辦理四庫全書處即遵乾隆諭旨酌議排纂《四庫全書》應行事宜。所涉

① 張曉芝：《于敏中與〈四庫全書〉》，《讀書》2013年第11期，第45頁。

内容極爲繁複，如《永樂大典》輯佚書的修纂；内廷儲藏書籍及武英殿官刻諸書的處理；纂輯總目安排；書籍的繕寫、校對和人員分派；《四庫全書》面頁顔色、字樣及款式的選定；絹板、紙片、界畫、裝潢及飯食事宜；收辦各項書籍場所；謄録人員的擇選要求、工作任務、議叙之例等①。這些章程的擬定只是一個大致輪廓，實際工作中遇到問題則需隨時調整，而于敏中作爲總裁官對各種瑣碎問題的處理爲修書工作的最終完成奠定了基礎。

1. 書籍分類

《永樂大典》本輯佚書的編纂是首先進行的一項工作。手札第一通至第六通作於乾隆三十八年，札中所涉多爲《永樂大典》本書籍纂修事項。《四庫全書》體大思精，以經、史、子、集四部容括中國古籍，然四部雖簡約，將每一部書正確歸類却並不簡單。有些古籍一時難以確定其歸屬，《少儀外傳》一書即是如此。此書究竟該歸於何部，館臣觀點不一，于敏中爲此給陸錫熊寫了三封書信②。手札第一通云"《竹品譜》之列於史部，《少儀外傳》之列於子部，皆未解其故，便希示及"③，第二通則有所改變"《少儀外傳》改入經部小學，以爲相合"，第四通又有變更"《少儀外傳》仿《韓詩外傳》之例極爲妥合"，從信中可知，此書先入子部，後改入經部小學類，又仿《韓詩外傳》體例，再將其由經部小學類歸入經部詩類。但這並不是最終結果，今天的《四庫全書總目》是將《少儀外傳》歸於子部儒家類的。爲何如此歸類，現已無從知曉，但于敏中手札透露的信息説明，此書的歸類是經過陸錫熊、紀曉嵐等四庫館臣多次磋商的結果。

---

① 中國第一歷史檔案館編：《纂修四庫全書檔案》上册，上海：上海古籍出版社，第75–76頁。

② 按，司馬朝軍先生在考查《于文襄手札》與《四庫全書總目》編纂諸問題時，指出于敏中對書籍"分類問題"的探討，見《〈四庫全書總目〉編纂考》（武漢：武漢大學出版社，2005年版）一書第109頁。

③ 按，所引手札皆依本書識讀文字，下同。

第三通手札云“《書録解題》或從《藝文志》或從《經籍考》，希覆檢其書核定”，第八通又説“《書録解題》從《經義考》亦可，但不知目録類向歸入習見之書係何種，便希示知”。後經反復磋商論争，將《書録解題》歸入史部目録類。對於一些特殊書籍分類的考量，于敏中及館中諸臣進行了學理性探究。上述問題在《總目》小序中有詳細記録，對《書録解題》歸類有所揭示，兹録如下：

> 鄭玄有《三禮目録》一卷，此名所昉也。其有解題，胡應麟《經義會通》謂始於唐之李肇。案《漢書》録《七略》書名，不過一卷，而劉氏《七略》《别録》至二十卷，此非有解題而何？《隋志》曰："劉向《别録》、劉歆《七略》，剖析條流，各有其序，推尋事蹟，自是以後，不能辨其流别，但記書名而已。"其文甚明，應麟誤也。今所傳者，以《崇文總目》爲古，晁公武、趙希弁、陳振孫並准爲撰述之式。惟鄭樵作《通志·藝文略》，始無所詮釋，並建議廢《崇文總目》之解題，而尤袤《遂初堂書目》因之。自是以後，遂兩體並行。今亦兼收，以資考核。金石之文，隋、唐《志》附"小學"，《宋志》乃附"目録"。今用《宋志》之例，並列此門，而别爲子目，不使與經籍相淆焉。[①]

又，手札第六通、十一通言及《漢魏叢書》和《津逮秘書》著録問題，涉及《四庫全書》編纂體例和《總目》提要撰寫之法。第六通中云："《漢魏叢書》目雖分列四庫，書仍彙裝，方不至於散漫無統也。"第十一通又言："至《漢魏叢書》《津逮秘書》所收各部，尊意（指陸錫熊）欲分隸四庫而不必歸總，所見亦是。但須於各部散見處、提要内叙及《叢書》《秘書》一語，而於輯總目時，集部内存兩書總名，而注其分繫之故，似爲兩得，仍惟酌之。"

① 紀昀等：《欽定四庫全書總目》上册，北京：中華書局，1997年版，第1128頁。

《漢魏叢書》明程榮編，版本有二，一是三十五種二百八卷，二是三十八種二百五十一卷，《總目》没有著録。《津逮秘書》明毛晋編，《總目》子部雜家類存目著録，無卷數，内府藏本。關於《四庫全書》著録《漢魏叢書》《津逮秘書》一類叢書的問題，此函尚在協調商量之中。從《總目》中著録的叢書來看，叢書並未如陸錫熊等議的那樣“分隸四庫而不必歸總”，而是依四部分類，歸於子部雜家類存目。《總目》定叢書的分類歸屬或許就是在此函之後又進行討論的結果。《總目》在《地記》一書提要中，對叢書歸類有如下結論：“《地記》……是爲叢書之祖，然猶一家言也。左圭《百川學海》出，始兼裒諸家雜記，至明而卷帙益繁。《明史·藝文志》無類可歸，附之類書，究非其實。當入之雜家，於義爲允。今雖離析其書，各著於録。而附存其目，以不没搜輯之功者，悉别爲一門，謂之雜編。”[①] 其中所言“附存其目”“不没搜輯之功”云云，與于敏中所言“内存兩書總名，而注其分繫之故，似爲兩得”實爲一意。于敏中對書籍分類的建議，或被採納，或經協商修正，或對問題“公同酌議”，《四庫全書》書籍著録體系完備精密自成一家，于敏中功績不可忽略。

2. 版式擬定

關於書籍校勘章程，于敏中頗有先見之明，示意陸錫熊儘早酌定，以期將來書籍坌集，辦書能够有條理。至於完成校勘的書籍需要抄録進《四庫全書》的，于敏中亦親自擬定版式，這在第十通中有詳細記載：

> 昨送到馬裕家書十種，内《鶡冠子》已奉御題，先行寄回，即派纂修詳細校勘。其書計一百三十餘頁，約須校勘幾日。似宜酌定章程，將來雖諸書坌集，辦之自有條理。其期不可太緩，致有耽延，亦不可太速，而失之草率。（書内訛舛

---

① 紀昀等：《欽定四庫全書總目》上册，北京：中華書局，1997年版，第1647頁。

甚多，頃隨手繙閲，記有三四條，將來纂修校勘後，可將校出誤處録一草單寄來，不必楷書，以便印證愚見是否相合。）校勘成，即一面繕寫紅格《全書》正本及《薈要》本，一面酌定刻樣。查原書篇數流水甚不畫一，卷上卷中則並序同編，卷下則另編，無此體例。現辦寫刻篇數自應各卷各編，卷前首冠御題。（《御製詩合注》再行録寄，以便恭裁。）次及原序，附以提要。（此二頁不必編篇數流水，即刻本亦須寫此兩頁作標。）其餘止須卷上寫刻本樣數行，首行寫“鶡冠子　卷上”；次行作“宋（此字舊無，應增）陸佃解”；三行作“博選第一”（標題似止須低二格寫）；四行“王鈇云云”（頂格寫）；五行“王鈇法制也云云”（低一格寫）。板心：鶡冠子　卷上　一（流水處簽明各卷各編）。大略如此。回明中堂，各位大人酌定，此寄。

于敏中此處以《鶡冠子》爲例，示意陸錫熊《四庫全書》排纂版式。今將于敏中所定版式與文淵閣《四庫全書》比對，兩者基本一致。抄録《四庫全書》中的其他書籍，大致與于氏所定版式相當。

3. 凡例商討

手札第十三通云：“昨奉辦《日下舊聞考》，……此書凡例，茫無頭緒，足下可爲我酌定款式（除星野沿革）一兩樣，略具大概寄示。”關於《日下舊聞考》凡例問題，于敏中因瑣事繁多，不得已請求陸錫熊爲其酌定款式。《日下舊聞考》一百二十卷（文淵閣《四庫全書》作一百六十卷）於乾隆三十八年（1773）開始纂修，乾隆四十七年完成，《總目》云“删繁補缺，援古證今，一一詳加考核，定爲此本”[①]。此書體例問題，《總目》也有涉及，於原

① 紀昀等：《欽定四庫全書總目》上册，北京：中華書局，1997年版，第938頁。

書十三門增列苑囿、官署、國朝宫室、京城總記、皇城五門，共十八門。《日下舊聞考》乃乾隆敕撰，係官辦之書。第二十五通云“《王子安集》承費心，謝謝”，今知《王子安集》凡例係陸錫熊所作，檢文淵閣本《四庫全書》無凡例，蓋全書定本完成後，抄入《四庫全書》時所删。第三十二通有“《熱河志》内表及凡例，非目下所急，暫存此，俟得暇閲定寄回”一語，可推知于敏中對陸錫熊所擬凡例是要審定的。書籍纂修，發凡起例最爲重要，各書體例不一，這是書籍纂修最爲繁複之處。于敏中與諸位館臣商討各書體例，這對推動《四庫全書》纂修進程，完善書籍整理工作起到了重要作用。

（二）書籍的刊、抄、存與删、改、毁

1. 刊、抄、存的審定

《四庫全書》編纂從輯佚大典本書籍開始，早在乾隆三十七年十一月二十五日安徽學政朱筠就在奏陳校核《永樂大典》中説：“臣在翰林，常翻閲前明《永樂大典》。其書編次少倫，或分割諸書以從其類，然古書之全而世不恒覯者，輒具在焉。臣請敕擇取其中古書完者若干部，分别繕寫，各自爲書，以備著録。”[①] 乾隆三十八年，“安徽學政朱筠請開局搜輯《永樂大典》中古書。大學士劉統勳謂非政要，欲寢其議。敏中善筠奏，與統勳力争，於是特開四庫全書館”[②]。四庫全書館設立後，採輯遺書工作展開，包括大典本輯佚書和各省採集書目，隨後即是重要的擇書環節。書籍刊刻著録與否需將書籍進行揀擇，並將書籍分爲應刊、應抄、應存（後又有删、毁、改）數類。在乾隆三十八年（1773）五月初一日《諭内閣編四庫全書薈要著于敏中王際華專司其事》中有明

---

① 中國第一歷史檔案館編：《纂修四庫全書檔案》上册，上海：上海古籍出版社，第21頁。

② 趙爾巽等：《清史稿》第三五册第三一九卷，北京：中華書局，1977年版，第10750頁。

確旨意："特詔詞臣，詳爲勘核，釐其應刊、應抄、應存者，繫以提要，輯成總目，依經史子集部分類衆，命爲四庫全書……"[①] 于敏中對這一擇書標準又進行了補充，《于文襄手札》第三通記曰："愚見以爲《提要》宜加覈實，其擬刊者則有褒無貶，擬抄者則褒貶互見，存目者有貶無褒，方足以彰直筆而示傳信，並希留神。"而對乾隆擇書觀念的關照也是于敏中特別注意之處，亦即書籍的擇選不能違背聖意。第十一通云："惟《中興小曆》一種，原單注擬刊刻。愚見以建炎南渡乃偏安而非中興，屢經御製詩駁正，且閲提要所開，是編頗有未純之處，似止宜抄而不宜刻，已於單内改補奏進。"又云："分別應刊、應抄兩項，吾固早計及，諸公嗜好不同，難於畫一。就二者相較，應抄者尚不妨稍寬其途，而應刊者必當嚴爲去取。即不能果有益於世道人心，亦必其書實爲世所罕見，及板久無存者，方可付梓流傳，方於藝林有益。非特詞章之類，未便廣收。即道學書亦當精益求精，不宜泛濫，經解亦然。與其多刻無要篇策，徒災棗梨，不如留其有餘，使有用之書廣傳不缺，更足副聖主闡揚經籍之盛意。是否可與曉嵐先生商之，並告同事諸公妥酌，並於便中回明中堂大人核奪。"書籍擇選標準在逐漸嚴苛，也逐漸"規範化"。不僅如此，四庫館中有專人辦理書籍分類一事。第四通有記："館中現辦應刊、應抄各種，係何人專辦，中因舉李閣學以對，昨榮召見，蒙問及，凡有應商之事，即可與之就近相商，或有必欲見示者，中亦無可辭耳。"李閣學係李友棠，《四庫全書》副總裁，專辦書籍刊、抄、存之分類，同時也有校閲書籍之責[②]。

書籍抄存與否的判定帶有個人主觀因素，如第三十通云："《弇州四部稿》書非不佳，但卷帙太繁，且究係專稿，抄録太覺費事，存目亦不爲過。但題辭内不必過貶之也。"然而辦理《四庫全書》

① 中國第一歷史檔案館編：《纂修四庫全書檔案》上册，上海：上海古籍出版社，1997年版，第108頁。

② 張昇：《四庫全書館研究》，北京：北京師範大學出版社，2012年版，第147頁。

的館臣並未將此書存目，而是予以著録，文淵閣庫書即作《弇州四部稿》,《總目》稍有差異，題作《弇州山人四部稿》《續稿》。《總目》有這様評價之語："考自古文集之富，未有過於世貞者。其摹秦仿漢，與七子門徑相同。而博綜典籍，諳習掌故，則後七子不及，前七子亦不及，無論廣續諸子也。惟其早年自命太高，求名太急，虚憍恃氣，持論遂至一偏。又負其淵博，或不暇檢點，貽議者口實。故其盛也，推尊之者遍天下，及其衰也，攻擊之者亦遍天下。平心而論，自李夢陽之説出，而學者剽竊班、馬、李、杜，自世貞之集出，學者遂剽竊世貞。故艾南英《天傭子集》有曰：'後生小子不必讀書，不必作文，但架上有前後《四部稿》，每遇應酬，頃刻裁割，便可成篇，驟讀之無不濃麗鮮華，絢爛奪目；細案之，一腐套耳'云云。其指陳流弊，可謂切矣。然世貞才學富贍，規模終大，譬諸五都列肆，百貨具陳，真僞駢羅，良楛淆雜。而名材瑰寶，亦未嘗不錯出其中。知末流之失，可矣；以末流之失，而盡廢世貞之集，則非通論也。"[①] 這其中的評價稱不上"過分貶低"，反倒是較爲客觀。且不説館臣是否是平心而論，也暫不講館臣對前後七子、廣續諸子的偏見，單純從其違背于敏中之裁奪來説，已然可以窺見館臣内部對書籍著録標準問題的博弈。在明人别集著録問題上意見尤其不一，但從《四庫全書》收録的各代書籍來看，嚴格的選書標準却是未曾改變的。

同是第三十通，關於薛居正的《舊五代史》刊刻與否，于敏中言"薛《史》自應刊刻流傳，但欲頒之學官，須與廿三史板片一例，未免費力，或可止刊行而不列於正史否"，館臣酌議後，依舊將薛《史》納入應刊應抄之列，于氏意見未被採納。不可否認，于敏中的個人主觀意見對修書工作有很大影響，他一直强調的省時省力對敦促書籍纂修完成也起到了不可忽視的作用。但四庫館臣是多人組成的修書集體，對處理方式不妥的地方是有能力修正

① 紀昀等：《欽定四庫全書總目》下册，北京：中華書局，1997年版，第2325頁。

的，正是四庫館臣的協商努力在一定程度上避免了書籍編纂的諸多問題[①]。

主觀意見、態度差異、工作難易、價值判定等諸多複雜影響因子，會直接影響修書工作進程，于敏中對此頗有應對之法。其云“分別應刊應抄兩項，吾固早計及，諸公嗜好不同，難於畫一。就二者相較，應抄者尚不妨稍寬其途，而應刊者，必當嚴爲去取”，所謂“嗜好不同，難於畫一”是較爲重要的分歧之一，于氏以總裁身份重複聖意，以書之有益於“世道人心”“世所罕見”者爲選擇和刊刻標準，而這一標準對著録明集同樣適用，於是第二十五通手札將這一問題進一步“格式化”。“四庫各書總數已至八千，原不爲少，但見所開之單，止論部數，似當彙總而計，如《漢魏叢書》《津逮秘書》之類，若分列書名，不下百餘，而總計只兩種耳。舊書去取，寬於元以前，嚴於明以後”。

當然，在一些特殊問題上，于敏中的觀念和視域也表現出有價值的一面。手札第二十九通云“憶及制義一項，自前明至今以此取士，流傳者不下千百家，即不必抄録，其名目不可不存。惟《欽定四書文》抄之以備一體，亦集中所當及也”。制義，明清時科舉考試規定的文體，即八股文，亦稱制藝、時文、時藝、八比或四書文。對於這種當時流行的文體，于敏中從流傳數量的角度出發，認爲“不必抄録”，但名目要存。于氏以《欽定四書文》爲例指出，此書存之可一覽八股文之體例。《欽定四書文》，《四庫全

① 按，趙嘉《〈于文襄公手札〉與〈四庫全書〉纂修》通過分析諭旨、陸費墀《初擬辦理四庫全書條例》和《于文襄手札》後指出：“館臣們在確定應刊、應抄、存目分類時並不完全遵照諭旨和《條例》執行，主要原因在於：相較而言，存目一類的確定還是較爲簡單的，而應刊、應抄兩類的界限較爲模糊，較難區别。很多從《永樂大典》輯佚出的書都符合‘流傳已少’這一標準，但是否‘實應採取’則是很難把握的，最終的去取則在於乾隆或是正總裁于敏中等人的决定。另外，《四庫全書》的編纂工程浩大，時間緊迫，每個環節緊緊相扣，館臣們也無暇多費心力去斟酌書籍的分類是否得當。”（參見《圖書館雜志》2015年第12期，第104頁）

書總目》卷一九〇集部總集類著録，乾隆元年（1736）由内閣學士方苞奉敕編撰。據《總目》所言，此書“明文凡四集：曰化治文，曰正嘉文，曰隆萬文，曰啓禎文。而國朝文别爲一集。每篇皆抉其精要，評騭於後。卷首恭載諭旨，次爲苞奏摺，又次爲凡例八則，亦苞所述，以發明持擇之旨”[①]，可見于氏所言頗有發凡起例之功。梁章鉅《制義叢話》例言中説：“《四庫全書》中所録歷代總集、别集，至爲詳晰，而於制義，惟恭録乾隆初方苞奉敕所編之《四書文》四十一卷，此外時文選本及各家專集，一概不登。”[②]于敏中第三十函説“制義存目亦當覈實，分别其源流正變，則於節略内叙明可耳”，查《四庫全書總目》，除《欽定四書文》外，並未著録其他制義文，存目中亦未見著録。蓋如《欽定四書文》提要中所云：“時文選本，汗牛充棟，今悉斥不録，惟恭録是編，以爲士林之標準。”[③]八股文形式呆板，僅從字數規定上來説，明初規定鄉試、會試，用《五經》義一道，500字，《四書》義一道，300字，清康熙時要求550字，乾隆以後一律以700字爲准。這種八股文形式主義嚴重，内容脱離現實，而且用孔孟之語束縛了人們的思想，很難發揮應考者的創造力。所以，《總目》也説“承學之士，於前明諸集，可以考風格之得失；於國朝之文，可以定趨向之指歸”[④]。

2. 書籍删、改、毁的初衷及後果

關於書籍的删、毁，手札之中有多處記載。如：

第六通：“《經解》内有應删減者，即與曉嵐學士相商酌定。但其書俱係經部，似不應分拆，且抄存書本原兼應刊、應抄兩種，想《經解》内除應删數種外，無應止録書名者，似應仍存《經解》總名。”

① 紀昀等：《欽定四庫全書總目》下册，北京：中華書局，1997年版，第2660頁。

② 梁章鉅著，陳居淵點校：《制義叢話 試律叢話》例言，上海：上海書店出版社，2001年版，第7頁。

③ 紀昀等：《欽定四庫全書總目》下册，北京：中華書局，1997年版，第2661頁。

④ 紀昀等：《欽定四庫全書總目》下册，北京：中華書局，1997年版，第2661頁。

第八通："《經解》既有刪汰之書，必須加一總説方爲明白。"

第三十一通："二氏書，如《法苑珠林》之類，在所必存。即《四十二章經》其來最高，文法亦與他經不同，且如《黄庭内外景》未嘗非道家之經，勢必不能刪削，何寬於羽士而刻於淄流乎？至僧徒詩文，其佳者原可録於集部，若語録中附見者，即當從刪。其雖名語録，實係詩文，所言亦不專涉禪理者，又不妨改正其名而存之。"

第三十七通："即如《容臺集》，僕已奏明，尤不可不先辦者，此書尚恐有版流傳，并須畫一查燬，不知何處繳到此本，可查明辦之。其書有礙者，尚係述而不作，刪去此數卷（似止二卷），其餘似尚可存。然足下尚須詳細閲定，愚只能約略言之。其餘類此者，并須細心檢辦，不可稍誤，甚有關係也。"

第三十八通："如《容臺集》之述而不作，只須刪去有礙者數本，餘外仍存，然亦須奏聞辦理。此外或有與之相類者，即仿辦之。至南宋明初人著作，字面粗累者，止須爲之隨手刪改，不在應毁之列，此又不可不稍示區分，若無精義之書，亦不必列於抄刊也。《元和郡縣志》既在應栞之列，《太平寰宇記》似當畫一辦理。此後諸有相類者，查檢宜清，勿致歧誤爲要。"

第三十九通："郵來得書，悉種種。應燬之書，既經辦出，自以奏請銷燬爲是。來稿已爲酌易數字，寄大農與中堂大人商行。明人文集若止係章奏干礙，字面詞意不涉狂悖者，則查其餘各種，實無貽害人心之語，即刪去字面有礙數篇，餘尚可存目。若章疏妄肆狺吠及逞弄筆墨、病囈狂嗥者，必當急行燬禁，以遏邪言，無論是詩是文，務須全部焚斥，此必應詳細留神妥辦者。至《香光集》若覓得舊板，酌辦更妥，已札商大農矣。南宋明初之書如字跡有礙，分別另辦足矣。"

第四十五通："散片中宋人各集内如有青詞致語，抄存則可不刪，刊刻即應刪。《胡文恭集》已奉有御題指示（《胡集》刪去應刊，亦有旨矣），自不便兩歧耳。《開國方略》需用明末之書本自無多，而館中開付太詳，既列目與之，即當速檢，全行付去，勿爲所藉口也。至各省送到違礙各書，前曾奏明，陸續寄至行在呈覽。(《黄忠端集》内所夾熊經略片一件，希即檢寄。) 昨江西奏到應燬書籍已送熱河，奉旨交愚處寄京，俟回鑾呈覽。則家中所有之書，自不便轉送此間。"

第五十二通:"《宋史新編》體例既乖，即非史法，若删去附傳，尚可成書，則抄存亦似無礙；第恐每篇敘事或多駁而未純，改之不可勝改，又不如存目爲妥。至《北盟會編》歷來引用者極多（未便輕改），或將其偏駁處於《提要》聲明，仍行抄録，似亦無妨。但此二書難於遥定，或俟相晤時取一二册面爲講定，何如? "

乾隆三十八年（1773）四庫館開館以來，各諭旨尚未提及書籍的删減，直到四十年十一月十六日《諭内閣〈學易集〉等有青詞一體跡涉異端抄本姑存刊刻從删》才有明旨："現在纂輯四庫全書，部帙計盈數萬，所採詩文別集既多，自不能必其通體完善，或大端可取，原不妨棄瑕録瑜。如宋《穆修集》，有《擠帳記》，語多稱頌，謬於是非大義，在所必删。"[①] 但對於書籍的定性問題，自辦書以來已經是清官方的共識。乾隆三十七年正月初四日在《諭内閣著直省督撫學政購訪遺書》中説："歷代流傳舊書，有闡明性學治法，關繫世道人心者，自當首先購覓。至若發揮傳注，考覈典章，旁暨九流百家之言，有裨實用者，亦應備爲甄擇。"[②] 三十八年二月十一日又諭："其書足資啓牖後學、廣益多聞者，即將出（書）名摘出，撮取著書大指，敘列目録進呈，候朕裁定，彙付剞劂。"[③] 乾隆三十八年五月十七日再諭："擇其中罕見之書，有益於

① 中國第一歷史檔案館編:《纂修四庫全書檔案》上册，上海：上海古籍出版社，1997年版，第474頁。

② 中國第一歷史檔案館編:《纂修四庫全書檔案》上册，上海：上海古籍出版社，1997年版，第2頁。

③ 中國第一歷史檔案館編:《纂修四庫全書檔案》上册，上海：上海古籍出版社，1997年版，第58頁。

世道人心者，壽之梨棗，以廣流傳。”[①] 從諭旨的内在思想，到館臣外在行動，這之間考驗的或是君臣之間的心照不宣，官方辦書思維定會站在統治者的角度看待問題，禁毁書籍是遲早會發生的事。從第六通手札（乾隆三十八年）中的“删減”一詞來看，這已經顯露出以官學爲基礎的權利運行，而對這個權利是有著統一的思想認知的。陳垣在《書于文襄論四庫全書手札後》中説：“統觀諸札，辦書要旨：第一求速，故不能不草率；第二求無違礙，故不能不有所删改；第三求進呈本字畫無訛誤，故進呈本以外，訛誤遂不可問。”[②]

《四庫全書》對於進呈書籍的查檢相當嚴格，違礙書籍採取全毁、抽毁、挖改的辦法，去其違礙文字。于氏所定“舊書去取，寬於元以前，嚴於明以後”，被館臣採納，並在《四庫全書》的纂修過程中嚴格執行。《查辦違礙書籍條款》對明人書籍有毁譽任意、詞句抵觸者，皆列爲違礙，對明末清初之書的搜查則至爲苛刻。後世研究者多因此詬病《四庫全書》及《總目》。郭伯恭《四庫全書纂修考》對“寓禁於徵之實際情形”有較爲詳細的考述，其指出“乾隆三十八年，嚴旨屢下……其禁書意識已逐漸顯露”[③]。陳登原的《國史舊聞》有“修四庫全書爲禁書説”條[④]，對禁書意圖進行了詳細分析，並指出“四庫全書十疵”[⑤]。黄愛平《四庫全書纂修研究》稱：“禁書是繼徵書之後進行的一場查繳、銷毁所謂‘違礙’‘悖逆’書籍的活動。它始於乾隆三十九年（1774年）八月，直至乾隆五十八年（1793年）方告結束。較之徵書，禁書不僅花費時間更長，波及地區更廣，而且範圍也大大擴展，使我國古代

---

① 中國第一歷史檔案館編：《纂修四庫全書檔案》上册，上海：上海古籍出版社，1997年版，第117頁。

② 陳垣：《陳垣學術論文集》（第二集），北京：中華書局，1982年版，第45頁。

③ 郭伯恭：《四庫全書纂修考》，長沙：嶽麓書社，2010年版，第19頁。

④ 陳登原：《國史舊聞》（第三分册），北京：中華書局，1980年版，第461頁。

⑤ 陳登原：《國史舊聞》（第三分册），北京：中華書局，1980年版，第573頁。

尤其是宋元以後的文化典籍，遭到了一次前所未有的巨大浩劫。”[1]就明代文學而言，何宗美先生發現四庫館臣對明代文學評價受時代性和官學性局限[2]。

（三）謄録人員的配備

關於謄録人員添列一事，頗費周折。手札第四通、十五通、二十通、二十四通、二十五通、二十六通均有涉及。

謄録官一事是纂修書籍較爲緊要處，書籍謄録本身就是一項繁瑣的工作。書籍校勘後主要是抄寫，由於《四庫全書》卷帙浩博，謄録人員衆多，張昇先生認爲“謄録是四庫館中人數最多的人員”[3]，“前後在館的謄録爲三千人以上”[4]。于敏中五十六通函札中，至少有六函涉及到謄録事宜，包括謄録官的選用，謄録官的數量以及謄録工作的要求等。在信函中，于敏中爲謄録人員添置一事甚爲煩惱，如第四通云“謄録一項，現在毋庸再添，其詳已具王大宗伯啓中，想必致閱也”，第十五通又云，“頃有人云：謄録中有未補而寫書者，有已補而不寫者，其説確否？未補而先寫，尤所未喻，希查明密示”，第二十通語氣甚爲嚴厲，不允王際華無故添傳謄録，札云“遺書毋庸録副，與愚前奏相合，至應抄之書，即交四百謄録繕寫，毋庸另添謄録，前已面奏允准，隨即寄信通知館中，衆所共聞者。今日王大人忽又有因遺書添傳謄録，與原奏不符，斷不可行也”。在處理謄録人員工作量時，于敏中提出“候補謄録即傳令抄書，未補之前所寫之書，如何核計，似當定以章程，方爲周妥”。在于敏中強硬態度之下，謄録添傳一事告一段落。但于敏中在寫給陸錫熊的信中依舊耿耿於懷，其稱“(無故添人，

① 黄愛平：《四庫全書纂修研究》，北京：中國人民大學出版社，2001年版，第38頁。

② 何宗美、張曉芝：《〈四庫全書總目〉的官學約束與學術缺失》，北京：人民文學出版社，2017年版，第16頁。

③ 張昇：《四庫全書館研究》，北京：北京師範大學出版社，2012年版，第222頁。

④ 張昇：《四庫全書館研究》，北京：北京師範大學出版社，2012年版，第235頁。

實非好事，言之再三而不見聽，亦無可如何耳。）謄録之事，若再有更張，即易招物議，幸已安帖。然所辦究未老到，恐仍不免口舌耳”。也就是説，在于敏中努力下，乾隆三十八年八月初八日（第二十六通）謄録無故添派一事告一段落。于敏中之所以如此緊張謄録添派一事，或是因早在三十八年閏三月十一日《辦理四庫全書處奏遵旨酌議排纂四庫全書應行事宜摺》中有嚴格明確的規定：“謄録一項，前經臣等奏明酌取六十名在館行走，僅供寫録《永樂大典》正副本之用。今恭繕四庫全書陳設本一様四分，卷帙浩瀚，字數繁多，必須同時分繕成編，庶不致汗青無日，而其字畫均須端楷，又未能日計有餘，非多派謄録人員不能如期蕆役。臣等公同酌議，令現在提調、纂修各員於在京之舉人及貢監各生内擇字畫工緻者，各舉數人，臣等覆加閲定，共足四百人之數，令其充爲謄録，自備資斧效力。仍核定字數，每人每日寫一千字，每年扣去三十日，爲赴公所領書交書之暇。計每人每年可寫三十三萬字，並請照各館五年議叙之例，核其寫字多少以爲等差。如五年期滿，所寫字能逾十分之三以上者，列爲頭等，准咨部議叙。其僅足字數者，次之。若寫不足數，必須補寫完足，方准咨部。如此則人知奮勉，其書可冀速成。至應寫書内，如《禮器圖式》《西清古鑑》等書内，應繪圖樣頗多，並擬另行酌選通曉畫法之貢監生等十員作爲謄録，令其一體效力，以資辦公。”① 又或因爲書籍抄録是完成《四庫全書》纂修的最關鍵環節之一。

修書工作之弊，除思想層面上的官學約束，在管理層面上也出現過問題。乾隆三十八年爲修書之初年，就已出現“謄録中有未補而寫書者，有已補而不寫者”的現象，後竟有賄買案發。張昇《四庫全書館研究》第六章“四庫館謄録”有較爲詳細的考證，可參看。

---

① 中國第一歷史檔案館編：《纂修四庫全書檔案》上册，上海：上海古籍出版社，1997年版，第77–78頁。

需要指出的是，謄録配備中有一部分“特殊”謄録，又有關於謄録的特別稱謂，今據《纂修四庫全書檔案》録關於謄録資料如下，以備一考。

篆隸謄録：四庫館謄録官。選派精於篆隸字體、鐘鼎古文，並通曉六書之人充任謄録。乾隆三十九年十月十九日《多羅質郡王永瑢等奏請准候補謄録額外效力並添篆字繪圖謄録摺》云：“查應繕遺書内，如許慎《説文》、郭忠恕《汗簡》、樓昉《漢隸字源》等類，多專係篆隸字體及鐘鼎古文，必得通曉六書者，方能篆寫無誤。而現在謄録内尚無其人，難以發繕，應請添設篆字謄録四名，於在京之舉貢監生内，擇其精於篆學者，召募充補，仍照各謄録之例，一體辦理。”[①] 檢文淵閣本《四庫全書》,《説文解字》書前題“篆隸監生 郎錦騊”,《説文解字篆韻譜》題“篆隸監生 岳守恬”,《汗簡》題“篆隸監生 歸元培”等。

繪圖謄録：四庫館謄録官。天文、算術等特殊著作，需要選派精於繪圖之人充任謄録。乾隆三十九年十月十九日《多羅質郡王永瑢等奏請准候補謄録額外效力並添篆字繪圖謄録摺》云：“應繕天文算法各書内，圖樣極多，其中尺寸踈密，銖黍難差，必須略識推步者，方能佈置無訛，自非原設繪圖之謄録等所能通曉，亦應請於欽天監天文算學生内，擇其諳悉圖象者，挑取二名充作謄録，在館一體行走。”[②]《乾坤體義》書前題“繪圖監生 林皋”,《天問略》題“繪圖監生 周履信”，也有繪圖謄録和一般謄録共同負責一書的，如《測量法義》書前題“謄録監生 王志遠，繪圖監生 劉秉仁”。

在館謄録：四庫館在職謄録官。指的是經過一定程式選派，或從進士科考試落榜者中選定，或由總裁等人推薦，或自行保

① 中國第一歷史檔案館編：《纂修四庫全書檔案》上册，上海：上海古籍出版社，1997年版，第278頁。

② 中國第一歷史檔案館編：《纂修四庫全書檔案》上册，上海：上海古籍出版社，1997年版，第278頁。

舉，在四庫館進行繕録事宜的官員。在館謄録，又有一些是經過乾隆指定的，如乾隆三十八年三月二十三日，諭内閣陸蓉等十四名人員，有願在辦理四庫全書處效力者，准其在謄録上行走[①]。乾隆四十一年五月二十六日，又有"此次巡幸山東、天津兩處，召試所取二等之舉人、貢監生員等，著照上屆巡幸天津召試二等各生之例，有願在四庫全書處效力者，俱准其謄録上行走"。乾隆四十一年九月二十一日"原任大學士朱軾之孫監生朱世德，現在來京，著加恩在四庫全書處謄録上行走"。在館謄録滿五年後方得議叙，一般得官之位較低。

候補謄録：四庫館非在職謄録官，然依舊參與繕録工作。《四庫全書》繕録事最爲繁雜，謄録人員最多。候補人員是主動願意效力人員，先行具呈報明，先在額外行走，需要人員時則挨次頂補。其未補缺以前繕寫之書，統計字數若干，入於贏餘項下，照奏明之例，分别議叙。此項安排，主要是考慮將繕録事宜向前推進。

武英殿行走謄録：在館謄録官之一種，日常課程是進行書籍繕録工作，同時也兼管處理本處相關事務。武英殿謄録工作和議叙在修書工作開始時稍有差别，據王際華奏，"查各館謄録，並經吏部奏定，統以扣足五年爲滿，惟武英殿行走謄録，向以事務稍簡，定限六年，方准報滿"，但後來武英殿行走謄録事務倍增，與各館並無繁簡之别，經乾隆同意"將武英殿行走謄録，並照各館之例，一體五年報滿"[②]。

四庫全書處的謄録人員，是各司其職的。在翰林院和武英殿供職者，皆有謄録官進行書籍繕録工作。部分特殊書籍的編纂，則單獨調撥謄録進行謄寫工作，如《欽定四庫全書薈要》，這部

---

① 中國第一歷史檔案館編：《纂修四庫全書檔案》上册，上海：上海古籍出版社，1997年版，第67頁。

② 中國第一歷史檔案館編：《纂修四庫全書檔案》上册，上海：上海古籍出版社，1997年版，第391頁。

書是“欽定”的，因此謄録人員配備較爲嚴格。于敏中奏請將《薈要》覆校改爲分校摺中説：“查本處額設分校官二十二員，覆校官十二員。向以分校收校謄録之書，以覆校稽核分校之書，層層相臨，原期毫無舛誤。但行之既久，覺多一層轉折，即多數日稽遲，且或分校、覆校彼此互相倚恃，反致多有掛漏。應請將《薈要》覆校通改爲分校，所有謄録二百人，均勻分派，每員約管六人，則每日僅各收繕書六千字，儘可從容詳校。”[①] 正史修纂所需謄録官亦是單獨指派，乾隆四十二年四月十二日，又據《刑部尚書英廉等奏擬再添派編修平恕等趕辦三史摺》説：“三史（《遼史》《元史》《明史》）所用謄録、供事，向由方略館撥派，今仍於該館撥派謄録十名、供事十六名，以供書寫抄謄之用。”[②] 部分官辦之書也存在固定謄録的情形，阿桂、于敏中、和珅、董誥上奏《滿洲源流》一書辦理情形云：“現在趕辦《平定兩金川方略》並《大清一統志》《西域圖志》《熱河志》及《元、遼史》《明紀綱目》《明史本紀》等書，各有卯限。原設之謄録、供事僅供各書之用，難以再爲分撥。”[③] 從以上史料可推斷，謄録人員配備之事是相當複雜的。

（四）四庫館臣珍稀史料

于敏中手札的文獻和史料價值還體現在信函中提到的部分四庫館臣。手札中所涉之人之事，對了解館中工作動態、館臣具體任務以及各館臣之間的協調關係有重要價值。通觀手札所載，共提及陸錫熊、紀昀、陸費墀、勵守謙、梁國治、邵晋涵、蔣賜棨、

① 中國第一歷史檔案館編：《纂修四庫全書檔案》上册，上海：上海古籍出版社，1997年版，第488頁。

② 中國第一歷史檔案館編：《纂修四庫全書檔案》上册，上海：上海古籍出版社，1997年版，第585–586頁。

③ 中國第一歷史檔案館編：《纂修四庫全書檔案》上册，上海：上海古籍出版社，1997年版，第721頁。

曹仁虎、王際華、戴璐、劉統勳、周永年、余集、戴震、楊昌霖、沈孫璉、施培應、龔大萬、汪如藻、王汝嘉、李友棠、戈源、許寶善、馮應榴、翁方綱、朱筠、竇光鼐、嵇璜、宋銑、劉錫嘏、孫永清三十一位四庫館臣。手札真實記録了這些館臣的職責分工，一方面確可補相關史闕，另一方面有助於我們進一步瞭解《四庫全書》的編纂過程。需要指出的是，手札中的部分四庫館臣事蹟在其他史料中未見，頗爲珍貴。基於此，現將史料中未曾載録的部分館臣修書事蹟略作考證。

1. 曹仁虎。手札第八通、十一通、三十通、三十一通、三十二通以來寅、習庵相稱。曹仁虎，字來寅，又字來殷、萊殷、來應，別號習庵，嘉定人，乾隆二十二年，聖駕南巡，仁虎獻賦行在，召試列一等，特賜舉人，授内閣中書。乾隆二十六年，成進士，改翰林院庶吉士。散館，授編修。據于敏中手札，乾隆三十八年（1773）曹仁虎負責辦理《熱河志》，第八通稱“又，前日詢催《熱河志》，可即促來寅儹辦，仍將現辦情形若何，先行寄知”；第十一通説“《熱河志》屢奉詢催，萬難再緩。可切致習庵，其‘互相查證及繕齊彙交’云云，乃歷來推託耽延之故調，幸勿以此相誑也”。第三十通及三十一通又催促曹仁虎查《熱河志》各件數據。于敏中最後親向曹仁虎、陸錫熊傳授辦此書之法，第三十二通云：“至《熱河志》内表及凡例，非目下所急，暫存此，俟得暇閲定寄回。其《千佛閣碑文》及河屯協涖官月日，俟查明再寄。惟所查各處行宫間架、方向、新舊俱有，愚意竊謂可以不必此時，若欲細查間架、方向，非親履其地不能真灼。熱河一處已難一一身經目睹[①]，他處更勢有不能，况舊纂之書，並未繁瑣及此，何必爲此費力不討好之事。若如來單所云，細加查核，則不但今年不完[②]，即明年亦未能竟其役，且恐告成之日，遥遥莫必，無此辦書法也。

① 按，原文于氏於“已”字後點删“不能”二字。
② 按，“則”字後，于氏點删“此志書”三字。

况原奉諭旨改正原稿本，因古今疆域不合，及對音字面不准，此時惟當注力於此，庶可早完，若欲節外生枝，徒自苦而無益，切勿誤辦也。至各廟扁對，及各行宫扁對，（前所須查者係白玉觀音像，而此次未録，何耶？類此者，即速查寄爲妥。）原稿如已載，則仍之，否則難以遍及，若果必需，則當較間架、方向易辦，速寄信來。率佈覆候。餘再悉。習庵、耳山兩年兄同啓。”

2. 戴璐。手札第十六通、二十通稱“菔塘”。戴璐，字敏夫，號菔塘，一號吟梅居士、藤陰，室名石鼓齋、秋樹山房，歸安（今浙江省湖州市）人[①]。據姚鼐《中議大夫太僕寺卿戴公（璐）墓誌銘并序》云，戴璐“充文淵閣詳校官”[②]。戴璐事蹟，《國史列傳》《清史稿》等皆不載，僅姚鼐言及戴璐充文淵閣詳校官一事。而《總目》卷首職名表中亦無戴璐其名，任詳校官時間也無從考知。但據手札可推斷，戴璐任詳校官當屬實，任職時間在三十八年。第十六通云："菔塘所校《鶡冠子》可爲盡心，其各條内有應斟酌者，俱已簽出，（“嘣其里”一條，則竟駁去，未知當否，并酌）足下同爲酌定之。愚所閲四條止一條相合，今復檢寄菔塘，囑其更加詳勘。落葉之喻，自昔有之，菔塘不必以此加意也。”第二十通稱："《鶡冠子》，菔塘添出之處甚多，（校書如掃落葉，出自何書，便中希查示。）此番可謂盡心。但止寄簽出之條，無書可對，難於懸定。因將來單寄回，足下可併前日之單，同原書校勘，酌其去留，無庸再寄此間也。”從上述兩函可知，戴璐校勘《鶡冠子》得于敏中稱讚，其充詳校官亦是情理之中。但文淵閣本庫書《鶡冠子》每卷卷前繕簽所署詳校官爲中書李采，而非戴璐，不知何故。

3. 馮應榴。第四十六通云“遺書事，另囑星實寄信諸公妥議”，

---

① 楊廷福、楊同甫：《清人室名别稱字號索引（增補本）》下册，上海：上海古籍出版社，2001年版，第957頁。按，《中議大夫太僕寺卿戴公（璐）墓誌銘并序》作“長興戴公”，長興，今屬浙江湖州。

② 姚鼐：《惜抱軒全集》文後集卷七，臺北：世界書局，1984年版，第273頁。

星實即馮應榴。《清史列傳》《馮君墓表》《清實録》以及秦瀛《鴻臚寺卿星實馮君墓表》等載有其事蹟。馮應榴對修史、修書工作做了很多事情，如校刻《舊五代史》任總纂，《御批歷代通鑑輯覽》任收掌官，《平定准噶爾方略》任收掌官，《欽定捕臨清逆匪紀略》任漢纂修官，《欽定蘭州紀略》任漢提調官等。今在“欽定四庫全書勘閲繕校諸臣職名”中有馮應榴名録，其四庫館銜爲提調官（浙本作“翰林院提調官”①）。據張昇先生考，翰林院提調的主要工作包括收發圖書、文移、稽查功課、處理還書及蓋印記；而武英殿提調負責的工作要多很多，除了與翰林院提調有相同工作外，“裝潢書籍、經管補缺、議敘、定稿、行文諸事”，爲謄抄本字畫潦草負責，追查遺失底本等也是其工作②。那麽，“遺書事”爲何事？結合手札推測，所謂“遺書事”總體上指的是書籍的分類與收發，包括對進呈書籍刊、抄、存的擇選，發放並收回給謄録抄寫的書籍。需要指出的是，馮應榴也曾參與書籍校勘工作。據《清史列傳》所載，馮應榴尤肆力於詩，因蘇軾詩注本疏舛尚多，曾合注蘇詩五十卷附録五卷③；錢大昕《與馮星實鴻臚書》一文也是與馮應榴討論蘇軾詩注問題④。今《總目》之中在查慎行《補注東坡編年詩》提要中有這樣一句：“其他訛漏之處，爲近時馮應榴合注本所校補者，亦復不少。”⑤這是《總目》在書籍提要内容之中唯一一處提到

---

① 紀昀等：《欽定四庫全書總目》卷首二職名，北京：中華書局，1997年版，第17頁。

② 張昇：《四庫全書館研究》，北京：北京師範大學出版社，2012年版，第220頁。

③ 清國史館編：《清史列傳》第九册卷七一，周駿富輯《清代傳記叢刊》第一〇四册綜録類二，臺北：明文書局，1985年版，第844－845頁。

④ 錢大昕撰，吕友仁校點：《潛研堂集》上册，上海：上海古籍出版社，2009年版，第644－645頁。

⑤ 紀昀等：《欽定四庫全書總目》下册，北京：中華書局，1997年版，第2065頁。按，文淵閣庫書《蘇詩補注》書前提要没有此句。參《景印文淵閣四庫全書》第一一一一册，第5頁。文溯閣、文津閣庫書書前提要亦無此句。參《文溯閣四庫全書提要》第四册，北京：中華書局，2014年版，第2836頁；《文津閣四庫全書提要彙編》集部上，北京：商務印書館，2006年版，第177頁。

健在四庫館臣的記録[①]，説明四庫館臣在校勘蘇集時，不僅參考了馮應榴注本，而且馮應榴本人抑或參與其中。

4. 戈源與許寶善。第三十七通云："《日下舊聞》，戈、許兩君分校，恐成書更遲，不知曾略有端倪，足下得見之否？"據此知《日下舊聞考》一書，戈、許兩君分校。戈，指戈源；許，指許寶善。在《欽定日下舊聞考·職銜》中有此二人，戈源官纂修，許寶善官總纂[②]，皆非分校，蓋纂修書籍過程中有所調整。乾隆四十九年（1784）十一月初六日《諭承辦〈日下舊聞考〉等書之總裁等官著分别加級紀録》記載，"陸費墀、孫士毅、竇光鼐、戈源、潘曾起、許寶善、張燾、蔡廷衡、吴錫麒、闞槐、陸伯焜、孫希旦俱著紀録二次"[③]，戈、許二人具在列。戈源，字仙舟，自號橘浦，戈濤弟[④]。據《大清畿輔先哲傳》知，戈源爲乾隆十九年進士[⑤]。由庶吉士官御史，歷官太僕寺少卿，山西學政。源工詩，其作收於《國朝畿輔詩集》《晚晴簃詩彙》等。許寶善事蹟散見於《清實録》《青浦縣志》《清代官員履歷檔案全編》之中，據上述史料知許寶善，字斅虞，號穆堂，江蘇青浦（今屬上海市）人，乾隆二十一年（丙子）舉人[⑥]，二十五年進士，六月二日内閣、翰林院帶領新進士引見，得旨，"著分部學習"[⑦]，授户部主事，歷員外郎中，擢浙江、

---

① 按，文淵閣、文溯閣、文津閣庫書《蘇詩補注》書前提要並無此句。

② 于敏中、英廉等：《欽定日下舊聞考》卷首職銜，《景印文淵閣四庫全書》第四九七册，臺北：臺灣商務印書館，1986年版，第8頁。

③ 中國第一歷史檔案館編：《纂修四庫全書檔案》下册，上海：上海古籍出版社，1997年版，第1808–1809頁。

④ 戈濤著，劉青松輯校：《坳堂詩文集》附録二《獻縣戈芥舟先生年譜》，保定：河北大學出版社，2016年版，第275頁。

⑤ 徐世昌：《大清畿輔先哲傳》卷三三，周駿富輯《清代傳記叢刊》第二〇〇册綜録類一一，臺北：明文書局，1985年版，第657頁。

⑥ 楊卓主修，王昶纂修：《青浦縣志》卷二二科目，乾隆五十三年尊經閣本，第14頁。

⑦《清實録》第一六册第六一四卷，北京：中華書局，1986年版，第902頁。

福建道監察御史[①]，兩充順天鄉試同考官，以墜車傷足，乞假。據手札知許寶善參與《日下舊聞考》編纂。《欽定日下舊聞考》卷首職銜中，許寶善爲總纂[②]。此書乾隆四十八年（1783）二月初五日告竣，准議叙。於是，四十九年十一月初六日《諭承辦〈日下舊聞考〉等書之總裁等官著分别加級紀録》有載："竇光鼐……許寶善、張燾，俱著紀録二次。"[③]

5. 宋銑與劉錫嘏。第五十四通云："《子淵集》'迺賢'作'納新'，對音甚不妥，不知館上何人所定……祈即告之小岩、純齋，囑其即爲另酌，並將何時改譯之處寄覆。"這裏涉及到兩位對音官。小岩，即宋銑。銑"字舜音，號小岩，江南吴縣人，散館授編修，歷官湖南衡州府知府，罷復授編修"[④]。純齋，即劉錫嘏。錫嘏事蹟正史無傳，據《清實録》《書林藻鑑》《國朝書畫家筆録》《清畫家詩史》《甌鉢羅室書畫過目考》等作者小傳記載，略得信息如下：錫嘏，字純齋，一字淳齋，號拙存，順天通州人，乾隆己丑（三十四年）進士，官江蘇淮徐道，精書法，工墨梅，有《十硯齋集》[⑤]。宋銑、劉錫嘏在浙本《總目》職名表中爲提調官，據此函知其二人兼任四庫對音官，又據《纂修四庫全書檔案》知，

---

① 按，乾隆五十三年《青浦縣志》卷二二科目記載："許寶善，乾隆庚辰進士，官浙江道御史。"（《青浦縣志》卷二二科目，第22頁）

② 于敏中、英廉等：《欽定日下舊聞考》卷首職銜，《景印文淵閣四庫全書》第四九七册，臺北：臺灣商務印書館，1986年版，第8頁。

③ 中國第一歷史檔案館編：《纂修四庫全書檔案》下册，上海：上海古籍出版社，1997年版，第1808頁。按，朱筠爲總纂官之一，未參與議叙，因其已故。鯤池書院在浙江寧波，玉峰書院位於臺灣嘉義，《上海縣志》記載："敬業書院初名申江書院，在縣署北，明潘恩宅也。"

④ 朱汝珍：《詞林輯略》卷四，周駿富輯《清代傳記叢刊》第一六册學林類一八，臺北：明文書局，1985年版，第191頁。

⑤ 按，主要見李濬之《清畫家詩史》丁下，周駿富輯《清代傳記叢刊》第七六册藝林類一二，臺北：明文書局，1985年版，第263頁。竇鎮《國朝書畫家筆録》卷二，周駿富輯《清代傳記叢刊》第八二册藝林類二二，臺北：明文書局，1985年版，第196頁。

宋、劉又參與《金史》《遼史》《元史》《明史》《大清一統志》等書籍編纂，任纂修官。

《于文襄手札》的學術價值不止上述幾點，略陳數言於此，以期抛磚引玉。至於手札所透露出的文獻整理思想、書籍編纂方法、學術思想與官學態度、明清易代及史料篡改等諸多問題則需另文探究，此不詳述。

整理說明

一、《于敏中致陸錫熊手札箋證》包括釋文、繫年、箋證三部分主體内容。所據版本爲國家圖書館藏于敏中手札稿本，同時參照1933年北平圖書館影印《于文襄手札》。

二、1933年影印本係陳垣先生考證手札寫作時間先後編次完成的整理本，然陳本所考亦有錯亂之處。今按考訂結果，採用“以年繫札”方式重新排序。繫年與箋證内所提及的手札順序原則上皆以此箋證本爲准，若必須提及陳（垣）本、胡（適）跋所排之序，則予以注明。

三、每一札前標記“第 × 通”，同時標注陳本順序，即“陳垣本第 × 通”，以便對照。

四、乾隆三十八年共有廿八通信函，與三十九年至四十一年三年信札總和相當，今以七月初一日函爲界分上下兩編，以示結構清晰。

五、考識力求準確無誤，遇有無法辨識者以□標示。遇有塗改之處，酌情加頁下注。爲清晰起見，且能相互對照，今將每通手跡原文製作圖片置於書中，之後是釋文、繫年及箋證。圖片所依之本爲中華再造善本之《于文襄手札》。爲保留手札原貌，文中的異體字、筆誤等徑直以原字識讀，酌加按語。如手札原文中復與複、襍與雜、為與爲、蹟與跡、紙與帋等常混用，皆按原文文字識讀。

六、識讀文字統一爲楷體，加新式標點，繫年、箋證部分用宋體予以區分。手札天頭、地脚出現的補充文字，視具體情形，或隨文識讀，或置於札後附記之中。函中雙行小字部分，用（ ）標識，隨正文識讀。

七、手札中的人名、字號、地名、史料、專用名詞等信息均在箋證部分詳細箋釋。

八、所涉歷代著述，清代以前酌加朝代標示，清代文獻皆省略不注。

九、箋證部分廣採相關史料，遇有冗繁或前後齟齬之史實，於註脚中加按語説明。

十、文後附録各家序跋、手札版本、手札鈐印、于敏中事蹟、諸家考證順序對照表等相關資料，以備研究之用。

乾隆三十八年（上）

第一通（陳垣本第一通）

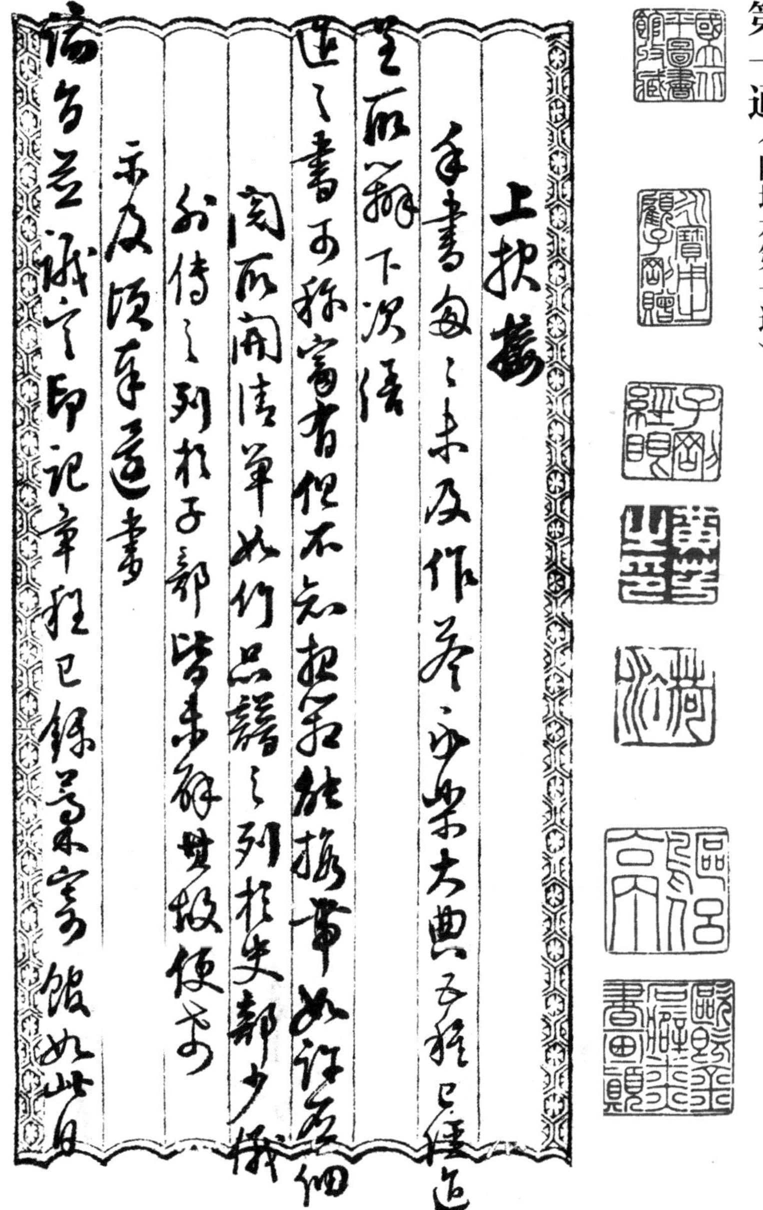

手信無遺失訊，但為提調諸公多

陸一帆可赤佛奉假矣

耳山年兄文几

曉嵐先生均此致　中頓　五月十六日

候同事諸公並

致爾念之

御製丹田詩有注　經世圖詩有序　因字多未全寫

將來時冠卷首　似須備載

前文如無誤，接及即寫信來，以便核對也

釋　文

上報接手書，匆匆未及作答。《永樂大典》五種已經進呈，所辦下次繕進之書，可稱富有，但不知報箱能携帶如許否？細閲所開清單，如《竹品譜》之列於史部，《少儀外傳》之列於子部，皆未解其故，便希示及。頃奉還書諭旨並議定印記、章程，已録稿寄館，如此自可保無遺失、訛舛，但爲提調諸公多添一忙耳。率佈奉候，不一一。耳山年兄文几，曉嵐先生均此致候，同事諸公並致相念，又拜。

中頓首　五月十八日

［附記］御題《井田譜》有注，《經世圖譜》有序，因字多未全寫，將來謄冠卷首，似須備載。尊處如無准稿，可即寄信來，以便抄寄。[1]

繫　年

《于文襄手札》五十六通，此爲第一通，作於乾隆三十八年（1773）五月十八日。

據乾隆三十八年五月十七日軍機處上諭檔《諭内閣著總裁等將進到各書詳核彙爲總目並妥議給還遺書辦法》載，“所有各家進到之書，俟校辦完竣日，仍行給還原獻之家。但現在各省取進書已屬不少，日後自必陸續加多，其如何分别標記，俾還本人，不致淆混遺失之處，著該總裁等妥議具奏”[2]，知函中“頃奉還書諭旨並議定印記、章程”當是此事。又乾隆三十八年五月十八日軍機處上諭檔《大學士劉統勳等奏遵議給還遺書辦法摺》：“臣等酌議刊刻木記一小方，印於各書面頁，填注乾隆三十八年某月、某省、

---

① 按，手札旁所鈐印章的識讀見於附録三《〈于文襄手札〉鈐印》。

② 中國第一歷史檔案館編：《纂修四庫全書檔案》上册，上海：上海古籍出版社，1997年版，第117頁。

督撫某、鹽政某送到，某人家所藏，某書計若干本，並押以翰林院印，仍分别造檔存記。將來發還之日，即按書面木記查點明白，注明底檔，開列清單，行文各督撫等派員領回，按單給還藏書之家，取具收領存案。”[①] 據此可知，此函作於乾隆三十八年五月十八日[②]。《清實録·高宗實録》卷九三五亦有詳細記載，與劉統勳所奏幾近相同[③]。

箋 證

此札主要云及還書諭旨、印記、章程、書籍歸類、御題詩處置諸事。

關於還書一事，在徵訪遺書時即經由乾隆諭旨初定。乾隆三十七年（1772）正月初四日諭曰：“其有未經鎸刊，衹係鈔本存留，不妨繕録副本，原書給還。”[④] 三十七年以後陸續有多道諭旨及大臣奏議涉及“給還原書”[⑤]，直至三十八年五月十八日劉統勳上奏

---

① 中國第一歷史檔案館編：《纂修四庫全書檔案》上册，上海：上海古籍出版社，1997年版，第118頁。按，此段“填注”後句讀應爲“乾隆三十八年某月、某省、督撫某、鹽政某送到某人家所藏某書，計若干本”，如北京大學圖書館藏“大倉文庫”中有多本四庫進呈本書籍，其中《江表志》封面印有“乾隆三十八年十一月浙江巡撫三寶送到吴玉墀家藏江表志壹部計書壹本”牌記，與奏文所言可一一對應。

② 按，胡適《跋〈于文襄手札〉影印本》繫於三十八年（見《胡適全集》第十三卷，合肥：安徽教育出版社，2003年版，第530頁），徐慶豐《〈于文襄手札〉考釋——並論于敏中與〈四庫全書〉纂修》（北京師範大學碩士學位論文2005年，第4頁）亦繫於此年。箋證本附録“各本繫年對照表”，可參看。

③《清實録》第二〇册，北京：中華書局，1986年版，第578頁。

④ 中國第一歷史檔案館編：《纂修四庫全書檔案》上册，上海：上海古籍出版社，1997年版，第2頁。

⑤ 乾隆三十七年十一月二十五日《安徽學政朱筠奏陳購訪遺書及校核〈永樂大典〉意見摺》：“首先購取，官抄其副，給還原書，用廣前史藝文之闕，以備我朝儲蓄之全，則著述有所原本矣。”（《纂修四庫全書檔案》，第20頁）乾隆三十八年二月初六日《大學士劉統勳等奏議覆朱筠所陳採訪遺書意見摺》：“至官其副給還原書之處，久經欽奉諭旨，遵照辦理，不必另定章程。”（《纂修四庫（轉下頁）

歸還遺書辦法。這一問題黄愛平在“翰林院底本的庋置”一節中有所論述[①]。至於還書議定的印記和章程，存世史料極少。據此手札可知，于敏中是將劉統勳所擬議的印記、章程録稿郵寄至四庫全書館。現在關於還書章程，大略如劉統勳所上奏的“給還遺書辦法摺”所言。關於印記如何，尚有跡可查。據杜澤遜《四庫存目書進呈本之亡佚及殘餘》一文所舉之例云：“北京圖書館藏《太易鉤玄》三卷，清鈔本，封面有‘乾隆三十八年十一月浙江巡撫三寶送到吴玉墀家藏太易鉤元壹部計書壹本’長方四行木記。翰林院印，左爲滿文，右爲漢文，印文爲‘翰林院印’四字，朱文大方印。鈐蓋在首葉上方。”[②] 按，《北京圖書館古籍善本書目》經部易類著録《太易鉤玄》一書，“一册，十行二十字無格”[③]，並未注明此書爲四庫進呈本。《中國古籍總目》未著録此書。

又，檢王重民《中國善本書提要》，有二十餘條信息涉及到四庫底本、進呈本，這些四庫底本或進呈本都有一個明顯特征，即鈐有“翰林院印”印章。如《中國善本書提要》著録美國國會圖書館所藏十卷本《吴都文粹》，其書封面印有戳記：“乾隆三十八年十一月，浙江巡撫三寶進到鮑士恭家藏《吴都文粹》壹部，計

（接上頁）全書檔案》，第51頁）乾隆三十八年閏三月初三日《諭軍機大臣著李質穎查訪淮陽馬姓等家藏書借抄呈進》：“著傳諭李質穎，即遵旨妥辦，查訪藏書内流傳已少及現在並未通行各書，向其家借出，繕録副本呈送，其原書速行給還。”（《纂修四庫全書檔案》，第73頁）乾隆三十八年閏三月二十日《兩淮鹽政李質穎奏解送馬裕家書籍摺》其後硃批云：“俟辦完四庫全書，仍將原本發還，留此亦無用也。”（《纂修四庫全書檔案》，第87頁）

① 黄愛平：《四庫全書纂修研究》，北京：中國人民大學出版社，2001年版，第165－173頁。

② 杜澤遜：《四庫存目書進呈本之亡佚及殘餘》，見淡江大學中國文學系編《兩岸四庫學：第一屆中國文獻學學術研討會論文集》，臺北：臺灣學生書局，1998年版，第111頁。

③ 北京圖書館編：《北京圖書館古籍善本書目》第一册，北京：書目文獻出版社，1987年版，第25頁。

書六本。"[①]卷内鈐有"翰林院印"大方印。《中國善本書提要補編》著録原北京圖書館藏《唐會要》一百卷，據王氏云，卷内亦鈐有"翰林院印"滿漢文大方印，書衣有戳記"乾隆三十八年十一月浙江巡撫三寶送到汪啓淑家藏《唐會要》壹部，計書貳拾肆本"[②]。《補編》又著録原北京圖書館藏《國朝典彙》二百卷，鈐有"翰林院印"滿漢文大方印，書衣印記爲"乾隆三十八年十一月浙江巡撫三寶送到□□家藏《國朝典彙》壹部，計書肆拾本"[③]。又著録有《官爵志》三卷，卷内有"玉墀""翰林院印"等印章，封面依舊有戳記"乾隆三十八年十一月浙江巡撫三寶送到吴玉墀家藏《官爵志》壹部，計書壹本"[④]。通過杜澤遜與王重民先生所見印記，其情形大略可知，只是存世書籍書衣所印皆爲乾隆三十八年十一月浙江巡撫三寶送到書籍，未見其他省份進呈書籍所印木記。劉薔在《"翰林院印"與四庫進呈本真僞之判定》一文中指出："後世判明是否四庫進呈本的主要依據，一是首頁正中上方是否鈐有'翰林院印'

---

① 王重民:《中國善本書提要》，上海:上海古籍出版社，1983年版，第485頁。按，餘下五種四庫底本分别是:(1)《蘇氏演義》二卷(北圖)，"卷内鈐:'翰林院印'滿漢文大方印，四庫全書館所輯《永樂大典》底本也。卷上'縣''觀'兩條，原並有注，眉端批云:'此案依初進本，用黄簽。'"(第330頁);(2)《金氏文集》二卷(北圖)，"此本爲四庫館臣所輯《大典》初稿，富臨序後有《提要》一節，與刻本不同，蓋亦館臣所初擬。然此已爲從《大典》輯出後之勒定本，蓋館臣再改正差别文字，始據以鈔入閣書，而《提要》亦同時改定矣"(第518頁);(3)《東庵集》四卷(北圖)，"此爲四庫館臣所輯《大典》稿本，卷一末有《金氏文集提要》三葉，蓋誤訂於此也。卷内有'翰林院印'滿漢文大方印"(第537頁);(4)《積齋集》五卷(北圖)，"卷内有'翰林院印''温陵黄氏藏書'等印記。按是集自四庫館臣從《大典》輯出後，久無印本，近方刻入《四明叢書》第一集"(第541頁);(5)《羽庭集》六卷(北圖)，"此四庫全書館校勘《永樂大典》處校輯清本，據此以録入庫書者。凡所校正，或是原校官最後所校，或出於總校官之手，其原文十之六七當是《大典》原作也，至足寶貴……卷内有'翰林院印''温陵黄氏藏書'等印記"(第543頁)。

② 王重民:《中國善本書提要補編》，北京:北京圖書館出版社，1997年版，第25頁。

③ 王重民:《中國善本書提要補編》，北京:北京圖書館出版社，1997年版，第27頁。按，王重民記"書拾肆本"，誤。

④ 王重民:《中國善本書提要補編》，北京:北京圖書館出版社，1997年版，第35頁。

滿漢文大印；二是封面是否押有進書木記。書經重裝後往往會佚去原封面，致使許多進書木記未能保存下來，‘翰林院印’遂成爲判斷某書是否爲四庫進呈本的唯一標誌。”[①] 因此，在《中國善本書提要》及《補編》中，有數本書籍卷内鈐有“翰林院印”，但王重民先生却並未説明書衣印有木記，蓋如劉薔所言“書經重裝後往往會佚去原封面”，“進書木記未能保存下來”。

手札開端所云《永樂大典》五種，此函中提及其四，即《竹品譜》《少儀外傳》《井田譜》（當爲《周禮井田譜》）和《經世圖譜》（當爲《帝王經世圖譜》）。按，據《欽定四庫全書總目》（下稱《總目》），《竹品譜》實是《竹譜》四門類之一。《竹譜》十卷，元李衎撰，《少儀外傳》二卷，宋吕祖謙撰，于敏中此函目的之一是就此二書分類問題，與陸錫熊、紀曉嵐相商。所以，此後第二通手札提到“《竹譜》改入子部農家，《少儀外傳》改入經部小學，似爲相合”，第四通又言“《少儀外傳》仿《韓詩外傳》之例極爲妥合”，今檢《總目》，《竹譜》最終被列爲子部藝術類[②]，《少儀外傳》被列爲子部儒家類。由此可見，在《四庫全書》編纂的細節問題上，于敏中亦十分用心。于氏時任《四庫全書》正總裁，從其與陸、紀二人多次討論，反復磋商，亦可窺其爲人之謙遜。《周禮井田譜》二十卷，宋夏休撰，《四庫全書》列爲經部禮類存目，此書雖經御題却只存其目，蓋因“明唐樞作《周禮論》，力斥其謬……朱彝尊《經義考》注曰‘未見’，蓋無用之書，傳之者少也。惟

---

① 劉薔：《“翰林院印”與四庫進呈本真僞之判定》，《圖書館工作與研究》2006年第1期，第60頁。

② 紀昀等：《欽定四庫全書總目》上册，北京：中華書局，1997年版，第1493–1494頁。按，日本國立國會圖書館藏《知不足齋叢書》存二種，其中第二種爲《竹譜詳録》，係文政十三年庚寅（1830）舟生重長寫本。此本共七卷，左右單邊，横縱紅格，單魚尾，版心下方有“一雨書庫”硃記。此本爲寫本，朱、墨精校過兩次，朱筆爲一校，文政庚寅校過；墨筆爲二校，天保二年（1831）校過。又《知不足齋叢書》中有《竹譜詳録》刻本。

《永樂大典》之内全部具存，檢核所言，實無可采”[①]。事實上，關於《永樂大典》輯佚書著録之情形，並非簡單的“無用”“無可采”所能蔽之。此書四庫館臣從《永樂大典》輯出，因未刊刻現又佚失，至爲可惜[②]。這裏涉及到《永樂大典》輯佚的相關問題，這方面的研究已較爲成熟，如張昇《〈永樂大典〉流傳與輯佚研究》一書，《四庫館簽〈永樂大典〉輯佚書考》一文，及其《四庫全書館研究》第三章第二節“翰林院四庫館的辦書流程——大典本”，史廣超《四庫館臣輯〈永樂大典〉佚書考》《四庫館〈永樂大典〉缺卷考》等成果可資參閱[③]。《帝王經世圖譜》十六卷，宋唐仲友撰，《總目》列子部類書類。

耳山，指陸錫熊。《國朝詩人徵略初編》引《湖海詩傳》作者小傳云："陸錫熊，字健男，號耳山，江南上海人。乾隆二十六年進士。官副都御史。有《篁村詩集》。"[④]《清史稿》有不足百字傳記，云："乾隆二十六年進士。召試，授内閣中書。累遷刑部郎中。與紀昀同司總纂，旋並授翰林院侍讀。五遷左副都御史。旋以書有譌謬，令重爲校正，寫官所費，責錫熊與昀分任。又令詣奉天校正文溯閣藏書，卒於奉天。"[⑤] 陸錫熊授翰林院侍讀有確切時間記載，據乾隆三十八年八月十八日《諭内閣紀昀陸錫熊校書勤勉著授爲翰林院侍讀以示獎勵》旨云："辦理四庫全書處將《永樂

---

① 紀昀等：《欽定四庫全書總目》上册，北京：中華書局，1997年版，第297頁。

② 按，顔慶餘《〈周禮井田譜〉及〈問答〉輯考》(《中國典籍與文化》2014年第3期)一文，對《周禮井田譜》失傳有所考證，可參看。

③ 按，代表性的論文還有王重民《〈永樂大典〉的編纂及其價值》(《社會科學戰綫》1980年第2期)，曹書傑《〈四庫全書〉采輯“永樂大典本”數量辨》(《圖書館學研究》1986年第1期)，葉守法《〈四庫全書〉與〈永樂大典〉編纂規模的質疑》(《淮北煤炭師院學報》1999年第1期)，史廣超《〈永樂大典〉輯佚研究》(復旦大學博士論文，2006年)，史廣超《〈四庫全書總目〉未載四庫館〈永樂大典〉本輯佚書考》(《文藝評論》2011年第2期)等。

④ 張維屏：《國朝詩人徵略初編》(二)，周駿富輯《清代傳記叢刊》第二二册學林類二九，臺北：明文書局，1985年版，第317頁。

⑤ 趙爾巽等：《清史稿》第三六册，北京：中華書局，1977年版，第10771頁。

大典》内檢出各書，陸續進呈。朕親加披閱，間予題評，見其考訂分排，具有條理，而撰述提要，粲然可觀，則成於紀昀、陸錫熊之手。二人學問本優，校書亦極勤勉，甚屬可嘉。紀昀曾任學士，陸錫熊現任郎中，著加恩均授爲翰林院侍讀。"① 據此可知，陸錫熊由（刑部）郎中之職兼任翰林院侍讀。《湖海詩傳》記載稍詳，可補《清史稿》之不足，其記載主要集中於陸錫熊纂修《四庫全書》的貢獻："耳山博聞彊記，資禀絶人……頃之命輯《永樂大典》，復求天下遺書，開四庫館以薈萃之，校對數百人，謄録至千餘人，歷十年始成。而君與今大宗伯紀君曉嵐司其總。每進一書，仿劉向、曾鞏例作提要冠諸簡首。上閱而輒善之，特旨由刑部郎中授翰林侍講。文字受知，駸駸嚮用，典試者三，督學政者一。後因奉天所儲四庫館書中多脱落舛誤，奏請自往覆校，比至而病殁，時論無不痛惜。"② 陸錫熊詳細事蹟記載見於王昶《都察院左副都御史陸公錫熊墓誌銘》，兹據墓誌所記，略備履歷如下：

乾隆二十四年，舉於鄉；

二十六年，成進士；

二十七年春，恭遇南巡，獻賦行在，召試入一等，賜内閣中書舍人，旋充方略館纂修……當上意，進直軍機處；

三十三年十二月，遷宗人府主事，繼擢刑部員外郎，進郎中；

三十八年八月，以所撰提要稱旨，加恩授翰林院侍讀；

四十年二月，授右春坊右庶子，未幾擢侍讀學士；

四十年閏十月，充日講起居注官，又充文淵閣直閣事；

---

① 中國第一歷史檔案館編：《纂修四庫全書檔案》上册，上海：上海古籍出版社，1997年版，第145頁。

② 王昶輯：《湖海詩傳》卷二四，影印清嘉慶八年三泖漁莊刻本，《續修四庫全書》第一六二六册，上海：上海古籍出版社，2002年版，第108頁。按，此段文字又見於張維屏編《國朝詩人徵略初編》（二），周駿富輯《清代傳記叢刊》第二二册學林類二九（臺北：明文書局，1985年版，第317－319頁）；王昶著，周維德校點《蒲褐山房詩話新編》（北京：人民文學出版社，2011年版，第90頁），文字略有出入。

四十二年春，于敏中囑其撰進應奉文字，皆被旨俞允；

四十三年六月，授光禄寺卿；

四十七年五月，授大理寺卿；

五十一年十二月，提督福建學政；

五十二年，授都察院左副都御史，仍留學政任；

五十五年春，學政任畢，旋京《四庫全書》成，陸錫熊任編輯不任校勘……文溯閣舛錯脱漏尤甚，自請前往奉天校勘；

五十七年正月，復往會山海關，道中冰雪凍沍，至奉天病以寒卒。[①]

據殿本《總目》卷首職名表所載“翰林院勘閱編輯四庫全書官員職名”，陸錫熊、紀昀均爲總纂官[②]。陸、紀任總纂官時間可考。乾隆三十八年閏三月十一日劉統勳上奏《辦理四庫全書處奏遵旨酌議排纂四庫全書應行事宜摺》云：“臣等公同酌議，查現在纂修·翰林紀昀、提調·司員陸錫熊，堪膺總辦之任。”[③]又《清實録》也記載：“大學士劉統勳等奏纂輯《四庫全書》，卷帙浩博，必須斟酌綜覈，方免罣漏參差。請現充纂修紀昀，提調陸錫熊作爲總辦。”[④]“總辦”即“總纂”，陸氏與紀氏任此職時在乾隆三十八年閏三月十一日。于敏中寫作此信函時，二人時皆爲總纂官。

附見紀昀。紀氏事蹟主要見於朱珪《協辦大學士禮部尚書文達紀公昀墓誌銘》[⑤]，《清朝先正事略》卷二〇《紀文達公

---

① 王昶：《都察院左副都御史陸公錫熊墓誌銘》，《碑傳集》（三）卷三五，周駿富輯《清代傳記叢刊》第一〇八册綜録類三，臺北：明文書局，1985年版，第218—222頁。

② 紀昀等：《欽定四庫全書總目》卷首二，北京：中華書局，1997年版，第16頁。

③ 中國第一歷史檔案館編：《纂修四庫全書檔案》上册，上海：上海古籍出版社，1997年版，第77頁。

④《清實録》第二〇册，北京：中華書局，1986年版，第514頁。

⑤ 朱珪：《協辦大學士禮部尚書文達紀公昀墓誌銘》，《碑傳集》（三）卷三八，周駿富輯《清代傳記叢刊》第一〇八册綜録類三，臺北：明文書局，1985年版，第290—294頁。

事略》[①],《清史稿·紀昀傳》[②],劉權之、阮元、陳鶴三人所撰《紀文達公遺集序》[③]。今人周積明著有《紀昀評傳》一書[④],可參閲。

關於《井田譜》《經世圖譜》御題之作,于敏中建議"謄冠卷首"。《井田譜》(即《周禮井田譜》)一書,《總目》予以存目[⑤],因而《四庫全書》未抄録,御題則見於《御製詩四集》卷一四,詩如下:

> 仁政必由經界始,井田穀禄率因平。雖然今古特殊異,設也閭閻多變更。誰肯忘私畢公事,難稱均地限民名。(自注:井田之法,見於《周禮》特詳,然宜古而不宜於今,亦由時會之遞變。春秋以還,已不能盡循其舊,况自商鞅變法之後乎?漢武時去周未遠,而董仲舒限民名田之議,尚不能行。北魏孝武均田之令,更無論矣。蓋八家同養公田,通力合作,在當時相習而安,自爲良法美意。迨阡陌既開,人私其産。富者兼并,貧無寸壤。苟欲仿授田遺制,必將奪富者之所有以與貧者,勢必至於争攘凌逼,欲均民而適以擾民,王道固當如是耶?嘗以爲欲復井田,或乘大亂之後,制度初定,庶可因以均齊畫一。若當承平日久,生齒盛而田野治,斷無可改弦更張之理。夏休此書,亦泥古而不通於今,徒爲紙上空談,則可設取而行之,不至如王安石之變壞成法不止,然則雎麟官禮之意,豈易言哉!)斯之未信關雎意,周禮周官敢漫行。[⑥]

---

① 《紀文達公事略》,《清朝先正事略》卷二〇,周駿富輯《清代傳記叢刊》第一九二册綜録類八,臺北:明文書局,1985年版,第705-707頁。

② 趙爾巽等:《清史稿》第三六册,北京:中華書局,1977年版,第10770-10771頁。

③ 紀昀:《紀文達公遺集》,清嘉慶刻本。

④ 周積明:《紀昀評傳》,南京:南京大學出版社,2009年版。

⑤ 紀昀等:《欽定四庫全書總目》上册,北京:中華書局,1997年版,第296頁。

⑥ 乾隆:《御製詩四集》卷一四《題夏休周禮井田譜》,《景印文淵閣四庫全書》第一三〇七册,臺北:臺灣商務印書館,1986年版,第492頁。

《周禮井田譜》存佚情况複雜，明初或有傳本，《永樂大典》中有存。據此札知，清修《四庫全書》時，館臣從《大典》中輯出《井田譜》，交乾隆御覽，並有御題。後此書斥入存目，輯佚之本再次佚失。近日，謝繼帥發現北京大學圖書館藏有一部鈔本《周禮井田譜》。謝氏考稱，北大藏本文本狀態混亂，其認爲“這是一個尚未經過精細整理的初輯本，而非從某一傳世刻本或寫本直接轉鈔而來”[①]。此本是否爲四庫館臣所輯，尚存疑。也就是説，北大藏鈔本《周禮井田譜》所據底本未明，從現有資料來看，難於確考。另，2014年顏慶餘從《大典》殘卷中録出《井田譜》部分文字[②]，可參看。

文淵閣庫書《經世圖譜》（即《帝王經世圖譜》）前冠以《御製題帝王經世圖譜（有序）》，序及詩如下：

> 帝王經世之道，具在六經。法戒所垂，取則不遠。顧篇籍殺陳，披覽非一時可竟，唐仲友乃撮舉諸經要旨，列爲圖譜，旁採傳注，附以總説，分門别類，條理秩然。讀之而其辭易通，玩之而其義易見，允爲政治圭臬。若夫擇之精，語之詳，提要鉤深，用力不紛而見功甚鉅。宜周必大題詞，比諸水之流東而車之指南也。夫左圖右史，藉資觀省之益，兹乃彙而爲一，苞括靡遺。《永樂大典》中搜羅甚富如，此書之有資君道，蓋不屈指數也。洵［稱萬世帝王經世宏編］（按，此句不見於文淵閣《四庫全書》本《帝王經世圖譜》序，但見於《御製詩四集》所收同題詩，參看注釋），宜侑諸座右，鑑以朝夕，庸詎賞其廣蒐博記已哉！序識大端，用申作詩之意。

---

① 謝繼帥：《北京大學圖書館藏鈔本〈周禮井田譜〉小考》，《中國典籍與文化》2019年第4期，第55頁。

② 顏慶餘：《〈周禮井田譜〉及〈問答〉輯考》，《中國典籍與文化》2014年第4期，第77–82頁。

后皇建極亮天工，法在六經幾部中。守此治兮違此亂，慎惟始亦要惟終。譜圖創見唐仲友，敘語詳言周子充。詎止存羊愛其禮，須知示鵠折乎衷。四千年（自堯至今四千一百餘歲，舉成數也）裏廢興夥，百廿篇間隳括融（是書百二十有二篇，釐爲十卷）。理世津梁心以慕，作君軌範聽當聰。行間總是珍稀有，座側恒應置一通。寧曰纂言資博考，踐行益用勖吾躬。[①]

今觀文淵閣《四庫全書》，凡經御題之書並予以著録者，皆將御題置於卷首，依于氏所提之意。如第十通奉御題之《鶡冠子》，今文淵閣庫書前亦有《御製題鶡冠子（有序）》[②]。

---

① 唐仲友：《帝王經世圖譜》卷首，《景印文淵閣四庫全書》第九二二册，臺北：臺灣商務印書館，1986年版，第383-384頁。又見乾隆《御製詩四集》卷一四《御製題帝王經世圖譜（有序）》，《景印文淵閣四庫全書》第一三〇七册，臺北：臺灣商務印書館，1986年版，第477-478頁。

② 陸佃：《鶡冠子》卷首，《景印文淵閣四庫全書》第八四八册，臺北：臺灣商務印書館，1986年版，第199頁。

第二通（陳垣本第二通）

草内庭明亭回

曉嵐先生閣下

御製經世圖譜丹田譜書經纂三篇録稿附寄至於入

咏亦有各家述剏之書録數種録單呈閲

前已寄足下行中帝與　閣下諸公題以雅賜館中日行年

言至帝常寄於一二圖逢月廉以金書年

下問也至於丹碑衍之亦佈覆候示

耳山年兄　中介

首啓

曉嵐先生不另致候　諸同人均此道候

釋　文

昨於郵函得手書，悉種種。已寫之《永樂大典》分數次進呈，甚是。但兵部多添一馬，恐非所宜。或約計一次應進書若干本，再分作幾回，照常隨報附寄。俟此次應進之書寄全，即彙齊呈覽。其奏摺填寫最後一回月日，較爲妥協，可告知中堂大人酌定。《竹譜》改入子部農家，《少儀外傳》改入經部小學，似爲相合。今細閲書單，内尚有數條，疑不能决，即於單内注明，希同曉嵐先生酌定示知。御製《經世圖譜》《井田譜》《春秋辨疑》三篇録稿附寄，可照入。昨奉有各家進到之書，擇數種録單呈閲之旨，已寄公信中，希與同事諸公趕辦爲囑。館中日行事宜，並希常寄知一二，因邇日屢以全書事下問也，並令丹叔知之。率佈覆候，不一。耳山年兄、曉嵐先生不另致候，諸同人均希道懷。

中頓首　五月廿四日

繫　年

此函作於乾隆三十八年五月廿四日。

繫於三十八年，理由有三：一、第一通手札討論《竹譜》和《少儀外傳》的歸類問題，此函亦有論及，且兩篇文意順承；又，第一通手札末小字云"御題《井田譜》有注，《經世圖譜》有序，因字多未全寫，將來謄冠卷首，似須備載。尊處如無准稿，可即寄信來，以便抄寄"，而此函云"録稿附寄，可照入"，亦可見兩通手函文意相合。二、《春秋辨疑》四卷，宋蕭楚撰，《永樂大典》本，文淵閣庫書《春秋辨疑》卷前附《御製題蕭楚春秋辨疑》詩，落款爲"乾隆癸巳仲夏"[1]，即乾隆三十八年五月。三、《翁方綱纂四庫提要稿》中記載其所分"武英殿刻聚珍版書目"，其中"第一次

① 蕭楚：《春秋辨疑》卷首《御製題蕭楚春秋辨疑》，《景印文淵閣四庫全書》第一四八册，臺北：臺灣商務印書館，1986年版，第107頁。

二種”，第二種翁氏草記爲“（御題）宋蕭楚《春秋辨疑》四卷四册，三十八年四月校上（一錢八分）”。此本雖非大典本，亦未見翁氏爲此書所撰提要稿，然《春秋辨疑》一書在乾隆三十八年已進行辦理，當無疑議。

箋　證

“《永樂大典》五種”，第一通手札提及四種，據此函可知第五種爲《春秋辨疑》。此書《總目》稱此書爲《永樂大典》本，然據《四庫全書薈要總目提要》載，該書係“依武英殿聚珍版本繕録，據明《永樂大典》本恭校”①。現存《春秋辨疑》版本主要有《四庫全書薈要》本、《四庫全書》本、武英殿聚珍本、清芬堂叢書本、北京大學圖書館藏清光緒十八年蕭作梅閑餘軒刻本②、《叢書集成初編》本等。

此函言及《永樂大典》的輯佚，這是編纂《四庫全書》最早進行的一項工作。乾隆三十八年二月初六頒旨，“著即派軍機大臣爲總裁官，仍於翰林等官内選定員數，責令及時專司查校”③，要求先開目録，待其裁定。二月十一日又諭“已降旨派軍機大臣爲總裁，揀選翰林等官，詳定條規，酌量辦理”④。可見乾隆十分重視《永樂大典》的輯佚工作。于敏中此函説“已寫之《永樂大典》分數次進呈，甚是……或約計一次應進書若干本，再分作幾回，照常隨報附寄。俟此次應進之書寄全，即彙齊呈覽”，可知乾隆扈從木蘭期間，四庫館進呈之書是隨日常奏摺一起發往熱河的。“《竹譜》改入子部農家，《少儀外傳》改入經部小學”，與《總目》所

---

① 江慶柏等整理：《四庫全書薈要總目提要》，北京：人民文學出版社，2011年版，第160頁。

② 中國古籍總目編纂委員會編：《中國古籍總目·經部》第一册，北京：中華書局、上海：上海古籍出版社，2012年版，第632頁。

③ 紀昀等：《欽定四庫全書總目》卷首一，北京：中華書局，1997年版，第2頁。

④ 紀昀等：《欽定四庫全書總目》卷首一，北京：中華書局，1997年版，第2頁。

歸之類不同，據第一通、第四通手札可以推知，此處所言似尚在討論階段。此函涉及一個細節，係書籍按批次進呈結束後，奏摺填寫日期事宜。關於書籍進呈批次，無從確考，但此時隨報所辦之書不包括各省採進本和内府藏本。此函所涉諸書皆《大典》本，前後數札亦是如此，由此可推斷《四庫全書》纂修之始，各省採進之書尚未全部進呈之時,《大典》本輯佚書是率先編纂並由兵部隨報附寄至承德。由於所辦書籍體系龐大，對分辦之書進行大類進呈是有可能的。張昇《〈永樂大典〉流傳與輯佚研究》第四、五章“《四庫全書》大典本輯佚”[①],《四庫全書館研究》第三章“四庫館的運作”[②]可參看。

于敏中勤於修書之事，諸多細節之處往往可見。如囑陸錫熊將四庫館日常事宜寄信告之，以應付乾隆帝問詢。又如，就書單内不明之處求教於紀曉嵐。雖然時值第二次金川之役（乾隆三十六年至乾隆四十一年之間），軍事繁忙，但于敏中對《四庫全書》的編纂甚爲上心。

此函涉及三位重要人物，分别是紀昀（字曉嵐）、陸錫熊（字耳山）、陸費墀（字丹叔）。曉嵐、耳山二人事蹟見第一通手札箋證，兹考陸費墀主要事蹟如下：

陸費墀，《清史稿》卷三二〇有傳，主要事蹟還見於《清史列傳》卷二六,《清儒學案小傳》卷八等。墀，字丹叔，號頤齋，陸費係復姓，浙江桐鄉人。乾隆三十年（1765）以南巡召試，賜舉人，授内閣中書。三十一年（1766），成二甲一名進士，改庶吉士[③]。三十四年（1769）散館，授編修。三十五年（1770），充順天鄉試同考官。三十八年（1773）二月，命儒臣校覈明代《永

---

① 張昇：《〈永樂大典〉流傳與輯佚研究》，北京：北京師範大學出版社，2010年版，第125－226頁。

② 張昇：《四庫全書館研究》，北京：北京師範大學出版社，2012年版，第64－98頁。

③ 徐世昌：《清儒學案小傳・陸費先生墀》第二册，周駿富輯《清代傳記叢刊》第六册學林類五，臺北：明文書局，1985年版，第214頁。

樂大典》，詔求天下遺書，開四庫全書館，選翰林專司纂輯，以墀充總校官。同年十月，充日講起居注官。三十九年（1774），諭編修陸費墀承辦《四庫全書》並《薈要》處繕録之事，校書勤勉，學問亦優，升翰林院侍讀。四十年（1775），擢侍讀學士，尋升任少詹事。四十一年（1776），充文淵閣直閣事。四十三年（1778），因纂修書籍出力，獲賞緞匹、荷包、筆、墨、紙、硯等。四十五年（1780），武英殿遺失《四庫全書》底本三十餘種，經總裁吏部左侍郎王傑參奏，上以墀專司提調前後數年，事出一手，命解任審訊。後查明係書卷浩繁，收發不清所致，但仍下部議處，降一級。此年九月，乾隆命纂《歷代職官表》，陸費墀、紀昀、陸錫熊、孫士毅等總其事。四十七年（1782）七月，擢内閣學士兼禮部侍郎，十月，以《四庫全書》内語有悖謬，下部議處，降一級留任。四十八年（1783），以母九十壽回籍省親。四十九年（1784）正月，擢禮部右侍郎，二月，充四庫全書館副總裁，十一月，充經筵講官。五十年（1785），充文淵閣直閣事。五十一年（1786），轉左侍郎。五十二年（1787）正月，因三閣之書有違礙之語，革職留任，六月，又因《四庫全書》譌謬甚多，乾隆以其任武英殿提調並充總校，始終其事，處罰尤重，革職並命"文瀾、文匯、文宗三閣書面葉木匣，責墀出資裝治"[①]。五十五年（1790）九月，卒[②]。著有《經典同文》《歷代月朔考》《帝王廟謚年諱譜》《枝蔭閣詩集》等[③]。

郭伯恭《四庫全書纂修考》在"四庫全書館之組織"中對陸費墀事蹟有簡略介紹[④]；任松如《四庫全書答問》"問十八"之"陸

---

① 趙爾巽等：《清史稿》第三六册，北京：中華書局，1977年版，第10772頁。

② 按，陸費墀官職履歷悉依《清史列傳》。見《清史列傳》卷二六，周駿富編《清代傳記叢刊》第九九册綜録類二，臺北：明文書局，1985年版，第206–208頁。

③ 徐世昌：《清儒學案小傳·陸費先生墀》第二册，周駿富輯《清代傳記叢刊》第六册學林類五，臺北：明文書局，1985年版，第214頁。

④ 郭伯恭：《四庫全書纂修考》，《民國叢書》第四編第四一册，上海：上海書店，1992年版，第70–71頁。

費墀盡力於四庫全書館之事實如何”有簡單評價，並附有“陸費墀在四庫館任事年表”[①]；張昇《四庫全書館研究》對陸費墀所作《初擬校閱〈永樂大典〉條例》進行了探究[②]。另有江慶柏等人的研究論文[③]，可參看。

自乾隆三十八年至五十五年，陸費墀專司《四庫全書》纂修工作。今據《清史列傳》《清史稿》以及《纂修四庫全書檔案》等文獻，詳列陸費墀在四庫館任事以及落職後情形。

時間	職銜、任職、事務	文獻出處
乾隆三十八年二月	翰林院編修，總校官。	《清史列傳》卷二六。
乾隆三十八年閏三月十一日	總校官，武英殿提調，翰林院編修。	《纂修四庫全書檔案》四九《辦理四庫全書處奏遵旨酌議排纂四庫全書應行事宜摺》。
乾隆三十九年八月	陸費墀銷去紀録一次，免於罰俸。	《纂修四庫全書檔案》一六八《户部尚書王際華奏謄録姚岐謨曠課數月分校鄭爔等不查報請交部議處摺》；一八二《吏部爲議處分校官鄭爔等人事致稽察房移會（附黏單）》。

① 任松如：《四庫全書答問》，《民國叢書》第四編第四一册，上海：上海書店，1992年版，第26－28頁。

② 張昇：《四庫全書館研究》，北京：北京師範大學出版社，2012年版，第74－75頁。

③ 按，主要有江慶柏《陸費墀與〈四庫全書薈要〉纂修》（《浙江師範大學學報（社會科學版）》2016年第6期，第39－43頁）；苗潤博《國家圖書館藏“陸費墀〈頤齋文稿〉”考辨——兼論陸錫熊對〈四庫全書〉的貢獻》（《中國典籍與文化》2014年第3期，第115－120頁）；史志龍《陸費墀與〈四庫全書〉》（《檔案》2012年第3期，第19－22頁）。

續表

時間	職銜、任職、事務	文獻出處
乾隆三十九年十一月十三日	總校官，武英殿提調，翰林院編修，承辦四庫全書並薈要處繕録之事，校書勤勉，學問亦優，升翰林院侍讀。	《清史列傳》卷二六；《纂修四庫全書檔案》二〇六《諭内閣陸費墀勤勉著以翰林院侍讀陞用以示鼓勵》①；《清史稿》卷三二〇。
乾隆四十年	擢侍讀學士，升任少詹事。	《清史列傳》卷二六。
乾隆四十一年七月初六日	侍讀學士、少詹事，以原銜充文淵閣直閣事。	《清史列傳》卷二六；《纂修四庫全書檔案》三三二《諭著大學士舒赫德于敏中等以原銜分充文淵閣領閣直閣事等》。
乾隆四十二年三月二十四日、七月初四日	《四庫全書》謄寫有誤，因陸費墀所辦書籍既多，免其處分。	《纂修四庫全書檔案》三七〇《諭内閣所有進過書籍訛錯之處著軍機大臣每三月查核一次奏請交部議處》；三九九《軍機大臣奏查明總裁程景伊等錯誤次數請交部察議片》。
乾隆四十三年二月二十九日	陸費墀、陸錫熊、紀昀，雖均已加恩擢用，但纂辦各書，均爲出力，著賞給緞匹、荷包、筆、墨、紙、硯，以示獎勵。	《纂修四庫全書檔案》四七六《諭辦理四庫全書出力人員夢吉陸費墀等著分别陞用授職與賞賜》；《清史列傳》卷二六。

① 按，據《諭内閣陸費墀勤勉著以翰林院侍讀陞用以示鼓勵》載，“編修陸費墀承辦四庫全書並薈要處繕録之事，一切綜核稽查，頗能實心勤勉，思其學問亦優，著加恩以翰林院侍讀陞用，遇缺即補，以示鼓勵”（《纂修四庫全書檔案》上册，第289頁），時間在乾隆三十九年十一月十三日。此職《清史列傳》未載，蓋因任職時間較短。

續表

時間	職銜、任職、事務	文獻出處
乾隆四十三年七月初四日、八月	四月至閏六月總校陸費墀記過三次，八月罰俸三個月。	《纂修四庫全書檔案》五二二《軍機大臣奏遵旨查明四至閏六月所進書籍錯誤次數請將總裁等交部察議片》；五三三《都察院爲知照四庫館總裁等官奉旨罰俸事致典籍廳移會（附題本）》。
乾隆四十五年三月初九日、十六日	武英殿遺失《四庫全書》底本三十餘種，經總裁吏部左侍郎王傑參奏，上以墀專司提調前後數年，事出一手，命解任審訊，後查明係書卷浩繁，收發不清所致，但仍下部議處，降一級。	《纂修四庫全書檔案》六八一《武英殿總裁王傑奏參提調陸費墀等遺失底本並請另選翰林充補摺》；六八三《武英殿總裁王傑奏請令原總纂紀昀等覆核底本及已寫正本摺》；六八四《諭內閣陸費墀著解任交英廉等審訊並著英廉另簡派提調》；《清史列傳》卷二六。
乾隆四十五年五月二十七日、二十八日	先將陸費墀解任，後著從寬開復，仍交部議處，所失各書勒令購覓賠補。	《纂修四庫全書檔案》六九三《大學士英廉等奏遵旨查審提調陸費墀遺失底本情形摺》；六九四《諭陸費墀著從寬開復仍交部議處購覓賠補所失各書》。
乾隆四十五年六月二十二日	陸費墀著銷去加一級，免其降調。	《纂修四庫全書檔案》七〇〇《諭陸費墀因遺失全書底本著銷去加一級免其降調》。
乾隆四十五年七月一日	所有四庫全書處進呈書籍，著與紀昀、陸錫熊、陸費墀等一同列名。	《纂修四庫全書檔案》七〇三《諭孫士毅著賞給翰林院編修並進呈書籍與紀昀等一同列名》。
乾隆四十五年九月	乾隆命纂《歷代職官表》，陸費墀、紀昀、陸錫熊、孫士毅等總其事。	《清史列傳》卷二六；《纂修四庫全書檔案》七一二《諭內閣著派紀昀等詳細考證內外官職纂成〈歷代職官表〉》。

續表

時間	職銜、任職、事務	文獻出處
乾隆四十七年二月初二日	擬賞少詹事陸費墀墨刻一本、如意一柄、八絲大緞二匹、硯一方、筆一匣、墨一匣、絹箋十張。	《纂修四庫全書檔案》八四六《軍機大臣等奏遵旨擬賞四庫全書議叙人員及未經引見名單片（附單）》。
乾隆四十七年七月	擢内閣學士兼禮部侍郎。	《清史列傳》卷二六。
乾隆四十七年九月十一日	内閣學士陸費墀自請前赴盛京辦理《四庫全書》排次上架事宜，蒙俞允，尚未起行。	《纂修四庫全書檔案》九一四《多羅儀郡王永璇等奏運送盛京文溯閣陳設全書事宜請旨遵行摺》。
乾隆四十七年十月	以四庫全書内語有悖謬，下部議處，降一級留任。	《清史列傳》卷二六。
乾隆四十八年	赴奉天貯文溯閣《四庫全書》[①]。	《纂修四庫全書檔案》九一四《多羅儀郡王永璇等奏運送盛京文溯閣陳設全書事宜請旨遵行摺》。
乾隆四十九年正月	擢禮部右侍郎。	《清史列傳》卷二六。
乾隆四十九年二月十九日	陸費墀既爲侍郎，著充四庫全書館副總裁。	《清史列傳》卷二六；《纂修四庫全書檔案》一〇一五《諭内閣陸費墀著充四庫全書館副總裁》。
乾隆四十九年十一月	充經筵講官。	《清史列傳》卷二六。

① 按，根據乾隆四十七年九月十一日《多羅儀郡王永璿等奏運送盛京文溯閣陳設全書事宜請旨遵行摺》所云，“應俟明歲第五撥書籍全數發運時，奏明日期前往”（《纂修四庫全書檔案》下册，第1639頁），知文溯閣《四庫全書》應於四十八年全部運往奉天。

續表

時間	職銜、任職、事務	文獻出處
乾隆四十九年十一月初六日	四庫館承辦《日下舊聞考》《契丹國志》《明唐桂二王本末》《河源紀略》，方略館承辦《滿洲源流考》並《蘭州紀略》等書告成，將總裁及總纂、總校等官分别加級紀録一疏，陸費墀著紀録二次。	《纂修四庫全書檔案》一〇五一《諭承辦〈日下舊聞考〉等書之總裁等官著分别加級紀録》。
乾隆五十年正月二十三日	陸費墀以禮部侍郎身份請旨，議叙賞給四庫館各項人員。	《纂修四庫全書檔案》一〇八三《多羅質郡王永瑢等奏遵旨議叙四庫館各項人員摺》。
乾隆五十年三月二十九日	充文淵閣直閣事。	《清史列傳》卷二六；《纂修四庫全書檔案》一〇九八《諭内閣紀昀褚廷璋等著分别充文淵閣直閣事或校理》。
乾隆五十年七月十四日	《歷代職官表》告竣，陸費墀以禮部侍郎身份請旨議叙。	《纂修四庫全書檔案》一一〇八《多羅質郡王永瑢等奏〈歷代職官表〉底稿全竣協修等可否議叙摺》。
乾隆五十年八月初四日①	禮部右侍郎。	《纂修四庫全書檔案》一一〇九《吏部爲知照曹文埴等罰俸事致稽察房移會（附黏單）》。

① 按，據《吏部爲知照曹文埴等罰俸事致稽察房移會（附黏單）》記載，“今文津閣陳設《清文鑑》等書册内提要，未照清文體制，自左而右書寫。尚書曹〈文埴〉等未能看出，應行議處，應將户部尚書曹〈文埴〉、吏部右侍郎彭〈元瑞〉、禮部右侍郎陸〈費墀〉，均照不行查出罰俸六個月例，各罰俸六個月”（《纂修四庫全書檔案》下册，第1889頁），此處陸費墀的官銜爲禮部右侍郎，時間爲乾隆五十年八月初四日，此任職必定在此日前。又，乾隆五十年七月十四日署銜禮部侍郎，則右侍郎之職又在此日後。

續表

時間	職銜、任職、事務	文獻出處
乾隆五十一年	轉禮部左侍郎。	《清史列傳》卷二六。
乾隆五十二年正月	因三閣之書有違礙之語，革職留任。	《清史列傳》卷二六。
乾隆五十二年三月十九日	因李清《諸史同異録》違礙，總校陸費墀、恭泰、吴裕德，從前覆校許烺，俱著交部分别嚴加議處。	《纂修四庫全書檔案》一一九一《諭内閣將〈諸史同異録〉從全書内掣出銷燬並將總纂等交部議處》。
乾隆五十二年五月十七日	李清《諸史同異録》違礙，陸費墀著於補官日改爲革職從寬留任，俱俟八年無過方准開復。	《纂修四庫全書檔案》一二〇一《吏部爲知照辦理〈諸史同異録〉人員分别議處事致典籍廳移會(附黏單)》。
乾隆五十二年六月十二日	又因《四庫全書》譌謬甚多，乾隆以其任武英殿提調並充總校，始終其事，處罰尤重，革職。並要求所有面頁裝訂木匣刻字等項，俱著陸費墀自出己貲，仿照文淵等三閣式樣罰賠。	《清史列傳》卷二六；《纂修四庫全書檔案》一二一五《諭内閣將文淵等三閣書籍應换寫篇頁及工價令紀昀陸錫熊分賠》；《清史稿》卷三二〇。
乾隆五十二年六月十三日、六月二十一日、七月十二日、七月十八日	令陸費墀遵照諭旨，將面頁、木匣、裝訂、刻字等工，仿照文淵等三閣式樣，出貲賠辦，以及賠辦江浙三閣書情形。	《纂修四庫全書檔案》一二一七《軍機大臣爲奉旨令陸費墀罰賠事致金簡函》；一二一八《寄諭琅玕等傳令陸費墀賠辦江浙三閣書籍工價並著鹽政織造常川查察》；一二二〇《兩淮鹽政徵瑞奏奉到陸費墀賠辦文瀾閣等書諭旨遵辦緣由摺》；《纂修四庫全書

續表

時間	職銜、任職、事務	文獻出處
		檔案》一二二九《浙江巡撫琅玕奏覆傳令陸費墀賠辦文瀾閣書籍緣由摺》；一二三〇《浙江巡撫琅玕奏請飭鹽道確估商人已裝各書工本費用令陸費墀交納片》；一二三一《江蘇巡撫閔鶚元奏覆遵旨交陸費墀賠辦江蘇二閣書籍情形摺》。
乾隆五十二年八月二十二日	革職。	《纂修四庫全書檔案》一二四二《諭陸費墀革任之處著註册等議處事》；一二五五《諭内閣將四庫館纂校議叙各員著該部核議具奏》。
乾隆五十三年十一月初五日	令陸費墀閱看紀昀原摺，讓其明白登答，據實覆奏。	《纂修四庫全書檔案》一三二二《寄諭浙江巡撫琅玕將紀昀原摺發給陸費墀閱看明白登答》。
乾隆五十四年七月十三日	查取陸費墀用事供事姓名事。	《纂修四庫全書檔案》一三三九《兵部尚書彭元瑞等爲奉旨查取陸費墀用事供事姓名事致武英殿總裁函》。
乾隆五十五年九月	陸費墀卒。	《清史列傳》卷二六。
乾隆五十五年十一月二十三日	查明陸費墀家產。	《纂修四庫全書檔案》一三七二《浙江巡撫福崧奏遵旨查明陸費墀家産情形摺》；一三七三《浙江巡撫福崧奏查明陸費墀家内書籍等物片》。

陸費墀自乾隆三十八年閏三月任總校官、武英殿提調，至五十二年八月革職，從事《四庫全書》纂修工作十四載有餘。這

一人生閲歷，乾隆諭旨曾這樣説：“因思此事（纂修《四庫全書》）發端於于敏中，而承辦於陸費墀，雖朕旨有辦大事不能無小弊，亦不應爲之已甚也。其條款章程俱係伊二人酌定，今所繕書籍，荒謬至此，使于敏中尚在，必當重治其罪，因業已身故，不加追究，以示始終保全。至陸費墀從而附和，是以于敏中奏充武英殿提調，令專辦四庫全書一切事宜，衆人之進退，皆出其手。”[①] 所謂“衆人之進退，皆出其手”並無誇張，陸費墀以翰林身份充總校和武英殿提調，這兩個職位至關重要。總校相當於總管，“總校之充任，由總裁舉薦”[②]，而陸費墀即是經由總裁于敏中舉薦。長期以來，武英殿提調一職一直只有陸費墀一人擔任，而“提調的主要工作是收發圖書、文移、稽查功課”[③]，文書公文以及官員功課考評等諸多事宜，牽涉人員甚廣，如此看來，人員進退皆出其手並非虚言。

---

① 中國第一歷史檔案館編：《纂修四庫全書檔案》下册，上海：上海古籍出版社，1997年版，第2029頁。

② 張昇：《四庫全書館研究》，北京：北京師範大學出版社，2012年版，第215頁。

③ 張昇：《四庫全書館研究》，北京：北京師範大學出版社，2012年版，第220頁。

第三通（陳垣本第三十五通）

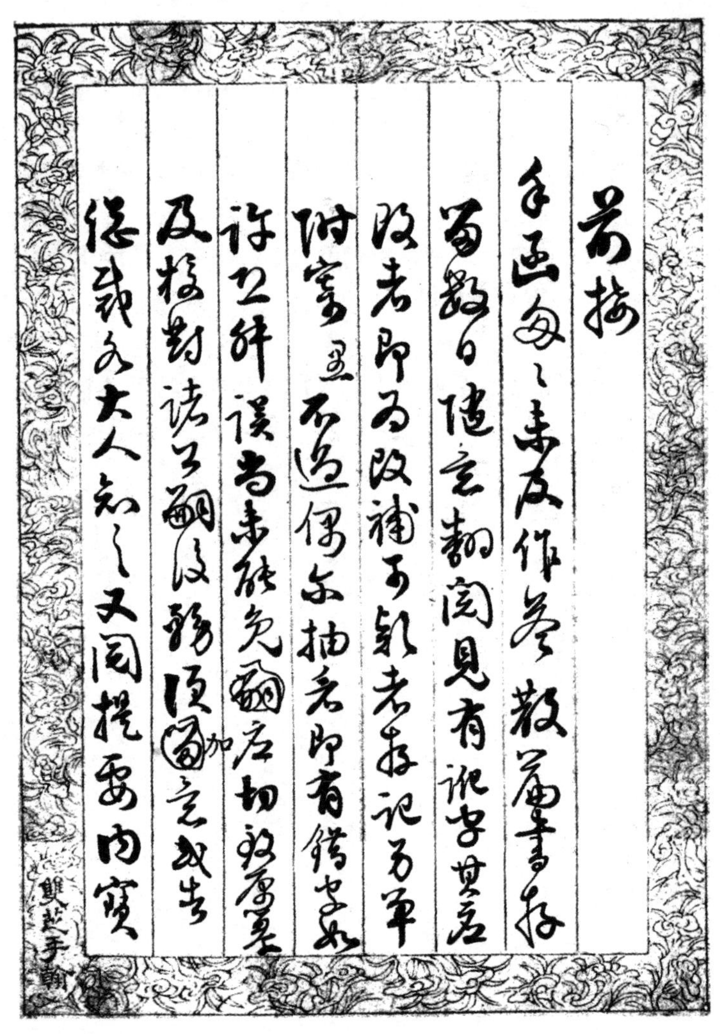

前接

手函，每每未及作答。敬悉

留熟日隨意翻閱，見有訛字，其應

改者即為改補，可疑者簽記另單

附寄，甚妥。不過偶爾抽看，即有錯字，亦

許其改誤，尚未能免。翻書切致慕

及校對諸人翻閱，務須留意加意哉此

從我兄大人知之。又聞提要內實

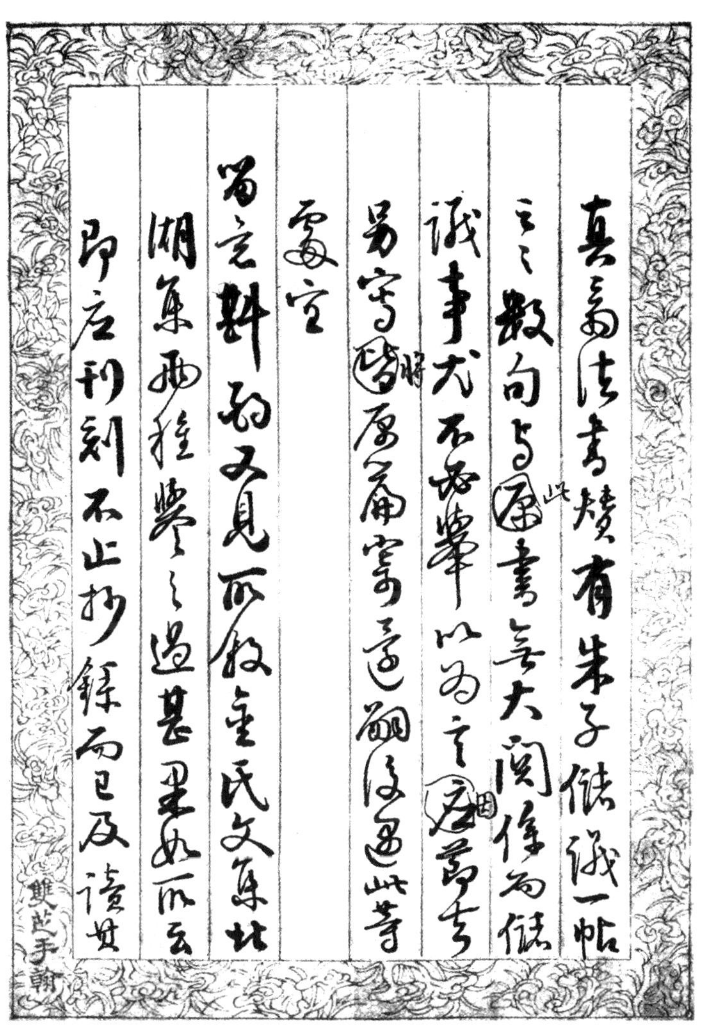
雙韭手翰

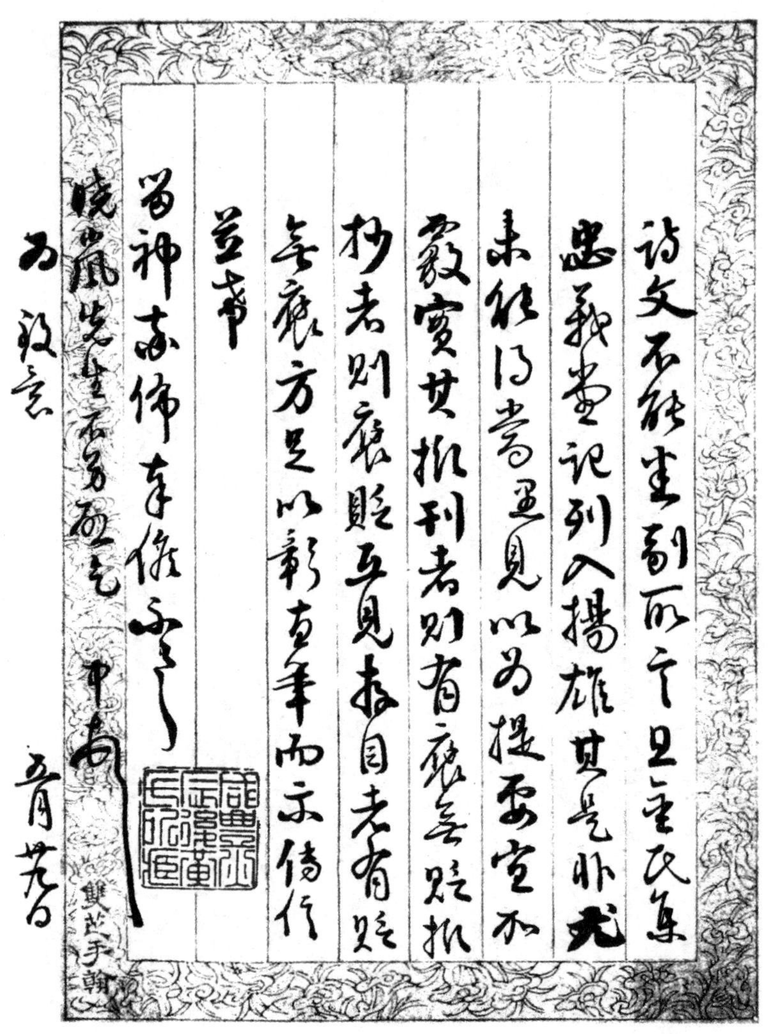

詩文不能盡刻所云呈覽集
忠義堂記列入揚雄其是非尤
未能得當且見以為提要宜不
叙實其應刊者則有褒無貶應
抄者則褒貶互見存目者有貶
無褒方足以彰直筆而示傳信
並希
留神肅佈奉候不一
曉嵐先生不另函也　中頓
為致意
五月廿九日

雙芝手翰

釋　文

前接手函，匆匆未及作答。散篇書存留數日，隨意翻閲，見有訛字，其應改者即爲改補，可疑者存記，另單附寄。愚不過偶爾抽看，即有錯字如許，恐舛誤尚未能免，應①切致原纂及校對諸公，嗣後務須加②意，或告總裁各大人知之。又閲《提要》内《寶真齋法書贊》有“《朱子儲議》”一帖云云數句，與此③書無大關係，而儲議事尤不必舉以爲言，因④節去另寫，將⑤原篇寄還，嗣後遇此等處，宜留意斟酌。又見所叙《金氏文集》《北湖集》兩種，譽之過甚。果如所云，即應刊刻，不止抄録而已。及讀其詩文，不能悉副所言。且《金氏集》“忠義堂記”列入揚雄，其是非尤未能得當。愚見以爲《提要》宜加覈實，其擬刊者則有褒無貶，擬抄者則褒貶互見，存目者有貶無褒，方足以彰直筆而示傳信，並希留神。率佈奉候，不一一。曉嵐先生不另啓，乞爲致意。

中頓首　五月廿九日⑥

繫　年

此函作於乾隆三十八年五月廿九日。

關於作年考證，可據者有三：一、通過全部五十六通手札釋讀，可以得出這樣的結論，集中討論《永樂大典》散篇書籍輯録問題是在乾隆三十八年，乾隆三十九年手札未有一函涉及《永樂大典》纂修問題，此函提到“散篇”書籍，當作於三十八年。二、于氏關注書内訛舛、訛誤一事，也集中表現在乾隆三十八年，如

① 按，“應”字前圈删“嗣”。
② 按，“加”，原札圈改“留”字爲“加”。
③ 按，“此”，原札圈改“原”字爲“此”。
④ 按，“因”，原札圈改“應”字爲“因”。
⑤ 按，“將”，原札圈改“皆”字爲“將”。
⑥ 按，此通爲短札，陳垣、胡適皆不作繫年，這個問題需要仔細思考，慎重討論。

第七通手函（乾隆三十八年六月初十日至十四日間）云“集内有逸有增，訛字缺字，雖經校讎，未能盡得”，第十通（乾隆三十八年六月十五日）又有“書内訛舛甚多，頃隨手繙閲，記有三四條，將來纂修校勘後，可將校出誤處録一草單寄來，不必楷書，以便印證愚見是否相合”，此第三通亦云“隨意翻閲，見有訛字，其應改者即爲改補，可疑者存記，另單附寄”，其他幾函皆未言及訛字。三、乾隆三十八年五月初一日《諭内閣編四庫全書薈要著于敏中王際華專司其事》云：“特詔詞臣，詳爲勘核，釐其應刊、應抄、應存者，繫以提要，輯成總目，依經史子集部分類衆，命爲四庫全書……”[①] 而到乾隆三十八年八月十八日，《永樂大典》各書提要已經成型，於是乾隆《諭内閣紀昀陸錫熊校書勤勉著授爲翰林院侍讀以示奬勵》，内閣諭旨如下：“辦理四庫全書處將《永樂大典》内檢出各書，陸續進呈。朕親加披閲，間予題評，見其考訂分排，具有條理，而撰述提要，粲然可觀，則成於紀昀、陸錫熊之手。二人學問本優，校書亦極勤勉，甚屬可嘉。紀昀曾任學士，陸錫熊現任郎中，著加恩均授爲翰林院侍讀，遇缺即補，以示奬勵。”[②] 有兩點需要説明，首先，此函所提及的《寶真齋法書贊》《金氏文集》《北湖集》三書，皆係《永樂大典》本。其次，《永樂大典》各書提要的撰寫在辦書之時即同時進行，以便乾隆御覽。如第五通云“前次取到《永樂大典》各本，曾據將著書人姓名及書中大旨，摘敘略節見示”，“摘敘略節”蓋即提要；第十一通説“惟《中興小曆》一種，原單注擬刊刻。愚見以建炎南渡乃偏安而非中興，屢經御製詩駁正，且閲提要所開，是編頗有未純之處，似止宜抄而不宜刻，已於單内改補奏進”，于敏中指出大典本《中興小曆》提要不妥之處，且進行了改補，以後諸札中也有多函涉及大典本

① 中國第一歷史檔案館編：《纂修四庫全書檔案》上册，上海：上海古籍出版社，1997年版，第108頁。

② 中國第一歷史檔案館編：《纂修四庫全書檔案》上册，上海：上海古籍出版社，1997年版，第145頁。

書籍提要的撰寫。而此函所云“提要内《寶真齋法書贊》有‘《朱子儲議》’一帖云云數句，與此書無大關係，而儲議事尤不必舉以爲言，因節去另寫……愚見以爲《提要》宜加覈實，其擬刊者則有褒無貶，擬抄者則褒貶互見，存目者有貶無褒”，是對提要撰寫提出的建議，此言内容當在乾隆三十八年八月十八日之前。由以上三點可推斷，此函作年當爲乾隆三十八年。

箋　證

《寶真齋法書贊》二十八卷，宋岳珂撰，《總目》卷一一二子部藝術類著録，永樂大典本。《總目》提要云：“而每帖之或真或草，幾幅幾行，題記塗乙，又附注於分標之下，約略編次，尚可二十八卷。其間遺聞佚事，可訂史傳之是非，短什長篇，可補文集之訛缺，如‘朱子儲議’一帖，辨論幾及萬言，許渾‘烏闌百篇’，文異殆逾千字，於考證頗爲有功。且所載諸帖石刻，流傳者十僅二三，墨跡僅存者，百鮮一二，皆因珂之彙集以傳。其書泯没零落逾數百年，遭遇聖代右文，得邀裒輯，復見於世，可謂珂之大幸，亦可謂歷代書家之大幸矣。至於前賢法帖，釋者聚訟，珂所載亦間有異同，其已經《欽定重刻閣帖》釐定者，並敬遵駁正，間有參差岐出，數説皆通者，亦並用參存，不没其實焉。”[①]于氏此函云“《提要》内《寶真齋法書贊》有‘《朱子儲議》’一帖云云數句，與此書無大關係，而儲議事尤不必舉以爲言，因節去另寫，將原篇寄還，嗣後遇此等處，宜留意斟酌”，可見《總目》並未全部依從于氏所言，而是予以保留，並給了很高的評價。此書現存主要版本有：武英殿聚珍版，清翁方綱、何紹基批校，藏湖南圖書館；清福建刻本，國家圖書館藏；清經鉏堂抄本，清吴雲校，丁丙跋，

① 紀昀等：《欽定四庫全書總目》上册，北京：中華書局，1997年版，第1492頁。

藏南京圖書館等[①]；又有《叢書集成初編》本、臺灣世界書局本。宋淑湘著有《岳珂〈寶真齋法書贊〉研究》一書[②]，可參閱。

《金氏文集》二卷，宋金君卿撰，《總目》卷一五三集部别集類著録，《永樂大典》本。于氏言“所叙《金氏文集》……譽之過甚”。今國家圖書館善本部藏乾隆間翰林院抄本[③]，這個本子前面有一篇提要，對此集的評價或接近于敏中所閲提要，兹録如下：

> 臣等謹案：《金氏文集》，宋金君卿撰。君卿字正叔，浮梁人。其官履不見於《宋史》，惟《江西通志》載君卿登慶曆進士，累官知臨川，權江西提刑，入爲度支郎中，而於生平行事亦不甚備。曾鞏《元豐類稿》有《衛尉寺丞致仕金君墓誌銘》一篇，乃爲君卿父温叟而作，稱温叟四子，君著、君佐、君卿、君佑皆舉進士。君卿以皇祐二年官秘書丞，五年官太常博士，得以褒崇其親。其叙述頗詳，而志中又稱“君卿方以材自起於賤貧，欲以其所爲爲天下，慨然有志”，則其人之賢足重於世，亦概可知也。《宋史·藝文志》載《金君卿集》十卷，《江西通志》作十五卷，世久失傳，獨《永樂大典》内頗見其詩文，題曰“金正叔集”，而别收富臨原序一篇，稱“臨川江明仲求遺稿編成十五卷，號《金氏文集》”，是《藝文志》所載卷數爲誤。今掇拾殘缺，所存僅得十之一二。然北宋文集大半已亡佚不存，此本雖篇什未全，尚足見其大概，謹以類編次，分爲上、下二卷。集中所作，有文彦博、韓琦生日詩，范仲淹移鎮杭州百韻詩，和歐陽修潁州西湖及芍藥二詩，是當時嘗從諸大賢遊，得其薰陶之力，故詩文皆清醇雅飭，猶有先正遺風。律賦以流麗爲宗，尚不失唐人矩矱。陳災事、

① 中國古籍總目編纂委員會編：《中國古籍總目·子部》第三册，北京：中華書局、上海：上海古籍出版社，2012年版，第1313頁。

② 宋淑湘：《岳珂〈寶真齋法書贊〉研究》，長春：吉林文史出版社，2008年版。

③ 按，中國國家圖書館善本部藏清翰林院抄本，索書號：05868。

貢舉諸疏，剴切詳明，尤爲有裨世用。又與曾鞏、王安石唱和諸篇，如《和介甫寄安豐張公儀》一首，即用《臨川集》中《安豐張令修芍陂》之韻，而據君卿詩，知張字爲公儀，足補李壁（璧）注所未備。又《和曾子固聞言［事］謫官者》一首，檢《元豐類稿》無此篇，知爲鞏所自删。是均可資考證也。富臨序稱，君卿長於《易》，嘗著《易説》《易箋》，今並不存，獨有《傳易之宗》一篇，具載傳授本末，疑即《易説》前所載之敘例之類，今既無可考見，姑並附於集末云。乾隆四十一年□月恭校上。[①]

這篇提要可以説是有褒無貶，符合于敏中所説刊刻標準，但此稿應該是經過修正的，所謂“譽之過甚”，這篇提要稿其實並非如此。今殿本、浙本《總目》中《金氏文集》提要與此並未有較大區别，但諸如“北宋文集，傳者日稀，此本尤世所罕見，殘珪碎璧，彌少彌珍”[②]，却有譽之過甚之説。

《北湖集》五卷，宋吴則禮撰，《總目》卷一五五集部别集類著録，《永樂大典》本。《總目》評價此書似無過譽之詞，然褒貶互見，提要云：“今從《永樂大典》各韻中裒輯編綴，尚得詩三百餘首，長短句二十餘首、雜文三十餘首，謹校正訛舛，釐爲五卷。則禮詩格峭拔，力求推陳出新，雖間涉於頹唐，而逸趣環生，正復不煩繩削。近體好爲生拗，筆力縱横，愈臻遒上。雜文雖寥寥數首，而法律嚴密，具有典型。觀所作《歐陽永叔集跋》《曾子固人般若經抄序》，知其於古文一脉具有淵源，宜具折矩周規，動符軌度，固非渡江以後講學家支離冗漫之體所得而比並矣。”[③]

《總目》編纂完成過程極爲複雜，司馬朝軍認爲《總目》是

---

① 翁方綱等著，吴格、樂怡標校：《四庫提要分纂稿》，上海：上海書店出版社，2006年版，第527–528頁。

② 紀昀等：《欽定四庫全書總目》下册，北京：中華書局，1997年版，第2048頁。

③ 紀昀等：《欽定四庫全書總目》下册，北京：中華書局，1997年版，第2081頁。

“分纂草創→總纂潤色→總裁討論→皇上欽定，環環相扣”[①]。但從此函來看，這個順序或許過於簡單了。大典本提要的完成先是經過分纂擬寫，後又有總裁改寫，乾隆御覽後又由纂修按照總裁意見修改，再由總纂（紀昀、陸錫熊）統一潤色完成。這是一個雙重循環、漸次甄善的過程。在這之中，總裁的指導作用不應忽視，如此函所言“擬刊者則有褒無貶，擬抄者則褒貶互見，存目者有貶無褒”的要求，這在定本《總目》中雖未完全嚴格照做，但大體情形確實不出此規定。

① 司馬朝軍：《〈四庫全書總目〉編纂考》，武漢：武漢大學出版社，2005年版，第722−723頁。

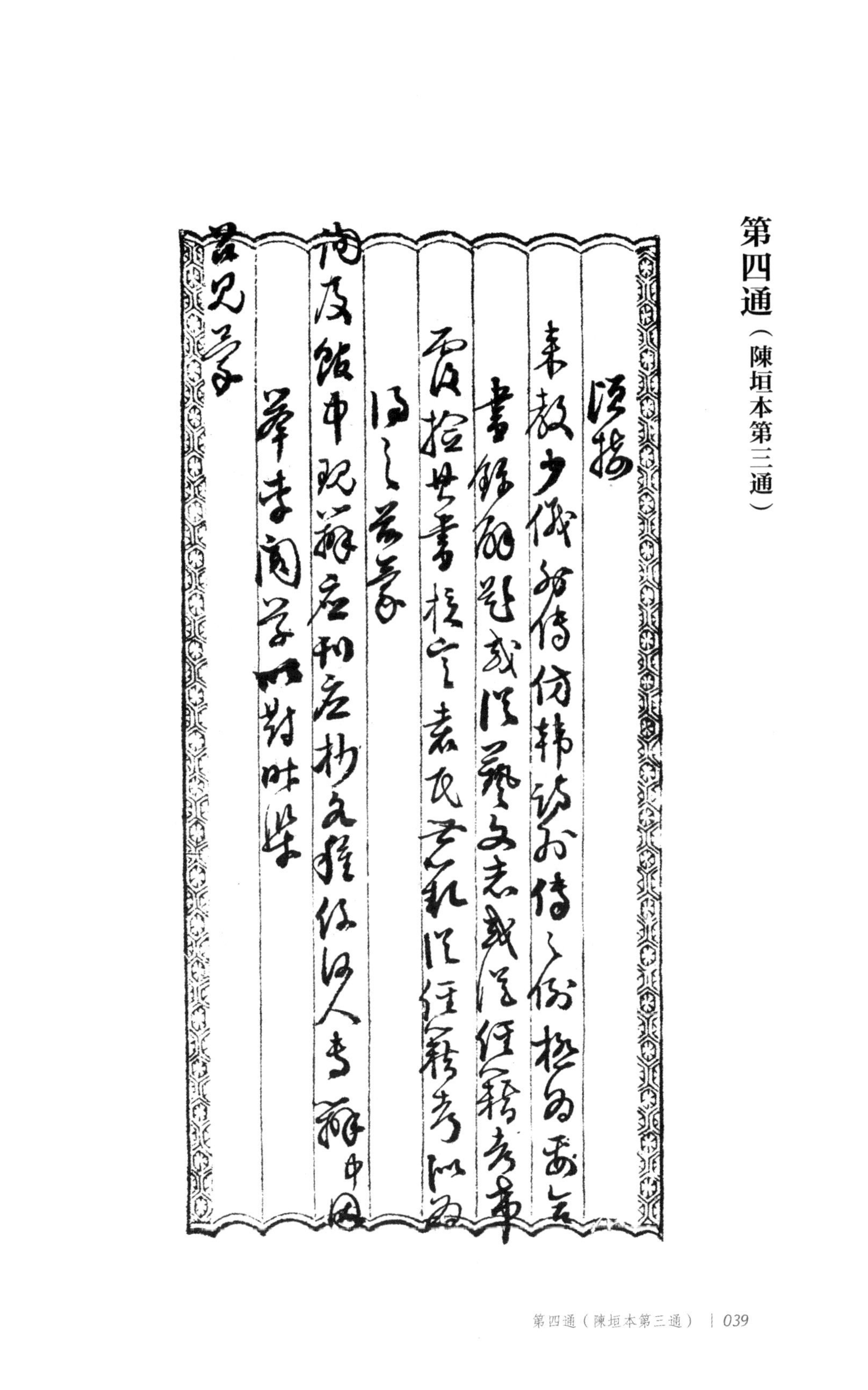

第四通（陳垣本第三通）

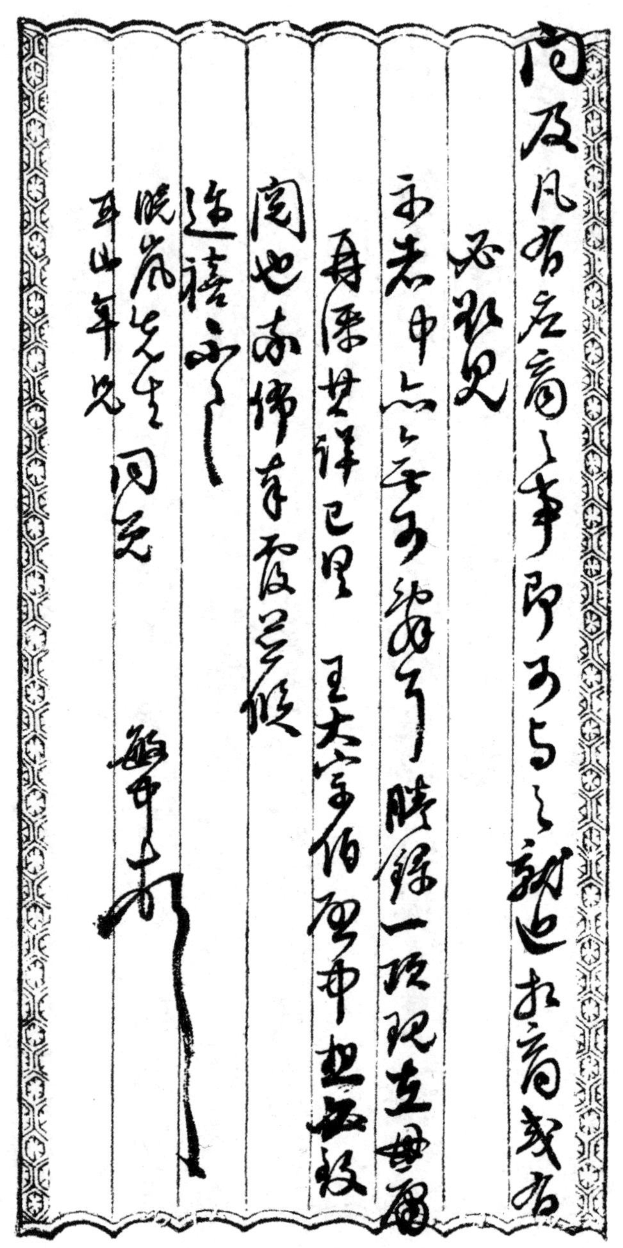

釋　文

頃接來教。《少儀外傳》仿《韓詩外傳》之例極爲妥合。《書録解題》或從《藝文志》或從《經籍考》，希覆檢其書核定。《袁氏世範》從《經籍考》似爲得之。前蒙詢及館中現辦應刊、應抄各種，係何人專辦，中因舉李閣學以對，昨桊召見，蒙問及，凡有應商之事，即可與之就近相商，或有必欲見示者，中亦無可辭耳。謄録一項，現在毋庸再添，其詳已具王大宗伯啓中，想必致閲也。率佈奉覆，並候邇禧，不一一。曉嵐先生、耳山年兄同覽。

敏中頓首

繫　年

此函約作於乾隆三十八年六月初一日。

四庫館開館於乾隆三十八年二月[①]，主要工作是輯佚《永樂大典》中遺書，此函中所提及的《書録解題》（陳振孫《直齋書録解題》）和《袁氏世範》皆爲《永樂大典》本[②]。乾隆三十八年二月

---

① 按，四庫館開、閉館時間參照張昇《四庫全書館研究》第一章。

② 按，《知不足齋叢書》本收録《袁氏世範》提要一篇，内容與武英殿本提要、閣本提要、《總目》提要不同，兹録如下，以備一考。《袁氏世範》提要："按《袁氏世範》三卷，宋袁采撰。《衢州志》：采字君載，信安人。登進士第，三宰劇邑，以廉明剛直稱。仕至監登聞檢院。陳振孫《書録解題》：采嘗宰樂清，修《縣志》十卷。是編即其在樂清時所作，分'睦親''處己''治家'三門，題曰《訓俗》，府判劉鎮爲之序，因更名《世範》。其書於立身處世之道，反覆詳盡，所以砥勵末俗者，極爲篤摯。蓋本爲垂訓家塾而設，故其行文間不免於鄙淺，然大要明白切要，覽者易曉，未始不可與房元（玄）齡《家誡》、穆寧《家訓》諸書互相發明也。《續通考》又稱，采令政和時，著有《政和雜著》《縣令小録》，皆有可觀，蓋亦留心風化之士云。"（清鮑廷博輯《知不足齋叢書》第五册，中華書局，1999年版，第323頁）《四庫文叢》收録胡建升《〈知不足齋叢書〉中的〈四庫提要〉稿輯考》一文，胡按語云："《四庫全書總目》著録《永樂大典》本《袁氏世範》。《知不足齋叢書》本爲'吴郡袁氏傳經堂家乘本'。比較文淵閣《四庫》和《知不足齋叢書·袁氏世範》，《知不足齋叢書》本前有乾隆五十三年戊申（1788）立冬日震澤楊復吉所撰《重刊袁氏世範序》，後附有方昕（轉下頁）

二十一日《大學士劉統勳等奏議定校核〈永樂大典〉條例並請撥房添員等事摺》説是“奉旨校核《永樂大典》”[①]，至本年八月十八日，乾隆頒諭旨獎勵紀昀、陸錫熊，其云“辦理四庫全書處將《永樂大典》内檢出各書，陸續進呈。朕親加披閲，間予題評，見其考訂分排，具有條理，而撰述提要，粲然可觀”[②]，可見《永樂大典》辦理已初見成效。由此，亦可確定作年爲三十八年。由“《少儀外傳》仿《韓詩外傳》之例極爲妥合”可知，此函與第一通、第二通、第四通手札緊密關聯，據此可確定此函作於乾隆三十八年。第一通手札云“《少儀外傳》之列於子部，未解其故”（署五月十八日），第二通又云“《少儀外傳》改入經部小學，似爲相合”（署五月廿四日），據此兩函可斷本函作於三十八年五月廿四日後。又，此時乾隆尚在熱河行在，四庫館進呈之書與日常奏摺一起發往熱河行宫。熱河行在即承德避暑山莊，此地距北京約一百八十公里路程。據《清實録》記載“二十日，在京城所發本報，應於二十一日巳午之間，遞至熱河行在”[③]，可見，正常情况下，京城奏摺一天之内即可到達熱河。按，奏摺速遞如果注明“馬上飛遞”，按規定是日

（接上頁）《集事詩鑑》以及袁表、袁褧、袁廷檮撰寫的跋。乾隆五十五年庚戌（1790）古吴袁廷檮跋云：‘《袁氏世範》，見《唐宋叢書》及眉公《秘笈》，陳榕門先生復採入《訓俗遺規》，然皆非足本。乙巳春，予於書肆檢閲舊編，得此宋本書三卷，後附方景明《詩鑑》一卷，有予從祖陶齋公、謝胡公二跋，稱其校刻精善，洵焉世寶，是吾家故物也……予方刻載《家譜》，鮑丈以文見而賞之復梓入《叢書》，附《顔氏家訓》後。’”（《四庫文叢》第二卷，上海：上海交通大學出版社，2014年版，第頁29-30頁）又按，許超傑最新研究成果指出“一則提要可能具有多種提要稿，即不同的源文本，而不同的源文本也産生了不同的提要文本系統”（《〈四庫全書〉提要文本系統例説》，《文獻》2020年第6期，第6頁），此《知不足齋叢書》本《袁氏世範》提要應是定本《總目》提要未采納的提要稿。

① 中國第一歷史檔案館編：《纂修四庫全書檔案》上册，上海：上海古籍出版社，1997年版，第59頁。

② 中國第一歷史檔案館編：《纂修四庫全書檔案》上册，上海：上海古籍出版社，1997年版，第145頁。

③《清實録》第二〇册，北京：中華書局，1986年版，第587頁。

行三百里，更急者可要求日行四百、五百甚至六百里，一百八十公里可在一日内遞到[①]。按，“關於一日内遞到”之説，手札第四十四通亦有内證，札中云“偶欲查《明史紀事本末》徐鴻儒及流賊二事，竟不可得，希即查出，於十二日隨報付來”，落款時間爲“九月初十日”，由此可知，于氏手函十一日抵達京城，當日即覆，十二日便可隨奏摺運抵熱河。第二通手札落款爲二十四日，若于氏接到京城信函即刻回信，那陸氏手書由京城發出時間應爲二十三日。如此，若按一天計算，第二通手札二十四日自熱河發出，二十五日即可到達京城。按如此最快的速度推算（當天回信），信件往復一個來回，約計兩天。則于氏所接信函發出的時間當爲二十六日，接到時間爲二十七日，所以此封回函當作於五月二十七日後。又據《清實録》乾隆三十八年五月二十九日所記，“以宗人府府丞李友棠爲内閣學士、禮部侍郎”[②]，此諭旨到達京師當爲三十日，而于敏中信函中稱呼李友棠爲“李閣學”，則知此函必作於五月三十日或之後。又，第四通手札落款時間爲六月三日，據文意可知接到信函是在六月二日，因而此函約作於六月一日。

箋　證

乾隆在熱河行宫閲覽四庫進呈書亦有私家記載，如張塤《竹葉庵文集》卷四《廣仁嶺》詩云：“五花習健兒，三日發摺匣。兼駝四庫書，不止十行札。慚愧事校讎，匆忙公檢押。豈無一字錯，

---

① 按，王重民説：“驛報普通一晝夜走四百里，最快走八百里。皇帝在熱河時，大約用六百里或八百里快遞。三十九年以前，幸木蘭後，便不在秋獮時接一切驛報。四十年以後，驛報逐日直達木蘭。”（見《胡適全集》第十三卷，安徽教育出版社，2003年版，第542頁）

②《清實録》第二〇册，北京：中華書局，1986年版，第591頁。

素餐汗衣裀。"[1] 此詩徐慶豐《〈于文襄手札〉考釋》引證過[2]。這首詩歸於張塤所作《熱河集》中，而《熱河集》作於乾隆丙申，即乾隆四十一年（1776），此詩末題"時道逢進薈要書回"[3]，這是難得的私家史料。當然，諸如這種私家記載還有待發掘。這裏針對"進薈要書"補充一點，《薈要》書先於《四庫全書》纂修[4]，輯自《永樂大典》本諸書，凡經御題御覽而未列入存目者，多納入《薈要》之中，所以先期的《永樂大典》輯佚書是《薈要》編纂不可缺少的重要環節。乾隆三十八年五月初一日諭："第全書卷帙浩如煙海，將來庋弆宫庭，不啻連楹充棟，檢玩爲難。惟擒藻堂，向爲宫中陳設書籍之所，牙籤插架，原按四庫編排。朕每憩此觀書，取携最便。著於全書中擷其菁華，繕爲《薈要》。其篇式一如全書之例，蓋彼極其博，此取其精，不相妨而適相助，庶縹緗羅列，得以隨時流覽，更足資好古敏求之益。"[5] 所謂"彼極其博，此取其精"，博乃《四庫全書》，精乃《四庫全書薈要》。

此函涉事有三：

一、商討《少儀外傳》《書録解題》和《袁氏世範》三書體例。《少儀外傳》一書在第一通、第二通信函中均有涉及，此言"仿《韓詩外傳》之例極爲妥合"，似又是商討達成的意見。然現《總目》將《少儀外傳》歸於子部儒家類，《韓詩外傳》歸於經部詩類，與此處所言不同，蓋後又有調整。另《總目》之《少儀外傳》提

① 張塤：《竹葉庵文集》卷四，《續修四庫全書》第一四四九册，上海：上海古籍出版社，2002年版，第136-137頁。

② 徐慶豐：《〈于文襄手札〉考釋——並論于敏中與〈四庫全書〉纂修》，北京師範大學碩士學位論文2005年，第4頁。

③ 張塤：《竹葉庵文集》卷四，《續修四庫全書》第一四四九册，上海：上海古籍出版社，2002年版，第137頁。

④ 江慶柏：《四庫全書薈要總目提要・概述》，北京：人民文學出版社，2011年版，第21頁。

⑤ 中國第一歷史檔案館編：《纂修四庫全書檔案》上册，上海：上海古籍出版社，1997年版，第108頁。

要有云："其書爲訓課幼學而設，故取《禮記·少儀》爲名，然中間雜引前哲之懿行嘉言，兼及於立身行己、應世居官之道，所該繁富，不專於灑掃進退之末節，故命之曰'外傳'，猶韓嬰引事説《詩》，自題曰'外傳'云爾。"[①]《總目》所載當即此函所言。今比較文淵閣《四庫全書》中《少儀》與《韓詩》兩書[②]，卷中載録之法也極爲相似，《少儀》仿《韓詩》體例可證。

二、函中言"館中現辦應刊、應抄各種，係何人專辦，中因舉李閣學以對"，于敏中此處只是知會陸錫熊，之前或尚未確定書籍應刊、應抄由專人專辦。李閣學係李友棠，《清史稿》附《李紱傳》後，只四十七字[③]，詳細事蹟見於《國史列傳》卷五九，《清朝先正事略》卷一四，《國朝耆獻類徵初編》卷七〇等。李友棠，字召佰，號適園，又號西華[④]，江西臨川人，李紱之孫，乾隆十年進士，改庶吉士。乾隆二十一年以刑科掌印給事中提督福建學政，並任巡視臺灣監察御史[⑤]。三十八年閏三月充四庫全書館副總裁[⑥]，

---

① 紀昀等：《欽定四庫全書總目》上册，北京：中華書局，1997年版，第1213頁。

② 吕祖謙：《少儀外傳》，《景印文淵閣四庫全書》第七〇三册，臺北：臺灣商務印書館，1986年版，第219–264頁。韓嬰：《韓詩外傳》，《景印文淵閣四庫全書》第八九册，臺北：臺灣商務印書館，1986年版，第775–861頁。

③ 按，"(李紱)孫友棠，乾隆十年進士，自編修累遷至工部侍郎。新昌舉人王錫侯撰《字貫》，坐悖逆死。友棠有題詩，並奪官，賜三品卿銜。卒"(見趙爾巽等《清史稿》第三四册卷二九三，北京：中華書局，1977年版，第10325頁)。

④ 童範儼、陳慶齡：《同治臨川縣志·人物志·宦業》卷四一，清同治刻本。《人物志·宦業》，黄玉圃《國朝御史題名》，沈雲龍《近代中國史料叢刊》第一輯第一三六册，臺北：文海出版社，1969年版，第287頁。

⑤ 按，見孫爾准、陳壽祺、程祖洛、魏敬中《重纂福建通志》，清同治七年—十年(1868–1871)。又参劉寧顔編《重修臺灣省通志》，臺灣省文獻委員會，1994年版。

⑥ 按，乾隆三十八年閏三月十一日《諭著劉統勳等爲四庫全書處正總裁張若溎等爲副總裁》載："現在辦理四庫全書，卷册浩繁，必須多派大臣董司其事。劉統勳、劉綸、于敏中、福隆安、王際華、裘曰修，俱著爲正總裁。英廉、慶桂外，並添派張若溎、曹秀先、李友棠爲副總裁。"(見中國第一歷史檔案館編《纂修四庫全書檔案》上册，上海：上海古籍出版社，1997年版，第73頁)

五月擢内閣學士兼禮部侍郎，八月授工部侍郎[①]。三十九年九月提督浙江學政[②]，十月因辦理四庫全書未能悉心校勘，疵謬叠出，敕部察議。四十二年，革職[③]。嘉慶三年二月，卒。李友棠作爲副總裁，依然有校閲書籍之責。張昇在“四庫館臣的工作”中，將總裁分爲“不閲書之總裁”和“閲書之總裁”，其中李友棠即在閲書總裁之列。而應刊、應抄書籍的管理是否是李友棠專辦，除于敏中手札外尚未發現其他史料記載。

在編纂《四庫全書》初期，即乾隆三十八年閏三月十一日的諭旨中，派出正總裁六人，副總裁五人，而在諸副總裁之中，李友棠職位最低，殿本《總目》職名表“歷任副總裁官”中，李友棠居最末[④]。然而李友棠作爲副總裁，除了勤於纂修《四庫全書》之外，在獻書方面也做出過努力。黃愛平在《纂修四庫全書研究》中統計私人進獻書目，李友棠進書六種[⑤]，此數字是黃愛平據《四

---

① 按，乾隆三十八年十月十八日《多羅質郡王永瑢等奏議添派覆校官及功過處分條例摺（附條例）》，乾隆三十八年十一月十五日《多羅質郡王永瑢等奏代紀昀等恭謝恩賜題詩摺》，李友棠官銜署侍郎（《纂修四庫全書檔案》上册，第168、181頁）。又，乾隆三十九年二月二十三日《多羅質郡王永瑢等奏擬派肄業貢生校録〈永樂大典〉應刊書籍並再添擺板供事摺》和《多羅質郡王永瑢等奏令郭長發在四庫全書分校上行走摺》，李友棠官銜署工部右侍郎（《纂修四庫全書檔案》上册，第201、202頁）。再，乾隆三十九年八月初二日《吏部尚書官保等題爲議得因〈永樂大典〉案黃壽齡等應分别降級罰俸本》記載“工部右侍郎李友棠……照疏忽例，罰俸叁個月”（《纂修四庫全書檔案》上册，第236頁），此時其職依舊爲工部右侍郎。

② 按，乾隆三十九年十一月十五日《大學士舒赫德等題爲議得總裁蔡新等應罰俸六個月本》可與此印證，題本中説：“工部侍郎今授浙江學政李友棠，均照不行詳查罰俸陸個月例，罰俸陸個月。李友棠有紀録叁次，前議罰俸壹個月註册在案，今議罰俸陸個月，連前共罰俸柒個月，應銷去紀録壹次，抵罰俸陸個月，其罰俸壹個月之處，仍註於紀録，合計抵銷。”（《纂修四庫全書檔案》上册，第290頁）可見此時李友棠已經授浙江學政。

③ 清國史館編：《國史列傳》第三册卷五九，周駿富輯《清代傳記叢刊》第三七册名人類一，臺北：明文書局，1985年版，第189頁。

④ 按，浙本、粵本《總目》副總裁無此人，蓋由乾隆四十二年削職，其名即删。

⑤ 黃愛平：《纂修四庫全書研究》，北京：中國人民大學出版社，2001年版，第36頁。

庫全書總目》書名下所注各家藏本統計而來。又據《四庫採進書目》所録，李友棠實際交出書目共計十八種之多[①]。乾隆四十二年（1777），李友棠因在新昌舉人王錫侯《字貫》一書上題詩一首，乾隆帝斥責李友棠"身爲卿貳，乃見此等悖逆之書，尚敢作詩讚美，實屬天良已昧"[②]，於是將其革職查辦。所以在《纂修四庫全書檔案》中所收的《辦理四庫全書在事諸臣職名》（乾隆四十七年二月開列）副總裁中没有李友棠之名，實受此事影響。

三、總裁之間互通信函，酌商辦書事宜。此函中所言"謄録一項，現在毋庸再添，其詳已具王大宗伯啓中，想必致閱也"，王大宗伯即王際華[③]，于敏中曾就謄録事宜信函協商王際華，陸錫熊應曾閱及信函。值得注意的是，于氏在其他手札中又稱王際華爲有宗伯、王大農、大農等。大宗伯爲禮部尚書的别稱，乾隆三十四年王際華遷禮部尚書[④]，三十八年二月以此職出任校核《永樂大典》總裁[⑤]，閏三月十一日出任《四庫全書》正總裁。隨後，王際華職位與工作發生一系列變化，"四月晋太子少傅，五月命辦理《四庫全書薈要》，八月調户部尚書"[⑥]，户部尚書又稱大司農，因此手札二十四通有"王大農"之稱，二十七通又稱"大農"。王

① 吴慰祖：《四庫採進書目》，北京：商務印書館，1960年版，第178頁。

②《清實録》第二一册，北京：中華書局，1986年版，第983頁。

③ 按，關於總裁官王際華，參閱張昇《四庫全書館研究》，北京：北京師範大學出版社，2012年版，第156-167頁。

④ 趙爾巽等：《清史稿》第三六册卷三二一，北京：中華書局，1977年版，第10780頁。

⑤ 按，乾隆三十八年二月十一日《諭内閣〈永樂大典〉體例未協著添派王際華裘曰修爲總裁官詳定條例分晰校核》云："著再添派王際華、裘曰修爲總裁官，即會同遴簡分校各員，悉心酌定條例，將《永樂大典》分晰校核。"（《纂修四庫全書檔案》上册，第57頁）

⑥ 清國史館編：《國史列傳》第三册卷五九，周駿富輯《清代傳記叢刊》第三七册名人類一，臺北：明文書局，1985年版，第192頁。同見李桓：《國朝耆獻類徵初編》第一七册卷七〇，周駿富輯《清代傳記叢刊》第一四三册綜録類七，臺北：明文書局，1985年版，第608頁。

際華，乾隆四十一年三月卒[①]，雖然任總裁只有三年，却對《四庫全書》前期工作做出了很多貢獻。

"謄録一項，現在毋庸再添"說的是《四庫全書》謄録人員招録一事。書籍校勘後主要是抄寫工作，由於《四庫全書》卷帙浩博，謄録人員衆多，張昇先生考有三千餘人[②]。在信函中，于敏中爲謄録人員添置一事甚爲煩惱，第十五通、二十通、二十四通、二十五通、二十六通均有涉及，容後詳箋。

---

① 清國史館編：《國史列傳》第三册卷五九，周駿富輯《清代傳記叢刊》第三七册名人類一，臺北：明文書局，1985年版，第192頁。

② 張昇：《四庫全書館研究》，北京：北京師範大學出版社，2012年版，第235頁。

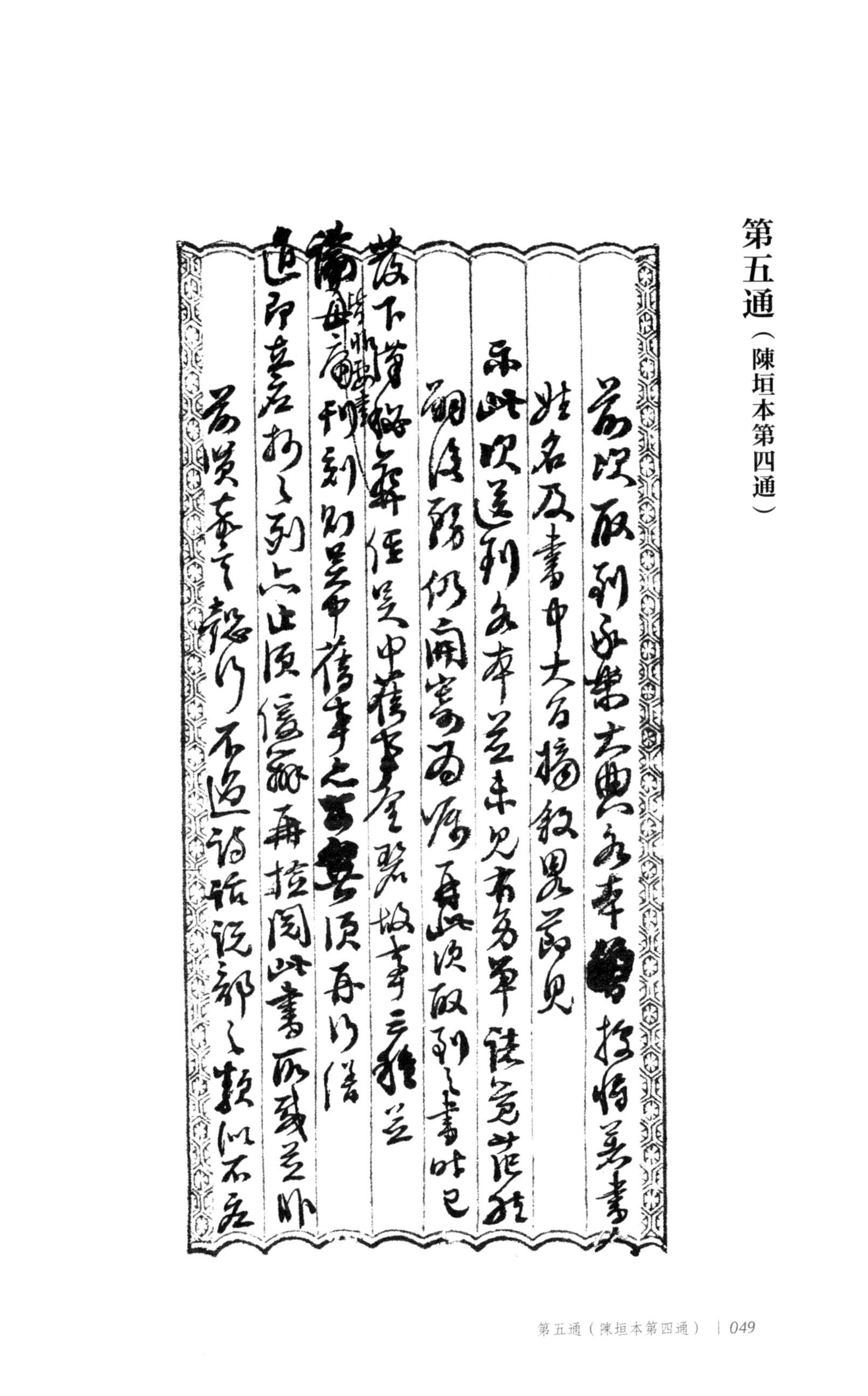

第五通（陳垣本第四通）

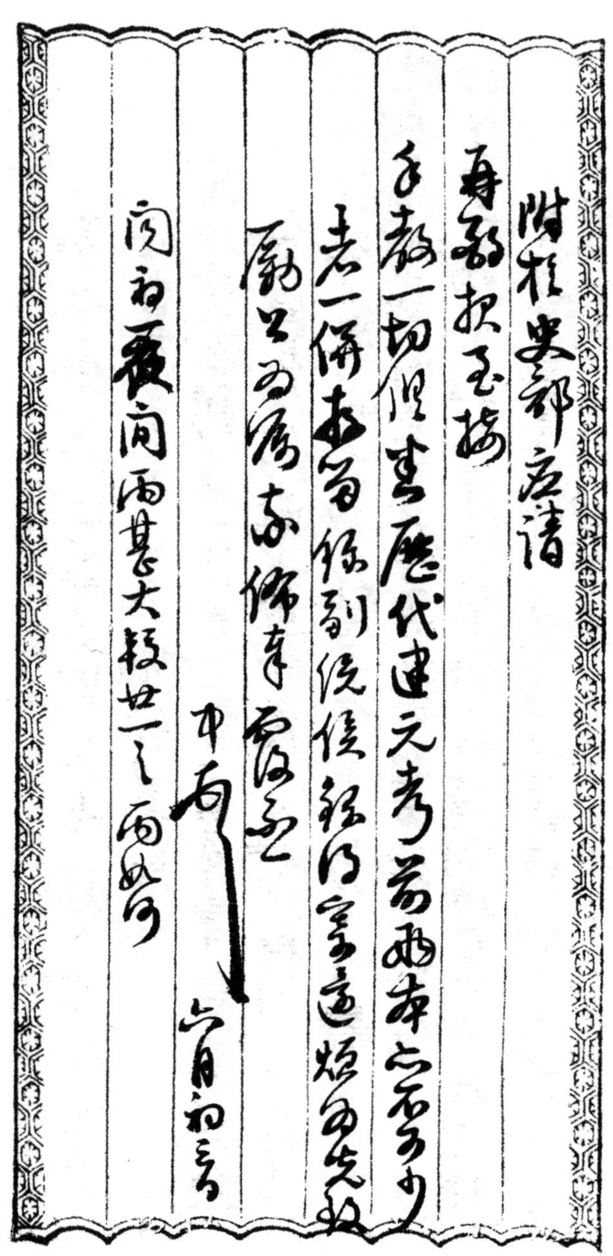

釋　文

前次取到《永樂大典》各本，曾據將著書人姓名及書中大旨，摘叙略節見示。此次送到各本，並未見有另單，諸覺茫然，嗣後務仍開寄爲囑。再，此次取到之書，昨已發下《漢秘葬經》《吴中舊事》《金碧故事》[①]三種，並諭"皆非要書，毋庸刊刻"。則《吴中舊事》亦可無須再行繕進，即在應抄之列，亦止須緩辦。再檢閲此書所載，並非前賢嘉言懿行，不過詩話、説部之類，似不應附於史部，應請再酌。報至，接手教，一切俱悉。《歷代建元考》前兩本亦不可少者，一併存留録副，統俟録得寄還，煩爲先致勵公爲囑。率佈奉覆，不一。

中頓首　六月初三日

［附記］聞初一夜間雨甚大，較廿一之雨如何？

繫　年

此函作於乾隆三十八年六月初三日[②]。

據函末"聞初一夜間雨甚大，較廿一之雨如何"，考《清實録》，乾隆三十八年五月二十三日諭"本月二十日，在京城所發本報，應於二十一日巳午之間，遞至熱河行在。今於二十三日辰刻，始行遞到，較常遲隔兩日，查係因懷柔、密雲一帶水發所阻"[③]，知其年爲乾隆三十八年。又，此函依舊言及《永樂大典》，如此緊湊辦理，與乾隆三十八年二月十一日諭旨有關，諭曰："是書（即《永樂大典》）卷帙如此繁重，而明代蒧役僅閲六年，今諸臣從事釐輯，更係棄多取少，自當刻期告竣，不得任意稽延，徒誚汗青無

---

① 按，《金碧故事》應作《金璧故事》，于氏筆誤。

② 按，陳垣《書于文襄論四庫全書手札後》對此有簡略考證，繫於乾隆三十八年，今依其論。見《陳垣學術論文集》第二集。

③《清實録》第二〇册，北京：中華書局，1986年版，第586—587頁。

日。”[1] 另，三十八年二月二十一日劉統勳上奏議定《永樂大典》辦理條例，在奏摺中説“於翰林等官内，擇其堪預分校之任者，酌選三十員，專司查辦，仍即令辦事翰林院。並酌派軍機司員一二員作爲提調，典簿廳等官作爲收掌，常川在署，經理催趲，毋致稍有作輟……應請酌設供事十名，皂役四名，紙匠二名，以供差遣……其謄録一項，現在尚無可需用之處，應俟摘出目録，全行分别奏定後，其中如有應採之本，另須繕録全函者，再行奏明，酌定員數，選取充補”[2]。分校、提調、供事、皂役、紙匠、謄録諸項人員的配備，思考較爲周密，且有實物爲證。據史廣超在上海圖書館發現的四庫館輯《永樂大典》本《中興百官題名》卷首所附單據可知[3]，《大典》書籍辦理程式井然，辦書人員各司其職。張昇先生考證，發下謄抄《永樂大典》簽出佚文的年份是固定的，各簽均已事先印上乾隆三十八年，具體謄抄時只需填寫月份和日期[4]。手札第二通云“已寫之《永樂大典》分數次進呈……俟此次應進之書寄全，即彙齊呈覽。其奏摺填寫最後一回月日，較爲妥協，可告知中堂大人酌定”，可證。

箋　證

辦《大典》書之程式和體例在商討中逐漸形成定規。據第二函可知，辦好的《永樂大典》本要隨時呈進。又據此函知，正在辦理的則要進呈書和書單。書單所寫内容大致包括大典本輯佚書的分類、提要以及應刊、應抄的處理意見。第十一函寫得非常清

---

① 中國第一歷史檔案館編：《纂修四庫全書檔案》上册，上海：上海古籍出版社，1997年版，第58頁。

② 中國第一歷史檔案館編：《纂修四庫全書檔案》上册，上海：上海古籍出版社，1997年版，第59頁。

③ 史廣超：《〈永樂大典〉輯佚述稿》，鄭州：中州古籍出版社，2009年版，第70頁。張昇《四庫全書館研究》亦有徵引。

④ 張昇：《四庫館簽佚書單考》，《中國典籍與文化》2006年第3期，第61–66頁。

楚，“日前所寄，照單分列四庫，隨摺進呈。惟《中興小曆》一種，原單注擬刊刻。愚見以建炎南渡乃偏安而非中興，屢經御製詩駁正，且閱提要所開，是編頗有未純之處，似止宜抄而不宜刻，已於單内改補奏進”。

《漢秘葬經》即《漢原陵秘葬經》，永樂大典本，《總目》子部術數類列爲存目。按，《大典》在引書名時，多用省稱，從《永樂大典》中簽出的佚書書名，一般沿用《大典》引用時的名稱。但也有更改的情況，如包恢《弊帚稿略》一書，館臣輯佚時並將《大典》本“弊帚”改爲“敝帚”。大典本輯佚書《漢原陵秘葬經》，郝慶柏《永樂大典書目考》卷二著録[①]。

《吴中舊事》，永樂大典本，《總目》列爲史部地理類。郝慶柏《永樂大典書目考》卷一著録，並提供此書的版本有“函海本”“墨海金壺本”“讀畫齋刊本”“後四十家小説本”等[②]。此函云“《吴中舊事》亦可無須再行繕進，即在應抄之列，亦止須緩辦”，可見《四庫全書》纂修首先是確定該書應刊、應抄、應存、應毁的身份，接下來再根據類别進行辦理。關於此書是否列於史部，于敏中提出了已見，“此書所載，並非前賢嘉言懿行，不過詩話、説部之類，似不應附於史部，應請再酌”。從今《總目》將此書列爲史部可知，在京纂修官並未採納于氏建議。

《金壁故事》，此書屬發蒙讀物，供幼童學習作詩和楹聯之用，原在《永樂大典》卷九〇四中，郝慶柏《永樂大典書目考》列有此書，不列著者[③]。此書作者可考，《百川書志》著録此書爲六卷本，並提供了部分信息：“皇明修山林景平編，輯詩句偶對二百餘

① 郝慶柏：《永樂大典書目考》，《遼海叢書》第四册，瀋陽：遼沈書社，1985年版，第2718頁。

② 郝慶柏：《永樂大典書目考》，《遼海叢書》第四册，瀋陽：遼沈書社，1985年版，第2708頁。

③ 郝慶柏：《永樂大典書目考》，《遼海叢書》第四册，瀋陽：遼沈書社，1985年版，第2723頁。

事，詩二十一首。”[①] 然《四庫全書》未著録，從《翁方綱纂四庫提要稿》對此書所作提要似可窺其端倪，翁氏言：“《金璧故事》八卷，前題云‘修山林景平編集’，並有‘大字音注詳明鰲頭’云云之目。書分上下格，雜綴故事，上方並雜以繡像。是訓蒙之坊本，無足採取。不應存目。”[②] 由此提要稿可知，《四庫全書》編纂之時應採納了翁方綱之見。此書蓋先經翁氏撰寫提要，後經乾隆諭斥“皆非要書，毋庸刊刻”而輯後又删。但是，翁氏所見《金璧故事》並非《大典》輯佚本，因翁氏作爲纂修官，其職責是校辦各省送到遺書，而非《永樂大典》本書籍。另一方面，提要稿所言“前題云‘修山林景平編集’，並有‘大字音注詳明鰲頭’云云”等語，則是翁氏所注意並題抄的兩江送到書籍的相關特徵，若是館臣輯佚本斷無此語。今檢《四庫採進書目》，在《兩江第一次書目》中即列有“《金璧故事》二本”[③]。此書《中國古籍總目》未收，國内各大圖書館亦未見。需要指出的是，日本長澤規矩也所編《和刻本類書集成》第三輯收録新鋟鄭翰林類校注釋《金璧故事》一書，長澤規矩也在解題中説：“本書隨著故事熟語集的盛行而編纂，不分類，標題爲七字句，而本文先舉出朝代等等，則有如《日記故事》，其注釋之詳，與和刻本《書言故事》相近。卷首及每卷之首有卷首畫，封面内頁有刊語，無底本中的題跋，末有原蓮牌本記。和刻本流傳至今的不多，亦未見有明刊本。有關編者，也無法從其他記載中查證。”[④] 書共分五卷，每卷卷首署名不同。第一卷署

---

① 高儒、周弘祖：《百川書志 古今書刻》，上海：古典文學出版社，1957年版，第41頁。

② 翁方綱撰，吴格整理：《翁方綱纂四庫提要稿》，上海：上海科學技術文獻出版社，2005年版，第482頁。

③ 吴慰祖：《四庫採進書目》，北京：商務印書館，1960年版，第46頁。

④ [日]長澤規矩也編：《和刻本類書集成》第三輯解題，上海：上海古籍出版社，1990年出版，第5頁。按，此書編者可考，又從《永樂大典》收録此書可判斷其編著時間在明永樂前。

"會魁 如蓮 鄭以偉輯閲，秋林 直齋 黄正慈梓行"[①]，第二卷署"盱郡 水雲 鍾臺子校正"[②]，第三卷署"信州 如蓮 鄭以偉校正"[③]，第四卷署"翰林 如蓮 鄭以偉校正，儒林 水雲 鍾臺子音釋，秋林 直齋 黄正慈繡梓"[④]，第五卷署"信州 如蓮 鄭以偉校正"[⑤]。結合《百川書志》、翁氏提要稿所記"修山林景平編集"等可作如下判斷：《金璧故事》係林景平所編，後鄭以偉、鍾臺子等人進行校正和音釋。

《歷代建元考》，清鍾淵映撰，兩江總督採進本，《總目》將其歸於史部政書類。此書在第七通函中又有提及，容後詳考。函中説"《歷代建元考》前兩本亦不可少者，一併存留録副"，這是因爲徵集到的遺書要寄還，所以要進行録副。這種情況屬於正常辦書情況下的官方録副，辦書者在此基礎上進行校勘、謄録事宜。還有一些書籍是珍本秘笈，難得一窺，也出現私人録副現象[⑥]。

勵公係勵守謙，手札中還稱勵世兄、自牧。勵守謙事蹟史料記載極稀，主要見於鄭士蕙《静海縣志》卷六[⑦]，《清史稿》中附勵杜訥傳後，僅云"嘉慶十年進士，官編修"[⑧]。按，《清史稿》記載有誤，勵守謙中進士應爲乾隆十年，見司馬朝軍所考[⑨]。鄭偉章《文

①《金璧故事》，見［日］長澤規矩也所編《和刻本類書集成》第三輯，上海：上海古籍出版社，1990年版，第333頁。

②《金璧故事》，見［日］長澤規矩也所編《和刻本類書集成》第三輯，上海：上海古籍出版社，1990年版，第343頁。

③《金璧故事》，見［日］長澤規矩也所編《和刻本類書集成》第三輯，上海：上海古籍出版社，1990年版，第356頁。

④《金璧故事》，見［日］長澤規矩也所編《和刻本類書集成》第三輯，上海：上海古籍出版社，1990年版，第370頁。

⑤《金璧故事》，見［日］長澤規矩也所編《和刻本類書集成》第三輯，上海：上海古籍出版社，1990年版，第377頁。

⑥按，私人録副，張昇《四庫全書館研究》（北京：北京師範大學出版社，2012年版）一書有專章論述，可參看。

⑦鄭士蕙：《静海縣志》卷六《鄉賢》，同治十二年（1873）刻本。

⑧趙爾巽等：《清史稿》第三六册卷三二一，北京：中華書局，1977年版，第9948頁。

⑨司馬朝軍：《勵守謙登第之年小考——〈清史稿〉勘誤一則》，《古籍研究》2002年第1期，第40-41頁。

獻家通考》一書考有勵守謙事蹟[①]，較爲簡略，兹據方志、《清實録》及《纂修四庫全書檔案》詳考如下：

勵守謙，字自牧，一字子牧，號雙清老人，直隸静海人。"勵氏四氏翰林，曾祖父杜訥，字近公，祖父廷儀，字南湖，父宗萬，字滋大，均爲進士，入翰林院"[②]。守謙事蹟以乾隆三十八年入四庫全書館爲界，分爲前後兩期。

前期：乾隆十年（1745）進士及第。《清實録》記載，乾隆十年六月初八日，"内閣、翰林院帶領新進士引見，得旨：新科進士除一甲三名錢維城、莊存與、王際華已經授職外……勵守謙……俱著爲翰林院庶吉士"[③]。乾隆十六年（1751）五月十六日，授編修[④]。十七年（1752）六月二十三日，乾隆於正大光明殿考試翰林詹事等官，二十四日評分四等，勵守謙位列第四等，"著照例罰俸一年"[⑤]。二十三年（1758）三月二十二日諭："昨於正大光明殿，考試翰詹等官，親加詳閲，按其文字優劣，分爲四等。"[⑥]勵守謙位列三等，不賞不罰。二十八年（1763）五月十五日，考試翰詹諸臣，十六日諭分四等，勵守謙位列三等，遭罰俸一年[⑦]。二十九年（1764）十二月十六日，以右春坊右贊善勵守謙[⑧]，署日講起居注官[⑨]。三十年（1765）四月二十九日，以洗馬

① 鄭偉章：《文獻家通考》上册，北京：中華書局，1999年版，第294頁。
② 鄭偉章：《文獻家通考》上册，北京：中華書局，1999年版，第294頁。
③《清實録》第一二册，北京：中華書局，1985年版，第123-124頁。
④《清實録》第一四册，北京：中華書局，1986年版，第111頁。
⑤《清實録》第一四册，北京：中華書局，1986年版，第462頁。
⑥《清實録》第一六册，北京：中華書局，1986年版，第81頁。
⑦《清實録》第一七册，北京：中華書局，1986年版，第690頁。
⑧ 按，右春坊，是詹事府内部機構之一，設右庶子、右中允、右贊善等官，俱滿、漢各一人。原職掌東宫講讀箋奏，惟雍正以後不立太子，詹事府無輔導皇太子之職事，乃從事記注、纂修，充文武殿試掌卷官、廷試閲卷官等。右贊善，清詹事府右春坊之屬官。滿、漢各一人，從六品。漢員兼翰林院檢討銜。掌記注、撰文之事（見朱金甫、張書才主編，李國榮副主編《清代典章制度辭典》，北京：中國人民大學出版社，2011年版，第155頁）。
⑨《清實録》第一七册，北京：中華書局，1986年版，第1077頁。

勵守謙爲雲南鄉試正考官[①]。三十二年（1767）四月初六日，發生一件有意思的事情，《清實録》載："今日朕恭視雩祭祝版，見侍班講官勵守謙，足立欹邪，有愆儀度。講官職司記注，典禮所在，凡朕躬言動必書，自應恪恭將事，況勵守謙係舊家子弟，身列清班，豈可不知檢飭，同於市井輕浮之習？甚屬不敬！勵守謙著交部嚴加議處。"[②]侍班講官是爲皇帝經筵進講的官員，也指東宫侍講官，勵守謙站姿不雅，有愆儀度，被乾隆指斥，並交部議處。三十三年（1768）四月十五日諭云，十四日於正大光明殿考試翰詹等官，勵守謙三等[③]。

後期：勵守謙應該在乾隆三十八年授翰林院編修，隨後擔任校勘《永樂大典》纂修及分校官之職[④]。據《清實録》所載，三十八年十月二十九日，諭曰"以右贊善王燕緒、編修陸費墀，俱充日講起居注官。左中允曹仁虎、編修勵守謙，俱署日講起居注官"[⑤]，守謙早在乾隆十六年就被授編修，此時又兼日講起居注官。十一月十五日《多羅質郡王永瑢等奏代紀昀等恭謝恩賜題詩摺》又説，"據辦理四庫全書處總纂官・侍讀紀昀、纂修官・編修勵守謙、學正汪如藻呈稱……"[⑥]云云，勵守謙任纂修官、翰林院編修。三十九年五月十四日，因勵守謙進獻書籍一百種以上，賞《佩文韻府》一部[⑦]。此年十一月編修勵守謙、紀昀借欠不還，攤上官司，皇帝親審[⑧]，後經吏部議覆，判決如下："勵守謙學問

①《清實録》第一八册，北京：中華書局，1986年版，第95頁。

②《清實録》第一八册，北京：中華書局，1986年版，第614頁。

③《清實録》第一八册，北京：中華書局，1986年版，第925–926頁。

④ 按，参見浙本、粤本《四庫全書總目》。

⑤《清實録》第二〇册，北京：中華書局，1986年版，第809頁。

⑥ 中國第一歷史檔案館編：《纂修四庫全書檔案》上册，上海：上海古籍出版社，1997年版，第180頁。

⑦ 中國第一歷史檔案館編：《纂修四庫全書檔案》上册，上海：上海古籍出版社，1997年版，第210–211頁。

⑧ 按，事發在乾隆三十九年十一月十五日（見《清實録》第二〇册，第1249–1250頁）。

本屬平常，亦非辦書館必不可少之人，著照部議革職……至紀昀不能約束伊子，致令借欠生事，固屬咎有應得。但其學問尚優，爲四庫全書處得力之人，著從寬改爲降三級留任，仍令在館辦里總纂事務。”[①] 遭革職的勵守謙，不足一年後又得到了任用，乾隆四十年九月初十日諭云“革職編修勵守謙，准其自備資斧，在四庫全書處纂修上效力行走”[②]。四十三年二月二十九日《諭辦理四庫全書出力人員夢吉陸費墀等著分別陞用授職與賞賜》中，勵守謙著加恩授爲編修[③]，此是繼三十九年遭革職後，再次復官。據《纂修四庫全書檔案》記載，自乾隆四十三年至五十二年八月，勵守謙以編修之職（也做分校官）多次被記過、罰俸，當然，這也是纂修書籍過程中的常事。在這長達十年的時間裏，勵守謙一直未能升遷，在纂修《四庫全書》事上也一直以校書爲主要工作。其中，四十七年二月初二日《軍機大臣等奏遵旨擬賞四庫全書議敘人員及未經引見名單片（附單）》中，勵守謙爲二等擬賞議敘人員，獲賞墨刻一本、如意一柄、八絲大緞一匹、硯一方、筆一匣、墨一匣、絹箋十張[④]。五十二年十月十八日，據《軍機大臣和珅等奏遵旨將罰校看書及外任各員分別議罰片（附清單一）》所載，文淵、文源、文津三閣查處錯誤，勵守謙與衆多分校、覆校官被分配前往熱河看書[⑤]。十月二十四日《禮部尚書紀昀奏請將文淵閣繙譯册檔移送熱河一分等事摺》提到：“臣於本月十五日已抵熱河，見全德、董椿等所辦章程，俱各妥協。所有同來各員，

① 《清實録》第二〇册，北京：中華書局，1986年版，第1275頁。

② 中國第一歷史檔案館編：《纂修四庫全書檔案》上册，上海：上海古籍出版社，1997年版，第425頁。

③ 中國第一歷史檔案館編：《纂修四庫全書檔案》上册，上海：上海古籍出版社，1997年版，第785頁。

④ 中國第一歷史檔案館編：《纂修四庫全書檔案》下册，上海：上海古籍出版社，1997年版，第1463頁。

⑤ 中國第一歷史檔案館編：《纂修四庫全書檔案》下册，上海：上海古籍出版社，1997年版，第2076頁。

現已有裴謙、祁韻士、郭在逵、李巖、王燕緒、勵守謙、王天禄、潘有爲、王坦修等九員先到，臣即於二十二日率同開手辦理。各該員感激寬恩，均圖自效，又見茶湯爐炭，體恤周詳，尤覺倍增愧奮。看其校勘甚屬認真……"[①] 四庫全書館閉館後，由於各閣查出錯誤和違礙書籍，又陸續進行補修，勵守謙則是參加補修的人員之一，此事持續到乾隆五十三年（因各官員到達熱河已是十月底）。之後，隨著《四庫全書》纂修工作結束，勵守謙也結束了自己長達十六年的修書生涯。需要指出的是，勵守謙工作並非以勤謹著稱，爲官生涯不短，但却未得到重用，蓋與其資質平庸有關，乾隆就曾説其"學問本屬平常"[②]。勵守謙卒年尚未可知，但其六十五歲以上依舊在任，爲内閣侍讀學士。乾隆五十四年二月十九日，吏部帶領京察，二、三等年六十五歲以上之内閣侍讀學士六十七員得以引見，勵守謙即是這六十七人之一[③]。

---

① 中國第一歷史檔案館編：《纂修四庫全書檔案》下册，上海：上海古籍出版社，1997年版，第2081頁。

②《清實録》第二〇册，北京：中華書局，1986年版，第1275頁。

③ 按，《清實録》乾隆五十四年二月十九日云："吏部帶領京察，二、三等年六十五歲以上之内閣侍讀學士五靈阿等六十七員引見。得旨：五靈阿、韋謙恒、勵守謙、玉麟、賦泰、覺羅拴住、素卜東阿、景淑、永清、慶安、諾穆福、蓬琳、曹錫寶、那德、睦騰額、永禄、拔寧阿、得禄、馬昌言、何廷璿、福重、邁蘭、伍正額、哈拉爾岱、巴克棠阿、富森布、舒明、雙全、豐盛阿、和敏、明德、察郎阿、岱保住、快亮、宗室素成額、高謙、張烈、富慶、富遜、齊理克圖、董元鏡、杜憲、宋維琦、觀音保、韋馱保、伊明阿八十九、伏魔保、沈鎧、阿林、積忠額、永清、佛尼勒、黑達色、花良阿、瑚雅善、善福、圖豐額、魏斌、禪布、寶善、烏林布、巴蘭泰、依常阿、伯岱、和德、瑪涵泰俱准其留任。"（見《清實録》第二五册，中華書局，1986年版，第900頁）

第六通（陳垣本第五通）

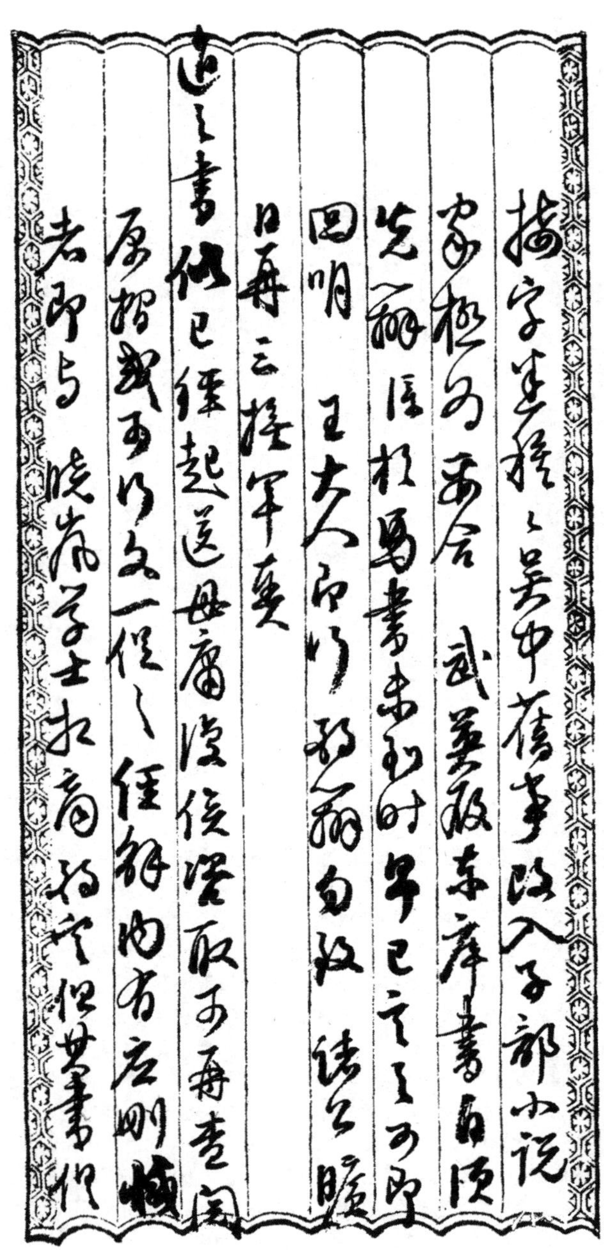

擬經部以各省分排呈核存書本暨
各刊各抄兩種御經解函除各刪數種
外各省止錄書名者以各省所存經解總爲
即將叢書書目雖分列四庫書仍分某某
者不至於散漫查總目林林今所錄未定也
典既有完本以各省繳出兼收聊示凡例
另函擬
弟意以爲何如耳　曉嵐先生　叔高
退

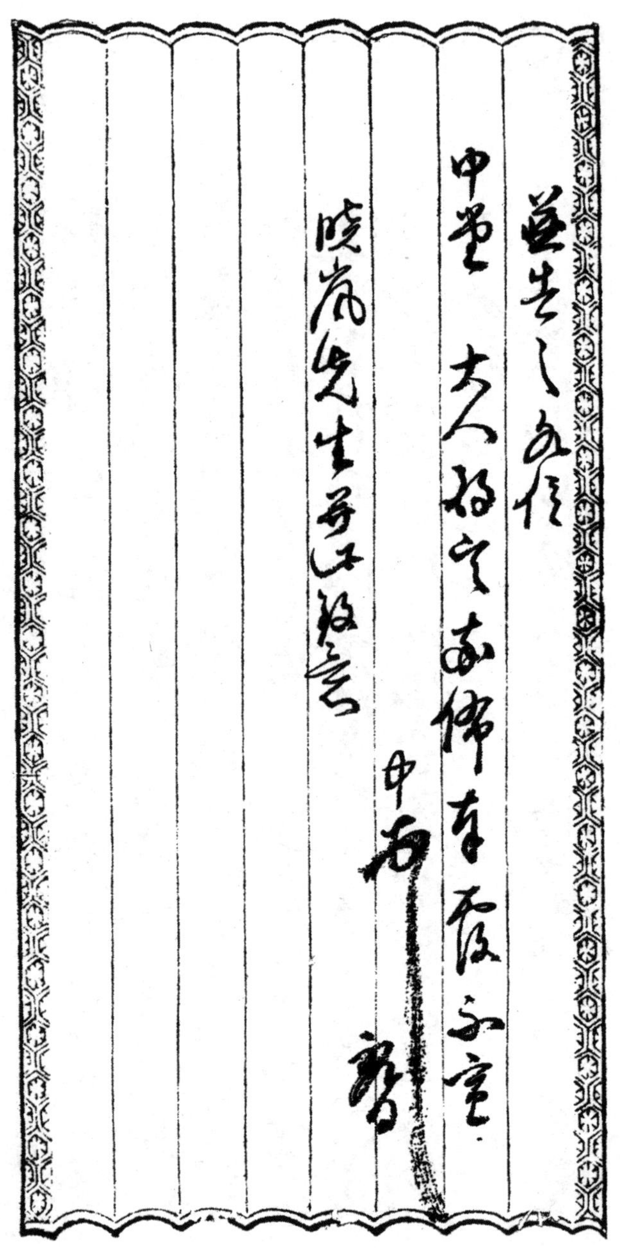

釋　文

接字，悉種種。《吴中舊事》改入子部小説家極爲妥合。武英殿東庫書自須先辦，僕於馬書未到時，早已言之。可即回明王大人，即行酌辦，勿致諸公曠日再三。撫軍奏進之書，似已經起送，毋庸復俟咨取。可再查閲原摺，或可行文一俱之。《經解》内有應删减者，即與曉嵐學士相商酌定。但其書俱係經部，似不應分拆，且抄存書本原兼應刊、應抄兩種，想《經解》内除應删數種外，無應止録書名者，似應仍存《經解》總名。即《漢魏叢書》目雖分列四庫，書仍彙裝，方不至於散漫無統也。林之奇《全解》,《永樂大典》既有完本，似應倣照《春秋繁露》之例，另爲抄進。尊意以爲何如？可與曉嵐先生相商，並告之各位中堂大人酌定。率佈奉覆，不宣。曉嵐先生並此致意。

中頓首　初九日

繫　年

此函作於乾隆三十八年六月初九日。

此處提及《吴中舊事》，第五通亦言及此書，可將此函定於乾隆三十八年六月。又，馬書指馬裕家藏書，乾隆三十八年閏三月初三日諭軍機大臣著李質穎查訪淮陽馬姓等家藏書[①]，後又於閏三月二十八日諭兩江總督高晋等詢覓馬裕家古籍善本[②]。由此亦可推知此函作於乾隆三十八年。

① 中國第一歷史檔案館編 :《纂修四庫全書檔案》上册，上海 : 上海古籍出版社，1997年版，第72頁。

② 中國第一歷史檔案館編 :《纂修四庫全書檔案》上册，上海 : 上海古籍出版社，1997年版，第91頁。

箋 證

《吴中舊事》一書，參第五通箋證。《總目》將此書歸於史部地理類，與手札中"《吴中舊事》改入子部小説家極爲妥合"語不符，似後協商斟酌修改而成。《總目》在《吴中舊事》提要中説"此書紀其鄉之軼聞舊跡，以補地志之闕，而體例則頗近於小説"①，"頗近於小説"一語，浙本、粤本《總目》作"小説家流也"，與此札所論相合。

此函所涉事件較多，兹按順序，依次箋釋如下：

武英殿，據《内務府册》記載："康熙十九年，始以武英殿内左右廊房，共六十三楹，爲修書處，掌刊印、裝潢書籍之事。乾隆三十八年，奉旨創製活字版，錫名聚珍。置局西華門外北長街路東，排印各書事亦隸焉。額設監造一員、副監造一員、主事一員、六品庫掌一員、筆帖式四員、庫掌三員、委署庫掌六員，欽命王大臣總理之。其專司繕録校閲等事，則有提調二員、纂修十二員，均以翰詹官員充，而特簡大臣爲總裁，以綜其成。"② 武英殿左右廊房分别稱西配房（總管辦事處）和東庫房。武英殿各殿位置排布圖見方裕謹《武英殿各殿座晚清修繕諸作述略》一文③。"武英殿東庫書"，指的是内府藏本，于氏建議"先辦"。"馬書"則是兩淮進呈遺書的一部分，即馬裕家藏本。按于敏中所言，四庫全書館辦書首先進行的是《大典》本，在翰林院内進行，其次是内府藏本，在武英殿内進行，又其次是各省進呈書目的辦理。此時，于敏中告誡陸錫熊，内府庫書要先行辦理，而且已經知會王際華。于氏對館中諸公因不知何時辦理何書，以致曠日再三表示不滿。下文提到的《全解》，即《尚書全解》，四十卷，宋林之奇撰，《總目》

---

① 紀昀等：《欽定四庫全書總目》上册，北京：中華書局，1997年版，第969頁。

② 章乃煒、王藹人：《清宫述聞》（正續編合編本）上册，北京：故宫出版社，2012年版，第265-266頁。

③ 方裕謹：《武英殿各殿座晚清修繕諸作述略》，見單士元、于倬雲主編《中國紫禁城學會論文集》第一輯，北京：紫禁城出版社，1997年版，第228頁。

注内府藏本[1]，也就是武英殿庫書。

撫軍奏進之書，指各省進呈書目。撫軍，巡撫的别稱，因有治軍之事權，故有此稱[2]，又有撫臺、撫院、撫署等稱謂。清代康熙年間，各省各置巡撫一人，於是巡撫成爲一省的最高行政長官[3]。由《纂修四庫全書檔案》知，書籍購訪、删選、開列書單進呈等工作都是由巡撫（或總督）上奏。爲節省時間，緊湊辦書程式，于敏中提出了要求，一是不等不候，二是不重複檢閱進呈書，直接查閱原摺，於來函中一併提及。

手函中對於《經解》之名的存留，以及《漢魏叢書》一類書籍如何入列四庫提出建議。事實上，《四庫全書》在編纂之前尚没有明確的編纂體例，大型叢書、類書的編纂方法或體例是在編纂過程中逐漸討論形成並最終敲定下來的。函中"《經解》内除應删數種外，無應止録書名者，似應仍存《經解》總名。即《漢魏叢書》目雖分列四庫，書仍彙裝，方不至於散漫無統也"，討論的主要問題是《經解》《漢魏叢書》的編纂體例。

關於"經解"，《總目》之中著録甚多，如宋孫覺《春秋經解》、余蕭客《古經解鉤沉》、黄文澍《經解》《經義雜著》、舊本題黄帝《陰符經解》、宋蘇轍《道德經解》等，如何確定不是上述題名"經解"之作，而係明郝敬所著《九經解》呢？首先，在《于文襄手札》中有四通提及"經解"，分别是第六通（即此函）、第八通、第十一通、第二十六通。因《經解》内要删除數種，可見非指一書而言。第八通亦云《經解》有删汰之書。因此《經解》顯然不是一部書，而是"經解"一類的叢書。其次，在手札中所提及的書籍中，雖然以《永樂大典》輯佚書爲主，而此書不是大典本，

① 紀昀等：《欽定四庫全書總目》上册，北京：中華書局，1997年版，第140頁。

② 朱金甫、張書才主編，李國榮副主編：《清代典章制度辭典》，北京：中國人民大學出版社，2011年版，第302頁。

③ 朱金甫、張書才主編，李國榮副主編：《清代典章制度辭典》，北京：中國人民大學出版社，2011年版，第281頁。

但是聯繫文意知，此“經解”係“武英殿東庫書”，是在各省進呈書籍到來之前“自須先辦”的一類。而辦書從經部開始亦屬自然，所以此叢書是獨立於大典本之外的，但却是《四庫全書》纂修已始的例證。第三，《總目》之中存目郝敬《九經解》的多部著作。郝氏《九經解》共一百七十五卷，分别是以下九部經書：(1)《周易正解》二十卷《讀易》一卷，(2)《尚書辨解》十卷《别解》一卷，(3)《毛詩原解》三十六卷《讀詩》一卷，(4)《春秋直解》十五卷《讀春秋》一卷，(5)《禮記通解》二十二卷《讀禮記》一卷，(6)《儀禮節解》十七卷《讀儀禮》一卷，(7)《周禮完解》十二卷《讀周禮》一卷，(8)《論語詳解》二十卷《讀論語》一卷，(9)《孟子説解》十四卷《讀孟子》一卷。《總目》將此九經著作拆解，除《論語詳解》不著録亦不存目外，其他八部全部予以存目。據《周易正解》提要云：“然好恃其聰明，臆爲創論……遂横生穿鑿。其所著經解，大抵均坐此弊也。”[①] 由此管窺，可知此叢書不被著録的原因。但是書籍纂修之初，于敏中並不確定此書最後應該如何處理。其他問題，見第八通、第二十六通手札箋證。

《漢魏叢書》有子目三十八種，經部十一種，史部四種，子部二十三種，以漢魏人著述爲主，也有晋、梁、陳、隋人著作。叢書編校審、篇目全、刻印精，是明代萬曆年間大型叢書之一。此書並不見於《四庫全書》之中，蓋由于氏所言將書彙裝後按目“分列四庫”之中。抑或因叢書自身特點，書籍歸類存在問題，還有書籍本身的性質。此手札中用到“删減”“抄存”“應刊”“應抄”“應删”等詞，這些詞語的運用，此時已經帶有官方色彩。但是在乾隆三十八年四庫館開館以來，各諭尚未提及書籍的删、減，直到四十年十一月十六日《諭内閣〈學易集〉等有青詞一體跡涉異端抄本姑存刊刻從删》才有明旨：“現在纂輯四庫全書，部帙計盈數萬，所採詩文别集既多，自不能必其通體完善，或大端可取，

① 紀昀等：《欽定四庫全書總目》上册，北京：中華書局，1997年版，第91頁。

原不妨棄瑕録瑜。如宋《穆修集》，有《摻帳記》，語多稱頌，謬於是非大義，在所必刪。”[①] 但對於書籍的定性問題，自辦書以來已經是清官方的共識。乾隆三十七年正月初四日在《諭内閣著直省督撫學政購訪遺書》中説："歷代流傳舊書，有闡明性學治法，關繫世道人心者，自當首先購覓。至若發揮傳注，考覈典章，旁暨九流百家之言，有裨實用者，亦應備爲甄擇。”[②] 三十八年二月十一日又諭："其書足資啓牖後學、廣益多聞者，即將出（書）名摘出，撮取著書大指，叙列目録進呈，候朕裁定，彙付剞劂。”[③] 乾隆三十八年五月十七日再諭："擇其中罕見之書，有益於世道人心者，壽之梨棗，以廣流傳。”[④] 從諭旨的内在思想，到館臣外在行動，這之間考驗的或是君臣之間的心照不宣，官方辦書思維定會站在統治者的角度看待問題，禁毁書籍是遲早會發生的事。從手札中的"刪減”一詞來看，這已經顯露出以官學爲基礎的權利運行，而對這個權利是有著統一的思想認知的。

對於《永樂大典》中没有完本之書，于敏中建議"另爲抄進”，所謂"另抄”就是不以《大典》本爲底本，另抄一本代替《大典》本。這就造成了《四庫全書》收書之混亂。《總目》下所注"某某藏本”，其版本的來源和著録多有問題。如札中言及《尚書全解》，《總目》下注"内府藏本”，而提要則説"自宋迨明，流傳既久，又佚其三十四卷《多方》一篇，通志堂刊《九經解》，竭力購之，弗能補也。惟《永樂大典》修自明初，其時猶見舊刻，故所載之

---

① 中國第一歷史檔案館編：《纂修四庫全書檔案》上册，上海：上海古籍出版社，1997年版，第474頁。

② 中國第一歷史檔案館編：《纂修四庫全書檔案》上册，上海：上海古籍出版社，1997年版，第2頁。

③ 中國第一歷史檔案館編：《纂修四庫全書檔案》上册，上海：上海古籍出版社，1997年版，第58頁。

④ 中國第一歷史檔案館編：《纂修四庫全書檔案》上册，上海：上海古籍出版社，1997年版，第117頁。

奇《書》解，此篇獨存。今録而補之，乃得復還舊觀”[①]，可見《總目》著録的内府藏本實際是内府藏本和大典本的合校本。造成這個問題的原因，現在可以從于敏中手札找到依據。

紀昀其人，見第一通手札箋證。于敏中凡遇需相商之事皆提到紀昀，在三位總纂官中，紀昀居首，其次陸錫熊，又其次孫士毅。于敏中辦書一直秉持著“相商”的原則，集合衆人的意見形成最後結論。“告之各位中堂大人酌定”，一方面是辦書必須要進行的一步，另一方面也是于敏中向陸錫熊傳授的纂修《四庫全書》機宜。

① 紀昀等：《欽定四庫全書總目》上册，北京：中華書局，1997年版，第141頁。

第七通（陳垣本第六通）

歷代紀元一書考訂詳明較王文銘所纂更爲
賅備祈將副録寄還希弟自較世兄之之
錯訛映是名是字何地人或仕或隱希詢明寄知
附去王子安集二本余童時曾有手抄之本后爲
畢瑤峯中丞借去遺失因而傳抄者頗多此又從
他處托丹珠抄回其集内有遺有短訛字錯字頗經
校勘未能悉正乃近見江刻之書有考其集者四條
集本爲 撰元詳校改正如有缺漏并爲補足

或托人由閩抄寄

釋　文

《歷代紀元》一書，考訂詳明，較王受銘所纂更爲賅備，擬暫留録副寄還，希與自牧世兄言之。鍾淵映是名是字，何地人，或仕或隱，並希詢明寄知。附去《王子安集》二本，余童時曾有手抄之本，後爲梁瑶峰中丞借去遺失，因而傳抄者頗多，此又從他處托丹叔抄回者。集内有逸有增，訛字缺字，雖經校讎，未能盡得。近見江浙進到之書，有專集，有"四傑"集，希爲撥冗，詳校改正，或托人同校亦可，如有缺漏，並希補足，辦得仍祈即行寄還。專懇，又拜。

繫　年

此函作於乾隆三十八年六月初十日至十四日間。

于敏中手札中提及《王子安集》者有六，此爲第一通，其餘五處分别見於第十二通、第二十二通、第二十四通、第二十五通、第二十七通。其中可確定具體寫作時間者有三，即第二十二通手札作於乾隆三十八年七月二十三日，二十四通作於乾隆三十八年八月五日，二十七通作於乾隆三十八年八月廿一日，據此可斷定，此函也當作於乾隆三十八年。又據第十二通手札作於乾隆三十八年六月（具體箋證見第十二通）推知，此通手札亦當作於六月[①]。再，第五通作於乾隆三十八年六月初三日，其中提到《歷代建元考》一書，而此函中亦言及該書，據此可知這一通手札作於六月初三日以後，而第六通手札又作於六月初九日，則此通又當在其之後。因第十通手札作於十五日，則此函應在初十日至十四日之間。

---

① 按，徐慶豐將此函繫在三十八年六月（《〈于文襄手札〉考釋——並論于敏中與〈四庫全書〉纂修》，第5頁）。

箋 證

此處所言《歷代紀元》有兩指：一是清王受銘撰《歷代紀元韻編》，二是清鍾淵映撰《歷代建元考》，于敏中比較兩書，指出鍾淵映撰《歷代建元考》"考訂詳明，更爲賅備"。王受銘，即王又曾（一作右曾），受銘其字，别號世綸、穀原、丁辛老人等，浙江秀水（今嘉興）人[①]。乾隆十六年，南巡召試一等，賜舉人，授内閣中書，十九年進士，授刑部主事，久以疾歸，越歲卒[②]。又曾與錢載、朱沛然、陳向中、祝維誥號稱"南郭五子"[③]。《國朝詩人徵略初編》引《湖海詩傳》云："穀原極爲陳文勤公、汪文端公稱許，釋褐後皆以爲當得上第，既入三甲。人猶以秀水朱檢討爲比，性善飲，談笑風生，神情瀟灑，作詩專訪宋人，信手拈來，自多生趣。"[④]《清史稿》記載"同縣錢載論詩宗黄庭堅，務縋鑿險，不墮臼科……爲詩不異指趣，亦不同體格，時目爲秀水派"[⑤]。其詩集名《丁辛老屋集》[⑥]，畢沅作序，"謂於漢、魏、六朝及唐、宋諸家

---

① 楊廷福、楊同甫：《清人室名别稱字號索引（增補本）》下册，上海：上海古籍出版社，2001年版，第35頁。趙爾巽等：《清史稿》第四四册第四八五卷，北京：中華書局，1977年版，第13384頁。

② 許瑶光等修，吴仰賢等撰：《嘉興府志》（三），《中國方志叢書·華中地方》第五三號，臺北：成文出版社，1970年版，第1428頁。又《清史稿》第四八五卷有相近記載。

③ 按，主要事蹟見《清史稿》。又，《王又曾集》附録一有《王又曾年譜》，可參看。見王又曾著，朱洪舉點校《王又曾集》，北京：人民文學出版社，2015年版。

④ 張維屏：《國朝詩人徵略初編》第二册第三六卷，周駿富輯《清代傳記叢刊》第二二册學林類二九，臺北：明文書局，1985年版，第231頁。

⑤ 趙爾巽等：《清史稿》第四四册第四八五卷，北京：中華書局，1977年版，第13384頁。

⑥ 按，國家圖書館藏有《丁辛老屋集》十卷本稿本，乾隆四十年曹自鎏（又有作"鋈"者）刻二十卷本，乾隆五十二年鄢陵官舍刻清錢載删訂十二卷本（中國古籍總目編纂委員會編：《中國古籍總目·集部》第三册，北京：中華書局、上海：上海古籍出版社，2012年版，第1424頁）。《嘉興府志》記載："詩曰《丁辛老屋集》，有前後二刻。"[《嘉興府志》（三），《中國方志叢書·華中地方》第五三號，臺北：成文出版社，1970年版，第1429頁]

外，能融會變化自成一家，取材於衆所不經見，用意於前人所未發，尤又曾所獨到云”[①]。又曾又有詞集，不爲所知，琴書樓詞鈔本有其《丁辛老屋詞》一卷[②]，纂有《（乾隆）海寧縣志》[③]，輯有《熏風協奏集》[④]《雁宕志》[⑤]等。

遍檢國内外古籍書目，僅《中國古籍善本總目》史部著録王又曾所著《歷代紀元韻編》一條信息云："《歷代紀元韻編》二卷，清王又曾撰，清乾隆十年刻本。"[⑥]此書現藏於南開大學圖書館[⑦]。

鍾淵映《歷代建元考》十卷，《總目》史部政書類著録，兩江總督採進本[⑧]。《中國古籍善本總目》與《中國古籍善本書目》著録，均言"《歷代建元考》不分卷，《外編》不分卷"，與《總目》著録的十卷本有異。《中國古籍總目》史部著録十卷本，下列《四庫全書》本、墨海金壺本、守山閣叢書本、叢書集成初編本[⑨]。鍾淵映，字廣漢，與王又曾同爲秀水人，《清史列傳》附朱彝尊傳後[⑩]。于敏

① 趙爾巽等：《清史稿》第四四册第四八五卷，北京：中華書局，1977年版，第13384頁。又見《王又曾集》序。

② 中國古籍總目編纂委員會編：《中國古籍總目·集部》第七册，北京：中華書局、上海：上海古籍出版社，2012年版，第3314頁。

③ 中國古籍總目編纂委員會編：《中國古籍總目·史部》第七册，北京：中華書局、上海：上海古籍出版社，2012年版，第4276頁。

④ 中國古籍總目編纂委員會編：《中國古籍總目·集部》第六册，北京：中華書局、上海：上海古籍出版社，2012年版，第3060頁。

⑤ 王又曾著，朱洪舉點校：《王又曾集》，北京：人民文學出版社，2015年版，第219、601頁。

⑥ 翁連溪：《中國古籍善本總目》史部，北京：綫裝書局，2005年版，第271頁。

⑦ 按，南開大學圖書館藏《歷代紀元韻編》（全一册），善602，《南開大學圖書館館藏古籍善本書目》著録（南開大學圖書館編，無出版信息，第58頁）。

⑧ 按，檢《四庫採進書目》，《歷代建元考》凡三見：江蘇省第一次書目，浙江省第四次汪啓淑家呈送書目，編修勵（守謙）第一次至六次交出書目。見吴慰祖校訂《四庫採進書目》，北京：商務印書館，1960年版，第28、98、174頁。

⑨ 中國古籍總目編纂委員會編：《中國古籍總目·史部》第一册，北京：中華書局、上海：上海古籍出版社，2012年版，第136頁。

⑩ 清國史館編：《清史列傳》第九册卷七一，周駿富輯《清代傳記叢刊》第一〇四册綜録類二，臺北：明文書局，1985年版，第790-791頁。

中對鍾淵映其人並不瞭解，札中所言“鍾淵映是名是字，何地人，或仕或隱”，于氏此問表面上是對其人進行瞭解，實際上涉及到的問題較多，一是《總目》著録作者姓名統一稱名不稱字號；二是鍾淵映係明末清初人，其仕明、仕清或是隱居狀態與其著作是否收録有很大關繫，係“因人存書”問題；三是《四庫全書》著録本朝書籍也較爲嚴格，依舊以書的品質爲要，如對王、鍾二人著作的比較，又係“因書存人”問題；四是于敏中希望陸錫熊與勵守謙商量定奪，凡事不以己見爲信，换言之，多人意見的綜合提高了著録書籍的品質，體現的是《四庫全書》著録書籍之嚴苛與謹慎。至於二、三點之間的矛盾，在《總目》之中其實均有體現，人品不合乎“標準”，其著述多不收；著作中有嚴重違礙之處，亦不收，其人亦自不存。

《王子安集》十六卷，《總目》集部别集類著録，山東巡撫採進本。據于敏中所言，其曾收藏有《王子安集》兩本，後遺失，又托陸費墀（字丹叔）抄回，集中錯訛甚多，校讎後亦非善本，適逢江浙進到書籍中有《王子安集》和《四傑集》，因而托陸錫熊詳細校勘，或請他人代爲校勘。今檢《四庫採進書目》中兩淮商人馬裕家呈送書目有“《子安集》十六卷，二本”[①]，又山東巡撫呈送第一次書目有“《王子安集》十六卷，一本”[②]，《總目》著録的十六卷本即是山東巡撫採進本。函中説“近見江浙進到之書，有專集，有‘四傑’集”，前面馬裕家書目、山東巡撫呈送書目即是專集，而“四傑集”合集見於兩江第一次書目，共十本[③]。

---

① 吴慰祖校訂：《四庫採進書目》，北京：商務印書館，1960年版，第73頁。

② 吴慰祖校訂：《四庫採進書目》，北京：商務印書館，1960年版，第149頁。

③ 吴慰祖校訂：《四庫採進書目》，北京：商務印書館，1960年版，第35頁。按，楊炯《盈川集》兩見，一是兩淮商人馬裕家呈送書目，二是浙江省第四次鮑士恭呈送書目（《四庫採進書目》，第73、91頁）；駱賓王《駱賓王集》（或稱《駱丞集》）四見，一是江蘇省第一次書目，二是編修勵（守謙）第一次至六次交出書目，三是兩淮商人馬裕家呈送書目，四是武英殿第一次書目。盧照鄰集，未見專集。

函中“附去《王子安集》二本。余童時曾有手抄之本，後爲梁瑶峰中丞借去遺失”，梁瑶峰係梁國治，《四庫全書》副總裁，現附考其主要事蹟如下：

梁國治事蹟，較爲詳細的記載見於《清史稿》卷三二〇，《國史列傳》卷五七，昭槤《嘯亭雜録》卷七“梁瑶峰”條。又，朱珪《知足齋文集》有此公墓誌銘。梁國治字階平，號瑶峰，一號豐山，又號梅塘，浙江會稽（今紹興）人。乾隆十三年戊辰（1748）會試中式[①]，殿試一甲第一名，賜進士及第，授職修撰。乾隆十六年散館，十九年遷國子監司業，二十一年充丙子科廣東考官，二十六年署都察院左副都御史，三十年調江蘇學政，三十二年授湖南按察使，三十三年授江寧布政使，三十四年擢湖北巡撫兼署湖廣總督及荆州將軍印，三十六年調湖南巡撫，三十八年特旨内召直軍機處，署禮部侍郎，三十九年直南書房補户部侍郎，四十二年典順天鄉試擢户部尚書，四十七年加太子少傅，四十八年以原官協辦大學士，五十年授東閣大學士兼户部尚書，五十一年卒，贈太子太保，謚號文定[②]，著有《敬思堂集》。

梁國治一生功名顯著，其纂修《四庫全書》相關事蹟爲功名所掩。據《清實録》及《纂修四庫全書檔案》能够略窺一二，乾隆四十二年二月初八日充四庫全書處副總裁[③]，八月二十一日奉旨“於本科京闈鄉試落卷内，皿字號挑取謄録八百名，貝字號取六百名”[④]。其實早在乾隆四十二年之前，梁國治就已經在爲《四庫全書》進呈書籍的搜集努力。乾隆三十七年十二月二十一日《湖南

---

① 按，會試中式者由皇帝殿試問策。

② 朱珪：《太子少傅經筵講官東閣大學士兼户部尚書贈太子太保謚文定梁公墓誌銘》，《知足齋文集》第四卷，《續修四庫全書》第一四五二册，上海：上海古籍出版社，2002年版，第307–308頁。

③ 按，《清史稿》《梁公墓誌銘》皆不載，此據《纂修四庫全書檔案》補（《纂修四庫全書檔案》上册，第574–575頁）。

④ 中國第一歷史檔案館編：《纂修四庫全書檔案》上册，上海：上海古籍出版社，1997年版，第683頁。

學政褚廷璋奏購訪遺書情形摺》説其“與撫臣梁國治面商，於各州縣志人物傳内摘取所著書名，飭各該州縣官訪購；志乘不載之書，准本家子弟自行呈送”[①]，三十九年二月初六日《護湖南巡撫覺羅敦福奏齎送遺書並繕單呈明摺》也提到“前撫臣梁國治屢經出示蒐羅，據各屬呈到書部，率多習見，且有殘闕，僅選二十四種，内有應行抄録者，委員設局監抄”[②]。四十二年之後，梁國治擔任副總裁的同時，參與編撰、改正黏簽多種書籍，如《明史·本紀》《日下舊聞考》《開國方略》《戒菴漫筆》《熱河志》《音韻述微》《太學志》等[③]。

① 中國第一歷史檔案館編：《纂修四庫全書檔案》上册，上海：上海古籍出版社，1997年版，第39—40頁。

② 中國第一歷史檔案館編：《纂修四庫全書檔案》上册，上海：上海古籍出版社，1997年版，第196頁。

③ 按，參看《纂修四庫全書檔案》，乾隆四十二年三月二十九日《大學士舒赫德等奏請將未竣十種書籍特派總裁專辦摺》，四十四年十二月初十日《諭著梁國治同辦〈日下舊聞考〉》，四十五年十一月初九日《諭〈開國方略〉著添派尚書梁國治與大學士阿桂同辦》等。

第八通（陳垣本第十通）

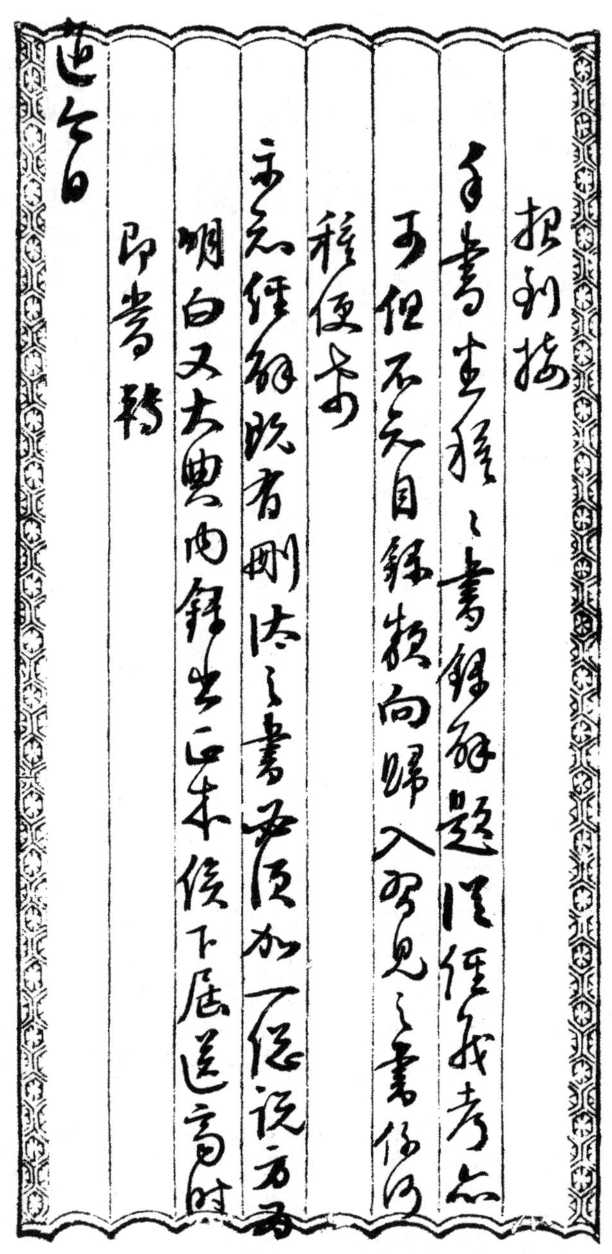

頃刻接
手書並種種書錄解題陳經義考亦
可但不必目錄類向歸入可見之書作何
稽便妥
前元經解既有刪汰之書另須加以說方為
明白又大典內錄出之本俟下屆送高時
即當轉
適台

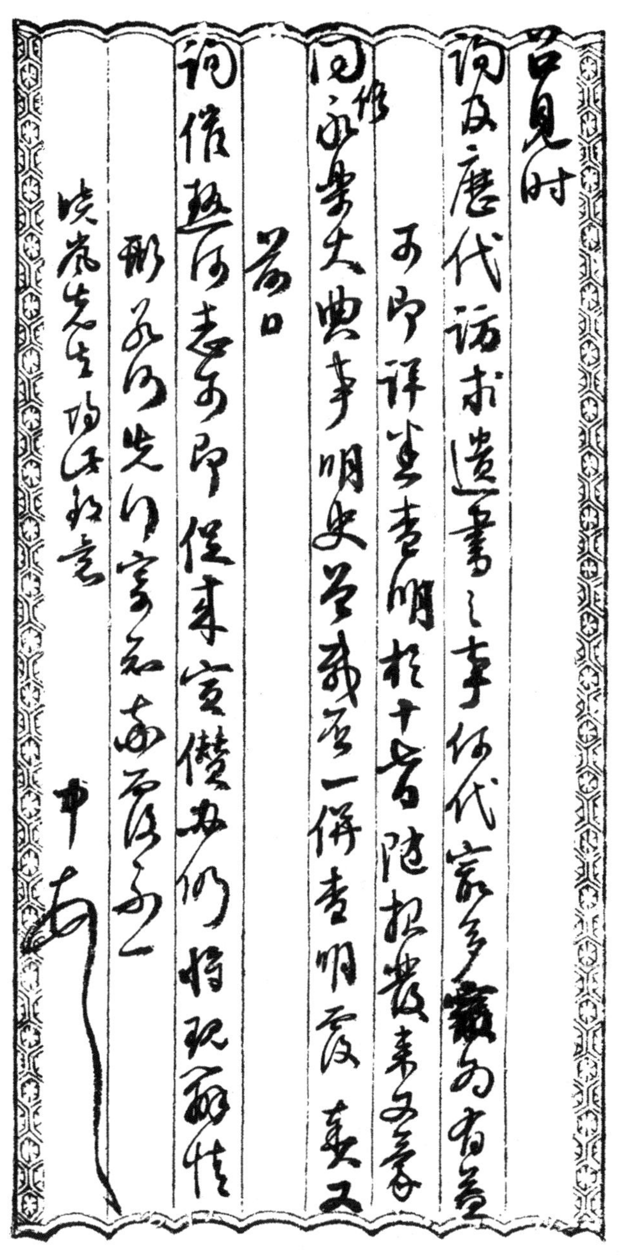

釋　文

報到，接手書，悉種種。《書録解題》從《經義考》亦可，但不知目録類向歸入習見之書係何種，便希示知。《經解》既有删汰之書，必須加一總説方爲明白。又《大典》内録出正本，俟下届送齊時即當轉進。今日召見時，詢及歷代訪求遺書之事，何代最多，最爲有益，可即詳悉查明，於十七日隨報發來。又蒙問修《永樂大典》事，《明史》曾載否，一併查明覆奏。又，前日詢催《熱河志》，可即促來寅儹辦，仍將現辦情形若何，先行寄知。率覆，不一。曉嵐先生均此致意。

中頓首

繫　年

此通手札應在第七通手札之後，作於乾隆三十八年六月初十至十四日之間，陳垣先生失考。現考證如下：

其一，據第四通手札："《書録解題》或從《藝文志》或從《經義考》，希覆檢其書核定。"事在乾隆三十八年六月初一日。據此函知，在寫作該札之前，館中已給予答覆，故有"《書録解題》從《經義考》亦可"之語，兩札時間當相去不遠。

其二，六月初九日的第六通手札云"《經解》内有應删减者，即與曉嵐學士相商酌定……想《經解》内除應删數種外，無應止録書名者，似應仍存《經解》總名"，此函則言"《經解》既有删汰之書，必須加一總説方爲明白"，兩函所言《經解》一事乃順承關繫。又有，第六通手札説"林之奇《全解》，《永樂大典》既有完本，似應倣照《春秋繁露》之例，另爲抄進"，而此函云"又《大典》内録出正本，俟下届送齊時即當轉進"，兩函所言辦理《永樂大典》遺書一事亦順承關繫，據此可推斷，這兩函之間只相隔京城一封回函而已。從第十通、第十一通以及第十三通手札所言之事來看，其與此函所言無甚相干，而分别作於乾隆三十八年六月十五日（七、八兩函日期落款相同）、六月十七日，推知此通手札作於十五日前，初九日之後。

其三，此函云“今日召見時，詢及歷代訪求遺書之事”，《清實録》無載，但乾隆三十八年三月二十八日《諭内閣傳令各督撫予限半年迅速購訪遺書》云“令各該督撫等訪求遺書，彙登册府。近允廷臣所議，以翰林院舊藏《永樂大典》，詳加别擇校勘……統按經史子集，編定目録，命爲《四庫全書》”[①]。“半年”當不出九月，乾隆詢問歷代訪求遺書一事，亦在此期間。再，于敏中命查明歷代訪求遺書一事，第十二札（在乾隆三十八年六月十七日）中亦有，細考兩札前後次序，此札作於第十二札之前，約在乾隆三十八年六月。函中云“歷代訪求遺書之事……於十七日隨報發來”，則此函定作於六月十七日之前，與第二條推論吻合。

其四，函中説“又，前日詢催《熱河志》，可即促來寅儹辦，仍將現辦情形若何，先行寄知”，而六月十五日第十一通手札中有“《熱河志》屢奉詢催，萬難再緩。可切致習庵，其‘互相查證及繕齊彙交’云云”，“萬難再緩”一詞説明此前已催促辦理《熱河志》，亦可推知該函定作於十五日前。

箋　證

第四通手札云“《書録解題》或從《藝文志》或從《經籍考》，希覆檢其書核定”，此函説“《書録解題》從《經義考》亦可”。此處言及《直齋書録解題》的歸屬，亦即于氏所提出的問題“但不知目録類向歸入習見之書係何種”，今《總目》將其歸入史部目録類[②]。關於解題一類書籍的歸類，《總目》在史部目録類小序中進行了解答。其將目録書籍分爲“無詮釋”目録與“解題類”目録二

---

① 中國第一歷史檔案館編：《纂修四庫全書檔案》上册，上海：上海古籍出版社，1997年版，第67頁。

② 紀昀等：《欽定四庫全書總目》上册，北京：中華書局，1997年版，第1132頁。

體，並探索相關源流，也算是對于敏中所問問題的回應。兹録小序如下：

> 鄭玄有《三禮目録》一卷，此名所昉也。其有解題，胡應麟《經義會通》謂始於唐之李肇。案《漢書》録《七略》書名，不過一卷，而劉氏《七略》《别録》至二十卷，此非有解題而何？《隋志》曰："劉向《别録》、劉歆《七略》，剖析條流，各有其序，推尋事蹟，自是以後，不能辨其流别，但記書名而已。"其文甚明，應麟誤也。今所傳者，以《崇文總目》爲古，晁公武、趙希弁、陳振孫並准爲撰述之式。惟鄭樵作《通志·藝文略》，始無所詮釋，並建議廢《崇文總目》之解題，而尤袤《遂初堂書目》因之。自是以後，遂兩體並行。今亦兼收，以資考核。金石之文，隋、唐《志》附"小學"，《宋志》乃附"目録"。今用《宋志》之例，並列此門，而别爲子目，不使與經籍相淆焉。[①]

《經解》一書見第六通手札箋證，此書最後被列入存目，或因"《經解》有删汰之書"。

《熱河志》八〇卷（文淵閣《四庫全書》作一二〇卷），《總目》史部地理類著録，奉乾隆諭旨撰修。該書自乾隆二十一年（1756）開始編纂，四十六年（1781）編纂完成[②]，共歷時二十六年。書籍纂修分前後兩期，前期由尚書汪由敦、侍郎裘曰修和董邦達"被旨修纂"，錢大昕、紀昀"任總纂之役"。後期由和珅與梁國治奉旨編纂。三十八年《四庫全書》纂修肇始，《熱河志》也在纂修之中，這期間乾隆多次催詢此書編纂進程，于敏中在信札中亦多

① 紀昀等：《欽定四庫全書總目》上册，北京：中華書局，1997年版，第1128頁。

② 按，據乾隆四十六年閏五月初四日《諭内閣承辦〈熱河志〉之纂修褚廷璋等著照例議叙》載："現在《熱河志》辦理完竣，所有承辦之纂修褚廷璋、戴衢亨、汪學金，俱著加恩照例議叙。"見《纂修四庫全書檔案》下册，第1358–1359頁。

爲關切。《熱河志》卷帙浩繁，編纂過程費時費力，後期又有兩次纂修安排。一是乾隆四十二年三月二十九日大學士舒赫德等奏請將未竣十種書籍特派總裁專辦，奏云："《日下舊聞考》一書亦經派有總裁，無庸另行派員管理外，惟《大清一統志》、《西域圖志》及遼元明史、《熱河志》、《綱目輯覽》、《音韻述微》、《太學志》等書共十種，未經特派總裁專辦，向係軍機大臣兼管，似亦應派有專管之員，重以責成，方能陸續纂就，按期呈進。"① 二是乾隆四十三年三月初一日《軍機大臣奏現辦輪進各書無庸展限及酌定展限開單呈覽等情片》云："查各書内，如《臨清紀略》《蒙古源流》《通鑑輯覽》三書，已於限内辦完。《明史》及《明紀綱目》《國子監志》《日下舊聞考》等書，臣等現在趕辦，可以如限進完。至《金川方略》《大清一統志》《元、遼史》《西域圖志》《音韻述微》《熱河志》等書，卷帙較多，勢難按限完竣。合無仰懇皇上恩予展限，臣等仍督同各纂修等上緊纂輯輪進，以期如限辦完。"②

來寅，即曹仁虎，嘉定人，又字來殷、萊殷、來應，别號習庵。乾隆二十二年，聖駕南巡，仁虎獻賦行在，召試列一等，特賜舉人，授内閣中書。乾隆二十六年，成進士，改翰林院庶吉士。散館，授編修。參與《熱河志》的編纂。乾隆五十二年八月八日卒。著有《宛委山房詩集》《蓉鏡堂文稿》《二十四氣七十二候考》《轉注古義考》等。曹仁虎主要事蹟見於《清史稿》卷四八五③，《國朝詩人徵略》卷三八④，錢大昕《日講起居注官翰林院侍講學士曹君

---

① 中國第一歷史檔案館編：《纂修四庫全書檔案》上册，上海：上海古籍出版社，1997年版，第578頁。

② 中國第一歷史檔案館編：《纂修四庫全書檔案》上册，上海：上海古籍出版社，1997年版，第789頁。

③ 趙爾巽等：《清史稿》第四四册第四八五卷，北京：中華書局，1977年版，第13381頁。

④ 張維屏：《國朝詩人徵略初編》第二册第三八卷，周駿富輯《清代傳記叢刊》第二二册學林類二九，臺北：明文書局，1985年版，第313-314頁。

（仁虎）墓誌銘》[1] 等。第十二通有“《熱河志》總以速催來寅爲妙”之語。

關於歷代訪求遺書之事，何代最多；修《永樂大典》,《明史》是否記載；《熱河志》現辦情形如何三個問題，于敏中向陸錫熊詢問，希其代爲查明寄知。于敏中辦理纂修《四庫全書》事宜，這期間要完成其他公務，又要忙於應對乾隆垂問。從諸多細節中，亦可見其對修書工作之執著。

---

① 錢大昕：《潛研堂集》下册，上海：上海古籍出版社，2009年版，第780-783頁。

第九通（陳垣本第十一通）

閔郎令元已到，其人博洽，於書局自大

有益前歲

聖

母萬壽詩冊內有玉簡閣賞語

上詢問兄於何書，適檢無可覆奏，彼時敦堂

先生云此事出郎令元之手，便中常

詢之，將玉簡二字出處要寫示爲屬至

釋　文

聞邵會元已到。其人博洽，於書局自大有益。前歲聖母萬壽詩册内有“玉閭[①]開寅”語，上詢問見於何書，遍檢無可覆奏。彼時敬堂先生云，此稿出邵會元之手。便中希問之，將“玉閭”二字出處寄示爲囑。又拜。

繫　年

此函爲第八通之附函，作於乾隆三十八年六月初十至十四日間。

邵會元晋涵係三十六年辛卯科會元，函中言“前歲”，則此函當作於三十八年。此函與第十二通所言“玉閭”，前後意思順承，兩函時間相近。又第十二通有“歷代求書本末，遲日另録清單進呈”一語，與第八通“今日召見時，詢及歷代訪求遺書之事”是爲一事，兩函時間亦當相近。另參第十二通繫年。

箋　證

邵會元即邵晋涵，字與桐，號南江，或號二雲[②]，稱二雲太史，浙江餘姚人。錢大昕《潛研堂集》有《日講起居注官翰林院侍講學士邵君墓誌銘》載“因憶乙酉秋，予奉命典試浙右……越六年，禮部會試第一，賜進士出身。乾隆三十八年，有詔編次四

① 按，閭，闐的俗字。《漢語大字典》：“閭，同‘闐’。《龍龕手鑒・門部》：‘閭’，‘闐’的俗字。”（《漢語大字典》，成都：四川辭書出版社、武漢：湖北辭書出版社，1993年版，第1786頁）

② 張宇、羅炳良：《邵晋涵字號考辨》，《廊坊師範學院學報（社會科學版）》2009年第2期，第48頁。《清朝先正事略》卷三五《邵二雲先生事略》作“一字二雲”，不確（《清朝先正事略》，見周駿富輯《清代傳記叢刊》第一九三册綜録類八，臺北：明文書局，1985年版，第383頁）。

庫書……召赴闕，除翰林院庶吉士，充纂修官，逾年，授編修”[①]，“乙酉”是乾隆三十年，“越六年”即乾隆三十六年，函中“會元”一稱，即源於此。又《清實録》記載乾隆三十六年四月“策試天下貢士，邵晋涵等一百六十一人於太和殿前”[②]，可互參。乾隆三十八年閏三月十一日《辦理四庫全書處奏遵旨酌議排纂四庫全書應行事宜摺》曰“又查有進士余集、邵晋涵、周永年，舉人戴震、楊昌霖，於古書原委亦能多識，應請旨行文調取來京，在分校上行走……”[③]《墓誌銘》所言“乾隆三十八年，有詔編次四庫書”，即此詔。然邵晋涵在四庫全書館任職時間尚屬模糊，《清史稿》與《清史列傳》未明確記載。今據《清實録》及《檔案》材料考邵氏入四庫館，除翰林院庶吉士，充纂修官，授編修之具體時間。

乾隆三十八年閏三月十一日諭：“大學士劉統勳等奏，纂輯《四庫全書》，卷帙浩博，必須斟酌綜覈，方免罣漏參差。請將現充纂修紀昀、提調陸錫熊作爲總辦，原派纂修三十員外，應添纂修翰林十員。又查有郎中姚鼐、主事程晋芳、任大椿、學正汪如藻、降調學士翁方綱，留心典籍，應請派爲纂修。又進士余集、邵晋涵、周永年，舉人戴震、楊昌霖，於古書原委，俱能考訂，應請旨調取來京，令其在分校上行走，更資集思廣益之用。”[④]據此可知，邵晋涵在乾隆三十八年閏三月尚未到任。直到乾隆三十八年七月十一日《諭內閣進士邵晋涵舉人戴震等如勤勉准其一體散館殿試酌量録用》記載：“前據辦理四庫全書總裁奏，請將進士邵晋涵、周永年、余集，舉人戴震、楊昌霖

① 錢大昕：《潛研堂集》下册，上海：上海古籍出版社，2009年版，第786頁。

②《清實録》第一九册，北京：中華書局，1986年版，第830頁。按，再參《日講起居注官翰林院侍講學士邵君（晋涵）墓誌銘》，《清史稿》卷四八一，《清史列傳》卷六八《邵晋涵傳》等文獻。

③ 中國第一歷史檔案館編：《纂修四庫全書檔案》上册，上海：上海古籍出版社，1997年版，第77頁。

④《清實録》第二〇册，北京：中華書局，1986年版，第514頁。

調取來京，同司校勘。業經降旨允行。但念伊等尚無職任，自當予以登進之途，以示鼓勵。著該總裁等留心試看年餘，如果行走勤勉，實於辦書有益，其進士出身者，准其與壬辰科庶吉士一體散館，舉人則准其與下科新進士一體殿試，候朕酌量降旨録用。"[①] 據此詔，其授翰林院庶吉士當在乾隆三十八年七月以後，但是否仍在三十八年内呢？錢大昕《墓誌銘》所言較爲籠統，只曰"召赴闕，除翰林院庶吉士"[②]。事實上，除翰林院庶吉士在乾隆三十九年末。據乾隆三十九年十二月二十三日《多羅質郡王永瑢等奏遵旨將進士邵晉涵等准其散館摺》中説："伏查進士邵晉涵等自上年到館纂輯《永樂大典》内之五經散片及成部之□，迄今已一載有餘，臣等留心試看，該進士等均屬實力編排，行走勤慎。理合奏明，遵旨將進士邵晉涵、周永年、余集俱授爲翰林院庶吉士，准其與壬辰科庶吉士一體散館。"[③] 則邵氏授庶吉士、充纂修官當在三十九年。值得注意的是，此處引文有"上年"及"一載有餘"之語，據此可知，邵晉涵入四庫全書館當在乾隆三十八年，這又可作爲此函作年的論據之一。又乾隆四十年四月二十七日《清實録》云，"漢書庶吉士余集、沈孫璉、朱紱、潘曾起、蘇青鼇、裴謙、百齡、季鎔、莊通敏、鄒炳泰、邵晉涵、方煒、莫瞻菉、朱攸、閔惇大、周永年，俱著授爲編修"[④]，由此可知邵氏授編修一職的時間。

綜上，邵晉涵係乾隆三十八年六月入四庫全書館，纂輯《永樂大典》輯佚書，三十九年十二月授翰林院庶吉士，充纂修官，四十年四月授編修。

---

① 中國第一歷史檔案館編：《纂修四庫全書檔案》上册，上海：上海古籍出版社，1997年版，第137頁。

② 錢大昕：《潛研堂集》下册，上海：上海古籍出版社，2009年版，第786頁。

③ 中國第一歷史檔案館編：《纂修四庫全書檔案》上册，上海：上海古籍出版社，1997年版，第316頁。

④《清實録》第二一册，北京：中華書局，1986年版，第101頁。

據《清史列傳》，邵晉涵四十五年充廣西鄉試正考官[①]，此時距第一份《四庫全書》抄成僅差一年[②]，這説明邵晉涵在館時間與《四庫全書》纂修幾乎相始終。而且第一份《四庫全書》抄成，邵晉涵有詩《恭和御製經筵畢文淵閣賜宴以四庫全書第一部告成庋閣内用幸翰林院例得近體四律首章即叠去歲詩韻元韻》云："文淵即睹源津接，首蔀成編勉副期。排籤詎數漢唐哉，璧海瑶林薈萃來。三萬六千編叙整，丙丁甲乙部分該。"[③]自注："四庫全書分經史子集，取古人甲乙丙丁分部之意，共計三萬六千帙，前代藏書未遘斯盛。"[④]從邵晉涵詩歌中的情感，亦可見其對《四庫全書》告成之喜悦。

邵氏長於史學，"現存邵氏所撰分纂稿，確以史部書爲主，内容多爲《四庫提要》沿用。該稿曾以《四庫全書提要分纂稿》爲名，道光十二年（1832）由胡敬刻入邵氏《南江文鈔》（卷一二），其後又有光緒間徐氏刻《紹興先正遺書》（第四集）本"[⑤]。現在邵氏《南江文鈔》一二卷《南江詩鈔》四卷，較爲常見本子還有《續修四庫全書》本，《清代詩文集彙編》本。邵氏撰有"四庫館書提要稿本"三十七篇[⑥]，對於研究《總目》的成書有重要價值。關於邵氏其人，陳壽祺在《南江詩文鈔序》中説："清乾隆中……開四庫館以收海内祕籍，攟《永樂大典》三萬餘卷，以緝前代墜簡。詔

---

① 清國史館編：《清史列傳》第九册卷六八，周駿富輯《清代傳記叢刊》第一〇四册綜録類二，臺北：明文書局，1985年版，第476頁。

② 按，見《纂修四庫全書檔案》記載，第1446、1449-1450頁。參看張昇《四庫全書館研究》，第34頁。

③ 邵晉涵：《南江詩鈔》卷四，《續修四庫全書》第一四六三册，上海：上海古籍出版社，2002年版，第658頁。

④ 邵晉涵：《南江詩鈔》卷四，《續修四庫全書》第一四六三册，上海：上海古籍出版社，2002年版，第658頁。

⑤ 翁方綱等撰，吴格、樂怡整理：《四庫提要分纂稿》前言，上海：上海書店出版社，2006年版，第4-5頁。

⑥ 邵晉涵：《南江文鈔》卷一二，《續修四庫全書》第一四六三册，上海：上海古籍出版社，2002年版，第567-603頁。

徵天下博洽通才五人，參預編摩，授職詞垣，而餘姚邵二雲先生與休寧戴東原先生爲之冠。天下士大夫，言經學必推戴，言史學必推邵，當時以爲篤論云。然邵先生於學無所不通……”[①]錢大昕《墓誌銘》似有更高評价，文曰："君（邵二雲）懿文碩學，知名海内，及被召入四庫館，總裁倚爲左右手，朝廷大著作，咸預討論，每經進書籍，九重未嘗不稱善，回翔清署，二十有餘年，至是始轉四品，乃以編書積勞成疾。"[②]于敏中在此函札中也説“其人博洽，於書局自大有益”，可見于氏審人用人以及對人員之評判確較爲妥洽。

乾隆母親孝聖憲皇后鈕祜禄氏，手札云“前歲聖母萬壽”係乾隆三十七年（1772）皇太后八旬聖壽。此處所言之萬壽詩册，未見。“彼時敬堂先生云，此稿本出邵會元之手”，檢《南江詩鈔》未見“玉閶開寅”詩。敬堂可考，倪承寬號敬堂，字餘疆，與邵晉涵友善。邵氏撰有《誥授光禄大夫太常寺卿倪公承寬墓誌銘》，其稱“余交公久，雅知公誼”[③]。墓誌記承寬仕履甚詳："雍正十三年舉於鄉，乾隆七年考取内閣中書……十七年成進士，以一甲第三人授翰林院編修……二十二年五月散館，一等，十二月上書房需人，大學士史文靖公薦公人品醇謹，學問優長，奉旨在上書房行走。明年三月御試翰林，列高等，陞右中允，旋遷太僕寺少卿。三十一年特擢内閣學士。明年授禮部侍郎。三十三年命提督順天學政。三十七年署經筵講官，禮部會試知貢舉，武會試充正考官，是年冬，調户部倉場侍郎……天子稔知公廉，公無他命，以編修仍直上書房。四十三年授鴻臚寺卿。又明年授太常寺卿……生於

---

① 邵晉涵：《南江文鈔·序》，《續修四庫全書》第一四六三册，上海：上海古籍出版社，2002年版，第323頁。

② 錢大昕：《潛研堂集》下册，上海：上海古籍出版社，2009年版，第786頁。

③ 錢儀吉：《碑傳集》第三册第四二卷，周駿富輯《清代傳記叢刊》第一〇八册綜録類三，臺北：明文書局，1985年版，第414–415頁。

康熙五十一年十月乙卯，其歿也，年七十有二。”[1] 承寬，卒於乾隆四十八年（1783）二月，以詩、文、書法著稱於時[2]。

① 錢儀吉：《碑傳集》第三册第四二卷，周駿富輯《清代傳記叢刊》第一〇八册綜録類三，臺北：明文書局，1985年版，第415–418頁。

② 按，倪承寬事蹟見於朱汝珍《詞林輯略》、毛慶善《湖海詩人小傳》、吴修《昭代名人尺牘小傳》、李濬之《清畫家詩史》、李放《皇清書史》、錢儀吉《碑傳集》等文獻。

第十通（陳垣本第七通）

昨送到馬祝家書十種內鶡冠子已奉

御題先行寫四即派纂修詳細校勘其書計百

三十餘頁約須校勘幾日以便為定章程請

書全集一擇之自有條理其期不可太緩致有耽

延亦不可太遽而失之草率 書內訛錯甚多須隨手備閱記出之 四庫將來纂修校勘可以時時校出訛

更録一單草寫來以便 不必楷書 印証並見是否相合 校勘成即一面繕寫紅栝以奉 今年之

及簽發本一面發寫刻樣查序書籍數條

甚不畫一卷上卷中則為同行卷下則另為

校勘並寫時另頁

御筆以后排下寫

藏俟校畢再行

訂入

再凡本

御題之書局刊者，即在京城辦理，不必發往外省刻板

倘無此體例，現擬寫刻葉數自序為卷之編

卷首首冠

御題（御製詩全篇再一行錢寫以便葉數）次及原序，附以提要（此二頁不必編葉數，俟此即刻本之頁寫此兩頁於本格）

其餘止須卷上寫（刻本字樣）數行，首行寫鶡冠子卷上

次行作宋（此字舊本有，今擬）陸佃解，三行作博選第一（標題亦止須依二格寫）

四行王鈇云云（低一格寫）五行王鈇法者也云云（依一格寫）（原本三字另有小題，今卷上不備）

鶡冠子 卷上 —— 大略如此回明

中堂 各位大人將定此事

肯望 中堂

釋　文

昨送到馬裕家書十種，内《鶡冠子》已奉御題，先行寄回，即派纂修詳細校勘。其書計一百三十餘頁，約須校勘幾日。似宜酌定章程，將來雖諸書坌集，辦之自有條理。其期不可太緩，致有耽延，亦不可太速，而失之草率。（書内訛舛甚多，頃隨手繙閲，記有三四條，將來纂修校勘後，可將校出誤處録一草單寄來，不必楷書，以便印證愚見是否相合。）校勘成，即一面繕寫紅格《全書》正本及《薈要》本，一面酌定刻樣。查原書篇數流水甚不畫一，卷上卷中則並序同編，卷下則另編，無此體例。現辦寫刻篇數自應各卷各編，卷前首冠御題。（《御製詩合注》再行録寄，以便恭裁。）次及原序，附以提要。（此二頁不必編篇數流水，即刻本亦須寫此兩頁作標。）其餘止須卷上寫刻本樣數行，首行寫“鶡冠子卷上”；次行作“宋（此字舊無，應增）陸佃解”；三行作“博選第一”（標題似止須低二格寫）；四行“王鈇云云”（頂格寫）；五行“王鈇法制也云云”（低一格寫）；板心：鶡冠子　卷上　一（流水處簽明各卷各編）[①]。大略如此。回明中堂，各位大人酌定，此寄。

六月望日　中具

［附記］校勘發寫時，首頁御筆，似應拆下尊藏，俟辦畢再行訂入。再，凡奉御題之書，應刊者即在京城辦理，不必發往各省刻板。

繫　年

此函作於乾隆三十八年六月十五日。

兩淮馬裕，江蘇揚州商人，藏書甚富，“凡唐宋時秘册遺文，

① 按，于敏中所畫板心魚尾符號式樣，見手札原文。

多能裒輯存貯”[①]。乾隆三十八年特諭“翰林出身，於典籍氣味尚近”的兩淮鹽政李質穎派專人“向其家借出，繕録副本呈送”，“務期裒集精良，多多益善”[②]。據乾隆三十八年閏三月二十日《兩淮鹽政李質穎奏解送馬裕家書籍摺》，李氏奉旨查訪馬裕家藏書，從馬裕家藏全部一千三百八十五種書籍中，選取二百十一種呈送四庫全書館[③]。後乾隆又在《寄諭兩江總督高晋等善爲詢覓馬裕家古籍善本》（乾隆三十八年閏三月二十八日）中説“馬裕家夙稱善於收藏，何所存僅止於此？或原辦時，尚係地方官往彼詢訪其家，未免心存畏懼，又憚將善本遠借，故所開尚爾不精不備，亦未可知”[④]，於是，諭李質穎“善爲詢覓”。四月初六《兩淮鹽政李質穎奏續呈馬裕家藏及總商等訪得書籍摺》奏稱“將馬裕書目覆加揀擇，又選出三百七十種，總商等亦訪覓得二十四種，總共三百九十四種”[⑤]。乾隆並未滿意，於四月初七再下諭旨命李質穎密訪馬裕家藏書。四月十九日《兩淮鹽政李質穎奏進呈高晋等送到原書暨密訪馬裕家再無秘藏摺》中稱“至馬裕家藏書總目，共一千三百八十五種……合計前共送過七百七十六種，下剩六百九種，俱係通行共見之書，無可再加採選。奴才恐其或有善本另藏，未嘗載入目内者，亦經詳細密訪……似無别有秘藏之事”[⑥]，此後，乾隆尚算甘休，再無諭旨查訪馬裕家藏書。綜上，兩淮鹽政李質

---

① 中國第一歷史檔案館編：《纂修四庫全書檔案》上册，上海：上海古籍出版社，1997年版，第72頁。

② 中國第一歷史檔案館編：《纂修四庫全書檔案》上册，上海：上海古籍出版社，1997年版，第73頁。

③ 中國第一歷史檔案館編：《纂修四庫全書檔案》上册，上海：上海古籍出版社，1997年版，第86-87頁。

④ 中國第一歷史檔案館編：《纂修四庫全書檔案》上册，上海：上海古籍出版社，1997年版，第92頁。

⑤ 中國第一歷史檔案館編：《纂修四庫全書檔案》上册，上海：上海古籍出版社，1997年版，第93頁。

⑥ 中國第一歷史檔案館編：《纂修四庫全書檔案》上册，上海：上海古籍出版社，1997年版，第102-103頁。

穎前後三次解送馬裕家藏書皆在乾隆三十八年，此函作年據此可定。另者，《翁方綱纂四庫提要稿》中記載翁氏所分“武英殿刻聚珍版書目”，其中“第二次五種”中有《鶡冠子》一書，翁氏記曰：“(御題)《鶡冠子》三卷三册，三十八年六月校上(一錢三分)。(欄末注：復。)”此處所含信息有二：翁氏校訂之本爲武英殿本，雖未見提要稿，但據《四庫全書薈要總目提要》知，此書係據武英殿本繕録，據大典本恭校。其二，此書有複本，這一複本很可能是大典輯佚本。那麽，此書校辦於乾隆三十八年當無大誤。

箋　證

今檢《總目》著録馬裕獻書一百四十四種,《存目》著録二百二十五種，共三百六十九種。馬裕因進書“爲數至五、六、七百種，皆其累世弆藏”[①]，得賞一部《古今圖書集成》。但因《四庫全書》纂成後並未返還馬裕所獻之書，馬裕家藏就此衰落。

此函提到《鶡冠子》一書，第十一通、第十六通、第二十通也均有提及。此書文淵閣《四庫全書》本與《四庫全書薈要》所著録版本不一致，此處的《鶡冠子》係兩淮馬裕家藏本，《總目》即作此標注[②]。而《薈要》本《鶡冠子》是依武英殿聚珍本繕録，據《永樂大典》本、歐陽清本校勘而成[③]。據手札知，乾隆御題之《鶡冠子》乃馬裕進呈遺書本。那麽《薈要》本《鶡冠子》前御題應該是移録自馬裕本御題。也就是説，《薈要》先辦，著録大典輯佚本，後文淵閣等庫書又收録馬裕家進呈本。就辦書而言，各省

---

① 中國第一歷史檔案館編：《纂修四庫全書檔案》上册，上海：上海古籍出版社，1997年版，第211頁。

② 紀昀等：《欽定四庫全書總目》上册，北京：中華書局，1997年版，第1566頁。

③ 江慶柏：《四庫全書薈要總目提要》，北京：人民文學出版社，2011年版，第324頁。按，明歐陽清所編《五子書》有嘉靖二十三年刻本，國家圖書館、北大圖書館、上海圖書館、南京圖書館、重慶圖書館等有藏(《中國古籍總目・子部》第一册，第3頁)。

進呈書目的辦理與武英殿《大典》本書籍的辦理是分别進行的，《大典》本《鶡冠子》則是單獨進行校勘。

函中云“其書計一百三十餘頁，約須校勘幾日。似宜酌定章程，將來雖諸書坌集，辦之自有條理。其期不可太緩，致有耽延，亦不可太速，而失之草率”，對於書籍校勘工作，于敏中要求酌定章程，這是十分有遠見的。進呈書籍數以萬計，《四庫全書》編撰中的一項重要工作就是校勘，校勘書籍辦理的章程應該是相關的管理要求，不同於具體書籍校勘，因書籍不同，校勘細節不一。校勘工作需在短時間内完成高質量成果，這本身即是一對矛盾。但是，既追求速度，又追求品質的辦書要求，符合大規模書籍的辦理情形。事實上，欲速則不達，所辦書籍品質或難保證。于氏指出“太緩”“太速”會導致辦書出現問題，也具有前瞻性眼光。于敏中作爲總裁，審閲校勘書稿也十分認真。從函札來看，書籍是校勘完成的謄録稿，裏面並没有校勘記。于氏要求“纂修校勘後，可將校出誤處録一草單寄來”，無形中對校勘者提出了要求，另一方面，對於那些不認真校書人員來説也是一種約束。

此函重在討論《四庫全書》書籍刊刻樣式。《四庫全書》的辦理最初並未有統一的樣式和程式，于敏中此處對《四庫全書》和《四庫全書薈要》提出的著録格式，是《四庫全書》刊刻工作草創期的摸索階段。如函中説“校勘成，即一面繕寫紅格《全書》正本及《薈要》本，一面酌定刻樣”。于敏中雖位列總裁之職，凡事也必親躬，甚至將版式符號親自畫出。小字部分透露出兩則信息：一、《四庫全書》最初辦理之時，有的書籍是經乾隆御筆題簽的，于敏中言“首頁御筆，似應拆下尊藏，俟辦畢再行訂入”，今文淵閣《四庫全書》本《鶡冠子》書前有乾隆御題詩一首（具體參第十一通箋證），然其餘未經御題書籍，刊刻時也有相應的格式。二、最初，各省進到之書，經删選後，凡應刊、應刻之書均發往各省刻板辦理，于敏中此函以總裁的身份更改章程，“凡奉御題之書，應刊者即在京城辦理，不必發往各省刻板”。

于氏所定書籍刊刻體例大致如下：首先，卷前冠御題；其次，原序並附提要；最後，書籍刊刻統一依據具體樣式。這種樣式是得到館中辦理《四庫全書》人員認可的，查文淵閣本《四庫全書》，《鶡冠子》樣式與此相同[①]。然而，由於書籍具有差異性，其刊刻樣式並非完全統一，或多或少都有些許出入，或是提要在前，原序在後；或是先提要，後原序，再御題[②]。今把原文于敏中辦書樣式按照函札意思還原如下：

御題→原序→［目録］→提要→正文。可以參見函中于敏中所畫符號。

此函第一次提到"提要"二字，即"《御製詩合注》再行録寄，以便恭裁。次及原序，附以提要"，説明在乾隆三十八年，已經開始對《四庫全書》著録的書籍撰寫提要。第十一通也説及"提要"，"惟《中興小曆》一種，原單注擬刊刻。愚見以建炎南渡乃偏安而非中興，屢經御製詩駁正，且閲提要所開，是編頗有未純之處，似止宜抄而不宜刻，已於單内改補奏進。至《漢魏叢書》《津逮秘書》所收各部，尊意欲分録四庫而不必歸總，所見亦是。但須於各部散見處、提要内叙及《叢書》《秘書》一語，而於輯總目時，集部内存兩書總名，而注其分繫之故，似爲兩得，仍惟酌之"。第十四通言"書來，悉種種。沙克什既於提要内聲明，自毋庸另注"。第二十六通説"《經解》提要尚未及見，自必妥當也"。第二十七通載"又蒙詢及各種遺書，分别應刊、應抄、應存，總叙、提要約計何時可完？"定本《總目》的最終編撰完成，與這些最初的"提要"定有千絲萬縷的聯繫。《總目》開始編撰至告竣前後歷時二十餘年，在定本之前，提要稿的完成是一個重要環節，這在上

① 陸佃注：《鶡冠子》，《景印文淵閣四庫全書》第八四八册，臺北：臺灣商務印書館，1986年版，第199-203頁。

② 劉安撰，高誘注：《淮南鴻烈解》，《景印文淵閣四庫全書》第八四八册，臺北：臺灣商務印書館，1986年版，第505-508頁。按，《總目》書名作《淮南子》（《欽定四庫全書總目》上册，第1568頁）。

述所引諸通手札中可以看出。當然，《總目》的編撰是纂修《四庫全書》的副產品，它之所以能够產生，原因大略有三：一是早在乾隆三十七年正月四日發佈的徵書諭旨中，就早已要求各省督撫“將各書敘列目録，注係某朝某人所著，書中要旨何在，簡明開載，具摺奏聞”[1]。二是《四庫全書》卷帙浩繁，需要依據提要進行删選。三是紀昀、陸錫熊等人將各纂修官分別撰寫的提要進行編撰、增删、潤飾，又根據乾隆御覽及于敏中意見進行調整，在對各階段稿本進行修改後最終定型，這期間經過了複雜的程式。

① 中國第一歷史檔案館編：《纂修四庫全書檔案》上册，上海：上海古籍出版社，1997年版，第2頁。

第十一通（陳垣本第八通）

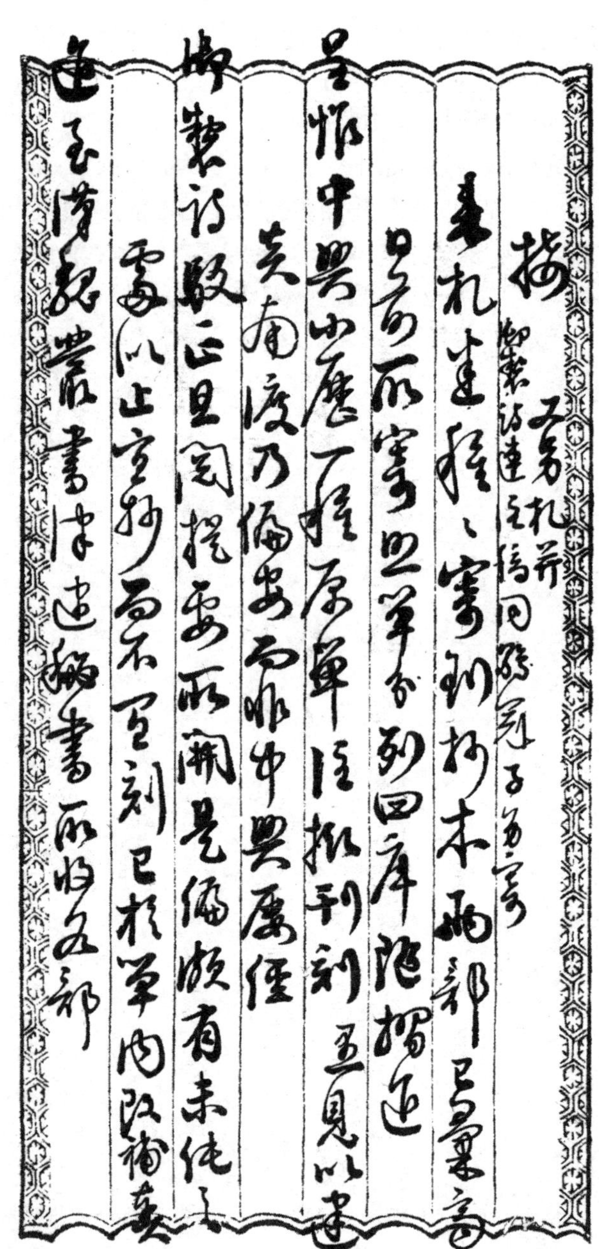

蒙示孫令捷入庠爲不谷歸後所見之是恨
須檢各部叢見實提要內數及鬢穀嘉
書一種欽書而檢韓後目時筆部內未兩書
後名而經世不敷之故以爲兩得行作
館之各者書單大陸續刊齊以即須行
交涉取每層再查並須陳吉士費撥以全書
送館不宜專取版前也又不刻者刊者翻
兩須畫開單計及後日請將不同雜格

書一一就之，未知較前抑未為否妥，指定其遺而應刊者，亦當嚴為去取，即不能畢有益於世道人心之書，亦當實爲世所罕見及較久無存者，方可付梓流傳，方於藝林有益。非特詞章之類未便濫收，即道學書亦當精益求精，不可泛泛從俚解之語，與其爲新無要者篇章浩繁累牘，不如留其有餘，使有用之書廣傳不缺。並當以理學家自爲一說，遂成[illegible]之病。

釋　文

接來札，悉種種。（又另札並御製詩連注稿同《鶡冠子》另寄。）寄到抄本兩部，已彙商。日前所寄，照單分列四庫，隨摺進呈。惟《中興小曆》一種，原單注擬刊刻。愚見以建炎南渡乃偏安而非中興，屢經御製詩駁正，且閲提要所開，是編頗有未純之處，似止宜抄而不宜刻，已於單内改補奏進。至《漢魏叢書》《津逮秘書》所收各部，尊意欲分隸四庫而不必歸總，所見亦是。但須於各部散見處、提要内叙及《叢書》[①]、《秘書》一語，而於輯《總目》時，集部内存兩書總名，而注其分繫之故，似爲兩得，仍惟酌之。各省書單，大約陸續到齊，似即須行文咨取，毋庸再奏，並須除去重複外，令其概以全書送館，不宜專取略節也。又分别應刊、應抄兩項，吾固早計及，諸公嗜好不同，難於畫一。就二者相較，應抄者尚不妨稍寬其途，而應刊者必當嚴爲去取。即不能果有益於世道人心，亦必其書實爲世所罕見，及板久無存者，方可付梓流傳，方於藝林有益。非特詞章之類，未便廣收。即道學書亦當精益求精，不宜泛濫，經解亦然。（並當以理折衷，自無或遺或濫之病。）與其多刻無要篇策，徒災棗梨，不如留其有餘，使有用之書廣傳不缺，更足副聖主闡揚經籍之盛意。是否可與曉嵐先生商之，並告同事諸公妥酌，並於便中回明中堂大人核奪。《熱河志》屢奉詢催，萬難再緩。可切致習庵，其"互相查證及繕齊彙交"云云，乃歷來推托耽延之故調，幸勿以此相誑也。率覆，不備。

中頓首　六月望日

［附記］翻閲進呈本内，竟有黄斑污跡，此後宜留心。

［附記］今日抄本内《易象意言》習習云，尊札言是勵世兄所校，已爲挖改，凡類此者，切不可絲毫遷就。又如字體中，"恭"誤作"恭"之類，乃不可不講究者，可與各謄録言之。又昨見《鶡冠子》内夾簽"宏治"二字，此曾奉有諭旨，止須缺筆而不必改避，

---

① 按，"叢書"前有"漢魏"兩字，于敏中自删。

並及之。

繫 年

此函作於乾隆三十八年六月十五日。

此通手札爲一日兩函之第二函。于敏中手札中多次提到《鶡冠子》一書，除此通外，還有第十通，作於乾隆三十八年六月十五日；第十六通，作於乾隆三十八年七月初一；第二十通，作於乾隆三十八年七月十六日。此通與第十通均提到寄回御題《鶡冠子》一事，兩通落款也均爲“六月望日”，據此可知，此通也作於乾隆三十八年。陳垣先生認爲“六月望日三函，其二函箋式相同，且有另札另寄語，知爲一日兩書”[①]。

箋 證

開篇云“又另札並御製詩連注稿同《鶡冠子》另寄”。《御製題鶡冠子》詩及注如下：

> 鈇器原歸厚德將，（開卷首義，即云王鈇，非一世之器者；厚德，隆俊也。注以王鈇爲法制，引賈誼言，權勢法制，人主之斤斧。謂專任法制不以厚德將之，而欲以持久難哉。是其説雖雜刑名，未嘗不歸於道德。固非若黄老之專務清静，亦不至如申韓之流爲慘礉也。）雜刑匪獨老和黄。朱評陸注同因顯，柳謗韓譽兩不妨。完帙倖存書著楚，失篇却勝代稱唐。（宋陸佃既爲之注解，復序云《鶡冠子》，楚人居深山以鶡羽爲冠，號曰鶡冠子，其書雜黄老刑名，要其宿時，若散亂而無家，然奇言奥旨亦每每而有。自《博選》至《武靈王

① 陳垣：《書于文襄論四庫全書手札後》，《陳垣學術論文集》第二集，北京：中華書局，1982年版，第43頁。

問》凡十有九篇。而退之讀此云十有六篇者，非全書也。朱子評韓文云：漢唐皆以爲道家者流，公謂其辨，“施於國家功德豈少”？而柳子厚作辨則曰：得其書而讀之，言盡鄙淺。所見不同如此。朱子雖不置可否，然其書具在柳説，不免過當。朱子又云：《漢·藝文志》有《鶡冠子》一卷，而《唐志》云三卷，謂“漢時遺缺，至唐而全”。以今書校之，卷雖唐增於漢，而篇則宋增於唐。兹本既完備無缺，佃注亦世所罕見，自應重刊，以廣流傳。）帝常師處王友處，（帝者與師處，王者與友處，亦其《博選》篇中語。）戒合書紳識弗忘。[1]

詩注所言種種，如韓愈、柳宗元、朱熹諸人見解，在《總目》之中皆有體現。關於此書的刊刻緣由，此處所云“兹本既完備無缺，佃注亦世所罕見，自應重刊，以廣流傳”，較之《總目》所云是真實而直接的表達，《總目》的理由是“其説雖雜刑名，而大旨本原於道德，其文亦博辨宏肆”[2]，且陸佃“此注則當日已不甚顯”[3]。

《中興小曆》四十卷，永樂大典本，《總目》史部編年類著録。于敏中提出“建炎南渡乃偏安而非中興，屢經御製詩駁正，且閲提要所開，是編頗有未純之處，似止宜抄而不宜刻，已於單内改補奏進”，然最後還是以刊刻爲終。《總目》説：“是編排次南渡以後事蹟，首建炎丁未，迄紹興壬午，年經月緯，勒成一書……其上援朝典，下參私記，綴緝聯貫，具有倫理，其於心傳之書亦不失先河之導。創始難工，固未可一例論也。”[4] 這是此書存在的價值和意義。于敏中所言“屢經御製詩駁正”者，確有其事。今檢《御製詩集》有《題宋高宗書孝經馬和之繪圖册》云：“至於諸人譽嘉

---

① 陸佃注：《鶡冠子》，《景印文淵閣四庫全書》第八四八册，臺北：臺灣商務印書館，1986年版，第199頁。

② 紀昀等：《欽定四庫全書總目》上册，北京：中華書局，1997年版，第1566頁。

③ 紀昀等：《欽定四庫全書總目》上册，北京：中華書局，1997年版，第1566頁。

④ 紀昀等：《欽定四庫全書總目》上册，北京：中華書局，1997年版，第654頁。

陵以孝治天下，中興之主達於中國四方嚮風云云，未免言過其實。夫高宗被金源所逐，僅保江南，又不能復中原迎二帝，對斯數語能無汗顔乎？並識之以存公論。”[①] 在《題南宋都城紀勝録》序中也説：“宋自南渡之後，半壁僅支，而君若臣溺於宴，安不以恢復爲念？西湖歌舞日夕流連，豈知剩水殘山已無足恃？顧有若將終焉之志，其去燕巢危幕幾何矣。而耐得翁……又謂中興百年餘，太平日久，視前又過十數倍，其味於安危盛衰之機亦甚矣哉！”[②]《題宋中興聖政草》一詩云“少康光武始堪稱，何事建炎號中興”[③]，更是直接指斥建炎中興之説，此詩有詳細詩注，詳述申斥理由，如“宋高宗流離播遷，僅有東南半壁，始終委靡無能，苟圖自全之計，不思爲父兄雪耻，恢復中原，以爲偏安則可，然比之東晋元帝尚有未逮，顧靦然詡爲中興，不亦深可鄙哉？”[④]“高宗當徽欽失國之後，倉皇南渡，其即位始末殊無足稱。乃陸游編輯此書，序言堯舜以來，獨宋爲甚盛之際，且謂湯有慚德，武未盡善，不復顧萬世公論，即爲尊親者諱，亦何至是非顛倒若此？”[⑤] 又，在《御製詩五集》卷二三，有《題蕭照瑞應圖》一詩，詩序中也有相近的指斥，“宋高宗耽樂西湖偏安南渡，不能恢復中原，雪君親之耻，既不如光武之中興炎祚，並不如勾踐之忍耻吞吴”[⑥]。諸多指斥意在言明“建炎南渡乃偏安而非中興”。定本《總目》之中，不提“中

① 乾隆：《御製詩四集》卷九，《景印文淵閣四庫全書》第一三〇七册，臺北：臺灣商務印書館，1986年版，第394頁。

② 乾隆：《御製詩四集》卷一三，《景印文淵閣四庫全書》第一三〇七册，臺北：臺灣商務印書館，1986年版，第474頁。

③ 乾隆：《御製詩四集》卷一五，《景印文淵閣四庫全書》第一三〇七册，臺北：臺灣商務印書館，1986年版，第496頁。

④ 乾隆：《御製詩四集》卷一五，《景印文淵閣四庫全書》第一三〇七册，臺北：臺灣商務印書館，1986年版，第496頁。

⑤ 乾隆：《御製詩四集》卷一五，《景印文淵閣四庫全書》第一三〇七册，臺北：臺灣商務印書館，1986年版，第496-497頁。

⑥ 乾隆：《御製詩五集》卷二三，《景印文淵閣四庫全書》第一三〇九册，臺北：臺灣商務印書館，1986年版，第637頁。

興”，蓋與此有關。

《漢魏叢書》版本有二：一、三十五種二百零八卷；二、三十八種二百五十一卷，明程榮編，《總目》未著録。《津逮秘書》，明毛晋編，《總目》子部雜家類存目，無卷數，内府藏本。關於《四庫全書》著録《漢魏叢書》《津逮秘書》一類叢書的問題，此函尚在協調商討之中。從《總目》中著録的叢書來看，叢書並未如陸錫熊等議的那樣“分録四庫而不必歸總”，而是依四部分類，歸於子部雜家類存目。《總目》對叢書的分類有過探討，並加按語：“《地記》二百五十二卷……是爲叢書之祖，然猶一家言也。左圭《百川學海》出，始兼裒諸家雜記，至明而卷帙益繁。《明史·藝文志》無類可歸，附之類書，究非其實。當入之雜家，於義爲允。今雖離析其書，各著於録，而附存其目，以不没搜輯之功者，悉别爲一門，謂之雜編。”[①] 結合函札來看，《總目》著録叢書中的部分書籍“離析其書”“附存其目”，與此函所謂“分隸四庫而不必歸總”“内存兩書總名”意爲相近。于敏中同意陸錫熊的辦書意見，在形成共識的同時，于氏依舊提出自己的想法。這裏提到編撰《總目》之時叢書的辦理之法，定本《總目》採納了于氏“注其分繫之故”的意見。前面所引《總目》之按語，即是這一意見的具體體現。于敏中對《四庫全書》辦書之法的統籌和前瞻能力很强，這些實質性建議對《總目》的編撰起到了很大作用。

函中説“各省書單，大約陸續到齊”，據此函作年和《纂修四庫全書檔案》知，六月十五日各省進呈遺書已初具規模，此後書籍的呈送一直持續到三十九年四月。

自“各省書單”至“並於便中回明”一段，對《四庫全書》著録書籍提出了具體要求。此函依舊提到“應刊”“應抄”這兩項，第四通、第六通均有提及。但是于氏提出一個問題，辦書諸公“嗜好不同，難於畫一”，于敏中就此提出解決辦法。總的原則是“應

① 紀昀等：《欽定四庫全書總目》上册，北京：中華書局，1997年版，第1647頁。

抄者稍寬其途"，"應刊者嚴爲去取"；具體辦理則是分門别類，並列舉了四種書籍，一是罕見之書，二是詞章之書，三是道學之書，四是經解之書。針對這四類書籍，各自提出相關要求。罕見之書要"有益於世道人心"，並"板久無存"；詞章之書，要收録特别之作，"不便廣收"；道學之書則要"精益求精，不宜泛濫"；經解之書則要"留其有餘，廣傳不缺"。選書要求則是"以理折衷"，不應有"或遺或濫之病"。于敏中此處所言，其實是與乾隆諭旨相吻合的[①]。今觀《四庫全書》所著録的書籍，大致不出於此函所定。

函中提到的習庵曹仁虎，仁虎號習庵。參第八通箋證。

天頭小字部分包含幾條信息，兹略陳於下：一、于敏中對進呈御覽之書要求很高，即行指出書中之黄斑污跡，其爲事小心謹慎，於此可見一斑；二、《易象意言》一卷，宋蔡淵撰，永樂大典本，《總目》經部易類著録。據此函，《易象意言》爲勵守謙所輯校，書中已有挖改，可知《四庫全書》自開始編纂即有删改、挖補一事，《四庫全書》著録的各書版本已非書籍本來面目；三、謄録抄書一事，對於字體的寫法，于敏中認爲"不可不講究"，這亦是其關注細節的體現；四、避諱一事，歷朝歷代均有，從此處所言可以看出，于氏建議《四庫全書》所收書之避諱"止須缺筆而不必改"[②]。

---

① 按，具體見乾隆三十七年正月初四日諭，乾隆三十八年二月初六日諭，乾隆三十八年二月十一日諭。見《纂修四庫全書檔案》上册，第1、55、56頁。

② 按，事實上《四庫全書》避諱並非採用缺筆一法，亦有改字，如"弘"改爲"宏"、"丘"改爲"邱"等。

第十二通（陳垣本第十二通）

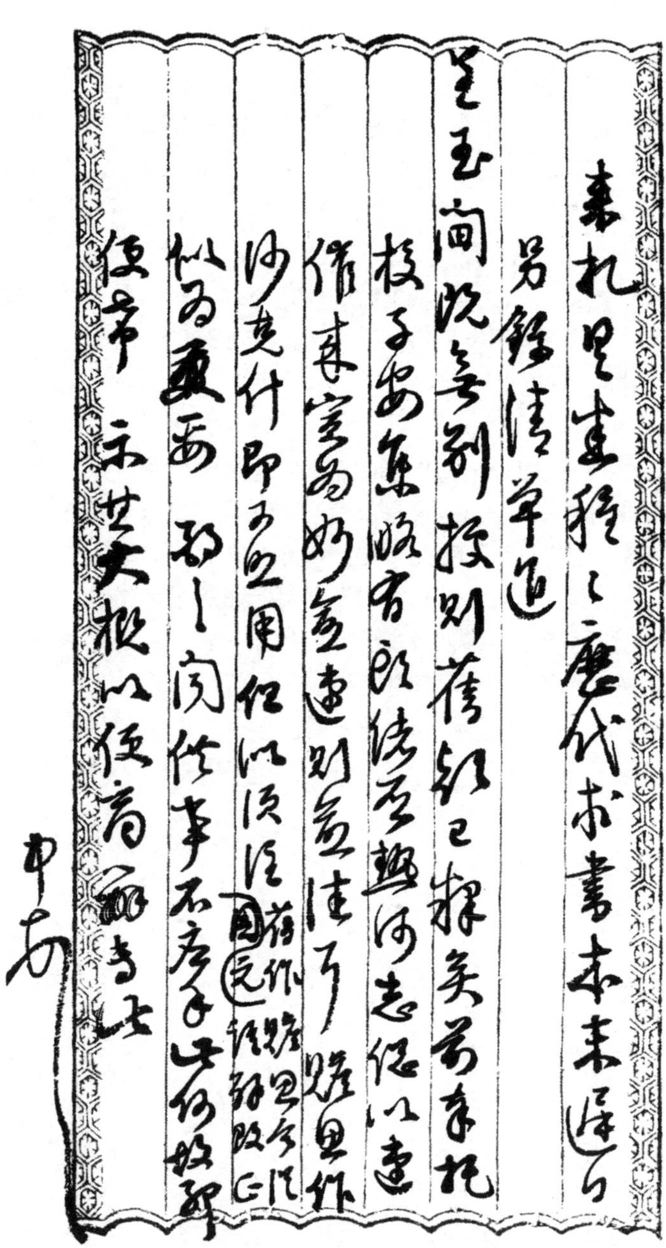

釋　文

來札具悉種種。歷代求書本末，遲日另録清單進呈。“玉閫”既無别據，則舊疑已釋矣。前奉托校《子安集》，略有頭緒否？《熱河志》總以速催來寅爲妙，愈速則愈佳耳。“瞻思”作“沙克什”，即可照用，但似須注（舊作“瞻思”，今從《元國語解》改正），似爲更妥。酌之。聞諸事不應手，此何故耶？便希示其大概，以便商辦。專此。

中頓首

繫　年

此函作於乾隆三十八年六月十七日。

第七通云“附去《王子安集》二本……近見江浙進到之書，有專集，有‘四傑’集，希爲撥冗，詳校改正，或托人同校亦可”，該函説“前奉托校《子安集》，略有頭緒否”，兩函均提及《王子安集》，而所言也最爲承接。又，第八通説“詢催《熱河志》”（應置於第六通手札之後，第七通手札之前），第十一通言“《熱河志》屢奉詢催”，此函又説“《熱河志》總以速催來寅爲妙，愈速則愈佳耳”，意思也是承接的，其次序顯而易見，此函作於三十八年六月無疑。

關於歷代求書本末，第八通提及，“今日召見時，詢及歷代訪求遺書之事，何代最多，最爲有益，可即詳悉查明，於十七日隨報發來”，若發報投遞正是十七日，則此函作於十七日或之後。第十四通“沙克什既於提要内聲明，自毋庸另注”，該信札中，于敏中尚建議在“沙克什”下作注，所以依此推論，本函日月應略早於第十四通，約在乾隆三十八年六月二十一日前。因第十三通作於六月十七日，又爲此通之附函，所以此函當作於六月十七日[①]。另参見第八通、九通、十三通繫年。

箋　證

此函涉及對音問題[②]，這是《四庫全書》纂修期間一個不受關注，但確實存在的工作。對音爲何？簡言之，即將原本根據發音書寫的譯名，進行重新考訂、改正，使各種涉及音譯問題的文獻前後能够統一化，包括使滿語、蒙古語等人名、官名、地名的部分音譯雅化、合理化。《總目》云："蓋自《欽定三合切音清文鑑》[③]出，而國語之精奥明；至此書出，而前史之異同得失亦明。不但宋、明二史可據此以刊其訛，即四庫之書，凡人名、地名、官名、物名涉於三朝者，均得援以改正，使音訓皆得其真。聖朝考文之典，洵超軼乎萬禩矣。"[④]其實，在《四庫全書》纂修之初，對音問題的處理已經提上日程[⑤]，隨著《四庫全書》纂修工作的展開和深入，文獻對音問題漸次成爲書籍纂修的重要工作之一，並有四庫

---

① 按，胡適將此函繫於乾隆三十八年六月十八日，其將《諭内閣著于敏中等編〈日下舊聞考〉》誤記爲乾隆三十八年六月十七日（實際上爲十六日），因而第九通（陳垣本順序）"昨奉辦《日下舊聞考》"繫於十八日。見歐陽哲生編《胡適文集》（8），北京：北京大學出版社，1998年版，第530頁。

② 按，參張曉芝《四庫對音官考》文稿。

③ 按，《欽定三合切音清文鑑》即《御定滿洲蒙古漢字三合切音清文鑑》，見《欽定四庫全書總目》上册，第553頁。

④ 紀昀等：《欽定四庫全書總目》上册，北京：中華書局，1997年版，第640頁。

⑤ 按，乾隆帝認爲，遼、金、元三朝本身没有完善的史料可供修史者憑藉。首先是民族隔閡。弘曆指出，三朝均爲邊疆民族所建立，"非若唐、宋之興於内地而據之也"。因此，"其臣雖有漢人通文墨者，非若唐、宋之始終一心於其主"。況且，民族之間，存在"語言有所不解，風尚有所不合"的現象。如以元朝爲例，一方面是"蒙古人不深明漢文，宜其音韻弗合，名不正而言不順，以致紀載失實"。另一方面，"漢人不解（蒙古）語義，錯謬譯出者，不勝屈指數"，其中多係"捉影之談"，可謂"怪誕可笑"。乾隆朝的重修遼、金、元三史，並不是將三史全部修改，而是按《同文韻統》爲例，重修三史《國語解》，及將三史中人、地、官名改正，其方針是"正其字，弗易其文"。所以弘曆下令史官，"按照各史，不改其事，但將語言詳加改正，鋟板重修"（見《四庫對音官考》文稿）。

館臣進行對音工作。

《元國語解》一書，係《欽定遼金元三史國語解》之一。關於遼金元三史國語音譯問題，早在乾隆十二年七月即有諭旨："近因校閲《金史》，見所附《國語解》一篇，其中訛舛甚多。金源即滿洲也，其官制，其人名，用本朝語譯之，歷歷可見。但大金全盛時，索倫蒙古，亦皆所服屬，幅員遼廣，語音本各不同，而當時惟以國語爲重，於漢文音義，未嘗校正畫一。至元臣纂修，又不過沿襲紀載舊文，無暇一一校正，訛以傳訛，有自來矣！即如所解之中，或聲相近而字未恰合，或語似是而文有增損。至於姓氏，惟當對音。而竟有譯爲漢姓者，今既灼見其謬，豈可置之不論？爰命大學士訥親、張廷玉、尚書阿克敦、侍郎舒赫德，用國朝校定切音，詳爲辨正，令讀史者咸知金時本音本義，訛謬爲之一洗。並注清文，以便考證。即用校正之本，易去其舊。其坊間原本，聽其去留。庶考古信今，傳世行遠，均有裨焉。"[①] 乾隆十五年、十七年、十八年、三十六年、三十七年、三十八年皆有關於對音問題的諭旨下達。

"贍思"作"沙克什"，于敏中意要標注，後又在第十四通云"沙克什既於提要内聲明，自毋庸另注"，可見庫書之中並未作注。檢《總目》，"贍思"皆改爲"沙克什"。《河防通議》提要，作者作"元沙克什"[②]，"沙克什，色目人。官至秘書少監，事蹟具《元史》本傳。是書具論治河之法，以宋沈立汴本及金都水監本彙合成編，本傳所稱重訂《河防通議》是也。沙克什係出西域，邃於經學、天文、地理、鐘律、算數無不通曉"[③]，並有按語"沙克什原作贍思，今改正"。《行水金鑑》提要亦稱沙克什，云"單鍔、沙克什、王喜所撰，始詳言治水之法"[④]。

---

①《清實録》第一二册，北京：中華書局，1985年版，第863頁。

② 紀昀等：《欽定四庫全書總目》上册，北京：中華書局，1997年版，第948頁。

③ 紀昀等：《欽定四庫全書總目》上册，北京：中華書局，1997年版，第948頁。

④ 紀昀等：《欽定四庫全書總目》上册，北京：中華書局，1997年版，第953頁。

《四庫全書》纂修是一項浩大工程，陸錫熊致函于敏中説“諸事不應手”，這是可以想見的，遺書進呈、書籍校勘、人員配備、館務管理等工作，瑣事繁多，第二十通、二十六通等所提及的添加謄録人員一事，已是十分棘手的問題。于敏中作爲總裁，統籌佈局尚可，然具體事宜還需當時在館的陸錫熊躬親辦理，陸氏面對的問題也許更爲直接。

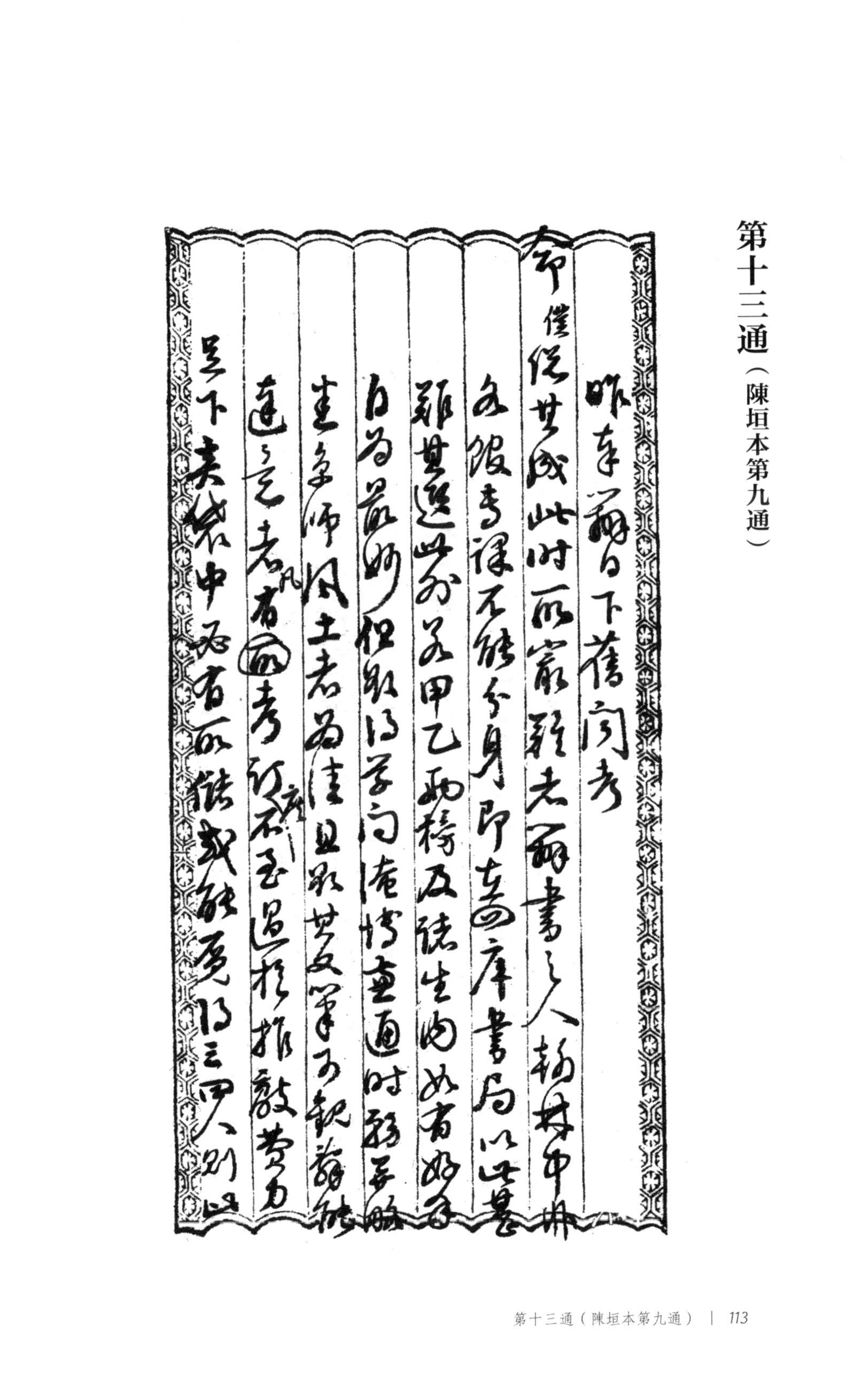

第十三通（陳垣本第九通）

此事報
聖主勝
札君稱
再與
蔣太人
商

書即可速就芝翁將數取條不急發即須

桑派了來任之人即當回請其為報諸札

蔣太人宅借贈菁項並嘗替辦移印

商定寄去裁即與　蔣少司農面商之文此

書凡例一件[illegible]且結

足下可為我[illegible]定[illegible]一兩條擬題寄

寄示殘書亦請李白

頓首又[illegible]

釋　文

昨奉辦《日下舊聞考》，命僕總其成，此時所最難者，辦書之人。翰林中非各館專課不能分身，即在四庫書局，以此甚難其選。此外若甲乙兩榜及諸生内如有好手，自爲最妙。但欲得學問淹博，旁通時務，並略悉京師風土者爲佳，且欲其文筆可觀，辭能達意者，凡有考訂[①]，庶不至過於推敲費力。足下夾袋中必有所儲，或能覓得三四人，則此書即可速就。若翰林或現任小京官，即須奏派；若未仕之人，即當延請。其局擬設於蔣大人宅，脩脯等項，愚當幫辦，祈即商定寄知，或即與蔣少司農面商亦可。又此書凡例，茫無頭緒，足下可爲我酌定款式（除星野[②]沿革）一兩樣，略具大概寄示。瑣事相瀆，幸勿辭勞，又拜。

［附記］此書私辦更勝於官辦，並與蔣大人商之。

繫　年

此函作於乾隆三十八年六月十七日。

據《清實録》和《纂修四庫全書檔案》"諭内閣著于敏中等編《日下舊聞考》"載："著福隆安、英廉、蔣賜棨（錫綮）、劉純煒選派所屬人員……編爲《日下舊聞考》，並著于敏中總其成，每輯一門，以次進呈……書成並即録入《四庫全書》，以垂永久。"[③]此諭發於乾隆三十八年六月十六日，以札中云"昨奉辦《日下舊聞考》"，則此函定作於乾隆三十八年六月十七日。

---

① 按，"有"字後有"所"字，原删。

② 按，星野，疑爲星土。朱彝尊《日下舊聞》原書分星土、世紀、形勝、宫室、城市、郊坰、京畿、僑治、邊障、户版、風俗、物産、雜綴十三門（《欽定四庫全書總目》上册，第938頁）。

③ 中國第一歷史檔案館編：《纂修四庫全書檔案》上册，上海：上海古籍出版社，1997年版，第129–130頁。

箋證

此函言及辦理《日下舊聞考》選人問題。乾隆敕撰《日下舊聞考》，選人自然較爲嚴苛。因《日下舊聞考》多有涉及京師風俗，所以函中選人要求“學問淹博，旁通時務，並略悉京師風土者”，《總目》中又説“凡涉於都京風土者，悉案門恭載，尤足以昭垂典實，藻繪山川”①，與函中所言相合。另，函中言蔣大人、蔣少司農，均指一人，係蔣賜棨（錫綮），據上引“諭内閣著于敏中等編《日下舊聞考》”亦可考見。《日下舊聞考》選人一事，于敏中要陸錫熊與蔣賜棨協商辦理。關於蔣賜棨事蹟，《清史稿》將其附於祖父蔣廷錫傳後，“賜棨，初授雲南楚雄知府，再至户部侍郎。並坐事奪官，左授光禄寺卿。復奪官，以世守護裕陵”②。又《國史列傳》有較爲詳細記載，可補《清史稿》任職時間之闕，部分官職履歷見臺灣“‘中央’研究院歷史語言研究所内閣大庫檔案”③。

蔣賜棨，江蘇常熟人，祖廷錫，父溥。乾隆二十一年授雲南楚雄知府。二十四年調雲南府知府。二十六年丁父憂，二十八年服闋，特授江西廣饒九江道。三十年調江安糧道。三十三年六月擢兩淮鹽運使，九月調山東鹽運使。三十四年擢倉場侍郎。三十五年調户部右侍郎兼管錢法堂事兼襲一等輕車都尉世職。三十八年二月奏議官差精微批文舊例，官差赴任在户部領精微批文一道，由户科掛號請用……四月管理順天府府尹事。此年乾隆諭于敏中纂修《日下舊聞考》，命蔣賜棨等選派所屬人員，核實

---

① 紀昀等：《欽定四庫全書總目》上册，北京：中華書局，1997年版，第939頁。

② 趙爾巽等：《清史稿》第三四册第二八九卷，北京：中華書局，1977年版，第10253頁。

③ 按，“‘中央’研究院歷史語言研究所内閣大庫檔案”與“‘國立’故宫博物院圖書文獻處清國史館傳稿”藏於臺灣“中央”研究院歷史語言研究所及臺灣大學圖書館。現在兩單位提供網絡瀏覽，具體見“中央”研究院歷史語言研究所、臺大圖書館官網。

朱彝尊《日下舊聞》各條史料，書成之後録入《四庫全書》[1]。蔣賜棨未直接參與纂修此書，但曾涉及人員選派事務。又據函札所云，《日下舊聞考》纂修地點“擬設於蔣大人宅”，辦書處稱“日下舊聞處”[2]。手札中稱“蔣少司農”，少司農即對户部侍郎的稱呼。三十九年六月轉户部左侍郎，仍兼管錢法堂事，十一月復予襲輕車都尉，在武英殿行走。四十年授順天府府尹。四十二年復任倉場侍郎仍暫行兼管府尹事。五十二年復任户部左侍郎仍兼順天府府尹。五十六年兼管樂部。嘉慶四年革職，奉特恩補光禄寺卿。六年往裕陵守陵，仍襲輕車都尉世職食俸。七年三月卒[3]。

此函又言《日下舊聞考》凡例問題。于敏中因瑣事繁多，不得已請求陸錫熊爲其酌定款式。《日下舊聞考》一百二十卷（文淵閣《四庫全書》作一百六十卷）於乾隆三十八年開始纂修[4]，乾隆四十八年進呈[5]，《總目》云“删繁補缺，援古證今，一一詳加考核，定爲此本”[6]。此書體例問題，《總目》也有涉及，可參看。原書《日下舊聞》共十三門，包括星土、世紀、形勝、宫室、城市、郊坰、京畿、僑治、邊障、户版、風俗、物産、雜綴。《日下舊聞考》在此基礎上增列苑囿、官署二門，共十五門。《日下舊聞考》乃乾隆敕撰，係官辦之書。函札云“此書私辦更勝於官辦”，不知于氏此處所言爲何？私辦之書在《四庫全書》纂修期間是較少出現的

---

① 中國第一歷史檔案館編：《纂修四庫全書檔案》上册，上海：上海古籍出版社，1997年版，第129－130頁。

② 中國第一歷史檔案館編：《纂修四庫全書檔案》上册，上海：上海古籍出版社，1997年版，第218頁。按，辦書處是否真正設於蔣賜棨宅，已不可知。

③ 清國史館編：《國史列傳》第三册卷六四，周駿富輯《清代傳記叢刊》第三七册名人類一，臺北：明文書局，1985年版，第331－333頁。又見李桓編《國朝耆獻類徵初編》第二〇册第九三卷，周駿富輯《清代傳記叢刊》第一四六册綜録類七，臺北：明文書局，1985年版，第23－25頁。

④ 喬治忠：《清朝官方史學研究》，臺北：文津出版社，1994年版，第308頁。

⑤ 苗潤博：《〈日下舊聞考〉纂修考——兼談新發現的四庫稿本》，《中華文史論叢》2015年第4期，第247頁。

⑥ 紀昀等：《欽定四庫全書總目》上册，北京：中華書局，1997年版，第938頁。

事，于敏中此處所言“私辦”相對於“官辦”更勝的原因，姑揣其一二。首先，此書已成型，主要工作係“正訛補漏”①，從纂修來看，“釐定章程”“發凡起例”等基礎工作似乎不必憂心辦理。私辦或只需將任務分配給數人，提出規定和要求，辦書人進行辦理即可；而官辦之書在規模、形制、理念、思想、性質等方面都有要求，人員配備從上到下皆有系統。其次，乾隆對朱彝尊《日下舊聞》早已關注，此書官辦或只是乾隆的“一己之欲”，他在諭旨中説“本朝朱彝尊《日下舊聞》一書，博採史乘，旁及稗官雜説，薈萃而成……第其書詳於考古，而略於核實，每有所稽，率難征據，非所以示傳信也。朕久欲詳加考證，别爲定本”②。由於此書已完成的特殊情形，敕撰已不具有“撰”之實質内容，修書之人或可做變通，何人辦書，如何來辦，結果較過程更爲重要。

私辦之提出係于敏中的個人意見，表面上看符合實際情況。事實上，于敏中低估了辦理此書的工作量。在其餘手札中雖未再次提及此書官、私之辦，也無從查考陸錫熊、蔣賜棨等人相商之結果。但是據史料推論，《日下舊聞考》只能是官辦。理由如下：一、此書辦理難度極高。手札第十四通、十六通、十七通均提到此書，涉及發凡起例耳、人員配備的探討，“《日下舊聞考》款式極難，愚意欲盡存其舊而附考於後，其式當如何，可酌擬一二樣，便當商擇妥當，以便發凡起例耳”，“《日下舊聞》原擬三人，今又缺其一，奈何”，“考輯《日下舊聞》一事，此時難於即辦，只可先行查明，俟回鑾後再酌商妥辦”，從以上所言，已然能够看出官辦似更合適。二、考證條目所涉場所特殊，非官方授權不可。據乾隆三十九年六月《户部爲纂修日下舊聞處查明各衙門情況事致典籍廳移會》所載：“所有各該衙門坐落方向、地名、房間、規模、層數，及各司廳於何年月日興建、何年月日重行修造，及有

① 紀昀等：《欽定四庫全書總目》上册，北京：中華書局，1997年版，第939頁。

② 中國第一歷史檔案館編：《纂修四庫全書檔案》上册，上海：上海古籍出版社，1997年版，第129頁。

無石刻碑碣古蹟之處，並從前衙門名目與今異同，或今有昔無，今無昔有，或增或減，一一詳細查明，造具清册，於十日内即行咨覆。並煩轉行所屬各館，一體查辦。本處立等辦理，幸勿遲緩可也。須至移會者。"[①] 三、此書辦理時日之久，超乎于敏中想象。據《纂修四庫全書檔案》載，《日下舊聞考》告竣在乾隆四十八年二月初五日[②]，前後約計十年。這期間于敏中、英廉、劉墉、錢汝誠、梁國治、和珅等副總裁先後纂辦《日下舊聞考》，竇光鼐、德保（索綽絡·德保）也同辦此書[③]。這陣勢非官辦不能。十年之久，多位副總裁也前後離世，于敏中乾隆四十四年去世，錢汝誠乾隆四十四年去世，英廉乾隆四十七年去世。當然，此書既然是乾隆欽定纂修，只能按官辦之法辦理。

《日下舊聞考》一書彙輯北京地區各種史料，是迄今爲止研究北京史的重要資料。此書涉及近兩千種文獻，部分文獻已佚，賴此書得以保存。關於此書的研究，目前較爲薄弱，所見論文不足十篇[④]，更多研究成果未來可期。

---

① 中國第一歷史檔案館編：《纂修四庫全書檔案》上册，上海：上海古籍出版社，1997年版，第218-219頁。

② 中國第一歷史檔案館編：《纂修四庫全書檔案》下册，上海：上海古籍出版社，1997年版，第1710頁。

③ 按，所涉諭旨見《纂修四庫全書檔案》第129、159、627、628、1137、1349頁。又，據《欽定日下舊聞考》職銜中，德保係總裁，官職爲經筵講官禮部尚書；竇光鼐係總纂，官職爲宗人府府丞今提督浙江學政（于敏中、英廉等：《欽定日下舊聞考》卷首職銜，《景印文淵閣四庫全書》第四九七册，臺北：臺灣商務印書館，1986年版，第7頁）。

④ 按，主要論文有修世平《〈日下舊聞考〉的幾個問題》（《山東師範大學學報》1988年第4期）、吴元真《〈日下舊聞考〉一書的編刻時間及其歷史價值》（《文獻》1992年第3期）、辛欣《〈日下舊聞考〉版本辨誤》（《圖書館研究與工作》1998年第3期）、張旋《〈日下舊聞考〉研究》（首都師範大學碩士學位論文，2009年）、苗潤博《〈日下舊聞考〉纂修考——兼談新發現的四庫稿本》（《中華文史論叢》2015年第4期）、萬方《中國古都紀勝典籍——〈日下舊聞考〉》（《書屋》2018年第12期）等。

第十四通（陳垣本第十三通）

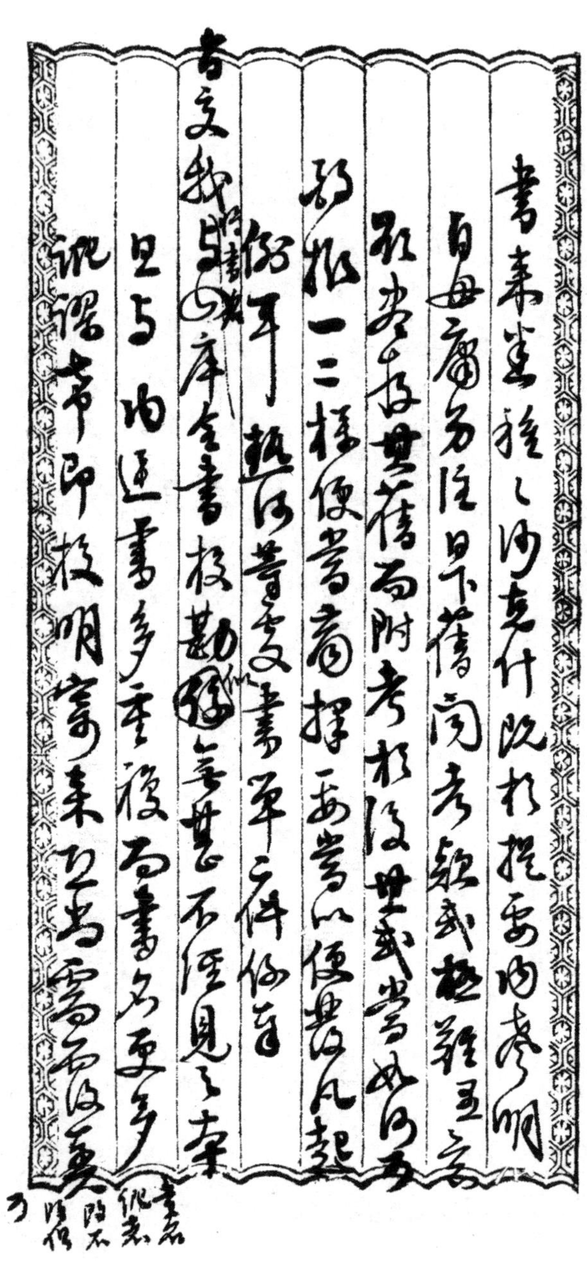

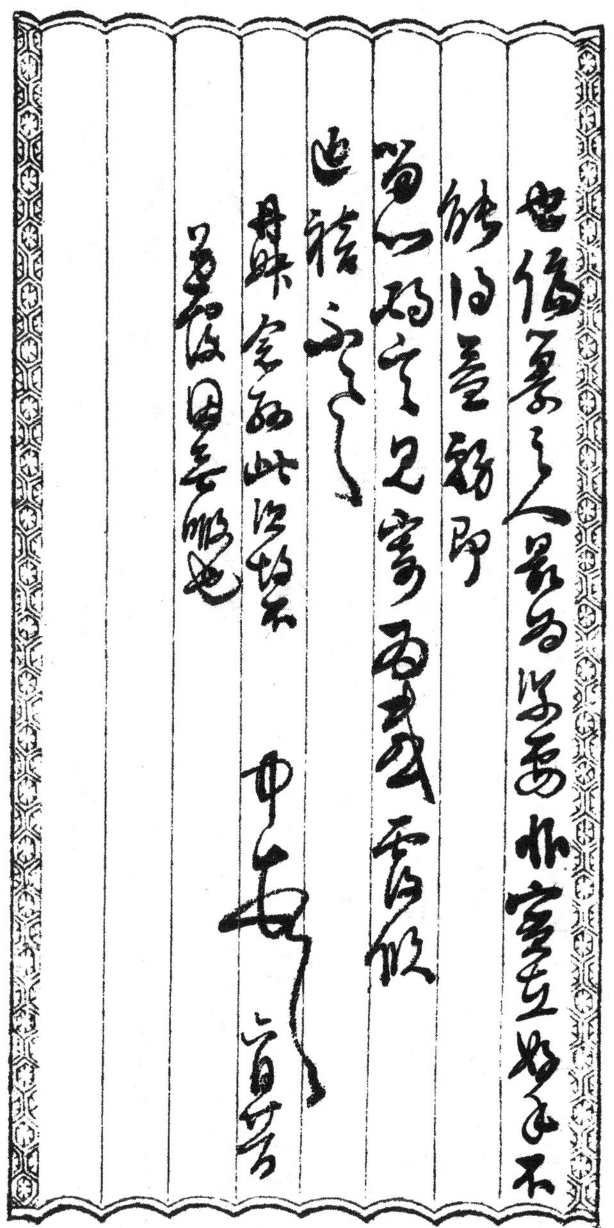

釋　文

書來，悉種種。沙克什既於提要内聲明，自毋庸另注。《日下舊聞考》款式極難，愚意欲盡存其舊而附考於後，其式當如何，可酌擬一二樣，便當商擇妥當，以便發凡起例耳。熱河等處書單二件，係奉旨交我將書名與《四庫全書》校勘，似無甚不經見之本，且與内廷書多重複，而書名更多訛謬。希即校明寄來，恐尚需覆奏也（書名訛者改不改俱可）。編纂之人最爲緊要，非實在好手不能得益，務即留心酌定，見寄爲感。覆候近禧，不一一。丹叔、念孫此次均不另覆，因無暇也。

中頓首　六月廿一日

繫　年

此函作於乾隆三十八年六月廿一日。參見第十三通繫年。

箋　證

此通言及《日下舊聞考》編纂"款式"問題。此函于氏所提"盡存其舊而附考於後"的建議，後被館臣所採納。一是因爲于敏中負責此書編纂，"總其成"者。二是朱彝尊有《日下舊聞》一書，存舊而附考更利於節省時間和人力，因而《總目》云"删繁補缺，援古證今，一一詳加考核，定爲此本"①。通觀《總目》所言，此書確以考證訛舛爲主。朱氏原本所列古跡引據的舊文，館臣"皆一一履勘遺蹤，訂妄以存真，闕疑以傳信"②，對朱氏所引藝文，則"或益其所未備，或删其所可省，務使有關考證，不漏不支"③。而此書編撰並非毫無創意，其創新處有二：其一，根據彼時實際情

① 紀昀等：《欽定四庫全書總目》上册，北京：中華書局，1997年版，第938頁。
② 紀昀等：《欽定四庫全書總目》上册，北京：中華書局，1997年版，第938頁。
③ 紀昀等：《欽定四庫全書總目》上册，北京：中華書局，1997年版，第938–939頁。

況，對輿圖進行相關調整。如名物歸屬，“其時城西玉泉、香山諸處，臺沼尚未經始，故列郊坰門中，與今制未協”；如體例甄别，“諸廨署入城市門中，太學石鼓獨别爲三卷，於體例亦屬不倫”；如增列門類，“今增列苑囿、官署二門，並前爲十五門，而石鼓考三卷則並於官署門國子監條下”；如以新代舊，“原本城市、京畿二門五城及各州縣分屬之地今昔不同，一一以新定界址爲之移正”①。其二，新增京城相關内容，其雖是“列聖宸章，皇上御製”，然對研究京都風土人情却有史料價值，“朱彝尊書成於康熙二十七年，今又及百年，太平熙皞，民物繁昌，自宫殿城市改置添建，復編增爲十五門，成書一百六十卷，名曰《日下舊聞考》”②。此書文淵閣庫書有《譯語總目》一卷③，據凡例稱“卷首列《譯語總目》用資考證”。今文淵閣四庫本《日下舊聞考》有凡例十九則，兹録如下，以管窺款式之難：

一、朱彝尊原本分星土、世紀、形勝、宫室、城市、郊坰、京畿、僑治、邊障、户版、風俗、物産、雜綴十三門，掌列眉分，頗稱詳贍，應各仍舊目。惟城市門首標京城總紀、皇城各卷，又各官衙署原本載入城市門。國朝官府建置，視前

① 紀昀等：《欽定四庫全書總目》上册，北京：中華書局，1997年版，第938頁。

② 于敏中、英廉等：《欽定日下舊聞考》卷首董誥《御製日下舊聞考題詞二首》，《景印文淵閣四庫全書》第四九七册，臺北：臺灣商務印書館，1986年版，第1頁。

③ 按，《總目》作一百二十卷，不包括《譯語總目》。《欽定日下舊聞考》一書前有《譯語總目》一卷，書名下注云：“凡原書人地官氏及器物名中，有字面無庸改者，不加譯注；有譯改而音義或先分見他處，原文又相同者，俱不復注。若音義同而原文間有小異者，則注明義見前，舊作某某。又或一處而所譯音義有已見有初見者，則初者加譯注，餘亦注明義見前，舊作某某。”見《欽定日下舊聞考·譯語總目》，《景印文淵閣四庫全書》第四九七册，第23頁。此《譯語總目》有重要學術價值，於此可探析《四庫全書》所著録書籍中“音譯”問題的解決之法。另者，對少數民族人名、地名、官名的翻譯，涉及滿族語、蒙古語、索倫語、唐古特語等各種語言。文字雅馴以及與漢語詞意的對應也在考慮範圍内，這對於研究清代翻譯學有重要參考作用。

代更昭美備，又八旗内務府各衙門均屬創設，謹别立“官署”一門，以原有各條移入新分門目，而以現在體制增載於後。又城西玉泉、香山等處，原本俱列入郊坰門，今西郊爲御園勝地，謹别立“苑囿”一門，用崇規制。

一、神京古蹟紛羅，流傳多舛。恭讀御製詩文，凡訂訛紀實諸篇，無不折衷至當，炳若日星。今遵旨，凡原文並增載及三擡、雙擡、單擡寫者俱頂格，原按及新增按語俱低二格。凡有聖祖仁皇帝御製詩文、世宗憲皇帝御製詩文、我皇上御製詩文，内有因地作記、因事立碑、因物成詠者，謹分門録載。

一、朱彝尊原本援引該洽，而徵採既多，難免遺漏。今將原本所引各仍其舊，而以現在援據補入者續編於後。凡朱彝尊原引則加一“原”字於上，朱昆田補遺者則加一“補”字於上，其新行添入者則加一“增”字於上，逐條標識，以期一目了然。

一、凡朱彝尊原有按語，以“朱彝尊原按”五字標首，其現加考證按語，則用“臣等謹按”四字别之。

一、原本各門内有編次參錯，體例不符，如明代坊巷俱入城市門，而遼、金、元坊巷名目乃載入宫室門之類，殊未畫一，俱應詳核改正。其他應行移改之處尚多。謹擬凡自他門移入者，俱於各條下用小字注明原在某門今移改字樣，庶彼此參核，較爲詳密。

一、宫室一門，惟遼、金故宫在今都城西南，故跡已湮，祇應臚列舊名以備考證，其元、明宫室，實本朝營建所因，自應分晰縷載。謹照宫史，將今制逐一載入，仍加按證明。

一、原本城市門内所列坊巷街衢，俱據明張爵所編《五城坊巷衚衕集》叙次，但現在五城界址隸屬已各不同，而坊鋪之制亦多更改，謹將城市一門悉以現今五城界册爲準。如原本在中城而今應歸入東城，原本在南城而今應歸入中城者，即將原引各條移入現隸本城之下，庶考訂咸歸確實。

一、原本所引各條内，如有原書舛誤及考據失實應行駁正者，謹將現在考證各書增入，仍别加按語。如本無舊書可據者，則將現在情形據實詳識。

一、古蹟内凡昔有今無，如慈仁寺雙松之類，俱加案注明。其有舊在他處今經移置，如承光殿玉甕、覺生寺大鐘之類，則將原引之書載入新移之地。其物雖移置而寺廟尚仍其舊者，則於寺廟本條内注明今移某處，詳見某門字樣，令前後詳略互見，以資參考。

一、原本寺觀現存、已廢、改建、重建者，均於各本條下注明，俾今昔瞭如指掌。

一、京畿一門原本係按順天府所屬州縣次第編排，自當各仍其舊，惟地方沿革隨時異宜，其增損分析之處，均應考訂增入。今擬以現今順天府屬地方爲準，其名山、河道有與昔日情形異者，俱加案詳考。至遵化、玉田、豐潤三屬，今已别爲遵化直隸州，不隸順天，謹附編《京畿》卷後。

一、金石碑碣有原本未載者，今俱爲增輯。

一、原書之末附《石鼓考》三卷，專叙獵碣源流。今石鼓現列成均，似不應專爲標目，謹移入官署門國子監條下，以歸畫一。

一、原書取材欲博，不無泛濫，如因叙兵部官署而兼及於當時諺語，因叙國子監而兼及於許衡教法，因叙憫忠寺而兼及於謝枋得賜謚本末，今擬似此類者俱改用雙行小字，附存各條之後，以爲區别，庶不致混淆。

一、原本所引昔人詩賦、序記之屬，頗傷繁冗，謹擬擇其中無用者酌加删汰。其有名人著作可資考證而未經採擇者，亦間爲酌增，俱用雙行小字附入各條之下。

一、書内遼、金、元人，地、官名，除詩詞限於平仄不改外，餘俱照《新定國語》改正，仍恭依《欽定三史》之例，於初見處注明音義及原作某某今譯改字樣，並於卷首列《譯語總目》，用資考證。

一、朱昆田所撰補遺，原本俱附於各卷之後，謹擬各按門類散入本條之下，庶幾編次有倫，而檢閱亦便。其有原按語者，亦加“朱昆田原按”以别之。

一、朱彝尊原書有姜宸英、徐元文、高士奇、張鵬、馮溥五人序及朱彝尊自序，今俱移載卷末。其王原書後語，原本誤置卷首，謹一體録次於後。

一、凡原書字義譌舛今爲訂正者，於每卷末别立舉正篇，依次記出其删節之條，較少則於每門之末附記。①

凡例逾一千四百字，于敏中言“款式極難”，由此可窺。據此函以及第十五通所云“所定凡例，大致極佳，感佩之至，俟細閲，下報再覆”可知，上述《日下舊聞考》凡例係陸錫熊草作②。

函中“熱河等處書單二件，係奉旨交我將書名與《四庫全書》校勘，似無甚不經見之本，且與内廷書多重複，而書名更多訛謬”，今檢《四庫採進書目》，並無熱河呈送書目記載，蓋如于氏所言，其中多經見之書且與内府藏書多重複，因而不予進呈或不録於採進書目中。書籍編纂，在用人上于敏中甚是費心。第十三通提到“此時所最難者，辦書之人”，此函又進一步申明“編纂之人最爲緊要，非實在好手不能得益，務即留心酌定”。今從四庫纂修官職名表來看，所選用之人基本能擔起修書之責。

---

① 于敏中、英廉等：《欽定日下舊聞考》，《景印文淵閣四庫全書》第四九七册，臺北：臺灣商務印書館，1986年版，第9–12頁。

② 按，此凡例應是最終定例。陸錫熊所作凡例今存，見南京圖書館藏《寶奎堂餘集》中所載《謹擬〈日下舊聞考〉凡例》一文。索書號：GJ/EB/117149及GJ/EB/115912。此凡例的發現見苗潤博《〈日下舊聞考〉纂修考——兼談新發現的四庫稿本》(《中華文史論叢》2015年第4期)。又可參《國家圖書館藏“陸費墀〈頤齋文稿〉”考辨——兼論陸錫熊對〈四庫全書〉的貢獻》(《中國典籍與文化》2014年第3期)一文。

丹叔，即陸費墀，見第二通箋證。王念孫，《四庫全書》纂隸分校官[①]。念孫，字懷祖，號石臞，江蘇高郵人，父安國，官吏部尚書。念孫八歲能屬文，十歲讀《十三經》畢，旁涉史鑒，有神童之目。乾隆四十年進士，改翰林院庶吉士，散館授工部主事，薦升工部郎中，擢陝西道御史，轉吏部給事中等職，道光十二年卒，年八十有九[②]。念孫平生篤守經訓，個性正直，好古精審，剖析入微，時與錢大昕、盧文弨、邵晉涵、劉臺拱有“五君子”之稱。著有《廣雅疏證》二十三卷、《讀書雜志》八十二卷等。事蹟主要見於《清史列傳》《清史稿》等，又阮元《研經室續集》卷二有《王石臞（念孫）先生墓誌銘》一文，可略窺其一生事蹟，對念孫學術評價較爲詳實，亦可參看[③]。

① 紀昀等：《欽定四庫全書總目》卷首二《欽定〈四庫全書〉勘閱繕校諸臣職名》，北京：中華書局，1997年版，第28頁。

② 清國史館編：《清史列傳》第九册卷六八，周駿富輯《清代傳記叢刊》第一〇四册綜録類二，臺北：明文書局，1985年版，第485-486頁。

③ 阮元：《研經室續集》（二）卷二之下卷，《叢書集成初編》第二二一〇册，上海：商務印書館，1935年版，第91-94頁。

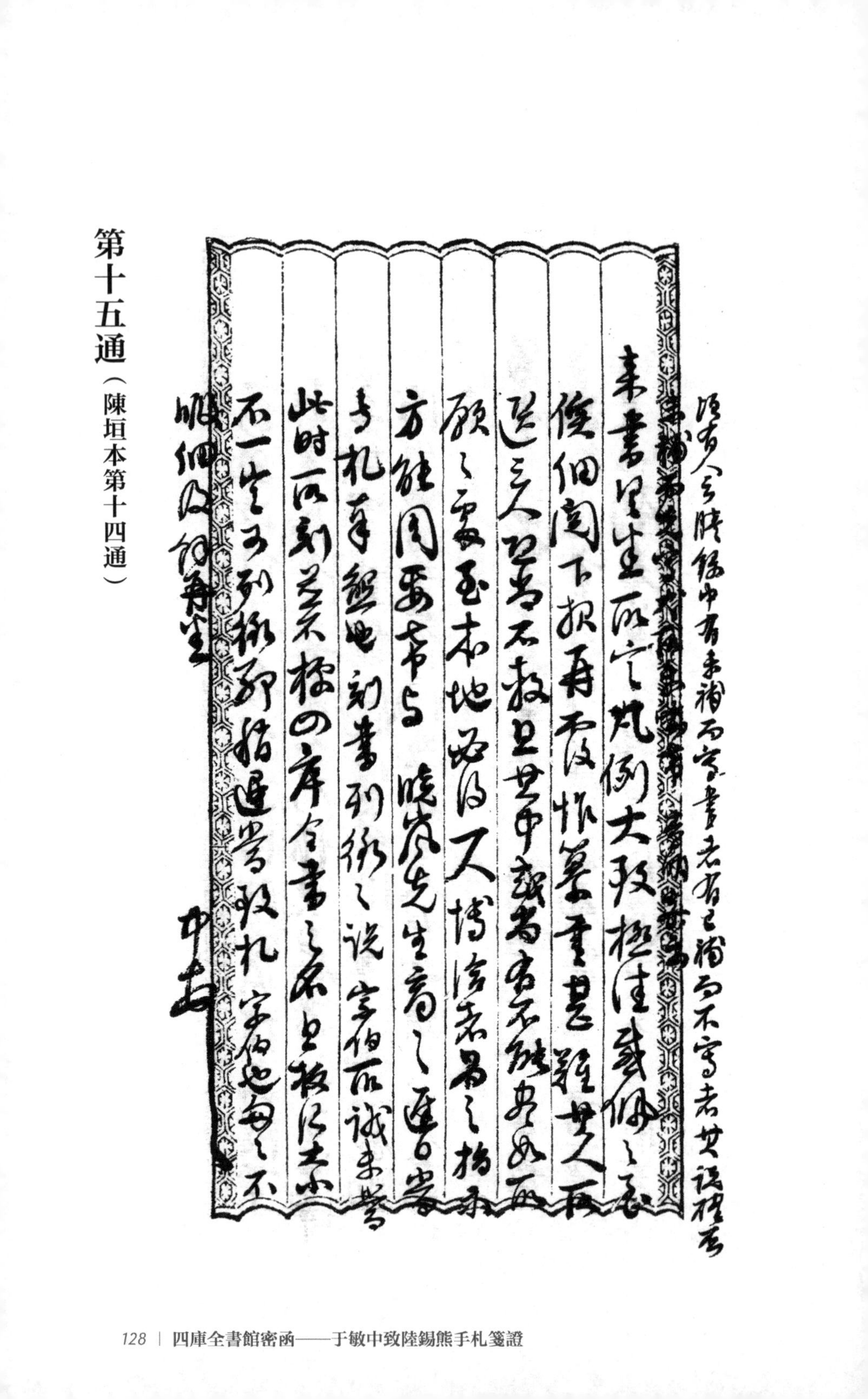

第十五通（陳垣本第十四通）

釋　文

頃有人云：謄録中有未補而寫書者，有已補而不寫者，其説確否？未補而先寫，尤所未喻，希查明密示。來書具悉。所定凡例，大致極佳，感佩之至，俟細閲，下報再覆。惟纂書甚難其人，所選三人恐尚不敷，且其中或尚有不能盡如所願之處，至本地必得一人博洽者爲之指示，方能周妥。希與曉嵐先生商之，遲日當專札奉懇也。刻書列銜之説，宗伯所議未當。此時所刻並不標《四庫全書》之名，且板片大小不一，豈可列銜耶？稍遲當致札宗伯也。匆匆不暇細及，餘再悉。

中頓首

繫　年

此函作於乾隆三十八年六月廿二日至三十日間。

此函曰"刻書列銜之説，宗伯所議未當"，第十六通言"刻書列銜之説，斷乎不可，已切致大宗伯矣"，可知兩函日期相近。札中"宗伯"指王際華。據《清實録》，王氏於乾隆三十八年八月初九日由禮部尚書調任户部尚書，此函與下函均作於乾隆三十八年八月前。這是大概的時間，然亦可進一步縮小範圍。函中云"所定凡例，大致極佳"，當指第十四通手札與陸錫熊商擬《日下舊聞考》凡例一事，則此函當作於六月二十一日後。所云"纂書甚難其人，所選三人恐尚不敷"，亦與第十四通意思黏連。第十六通云"《日下舊聞》原擬三人，今又缺其一，奈何？幸更留意"，又當在此函"纂書甚難其人，所選三人恐尚不敷"事之後。以十六通作於七月初一日，此函當作於六月二十二日至三十日之間。

箋　證

謄録官一事是纂修書籍較爲緊要處，書籍謄録本身就是一項繁瑣的工作。張昇先生認爲“謄録是四庫館中人數最多的人員”[①]，“前後在館的謄録爲三千人以上”[②]。于敏中五十六通函札中，至少有六函涉及到謄録事宜，包括謄録官的選用、謄録官的數量以及謄録工作的要求等。修書工作之弊，除思想層面上的官學約束，在管理層面上也出現過問題。乾隆三十八年爲修書之初年，就已出現“謄録中有未補而寫書者，有已補而不寫者”的現象。張昇《四庫全書館研究》第六章“四庫館謄録”有較爲詳細的考證，可參看。

需要指出的是，于氏説“惟纂書甚難其人，所選三人恐尚不敷，且其中或尚有不能盡如所願之處，至本地必得一人博洽者爲之指示，方能周妥”，據《欽定日下舊聞考》職銜所列總纂，係竇光鼐、朱筠、張燾、許寶善四人，于氏説“三人恐尚不敷”，因而總纂最後確定爲四人。四人之中，就“本地博洽者”而言，指的是朱筠，筠爲順天大興人，其學問也是纂書人中之佼佼者。乾隆三十八年九月二十一日，上念朱筠學問尚優，諭内閣著朱筠爲編修，在四庫全書處行走[③]。又，三十八年九月二十九日諭，“現在纂訂《日下舊聞考》，著竇光鼐隨同校辦”[④]。至於“遲日當專札奉懇”，現已無從查考選用纂書之人的專札。

這裏補充一點關於編纂人員的問題。在《欽定日下舊聞考》書簽左列有纂修官數人，詳校官庶吉士胡鈺，覆勘官檢討德生，總校官進士程嘉謨[⑤]。此三人均不列於《欽定日下舊聞考》職銜中，

---

① 張昇：《四庫全書館研究》，北京：北京師範大學出版社，2012年版，第222頁。

② 張昇：《四庫全書館研究》，北京：北京師範大學出版社，2012年版，第235頁。

③ 中國第一歷史檔案館編：《纂修四庫全書檔案》上册，上海：上海古籍出版社，1997年版，第154-155頁。

④ 中國第一歷史檔案館編：《纂修四庫全書檔案》上册，上海：上海古籍出版社，1997年版，第159頁。

⑤ 按，于敏中、英廉等《欽定日下舊聞考》卷一至卷八〇卷前簽，詳校官胡鈺，覆勘官德生，總校官程嘉謨。見《景印文淵閣四庫全書》第四九七册，臺北：臺灣商務印書館，1986年版，每卷卷前頁。卷八一至卷一六〇卷前簽，詳校官改爲范逢恩，覆勘官與總校官與前八十卷同。見《景印文淵閣四庫全書》第四九八册，臺北：臺灣商務印書館，1986年版，每卷卷前頁。

但德生、程嘉謨在《總目》卷首職名表中[①]。需要注意的是，胡鈺雖未列名，然却實際參與《四庫全書》纂修，現略考修書事如下：據《清史稿》載，鈺爲胡季堂之子，進士，官直隸清河道[②]。胡季堂任纂修《欽定日下舊聞考》總辦[③]。《欽定日下舊聞考》於乾隆三十八年開始編纂，四十八年告竣[④]，歷時十年。鈺作爲詳校官，在館任職時間也應有數年之久，《日下舊聞考》前八十卷皆署詳校官胡鈺，而後八十卷則由范逢恩完成。乾隆五十年二月二十四日《多羅儀郡王永璇等奏繕簽處費振勳等請旨分别議叙摺》云："乾隆四十八年正月奉旨交出岳珂宋版《五經》一部，令臣等選員仿寫刊刻，並令校訂群經，别爲考證，附刊各卷之末。隨經選派繕簽處費振勳、羅錦森、王錫奎、王鵬、金應瓌、胡鈺、吴鼎颺、孫衡、虞衡寶等九員，悉心辦理。"[⑤]據此摺所載，乾隆四十八年之前胡鈺擔任的是繕簽官[⑥]，但這個繕簽工作當是其完成前八十卷《日下舊聞考》後，由詳校官轉繕簽官，於乾隆四十八年校訂岳珂

①按，德生，浙本《總目》職名表"繕書處總校官"，殿本《總目》作"分校官"；程嘉謨，浙本《總目》職名表"繕書處總校官"。德生見於紀昀等《欽定四庫全書總目》卷首二《欽定〈四庫全書〉勘閲繕校諸臣職名》，北京：中華書局，1997年版，第24頁。

②趙爾巽等：《清史稿》第三六册第三二四卷，北京：中華書局，1977年版，第10852頁。

③于敏中、英廉等：《欽定日下舊聞考》卷首職銜，《景印文淵閣四庫全書》第四九七册，臺北：臺灣商務印書館，1986年版，第7頁。

④按，乾隆四十九年十二月二十六日《浙江學政竇光鼐奏謝全書告竣恩准紀録二次摺》云："浙江學政臣竇光鼐跪奏，爲恭謝天恩事。竊臣准吏部劄知，乾隆四十九年十一月初六日奉旨：竇光鼐著紀録二次。欽此。竊臣前於乾隆三十八年恭值欽命纂辦《日下舊聞考》，仰蒙派出隨同辦理。臣分門考訂，未能及半，今全書告竣，荷蒙皇上格外鴻慈，同邀議叙，聞命之下，感愧交深。"見《纂修四庫全書檔案》下册，第1844頁。

⑤中國第一歷史檔案館編：《纂修四庫全書檔案》下册，上海：上海古籍出版社，1997年版，第1867－1868頁。

⑥按，張昇《四庫全書館研究》附録一《四庫館館臣表》附編"繕簽官"，據《纂修四庫全書檔案》將胡鈺等人列爲繕簽官。見《四庫全書館研究》，第384頁。

宋版《五經》。奏摺中又言："查内閣中書一項，本係進士、舉人兼補之缺。所有進士王鵬，舉人金應瓚、胡鈺、吴鼎颺、孫衡、虞衡寶等，均係實在出力之員，請俱以内閣中書用。"[①] 此處稱胡鈺爲"舉人"，也就是説，在乾隆五十年其尚未中進士。查《清實録》，乾隆五十二年五月初五日"内閣、翰林院帶領新進士引見，得旨。新科進士一甲三名，史致光、孫星衍、董教增業經授職，朱理、王觀、李如筠、秦恩復、馬履泰、何道沖、范逢恩、龍廷槐、謝恭銘、李傳熊、任衔蕙、何泌、柳邁祖、胡鈺、王祖武、陳士雅、汪彦博、初喬齡、吴烜、顧鈺、潘紹經、杜南棠、陳若霖、張溥、翁樹培、瑚圖禮、尹英圖、周維壇、趙繼昌，俱著改爲翰林院庶吉士"[②]，胡鈺、范逢恩爲同科進士，官翰林院庶吉士。但是，在乾隆四十九年校上的《欽定日下舊聞考》却已署銜"庶吉士"，不知何故；抑或書簽列名在後，亦未可知。

關於王際華所説"刻書列銜"，于敏中認爲不當。理由有二，一是現在所刻之書係《永樂大典》本書籍，全書編纂未畢功，不應在《大典》本列銜；二是刊刻書籍的板片規格尚未确定，故不便于确定列銜格式[③]。

① 中國第一歷史檔案館編：《纂修四庫全書檔案》下册，上海：上海古籍出版社，1997年版，第1868頁。

②《清實録》第二五册，北京：中華書局，1986年版，第148頁。

③ 按，檢文淵閣《四庫全書》，各書卷前有列銜，蓋後討論確定形成定式。

乾隆三十八年（下）

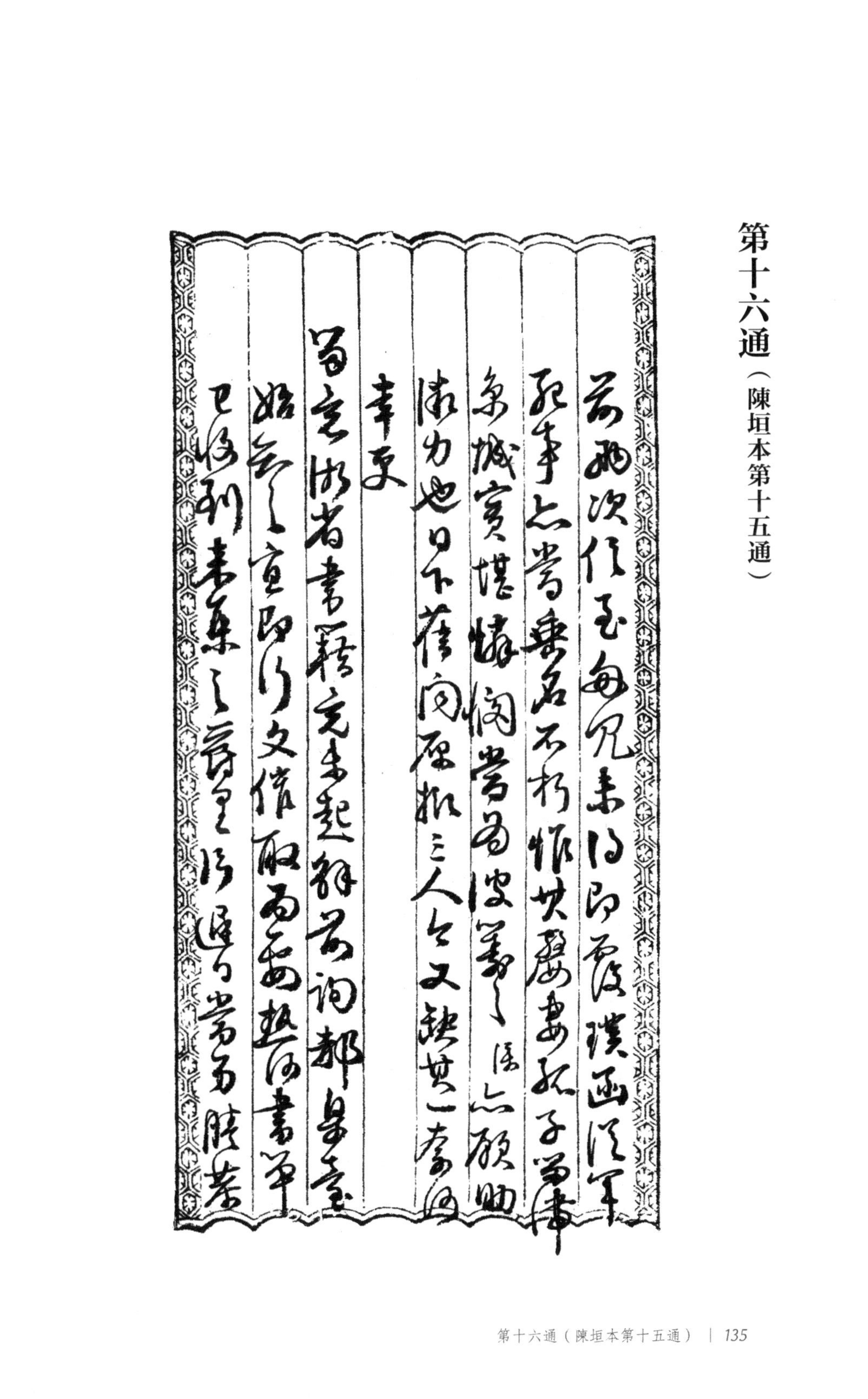

第十六通（陳垣本第十五通）

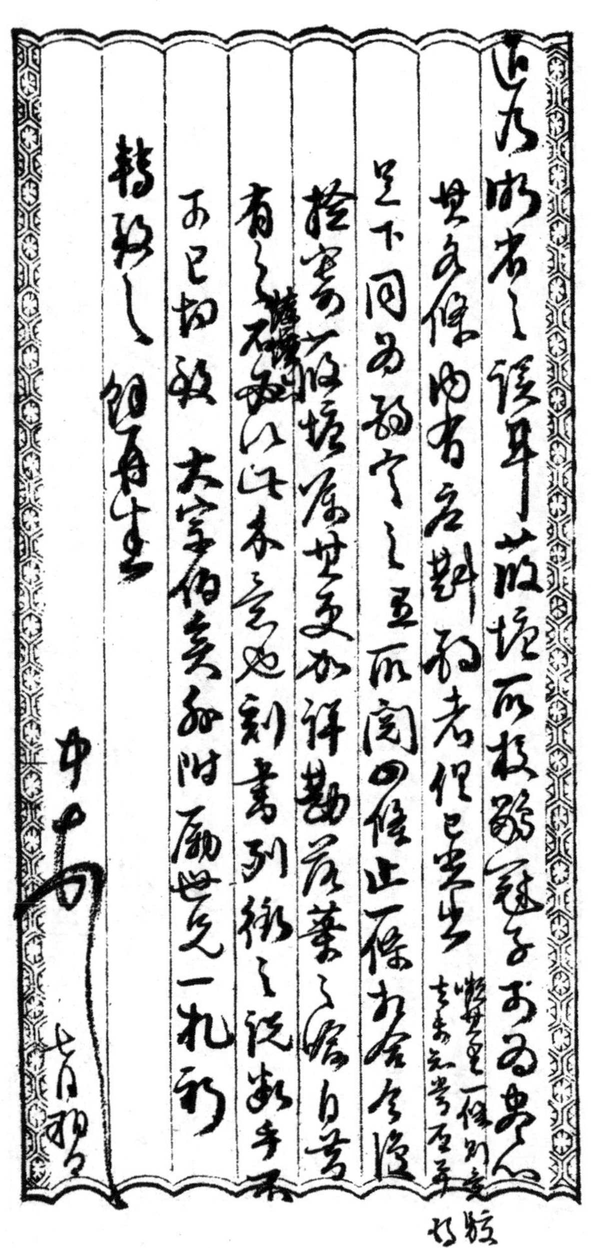

釋　文

前兩次信至，匆冗未得即覆。璞函從軍死事，亦當垂名不朽，惟其嫠妻孤子留滯京城，實堪憐憫，當爲彼籌之，僕亦願助微力也。《日下舊聞》原擬三人，今又缺其一，奈何？幸更留意。浙省書籍竟未起解，前詢郝臬臺始知之，宜即行文催取爲要。熱河書單已收到，來集之爵里片，遲日當另謄恭進，乃浙省之誤耳。蔗塘所校《鶡冠子》可爲盡心，其各條内有應斟酌者，俱已簽出，（"嚬其里"一條，則竟駁去，未知當否，并酌）足下同爲酌定之。愚所閱四條止一條相合，今復檢寄蔗塘，囑其更加詳勘。落葉之喻，自昔有之，蔗塘不必以此加意也。刻書列銜之説，斷乎不可，已切致大宗伯矣。外附勵世兄一札，祈轉致之。餘再悉。

中頓首　七月朔日

繫　年

據《清史稿》知，"璞函（趙文哲）從軍死事"在乾隆三十八年，則此函作於三十八年七月初一日。

箋　證

璞函，即趙文哲，又稱趙文喆，字損之，一字升之，璞函其號也，一號璞庵，室名藏音廬、藏海廬、媕庵、媕雅堂[①]，趙紳次子，上海人，著有《媕雅堂詩集》等。《清史稿》《清史列傳》《文獻徵存録》《國朝詩人徵略初編》《昭代名人尺牘小傳》《國朝忠義私淑録初編》《碑傳集》《國朝耆獻類徵初編》《清朝先正事略》等文獻中皆有傳，臺灣故宫博物院藏清代文獻傳包傳稿亦有趙文哲資

---

① 楊廷福、楊同甫：《清人室名别稱字號索引（增補本）》下册，上海：上海古籍出版社，2001年版，第815頁。

料[①]。趙文哲死事，《清史稿》記載："三十八年，兵至木果木，六月，小金川降者叛，與金川合抄後路，師將潰，在軍者知逆賊大至，相率逃竄，文哲毅然以爲：'身爲幕府贊畫，且叠荷國恩，詎可舍帥臣而去！'卒與温福同死。"[②] 據此知，趙文哲卒於乾隆三十八年六月。吴省欽《贈奉政大夫光禄寺卿前户部河南司主事趙公（文哲）神道碑》述趙文哲戰死事甚詳，可參閲[③]。"其嫠妻孤子留滯京城"，按，文哲夫人張氏誥贈一品夫人，有子二人秉淵、秉沖。趙秉淵，字少鈍，乾隆四十二年以難蔭改補中書，官成都知府，著有《卬君初稿》《小斜川叢稿》[④]。趙秉沖，字謙士，號硯懷（一作研懷），由國子生入懋勤殿行走，賜舉人，授内閣中書，累官户部右侍郎，加翰林銜[⑤]，工真草、篆隸、梅、蘭、竹、菊[⑥]。事蹟詳見《國史列傳》卷七七[⑦]、《國朝耆獻類徵初編》卷一〇五[⑧]。

趙文哲詩文俱佳，與乾隆有酬答唱和詩，又與紀昀、王文治、趙翼、王鳴盛、錢大昕、王昶、曹仁虎、吴省欽、徐步雲、盧見曾、

---

① 臺灣故宫博物院藏清代文獻傳包傳稿，編號：4611Ⅰ、4624Ⅱ、5273Ⅲ、6489（1），7826（2）Ⅰ–Ⅲ見曹仁虎。見臺灣故宫博物院圖書文獻處文獻科《"國立"故宫博物院清代文獻傳包傳稿人名索引》，臺北：臺灣故宫博物院，1986年版。

② 趙爾巽等：《清史稿》第四四册第四八九卷，北京：中華書局，1977年版，第13494頁。

③ 按，吴省欽《白華前後稿》，乾隆四十八年刻本，上圖、南開、南大圖書館有藏本。見李靈年、楊忠編《清人别集總目》上卷，合肥：安徽教育出版社，2000年版，第902頁。

④ 吴仲：《續詩人徵略》卷二，周駿富輯《清代傳記叢刊》第二四册學林類三一，臺北：明文書局，1985年版，第693頁。

⑤ 李放：《皇清書史》（二）卷二五，周駿富輯《清代傳記叢刊》第八四册藝林類二三，臺北：明文書局，1985年版，第279頁。

⑥ 張鳴珂：《寒松閣談藝瑣録》卷二，周駿富輯《清代傳記叢刊》第七四册藝林類一〇，臺北：明文書局，1985年版，第341頁。

⑦ 清國史館編：《國史列傳》第三册卷七七，周駿富輯《清代傳記叢刊》第三七册名人類一，臺北：明文書局，1985年版，第783頁。

⑧ 李桓：《國朝耆獻類徵初編》第二一册第一〇五卷，周駿富輯《清代傳記叢刊》第一四七册綜録類七，臺北：明文書局，1985年版，第155頁。

錢載、程晋芳、姚鼐等暢遊名山勝跡，寫下大量詩詞，又與王昶等人隨軍入幕，於邊疆生活，留下諸多佳篇。著有《媕雅堂詩集》十二卷，《詞集》四卷，《别集》六卷，《時文稿》一卷，《媕雅堂詩話》一卷，《媕雅堂詞》一卷，《藏海廬詩》四卷，《娵隅集》十卷，《群經識小録》四卷等。其詩文《娵隅集》收入《續修四庫全書》。據考，趙文哲詩文版本目前已查實的有七種：手抄本一種，刻本六種。六種刻本分别刻於乾隆十八年、乾隆五十四年、乾隆五十六年、乾隆五十九年、宣統三年、民國二十九年。國圖、中科院、首圖、上圖、皖圖、贛圖、滇圖、魯圖、徐州圖、上海辭書出版社、日本人文、清華、北大、南大、復旦、天津師大、臺大等均收有趙文哲的詩文集①。

由"《日下舊聞》原擬三人，今又缺其一，奈何"知，敕撰《日下舊聞考》時在乾隆三十八年六月十六日，然至七月一日纂修人選尚未確定。

郝臯臺，係郝碩。臯臺一詞是"提刑按察使司按察使"的尊稱，又稱"外臺"，别稱"臯司"。清代各省設按察使一人，爲省級最高司法長官，秩爲正三品，與布政使並稱兩司②，受督撫統轄。其職掌全省官吏風紀之整飭，録囚勘狀，管理刑獄；重大案件與藩司會議，報中央有關部院覆核；又兼管全省驛傳，三年大比則充監試官，大計充考察官，秋審充主考官③。但是《清史稿》所載，"郝碩襲騎都尉世職，授户部員外郎，直軍機處，遷郎中。外授山東登萊青道，

---

① 按，見中國古籍總目編纂委員會編《中國古籍總目·集部》第三册，北京：中華書局、上海：上海古籍出版社，2012年版，第1502頁；第六册，第2871、3206頁；第七册，第3321頁。

② 按，清代"兩司"指的是承宣布政使司布政使和提刑按察使司按察使，二司長官稱布政使和按察使，前者别稱"藩司"，尊稱"藩臺""藩憲""方伯"；後者别稱"臯司"，尊稱"臯臺""外臺"。見朱金甫、張書才主編，李國榮副主編《清代典章制度辭典》，北京：中國人民大學出版社，2011年版，第146、470頁。

③ 朱金甫、張書才主編，李國榮副主編：《清代典章制度辭典》，北京：中國人民大學出版社，2011年版，第470頁。

三遷江西巡撫”[1]，並未提及按察使一職，也未言及在浙江任職事。今檢《清實録》，乾隆三十六年三月十九日“吏部等部議覆，署浙江布政使、按察使郝碩奏匪船出入海口事”[2]。此處郝碩所署官銜爲按察使，即“臬臺”稱呼之源，任職之所亦與函中所云“浙省”相契合。同年八月有“吏部議准，浙江按察使郝碩奏稱，道員失察同城州縣虧空，例降一級留任，似屬過輕，請照失察知府虧空降四級調用例，減一等降三級調用”一事[3]，官職署浙江按察使。九月，郝碩依然以浙江按察使身份上奏各省滿營駐防事務。乾隆三十八年六月，乾隆派郝碩前往四川幫辦一應軍需事務，此時郝碩依然是“浙江按察使”[4]，同年十月，郝碩辦理糧餉，其官銜也是浙江按察使。直至乾隆三十九年三月，乾隆諭云：“尹嘉銓著來京，補授大理寺卿，其甘肅布政使員缺，著王亶望調補。郝碩著補授浙江布政使，其浙江按察使員缺，著徐恕補授。郝碩現在四川軍營，辦理糧務，所有浙江布政使印務，即著徐恕署理，其按察使印務，著三寶於通省道員内，揀派一人，奏聞署理。”[5]從這一諭旨中可以看出，郝碩由浙江按察使補授浙江布政使，也即是由“臬臺”轉爲“藩臺”，但此時郝碩在四川軍營辦理糧務，不在任上。從《清實録》的記載可以看出，自乾隆三十六年郝碩即在浙江按察使任上，直至三十九年才轉任布政使一職。值得注意的是，乾隆三十八年六月，郝碩離開浙江前往四川，此函作於七月初一日，于敏中此前向郝碩詢問浙江省書籍是否起運是完全有可能得到答覆的。從時間上來看，剛好吻合，且郝碩作爲浙江按察使職司未變，也就是説他只是“兼職”四川軍需事務。

郝碩任職履歷見於《清代官員履歷檔案全編》，可補《清史稿》

---

①趙爾巽等：《清史稿》第三六册第三三九卷，北京：中華書局，1977年版，第11078頁。

②《清實録》第一九册，北京：中華書局，1986年版，第797頁。按，疑布政使三字爲衍文。

③《清實録》第一九册，北京：中華書局，1986年版，第952頁。

④《清實録》第二〇册，北京：中華書局，1986年版，第624頁。

⑤《清實録》第二〇册，北京：中華書局，1986年版，第939頁。

之闕，兹録於下："三十一歲騎都尉，乾隆二十一年九月内用户部員外郎，二十四年十月内用本部郎，二十七年九月内補授山東登萊青道[①]。乾隆四十二年正月内用山東巡撫，十一月内調江西巡撫。"[②]

關於熱河書單一事，見第十四通箋證。

《鶡冠子》一書的校勘，第十通、十一通手札于敏中已言及，這裏提到了具體的校勘者。菔塘[③]，即戴璐，第二十通信函也言及此人。戴璐事蹟，《清史稿》《國史列傳》等皆不載。姚鼐《惜抱軒集》有《中議大夫太僕寺卿戴公（璐）墓誌銘并序》一篇[④]，可略窺戴璐一生事蹟。

戴璐，字敏夫，號菔塘，一號吟梅居士、藤陰，室名石鼓齋、秋樹山房，歸安（今浙江省湖州市）人[⑤]。生於乾隆四年[⑥]，據《清

---

① 按，在簡單履歷中，夾有兩行小字，一云"乾隆二十七年十月内引見，郝玉麟之子，似有出息"，一云"乾隆三十年正月内引見，略不如前，似染外省習氣"，這是很有意思的兩句評價。見秦國經主編，唐益年、葉秀雲副主編《清代官員履歷檔案全編》第二册，上海：華東師範大學出版社，1997年版，第182頁。

② 秦國經主編，唐益年、葉秀雲副主編：《清代官員履歷檔案全編》第二册，上海：華東師範大學出版社，1997年版，第182頁。按，後有"來京候旨，革職拿問"八字，蓋係乾隆四十九年兩江總督薩載論劾，逮京鞫實。見《清史稿》第三六册，第11078頁。

③ 按，徐慶豐《〈于文襄手札〉考釋——並論于敏中與〈四庫全書〉纂修》識爲"蓧塘"（第8頁）。張昇《四庫全書館研究》亦作"蓧塘"，該書第67、171、172頁注釋②，均引第二十通，將"菔塘"識爲"蓧塘"。第67頁引第十六通，將"菔塘"識爲"蓧塘"，"不必以此加意也"前遺漏"菔塘"二字。第68、232頁引第二十一通，也將"菔塘"識爲"蓧塘"。張昇、徐慶豐在《〈于文襄手札〉的史料價值與整理説明》一文中，又糾"蓧塘"爲"莨塘"，見《中國四庫學》第五輯，北京：中華書局，2020年版，第25頁。

④ 姚鼐：《惜抱軒全集》文後集卷七，臺北：世界書局，1984年版，第272－273頁。

⑤ 楊廷福、楊同甫：《清人室名别稱字號索引（增補本）》下册，上海：上海古籍出版社，2001年版，第957頁。按，《中議大夫太僕寺卿戴公（璐）墓誌銘并序》作"長興戴公"，長興，今屬浙江湖州。

⑥ 按，據《中議大夫太僕寺卿戴公（璐）墓誌銘并序》所記，"嘉慶十一年（1806）五月甲午，故太僕寺卿揚州梅花書院山長長興戴公卒於書院……年六十有八"，可推其生於乾隆四年（1739）。見姚鼐《惜抱軒全集》文後集卷七，臺北：世界書局，1984年版，第271－272頁。

實録》，戴璐爲乾隆二十八年癸未科進士[①]。璐所歷官，自工部都水司主事，再擢至工部郎中，遷湖廣道御史，禮科吏科給事中，鴻臚、光禄、太常三寺少卿，通政副使，太僕寺卿。乾隆三十九年爲甲午科廣西鄉試副考官[②]。充文淵閣詳校官。晚年爲揚州梅花書院山長，對當時典章制度、科舉情況、文壇掌故等所知甚多。嘉慶十一年五月卒，有子三人，錫衡、崧申、鼎恒。著有《藤陰雜記》《石鼓齋雜記》《吴興詩話》《秋樹山房詩稿》等。其《藤蔭雜記》十二卷，凡清代掌故、衙署舊聞，清代北京城以及郊坰的里巷瑣聞、名人軼事、名勝古跡、園林寺觀皆有雜記，"仿漁洋《香祖》之例"成書[③]。

至於姚鼐所説戴璐充文淵閣詳校官一事，應該屬實。但《總目》卷首職名表中没有其名，任詳校官時間也無從考知。于氏云"菔塘所校《鶡冠子》可爲盡心"，説明《鶡冠子》一書係戴璐所校，但文淵閣本庫書《鶡冠子》每卷卷前繕簽所署詳校官爲中書李采，而非戴璐。乾隆四十九年十月，李采因其父李湖"歷任封疆有年，前在廣東巡撫任内，辦理地方事務，甚爲出力"，"著加恩以内閣中書用"[④]。

此函中尚提到兩封信札。一封是給王際華的，與十五通所言"此時所刻並不標《四庫全書》之名，且板片大小不一，豈可列銜耶？稍遲當致札宗伯也"係一事，言斷乎不可刻書列銜。另一封是給勵守謙的，具體事宜不甚清楚。

---

①《清實録》第一七册，北京：中華書局，1986年版，第683頁。

② 按，乾隆三十九年五月初一諭："編修劉錫嘏爲廣西鄉試正考官，工部主事戴璐爲副考官。"(《清實録》第二〇册，第997頁)

③ 戴璐：《藤陰雜記·叙》，北京：北京古籍出版社，1982年版。

④《清實録》第二四册，北京：中華書局，1986年版，第322頁。

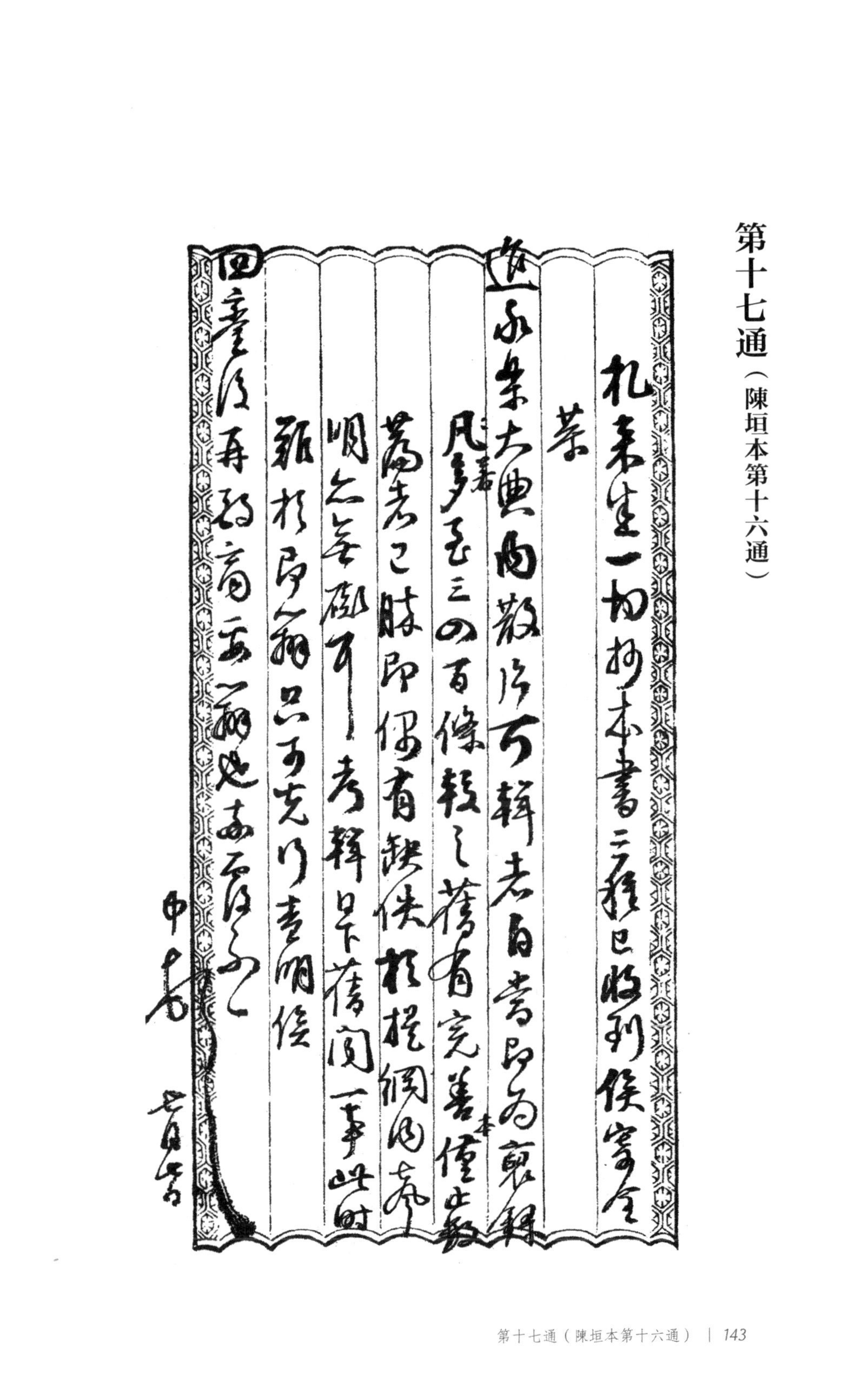

第十七通（陳垣本第十六通）

釋　文

札來，悉一切。抄本書二種已收到，俟寄全恭進。《永樂大典》內散片可輯者，自當即爲裒録。凡[①]若多至三四百條，較之舊有完善本，僅止數篇者已勝，即偶有缺佚，於提綱內聲明，亦無礙耳。考輯《日下舊聞》一事，此時難於即辦，只可先行查明，俟回鑾後再酌商妥辦也。率覆，不一。

中頓首　七月七日

繫　年

此函作於乾隆三十八年七月初七日，參箋證。

箋　證

結合相關史料，做三點相關推論，以確定此函作年。而對函札所涉問題，亦一并箋釋於推論之中。

一、《永樂大典》的輯佚工作，始見於乾隆三十七年十二月安徽學政朱筠奏摺："臣在翰林，常翻閱前明《永樂大典》……然古書之全而世不恒觀者，輒具在焉。臣請敕擇取其中古書完者若干部，分别繕寫，各自爲書，以備著録，書亡復存，藝林幸甚。"[②]此奏摺爲大學士劉統勳所不喜。據《國朝先正事略》卷三五《李威朱竹君事略》記載："先生（朱筠）初爲劉文正統勳所知，以爲疏儁奇士。及在安徽，會高宗下詔求書，先生奏言翰林院貯有《永樂大典》……請開局使校閲……時劉文正在軍機處，顧不喜，謂非爲政之要，欲議寢之。而金壇于文襄敏中，獨善先生奏，與文

---

① 按，"凡"字旁有兩點，意删除。

② 朱筠：《笥河文集》卷一，《清代詩文集彙編》第三六六册，上海：上海古籍出版社，2010年版，第419頁。

正固争執，卒用先生説之上，四庫全書館自是開矣。”[①] 隨後，四庫館開始輯佚《永樂大典》，乾隆三十八年閏三月十一日《辦理四庫全書處奏遵旨酌議排纂四庫全書應行事宜摺》云：“臣等遵旨排纂四庫全書，仰蒙皇上指示，令將《永樂大典》内原載舊本酌録付刊，仍將内府所儲、外省所採以及武英殿官刻諸書，一併彙齊繕寫，編成四庫，垂示無窮。”[②] 乾隆《命校永樂大典因成八韻示意有序》一詩其序也稱：“翰林院署庋有《永樂大典》一書，蓋自皇史宬移貯者，初不知其名也。比以搜訪遺籍，安徽學政朱筠以校録是書爲請，廷議允行……先爲發凡起例，俾識所從事，蕪者芟之，厖者釐之，散者裒之，完善者存之，已流傳者弗再登，言二氏者在所擯，取精擇醇，依經史子集爲部次。俟其成，付之剞劂，當以《四庫全書》名之。”[③] 此詩作於乾隆三十八年。

《永樂大典》輯佚書的編纂進展很快，于敏中手札多處提到館臣所呈進的大典本書籍。此函提到“《永樂大典》内散片”的裒輯，于氏認爲有可輯者自當裒録。到乾隆三十九年二月二十三日，《多羅質郡王永瑢等奏擬派肄業貢生校録〈永樂大典〉應刊書籍並再添擺板供事摺》就説“所有《永樂大典》内採出散篇彙輯成部者，頗有堪以刊行之書，應行刊刻”[④]，説明《永樂大典》輯佚工作已卓有成果。《永樂大典》散片（或稱散篇），是從《大典》各部韻下輯抄綴合而成的，有别於存在《大典》中之整部書。即如陸錫熊所言，“《永樂大典》内不經見之書，爲原本分韻所割裂，今

① 李元度：《清朝先正事略》第二册卷三五，周駿富輯《清代傳記叢刊》第一九三册綜録類八，臺北：明文書局，1985年版，第379—380頁。又見《國朝耆獻類徵》卷一二八《姚鼐朱筠傳》。

② 中國第一歷史檔案館編：《纂修四庫全書檔案》上册，上海：上海古籍出版社，1997年版，第74頁。

③ 乾隆：《御製詩四集》卷一一，《景印文淵閣四庫全書》第一三〇七册，臺北：臺灣商務印書館，1986年版，第431—432頁。

④ 中國第一歷史檔案館編：《纂修四庫全書檔案》上册，上海：上海古籍出版社，1997年版，第200頁。

俱裒輯散片，綴合成編，悉如其舊”[①]。《永樂大典》輯佚書自乾隆三十八年已陸續進呈乾隆御覽，從第一、第二、第五通等多函手札可以看出；又據乾隆三十九年十月十八日《諭内閣四庫全書進呈各書疵謬叠出總裁蔡新等交部察議》記載“《永樂大典》内由散篇輯成者，此次始行呈進，辦理已經年餘”[②]，亦可推知《永樂大典》辦理在乾隆三十八年。徐慶豐考證，“按四庫館辦書進程推論，應是在採書將完而即將進行校勘合綴階段”[③]，將此函和第十八函斷在乾隆三十八年。關於大典本的辦理，可參閲張昇《四庫全書館研究》第三章第二節相關内容。

函中云“凡若多至三四百條，較之舊有完善本，僅止數篇者已勝，即偶有缺佚，於提綱内聲明，亦無礙耳”，需作如下説明：首先，《永樂大典》逐卷逐條輯出和存目的書籍共計五百一十六種，通稱“大典本”。于氏此函裒録散片的意見對於《永樂大典》的輯佚有重要的指導作用。因《永樂大典》引用之書，割裂全文，分韻編次，入韻之法，參差無緒，凌雜不倫，致使書籍輯佚十分複雜，不輯、漏輯、錯輯者有之，具體可參閲袁同禮《四庫全書中永樂大典輯本之缺點》一文[④]。其次，已佚之書，自當有所輯録；而對於殘章斷簡，亦有所裒録。對於前者，如大典本《易原》，《總目》説：“其書久無傳本，惟程敏政《新安文獻志》載有三篇，故朱彝尊《經義考》注曰‘已佚’。今考《永樂大典》尚存百有餘篇，皆首尾完整，可以編次，謹採掇釐訂，勒爲八卷。”[⑤]而後者，如大典

① 陸錫熊：《寶奎堂集 篁村集》卷九，《續修四庫全書》集部第一四五一册，上海：上海古籍出版社，2002年版，第250頁。

② 中國第一歷史檔案館編：《纂修四庫全書檔案》上册，上海：上海古籍出版社，1997年版，第275頁。

③ 徐慶豐：《〈于文襄手札〉考釋——並論于敏中與〈四庫全書〉纂修》，北京師範大學碩士學位論文，2005年，第9頁。

④《國立北平圖書館館刊》第七卷五期，1933年10月。又張昇編《〈永樂大典〉研究資料輯刊》（北京：北京圖書館出版社，2005年）收録，第371-378頁。

⑤ 紀昀等：《欽定四庫全書總目》上册，北京：中華書局，1997年版，第18頁。

本《賈氏談録》,《總目》云:“今從各韻搜輯，參以《説郛》《類説》，其得二十六事。視洎原目，蓋已及十之九矣。原敘一篇,《類説》及《永樂大典》皆佚之，惟《説郛》有其全文，今仍録冠卷首，以補其闕。”① 又如《東齋記事》，此書已佚，館臣從《永樂大典》中輯出約一半内容②。再次，于氏又説“即偶有缺佚，於提綱内聲明，亦無礙耳”，這是一種欠嚴格的輯佚方式，導致書籍輯佚白璧微瑕。除漏輯佚文外，還有部分散篇是故意“放佚”的,《從館臣漏輯大典本宋集篇目看清代官學約束》一文對此稍有分析，可參看③。又，欒貴明所著《四庫輯本别集拾遺》一書，即是針對《永樂大典》輯佚缺失而作。欒氏把乾隆時期四庫全書館從《永樂大典》輯出編成的全部别集與殘存的《永樂大典》引文核對，共補輯一千八百六十四條，涉及别集一百五十八種，另有“附録”兩種。該書1983年由中華書局出版。

二、手札第十九通（乾隆三十八年七月十三日）説“此時各纂修自俱採完……至於大部之書，攢湊非易，不可不專歸一人以總其成”，説明四庫館臣從《永樂大典》中簽抄佚書，大概於乾隆三十八年七月就已完成大部；之後，就是對簽出的佚書進行删選，並對散落在《永樂大典》的輯佚散片進行合綴。此函言裒輯散片，當稍早於第十九通，因而其作年可定爲乾隆三十八年。

三、敕辦《日下舊聞考》始於乾隆三十八年六月十六日④，第十三通（乾隆三十八年六月十七日）言辦理《日下舊聞考》選人問題和凡例問題，第十四通（乾隆三十八年六月二十一日）和第十五通（乾隆三十八年六月二十二日至三十日間）講《日下舊聞

① 紀昀等:《欽定四庫全書總目》下册，北京：中華書局，1997年版，第1845頁。

② 紀昀等:《欽定四庫全書總目》下册，北京：中華書局，1997年版，第1849頁。

③ 張曉芝:《從館臣漏輯大典本宋集篇目看清代官學約束》,《武陵學刊》2017年第1期，第119-124頁。

④ 中國第一歷史檔案館編:《纂修四庫全書檔案》上册，上海：上海古籍出版社，1997年版，第129頁。

考》的“款式”問題。此書辦理難度很大，選人、凡例、款式等均在信函中溝通，第十六通手札，七月一日選人尚未確定，辦理自不會立即進行，所以此函説“考輯《日下舊聞》一事，此時難於即辦，只可先行查明，俟回鑾後再酌商妥辦”。函札之間的關聯性，由此可見。另外，高宗前往熱河時在乾隆三十八年五月八日，九月十二日回京，此函落款爲七月七日，此時距離回京還有一半時間，因而在接下來的兩個月中，先行核實《日下舊聞》中的條目，等回鑾後再酌商妥辦也是權宜之計。

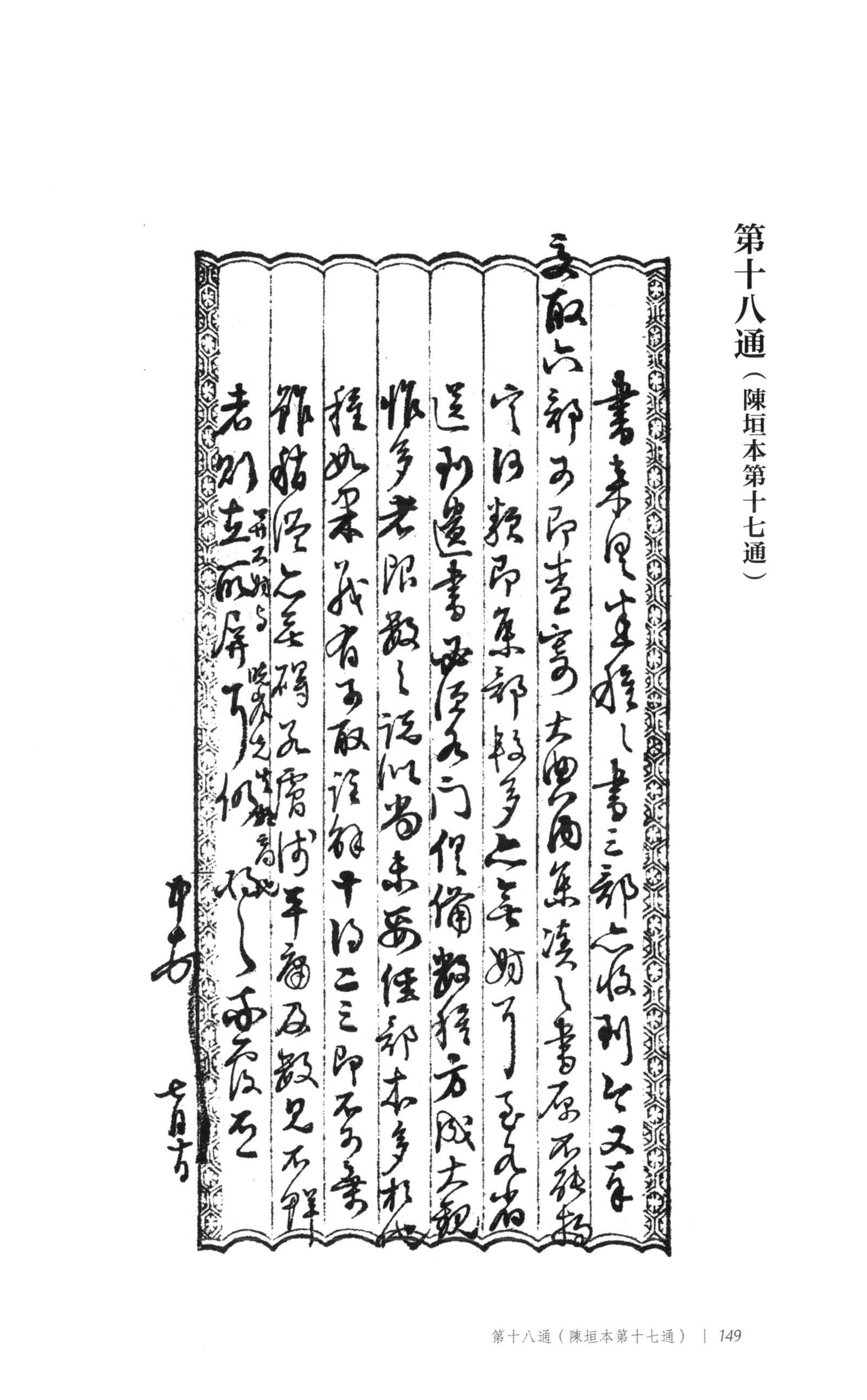

第十八通（陳垣本第十七通）

釋　文

書來，具悉種種。書三部亦收到，今又奉交取六部，可即查寄。《大典》内集湊之書，原不能指定何類，即集部較多，亦無妨耳。至各省送到遺書，必須各門俱備數種方成大觀。惟多者限數之説，似尚未妥。經部本多於他種，如果義有可取，注解十得二三，即不可棄，雖稍濫亦無礙。若膚淺平庸及數見不鮮者，則在所屏耳（並不妨與曉嵐先生相商也）。仍酌之。率覆，不一。

中頓首　七月十日

繫　年

此函作於乾隆三十八年七月初十日。據"《大典》内集湊之書"數語，可斷爲乾隆三十八年。具體參見第十七通箋證。

箋　證

乾隆閲大典本輯佚書事，據此函札"書三部亦收到，今又奉旨取六部，可即查寄"語可證。又，乾隆《經畬書屋即事》一詩詩注云"並取大典所載世所罕見之書，以次呈閲，仍酌其純駁，題詩卷端評正之"①，亦可爲證。

《四庫全書》共收"大典本"輯佚書五百一十六種，其中别集一百六十五種，約占總數的百分之三十二，刊入《武英殿聚珍版叢書》二十八種，《四庫珍本叢書初集》影印六十五種，其他版本七十二種，另有《斜川集》一種，並未收入《四庫全書》，但也爲四庫館臣所輯。"《大典》内集湊之書，原不能指定何類，即集部較多，亦無妨耳"，此種保存佚書的思想實爲可取。

此函云及各省採購遺書之事。于氏認爲"各省送到遺書，必

---

① 乾隆：《御製詩四集》卷一五，《景印文淵閣四庫全書》第一三〇七册，臺北：臺灣商務印書館，1986年版，第499頁。

須各門俱備數種方成大觀”，對於“多者限數之説”，認爲不妥。其舉經部爲例加以説明，經部雖多於其他部類，若“義有可取，注解十得二三，即不可棄，雖稍濫亦無礙”，但對於“膚淺平庸及數見不鮮者”，則不在採輯範圍之内。今查《四庫採進書目》，各省採集和私人獻書並未按照經、史、子、集四部進行分類，然四大門類均有所包含。另，四庫館臣採納了于氏建議，多者並不限數，於是有江蘇省進呈書目四千八百零八種、浙江省四千六百種、江西省一千零四十二種，各省進呈書目總數達一萬兩千兩百三十七種[①]。加之私人進呈，書目總數十分可觀。再者，所採同一部書至少一個版本，多者數種，如《王荆公詩注》（明李璧注）在《江蘇省第一次書目》《浙江省第三次書目》《安徽省呈送書目》《侍讀紀（昀）交出書目》和《浙江採集遺書總録》中均有記載，然版本有所不同。即使如《文苑英華》這類大部頭之書，也有《工部候補員外郎馮（培）交出書目》《翰林院庶吉士王交出書目》以及《武英殿第一次書目》三次獻書記載。

于氏對如何採購遺書一事，並不獨斷專行，而是授意陸錫熊與紀昀相商。在《四庫全書》的纂修中，總纂官有四位，即紀昀、陸錫熊、孫士毅和王太岳，孫士毅對《四庫全書》的貢獻，尚未發現新的材料，王太岳主要負責《四庫全書》考證，有《欽定四庫全書考證》一書行世，而在浙本《四庫全書總目》職名表中，署以“黄簽考證官”，所以《四庫全書》的纂修以紀昀和陸錫熊的貢獻最大。據司馬朝軍《〈四庫全書總目〉編纂考》一書所論，紀昀在《總目》編纂中的作用有六：一、主持《總目》的分類；二、主纂總叙、類序；三、主纂案語；四、安排（四庫書）排列順序；五、修改提要稿；六、主持《總目》校勘工作[②]。陸錫熊入館較晚，

---

① 黄愛平：《四庫全書纂修研究》，北京：中國人民大學出版社，2001年版，第35頁。按，數字見於第35頁表格。

② 司馬朝軍：《〈四庫全書總目〉編纂考》，武漢：武漢大學出版社，2005年版，第79－84頁。

又辭世過早，但這並不影響陸氏對《四庫全書》編纂所做的貢獻。從陸氏存世文集來看，一者陸錫熊實際參與纂修《四庫全書》，其詩《恭和御製經筵畢文淵閣賜宴以四庫全書第一部告成庋閣内用幸翰林院例得近體四律首章即叠去歲詩韻元韻》“近光人仰持橫正”一句下注云“臣等編纂《全書》，折衷考訂皆蒙隨時訓示”[①]，“蜀牋寫彙本官私”下注曰“凡官版官修各書，及直省督撫所採，藏書家所獻者，各依四庫門類分編，悉著於録”[②]。二者陸錫熊撰寫《總目》及文淵閣《四庫全書》書前提要。如《恭和御製經筵畢文淵閣賜茶作元韻》詩句“中簿勤編勵省私”下自注云“臣等奉命纂輯《四庫全書總目》，現在編次成帙”[③]。《恭和御製經筵畢文淵閣賜宴以四庫全書第一部告成庋閣内用幸翰林院例得近體四律首章即叠去歲詩韻元韻》詩句“真嗤曾鞏徒勞爾”下注云“宋曾鞏校史館書僅成目録序十一篇，臣等承命撰次《總目提要》，荷蒙指示體例，編成二百卷。遭際之盛，實遠勝於鞏”[④]，詩句“署名榮忝簡端留”下注“臣等奉命撰擬諸書卷首提要，皆許列銜名，實深榮幸之至”[⑤]。據此，亦可知《總目》並非出自紀昀一人之手。

① 陸錫熊：《寶奎堂集　篁村集》卷九，《續修四庫全書》集部第一四五一册，上海：上海古籍出版社，2002年版，第250頁。

② 陸錫熊：《寶奎堂集　篁村集》卷九，《續修四庫全書》集部第一四五一册，上海：上海古籍出版社，2002年版，第250頁。

③ 陸錫熊：《寶奎堂集　篁村集》卷九，《續修四庫全書》集部第一四五一册，上海：上海古籍出版社，2002年版，第248頁。

④ 陸錫熊：《寶奎堂集　篁村集》卷九，《續修四庫全書》集部第一四五一册，上海：上海古籍出版社，2002年版，第250頁。

⑤ 陸錫熊：《寶奎堂集　篁村集》卷九，《續修四庫全書》集部第一四五一册，上海：上海古籍出版社，2002年版，第250頁。

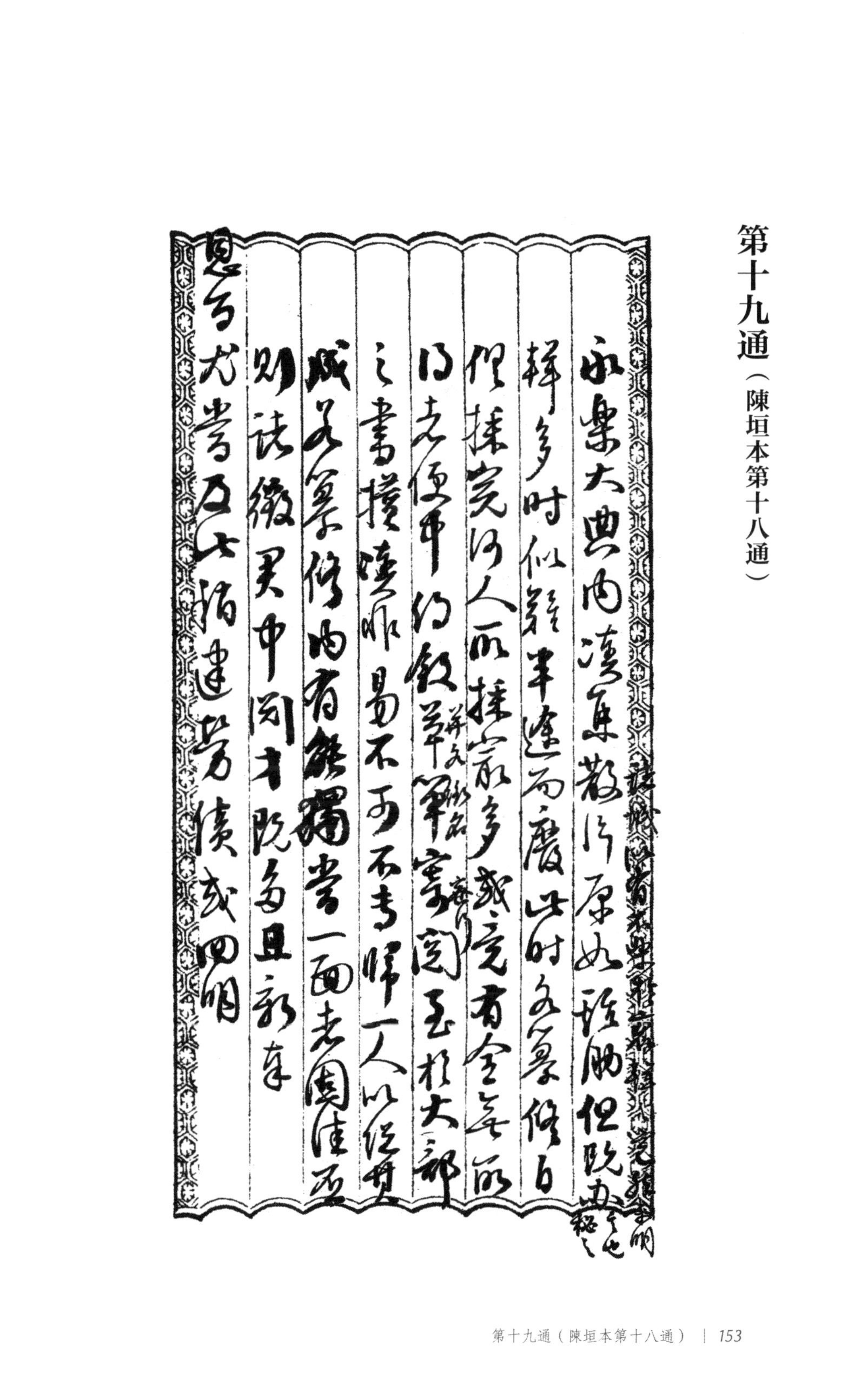

第十九通（陳垣本第十八通）

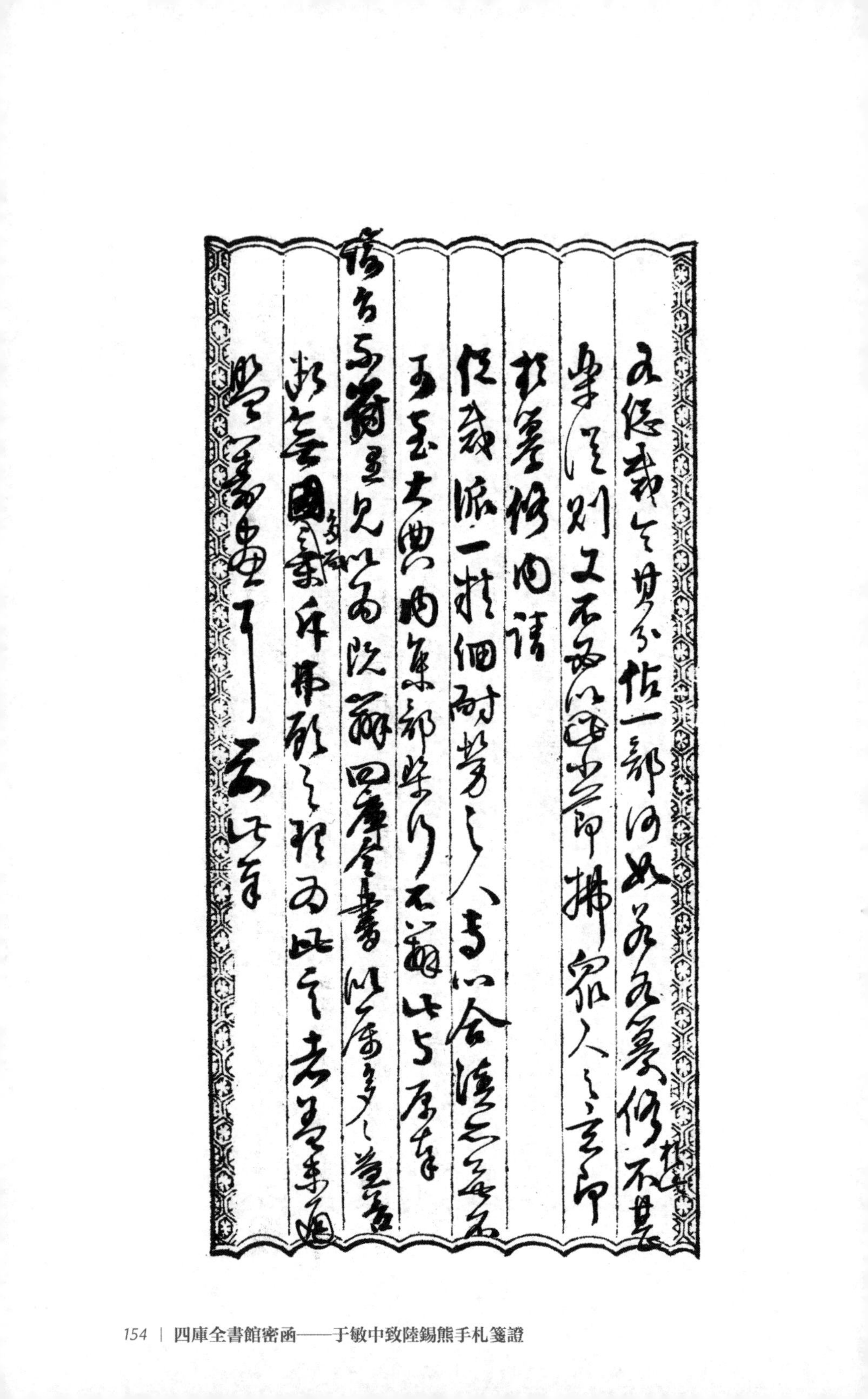

尊書應代所購遺書，以代家多已檢付寄，

尚未覓至。遺意以歷朝之書多以卷計，

此次書局所開及知者，所選多以部計，爲

數其卷帙於實之數，不知當以幾十

萬卷爲率，

足下仍檢之，大略寄知，以便集覆也。此候

近安不一一

中有

七月十三日

釋　文

《永樂大典》内湊集散片，原如鷄肋（諸城似有不樂於裒輯之意，然未明言也，秘之），但既辦輯多時，似難半途而廢。此時各纂修自俱採完，何人所採最多，或竟有全無所得者，便中約叙草單寄閱（並列銜名，密行）。至於大部之書，攢湊非易，不可不專歸一人以總其成。若纂修内有能獨當一面者固佳，否則諸徵君中淵才既多，且新奉恩旨，尤當及此稍建勞績。或回明各總裁，令其分佔一部，何如？若各纂修於此不甚樂從，則又不必以小節拂衆人之意[①]，即於纂修内請總裁派一精細耐勞之人，專以合湊，亦無不可。至《大典》内集部概行不辦，此與原奉諭旨不符。愚見以爲，既辦《四庫全書》，似屬多多益善，斷無因多而棄斥弗顧之理，爲此言者，蓋未通盤籌畫耳。前此奉旨查歷代所購遺書何代最多，已據録寄，尚未覆奏。愚意以歷朝之書多以卷計，此次書局所開及外省所送，各以部計，若就其卷帙折衷定數，不知當得幾十萬卷。希足下約核一大槩寄知，以便奏覆也。匆匆寄此，不具。

中頓首　七月十三日

繫　年

此函作於乾隆三十八年七月十三日。

從"《永樂大典》内湊集散片"等語，可推斷爲乾隆三十八年作。又，第十七、十八通信函與此函所言意思順承。再，此函提及劉統勳，據《清實録》記載，"大學士劉統勳老成練達……今晨肩輿入直，至東華門，忽嬰痰疾，比聞之，即遣御前大臣尚書公福隆安，賫藥馳往看視。至，則業已無及，遽聞溘逝"，此事發生於乾隆三十八年十一月十六日，即劉氏卒於是年，則此函作於

---

① 按，"以"字後，原札删"此"字。

三十八年無疑。

箋　證

諸城指劉統勳，字延青，號爾鈍或邇鈍，山東諸城人。雍正二年進士，選庶吉士，授編修。乾隆元年，擢内閣學士。三十八年閏三月十一日任四庫館正總裁[①]。劉統勳事蹟清晰，詳見《清史稿》卷三五、《清史列傳》卷一八等史料，又見《漢名臣傳》卷二九、《碑傳集》卷二七《劉文正統勳遺事》、《國朝耆獻類徵初編》卷二一、《國朝詩人徵略》卷二六、《清朝先正事略》卷一六、《昭代名人尺牘小傳》卷二〇、《清代七百名人傳》等文獻。劉統勳自《四庫全書》纂修之始即不願裒輯《永樂大典》書籍，在李元度所纂《李威朱竹君事略》中已有記載。此處于敏中致陸錫熊也説“諸城似有不樂於裒輯之意”，但並未“明言”，于氏授意陸氏“秘之”，在所有五十六通信札中，僅此一處涉“私”。

據此函知，《永樂大典》辦輯散片是一件費時費力的事情，不僅劉統勳不願意裒録，而且輯佚往往“全無所得”。于敏中不建議此時中輟，散片輯録依舊進行。今《四庫全書》所輯録的大典本書籍，有很多全書已佚，靠四庫館臣輯録出數篇才得以窺其部分面貌，《總目》之中已明言。乾隆三十八年七月，《永樂大典》中的書籍將採輯完畢。于敏中要陸錫熊進行簡單統計各纂修所採書籍多寡。今未見列銜名單，乾隆四十六年十二月十七日《諭内閣〈永樂大典〉内散篇全數完竣該總纂等應予議敘》中説，“四庫館辦理《永樂大典》，内散篇全數完竣，該總纂等應予議敘。其覆校、分校等官，著總裁等查明年限，分别咨部照例察議”[②]，從“查明年

---

① 按，參《諭著劉統勳等爲四庫全書處正總裁》，見《纂修四庫全書檔案》上册，上海：上海古籍出版社，1997年版，第73頁。

② 中國第一歷史檔案館編：《纂修四庫全書檔案》下册，上海：上海古籍出版社，1997年版，第1450頁。

限”一語可以推斷，在這之前《永樂大典》輯佚工作一直未議敘。對於大部頭之書，于敏中建議以一人總其成，並建議新奉恩旨諸人以此來建勞績。查《清實録》，乾隆三十八年七月十一日諭，“前據辦理四庫全書總裁奏，請將進士邵晋涵、周永年、余集，舉人戴震、楊昌霖調取來京，同司校勘。業經降旨允行。但念伊等尚無職任，自當予以登進之途，以示鼓勵。著該總裁等留心試看年餘，如果行走勤勉，實於辦書有益，其進士出身者，准其與壬辰科庶吉士一體散館，舉人則准其與下科新進士一體殿試，候朕酌量降旨録用”[①]，于敏中所言“諸徵君”當指這些人。事實證明，邵晋涵、周永年、余集、戴震、楊昌霖等對《四庫全書》辦書皆有裨益。于敏中慮事妥甚，其指出或有各纂修不願意輯録大典本書籍，授意陸錫熊請總裁派人，專門合湊《永樂大典》輯佚書。編輯大典本散片，專人專辦，符合實情，也較爲合理。《永樂大典》集部因量多未辦，不符諭旨，于氏認爲辦理《四庫全書》宜多多益善。《永樂大典》經、史、子、集各部書籍皆需輯録，于敏中指示籌畫亦可謂妥善。

歷代訪求遺書之事，第八通、十二通手札已經言及，説明乾隆三十八年六月下旬陸錫熊就已經回函答覆。直到今日，于敏中尚未覆奏，原因其説得很清楚，歷朝之書多“以卷計”，而四庫全書館收到各省所送書籍“以部計”，這樣算來，此次搜集遺書可能並非最多，也無法進行比較[②]。于敏中謹慎至此，亦是想合乾隆之意，超越歷代搜購遺書之數。自乾隆三十八年三月二十八日第三次下旨“諭内閣傳令各督撫予限半年迅速購訪遺書”，至七月十三

① 《清實録》第二〇册，北京：中華書局，1986年版，第654頁。

② 按，檢《四庫採進書目》，書名後大多注明本數，而無卷數。

日已三月有餘[1]，各省進呈書籍已略具規模[2]。

① 按，乾隆前後傳旨三次搜訪遺書，第一次爲乾隆三十七年正月初四日"諭内閣著直省督撫學政購訪遺書"，第二次爲乾隆三十七年十月十七日"寄各省督撫學政速行購訪遺書並先將購訪情形奏覆"，第三次爲乾隆三十八年三月二十八日"諭内閣傳令各督撫予限半年迅速購訪遺書"。見《纂修四庫全書檔案》上册，上海：上海古籍出版社，1997年版，第1、5、67頁。

② 何宗美、張曉芝：《〈四庫全書總目〉的官學約束與學術缺失》，北京：人民文學出版社，2017年版，第94—116頁。

第二十通（陳垣本第十九通）

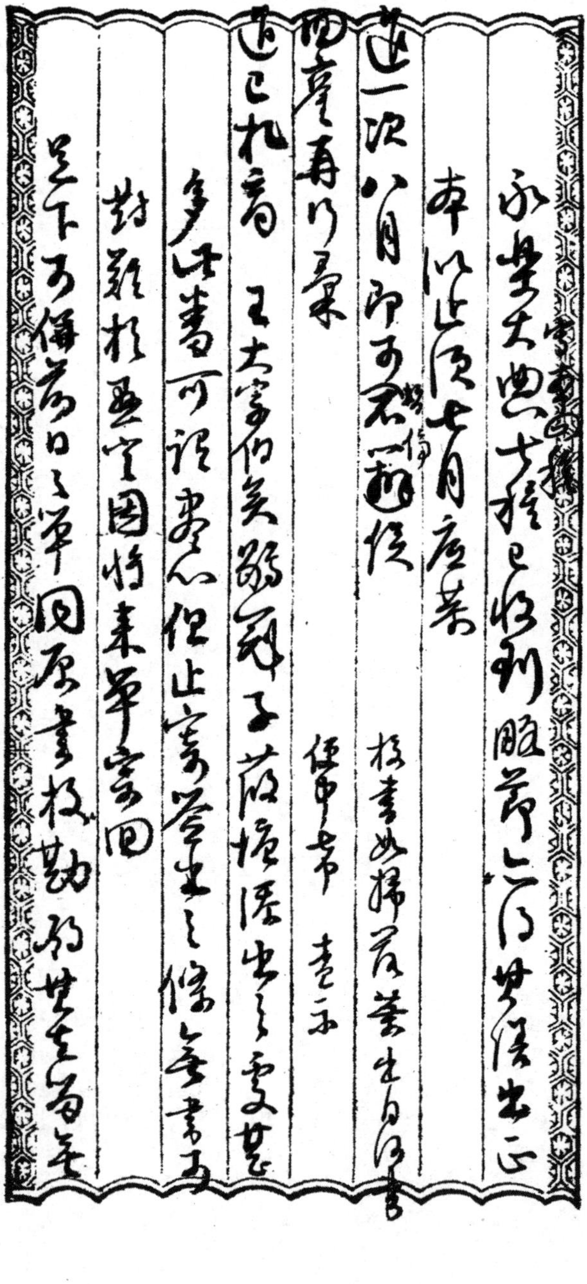

詹尊宮比閒遠接封遺書難答送 從裁

閱之即揃書內政此法甚好可即回銷

兔侄從裁前云而斬即我將壁乙之本子送

尊上府無碍帳段寫明以備呈

覽至紅筆完不意用我以紫色加加老後等候

名似可不隱因其書行須發送本家母府今

此一簿只當事須寫以某而往還名字又不

宜用且字莫及不到名為要敢篇不可不細

昨晚已與　太宗伯言之，此時且不必頭談，俟兩
者眉目既較清楚之後，請城中查當再辦
議可也。錫熊兄來　太宗伯札中附繳為之
中頓首　七月既望
嚴培兄處存覆
遺書每局錄副與五經萃來合一處辦之書
即交四百謄錄，候寫每局當添謄錄若干，已面告
文瀾閣即寫行通知館中改正，惟問者多日　王大人
無又有因遺書還傳謄錄與原差不符者

釋　文

《永樂大典》十種（寫本四種）已收到，略節亦得。其繕出正本，似止須七月底恭進一次，八月即可暫停[1]，俟回鑾再行彙進，已札商王大宗伯矣。《鶡冠子》，蔗塘添出之處甚多（校書如掃落葉，出自何書，便中希查示），此番可謂盡心。但止寄簽出之條，無書可對，難於懸定。因將來單寄回，足下可併前日之單，同原書校勘，酌其去留，無庸再寄此間也。校對遺書夾簽[2]，送總裁閲定，即於書内改正，此法甚好，可即回明各位總裁酌定而行。即或將塗乙之本進呈，亦屬無礙，惟改寫略工，以備呈覽。至紅筆究不宜用，或以紫色何如？卷後纂修之名，似可不添，因其書仍須發還本家，毋庸多此一辦。且官書須署臣某，而給還各家又不宜用臣字，莫若不列名爲妥。散篇不可不辦，其大略已與大宗伯言之，此時且不必瑣談，俟辦有眉目，總録清單告之，諸城中堂當無異議耳。餘並悉大宗伯札中。附候，不具。

中頓首　七月既望

［附記］蔗塘不另覆。遺書毋庸録副，與愚前奏相合，至應抄之書，即交四百謄録繕寫，毋庸另添謄録，前已面奏允准，隨即寄信通知館中，衆所共聞者。今日王大人忽又有因遺書添傳謄録，與原奏不符，斷不可行也。

繫　年

此函作於乾隆三十八年七月十六日。

《清實録》載“（乾隆三十八年）八月乙未（初九），調禮部尚書王際華爲户部尚書”，王際華爲禮部尚書在乾隆三十八年八月之前，因而“七月既望”即在乾隆三十八年。

---

① 按，此處原文“不辦”二字係框去。

② 按，“夾”，原札删改“粘”字爲“夾”。

箋證

于氏手札説“其繕出正本，似止須七月底恭進一次，八月即可暫停，俟回鑾再行彙進，已札商王大宗伯”，此言説明《永樂大典》輯録書籍分正本（即正式録入《四庫全書》者）和存目，此處只言及正本，且示意王際華只進呈正本一次。據趙萬里所言“清乾隆間四庫館臣王際華等曾撰《永樂大典採輯書目》，目中獨遺《四庫全書》存目諸書（《四庫目録標注》載《永樂大典書籍散篇目》一卷，云何子貞抄本，四庫館原輯，未知内容如何？）”[①]，王際華所撰《永樂大典採輯書目》，今不知情形如何，但據趙萬里所言，這個書目不收“大典本”《四庫全書》存目諸書，其原因或可從此函得知。清人孫馮翼輯有《四庫全書輯永樂大典本書目》一卷[②]，係據《總目》正目與存目所收大典本書籍輯出，共計五百一十六種，可參看。當然，這個數字遠非四庫館臣輯録出來的數量。張昇《四庫館簽〈永樂大典〉輯佚書考》一文有較爲詳細的考證[③]，又郭伯恭《永樂大典考》一書亦可參閲。

蔙塘，即戴璐，文淵閣詳校官，事蹟詳見第十六通手札箋證。第十六通言“蔙塘所校《鶡冠子》可爲盡心，其各條内有應斟酌者，俱已簽出，（‘嚬其里’一條，竟駁去，未知當否，并酌）足下同爲酌定之。愚所閲四條止一條相合，今復檢寄蔙塘，囑其更加詳勘。落葉之喻，自昔有之，蔙塘不必以此加意也”，對戴璐所校《鶡冠子》一書較爲肯定，此函又言“《鶡冠子》蔙塘添出之處甚多，此番可謂盡心”，亦是稱讚。但陸錫熊此次“止寄簽出之條”，于敏中“無書可對，難於懸定”，因而，于敏中將來單寄回，囑陸錫

① 趙萬里：《永樂大典内輯出之佚書目》，《北平北海圖書館月刊》1929年第2卷第3、4號。

② 孫馮翼：《四庫全書輯永樂大典本書目》，見《遼海叢書》第四册，瀋陽：遼沈書社，1985年，第2691–2703頁。

③ 張昇：《四庫館簽〈永樂大典〉輯佚書考》，《文獻》2004年第1期，第17–30頁。

熊“並前日之單，同原書校勘，酌其去留，無庸再寄此間也”。從以後手札中再無商討《鶡冠子》一書校對情況來看，此事或由陸錫熊全權負責，由戴璐一人進行校勘。

《四庫全書》辦理之法一直由于敏中、陸錫熊、紀昀等高層館臣商討而行。據此函知，陸錫熊寄信于敏中，請于氏對“校對遺書夾簽，送總裁閲定，即於書内改正”一法合適與否給予意見，于敏中以“此法甚好”表示贊同。這裏需要指出的是，校對遺書的簽條，經總裁審定後直接在原書内改正，此種校書之法不甚可取。古籍校録宜以存真爲目的，校出的異文本應該以校記的形式出現，即便不出校記，也應該於書前凡例中申明，而今本《四庫全書》並未有校記，雖然有的校記被收入《四庫全書考證》，但大部分湮没不存。于敏中的“官辦”纂修之法，係將校對的書簽送總裁審定後，便可在原書内直接改正，此種方法亦不甚明智，由此所造成的闕漏和謬誤在所難免。這些經過改正的“塗乙之本”，經過御覽後刊入《四庫全書》，其所作的極爲有價值的校記則省而不録，造成了嚴重的文獻缺失。關於《四庫全書》所用之底本，在國内外各大圖書館發現一部分，如南京圖書館藏有底本二十九種[①]，北京大學圖書館回購的“大倉文庫”有四庫底本三百餘

① 按，2019年6月1日南京師範大學舉辦“2019年中國四庫學研究高層論壇”，2日前往南京圖書館參觀該館所藏四庫底本，共計二十九種，詳目如下：稿本一種，清俞汝言撰《春秋平義》十二卷；明刻本兩種，釋宗泐撰《補刊全室外集》九卷《續全室外集》一卷，明吴儼撰《吴文肅公摘稿》四卷；明抄本五種，元王充耘撰《四書經疑貫通》八卷，宋范成大撰《桂海虞衡志》一卷，明商輅《商文毅公疏稿略》一卷，元徐明善撰《芳谷文集》二卷，宋吴聿撰《觀林詩話》一卷；清刻本一種，元馮子振撰，元釋明本撰《梅花百詠》一卷；清抄本九種，宋樂雷發撰《雪磯叢稿》五卷，元黄玠撰《弁山小隱吟録》二卷，元甘復撰《山窗餘稿》一卷，清任啓運撰《周易洗心》九卷首一卷，宋鄧牧撰《伯牙琴》一卷《補遺》一卷，宋陳祥道撰《律吕闡微》十卷首一卷，宋陳祥道撰《重廣陳用之真本入經論語全解義》十卷，宋孫復撰《孫明復先生小集》一卷，宋張九成撰《張狀元孟子傳》二十九卷；清翰林院輯佚《永樂大典》本十一種，（轉下頁）

種[1]。這些"塗乙之本"現在看來是極有價值的。《四庫全書》的文獻闕漏與疏失一直是困擾後世的重要問題，此函可就導致文獻失誤的原因提供一條直接依據。但"四庫底本"並非皆爲善本，特别是《大典》輯佚本，有初輯本、綴合本、校正本、繕録本等顯示辦書過程的本子。學界大多將有館臣塗乙、校勘痕跡的本子視爲"四庫底本"，此"四庫底本"與閣本庫書相較，未必是善本。如國家圖書館藏包恢《弊帚稿略》，係"四庫底本"，然將此本與閣本比勘，發現底本並非善本。换言之，館臣據以謄録《四庫全書》之本恐非塗乙本，而是彙集多次校勘的繕録本。見拙文《包恢〈弊帚稿略〉版本問題綜考》[2]，亦可參看《文淵閣四庫本〈緣督集〉考論》[3]一文相關論述。

于敏中作爲實際總裁直接促成了《四庫全書》的編纂完成，修書的諸多細節是不可忽視的。此函所言"紅筆究不宜用，或以紫色何如"，其小心謹慎可見一斑[4]。關於各省採集以及各家進呈的書籍，原定發還，所以于敏中對於纂修該書籍的纂修官署名問題提出建議，私人進書因要發還本家，可不寫纂修人之名；官書若要署名，則須加"臣"字，又因"給還各家又不宜用臣字"，因

（接上頁）宋李杞撰《用易詳解》十六卷，宋王益之撰《西漢年紀》三十卷，宋王安禮撰《王魏公集》八卷，宋黄彦平撰《三餘集》四卷，宋吴可撰《藏海居士集》二卷，宋陳傑撰《自堂存稿》四卷，宋蒲壽宬撰《心泉學詩稿》六卷，明藍仁撰《藍山集》六卷，明藍智撰《藍澗集》六卷，宋吴可撰《藏海詩話》一卷，宋吴沆撰《環溪詩話》一卷。再參張學謙《南京圖書館藏四庫底本十種及其學術價值》(《圖書館雜志》2013年第10期）一文。

① 羅琳、王玉祥：《集部"四庫底本"與文淵閣本〈四庫全書〉的差異研究——〈四庫提要著録叢書〉編纂劄記之三》，《書目季刊》第四五卷第四期，2012年3月，第1頁。

② 按，參張曉芝《包恢〈弊帚稿略〉版本問題綜考》，《四庫學2019論文集》（首都師範大學），2019年10月25–26日，第219–240頁。

③ 張曉芝、伍斯琦：《文淵閣四庫本〈緣督集〉考論》，《貴州文史叢刊》2019年第3期，第46–59頁。

④ 張曉芝：《于敏中與〈四庫全書〉》，《讀書》2013年第11期，第45頁。

而官書也不列纂修人之名。其所慮之周詳，不僅避免了很多麻煩，也减少了不必要的程式，爲辦書節省了時間。

函中云“散篇不可不辦，其大略已與大宗伯言之”，爲何與王際華説《永樂大典》散片輯佚的問題？原因如下：據乾隆三十八年二月十一日《諭内閣〈永樂大典〉體例未協著添派王際華裘曰修爲總裁官詳定條例分晰校核》記載，“派王際華、裘曰修爲總裁官，即會同遴簡分校各員，悉心酌定條例，將《永樂大典》分晰校核”[①]，可知王際華專司辦理《永樂大典》，至閏三月十一日，又任四庫全書處正總裁[②]。在這五十六通手札中，有多函涉及王際華其人。如第四通添派謄録一事，于敏中具函王際華；第十五通關於刻書列銜之説，也是專函致王際華；第二十四通候補謄録未補之前所寫之書工作量如何核計一事，也另札致王際華；第二十五通接王際華信函，添傳謄録人數與陸錫熊所云不符；第二十七通，《南宋兩朝綱目》已奉御題其前後倒置，該如何辦理，與王際華面商。第三十七通、三十九通、四十八通等也有相關事宜與王際華有過交集。第十九通手札小字云“諸城似有不樂於裒輯之意”，言劉統勳不願輯録《永樂大典》散片遺文，于氏也説“《永樂大典》内湊集散片，原如鷄肋”，但却堅持要求輯録。這或是因爲此時于敏中與王際華俱爲正總裁，兩人相商似達成一致意見，即“俟辦有眉目，總録清單”，這樣劉統勳當無異議。將此函“散篇不可不辦”等數語與第十九通對讀，可知此處所言是針對上封回函而言的。

---

① 中國第一歷史檔案館編：《纂修四庫全書檔案》上册，上海：上海古籍出版社，1997年版，第57頁。

② 按，見《諭著劉統勳等爲四庫全書處正總裁張若溎等爲副總裁》(《纂修四庫全書檔案》上册，第73頁)。

第二十一通（陳垣本第二十一通）

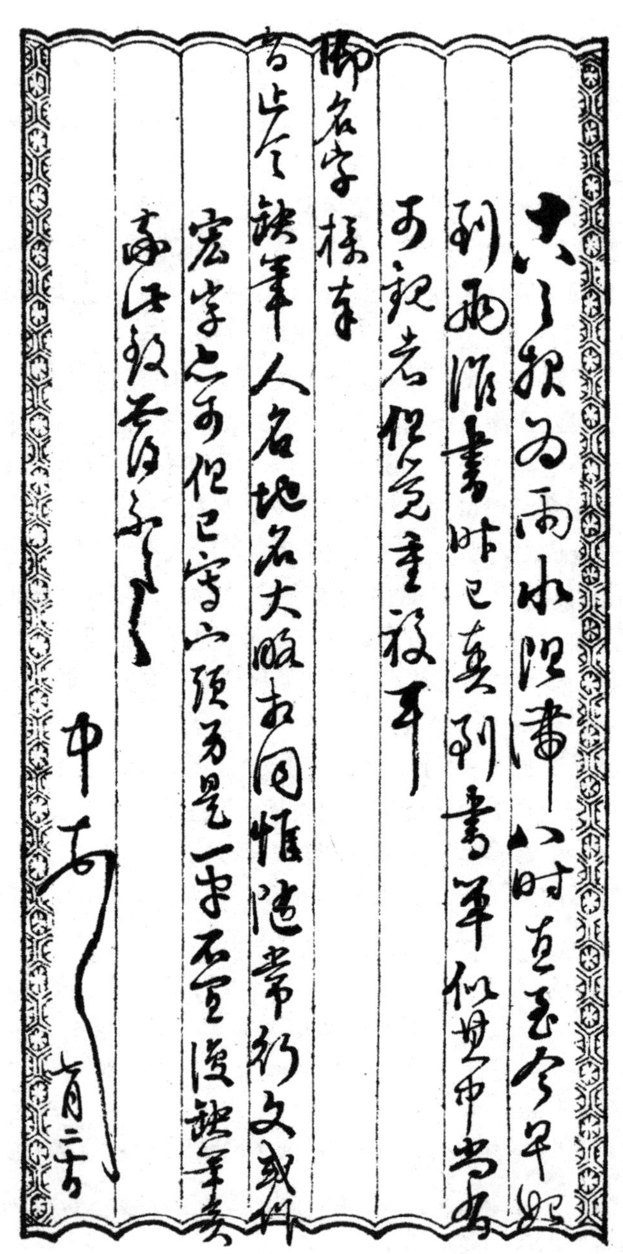

釋　文

十八之報爲雨水阻滯八時，直至今早始到。兩淮書昨已奏到書單，似其中尚有可觀者，但覺重複耳。御名字樣，奉旨止令缺筆，人名地名大略相同，惟隨常行文或作宏字亦可，但已寫“宀”頭，另是一字，不宜復缺筆矣。率此致覆，不一一。

中頓首　七月二十日

繫　年

此函作於乾隆三十八年七月二十日。

據《纂修四庫全書檔案》記載，兩淮鹽政所進呈書目事皆在乾隆三十八年。乾隆在熱河行宮期間，共有三次書籍呈送。即乾隆三十八年六月初八日《兩淮鹽政李質穎奏專差賫送第四批書籍摺》，乾隆三十八年六月二十四日《兩淮鹽政李質穎奏專差齎送第五批書籍摺》以及乾隆三十八年七月十一日《兩淮鹽政李質穎奏續獲舊版等書開單呈覽》三篇史料①，由此可推斷此函作於乾隆三十八年。又，初次進呈馬裕家書在三十八年閏三月二十日②，第二次進呈馬裕家書在三十八年四月初六日③，第三次進呈高晋等送到遺書在三十八年四月十九日④，最後一次呈送書目在三十八年九月二十八日⑤。這七次進呈書目皆在三十八年，作年可定。

---

① 中國第一歷史檔案館編：《纂修四庫全書檔案》上册，上海：上海古籍出版社，1997年版，第128、134、138頁。

② 中國第一歷史檔案館編：《纂修四庫全書檔案》上册，上海：上海古籍出版社，1997年版，第86頁。

③ 中國第一歷史檔案館編：《纂修四庫全書檔案》上册，上海：上海古籍出版社，1997年版，第93頁。

④ 中國第一歷史檔案館編：《纂修四庫全書檔案》上册，上海：上海古籍出版社，1997年版，第101頁。

⑤ 中國第一歷史檔案館編：《纂修四庫全書檔案》上册，上海：上海古籍出版社，1997年版，第157頁。

箋　證

據統計，兩淮鹽政進呈書籍共計1724種，其中包括馬裕家藏776種，僅次於浙江省呈送書目之數，位居第二[①]。檢《四庫採進書目》，各省進呈書目每部書至少一種版本，多則數種，于氏所言“重複”是事實，也不可避免。

此函涉及文獻著録之缺筆問題。《四庫全書》編纂要求避諱，于氏言及兩方面内容，一即御名字樣，只需缺筆；二是如果是日常行文，或作同音常見字，但對於已是同音字者（與御名不同），不必再缺筆。文淵閣本《四庫全書》，避諱缺筆、改字兩者並存，如“弘”缺筆作“弘”，或改作“宏”。

---

① 何宗美、張曉芝：《〈四庫全書總目〉的官學約束與學術缺失》，北京：人民文學出版社，2017年版，第99-100頁。

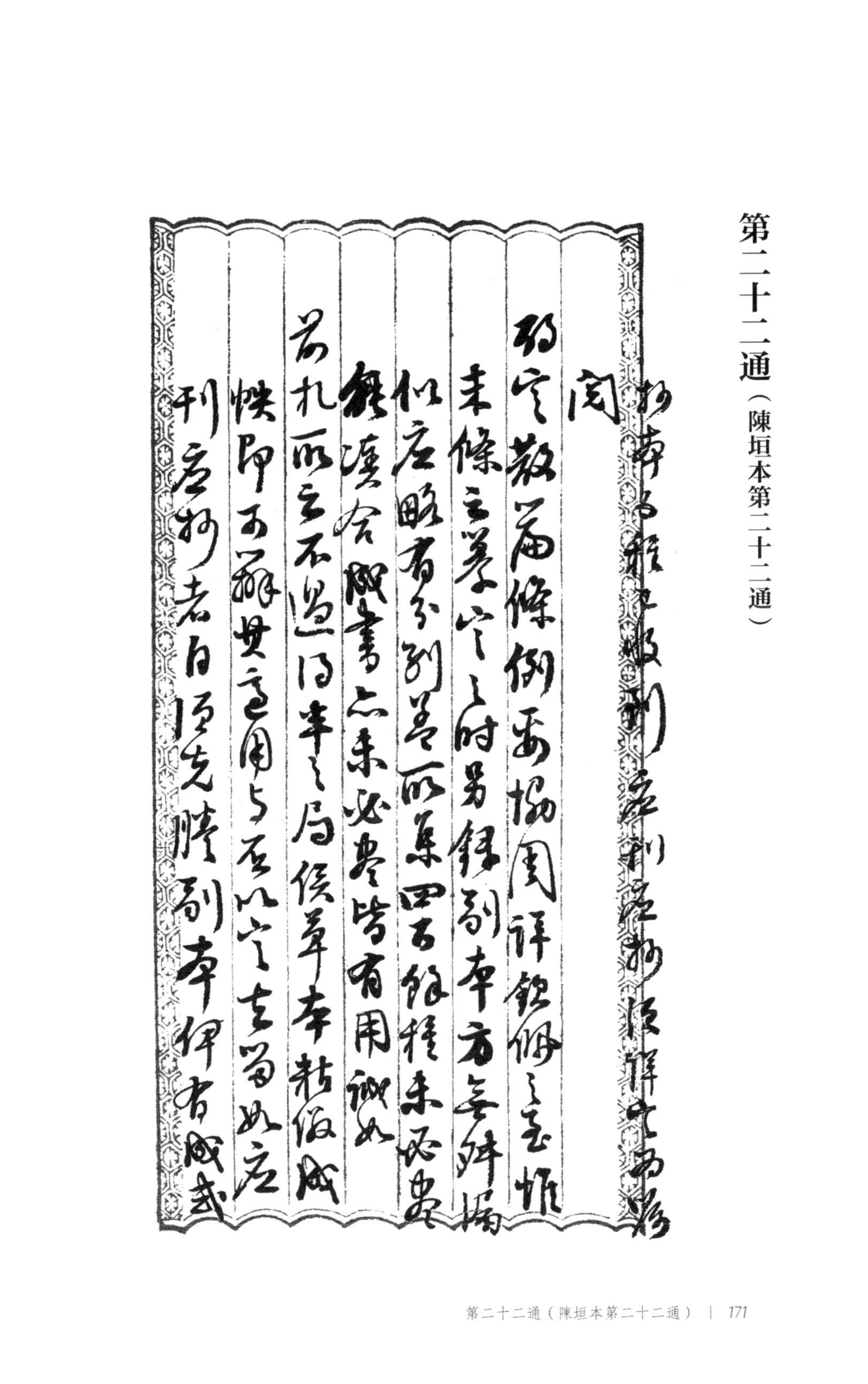

第二十二通（陳垣本第二十二通）

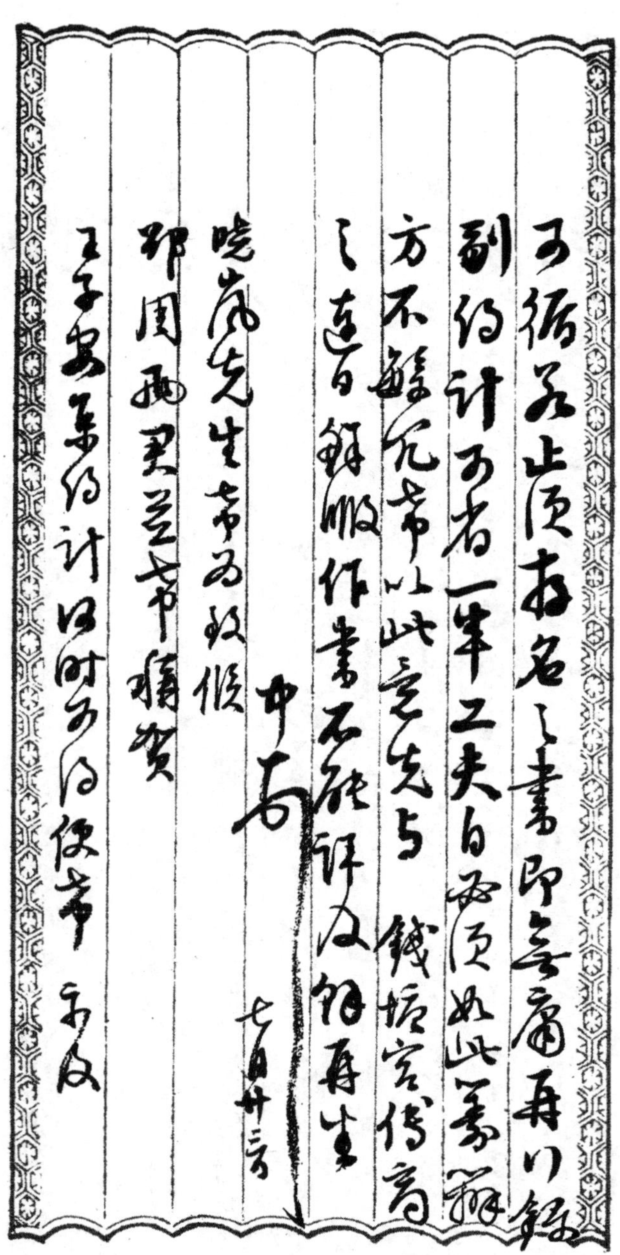

釋　文

抄本五種已收到，應刊應抄須詳定爲囑。閱酌定散篇條例，妥協周詳，欽佩之至。惟末條云“纂定之時，另録副本，方無舛漏”，似應略有分别。蓋所集四百餘種，未必盡能湊合成書，亦未必盡皆有用。誠如前札所云，不過得半之局。俟草本粘綴成帙，即可辨其適用與否，以定去留。如應刊、應抄者，自須先謄副本，俾有成式可循。若止須存名之書，即無庸再行録副，約計可省一半工夫，自必須如此籌辦，方不繁冗。希以此意先與錢塘宫傅商之。連日鮮暇，作書不能詳及，餘再悉。

中頓首　七月廿三日

［附記］曉嵐先生希爲致候。邵、周兩君並希稱賀。《王子安集》約計何時可得，便希示及。

繫　年

此函作於乾隆三十八年七月廿三日。

函中所説的“散篇條例”指《永樂大典》散片裒輯而言。考其作年，理由有三：其一，據第十七通手札“《永樂大典》内散片可輯者，自當即爲裒録”（作於乾隆三十八年七月初七日），第十九通“《永樂大典》内湊集散片，原如鷄肋，但既辦輯多時，似難半途而廢”（作於乾隆三十八年七月十三日），第二十通“《永樂大典》十種（寫本四種）已收到……散篇不可不辦，其大略已與大宗伯言之”（作於乾隆三十八年七月十六日）可知，此札亦當作於乾隆三十八年。其二，第二十三通手札提及陸錫熊“所定抄寫散片單本之法，極爲妥洽”，與此函所言“酌定散篇條例，妥協周詳，欽佩之至”文意極爲相近，二十三通落款爲乾隆三十八年八月初二日，可推斷此函作年當爲乾隆三十八年。其三，函末小字“邵、周兩君並希稱賀”指的是乾隆三十八年七月十一日《諭内閣進士邵晋涵舉人戴震等如勤勉准其一體散館殿試酌量録用》一事[1]，此函作期亦可據此而定。

箋　證

此函言《永樂大典》散篇編纂一事。陸錫熊所定散篇條例暫未發現相關史料，檢陸氏文集《寶奎堂集》《篁村集》等，亦未著録。今上海圖書館所藏《四庫全書提要稿》殘本有《永樂大典》本《辨言》提要，據司馬朝軍所言，稿本中重擬之提要出自陸錫熊手[2]，其所定體例可窺見一二。將陸錫熊所撰《辨言》提要與定本《總目》進行比較，後者幾乎照搬全録。這一方面説明陸錫熊直接參與提要寫作，另一方面則是陸氏對散篇輯佚工作較爲熟悉，

---

① 中國第一歷史檔案館編：《纂修四庫全書檔案》上册，上海：上海古籍出版社，1997年版，第137頁。

② 司馬朝軍：《〈四庫全書總目〉編纂考》，武漢：武漢大學出版社，2005年版，第95頁。按，上海圖書館藏《辨言》提要初稿及陸錫熊重擬之提要，茲録二者如下，以備參研：（1）提要初稿：宋員興宗撰。興宗，《宋史》無傳，其名僅見於《姓氏急就篇》。所著有《九華先生集》，世亦不傳，惟《永樂大典》間爲採入，並録集末所載當時祭文六首，以諸文參考其出處。興宗蓋蜀人，字曰顯道，始應召官太學再遷至著作郎。乾道中，以有所論劾，奉祠而去，終於潤州。而趙汝愚所爲文，至以歐陽永叔、蘇明允爲比，傾倒甚至，蓋亦獨立自好之士也。此書加載《永樂大典》中，然不題“九華集”字，疑其於集外別行，書中歷摭經傳子史，下及宋代諸儒之説，凡於理未安者，各爲之辨，中間惟論《公羊傳》紀季入齊一條，稱紀以千乘畏人爲非，乃因紹興時事而發，未爲切當，若其辨《尚書》六宗舊解之誤，《禮記》文王九齡之誕，以及譏劉氏《漢書刊誤》爲不知史家行文之法，皆具有特識，其他亦多中理要，至以《詩》不待序而明，而斷序之作爲非古，則沿鄭樵之新説，各存一解可也。（2）陸錫熊重擬之提要：宋員興宗撰。興宗有《採石戰勝録》，已著録。興宗著作載於《永樂大典》者，（皆冠以）“九華集”字，惟《採石戰勝録》及此書不以“九華集”字爲冠，疑二書於集外別行也，其書歷摭經傳史子，下及宋代諸儒之説，凡於理未安者，皆條舉而繫以辨，故曰《辨言》。中間惟論《公羊傳》紀季入齊一條，稱紀以千乘畏人爲非，乃因紹興時事而發，未爲切當。若其辨《尚書》六宗傳解之誤，《禮記》文王九齡之誕，以及譏劉氏《漢書刊誤》爲不知史家行文之法，皆具有特識，其他亦多中理要。至以《詩》不待序而明，而斷序之作爲非古，則沿鄭樵之新説，各存一解可也。録自司馬朝軍《〈四庫全書總目〉編纂考》，第96頁，句讀有改動。

其所擬定的條例可作爲粘綴散篇的指導。對於已經散佚不存之書，酌定條例顯得尤爲重要，因而于敏中以“欽佩之至”稱讚。札云“纂定之時，另録副本，方無舛漏”爲其中一條條例，具有實質性内容。但對於此條，于氏提出異議。他認爲應刊應抄者自當録副，而只需存目者毋庸録副，究其原因，蓋爲節省時間，其所言“纂定之時，另録副本，方無舛漏”可證。另，乾隆早在三十八年二月十一日諭中就説：“今諸臣從事釐輯，更係棄多取少，自當刻期告竣，不得任意稽延，徒誚汗青無日。”①

關於《永樂大典》輯佚的書籍種數，最早見於法式善所記：“大興朱竹君學士請裒集永樂大典散篇，勒成定本，俾還舊觀。經部易類廿四種，一百九十二卷；書類十三種，一百五十二卷；詩類五種，五十七卷；禮類九種，一百二十卷；春秋類十九種，二百一卷；孝經類一種，一卷；四書類二種，十卷；樂類三種，九卷；小學類四種，十八卷；史部正史類二種，一百五十五卷；編年類五種，八百六卷；别史類三種，一百一十五卷；雜史類十種，十七卷；詔令奏議類一種，五卷；傳記類十八種，五十卷；載記類三種，十三卷；地理類十二種，七十四卷；職官類五種，三十三卷；政書類十二種，一百五十六卷；目録類三種，四十二卷；史評類四種，十一卷；子部儒家類十八種，五十三卷；農家類三種，三十一卷；醫家類十九種，六十六卷；兵家類四種，七卷；法家類五種，二十九卷；天文算法類十一種，五十八卷；術數類三十三種，一百四十四卷；藝術類六種，四十三卷；譜録類三種，四卷；雜家類二十九種，一百四十二卷；類書類二十種，一百三十五卷；小説家類十九種，四十二卷；道家類一種，十二卷；集部别集類一百六十六種，二千一百九十九卷；總集類九種，一百卷；詩文評類九種，十五卷；詞曲類一種，二卷。共

① 中國第一歷史檔案館編：《纂修四庫全書檔案》上册，上海：上海古籍出版社，1997年版，第58頁。

成書五百一十四種，五千三百一十三卷。薈萃之功，千古不朽矣。”[①] 又趙萬里《永樂大典内輯出之佚書目》據四庫館臣以及諸家所輯，云“得書四百九十餘種”[②]。孫馮翼有《四庫全書輯永樂大典本書目》一書，輯得《四庫全書》著録《永樂大典》本書籍三百八十八種，存目一百二十八種，共五百十六種[③]。此函中說“所集四百餘種，未必盡能湊合成書，亦未必盡皆有用……不過得半之局”，可見，《永樂大典》輯佚書籍的數量蓋如法式善、趙萬里、孫馮翼等人所言之數。但是，從《永樂大典》輯佚出來的“未必有用”之書，多數未被著録《四庫全書》，而是納入存目之中。于敏中的“辨其適用與否，以定去留”，蓋按照一定的標準（官方思想）進行選擇。郭伯恭在《永樂大典考》一書中對乾隆間《永樂大典》存缺情況有詳細考證，《永樂大典》遠非今日所存可比。《永樂大典》經翰林院諸臣盜竊以及庚申庚子兩劫後，已漸次散亡。郭氏《永樂大典考》第九章“《永樂大典》之散亡”，對國内、國外現存《永樂大典》册數有所統計[④]，可參閲。第二十通手札亦有《永樂大典》相關箋證。綜上所述，四庫館臣並未將《永樂大典》輯佚書全部納入《四庫全書》中，對於已經輯佚出來的且有益於世道人心者，壽之梨棗；至於剩下的，或許與各省進呈書目一樣，“選派謄録，彙繕成編，陳之册府”[⑤]，只不過，大典本輯佚書所藏

---

① 法式善：《陶廬雜録》，北京：中華書局，2008年版，第114–115頁。

② 趙萬里：《永樂大典内輯出之佚書目》，《北平北海圖書館月刊》1929年第2卷第3、4合期。又見張昇編《〈永樂大典〉研究資料輯刊》，北京：北京圖書館出版社，2005年版，第609頁。

③ 孫馮翼：《四庫全書輯永樂大典本書目》，見《遼海叢書》第四册，瀋陽：遼沈書社，1985年版，第2691–2703頁。又見張昇編《〈永樂大典〉研究資料輯刊》，北京：北京圖書館出版社，2005年版，第545頁。

④ 郭伯恭：《永樂大典考》（國學小叢書本），上海：商務印書館，1938年版。又見張昇編《〈永樂大典〉研究資料輯刊》，北京：北京圖書館出版社，2005年版，第133–158頁。

⑤ 中國第一歷史檔案館編：《纂修四庫全書檔案》上册，上海：上海古籍出版社，1997年版，第117頁。

之册府當爲原藏《永樂大典》之處——翰林院。可以想見，已經輯佚出來却未見於《四庫全書》的大典本，也應該毁於庚子事變，不得不説這是《永樂大典》輯佚之憾事。

録副與否的建議，于敏中希陸錫熊與王際華相商。《王子安集》的校勘進展，于氏一直甚爲關心，參看第二十五通箋證。

稱賀邵、周兩君，見《諭内閣進士邵晋涵舉人戴震等如勤勉准其一體散館殿試酌量録用》，諭曰："前據辦理四庫全書總裁奏，請將進士邵晋涵、周永年、余集，舉人戴震、楊昌霖調取來京，同司校勘……其進士出身者，准其與壬辰科庶吉士一體散館，舉人則准其與下科新進士一體殿試，候朕酌量降旨録用。"[①] 這裏主要略述五人纂修《四庫全書》之相關事蹟。此五人在《于文襄手札》中有"五徵君"之稱，見第三十通、四十五通手札。

邵晋涵事蹟見第九通箋證。

周永年，字書昌，結茅林汲泉側，因稱林汲山人[②]。先生本餘姚人，高祖始遷山東歷城[③]，因而文獻有記歷城人者。永年少好典籍，賣田買書，積近十萬卷。感古人柱下藏書之義，以謂釋老反藉藏以永久其書，乃作《儒藏説》十八篇[④]。乾隆三十六年進士[⑤]，三十八年閏三月入四庫館修書，四十年正月授翰林院庶吉士，准其與壬辰科庶吉士一體散館，四十年四月授編修[⑥]。在四十七年《軍

---

① 中國第一歷史檔案館編：《纂修四庫全書檔案》上册，上海：上海古籍出版社，1997年版，第137頁。

② 李桓：《國朝耆獻類徵初編》第二三册第一三〇卷，周駿富輯《清代傳記叢刊》第一四九册綜録類七，臺北：明文書局，1985年版，第767頁。

③ 李元度：《清朝先正事略》卷二，周駿富輯《清代傳記叢刊》第一九三册綜録類八，臺北：明文書局，1985年版，第411頁。

④ 蔡冠洛：《清代七百名人傳》第四編，周駿富輯《清代傳記叢刊》第一九六册綜録類九，臺北：明文書局，1985年版，第176頁。

⑤ 錢林輯，王藻編：《文獻徵存録》第二册第八卷，周駿富輯《清代傳記叢刊》第一一册學林類八，臺北：明文書局，1985年版，第458頁。

⑥ 中國第一歷史檔案館編：《纂修四庫全書檔案》上册，上海：上海古籍出版社，1997年版，第77、316、382頁。

機大臣等奏遵旨擬賞四庫全書議叙人員及未經引見名單片》中，擬賞《四庫全書》議叙，周永年位列二等。永年居館職，以宋元人書淪殘者多，《永樂大典》頗有存者，乃爲掇拾捃摭，得永新劉氏兄弟《公是》《公非》諸集[①]，凡十許部，咸著於録用，表章遺佚焉。《清史稿》記載："永年在書館好深沉之思，四部兵、農、天算、術數諸家，鉤稽精義，褒譏悉當，爲同館所推重。"[②] 卒年六十有三。

余集，字蓉裳，號秋室（石）[③]，仁和人。乾隆三十一年進士，十年未仕，裘文達公（裘曰修）薦於朝，充四庫、三通館纂修[④]，四十年正月授翰林院庶吉士，入翰林散館，四十年四月授翰林院編修，累擢翰林院侍讀學士，裘曰修深契之[⑤]。余集參與纂修《四庫全書》時間較長，自三十八年開始至四庫館閉館一直在館。五十五年十二月，還與邵晋涵一同分修《八旗通志》[⑥]。道光三年卒，年八十有六，著有《秋室詩鈔》。值得一提的是，余集在詩、書、畫三方面皆有造詣，《履園畫學》説："工書而喜畫，人物宗陳老蓮，畫美人尤妙，京師人稱之曰‘余美人’，年八十餘尚能作蠅頭小楷。"[⑦]《甌鉢羅室書畫過目考》云："工山水花卉，尤精士

① 按，劉氏兄弟指的是劉敞、劉攽，周永年輯有大典本劉敞《公是集》五十四卷，收録《四庫全書》。《公非集》實際是劉攽（號公非）的《彭城集》，四十卷，大典本，亦收録《四庫全書》。

② 趙爾巽等：《清史稿》第四三册第四八一卷，北京：中華書局，1977年版，第13210頁。

③ 洪業輯校：《清畫傳輯佚三種·書畫輯略》，周駿富輯《清代傳記叢刊》第七九册藝林類一四，臺北：明文書局，1985年版，第312頁。

④ 李桓：《國朝耆獻類徵初編》第二三册第一三〇卷，周駿富輯《清代傳記叢刊》第一四九册綜録類七，臺北：明文書局，1985年版，第764頁。按，所收傳記係余集自撰墓誌銘，内容詳實。

⑤ 洪業輯校：《清畫傳輯佚三種·書畫輯略》，周駿富輯《清代傳記叢刊》第七九册藝林類一四，臺北：明文書局，1985年版，第312頁。

⑥ 中國第一歷史檔案館編：《纂修四庫全書檔案》下册，上海：上海古籍出版社，1997年版，第2225頁。

⑦ 錢泳：《履園畫學》，周駿富輯《清代傳記叢刊》第七一册藝林類一，臺北：明文書局，1985年版，第330頁。

女。”[①]《清史稿》也如此記載，並説廷試當得大魁，因善畫士女而抑之。詩神韻閑遠，書法古秀，兼長蘭竹花鳥，尤工士女，有“三絶”之譽[②]。《書畫輯略》中説其“書學趙、董，畫法倪迂，媚秀可愛”[③]。潘曾瑩記載：“先生與家伯祖榕皋公爲鄉榜同年，道光壬午江浙兩省重宴鹿鳴者，惟先生與榕皋公，兩人時稱吴越二老。”[④]有詩這樣評價余集：“茶熟香温點筆才，玉堂清暇見仙才。蛾眉寫出真傾國，莫誤燕蘭小譜來。”[⑤]

戴震，字東原，又字慎修，號杲溪，休寧隆阜（今安徽黄山）人。乾隆二十七年（1762）舉人，三十八年召爲《四庫全書》纂修官，之後多次參加會試，皆不中，四十年第六次會試下第，因學術成就顯著，特命參加殿試，賜同進士出身。戴震於音韻、文字、曆算、地理諸方面皆有造詣，有《戴東原集》。具體研究可參看《戴震評傳》[⑥]。

楊昌霖，字際時，號簡齋，江南吴縣人。《清史稿》《清史列傳》等無傳記，檢《清代官員履歷檔案全編》亦無此人。今依《纂修四庫全書檔案》考相關事蹟如下：乾隆三十八年七月入館，四十年正月“舉人戴震、楊昌霖作爲進士，准其與乙未科進士一體殿

---

① 李玉棻：《甌鉢羅室書畫過目考》卷三，周駿富輯《清代傳記叢刊》第七四册藝林類一〇，臺北：明文書局，1985年版，第422頁。

② 竇鎮：《國朝書畫家筆録》卷二，周駿富輯《清代傳記叢刊》第八二册藝林類二二，臺北：明文書局，1985年版，第198頁。

③ 洪業輯校：《清畫傳輯佚三種·書畫輯略》，周駿富輯《清代傳記叢刊》第七九册藝林類一四，臺北：明文書局，1985年版，第312頁。按，倪迂即倪瓚，元末明初畫家，性情狷介，怪癖甚多，因有“倪迂”之謂。

④ 潘曾瑩：《墨緣小録》，周駿富輯《清代傳記叢刊》第七九册藝林類一四，臺北：明文書局，1985年版，第333頁。

⑤ 陳文述：《書林新詠》，周駿富輯《清代傳記叢刊》第七九册藝林類一四，臺北：明文書局，1985年版，第462頁。

⑥ 李開：《戴震評傳》，南京：南京大學出版社，2006年版。

試"[①]，四十年五月二十四日《諭内閣楊昌霖在四庫全書館編校實心著授爲翰林院庶吉士》云："楊昌霖因在四庫全書館纂校書籍，是以欽賜進士，准其一體殿試。昨新進士引見，該員甲第在後，而江蘇省館選者已多，是以未經録用。兹閱館中所進由散篇裒輯書内《春秋經解》一種，編校頗見實心，即係楊昌霖所辦，是其學問尚優。楊昌霖著加恩授爲翰林院庶吉士。"[②]之後散館，但是散館後被授予何職？四十三年四月二十九日《諭内閣此次散館庶吉士戴心亨等著分别授職其改部各員内原辦書者仍兼館行走》也只是説，"庶吉士楊昌霖……俱著以部屬用……其原在四庫館辦書者，仍令其兼館行走"[③]。此處"以部屬用"應該是授刑部主事之職。據五十六年十二月初九日《左都御史紀昀奏文淵閣書籍校勘完竣並遥呈舛漏清單摺》附遺漏抵换各書清單，其中遺失《永樂大典》書三部之一的《春秋例要》後有這樣的按語："此書宋崔子方撰，乃《子方春秋》三書之一。通志堂所刻經解，僅有兩書，佚此一種，久無傳本。主事楊昌霖從《永樂大典》輯出補完。今架上未收。"[④]這裏只言楊昌霖的官銜是主事，又據《詞林輯略》知其爲"刑部主事"[⑤]，但《詞林輯略》史料來源未明。王重民先生有《楊昌霖傳》一文[⑥]，可參看。

---

① 中國第一歷史檔案館編：《纂修四庫全書檔案》上册，上海：上海古籍出版社，1997年版，第316頁。

② 中國第一歷史檔案館編：《纂修四庫全書檔案》上册，上海：上海古籍出版社，1997年版，第404頁。

③ 中國第一歷史檔案館編：《纂修四庫全書檔案》上册，上海：上海古籍出版社，1997年版，第819頁。

④ 中國第一歷史檔案館編：《纂修四庫全書檔案》下册，上海：上海古籍出版社，1997年版，第2274頁。

⑤ 朱汝珍：《詞林輯略》卷四，周駿富輯《清代傳記叢刊》第一六册學林類一八，臺北：明文書局，1985年版，第215頁。

⑥ 王重民：《冷廬文藪》上册，上海：上海古籍出版社，1992年版，第233–234頁。

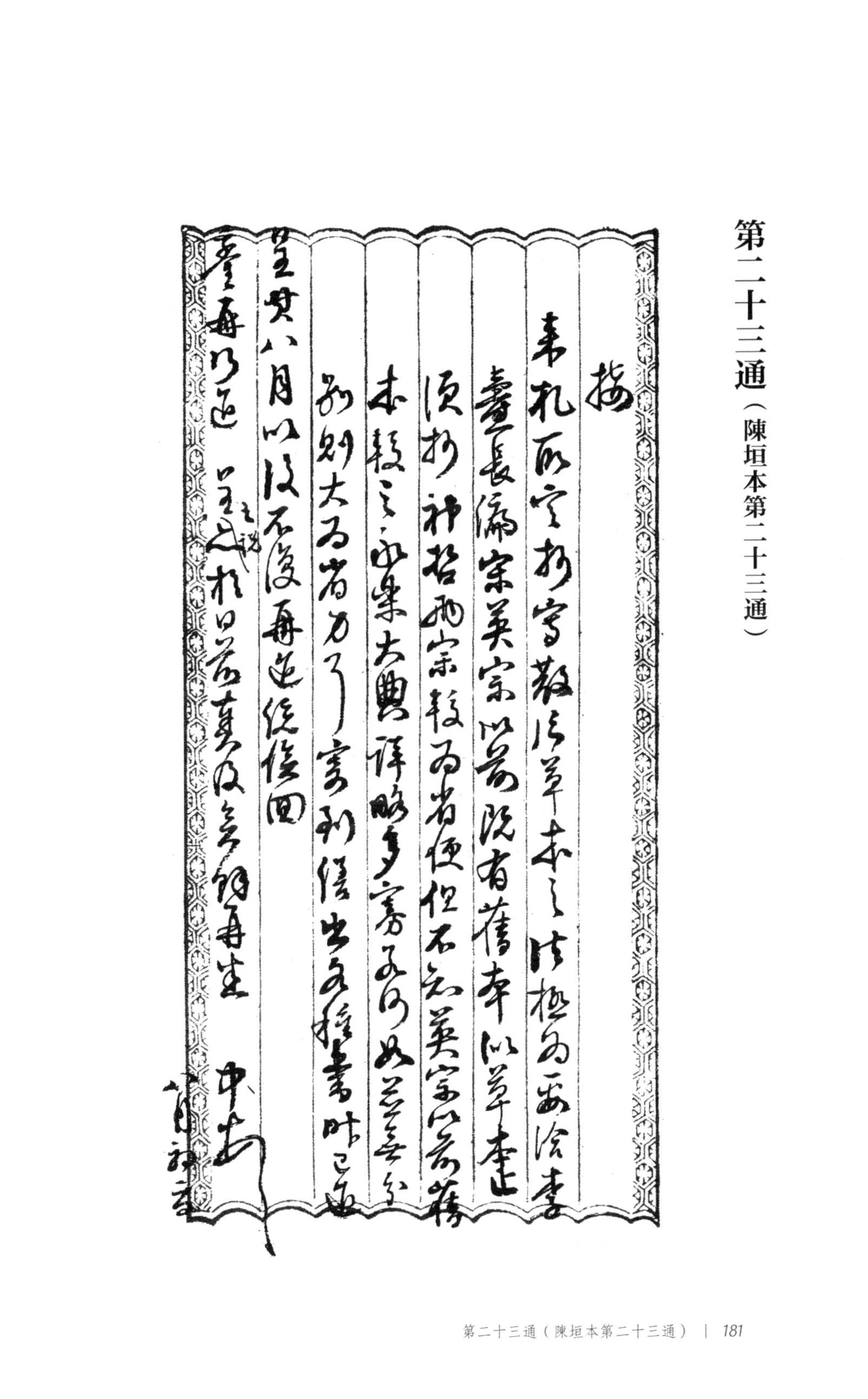

第二十三通（陳垣本第二十三通）

釋　文

接來札，所定抄寫散片草本之法，極爲妥洽。李燾《長編》，宋英宗以前既有舊本，似草本止須抄神、哲兩宗，較爲省便。但不知英宗以前舊本，較之《永樂大典》詳略多寡若何？如並無分別，則大爲省力耳。寄到繕出各種書，昨已進呈，“其八月以後不復再進，統俟回鑾，再行進呈”之説，亦於日前奏及矣。餘再悉。

中頓首　八月初二日

繫　年

此函作於乾隆三十八年八月初二日。作年考證，參第二十二通箋證。

箋　證

“抄寫散片草本之法”當係辦理《永樂大典》輯佚書散篇之條例，依此函看來這個條例是陸錫熊起草的，並得到了于敏中“極爲妥洽”的評價。

宋李燾撰《續資治通鑑長編》五百二十卷，《永樂大典》本，《四庫全書總目》卷四七史部編年類著録。《總目》有長達一千餘字提要，詳析此書來歷及輯録原委，其中關於此書流傳以及其與《永樂大典》之淵源有這樣的論述：“自元以來，世鮮傳本。本朝康熙初，昆山徐乾學始獲其本於泰興季氏，凡一百七十五卷。嘗具疏進之於朝。副帙流傳，無不珍爲秘乘。然所載僅至英宗治平而止，神宗以後仍屬闕如。檢《永樂大典》宋字韻中，備録斯編。以與徐氏本相較，其前五朝雖大概相合，而分注考異，往往加詳。至熙寧迄元符三十餘年事蹟，徐氏所闕而朱彝尊以爲失傳者，今皆粲然具存，首尾完善，實從來海内所未有。惟徽、欽二紀原本不載，又佚去熙寧、紹聖間七年之事，頗爲可惜。然自哲宗以上，年經月緯，遂已詳備無遺。以數百年來名儒碩學所欲見而不得者，一旦頓還舊物，視現行諸本增多幾四五倍。斯亦藝林之鉅觀矣。昔明成化中詔商輅等續修《通鑑綱目》，時《永樂大典》庋藏内府，外庭無自而窺，竟不知燾之舊文全載卷内，乃百方别購，迄不能得，論者以爲遺憾。”[①] 又，此書價值很大，是研究遼、宋、西夏等時期的重要史籍。乾隆時編纂《四庫全書》輯佚《續資治通鑑長編》後，嘉慶二十四年（1819）張金吾用活字排印愛日精廬本，光緒七年（1881）浙江巡撫譚鍾麟命黄以周等以《四庫全書》本校愛日精廬本，成浙江書局本。1979年中華書局出版點校本。近年苗潤博在湖南圖書館發現《續資治通鑑長編》四庫底本，撰有《〈續資治通鑑長編〉四庫底本之發現及其文獻價值》一文[②]，可參看。

另有第二十四通手札涉及《續資治通鑑長編》抄録事宜，“《長編》既已抄得，自爲省便”，與此函之“李燾《長編》，宋英宗以前既有舊本，似草本止須抄神、哲兩宗，較爲省便”一語，是爲一意。于敏中爲節省時間，提高效率，以省便爲要，前札按語已經説明。此函又言“但不知英宗以前舊本，較之《永樂大典》詳略多寡若何？如並無分别，則大爲省力耳”，亦可證前札所言節省時間之不誤。

三十八年五月八日，乾隆前往承德避暑山莊，九月十六日回鑾，此時已入八月，距回京已無更多時日，而《永樂大典》“繕出各種書”已經進呈乾隆皇帝，其閱覽定奪亦需時日，所以于敏中便有“八月以後不復再進”之言。關於回鑾辦理書籍，于氏第十七通手札提及“考輯《日下舊聞》一事，此時難於即辦，只可先行查明，俟回鑾後再酌商妥辦也”，第二十通云“《永樂大典》十種（寫本四種）已收到，略節亦得。其繕出正本，似止須七月底恭進一次，八月即可暫停，俟回鑾再行彙進”，具體參看各札箋證。

① 紀昀等：《欽定四庫全書總目》上册，北京：中華書局，1997年版，第654–655頁。
② 苗潤博：《〈續資治通鑑長編〉四庫底本之發現及其文獻價值》，《文史》2015年第2期，第221–243頁。

第二十四通（陳垣本第二十四通）

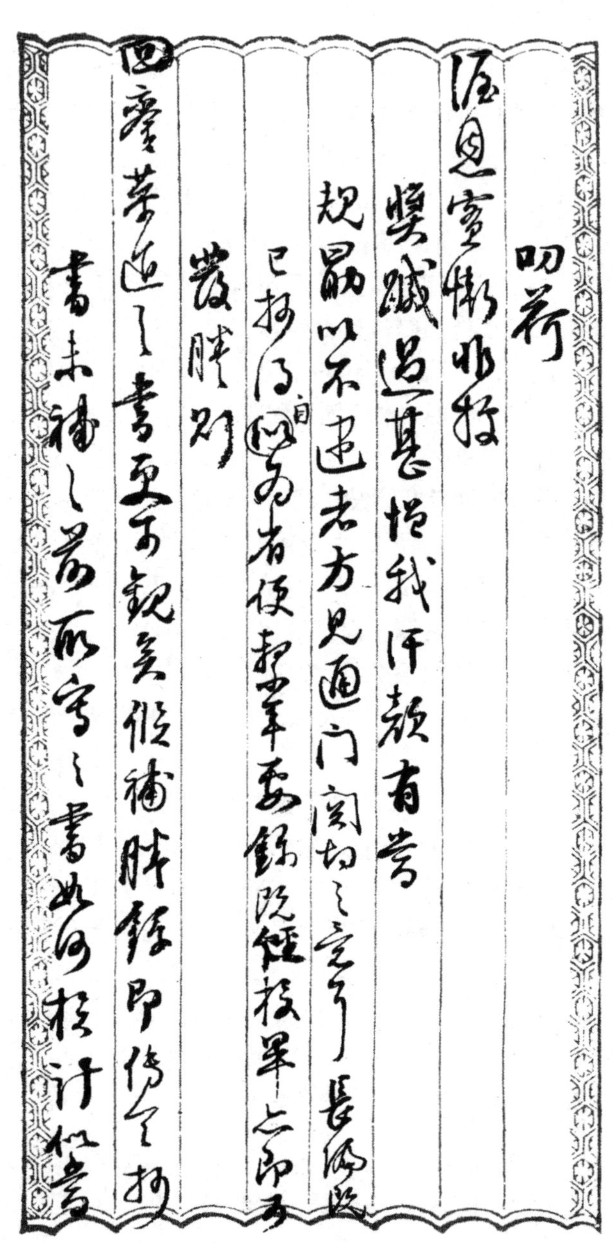

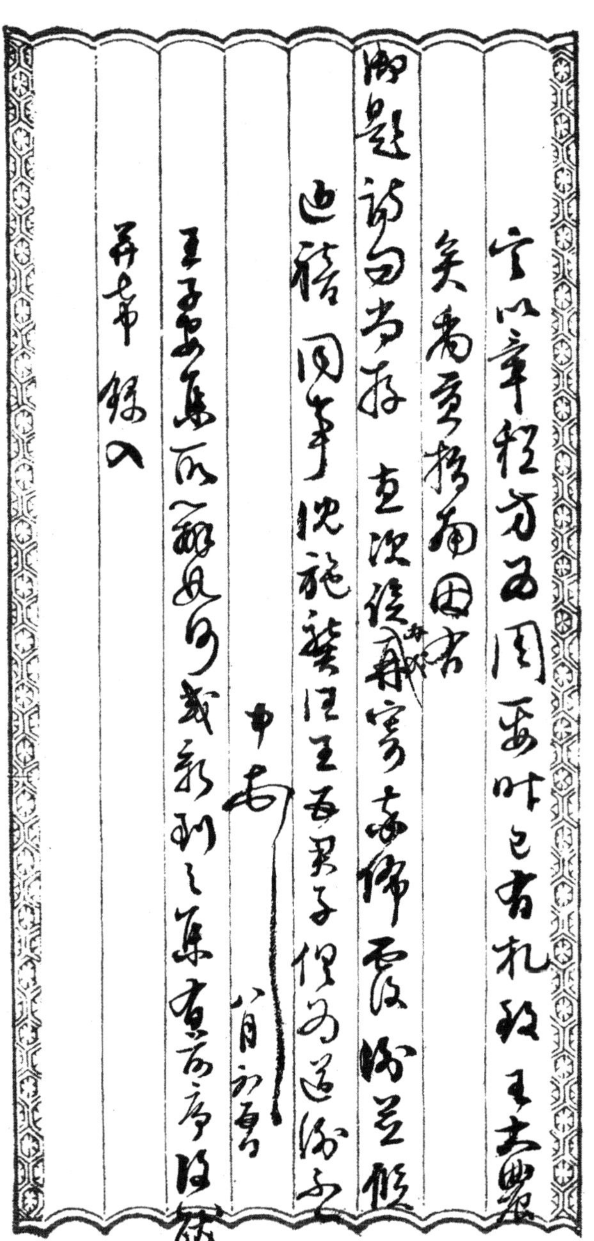

釋　文

叨荷渥恩，實慚非據，奬瓓過甚，增我汗顔。有當規勖以不逮者，方見通門關切之意耳。《長編》既已抄得，自[①]爲省便。《繫年要録》既經校畢，亦即可發謄，則回鑾恭進之書，更可觀矣。候補謄録即傳令抄書，未補之前所寫之書，如何核計，似當定以章程，方爲周妥，昨已有札致王大農矣。《禹貢指南》因有御題詩句，當存。直次俟辦成再寄。率佈覆謝，並候近禧。同事沈、施、龔、汪、王五君子俱爲道謝，不一。

中頓首　八月初五日

［附記］《王子安集》所辦如何？或新到之集，有前序後跋，并希録入。

繫　年

此函作於乾隆三十八年八月初五日。

《清實録》載，乾隆三十八年八月丁亥（初一），以協辦大學士户部尚書于敏中爲大學士[②]，函中云"叨荷渥恩"當指此事。此函云"《長編》既已抄得，自爲省便"，與第二十三通手札之"李燾《長編》，宋英宗以前既有舊本，似草本止須抄神、哲兩宗，較爲省便"一語，前後相關，據此亦可定其作年。另可參見第二十二通箋證。

箋　證

《繫年要録》即宋李心傳之《建炎以來繫年要録》，二百卷，《總目》史部編年類著録，《永樂大典》本。《總目》云，"是書述高宗朝三十六年事蹟，仿《通鑑》之例，編年繫月，與李燾《長編》

① 按，原作"似"，原稿圈改爲"自"。

② 《清實録》第二〇册，北京：中華書局，1986年版，第694頁。

相續"[①]，此書流傳過程館臣也有初步論斷，"《永樂大典》別載賈似道跋，稱寶祐初曾刻之揚州。而元代修《宋》《遼》《金》三史時廣購逸書，其目具見袁桷、蘇天爵二集，並無此名。是當時流傳已絶，故修史諸臣均未之見。至明初，始得其遺本，亦惟《文淵閣書目》載有一部二十册，諸家書目則均不著録。今明代秘府之本，又已散亡。其存於世者，惟《永樂大典》所載之本而已"[②]。此函所言之事係如何進呈事宜，未涉其他。依此函知，此書已經校畢，則可謄寫進呈。然此書卷帙甚夥，且離乾隆回京已無多少時日，與其分次分批進呈，不如先行謄寫，回鑾後將已經繕寫之書進呈，數量將極爲可觀。另，關於四庫輯佚本《建炎以來繫年要録》的介紹，可參考孔學《〈建炎以來繫年要録〉注文辨析》一文[③]。

關於謄録一項，第二十五通手札有所涉及，可參閲。此函言及"候補謄録"和抄書數量計算問題。據乾隆三十八年閏三月十一日《辦理四庫全書處奏遵旨酌議排纂四庫全書應行事宜摺》載"謄録一項，前經臣等奏明酌取六十名在館行走，僅供寫録《永樂大典》正副本之用"[④]，知翰林院四庫館大典處的謄録人數爲六十人，此爲定額，然尚有候補謄録可用。張昇先生在《四庫全書館研究》一書中，對日常在館謄録考論極詳，然對候補謄録的考證與介紹較少，蓋因候補謄録史料記載極稀，其數量記載更是鳳毛麟角所致。研究認爲，大典處謄録到乾隆四十三年五年期滿議叙，開館時的六十人議叙，後一批六十人遞補，前後在館總謄録之數可定，應在原有基礎上翻倍的[⑤]。此推論問題在於"後一批"爲何是六十人，不知依據何在？其所言空缺謄録隨時遞補，是有可能

① 紀昀等 :《欽定四庫全書總目》上册，北京 : 中華書局，1997年版，第657頁。
② 紀昀等 :《欽定四庫全書總目》上册，北京 : 中華書局，1997年版，第657頁。
③ 孔學 :《〈建炎以來繫年要録〉注文辨析》，《史學史研究》1998年第1期，第46—55頁。
④ 中國第一歷史檔案館編 :《纂修四庫全書檔案》上册，上海 : 上海古籍出版社，1997年版，第77頁。
⑤ 張昇 :《四庫全書館研究》，北京 : 北京師範大學出版社，2012年版，第235頁。

的[①]。張昇又據乾隆五十年七月十四日之《多羅質郡王永瑢等奏〈歷代職官表〉底稿全竣協修等可否議叙摺》推斷，大典處前後在館謄録總數爲一百二十人以上。這個數據的問題在於，考慮到議叙一項，百二十人的數據是有可能的，此手札爲文獻支撑之一；考慮到"添加謄録""候補謄録"等諸多特殊情形，這個數據估計是有誤的。單就于敏中此札看來，"候補謄録即傳令抄書"，數量應該不少，因爲于氏接著説"未補之前所寫之書，如何核計，似當定以章程，方爲周妥"，説的是這些"候補謄録"之前已經在四庫館抄《永樂大典》輯佚書，因不是"正規謄録"（即額定的六十名謄録），而稱之爲"候補謄録"。但是在第十五通手札中有這樣記載，"謄録中有未補而寫書者，有已補而不寫者，其説確否？未補而先寫，尤所未喻，希查明密示"，已補而不寫的情形涉及到行賄問題，對於未補而寫書者，于敏中也不贊同。但不贊同並不能代表可以阻止這件事情的發生，第二十五通手札云"頃接錢塘宫傅字云，添傳謄録四十人，而札中又云六十，何耶"，此處添派謄録一事，也打破了之前第四通"謄録一項現在毋庸再添，其詳已具王大宗伯啓中"的協商結果。值得注意的是，王際華所添傳的謄録是抄寫進呈遺書謄録，還是抄寫大典本輯佚書謄録呢？答案應該是後者。王際華在乾隆三十八年二月二十一日即作爲總裁官辦理《永樂大典》書籍，從于敏中三十八年所作信函可以看出，主要是大典本輯佚工作，因而，添傳的謄録也應該是抄録大典本輯佚書。這樣看來，大典本謄録在三十八年就已經是百二十人。第二十六通，于敏中説"無故添人，實非好事，言之再三而不見聽，亦無可如何耳"，"謄録之事，若再有更張，即易招物議，幸已安帖。然所辦究未老到，恐仍不免口舌耳"。諸語指向一處，謄録一項涉

---

① 按，所據文獻爲易雪梅、曾雪梅《閲微草堂收藏諸老尺牘》，見《文獻》2005年第2期。又按，對此文的辨證可參照《四庫全書館研究》第235頁第1條注釋。

人之多，且關繫複雜[①]，隨時可能都在變化，但似乎在這之後有所規範。

抄書數量計算問題，蓋不出四庫館規定範圍。乾隆三十八年閏三月十一日《辦理四庫全書處奏遵旨酌議排纂四庫全書應行事宜摺》記載："現在提調、纂修各員於在京之舉人及貢監各生内擇字畫工緻者，各舉數人，臣等覆加閱定，共足四百人之數，令其充爲謄録，自備資斧效力。仍核定字數，每人每日寫一千字，每年扣去三十日，爲赴公所領書交書之暇。計每人每年可寫三十三萬字，並請照各館五年議敘之例，核其寫字多少以爲等差。"[②] 所謂"擇字畫工緻者"，今看來也未必全是，而工作量的統計或難以折扣。其他方面關於謄録的問題，可參看第十五通、二十五通等函箋證。

《禹貢指南》四卷，宋毛晃撰，永樂大典本，《總目》經部書類著録。《總目》云："舊本之佚久矣。今考《永樂大典》所載，與諸家注解散附經文各句下，謹綴録成篇，釐爲四卷。以世無傳本，其體例之舊不可見，謹以經文次第標列，其無注者，則經文從略焉。"[③]《禹貢指南》御題詩句如下："微禹其魚功不刊，導川敷土下民安。九州既奠爰分域，四海會同永宴瀾。毛晃指南因有述，文淵闕氏乃無端。焦竑志籍傳名著，朱子説書取訓鑽。千古淵源率由溯，諸家附會概祛謾。獨於分野稱星宿，未識恢恢天道

---

① 按，張昇先生考，館臣在舉薦謄録時，首先考慮舉薦其弟子、親友、同鄉等，所以謄録中爲館臣親屬之人頗多，例如，朱珪之子錫初、王際華之弟錫壽、張若溎之弟若瀛、陸費墀之弟鏊、梁國治之外孫、吴璥之侄嘉德、吴玉綸之侄貽棟等。見《四庫全書館研究》，北京：北京師範大學出版社，2012年版，第224頁。

② 中國第一歷史檔案館編：《纂修四庫全書檔案》上册，上海：上海古籍出版社，1997年版，第77-78頁。

③ 紀昀等：《欽定四庫全書總目》上册，北京：中華書局，1997年版，第141頁。

寬。"[①] 此詩見於《御製詩四集》，繫於乾隆甲午[②]，即乾隆三十九年(1774)，與此函不一致。

"沈、施、龔、汪、王五君子"分别指沈孫瑾、施培應、龔大萬、汪如藻、王汝嘉五人。兹考如下：

沈孫瑾，清阮元《兩浙輶軒録》卷三五載："沈孫瑾，字礫人，號蘆氏，一號大雲，錢塘人。乾隆壬辰進士，官山東道監察御史。吴錫麒傳略曰：先生弱冠雋一黌，乾隆辛卯舉於鄉，壬辰成進士，入翰林。四庫館初開，先生充纂修官。甲辰、丙午遞轉監察御史……生平作詩古文，清麗出塵表，脱稿輒去。卒年五十。"[③]《詞林輯略》史料明顯來自《兩浙輶軒録》，但孫瑾字寫作"樂人"[④]，疑誤。沈孫瑾，係乾隆三十七年進士，據《纂修四庫全書檔案》，乾隆四十年四月二十八日，"漢書庶吉士沈孫瑾……著授爲編修"[⑤]，後沈孫瑾一直在館。乾隆四十七年十一月初一日《軍機大臣奏查核五月至九月所進書籍錯誤次數請將總校等交部察議》，記載沈孫瑾記過四次[⑥]；乾隆五十二年五月二十三日《質郡王永瑢等奏現辦覆校文淵文源兩閣書籍事宜摺》，在看書各員名單中有御史沈孫瑾。

---

① 毛晃：《禹貢指南》卷前《御製題毛晃禹貢指南六韻》，《景印文淵閣四庫全書》第五六册，臺北：臺灣商務印書館，1986年版，第1頁。按，"淵源"《御製詩四集》作"根源"。

② 乾隆：《御製詩四集》卷一七，《景印文淵閣四庫全書》第一三〇七册，臺北：臺灣商務印書館，1986年版，第532頁。

③ 阮元：《兩浙輶軒録》卷三五，《續修四庫全書》第一六八四册，上海：上海古籍出版社，2002年版，第330頁。

④ 朱汝珍：《詞林輯略》卷四，周駿富輯《清代傳記叢刊》第一六册學林類一八，臺北：明文書局，1985年版，第208頁。

⑤ 中國第一歷史檔案館編：《纂修四庫全書檔案》上册，上海：上海古籍出版社，1997年版，第382–383頁。

⑥ 中國第一歷史檔案館編：《纂修四庫全書檔案》下册，上海：上海古籍出版社，1997年版，第1671頁。

施培應，字起東，號芳谷，雲南昆明人，散館，授編修[①]。據《清實録》記載，施培應爲乾隆二十二年（丁丑）進士，著改爲翰林院庶吉士[②]。《清代官員履歷檔案全編》所載中進士時間與《清實録》一致[③]。二十五年五月二十二日，"内閣、翰林院帶領丁丑科散館修撰、編修、庶吉士引見……漢書庶吉士施培應……授爲編修"[④]。二十七年七月爲山西鄉試正考官。據檔案記載，四十六年至五十年都有關於校勘書籍記過處分的記録。乾隆五十年，休致。《諭内閣四庫全書告成翰苑各員著按考試等第分别升降革罰》記載："朕因修四庫全書，未免從權優用。兹書既告成，理應循名責實，以清翰苑。是以於乾清宫考試，而切題者不一二見，祗按其文字優劣，分爲四等。三等……施培應……侍講孫效曾，編修施培應、李簀、周厚轅、何循，檢討王允中、許霖、張位、龔大萬、錢世錫、丁榮祚，俱著休致。"[⑤]《清代官員履歷檔案全編》也載其以"編修告歸"[⑥]。

龔大萬，字體六[⑦]，一字懷青[⑧]，號荻浦，湖南武陵人。乾隆三十一年五月，禮部帶領浙江、江西、福建、湖南、湖北、陝西等省選拔貢生引見，龔大萬等四十四名著交吏部詢問，願以教職

① 朱汝珍：《詞林輯略》卷四，周駿富輯《清代傳記叢刊》第一六册學林類一八，臺北：明文書局，1985年版，第189頁。

②《清實録》第一五册，北京：中華書局，1986年版，第821頁。

③ 秦國經主編，唐益年、葉秀雲副主編：《清代官員履歷檔案全編》第一册，上海：華東師範大學出版社，1997年版，第653頁。

④《清實録》第一六册，北京：中華書局，1986年版，第893頁。

⑤ 中國第一歷史檔案館編：《纂修四庫全書檔案》下册，上海：上海古籍出版社，1997年版，第1859-1860頁。

⑥ 秦國經主編，唐益年、葉秀雲副主編：《清代官員履歷檔案全編》第一册，上海：華東師範大學出版社，1997年版，第653頁。

⑦ 李桓：《國朝耆獻類徵初編》第二三册第一二九卷，周駿富輯《清代傳記叢刊》第一四六册綜録類七，臺北：明文書局，1985年版，第699頁。

⑧ 朱汝珍：《詞林輯略》卷四，周駿富輯《清代傳記叢刊》第一六册學林類一八，臺北：明文書局，1985年版，第207頁。

用者以教職用，願以佐貳等官用者以佐貳等官用。乾隆三十六年五月成進士，改翰林院庶吉士。三十八年閏三月十一日《辦理四庫全書處奏遵旨酌議排纂四庫全書應行事宜摺》載："查武英殿原有纂修十二員，前經派在四庫全書者八員，止餘張書勳、張秉愚、張運暹、季學錦四員，今擬添派翰林陳夢元、鄭爔、李光雲、朱依魯、龔大萬、郭寅、許兆椿、閔惇大等八員，代辦武英殿纂修之事，俾兼司校勘。"[①]可見自三十八年，龔大萬就進入四庫館。後散館，授檢討。四十二年，檢討龔大萬爲廣西鄉試正考官。四十三年，軍機大臣奏遵旨查明四月至閏六月所進書籍錯誤次數，分校龔大萬記過一次，未交部議處。乾隆五十年，休致[②]。乾隆五十五年四月二十八日，補内閣中書，乾隆諭曰："檢討龔大萬、饒慶捷、許霖前因大考，分別休致革職。昨於山左迎鑾，進獻詩册，兹命出題考試，所作詩句雖屬平庸尚不甚荒謬。且饒慶捷因大考繕寫違式革職，龔大萬等因大考列入四等休致，並非緣事獲譴，尚可酌加録用龔大萬、饒慶捷、許霖，均著加恩以内閣中書補用。"[③]授内閣中書後，"年已六十，遂不赴"。據《國朝耆獻類徵初編》記載："大萬天資高邁，而尊體前輩、推獎後進如不及，浮沉館閣幾二十年，未展所蓄，著有《賜扇樓詩集》。"[④]

汪如藻，字彦孫，號鹿園，浙江秀水人[⑤]。乾隆三十八年閏三月十一日《辦理四庫全書處奏遵旨酌議排纂四庫全書應行事宜摺》記"查有郎中姚鼐，主事程晋芳，任大椿，學政汪如藻，原任學

---

① 中國第一歷史檔案館編：《纂修四庫全書檔案》上册，上海：上海古籍出版社，1997年版，第75頁。

② 中國第一歷史檔案館編：《纂修四庫全書檔案》下册，上海：上海古籍出版社，1997年版，第1860頁。

③《清實録》第二六册，北京：中華書局，1986年版，第129頁。

④ 李桓：《國朝耆獻類徵初編》第二三册第一二九卷，周駿富輯《清代傳記叢刊》第一四九册綜録類七，臺北：明文書局，1985年版，第699頁。

⑤ 朱汝珍：《詞林輯略》卷四，周駿富輯《清代傳記叢刊》第一六册學林類一八，臺北：明文書局，1985年版，第214頁。

士降調候補之翁方綱，亦皆留心典籍，見聞頗廣，應請添派爲纂修官，令其在館一同校閲，悉心考核，方足敷用”[①]。《嘉興府志》卷五二記曰：“汪如藻，字念孫，舉人，考授國子監學正。值四庫館開，獻家藏書一百三十七種，得褒旨充甲午順天鄉試同考官，以乙榜與選異數也。”[②]三十九年五月十四日《諭内閣賞鮑士恭等〈古今圖書集成〉周厚堉等〈佩文韻府〉各一部》云：“及朝紳中黄登賢、紀昀、勵守謙、汪如藻等，亦俱藏書舊家，並著每人賞給内府初印之《佩文韻府》各一部，俾亦珍爲世寶，以示嘉獎。”[③]四十年，成進士，改翰林院庶吉士[④]，四十三年因纂輯《永樂大典》五年期滿（自三十八年始），議叙一等，“庶吉士汪如藻著即授爲編修，無庸散館”[⑤]。四十七年添派編修汪如藻等協同纂輯《一統志》。四十七年二月内奏補辦事翰林官，充文淵閣校理。五十一年四月内用江西撫州府知府。五十九年六月内用山東督糧道。《履歷檔案》共記載三次引見情形，對其人略有評價：五十一年四月内引見，“和平妥當”；五十六年八月内引見，“似可”；五十九年七月内引見，“此任可，餘再看”[⑥]。據殿本職名表記載，汪如藻任“協勘總目官”（浙本作“總目協勘官”）。又據《梧門先生年譜》知，汪如藻曾任翰林院四庫館提調，《永樂大典》纂修官。張昇《四庫

---

① 中國第一歷史檔案館編：《纂修四庫全書檔案》上册，上海：上海古籍出版社，1997年版，第77頁。

② 許瑶光等修，吴仰賢等撰：《嘉興府志》（三），《中國方志叢書·華中地方·第五三號》，臺北：成文出版社，1970年版，第1430頁。

③ 中國第一歷史檔案館編：《纂修四庫全書檔案》上册，上海：上海古籍出版社，1997年版，第211頁。

④ 秦國經主編，唐益年、葉秀雲副主編：《清代官員履歷檔案全編》第二册，上海：華東師範大學出版社，1997年版，第313頁。

⑤ 中國第一歷史檔案館編：《纂修四庫全書檔案》上册，上海：上海古籍出版社，1997年版，第785頁。

⑥ 秦國經主編，唐益年、葉秀雲副主編：《清代官員履歷檔案全編》第二册，上海：華東師範大學出版社，1997年版，第313頁。

全書館研究》第九章有考證[①]。

王汝嘉，王恕子，字士會，號榕軒，四川銅梁人[②]。乾隆三十七年進士，改翰林院庶吉士。後散館，乾隆四十年授檢討，諭旨稱“此次因辦理四庫全書，需員纂校，是以散館人數較上次少，而留館者轉多，後不爲例”[③]，據此可知王汝嘉也參加《四庫全書》纂修事宜，充大典本纂修官[④]。其他相關記載較爲少見。今《總目》提要中著録《易發》八卷，題“編修王汝嘉家藏本”[⑤]，此處署銜“編修”，查《清實録》無此記載。

沈、施、龔、汪、王五人有著共同特點，即都擔任過大典本纂修官，乾隆三十八年皆在館辦理大典本書籍。函札云，向沈、施、龔、汪、王五君子道謝，蓋往熱河進呈的大典本輯佚書籍與這五人的工作有關。

于氏要求將新到《王子安集》的前序後跋，全部録入，檢文淵閣本《四庫全書》,《王子安集》前僅有楊炯序一篇，後有附録，收録王勃傳、遺事、集評和（文集内容）糾謬。

---

① 張昇：《四庫全書館研究》，北京：北京師範大學出版社，2012年版，第336頁。

② 朱汝珍：《詞林輯略》卷四，周駿富輯《清代傳記叢刊》第一六册學林類一八，臺北：明文書局，1985年版，第211頁。

③ 中國第一歷史檔案館編：《纂修四庫全書檔案》上册，上海：上海古籍出版社，1997年版，第383頁。

④ 張昇：《四庫全書館研究》，北京：北京師範大學出版社，2012年版，第336、373頁。按，此書第四章、第九章均涉及到王汝嘉。

⑤ 紀昀等：《欽定四庫全書總目》上册，北京：中華書局，1997年版，第104頁。

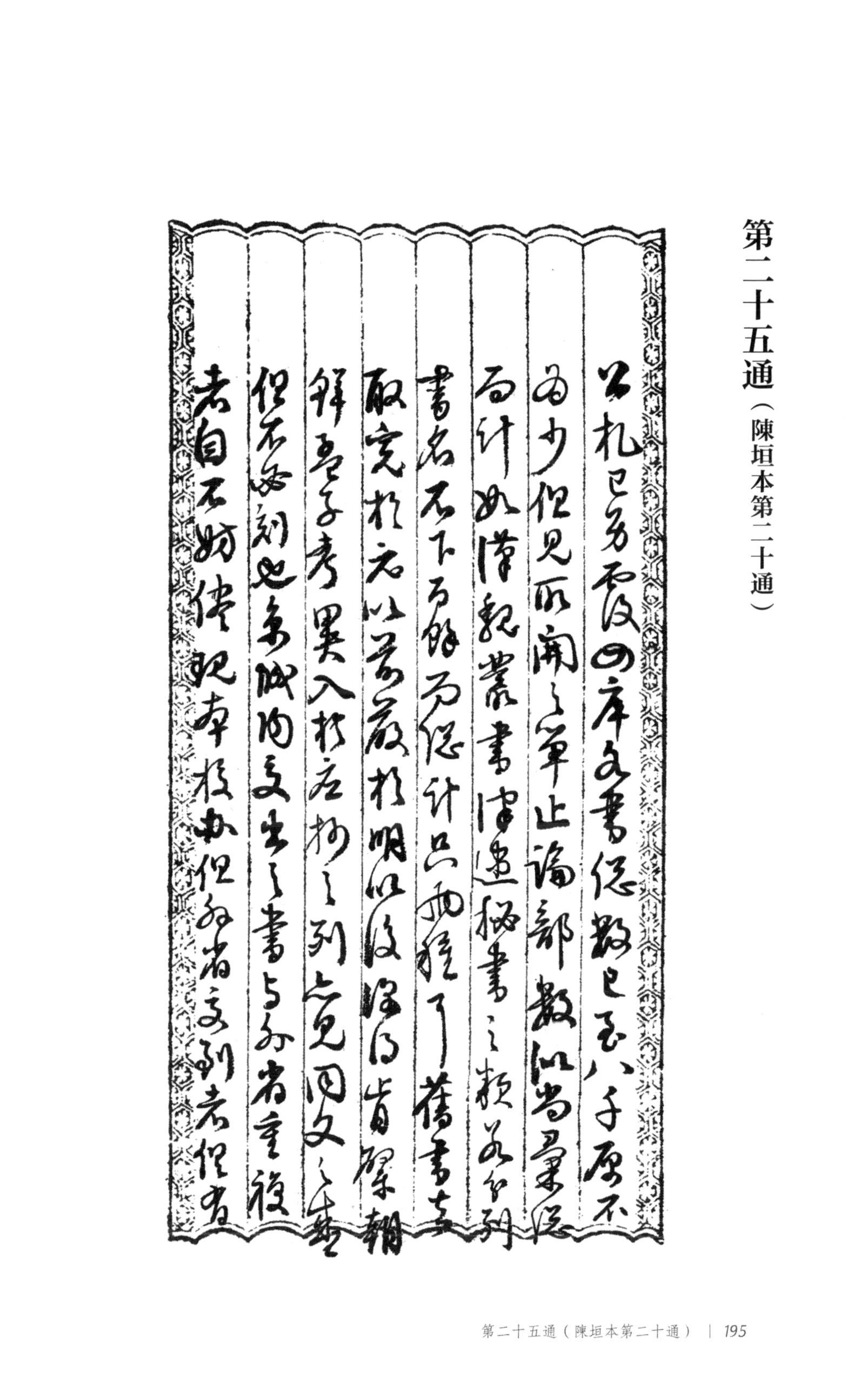

第二十五通（陳垣本第二十通）

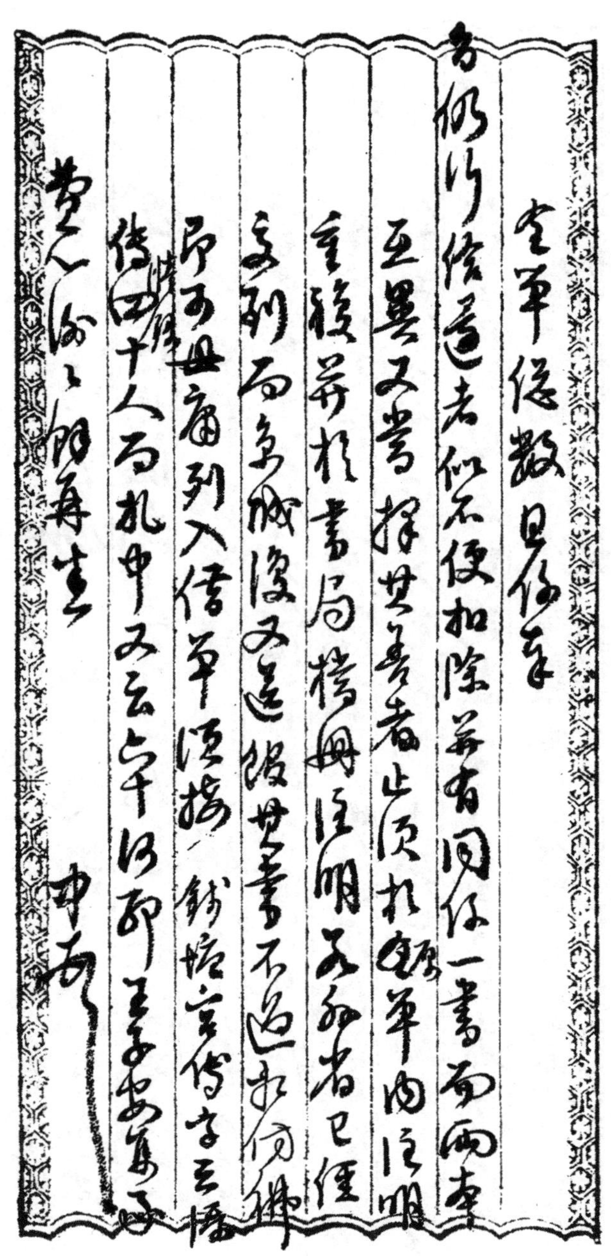

空單條數只須查
旨
仍行傳諭者似不便扣除并有因係一書而兩本
至異又書擇其善者止須於錄單內註明
重複并於書局檔冊註明可知者已經
分列而多減後又遂設其書不過數
即可毋庸列入傳單須換 錢培言傳言云語
傳四十人而机中又云六年以節甚妥覈了
費心謝謝頓首 中再

釋　文

公札已另覆。四庫各書總數已至八千，原不爲少，但見所開之單，止論部數，似當彙總而計，如《漢魏叢書》《津逮秘書》之類，若分列書名，不下百餘，而總計只兩種耳。舊書去取，寬於元以前，嚴於明以後，深得肯綮。朝鮮《孟子考異》，入於應抄之列，亦見同文之盛，俱不必刻也。京城内交出之書，與外省重複者，自不妨儘現本校辦。但外省交到者，俱有全單總數，且係奉旨仍行給還者，似不便扣除，並有同係一書而兩本互異，又當擇其善者，止須於原單内注明重複，並於書局檔册注明。若外省已經交到，而京城復又送館，其書不過相仿佛，即可毋庸列入借單。頃接錢塘宫傅[①]字云，添傳謄録四十人，而札中又云六十，何耶？《王子安集》承費心，謝謝。餘再悉。

中頓首

繫　年

此函作於乾隆三十八年八月初六或初七日。

關於作年，依據有五：

其一，乾隆三十八年閏三月十一日《辦理四庫全書處奏遵旨酌議排纂四庫全書應行事宜摺》載："謄録一項，前經臣等奏明，

① 按，此字是"保"是"傅"有不同的識讀，司馬朝軍先生識爲"宫保"（《〈四庫全書總目〉編纂考》，第98頁），徐慶豐先生讀爲"宫傅"（《〈于文襄手札〉考釋——並論于敏中與〈四庫全書〉纂修》，第10頁）。第一，從草書字形來看，此字更接近爲"傅"。第二，"宫保"，即太子少保之稱；"宫傅"，即太子少傅之稱（《清代典章制度辭典》，第68頁）。王際華於乾隆三十八年四月晋升太子少傅（《國史列傳》第三册卷五九，周駿富輯《清代傳記叢刊》第三七册名人類一，第783頁），又此函作於三十八年七月，稱"宫傅"，然也。錢塘，指籍貫而言，王際華係浙江錢塘人。第三，乾隆四十一年三月王際華卒，贈"太子太保"，此銜簡稱"宫太保"。此追贈之銜，豈可用於生前稱呼？由此可推斷此處必爲"宫傅"。

酌取六十名在館行走，僅供寫録《永樂大典》正副本之用。今恭繕四庫全書陳設本一樣四分，卷帙浩瀚，字數繁多，必須同時分繕成編……臣等覆加閱定，共足四百人之數，令其充爲謄録，自備資斧效力。"[①] 札中所云"應抄之書，即交四百謄録繕寫，毋庸另添謄録"，當在此後不久，不出乾隆三十八年範圍。

其二，第六通、第十一通手札均提及《漢魏叢書》，且第十一通所言與此函頗爲相近，據此亦可斷爲乾隆三十八年。

其三，據乾隆三十八年三月二十八日諭，内閣傳令各督撫限半年迅速購訪遺書，"半年"時間當不出此三十八年九月範圍，又，函中言"四庫各書總數已至八千"，已接近《四庫全書》所收書數量，據此可推知，此函又作於九月之前。

其四，乾隆三十八年四月初三日《大學士劉統勳等奏請令京師藏書之家及京官將藏書目録鈔送摺》載"京師舊家藏書及京官携其家藏書籍自隨者，亦頗有善本，足資採録"[②]，函中"城内交出之書"是云辦理京城書籍一事，據此也可推斷在乾隆三十八年。

其五，札中所言添傳謄録一事，于敏中持反對意見，此見於第二十四通、二十六通手札，兩函均作於三十八年，則此函作年可定。二十六通札末署"八月初八"，則該札又當作於八月初八之前。

關於月日的確定，主要依據第七通、二十二通、二十四通、二十六通手札中的相關信息。胡適對此有所考證，二十二通提及"《王子安集》，約計何時可得"；二十四通又問"《王子安集》所辦如何"；此函云"《王子安集》承費心，謝謝"。從邏輯上分析，此函應在二十四通之後。又，二十四通論"候補謄録，傳令抄書"事，云"昨已有札致王大農矣"；此函云"頃接錢塘宫傅字云，添傳謄録四十人，而札中又云六十，何耶"；二十六通仍論謄録事，從其

① 中國第一歷史檔案館編：《纂修四庫全書檔案》上册，上海：上海古籍出版社，1997年版，第77頁。

② 中國第一歷史檔案館編：《纂修四庫全書檔案》上册，上海：上海古籍出版社，1997年版，第93頁。

所言“無故添人，實非好事，言之再三而不見聽，亦無可如何耳”，可推斷此無可奈何係王際華無故添傳謄録事。二十四通作於八月初五日，二十六通作於八月初八日，則此函當作於初六或初七日。

箋　證

此函所涉辦理《四庫全書》的問題較多，約略分解，蓋有五端：

一、謄録數量與人員添加問題。《四庫全書》繕寫，需要大批人員擔任謄録工作。四庫館最初實行保舉之法，《辦理四庫全書處奏遵旨酌議排纂四庫全書應行事宜摺》載，“令現在提調、纂修各員於在京之舉人及貢監各生内擇字畫工緻者，各舉數人，臣等覆加閲定，共足四百人之數，令其充爲謄録，自備資斧效力”[①]，此四百人之數與此函正合。據黄愛平考證，“保舉法行之不久，即弊端叢生，由於謄録五年期滿後可以照例議叙得官，不少科場失意者以此爲終南捷徑……而四庫館的一些提調、纂修憑藉保舉之權，居奇受贄，任意索賄，導致物議沸騰”[②]。“再加上謄録‘俱是自備斧資效力行走，其能書者不皆有力，其有力者不盡能書’，甚至出現雇倩書手，代人鈔胥的混亂現象”[③]。於是，監察御史胡翹元專摺上奏，建議改保舉爲考查。乾隆三十八年七月五日吏部等衙門奏摺云：“嗣後無庸仍令纂修、提調等管保舉謄録，以絶奔競，以免物議。應俟該處應需添人繕寫時，先期出示曉諭，有願自備斧資投充謄録者，取具同鄉六品以上京官印結具呈投遞，京員子弟即令該員由本衙門具文呈送。俟彙齊時，總裁官酌定應用人數，奏請皇上欽點大臣數員，傳集諸臣，各令當堂親書數行，擇其字畫

① 中國第一歷史檔案館編：《纂修四庫全書檔案》上册，上海：上海古籍出版社，1997年版，第77頁。

② 黄愛平：《四庫全書纂修研究》，北京：中國人民大學出版社，2001年版，第132頁。

③ 黄愛平：《四庫全書纂修研究》，北京：中國人民大學出版社，2001年版，第132頁。

端正者，照數取録，以次充補，纂修、提調等官均不干預其事”[①]。然而，謄録者難以滿足纂修《四庫全書》的需要，後來又有增補，札中言及“添傳謄録”一事可證。黄愛平《四庫全書纂修研究》以乾隆三十九年八月十九日諭旨爲證，釋增加謄録一事[②]，所引史料可與手札對讀。張昇的《四庫全書館研究》有關於“謄録”一項考證，較爲詳實[③]。謄録實際人數無法確考，但在乾隆三十八年酌議排纂《四庫全書》事宜時，有兩個數字需要注意：一是在館行走的六十名謄録，負責寫録《永樂大典》正副本；二是四百謄録，據手札知，這四百謄録是抄録進呈遺書的，于敏中認爲“遺書毋庸録副”，工作量或減少一半，因而也“毋庸另添謄録”。謄録的添派一直是困擾于敏中的難題，從此函用語“斷不可行”“添傳謄録四十人，而札中又云六十，何耶”等語可以看出于氏已有愠色。

二、《四庫全書》著録書籍數量問題。《四庫全書》體例按傳統經、史、子、集四部劃分，下分四十四類六十六屬，共鈔有七部，每部所收書種數、册數、卷數、頁數各不相同。郭伯恭據同治七年廣東書局重刊《四庫全書簡明目録》統計，全書共收書三千四百七十部，七萬九千一十八卷[④]，據胡虔《四庫全書附存目録》核算存目收書六千八百一十九部，九萬四千零三十四卷（内

---

① 清江蘇布政司編：《乾隆上諭條例》，清嘉慶元年（1796）刻本。按，《清實録》記載此事：“吏部議准。御史胡翹元奏稱，《四庫全書》謄録向令纂修提調等官保舉，易滋弊竇。請嗣後投充謄録之人，取具同鄉六品以上京官印結，具呈投遞，俟彙齊時，總裁官酌定應用人數，奏請欽點大臣，傳集該謄録，當堂親書數行，擇其字畫端楷者，録取充補。從之。”見《清實録》第二〇册第九三八卷，北京：中華書局，1986年版，第643-644頁。

② 黄愛平：《四庫全書纂修研究》，北京：中國人民大學出版社，2001年版，第133頁。

③ 張昇：《四庫全書館研究》，北京：北京師範大學出版社，2012年版，第231-235頁。

④ 郭伯恭：《四庫全書纂修考》，收入村萃學社編集，周康燮主編“清史論叢”第七集《〈四庫全書〉之纂修研究》，香港：大東圖書公司，1980年版，第112頁。

四百零九部無卷數）[①]。正目與存目兩者相加有一萬餘部，而此函所言"八千"之數，距《四庫全書》所收書數量已經較爲相近。此時是三十八年七月，各省書籍進呈尚未結束。另，于氏說"《漢魏叢書》《津逮秘書》之類，若分列書名，不下百餘，而總計只兩種"，定本《總目》依于氏所言著録兩書。今檢《四庫採進書目》，《武英殿第一次書目》收有《津逮秘書》一部，只標明一百八本。按，《各省進呈書目》書名後所注種數、卷數和編者係吴慰祖所加[②]。

三、《四庫全書》書籍取捨問題。《四庫全書》對於進呈書籍的查檢相當嚴格，違礙書籍採取全毁、抽毁、挖改的辦法，去其違礙文字。于氏所定"舊書去取，寬於元以前，嚴於明以後"，被館臣採納，並在《四庫全書》的纂修過程中嚴格執行。從手札來看，這句話前後皆没有承接，似是專門回應一個問題。蓋是陸錫熊致函于敏中所問，于氏就此作答。關於書籍著録一事，最大的問題在明代，其中又以明代史部類著作爲甚。于敏中以總裁身份所定《四庫全書》書籍著録標準是官方的共識，在之後的修書、禁書工作中，民族偏見亦融入書籍纂修之中。

後面的修書工作，對明末清初之書的搜查則至爲苛刻。《查辦違礙書籍條款》對明人書籍中有毁譽任意、詞句抵觸者，皆列爲違礙。以明末明人别集爲例，不被篡改者寥寥無幾。今天所存的中國古籍善本，有許多明人别集單行本，内容與四庫著録的明人别集有諸多不同之處，這些原始文獻對於研究《四庫全書》書籍取捨，以及由此而引發的一系列清人民族思想和學術思想衝突與碰撞問題有重要價值。《中國古籍善本書目》和《中國古籍善本總目》録有未被删改者明人别集至夥，研究明代文學當以此爲要，研究清代文學亦不可不以此爲參照。在抗日戰争爆發之際，古籍善本南遷之時，國民政府教育部發佈一則訓令（一九三三年五月

① 郭伯恭：《四庫全書纂修考》，收入村萃學社編集，周康燮主編"清史論叢"第七集《〈四庫全書〉之纂修研究》，香港：大東圖書公司，1980年版，第112頁。
② 吴慰祖校訂：《四庫採進書目》，北京：商務印書館，1960年版，第191頁。

三日），强調保護古籍善本，尤其提到未被删改的明人别集，電報原文説："國立北平圖書館蔡館長（元培）、袁副館長（同禮）鑑密，北平圖書館承文内閣清學部藏書之遺，爲全國圖書館之最大者，所藏宋、元精本以及《永樂大典》甚夥，而明代實録及明人集仍係本來面目，遠非《四庫全書》删改者可比，尤爲重要。特電：仰將挑有精本南遷，以防不虞爲要。"[①] 需要指出，《四庫全書》著録書籍標準，在修書過程中不斷修正，也不斷嚴苛。

四、《四庫全書》書籍版本與進書書單問題。《四庫全書》著録書籍皆不言版本，此亦文獻疏漏表現之一。"同係一書而兩本互異，又當擇其善者，止須於原單内注明重複，並於書局檔册注明"，而在正式刊入《四庫全書》時，原單和檔册中標注的信息，皆不見著録。所謂"兩本互異""擇其善者"，現在看來也無從考證。各省進到之書，皆録有書單，今有商務印書館吴慰祖校訂的《四庫採進書目》，原名即《各省進呈書目》。據于氏此函所言，"若各省已經交到，而京城復又送館，其書不過相仿佛，即可毋庸列入借單"，可見京城所進書目遠非《各省進呈書目》著録之數，因而，《直隸省進呈書目》（包括京城所採書目）所收二百三十八種是删除重複或相仿佛者後的遺存。

五、《王子安集》凡例係陸錫熊所作，今檢《四庫全書》無凡例，蓋全書定本完成後，抄入《四庫全書》時所删。第七通手札最早提及《王子安集》，參看相關箋證。除此函外，尚有第二十二通、二十四通、二十七通手札涉及此書。

此外，此函提到京城内交出之書與外省交到之書，而且提到了書局檔册。這個書局檔册現在或已無從查考[②]。但在乾隆三十九年七月十八日《寄諭四庫全書處總裁各省進到遺書及翰林院貯書

---

① 《國民政府教育部訓令》，中國國家圖書館檔案館藏。

② 按，山東大學杜澤遜先生藏有《武英殿四庫全書滕録檔册》一本，參見李振聚《新發現的〈武英殿四庫全書滕録檔册〉文獻價值考述》（《文獻》2022年第3期）一文。

不許私携出外》中却記載："所有翰林院存貯各書，著總裁等交該提調照各省進到書單，造成檔册。纂修等領辦之書，即於册内填注，仍每日稽查，毋許私携出外。"[①] 所以在《大學士英廉等奏遵旨查審提調陸費墀遺失底本情形摺》中就有"翰林院移送書籍檔册"之説。不僅如此，各省進呈書目也有書籍檔册，如《浙江巡撫三寶奏遵旨辦理遺書情形並恭呈遺書清單摺》説"隨即檢查浙江省原進遺書檔册，共書四千六百種"，這裹又有"浙江省遺書檔册"。清人沈初編有《浙江採集遺書總録》，係乾隆四十年刻本，又有清黄烈編《江蘇採輯遺書目録》，抄本[②]，這兩個本子是否是各省進呈遺書檔册的兩本，亦不得而知。又《涵芬樓秘笈》有舊抄本《進呈書目》一部[③]，這些書目的編排具有很大的隨意性，很可能是隨進呈隨抄録的。

另，文中所及"朝鮮《孟子考異》"待考。宋王應麟撰有《論語孟子考異》，《總目》予以存目，稱："舊本題宋王應麟撰。凡注疏諸儒之説與《集注》互異者，各爲考訂。然應麟著作傳世者多，而此書諸家皆不著録。今考所載，實皆採之《困學紀聞》中，蓋書肆作僞之本也。"[④]

---

① 中國第一歷史檔案館編：《纂修四庫全書檔案》上册，上海：上海古籍出版社，1997年版，第227頁。

② 張昇：《〈四庫全書〉提要稿輯存》第一册前言，北京：北京圖書館出版社，2006年版，第5頁。

③ 孫毓修：《涵芬樓秘笈》第十集，上海：商務印書館，1921年版。

④ 紀昀等：《欽定四庫全書總目》上册，北京：中華書局，1997年版，第483頁。

第二十六通（陳垣本第二十五通）

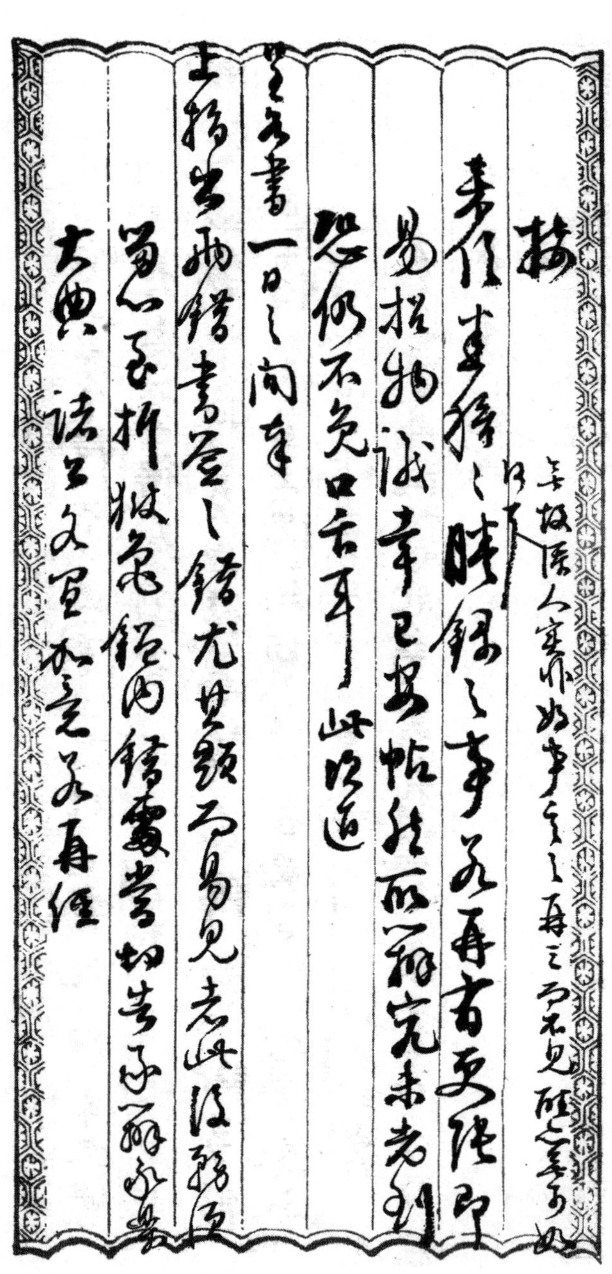

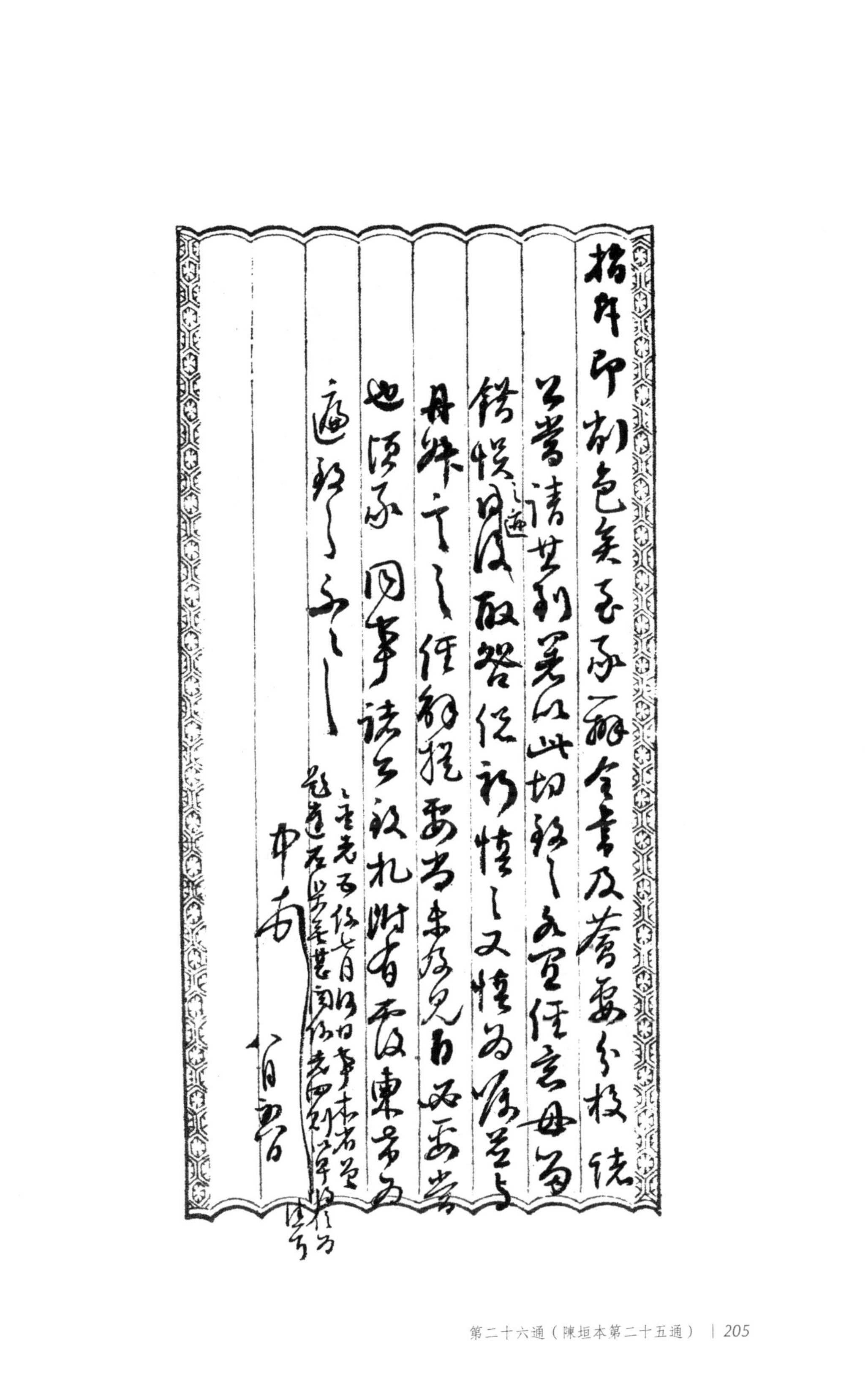

釋　文

接來信，悉種種。無故添人，實非好事，言之再三而不見聽，亦無可如何耳。謄録之事，若再有更張，即易招物議，幸已安帖。然所辦究未老到，恐仍不免口舌耳。此次進呈各書，一日之間，奉上指出兩錯，書簽之錯，尤其顯而易見者，此後務須留心。至《折獄龜鑑》内錯處，當切告承辦《永樂大典》諸公，各宜加意，若再經指斥，即削色矣。至承辦《全書》及《薈要》分校諸公，當請其到署，以此切致之，各宜經意，毋留錯誤之跡，日後取咎。總祈慎之又慎爲囑，並與丹叔言之。《經解》提要尚未及見，自必妥當也。頃承同事諸公致札，附有覆柬，希爲遍致之，不具。（金老五係七月何日事，本省曾題達否？渠無甚關係老四，則以早得信爲佳耳。）

中頓首　八月初八日

繫　年

此函作於乾隆三十八年八月初八日。

第二十四通云"候補謄録即傳令抄書，未補之前所寫之書，如何核計，似當定以章程，方爲周妥"，此函又説"無故添人，實非好事，言之再三而不見聽……謄録之事，若再有更張，即易招物議，幸已安帖"，二函順承，時間相隔應該不久。另可參見第二十五通箋證。

箋　證

謄録一項極爲複雜。《四庫全書》辦理初期，因前期工作無經驗可循，加之行事草率，謄録人數衆多，致使謄録一項事事不斷，出現了賄買、頂名、代抄、偷工、怠工等不同程度的問題。于敏中此函説"無故添人，實非好事，言之再三而不見聽，亦無可如何”，説明在四庫館開館初期，謄録已經出現弊端，而總裁也無可奈何，原因之一是其體系龐大，關係複雜，人數衆多，但究其本根係充當謄録可以得到議敘，此被視爲終南捷徑，引多數人鋌而走險。在于敏中的大力整治下，“已安帖”，然仍未達到令衆人滿意的地步。如賄買案最終於乾隆四十四年被清廷發現，張昇《四庫全書館研究》録有四起賄買案事實。

“書簽之錯”何解？此涉及到《永樂大典》簽出佚書佚文的辦理程式和著録方式。張昇在《〈四庫〉館簽佚書單考》對《永樂大典》簽出佚書佚文的辦理和簽出方式均有考證。張昇認爲，“各纂修官所簽書單中著録佚書書名及佚文出處的方式，大體是一致的，但也有一些細微差别。例如，若一張簽條所簽只有一卷《大典》，則該卷簽出的佚書書名按出現順序依次開列在簽條中即可。若一張簽條所簽有兩卷或三卷《大典》，則一般會分别標明各卷所簽出的佚書。但是，纂修官有時爲了貪圖方便，只在簽條第一行中填寫所簽閲的《大典》卷次，以下則是通過分行另起著録的方式，來區别不同卷次中簽出的佚書書名”①。以此考證與于氏函中所説對照，可推斷“書簽之錯”當是著録卷次這種明顯錯誤；而有關書中内容亦有錯處，此當爲校勘之誤。對於這種不甚認真的輯佚態度，于敏中至爲關切，他以總裁的身份，命陸錫熊等進呈書籍之臣務須留心，並請陸錫熊告知“承辦《永樂大典》諸公，各宜加意”，而“承辦《全書》及《薈要》分校諸公”，則要“當請其到署，以此切致之，各宜經意，毋留錯誤之跡”。于氏命陸氏告知陸費墀（丹叔），以“乂慎爲囑”再作強調。這種即時處理問題的態度，對於《四庫全書》的編纂有很大作用，它在一定程度上避免了因疏忽或草率所導致的文獻錯誤。

值得注意的是“承辦《全書》及《薈要》分校諸公”一語，

---

① 張昇：《〈四庫〉館簽佚書單考》，《中國典籍與文化》2006年第3期，第64頁。

分校是“館臣中人數最多的，也是最複雜的”[①]。之所以最多，是因爲分校官主要有三處，一處是《永樂大典》處，二處是《四庫全書》處，三處是《四庫全書薈要》處。這三處在《四庫全書》纂修初期應該是分別有自己的工作的，而且當時應該是以大典本輯佚書爲中心任務。原因如下：從乾隆三十八年二月初六日、十一日所發諭旨可以看出，大典本的編纂工作是“棄多取少”，按時告竣，不得拖延。而且大典本是首先進行纂修的，又是乾隆親自閱書。實際情況也是，在《四庫全書》各省書目進呈過程中，《永樂大典》輯佚工作早已進行，劉統勳等擬定纂修條例在三十八年二月二十一日，而直到五月十七日諭旨才稱“購求呈送之書，已不下四五千種”，且“所有進到各書，並交總裁等，同《永樂大典》内現有各種詳加核勘，分別刊鈔”[②]。函中“請其到署”指的是大典本辦理處翰林院[③]。

《折獄龜鑑》八卷，《永樂大典》本，宋鄭克撰，《總目》子部法家類著録。鄭克《宋史》無傳，其所著之書是斷獄和司法的案例彙編。關於此書缺陷，《總目》指出兩點：“其間論斷，雖意主尚德緩刑，而時或偏主於寬，未能悉協中道。所輯故實，務求廣博，多有出於正史之外者，而亦或兼收猥瑣，未免龐雜。”[④]

函中所云“經解”指的是郝敬所著《九經解》，因此書被拆散爲“九經”，各自存目，所以《總目》之中並無《九經解》提要。參見第六通箋證。在《四庫全書》纂修之初，三十八年五月十七日諭旨明言“有俚淺訛謬者，止存書名，彙爲總目，以彰右文之

① 張昇：《四庫全書館研究》，北京：北京師範大學出版社，2012年版，第174頁。

② 中國第一歷史檔案館編：《纂修四庫全書檔案》上册，上海：上海古籍出版社，1997年版，第117頁。

③ 按，張昇先生指出：“與採進本、内府本等其他《四庫》書不同，大典本從簽書到編纂到分校到謄抄成正本，都是在翰林院進行的。”見《四庫全書館研究》，北京：北京師範大學出版社，2012年版，第69頁。

④ 紀昀等：《欽定四庫全書總目》上册，北京：中華書局，1997年版，第1317頁。

盛”[1]，而提要的撰寫此時或早已開始。在五十六通手札中，第十通已提及“提要”二字。通過于氏語意知，提要撰寫與書籍辦理是同時進行的，從以後諸函札來看，提要最大的用處之一即是判斷書籍是否符合刊、抄標準。《經解》自六月九日開始辦理，至今已兩月，所以于敏中説“自必妥當也”。

① 中國第一歷史檔案館編：《纂修四庫全書檔案》上册，上海：上海古籍出版社，1997年版，第117頁。

第二十七通（陳垣本第二十六通）

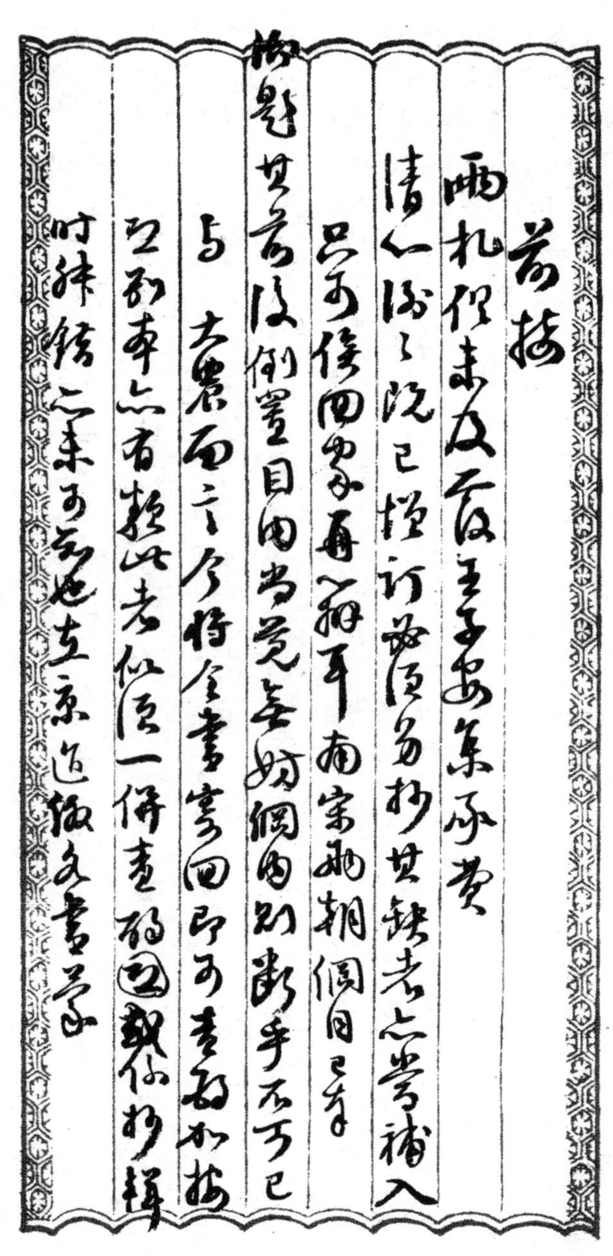

諸書共一百種以上者即無爲難當伏據撰數種近
皇上諭以字學寵行
即爲遣之稱又要
祠成之換遣年多刻者刊者刻者本撰數種另約計以時可竟
呈覽後畫以約計須半年當有眉目此即
兩月矣
恩之由行
即奉　紀大人書商於稱但書之某件如照一般行著繕

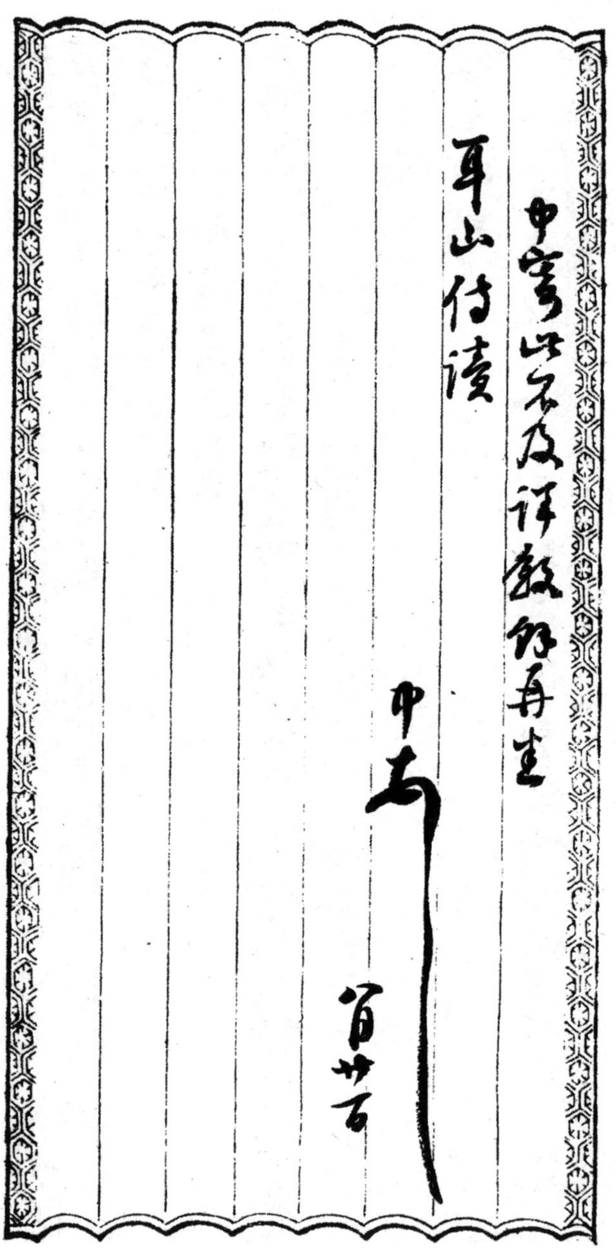

中寓此不及詳敘，即再達

耳山付讀

中頓首　廿二

釋　文

前接兩札，俱未及覆。《王子安集》承費清心，謝謝。既已增訂，必須另抄，其缺者，亦當補入，只可俟回家再辦耳。《南宋兩朝綱目》已奉御題，其前後倒置，目内尚覺無妨，綱内則斷乎不可，已與大農面言。今將全書寄回，即可查酌加按，恐别本亦有類此者，似須一併查酌，或係抄輯時舛錯[①]，亦未可知也。在京進繳各書，蒙諭"有在一百種以上者，即照馬裕家例持擇數種進呈題詩以示榮寵"，祈即爲速辦。又蒙詢及各種遺書，分别應刊、應抄、應存，總叙、提要約計何時可完？愚覆奏以"約計後年，當有眉目"。此即兩公承恩之由，祈即與紀大人相商酌辦，但不知果能如愚所言否？冗中寄此，不及詳叙，餘再悉。耳山侍讀。

中頓首　八月廿一日

繫　年

此函作於乾隆三十八年八月廿一日。

作年考證，并參第七通箋證。此函距上一通（八月初八日）有近半月之期，于敏中因軍務繁忙未及答覆，因而開篇即云"前接兩札，俱未及覆"。第二十四通云《建炎以來繫年要録》"回鑾恭進"，此函云《王子安集》"回家再辦"，兩函時間相差不遠。

箋　證

《王子安集》相關信息，參看第七通、二十二通、二十四通、二十五通等箋證。

《兩朝綱目備要》十六卷，《永樂大典》本，不注撰人名氏，《總目》卷四七史部編年類著録。《總目》云："其書世罕傳本，惟

---

① 按，"或"字前，原札圈删"恐"字。

見於《永樂大典》者，尚首尾完具，謹校正繕録，以備參稽。原書卷目已不可考，今按年編次，釐爲十有六卷。”[①]《南宋兩朝綱目》已奉御題，今文淵閣《四庫全書》卷前有《御題南宋兩朝綱目備要》二首一韻，其一“侂胄家奴抵罪宜，禁軍何致似興師。深謀爾日出彌遠，月落還如星替之”，其二“孟浪挑金固匪宜，幸和可忘詰戎師。西山豈啻工章句，一疏興衰實繫之”[②]。按,《御製詩》將此兩首詩繫於乾隆甲午年（1774），即乾隆三十九年，與此函不合，當誤。御題“前後倒置”問題已面商大農（王際華），今觀此書御題與文淵閣《四庫全書》本各書御題位置一致，蓋更正矣。于敏中並未把此事作爲個案處理，而是“今將全書寄回，即可查酌加按，恐别本亦有類此者，似須一併查酌，或係抄輯時舛錯，亦未可知也”，態度之嚴謹可見一斑。

札中有言“在京進繳各書，蒙諭‘有在一百種以上者，即照馬裕家例擇數種進呈題詩以示榮寵’，祈即爲速辦”，檢《清實録》乾隆三十八年未有此内容諭旨，蓋乾隆口諭。此事由乾隆三十九年五月十四日《大學士于敏中奏擬賞鮑士恭等〈古今圖書集成〉周厚堉等〈佩文韻府〉摺》可推知一二，奏摺内容如下：

> 蒙發下《古今圖書集成》十一部，交臣擬備各省行宫陳設外，其餘擬賞各省交送遺書最多之家。臣恭擬各省行宫七處，陳設各一部，餘四部擬賞進書五百種以上之鮑士恭等四家各一部，俾得寶貴尊藏。又查交書一百種以上，均經奉旨於所進書内，查其最佳者呈覽，奉有御題。通計進書一百種以上者，在京及外省共有周厚堉等九家，謹擬賞以《佩文韻府》初印本各一部，用示嘉獎。並擬寫明發諭旨進呈。所有

---

① 紀昀等：《欽定四庫全書總目》上册，北京：中華書局，1997年版，第660頁。

② 無名氏：《兩朝綱目備要》,《景印文淵閣四庫全書》第三二九册，臺北：臺灣商務印書館，1986年版，第685頁。又見於乾隆《御製詩四集》卷一八,《景印文淵閣四庫全書》第一三〇七册，臺北：臺灣商務印書館，1986年版，第543頁。

擬備陳設及擬賞之處，另行分繕清單，恭呈御覽。[①]

同日，乾隆下旨，諭内閣賞鮑士恭等《古今圖書集成》，周厚堉等《佩文韻府》各一部：

今閲進到各家書目，其最多者，如浙江之鮑士恭、范懋柱、汪啓淑，兩淮之馬裕四家，爲數至五、六、七百種，皆其累世弆藏，子孫克守其業，甚可嘉尚。因思内府所有《古今圖書集成》，爲書城鉅觀，人間罕覯，此等世守陳編之家，宜俾尊藏勿失，以永留貽。鮑士恭、范懋柱、汪啓淑、馬裕四家，著賞《古今圖書集成》各一部，以爲好古之勸。又進書一百種以上之江蘇周厚堉、蔣曾甇，浙江吴玉墀、孫仰曾、汪汝瑮，及朝紳中黄登賢、紀昀、勵守謙、汪如藻等，亦俱藏書舊家，並著每人賞給内府初印之《佩文韻府》各一部，俾亦珍爲世寶，以示嘉獎。以上應賞之書，其外省各家，著該督撫鹽政派員赴武英殿領回分給；其在京各員，即令其親赴武英殿祗領。仍將此通諭知之。[②]

上述于敏中所奏“查交書一百種以上，均經奉旨於所進書内，查其最佳者呈覽，奉有御題”，在《御製詩集》中並不存御題之詩。今所見之四庫底本中，未見有書前有乾隆題詩者。蓋經御題後即發還獻書之家，未經録副。于敏中此函中只説“在京進繳各書”，未提及京城之外私人進呈之書；而其奏摺中則云“在京及外省共有周厚堉等九家”，説明乾隆口諭下達後並未立即著辦，蓋考慮到外省私人進呈書籍情形。今哈佛大學圖書館藏《浙

① 中國第一歷史檔案館編：《纂修四庫全書檔案》上册，上海：上海古籍出版社，1997年版，第210頁。

② 中國第一歷史檔案館編：《纂修四庫全書檔案》上册，上海：上海古籍出版社，1997年版，第211頁。

江解進書目》一卷，内有曝書亭、小山堂、鮑士恭、吴玉墀、汪啓淑、孫仰曾、汪汝瑮、范懋柱、邵（按，當爲“鄭”）大節九家進呈書目，並詳細載明各家經御題之書。鮑士恭獻書六百二十六種，其中《武經總要》《唐闕史》經御題詩章；吴玉墀獻書三百五種，其中《歷代制度詳説》《説文篆韻譜》經御題詩章；汪啓淑獻書五百二十四種，其中《建康實録》《錢塘遺事》經御題詩章；孫仰曾獻書二百三十一種，其中《乾道安臨志》經御題詩章；汪汝瑮獻書二百一十九種，其中《曲洧舊聞》《書苑菁華》經御題詩章；范懋柱獻書六百二種，其中《周易要義》《意林》經御題詩章[①]。以上六家皆在《諭内閣賞鮑士恭等〈古今圖書集成〉周厚堉等〈佩文韻府〉各一部》之旨中。

“各種遺書，分别應刊、應抄、應存，總叙、提要約計何時可完？愚覆奏以‘約計後年，當有眉目’”，這裏的刊、抄、存是對書籍的分類，而標準則是以乾隆和四庫館臣爲代表的官方思想。總叙和提要也一併進行，于敏中所説“後年”，即乾隆四十年。函中又云“此即兩公承恩之由”指乾隆三十八年八月十八日《諭内閣紀昀陸錫熊校書勤勉著授爲翰林院侍讀以示獎勵》一事，諭云：“辦理四庫全書處將《永樂大典》内檢出各書，陸續進呈。朕親加披閲，間予題評，見其考訂分排，具有條理，而撰述提要，粲然可觀，則成於紀昀、陸錫熊之手。二人學問本優，校書亦極勤勉，甚屬可嘉。紀昀曾任學士，陸錫熊現任郎中，著加恩均授爲翰林院侍讀，遇缺即補，以示獎勵。”[②]

《總目》非紀昀一人所撰，此函即有一證。“總叙、提要約

① 王仁俊鈔《浙江解進書目》，光緒三十一年，哈佛大學圖書館藏。此書封面題“乾隆代呈進書目傳鈔本一册，光緒乙巳夏王仁俊”。按，九家進呈中，經御題詩章者有六家，而曝書亭呈送書目一十四種，小山堂呈送書目六種，鄭大節呈送書目八十二種，皆未及百種，未得御題。

② 中國第一歷史檔案館編：《纂修四庫全書檔案》上册，上海：上海古籍出版社，1997年版，第145頁。

計何時可完？……祈即與紀大人相商酌辦，但不知果能如愚所言否”，于氏明言“提要”需陸錫熊與紀昀二人酌辦，《總目》的編纂陸錫熊功不可没。其一，紀昀《題陸耳山副憲遺像》詩有“蓬萊三島昔共到，開元四庫曾同編。兩心别有膠漆契，多年皆似金石堅”[①]數語，説明二人曾共同編纂《四庫全書》及《總目》。其二，王昶曾説陸錫熊“考字畫之訛誤，卷帙之脱落，與他本之互異，篇第之倒置，蘄其是否不謬於聖人。又博綜前代著録諸家議論之不同，以折衷於一是，總撰人之生平，撮全書之大概，凡十年書成，論者謂陸君之功爲最多”[②]，王氏之言可作一旁證。其三，陸氏也自稱其編纂完成《總目》，參見第十八通箋證。

① 紀曉嵐著，孫致中等點校：《紀曉嵐文集》第一册，石家莊：河北教育出版社，1995年版，第534頁。

② 王昶：《春融堂集》卷五五，珠溪文彬齋刻本，清光緒十八年重修本。

第二十八通（陳垣本第二十七通）

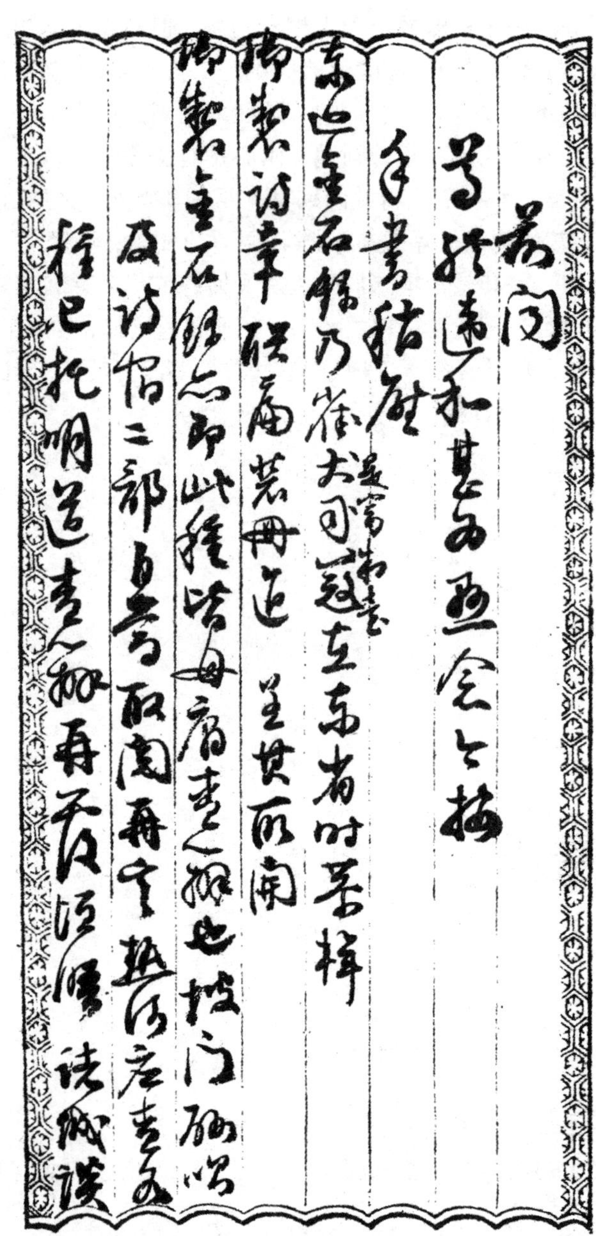

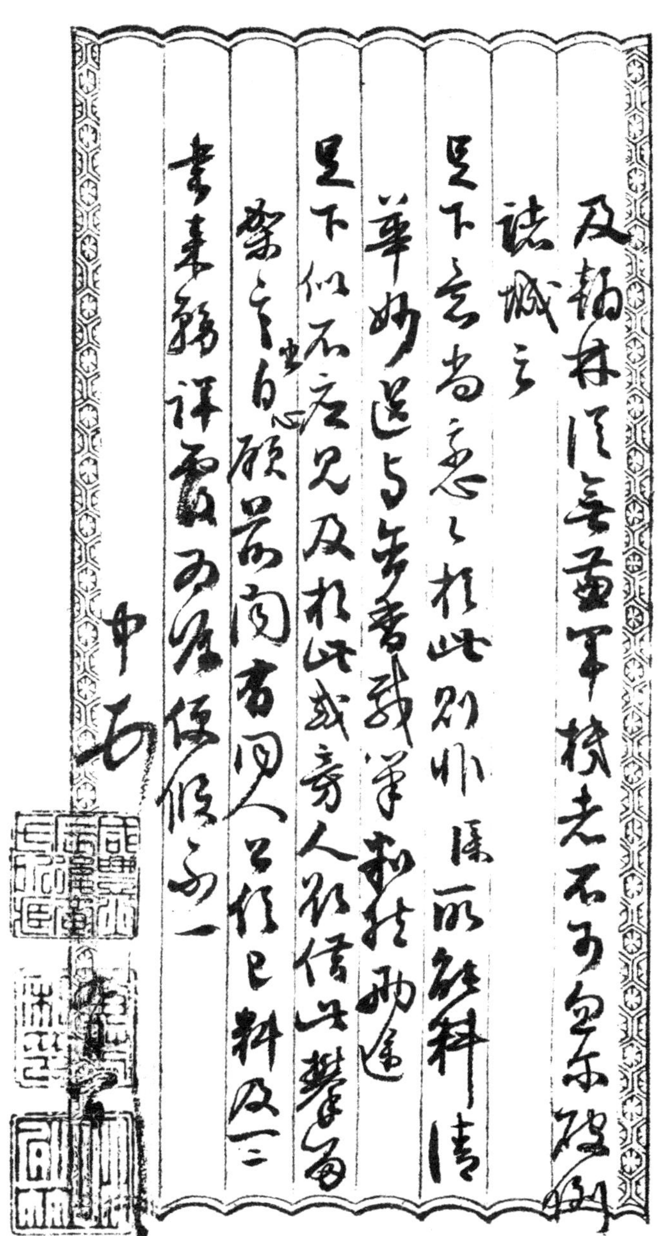

釋　文

前聞尊體違和，甚爲懸念，今接手書稍慰。《東巡金石録》，乃崔大司寇（是崔制臺[①]）在東省時，恭輯御製詩章聯篇裝册進呈，其所開御製《金石録》，亦即此種，皆毋庸查辦也。《坡門酬唱》及《詩宿》二部自當取閲再定。《熱河》應查各種，已托明道查辦，再覆。頃晤諸城，談及翰林從無兼軍機者，不可忽爾破例。諸城云足下意尚戀戀於此，則非僕所能料。清華妙選與含香載筆判然兩途，足下似不應見及於此，或旁人欲借此攀留架言，出自心願，前聞有同人，公信已料及一二。書來務詳覆爲囑。便候，不一。

中頓首　九月八日

繫　年

此函作於乾隆三十八年九月初八日。作年考證，參閲第十九通箋證。

箋　證

大司寇，在清代是刑部尚書别稱[②]。制臺，在清代是總督的别稱。東省，明清時期對山東省的簡稱。崔大司寇指崔應階，《清史稿》《國史列傳》《國朝耆獻類徵初編》等有部分事蹟記載。據《國史列傳》記載，崔應階於乾隆三十七年授刑部尚書，直至四十一

① 按，“崔”字，徐慶豐《〈于文襄手札〉考釋》一文識爲“富”。根據草書字形判斷，此字更接近於“崔”，再由文意判斷，此處應該指的是崔應階，而非“富”姓總督。退一步講，如果此處是“富”姓總督，則與史實不符。查“清代歷任直隸總督名單”，乾隆三十八年任直隸總督者係周元理。周元理，字秉中，浙江仁和人。乾隆三十六年十月以山東巡撫遷，四十四年三月被罷官。任期七年零五個月。

② 龔延明：《中國歷代職官别名大辭典》，上海：上海辭書出版社，2006年版，第46頁。

年十月才調任左都御史[①]，此札作於乾隆三十八年，稱崔大司寇合於史實。這裏于敏中所説山東省進呈的《金石録》，係崔應階在山東任職時所輯。《國史列傳》載，應階於“（乾隆）二十四年十月授山東布政使”[②]，後於“二十八年五月擢貴州巡撫，六月調山東巡撫”，直至“三十二年七月調福建巡撫”前，崔應階一直在山東巡撫任上，在其詩集中有《登蓬萊閣》等詩。此處于敏中自注“是崔制臺”，指的是崔應階在任刑部尚書之前官總督一職而言。《國史列傳》有崔應階有較詳細履歷：“三十三年正月擢閩浙總督，八月加太子太保……三十五年十二月調漕運總督……三十七年授刑部尚書，三十八年十月賜紫禁城騎馬，四十一年十月調左都御史。”[③] 據此可知，于敏中自注崔制臺，亦與史實相合。

崔應階，字吉升[④]，號拙圃，湖北江夏人，其生卒年鄧長風《十五位明清戲曲作家的生平史料》有考[⑤]。應階著有《拙圃詩草》《黔遊紀程》《研露樓琴譜》《官鏡録》等，輯有《金石三例》（包括《金石例》《墓銘舉例》《金石要例》三種）。所撰雜劇有《煙花債》《情中幻》，這兩部雜劇有清乾隆合刻本，書名題爲《研露樓兩種曲》，又有與吴恒宣合作的傳奇《雙仙記》，今皆存於世。

檢《四庫採進書目》，山東省呈送書目中並無《金石録》，這也是陸錫熊致函于敏中，求其解惑的原因。于敏中回覆“《東巡金石録》，乃崔大司寇（是崔制臺）在東省時，恭輯御製詩章聯篇裝

---

① 清國史館編：《國史列傳》第二册卷五二，周駿富輯《清代傳記叢刊》第三六册名人類一，臺北：明文書局，1985年版，第887頁。

② 清國史館編：《國史列傳》第二册卷五二，周駿富輯《清代傳記叢刊》第三六册名人類一，臺北：明文書局，1985年版，第884頁。

③ 清國史館編：《國史列傳》第二册卷五二，周駿富輯《清代傳記叢刊》第三六册名人類一，臺北：明文書局，1985年版，第886-887頁。並參《清實録》《江夏縣志》。

④ 趙爾巽等：《清史稿》第三五册第三〇九卷，北京：中華書局，1977年版，第10612頁。

⑤ 鄧長風：《明清戲曲家考略全編》上册，上海：上海古籍出版社，2009年版，第93-94頁。

册進呈”，據此綫索知山東省進呈的《金石録》係《金石三例》，在山東巡撫呈送第一次書目中有此書[①]。《金石三例》實際上是三種書，即元潘昂霄《金石例》十卷、明王行《墓銘舉例》四卷、清黄宗羲《金石要例》一卷附《論文管見》。此三種書分别著録於《四庫全書》集部詩文評類之中，今《總目》所作三書提要均注明山東巡撫採進本。據《總目》,《金石例》提要云 :“是書一卷至五卷述銘志之始，於品級、塋墓、羊虎、德政、神道、家廟、賜碑之制，一一詳考。六卷至八卷述唐韓愈所撰碑誌，以爲括例，於家世、宗族、職名、妻子、死葬日月之類，咸條列其文，標爲程式。九卷則雜論文體，十卷則史院凡例。”[②]《墓銘舉例》提要云 :“取唐韓愈、李翺、柳宗元，宋歐陽修、尹洙、曾鞏、王安石、蘇軾、朱子、陳師道、黄庭堅、陳瓘、晁補之、張耒、吕祖謙一十五家所作碑誌，録其目而舉其例，以補元潘昂霄《金石例》之遺。”[③]《金石要例》提要説 :“是編凡爲例三十六則，後附論文管見九則。自序謂潘蒼崖有《金石例》，大段以昌黎爲例，顧未嘗著爲例之義與壞例之始。亦有不必例而例之者，如上代兄弟、宗族、姻黨，有書，有不書，不過以著名、不著名，初無定例。故摘其要領，稍爲辨正，所以補蒼崖之闕。其考據較潘書爲密。”[④] 由此可見，此三書有密切的關聯,《墓銘舉例》與《金石要例》既是《金石例》的補撰之作，也有相關考辨的内容。崔應階輯此三書，並以《金石三例》爲名，也較爲合理。

手札中説山東省“所開御製《金石録》，亦即此種，皆毋庸查辦也”，説明在山東進呈書目中有御製《金石録》，今檢《四庫採進書目》無記載，而《四庫全書》也並没有著録《御製金石録》。據于敏中所言，此書係崔應階在山東時“恭輯御製詩章”後，將

① 吴慰祖校訂 :《四庫採進書目》，北京 : 商務印書館，1960年版，第149頁。
② 紀昀等 :《欽定四庫全書總目》下册，北京 : 中華書局，1997年版，第2755頁。
③ 紀昀等 :《欽定四庫全書總目》下册，北京 : 中華書局，1997年版，第2756頁。
④ 紀昀等 :《欽定四庫全書總目》下册，北京 : 中華書局，1997年版，第2758頁。

此書連同御製詩一同進呈，因此才有了“御製”一説，事實上並不存在“御製”之實。于敏中是乾隆近臣，對此事應有瞭解，陸錫熊的疑問得到了解决。

關於《坡門酬唱集》和《詩宿》二書的刊、抄、存情況，于敏中授意取閲再定。《坡門酬唱集》二十三卷，宋邵浩編，江蘇巡撫採進本，《總目》卷一八七集部總集類著録[①]。《四庫採進書目》有記録，係江蘇省第一次進呈書目[②]。《詩宿》二十八卷，明劉一相編，内府藏本，《總目》卷一九三集部總集類存目[③]。《四庫採進書目》有兩條記録，一是兩淮鹽政李（質穎）呈送書目，另一是武英殿第二次書目[④]，《總目》著録内府藏本係後者。兩淮鹽政李質穎所呈《詩宿》二十八卷，四十八本；而武英殿即内府藏本僅十八本，具體卷數未明。但據《總目》知，其著録的内府藏本爲二十八卷，這二十八卷兩淮共計四十八本，内府共計十八本。差别如此之大，應該不是同一版本，二者優劣或難懸定。《詩宿》一書，今北京大學圖書館、中國社會科學院文學所、吉林大學圖書館等藏有明萬曆三十六年刻本，臺灣圖書館藏明萬曆三十六年長山劉氏原刊本。

《熱河志》一書，于敏中手札第八通、第十一通、第十二通等均有提到。前已論及此書自乾隆三十八年編纂，乾隆四十六年完成，歷時八年。此函云“《熱河》應查各種，已托明道查辦”，説明《熱河志》尚在辦理中。明道何人，待考。以明道爲名、字、號進行檢索，《清實録》《清史稿》《清人室名别稱字號索引》等皆未得。諸城，指劉統勳，曾任尚書東閣大學士兼軍機大臣、翰林院掌院學士、上書房總師傅，紀昀之授業恩師。此函談及陸錫熊任職問題，于敏中與劉統勳達成一致，認爲“翰林從無兼軍機者”，不可破例，然擔心陸氏心存意見，特於書信中言明。“清華妙選”

---

① 紀昀等：《欽定四庫全書總目》下册，北京：中華書局，1997年版，第2614頁。
② 吴慰祖校訂：《四庫採進書目》，北京：商務印書館，1960年版，第27頁。
③ 紀昀等：《欽定四庫全書總目》下册，北京：中華書局，1997年版，第2699頁。
④ 吴慰祖校訂：《四庫採進書目》，北京：商務印書館，1960年版，第64、202頁。

指翰林院職位，古有“翰林本是清華職”之説，陸氏現任翰林院侍讀一職，乾隆三十八年八月十八日諭授紀昀和陸錫熊爲“翰林院侍讀”。“含香載筆”指軍機大臣職位，陸氏未任此職。“含香載筆”出典於錢起《送陸郎中》一詩，詩云“事邊仍戀主，舉酒復悲歌。粉署含香别，轅門載筆過”[①]。“含香”語出漢應劭《漢官儀》，“尚書郎含鷄舌香伏其下奏事，黄門郎對揖跪受，故稱尚書郎懷香握蘭，趨走丹墀”[②]。又，《通典·職官四》説：“尚書郎口含鷄舌香，以其奏事答對，欲使氣息芬芳也。”[③]“轅門”指軍營大門，後指官方衙署，此處指軍機處。于敏中説翰林侍讀没有兼任軍機大臣之先例，然而，此規則並不是從未被打破過。關於在翰林院任職並兼任軍機處相關職位的記載，見《樞垣記略》卷四“除授三”條：“乾隆四十六年十月二十四日旨：翰林院修撰戴衢亨著在軍機章京上行走。”[④]

此函是于敏中在三十八年扈從木蘭時所作最後一通，據《清實録》，乾隆三十八年五月八日啓鑾秋獮木蘭，九月十六日回京[⑤]。

① 彭定求等：《全唐詩》第七册第二三七卷，北京：中華書局，1979年版，第2638頁。

② 按，查《續古逸叢書》本所收宋本《漢官儀》，不載此句。見於《初學記》第二册第一一卷“侍郎郎中員外郎第八”，北京：中華書局，1985年版，第270頁。

③ 杜佑：《通典》卷二一職官四，北京：中華書局，1984年版，第133頁。

④ 梁章鉅、朱智撰，何英芳點校：《樞垣記略》，北京：中華書局，2008年版，第39頁。

⑤《清實録》第二〇册，北京：中華書局，1986年版，第751頁。

乾隆三十九年

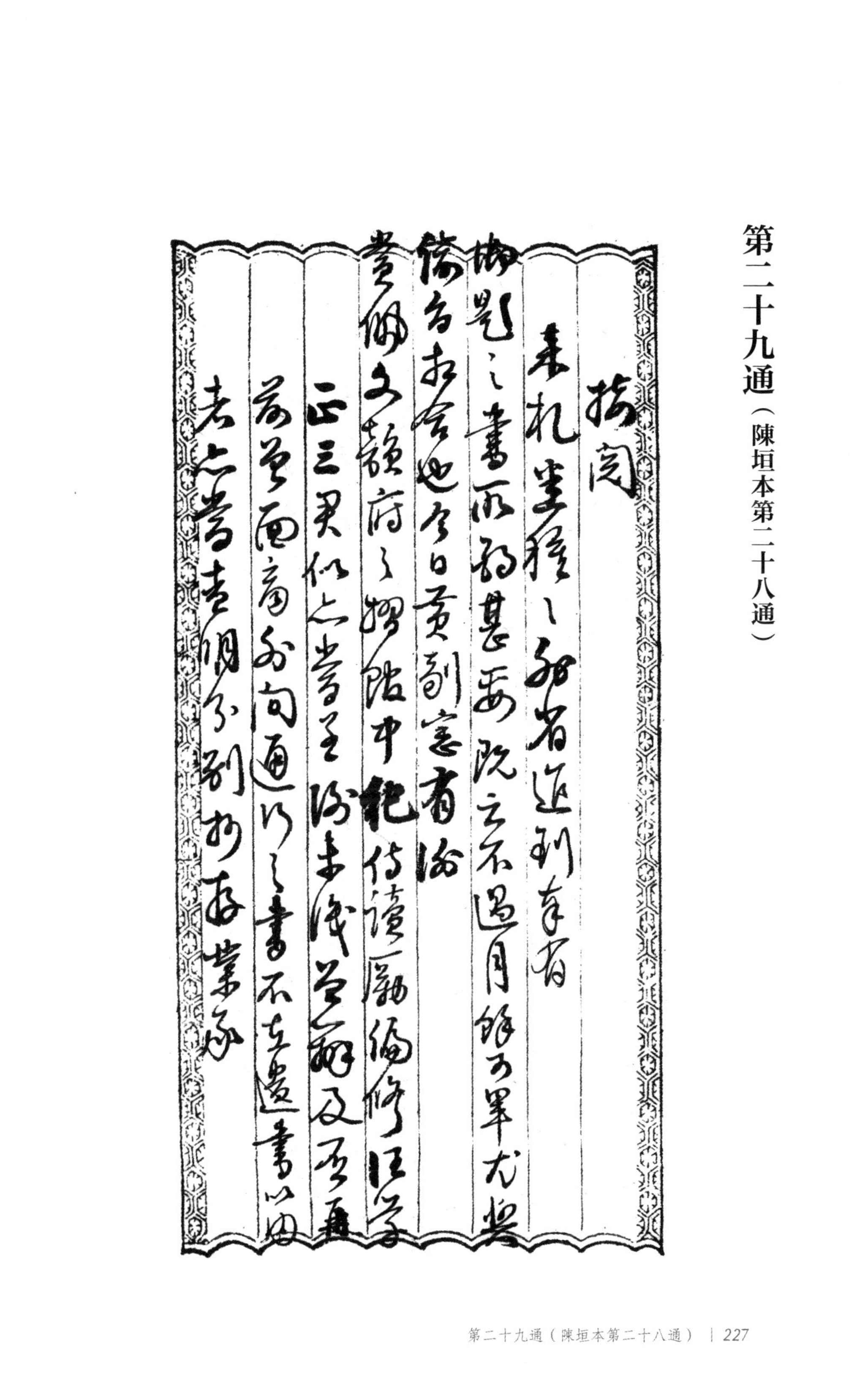

第二十九通（陳垣本第二十八通）

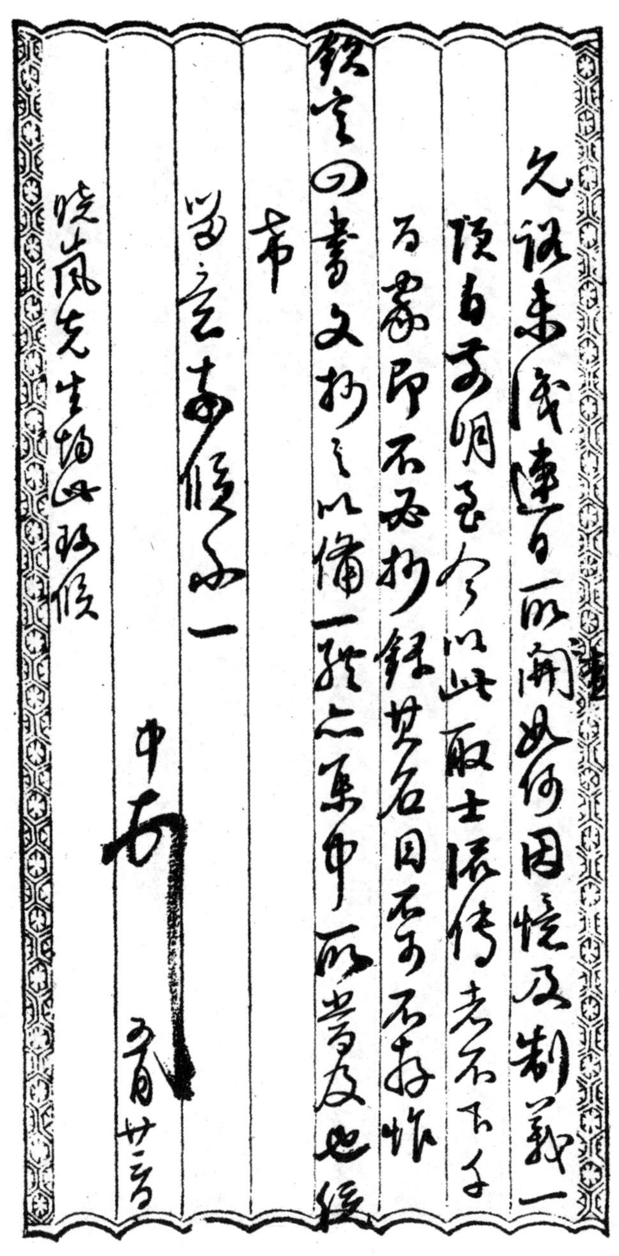
久疏來陳所開如何因性及制義一
項自當明至今以此取士依傳者不下千
百家即不必抄錄其名目豈可不存昨
欽定四書文抄之以備一體之集中所當及也復
布
以言奉候不一
中 頓首 廿三
曉嵐先生均此致候

釋　文

接閲來札，悉種種。外省進到奉有御題之書，所酌甚妥。既云不過月餘可畢，尤與諭旨相合也。今日黄副憲有謝賞《佩文韻府》之摺，館中紀侍讀、勵編修、汪學正三君似亦當呈謝，未識曾辦及否？再，前曾面商外間通行之書不在遺書以内者，亦當查明，分别抄存，業承允諾，未識連日所查如何①。因憶及制義一項，自前明至今以此取士，流傳者不下千百家，即不必抄録，其名目不可不存。惟《欽定四書文》抄之以備一體，亦集中所當及也，統希留意。率候，不一。曉嵐先生均此致候。

中頓首　五月廿三日

繫　年

此函作於乾隆三十九年五月廿三日。

函中“外省進到奉有御題之書，所酌甚妥”一語，與第二十七通“‘有在一百種以上者，即照馬裕家例持擇數種進呈題詩以示榮寵’，即爲速辦”係爲一事。據乾隆三十九年五月十四日《大學士于敏中奏擬賞鮑士恭等〈古今圖書集成〉周厚堉等〈佩文韻府〉摺》②及同日諭旨《諭内閣賞鮑士恭等〈古今圖書集成〉周厚堉等〈佩文韻府〉各一部》可斷定，此函作年爲乾隆三十九年。詳細史料引證見第二十七通箋證。陳垣《書于文襄論四庫全書手札後》繫年同此。

箋　證

據諭旨“進書一百種以上之江蘇周厚堉、蔣曾罃，浙江吴玉

---

① 按，原文“開”字，于氏點删，改爲“查”。

② 中國第一歷史檔案館編：《纂修四庫全書檔案》上册，上海：上海古籍出版社，1997年版，第210頁。

墀、孫仰曾、汪汝瑮，及朝紳中黄登賢、紀昀、勵守謙、汪如藻等，亦俱藏書舊家，並著每人賞給内府初印之《佩文韻府》各一部，俾亦珍爲世寶，以示嘉奬"[①]，此函所涉四人均在列。紀昀，見第一通箋證；勵守謙，見第五通箋證。今考黄登賢、汪如藻纂修《四庫全書》相關事蹟如下。

黄登賢，字雲門[②]，又字筠盟[③]，號忍廬[④]，順天大興人。其事蹟主要記載於《國史列傳》《清史稿》《國朝耆獻類徵初編》《大清畿輔先哲傳》等。又，盧文弨有《都察院左副都御史提督山東學政黄公登賢墓誌銘》一篇，收録《碑傳集》中，對登賢履歷有較詳細記載。兹據上述文獻及《清實録》《四庫全書總目》等，略述相關史實如下：黄登賢，乾隆元年進士，三十五年十一月授左副都御史，函中稱"副憲"[⑤]，即是指都察院左副都御史一職，據載，登賢三十九年九月提督河南學政，尋調山東學政，此函作於五月，由此可知時登賢尚未調任河南學政。黄登賢並未直接參與纂修《四庫全書》，但有兩事與修書事宜有關，一是登賢有女三人，其中一女適四庫館謄録陳箴[⑥]，這是一件有意思的事情。四庫館謄録亦稱"謄録官"，在當時或有職銜在身，或在以後能够有更好的出路（張昇《四庫全書館研究》有論述），登賢嫁女或有所考慮。二是在獻

① 中國第一歷史檔案館編：《纂修四庫全書檔案》上册，上海：上海古籍出版社，1997年版，第211頁。

② 錢儀吉：《碑傳集》第五册第七二卷，周駿富輯《清代傳記叢刊》第一一〇册綜録類三，臺北：明文書局，1985年版，第162頁。

③ 趙爾巽等：《清史稿》第三四册第二九〇卷，北京：中華書局，1977年版，第10269頁。

④ 按，《郎潛紀聞初筆》"父子視學山東"條云："北平黄昆圃侍郎叔琳，以康熙庚寅視學山東。越六十年，哲嗣忍廬都諫登賢，亦持節是邦，其訓士遴才，一以家訓爲規臬，士林誦之。"見陳康祺著，晋石點校《郎潛紀聞初筆二筆三筆》上册，北京：中華書局，1997年版，第156頁。

⑤ 按，副憲，都察院左右都御史副職之稱。

⑥ 錢儀吉：《碑傳集》第五册第七二卷，周駿富輯《清代傳記叢刊》第一一〇册綜録類三，臺北：明文書局，1985年版，第166頁。

書方面做出了很大貢獻，據《四庫採進書目》所載，都察院副都御史黄（登賢）交出書目共計二百九十九種[1]。查《四庫全書總目》，著録和存目提要共計一百四十條標注“副都御史黄登賢家藏本”。所收書籍涵蓋經、史、子、集四部，玆據《總目》摘録備考，爲清晰起見列表如下：

經部			史部		
易類	著録	存目	正史類	著録	存目
	《東坡易傳》《周易總義》《周易要義》《讀易餘言》《田間易學》	《易經頌》《宋元周易解提要附易解别録》《卦爻遺稿演》		《讀史記十表》	無
詩類	著録	存目	編年類	著録	存目
	無	《毛詩發微》《詩統説》[2]		《通鑑續編》	《世史正綱》
禮類	著録	存目	别史類	著録	存目
	《禮説》《學禮質疑》	《周禮訓雋》《禮記手書》		《古史》《歷代史表》	《閱史約書》
春秋類	著録	存目	雜史類	著録	存目
	無	《春秋三書》《宋元春秋解提要》《春秋原經》		無	《小史摘鈔》《平播全書》《遜國正氣紀》
五經總義類	著録	存目	詔令奏議類	著録	存目
	無	《七經圖》《經説》		《兩漢詔令》	《二李先生奏議》

① 吴慰祖校訂：《四庫採進書目》，北京：商務印書館，1960年版，第175頁。

② 按，《詩統説》三十二卷，黄登賢父黄叔琳撰，又，春秋類存目《宋元春秋解提要》無卷數，亦黄叔琳編。

續表

經部			史部		
四書類	著録	存目	傳記類	著録	存目
	《問辨録》	《大學千慮》《四書正學淵源》		《伊洛淵源録》《朱子年譜》	《宋遺民録》《春秋列傳》《國朝人物略》《益智録》《續表忠記》
樂類	著録	存目	史抄類	著録	存目
	《古樂經傳》	《樂典》		無	《讀史蒙拾》
			地理類	著録	存目
				無	《皇輿考》
			職官類	著録	存目
				無	《職官志》《符司紀》
			政書類	著録	存目
				無	《學典》《海運新考》
			目録類	著録	存目
				《石刻鋪敘》《法帖釋文考異》《石經考》	《中州金石考》
			史評類	著録	存目
				《唐鑑》	《蘭曹讀史日記》《詩史》《青油史漫》《尚論編》
小計	9	15	小計	11	22
總計	24			33	

	子部			集部	
	著録	存目		著録	存目
儒家類	《中說》《雜學辨》《北溪字義》《士翼》	《夜行燭》《朱子學的》《苑洛語録》《性理抄》《群書歸正集》《呻吟語》《道學正宗》《顧端文公遺書》《藤陰劄記》《明辨録》《朱子聖學考略》《廣近思録》《濂洛關閩書》《困學録集粹》《嵩陽學凡》《近思續録》《冷語》	楚辭類	無	《離騷中正》
	著録	存目		著録	存目
譜録類	無	《湯品》《易牙遺意》	別集類	《揚子雲集》《駱丞集》《顏魯公集》《東雅堂韓昌黎集注》《清獻集》《後山集》《淮海集》《盧溪集》《大全集》《海叟集》《倪文僖集》《襄毅文集》《重編瓊臺會稿》《胡文敬公集》《洹詞》《苑洛集》《刁庵集》《學古緒言》《湛園集》	《分類誠齋文膾後集》《須溪記鈔》《吴草廬文抄》《九靈山房遺稿》《餘力稿》《頤山私稿》《北泉集》《玉堂公草》《司勳五種集》

續表

子部			集部		
雜家類	著録	存目	總集類	著録	存目
	《人物志》《本語》《古今考》《湛園劄記》	《古今釋疑》《對問編》《讀升庵集》《古今韻史》《廣仁品二集》《木鐘臺集》《政學合一集》		《元文類》	《金華文統》《廣文選》《四六叢珠彙選》《廣廣文選》《古論大觀》《金華文略》《國雅初集》《邱海二公文集合編》
類書類	著録	存目	詩文評類	著録	存目
	無	《名物類考》《傭吹録首集·次集》		無	《詩話》《詩譚》《藝活甲編》
小説家類	著録	存目	詞曲類	著録	存目
	《唐摭言》	《見聞録》《玉堂薈記》		無	《炊聞詞》《詩餘圖譜》《嘯餘譜》
小計	9	30	小計	20	24
	39			44	

汪如藻，字彦孫，號鹿園，浙江秀水人[①]。《嘉興府志》有簡略記載。據《總目》職名表，汪如藻任協勘總目官，職銜署文淵閣校理、翰林院編修[②]。乾隆三十八年閏三月十一日《辦理四庫全書處奏遵旨酌議排纂四庫全書應行事宜摺》中稱“學政汪如藻……留心典籍，見聞頗廣，應請添派爲纂修官，令其在館一同校閲，

① 朱汝珍：《詞林輯略》卷四，周駿富輯《清代傳記叢刊》第一六册學林類一八，臺北：明文書局，1985年版，第214頁。

② 紀昀等：《欽定四庫全書總目》卷首二職名，北京：中華書局，1997年版，第18頁。

悉心考核，方足敷用”[①]，此處官銜署“學政”，乾隆三十八年十一月十五日《多羅質郡王永瑢等奏代紀昀等恭謝恩賜題詩摺》作“學正”，《清實録》亦作“學正”。按，“學政”與“學正”不同，前者是“提督學政”的簡稱，俗稱“學臺”“督學”“大宗師”，是清代欽派各省的教育行政長官，掌一省學校教育之政令及按期巡視所屬各級儒學、考核教育、考課生童、考選貢生等事。清初各省設督學道，以各部進士出身之郎中按其資俸深淺推用，後於順天、江南、浙江改設提督學政，其由部官簡任者，各加翰林院編修、檢討銜，遂爲定制。學政乃欽差之官，各帶原銜品秩，任事三年，而不論本人官秩大小，皆與督撫平行。後者“學正”爲州學教官，職掌祭祀文廟及訓迪州學生徒，考核藝業勤惰，評核品行優劣，以報於學政。又清代國子監也設學正之官，協助博士訓導生員[②]。而據《清實録》所載，汪如藻係乾隆四十年進士[③]，三十八年不可能爲學政而只能是學正。且《四庫採進書目》有“國子監學正汪交出書目”，其職銜爲“國子監學正”，可證“學正”之職不誤。汪如藻中進士後改爲翰林院庶吉士，據乾隆四十三年二月二十九日《諭辦理四庫全書出力人員夢吉陸費墀等著分别升用授職與賞賜》知，庶吉士汪如藻授爲編修，無庸散館[④]。如藻生卒年不詳，著有《洽園詩稿》。據《四庫採進書目》，汪如藻獻家藏書二百七十種[⑤]，著録九十一種，存目五十二種，今按《總目》列表如下備考。

---

① 中國第一歷史檔案館編：《纂修四庫全書檔案》上册，上海：上海古籍出版社，1997年版，第77頁。

② 朱金甫、張書才主編，李國榮副主編：《清代典章制度辭典》，北京：中國人民大學出版社，2011年版，第404頁。

③《清實録》第二一册，北京：中華書局，1986年版，第115頁。

④ 中國第一歷史檔案館編：《纂修四庫全書檔案》上册，上海：上海古籍出版社，1997年版，第785頁。

⑤ 吴慰祖校訂：《四庫採進書目》，北京：商務印書館，1960年版，第180頁。

經部		
類	著録	存目
書類	《尚書詳解》	《尚書譜》
禮類	《周禮集説》	無
小學類	《周秦刻石釋音》	《詩韻辯略》《類音》
小計	3	3
總計	6	

史部		
類	著録	存目
正史類	《補後漢書年表》	無
編年類	《宋季三朝政要》	無
雜史類	無	《孤臣泣血録》《南渡録》《使金録》《庚申外史》
傳記類	無	《韓柳年譜》《草廬年譜》《岳廟集》《歷朝瑞鑑》《烏臺詩案》《斷碑集》
載記類	《高麗史》《吴越世家疑辨》	無
地理類	《東京夢華録》《遊城南記》	《艮嶽記》《志略》《金陵梵刹志》《帝京景物略》《廣志繹・雜志》
職官類	《秘書監志》	無
目録類	《籀史》	《經廠書目》《碑目》《金石表》
史評類	無	《宋紀受終考》
小計	8	19
總計	27	

子部			集部		
	著録	存目		著録	存目
藝術類	無	《印藪》	別集類	《沈下賢集》《詠史詩》《浣花集》《春卿遺稿》《祖英集》《錢塘集》《樂全集》《演山集》《姑溪居士前集·後集》《樂静集》《竹友集》《梁溪集》《筠溪集》《歐陽修撰集》《縉雲文集》《夾漈遺稿》《海陵集·外集》《蠹齋鉛刀編》《慈湖遺書·續集》《野處類稿》《誠齋集》《北溪大全集·外集》《方泉集》《白石詩集》《平齋文集》《清獻集》《翠微南徵録》《安晚堂詩集》《方壺存稿》《後村集》《芸隱横舟稿》《西塍集》《梅屋集》《勿齋集》《文信公集杜詩》《疊山集》《須溪四景詩集》《雲泉詩》《覆瓿集》《秋堂集》《古梅吟稿》《紫岩詩選》《寧極齋稿》《陵川集》《屏岩小	《吕次儒集》《山谷刀筆》《林泉結契》《延平文集》《別本蘆川歸來集》《翦綃集》《水雲村泯稿》《別本松雪齋集》《農務集》《王魯公詩鈔》《荻溪集》《元釋集》《林公輔集》《檗庵集》《石西集》《梧江雜詠》

續表

子部			集部		
	著録	存目		著録	存目
藝術類	無	《印藪》	別集類	稿》《谷響集》《竹素山房詩集》《牧潛集》《芳谷集》《申齋集》《文安集》《所安遺集》《鯨背吟集》《五峰集》《午溪集》《友石山人遺稿》《龜巢集》《復古詩集》《清江詩集》《草澤狂歌》《春草齋集》《希澹園詩》	
	著録	存目		著録	存目
譜録類	無	《荔支通譜》	總集類	《松陵集》《唐四僧詩》《薛濤李冶詩集》《西昆酬唱集》《南嶽倡酬集》《回文類聚》《月泉吟社》《詩家鼎臠》《兩宋名賢小集》《忠義集》《大雅集》《風雅翼》	《贈言小集》《天籟集》
	著録	存目		著録	存目
雜家類	無	《讀書隨記》《琅琊代醉編》《藝圃蒐奇》	詩文評類	《後村詩話前集·後集·續集·新集》《修辭鑑衡》	無
	著録	存目		著録	存目
類書類	無	《敏求機要》《經世篇》《杜韓集韻》	詞曲類		《風雅遺音》《蕉窗蒠隱詞》《方壺詞·水雲詞》

續表

子部			集部		
小説家類	著録	存目			
	《夷堅支志》《談藪》《養屙漫筆》	《過庭紀餘》			
釋家類	著録	存目			
	《釋氏稽古略》	無			
小計	4	9	小計	76	21
總計	13		總計	97	

此札還涉及兩事。一是陸錫熊等繼續搜訪外間通行但未在已經搜得遺書範圍内者。遺書搜訪按乾隆三十八年三月二十八日"諭内閣傳令各督撫予限半年迅速購訪遺書"計算，早已超過規定時間。值得注意的是，在《四庫全書》的纂修過程中，搜訪遺書工作至少持續至三十九年四月，時間一年有餘。在這期間三十八年十月十五日《安徽巡撫裴宗錫奏續獲遺書等事摺》説："今半年限滿，據各屬陸續稟送，又有三百餘種。内除時人著述瑣碎無當者毋庸採取外，謹擇其可採者，計有二百一十八種，内前代流傳舊書一百七十八種，年代無考者一種，國朝儒林撰述三十九種，可備四庫之選……嗣後續有購獲遺書，其中實有唐宋以來名家著述，並宋元舊版可備採録者，雖在限外，臣亦當奏明補解。"[①] 可見半年限滿後，又有陸續進呈書目者，三十八年十月十五日又有閩浙總督鍾音等奏呈續購書集，十月十八日有浙江巡撫三寶奏續獲遺書，十月二十五日兩江總督高晋奏陳續購書目，十月二十八日河

① 中國第一歷史檔案館編：《纂修四庫全書檔案》上册，上海：上海古籍出版社，1997年版，第164-165頁。

南巡撫何煟奏委員解送書籍，十二月初一日浙江巡撫三寶奏續獲遺書數目及統俟明春彙解，十二月初七日江西巡撫海成奏呈續得書籍，十二月二十七日安徽巡撫裴宗錫奏呈續獲遺書，三十九年正月二十八日江蘇巡撫薩載奏陳續購書目，二月初六日護湖南巡撫覺羅敦福奏齎送遺書，以及兩江總督高晋奏呈續購書籍，二月二十日陝甘總督勒爾謹等奏委員解送書籍，四月初四日浙江巡撫三寶奏彙解續獲遺書。

二是關於《四庫全書》收録制義之文的問題。制義，明清時科舉考試規定的文體，即八股文，亦稱制藝、時文、時藝、八比或四書文。對於這種當時流行的文體，于敏中從流傳數量的角度出發，認爲“不必抄録”，但名目要存。于氏以《欽定四書文》爲例指出，此書存之可一覽八股文之體例。《欽定四書文》,《總目》卷一九〇集部總集類著録，乾隆元年由内閣學士方苞奉敕編撰。據《總目》所言，此書“明文凡四集：曰化治文，曰正嘉文，曰隆萬文，曰啓禎文。而國朝文别爲一集。每篇皆抉其精要，評騭於後。卷首恭載諭旨，次爲苞奏摺，又次爲凡例八則，亦苞所述，以發明持擇之旨”[①]。從《總目》來看，四庫館臣對制義之文所存意見是一邊倒的，爲科舉而作的應試之作是被館臣所排斥的。《御製樂善堂文集定本》提要這樣説：“欽惟我皇上聖聰夙擅，道岸先登，學海詞源，苞涵富有。昔當睿養，即擅生知。雍正庚戌之秋，嘗訂《樂善堂文抄》十四卷。乾隆丁巳，取《文抄》所載存十之三，益以雍正乙卯以前續著十之七，彙爲《樂善堂文集》，頒示海内，詞林藝圃，弦誦相聞。至是以初刻卷帙稍繁，復指授溥等校閲删定，並省去制義一卷，定爲此本。”[②]可見，連皇帝所作制義之文都要删去。但館臣對此有區分，並作出解釋，“伏考今之制義，即宋之經義也。劉安節等皆載入别集，吕祖謙選《宋文鑑》，亦載入

① 紀昀等：《欽定四庫全書總目》下册，北京：中華書局，1997年版，第2660頁。
② 紀昀等：《欽定四庫全書總目》下册，北京：中華書局，1997年版，第2339頁。

總集。初刻兼録制義，蓋沿古例，而我皇上區分體裁，昭垂矩矱，俾共知古文、時文之分”[①]，此可作爲于敏中此函之注脚。

① 紀昀等：《欽定四庫全書總目》下册，北京：中華書局，1997年版，第2339頁。

第三十通（陳垣本第二十九通）

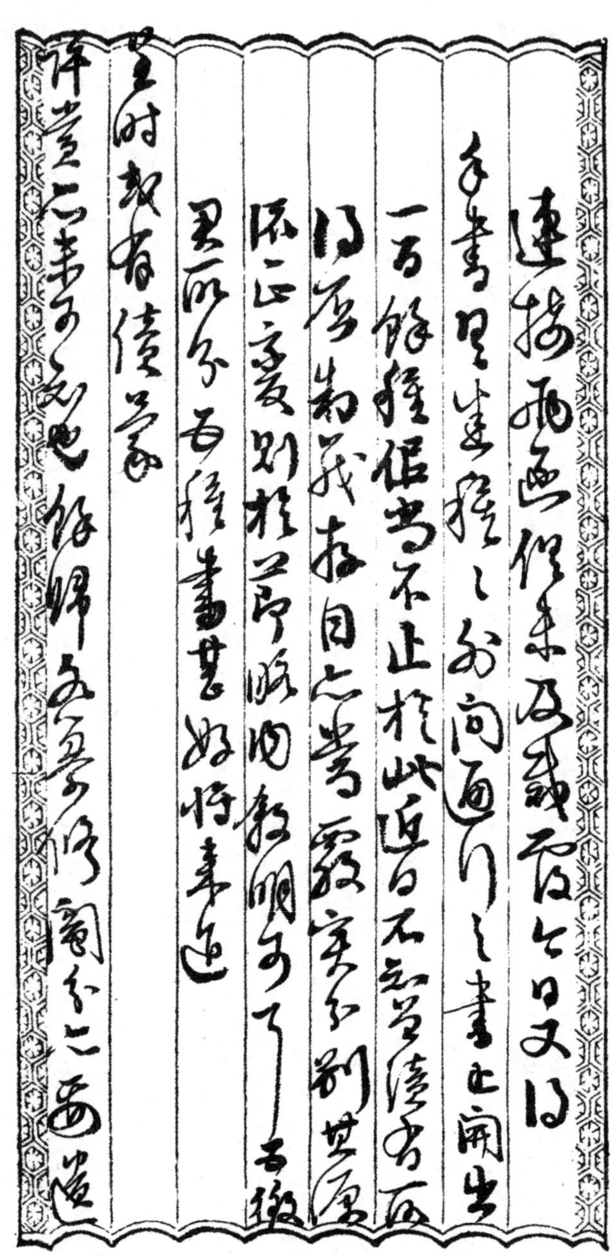

書目録六月底可得，手稿甚好，另爲編目，即可寄來矣。

覽。但須詳對錯字，勿似上次之復經

搞也。至每通目録一次，即將交到之書點檢清楚一次，照法檢查，去年所編之書並歸安吳君刊入經解（自）君處，甚妙矣。

取録，别其應刊入經之處，隨時編理也。

弇州四部稿書亦不佳，但卷帙太繁且冗

所寄稿抄録本覺費事每日亦不過但
能辦得不必過緊了也薛史自應刊刻原
係但就館中之本傳與廿三史校行一例未
免費力或可止刊行而不列於正史應並
酌之擬陸當爲篇目執件志首查及擬
務向習庵懇之迎其懇以善即無不妥
也南俯希荷之之

曉嵐先生處

中頓首

釋　文

連接兩函，俱未及裁覆，今日又得手書，具悉種種。外間通行之書，止開出一百餘種，佀尚不止於此。近日不知曾續有所得否？制義存目亦當覈實，分别其源流正變，則於節略内叙明可耳。五徵君所分五種書甚好，將來進呈時或有續蒙評賞亦未可知也。餘歸各纂修，鬮分亦妥。遺書目録，六月底又可得千種，甚好。若辦得，即可寄來呈覽，但須詳對錯字，勿似上次之復經指摘也。至每進目録一次，即將交到遺書點檢清釐一次，此法極妥。不知前次所辦之書，曾歸妥否？應刊各種，自應交武英殿録副①；其應抄各種，亦應隨時辦理也。《弇州四部稿》書非不佳，但卷帙太繁，且究係專稿，抄録太覺費事，存目亦不爲過。但題辭内不必過貶之也。薛《史》自應刊刻流傳，但欲頒之學官，須與廿三史板片一例，未免費力，或可止刊行而不列於正史否？并酌之。"燈聯"曾否辦得？《熱河志》應查各條務向習庵促之，恐其一經得差，即無心及此也。率佈奉覆，不具。曉嵐先生及五徵君均此。

中頓首　初五日

繫　年

此函作於乾隆三十九年六月初五日。

札中言及"外間通行之書"及"制義一項"等事，均見於第二十九通手札，可以推測兩函日月相近，此"初五"日當在乾隆三十九年。該函中于敏中稱"遺書目録六月底又可得千種，甚好"，則該札必作於乾隆三十九年六月底之前。據《清實録》知，高宗於乾隆三十九年五月十六日啓鑾前往熱河，九月十二日回京②。則此函落款之"初五日"不在五月，而在六月。又，五月二十二日

---

①按，"自"字，手札删改"後"字爲"自"。

②《清實録》第二〇册，北京：中華書局，1986年版，第995、1132頁。

至六月初五日已近半月之期，所以此函開篇即云“連接兩函，俱未及裁覆”，亦符合上述推論。此種情形，還見於第二十六通和第二十七通手札。

箋　證

此函回覆内容涉及陸錫熊寫來的三封書信，因而内容較多。于氏此函事無巨細，將四庫辦理的相關問題又給予指示。約略分析，蓋有五端：

其一，外間通行之書著録與刊刻發行情形。

據乾隆三十八年八月二十一日《安徽巡撫裴宗錫奏呈續獲遺書清單摺》記載：“竊照前代流傳舊書及國朝儒林撰述，未登册府者，欽奉上諭，通行購訪，俟得有若干部，陸續奏報等因。先於本年四月間，經臣將各屬購到各書，可備採録者八十二種，開列書名，奏蒙睿鑒在案。兹又陸續購得古今書籍一百十種，内前代流傳舊書八十一種，國朝儒林撰述二十九種，可備四庫之選。臣謹將書名、部數開列清單，會同大學士仍管兩江總督臣高晋、安徽學政臣朱筠，恭摺具奏，伏乞皇上睿鑒。”[①]可見，外間通行之書的搜訪在乾隆三十八年就已經開始。又如乾隆三十八年十月十五日《安徽巡撫裴宗錫奏續獲遺書等事摺》又説：“所有前後購得各書共四百一十種，應即委員起解，但卷帙稍繁，其中名目恐有與江浙等省現進各書彼此重複，應行扣除者，仰懇敕交總理四庫全書處，核定行知，遵照解送。”[②]通行之書的搜集也經歷了很長時間，于氏此札作於乾隆三十九年六月初五日，而函中只言“外間通行之書，止開出一百餘種”，可見，通行之書的搜訪與遺書辦理

---

① 中國第一歷史檔案館編：《纂修四庫全書檔案》上册，上海：上海古籍出版社，1997年版，第146頁。

② 中國第一歷史檔案館編：《纂修四庫全書檔案》上册，上海：上海古籍出版社，1997年版，第165頁。

有不同之處。參照《纂修四庫全書檔案》來看，于敏中所言之“通行之書”與各省進呈書籍時通行共見之書不同。通行之書所涵蓋的具體範圍尚不明確，根據《纂修四庫全書檔案》等史料記載，大略分爲兩種情形：一類是經、史、子、集常見之書。從“馬裕家藏書共一千三百八十五種，剩六百九種俱係通行共見之書，無可再加采選”①可看出，這裏的通行共見之書依舊是典籍之類。另一類當是此函所指坊間流傳的制義之文、科舉資料、詩文小説之類。如乾隆三十八年十月二十五日《廣西巡撫熊學鵬奏查明粤西實無遺書摺》所言，“士子誦習，書坊貨賣，不過經史、時文、唐詩、韻府之類，實無歷代舊書内有闡明性學治法，關係世道人心，併發揮傳注，考覈典章”②，也就是説没有刊刻價值。關於通行之書的刊刻，蓋是通行之文史典籍，坊間之時文之作、無關世道人心之書不會刊刻。乾隆三十九年五月十一日《履郡王永珹等奏酌擬存留武英殿修書處庫貯各種書籍摺》説，“查通行書籍，隨印隨發，存下者甚少……臣等仰體我皇上嘉惠士林有加無已之至意，合無請照通行書籍之例，概予通行，俾海内有志購書之人，咸得善本，必皆踴躍鼓舞，益感我皇上右文惠士之恩於無既矣”③，其“善本”一詞或可説明問題。

其二，八股文書籍存目情况。

乾隆元年方苞奉敕編纂《欽定四書文》，後來收入《四庫全書》中。明代八股文雖然名家很多，時文選本、專集亦多，但没有欽定的專書收録八股文。梁章鉅《制義叢話》例言中説：“《四庫全書》中所録歷代總集、别集，全爲詳晰，而於制義，惟恭録乾隆

① 中國第一歷史檔案館編：《纂修四庫全書檔案》上册，上海：上海古籍出版社，1997年版，第102-103頁。

② 中國第一歷史檔案館編：《纂修四庫全書檔案》上册，上海：上海古籍出版社，1997年版，第174頁。

③ 中國第一歷史檔案館編：《纂修四庫全書檔案》上册，上海：上海古籍出版社，1997年版，第206-207頁。

初方苞奉敕所編之《四書文》四十一卷，此外時文選本及各家專集一概不登。”[①] 于敏中此函説“制義存目亦當核實，分別其源流正宗，反則於節略内叙明可耳”，查定本《總目》，除《欽定四書文》外，並未著録其他制義文，存目中亦未見著録。蓋如《欽定四書文》提要中所云：“時文選本，汗牛充棟，今悉斥不録，惟恭録是編，以爲士林之標準。”[②] 八股文形式呆板，僅從字數規定上來説，明初規定鄉試、會試，用《五經》義一道，五百字，《四書》義一道，三百字，清康熙時要求五百五十字，乾隆以後一律以七百字爲准。這種八股文形式主義嚴重，内容脱離現實，而且用孔孟之語束縛了人們的思想，很難發揮應考者的創造力。《總目》只著録《欽定四書文》一書，並指出此書的作用主要在“於前明諸集，可以考風格之得失；於國朝之文，可以定趨向之指歸”[③]。亦即，期以此書窺知明代文章得失與清代文章發展。

其三，經、史、子、集四部纂輯分工問題。

據清陳康祺《郎潛紀聞初筆》卷六“五徵君”條記載：“四庫館初開，以翰林官纂輯不敷，劉文正公保進士邵晉涵、周永年，裘文達公保進士余集、舉人戴震，王文莊公保舉人楊昌霖，同典秘笈。後皆改入翰林，時稱五徵君。”[④] 任松如《四庫全書答問》“問五十七：修四庫書時有兩才子五徵君係指何人”亦引《郎潛紀聞初筆》所載[⑤]。“五徵君所分五種書”當是邵晉涵主要負責史部部分

① 梁章鉅，陳居淵點校：《制義叢話 試律叢話》例言，上海：上海書店出版社，2001年版，第7頁。

② 紀昀等：《欽定四庫全書總目》下册，北京：中華書局，1997年版，第2661頁。

③ 紀昀等：《欽定四庫全書總目》下册，北京：中華書局，1997年版，第2661頁。

④ 陳康祺著，晋石點校：《郎潛紀聞初筆二筆三筆》上册，北京：中華書局，1997年版，第130頁。

⑤ 按，“總纂紀昀、副總裁彭元瑞，應對敏捷，出人意表，時有南北兩才子之目。修書時，以翰林官纂輯不敷，劉統勳保進士邵晉涵、周永年，裘曰修保進士余集、舉人戴震，王際華保舉人楊昌霖，同典秘笈。後皆改入翰林，時稱爲五徵君”。見任松如《四庫全書答問》，《民國叢書》第四編第四一册，上海：上海書店，1992年版，第71頁。

著作，周永年主要負責子部部分著作，余集主要負責經部詩類著作（據余集現存七篇分纂稿推斷）[①]，戴震主要負責經部部分著作，楊昌霖或負責經部春秋類著作[②]。于氏言"餘歸各纂修，鬮分亦妥"，蓋在五徵君分工過後，其餘各纂修根據工作量亦有分工。然而，上述五君纂修工作包括經、史、子三部，惟集部闕如。由此，後世根據各纂修官的擅長之處以及貢獻大小有經部戴東原（震）、史部邵晋涵、子部周永年、集部紀曉嵐之説。邵晋涵事蹟見第九通手札箋證，周永年、余集、戴震、楊昌霖四人事蹟見第二十二函箋證。

其四，各省進呈書目提要之撰寫。

"遺書目録，六月底又可得千種"，"遺書目録"四字在此函中第一次提及，另一次則稱"遺書總目"（見第四十九通）。那麽，這個"遺書目録"爲何？從各種文獻推測，很有可能是各省進呈書目諸書提要的稿本。首先，三十八年乾隆避暑熱河，此時正是《四庫全書》草創之時，書籍進呈、人員選備、書籍體例、提要撰寫等工作幾乎同時進行。值得注意的是，乾隆在熱河期間御覽大典本、進呈本書籍的同時，應該是先行閲讀各書提要，這一點從第十一通手札可以得知。而且，三十八年八月十八日紀昀、陸錫熊兩人因校書和撰述提要均授爲翰林院侍讀。在書籍編纂過程中，提要之撰寫應該是一直進行的。從此函來看，寄來呈覽的遺書目

---

① 按，這七篇提要分别是《毛詩指説》《詩本義》《毛詩名物解》《毛詩講義》《詩傳遺説》《詩纘緒》《詩説》。見翁方綱等著，吴格、樂怡標校《四庫提要分纂稿》，上海：上海書店出版社，第499–505頁。

② 按，據乾隆四十年五月二十四日《諭内閣楊昌霖在四庫全書館編校實心著授爲翰林院庶吉士》，楊昌霖輯有大典本《春秋經解》；乾隆五十六年十二月初九日《左都御史紀昀奏文淵閣書籍校勘完竣並遥呈舛漏清單摺》知，《子方春秋》三書之一《春秋例要》亦是楊昌霖裒輯。見《纂修四庫全書檔案》，第404、2274頁。又，據史廣超所考，杜諤《春秋會義》一書亦係楊昌霖所輯。見史廣超《〈四庫全書總目〉未載四庫館〈永樂大典〉本輯佚書考》，《文藝評論》2011年第2期，第132頁。再，查檢《中國古籍善本書目》和《中國古籍善本總目》，尚無楊氏著作著録，其是否尚有著作存世待考。

録也應該含有提要。現不妨梳理一下書目開列和提要撰寫之間的關係：乾隆三十七年正月初五日欽奉上諭，嚴飭所屬採集遺書，敘列目録具奏，候令廷臣檢覈，開單行知取進，欽遵在案。同年十一月二十八日准軍機處字寄奉上諭，敕令恪遵前旨，飭催所屬速行設法訪求，開具目録附奏，仍將現在作何辦定章程及有無購得若干部之處，先行據實奏覆。不久，十二月初八日《奉天府尹博卿額等奏購訪遺書情形並開呈書目摺》又有這樣記載，“先將現在購得書籍敬謹繕録副本，以備取進外，理合另繕清單，開敘目録，注明書中要指，恭呈御覽，並將辦理緣由，專摺具奏”[①]，可見進呈書目的著録以及簡短要指的撰寫在三十七年就已經開始。乾隆諭限半年之期搜訪遺書，雖然此後陸續亦有進呈，但遺書的搜訪，半年已具規模。乾隆三十八年五月十七日《諭内閣著總裁等將進到各書詳核彙爲總目並妥議給還遺書辦法》云：“旋據江浙督撫及兩淮鹽政等奏到購求呈送之書，已不下四五千種，並有稱藏書家願將所有舊書呈獻者。”[②]三十八年六月初二日《巡視南城監察御史胡翹元奏請停纂修提調等官自行保舉謄録等事摺》亦説：“比聞督撫大吏遵旨呈送遺書，不下四五千種。”[③]這些書籍在依次進呈乾隆御覽之時，都要進行提要撰寫，這才有了三十八年八月十八日紀昀、陸錫熊撰寫提要恩賜官銜一事。此函作於三十九年六月，僅一個多月後，乾隆即下旨《諭内閣著四庫全書處總裁等將藏書人姓名附載於各書提要末並另編〈簡明書目〉》，可見此時各書提要基本完成，《簡明目録》即將另行編纂。今臺灣商務印書館和臺灣圖書館合作出版的《四庫全書初次進呈存目》一書，據劉浦江

① 中國第一歷史檔案館編：《纂修四庫全書檔案》上册，上海：上海古籍出版社，1997年版，第30頁。

② 中國第一歷史檔案館編：《纂修四庫全書檔案》上册，上海：上海古籍出版社，1997年版，第116頁。

③ 中國第一歷史檔案館編：《纂修四庫全書檔案》上册，上海：上海古籍出版社，1997年版，第123頁。

先生考證係乾隆三十九年七月爲止已進呈提要的彙編本[①]，那麽這裏的"遺書目録"即是進呈書目提要的抄録本。據臺灣大學夏長樸先生描述，此書文稿經、史、子、集四部首篇提要處有浮簽"初次進呈抄録 × 部"[②]八字，這個抄録本很有可能是當時呈覽之後再行集中謄録的本子。至於爲何"每進目録一次，即將交到遺書點檢清釐一次"，原因不外乎以下幾點：初期書籍目録的繕寫有很多不合理之處，且進呈書籍經過的層次多、人手雜，難免凌亂，雖有大略摘節，但尚未規範。加之詔諭搜訪遺書有半年期限，所以各省著録的書籍目録多有重複。今檢吴慰祖校訂的《各省進呈書目》，可看出著録的書目，有的是因版本不同而收録多種，有的是因卷數或本數有差異而多種並收，各省"自辦自家"的做法有缺陷，但在時間條件限制下也只能如此辦理。隨著進呈書籍數量的增加，書籍亟需進行清理。借助提要可以再行整理、歸類，特别是刊、抄、存大類的區分。

其五，應刊（刻）、應抄以及存目的辦理問題。

《四庫全書》分應刊（刻）、應抄和存目三項。各書先由各纂修官初擬，然後由總纂修官酌定，交總裁，由總裁呈送皇帝裁定。關於應刊（刻）、應抄以及存目的標準在乾隆三十八年五月十七日《諭内閣著總裁等將進到各書詳核彙爲總目並妥議給還遺書辦法》中就已明言："擇其中罕見之書，有益於世道人心者，壽之梨棗，以廣流傳，餘則選派謄録，彙繕成編，陳之册府。其中有俚淺訛謬者，止存書名，彙爲總目，以彰右文之盛。此採擇四庫全書本指也。"[③]應刊（刻）、應抄兩種均收入《四庫全書》，不同

① 按，此説不誤，尚可再補相關史料。劉浦江：《〈四庫全書初次進呈存目〉再探——兼談〈四庫全書總目〉的早期編纂史》，《中華文史論叢》2014年第3期，第295-398頁。

② 夏長樸：《〈四庫全書初次進呈存目〉初探——編撰時間與文獻價值》，《漢學研究》第30卷第2期，第168頁。

③ 中國第一歷史檔案館編：《纂修四庫全書檔案》上册，上海：上海古籍出版社，1997年版，第117頁。

之處在於應刊者要另外刊行，使其廣爲流布。存目則是對凡觸犯時諱，不利統治，不合封建正統思想以及被認爲没有價值的書籍，均不入四庫，只對其中一部分保留書名，略撰提要附於《四庫全書總目》各類目之後。關於《四庫全書》之應刊（刻）、應抄和存目之書，郭伯恭之《四庫全書纂修考》第五章有詳細考述[①]，此不贅述。此函後面的兩部書涉及到刊、抄、存問題。其一，《弇州四部稿》。該書即明王世貞撰《弇州山人四部稿》一百七十四卷《續稿》二百〇七卷，兩江總督採進本[②]，《四庫全書總目》卷一七二集部别集類著録。此書並未如于敏中所言“抄録太覺費事，存目亦不爲過”，而是抄入《四庫全書》。于氏云“題辭内不必過貶之”，今定本《總目》評曰：“考自古文集之富，未有過於世貞者。其摹秦仿漢，與七子門徑相同，而博綜典籍，諳習掌故，則後七子不及，前七子亦不及，無論廣續諸子也。惟其早年自命太高，求名太急，虚憍恃氣，持論遂至一偏。又負其淵博，或不暇檢點，貽議者口實。故其盛也，推尊之者遍天下，及其衰也，攻擊之者亦遍天下。平心而論，自李夢陽之説出，而學者剽竊班、馬、李、杜；自世貞之集出，學者遂剽竊世貞……然世貞才學富贍，規模終大，譬諸五都列肆，百貨具陳，真僞駢羅，良楛淆雜。而名材瑰寶，亦未嘗不錯出其中。知末流之失，可矣；以末流之失，而盡廢世貞之集，則非通論也。”[③]從其所論可以看出，此提要的寫作遵從了于氏“不必過貶”的意見，另一方面也是因爲此書被列入“應抄”行列，自不必過於貶之。其二，薛《史》。此書指宋薛居正等撰《舊五代史》一百五十卷《目録》二卷，《永樂大典》本，《總目》卷四六

① 存萃學社編集，周康燮主編：《〈四庫全書〉之纂修研究》之郭伯恭《四庫全書纂修考》，香港：大東圖書公司印行，1980年版，第104頁。

② 按，兩江總督採進本係《弇山堂别集》（《四庫採進書目》，第48頁），《總目》史部雜史類著録（《欽定四庫全書總目》上册，第720頁），而《弇州山人四部稿》以及《續稿》，《四庫採進書目》在“武英殿第一次書目”中著録（《四庫採進書目》，第192頁），共六十本，卷數闕如。

③ 紀昀等：《欽定四庫全書總目》下册，北京：中華書局，1997年版，第2325頁。

史部正史類著録。該書列入“應刊”之書，于氏擔心將此書與廿三史板片統一過於費力，建議“可止刊行而不列於正史”。明代已有二十一史，清代將《明史》《舊唐書》和這本從《永樂大典》中輯出的《舊五代史》亦列入正史，共爲二十四部，後經乾隆皇帝欽定刊刻，合稱“欽定二十四史”。于氏意見未被採納。從這兩書的纂修來看，于敏中一直强調的是省時省力，這對於敦促書籍纂修完成起到了很大的作用。另一方面，其對上述兩書的處理方式實爲不妥，修書過程中總裁對部分書籍的裁定，勢必會影響到其他書籍的編纂。當然，四庫館臣衆人協商在一定程度上避免了很多問題。

《熱河志》及習庵（曹仁虎），見第十一通手札箋證。“五徵君”分別見第九通、第二十二通箋證。

第三十一通（陳垣本第三十通）

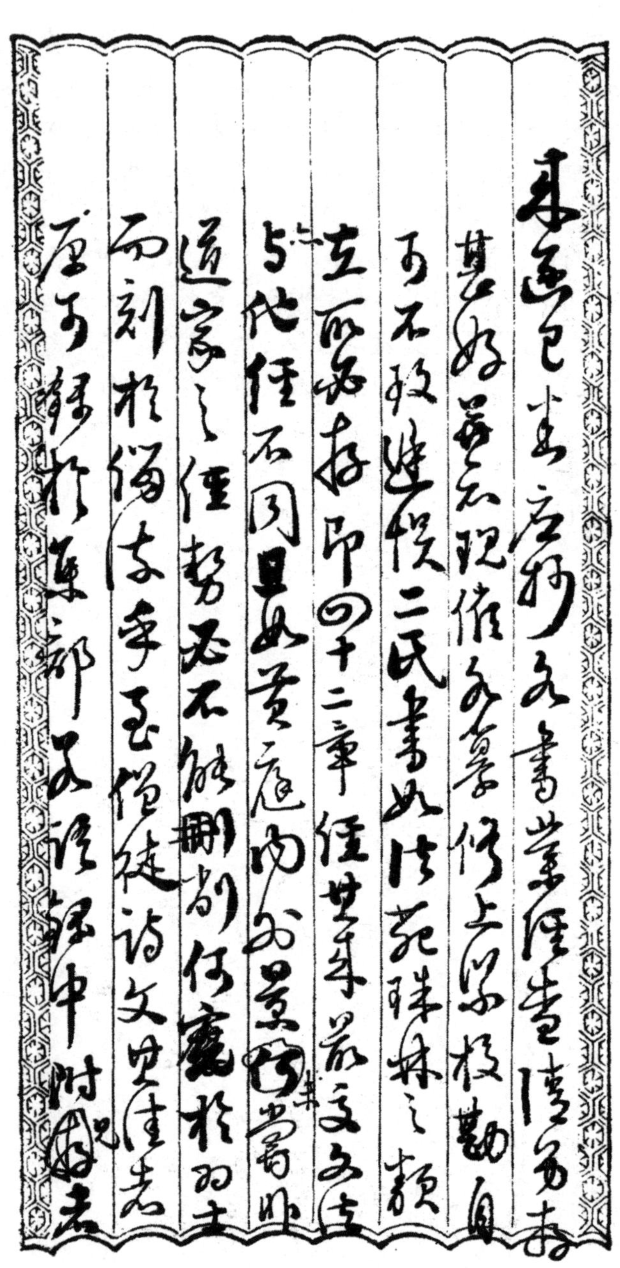

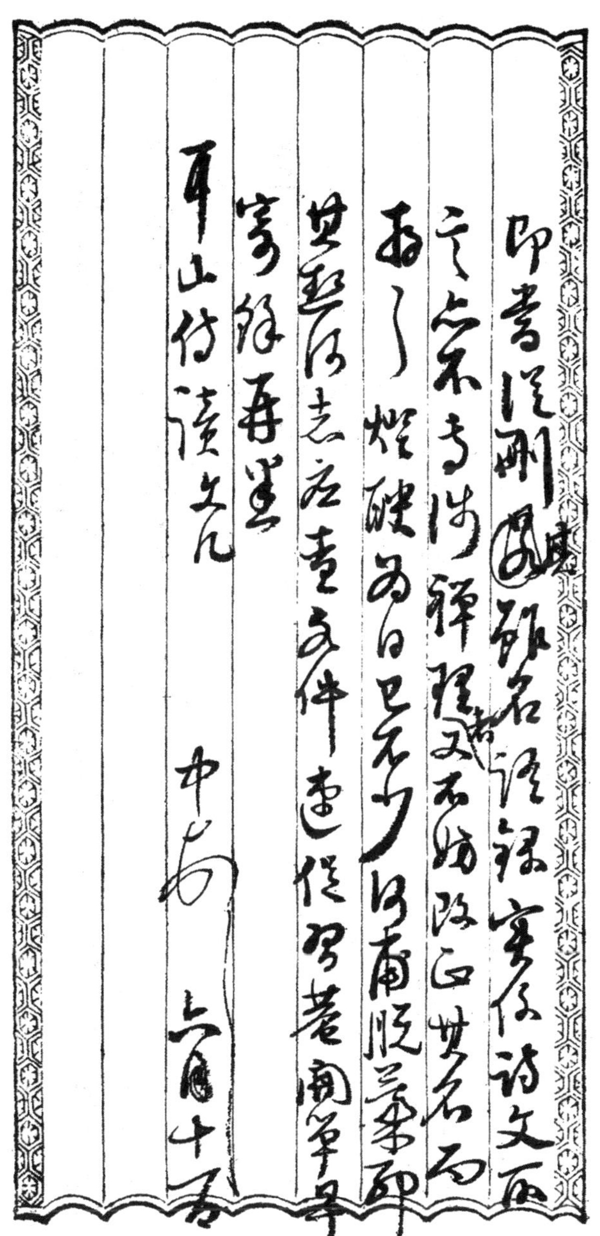

釋　文

來函已悉。應抄各書業經查清另存，甚好。并知現催各纂修上緊校勘，自可不致遲誤。二氏書，如《法苑珠林》之類，在所必存。即《四十二章經》其來最高，文法亦與他經不同，且如《黄庭内外景》未[①]嘗非道家之經，勢必不能删削，何寬於羽士而刻於淄流乎？至僧徒詩文，其佳者原可録於集部，若語録中附見[②]者，即當從删。其[③]雖名語録，實係詩文，所言亦不專涉禪理者，又不妨改正其名而存之。"燈聯"爲日已不少，何甫脱稿耶？其《熱河志》應查各件，速促習庵開單早寄。餘再悉。耳山侍讀文几。

中頓首　六月十一日

繫　年

此函作於乾隆三十九年六月十一日。

陸錫熊於乾隆三十八年八月拜翰林院侍讀，四十年七月擢侍讀學士，手札中稱陸"耳山侍讀"，則在乾隆三十九年或四十年。于敏中所囑辦理"燈聯"一事，又見於第三十通（乾隆三十九年六月初五），可推知此"六月十一日"在乾隆三十九年，第三十二通作年亦同。

箋　證

關於二氏書，《四庫全書》於子部列釋家和道家二類。釋、道二家《四庫全書》收録的著作較少，主要是一些具有代表性的作品。《法苑珠林》一百二十卷，唐釋道世撰，大理寺卿陸錫熊家藏

---

① 按，"未"，手札删"何"字改爲"未"。
② 按，"見"，手札删"存"字改爲"見"。
③ 按，"其"，手札删"若"字改爲"其"。

本[1]，《總目》卷一百四十五子部釋家類著録。提要稱："此書作於唐初，去古未遠，在彼法之中猶爲引經據典。雖其間荒唐悠謬之説，與儒理牴牾，而要與儒不相亂。存之可考釋氏之掌故。較後來侈談心性、彌近理、大亂真者，固尚有間矣。"[2]《四十二章經》即《佛説四十二章經》，佛教著作，相傳是東漢迦葉摩騰、竺法蘭漢譯，一般認爲是古代中國譯出的第一部佛教經典，《四庫全書》未收録，于敏中意見未被採納。"四十二章"者，一經之别目；以此經分段爲義，有四十二段，故名。陳垣有《關於四十二章經考》一文[3]，可參。《黄庭内外景》即《黄庭經》，分爲《黄庭内景玉經》《黄庭外景玉經》《黄庭中景玉經》，其中《黄庭中景玉經》出現較晚，通常不列在《黄庭經》内。《黄庭經》是道教上清派的主要經典，也被内丹家奉爲内丹修煉的主要經典。《四庫全書》未著録。于氏言"《黄廷内外景》未嘗非道家之經，勢必不能删削，何寬於羽士而刻於淄流乎"，透露出四庫館臣在纂修《四庫全書》時對道家著作比較寬容，對佛家經典則較爲嚴苛。此種情况雖然于敏中極力反對，但並未有所改觀。據定本《總目》統計，釋家類共著録十三家，存目十二家，道家類共著録四十四家，存目一百家，這些數字或可證四庫館臣輕佛重道思想。

函中所言《四庫全書》删改文獻的原則之一是語録體不收。"語録中附見者，即當從删"，這種對文集内容的删改破壞導致文獻方面的缺失。另一方面，"雖名語録，實係詩文，所言亦不專涉禪理者，又不妨改正其名而存之"，這種處理方式亦有不妥，改正其名或爲雅馴，但却有可能造成文獻著録方面的混亂，即同書異名的情形。

---

① 按，《法苑珠林》在"武英殿第一次書目"有收录。見《四庫採進書目》，北京：商務印書館，1960年版，第188頁。

② 紀昀等：《欽定四庫全書總目》下册，北京：中華書局，1997年版，第1925頁。

③ 陳垣：《陳垣學術論文集》第一集，北京：中華書局，1980年版，第477–481頁。按，此文是陳垣致胡適信函。

《熱河志》的辦理，主要是曹仁虎進行具體工作。早在三十八年就已經定下基調，此書務必速成。第十一通手札即云"《熱河志》屢奉詢催，萬難再緩。可切致習庵，其'互相查證及繕齊彙交'云云，乃歷來推託耽延之故調，幸勿以此相誑也"，可參見相關箋證。第八通説"又，前日詢催《熱河志》，可即促來寅儹辦"。第十二通更是直言"《熱河志》總以速催來寅爲妙，愈速則愈佳耳"。《熱河志》的編撰于敏中一直至爲關切，第三十二通信函主體部分即是在向陸錫熊傳授辦此書之法，甚爲詳細，可參看。

第三十二通（陳垣本第三十一通）

行宮間架方向新舊俱有，丞宜留記，可以不必。此時又

添細查間架方向外觀，假其地不能查其境

何處已不能記，難一一身經目睹，他處更難查。茲

就從舊草之書並來覈核，及與伊等商此類

力不詳始之之主之如

來年一切之細於查校明此志書，不但今年不完，即

明年之未能畢功成之日，遠之莫為此函

書法也。從原稿

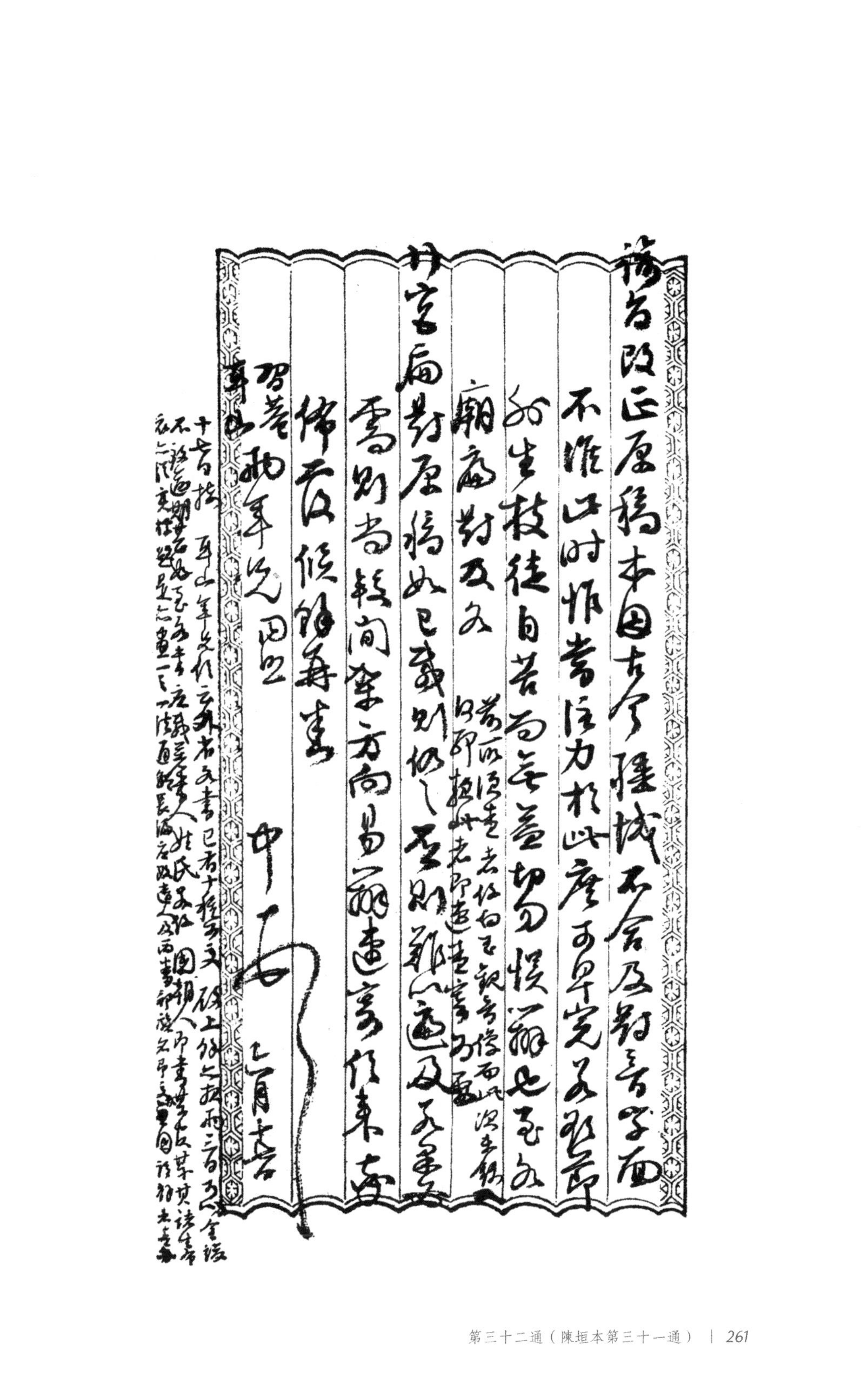

釋　文

聞謝承《後漢書》江南近有刻本，確否？再，此外現有傳本否，今遺書有此種否？希查示。又聞義門先生所批《文選》近有刻者，或云是秦正園所爲，確否？又云義門先生手批俱已有刻本，其説更不知確否？“燈聯”已收到，甚費兩公之心。因前奏此事時，上云其聯語頗好，甚愛之，自不便多易，來稿更改處太多，恐不相合，因另酌一稿，仍將原句録爲一摺，將擬改處粘簽呈覽（頃已奉旨，俟將來再辦，已有信致辦事諸公矣）。至《熱河志》内表及凡例，非目下所急，暫存此，俟得暇閲定寄回。其《千佛閣碑文》及河屯協莅官月日，俟查明再寄。惟所查各處行宫間架、方向、新舊俱有，愚意竊謂可以不必此時，若欲細查間架、方向，非親履其地不能真灼。熱河一處已難一一身經目睹[①]，他處更勢有不能，况舊纂之書，並未繁瑣及此，何必爲此費力不討好之事。若如來單所云，細加查核，則不但今年不完[②]，即明年亦未能竟其役，且恐告成之日，遥遥莫必，無此辦書法也。况原奉諭旨改正原稿本，因古今疆域不合，及對音字面不准，此時惟當注力於此，庶可早完，若欲節外生枝，徒自苦而無益，切勿誤辦也。至各廟扁對，及各行宫扁對（前所須查者係白玉觀音像，而此次未録，何耶？類此者，即速查寄爲要），原稿如已載，則仍之，否則難以遍及，若果必需，則當較間架、方向易辦，速寄信來。率佈覆候。餘再悉。習庵、耳山兩年兄同啓。

中頓首　六月十七日

［附記］十七日接耳山年兄信，云外省各書已有十種可交殿上，餘亦報兩三日可以全竣，不致逾期，甚好。至各書應載著書人姓氏，若係國朝人即書某官某，其諸生、布衣亦從實標題，是亦畫一之一法。《通鑑長編》應改遼人及西夏部族名，即交辦《國語解》者查辦。

---

① 按，原文于氏於“已”字後點删“不能”二字。

② 按，“則”字後，于氏點删“此志書”三字。

繫 年

此函作於乾隆三十九年六月十七日。

此函言及“燈聯”和《熱河志》，與第三十一通手札相承接，作年可據此考之。另，函末小字云“外省各書已有十種可交殿上，餘（按：武英殿上剩餘未抄寫謄録之書）亦報兩三日可以全竣，不致逾期，甚好”，説及武英殿應抄之書情形，而第三十通手札有言“應刊各種，自應交武英殿録副”（乾隆三十九年六月初五日），前後亦有承接關係，由此可定該函作於乾隆三十九年。

今四庫本《後漢書》著者范曄，其實在范曄之前已問世的有關東漢歷史的重要著作不下十部，主要有東漢劉珍等奉命官修的《東觀漢記》、三國時吴國人謝承的《後漢書》、晋司馬彪的《續漢書》、晋華嶠的《後漢書》、晋謝沈的《後漢書》、晋袁山松的《後漢書》、晋薛瑩的《後漢記》、晋張瑩的《後漢南記》、晋張璠的《後漢記》、晋袁宏的《後漢記》等[①]。于敏中“三問”謝承《後漢書》，足可見其對此書之重視。《隋志》記載謝承《後漢書》一百三十卷，無帝紀[②]，《新唐志》作一百三十卷，又録一卷，而《舊唐志》只作三十卷。謝本《後漢書》早已亡佚，所謂“江南近有刻本”並非全本，可能只是輯本而已，于敏中對此亦表示懷疑。今檢《四庫採進書目》中有關《後漢書》一書的著録信息只有《武英殿第二次書目》一條記載[③]，據此亦可推知當時謝承《後漢書》本並未進呈。清人汪文臺輯有《七家〈後漢書〉》二十一卷，包括謝承書八卷，薛瑩書一卷，司馬彪書五卷，華嶠書二卷，謝沈書一卷，袁

① 長孫無忌等：《隋書經籍志》，上海：商務印書館，1955年版，第39–40頁。

② 長孫無忌等：《隋書經籍志》，上海：商務印書館，1955年版，第39頁。

③ 按，此條只記“《後漢書》，十八本”，作者及卷數闕如。見《四庫採進書目》，第200頁。但據《總目》知，范曄《後漢書》一百二十卷，係内府刊本，抑或此武英殿本。見《欽定四庫全書總目》上册，第620頁。

山松書二卷，張璠書一卷，並附失名氏書一卷[①]。汪氏輯謝承《後漢書》卷數最多。魯迅也曾校勘過謝承《後漢書》輯本，具體内容見鍾毓《魯迅精校謝承〈後漢書〉輯本》短劄[②]。今人周天遊編有《八家後漢書輯注》，收入謝承、薛瑩、司馬彪、華嶠、謝沈、張瑩、袁山松、張璠八家（另有一家爲無名氏《後漢書》）現存有關《後漢書》的資料[③]，可參閱。

義門先生，即何焯，《文選》重要評點家。何氏《文選》評點本，今有四種存世：一、乾隆三十七年葉樹藩海録軒朱墨套印本，國圖、北大、遼寧、湖北、南開、武大等圖書館藏；二、清光緒元年成都尊經書院刻本，國圖、遼寧省圖書館藏；三、清光緒二十四年上海古香閣石印本，北師大圖書館藏；四、清善化經濟堂刻本，國圖存卷一至卷二九[④]。"秦正園"是何人，檢《古今人物别名索引》《明、清人室名别稱字號索引》皆不得，待考。另，于氏手札言"又云義門先生手批俱已有刻本，其説更不知確否"，以上述乾隆三十七年印本及此函作年（乾隆三十九年）相較，知何焯評點的《文選》確實已有刻本行世。何焯，字潤千（又有作閧千），改字屺瞻，號義門、香案小吏、茶仙等，學者稱義門先生。康熙四十二年（1703）進士，博覽群籍，長於考訂，《義門讀書記》五十八卷收其讀書校刊記。何焯與笪重光、姜宸英、汪士鋐四人並稱爲康熙年間"帖學四大家"。記載何焯事蹟文獻較多，主要見於《清史稿》《清史列傳》《碑傳集》《今世説》《清朝先正事略》《清代七百名人傳》《國朝耆獻類徵初編》等。

手札自"《熱河志》内表及凡例"至文末三百餘字，指示辦理

---

① 按，此書有清光緒八年太平崔國榜等刻本，國圖、北大、中科院、上海、遼寧、南京、浙江省等圖書館藏。見《中國古籍總目·史部》第一册，第18頁。

② 鍾毓：《魯迅精校謝承〈後漢書〉輯本》，《史學史資料》1980年第2期，第4頁。

③ 周天遊：《八家後漢書輯注》，上海：上海古籍出版社，1986年版。

④ 中國古籍總目編纂委員會編：《中國古籍總目·集部》第六册，北京：中華書局、上海：上海古籍出版社，2012年版，第2893頁。

《熱河志》之法，總結起來主要有以下幾點：一、不必事事處處身經目睹，做費力不討好之事；二、奉諭旨改正原稿本，惟當注力於對音字面；三、保留原稿廟及行宫的扁額、對聯，以易辦爲原則。其表述的宗旨即是須懂得辦書之法，宜簡不宜繁，務求速成。按，函中所説《千佛閣碑文》即《千佛閣碑記》，記文末署“乾隆三十五年歲在庚寅仲秋月之吉御筆”，乾隆三十五年即西元1770年，時年乾隆六十壽辰。

清人著述收入《四庫全書》者，按照于敏中所言“即書某官某，其諸生、布衣亦詳實標題，是亦畫一之一法”，今本《四庫全書》並未有官職記載，蓋因全書體例之故，不予著録。

“《通鑑長編》應改遼人及西夏部族名，即交辦《國語解》者查辦”，涉及到《四庫全書》纂修之時書籍正音、正名一事。《國語解》大臣指的是專門對遼、金、元三《史》進行對音工作的人員，他們被稱爲“對音官”。張昇先生認爲：“這些對音官均是兼任的，他們均已作爲館臣著録入職名表中其他館職中；職名表編修者認爲對音官不應入爲四庫館臣，因爲他們如同少數民族文字校對官一樣，只是承擔《四庫》書中某一特定内容的校對工作，而不管其他《四庫》書。”[①] 關於對音官的相關研究，參見《四庫對音官考》一文[②]。

---

① 張昇：《四庫全書館研究》，北京：北京師範大學出版社，2012年版，第388頁。
② 張曉芝：《四庫對音官考》論稿。

第三十三通（陳垣本第三十二通）

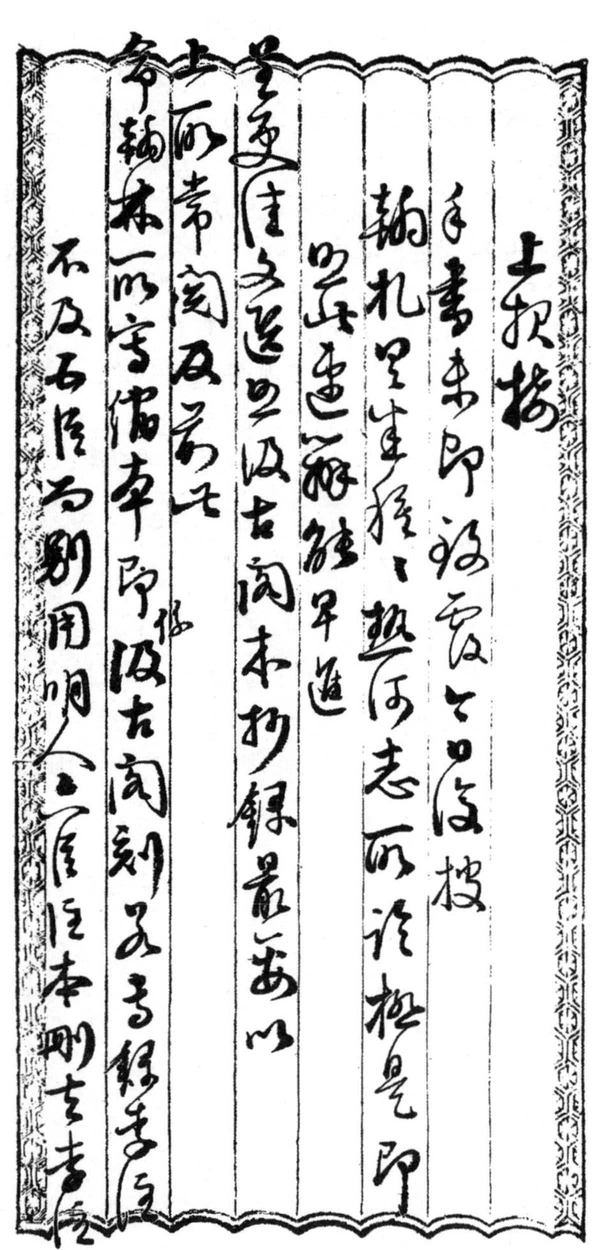

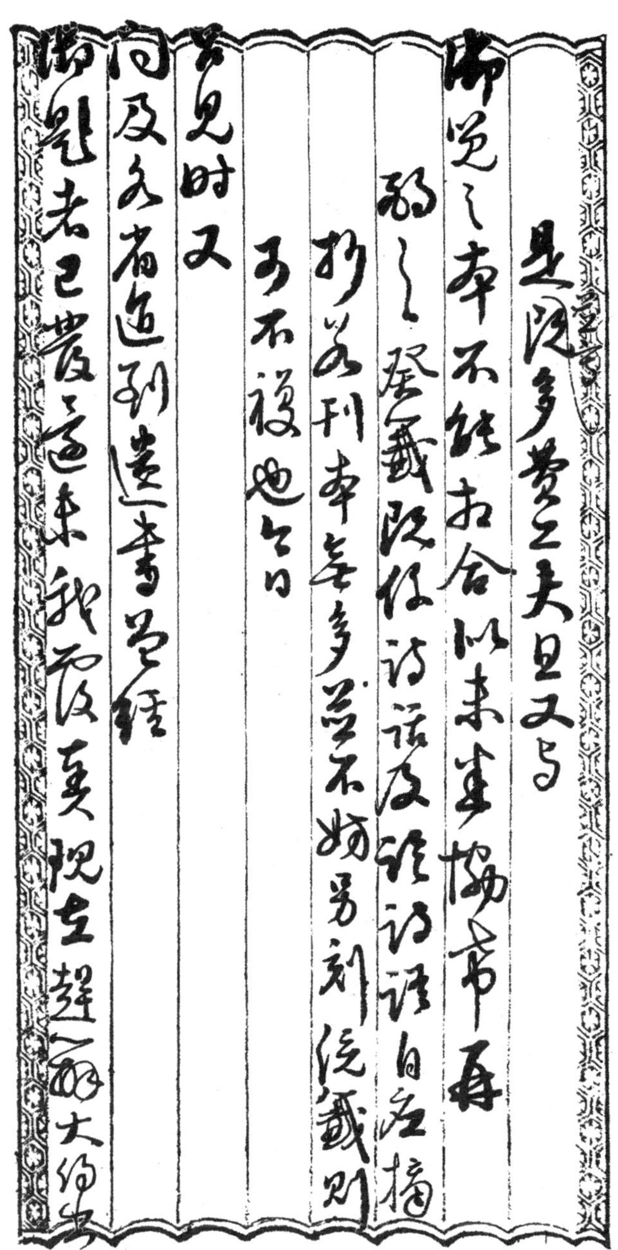

月可畢，即當發往。

上以此等書冊無多，宜早發遣，使人信知較妥。

專此字

聞即以此通致諸公，達又額為西五宮日

發出。偶及文靜府一本，內引《迴腸》《高兒》《太液池》作王

涯詩，而《全唐詩》刊作張仲素，《全唐詩錄》又作

王涯。

上以此詩究係何人所作，查：此集又與所藏

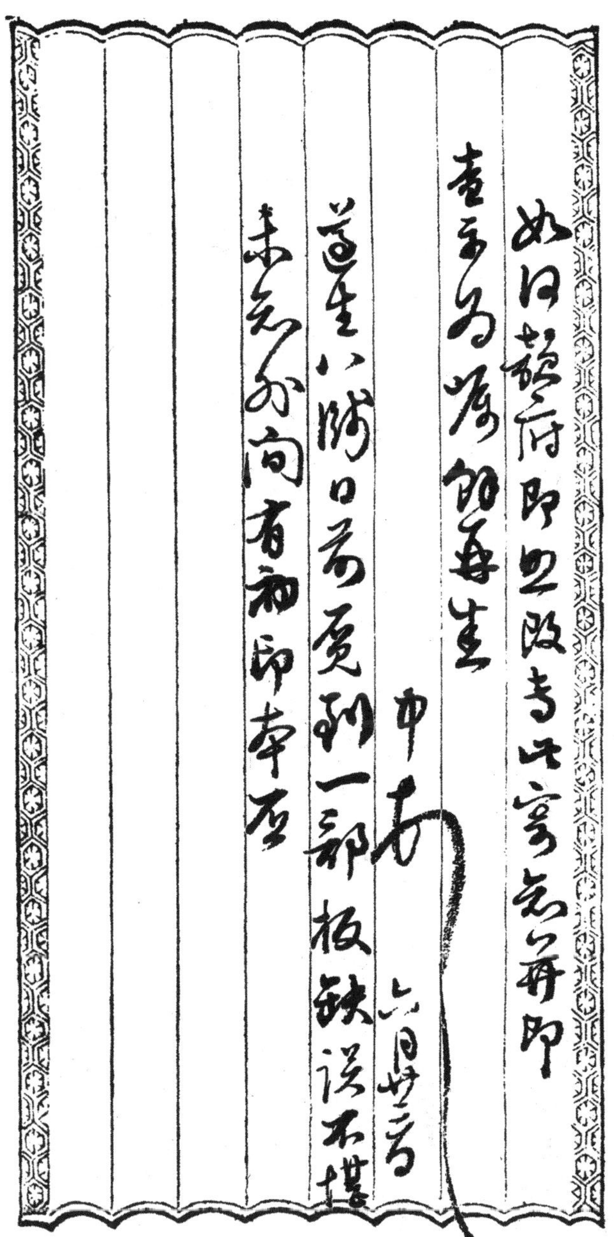

釋　文

上報接手書，未即致覆。今日復披翰札，具悉種種。《熱河志》所論極是，即照此速辦，能早進呈更佳。《文選》照汲古閣本抄録最妥，以上所常閲及前此命翰林所寫縮本即係汲古閣刻。若專録李注，不及五臣，而别用明人六臣注本，删去李注，是並寫既多費工夫，且又與御覽之本不能相合，似未悉協，希再酌之。《癸籤》既係詩話及論詩語，自應摘抄，若刊本無多，並不妨另刻，《統籤》則可不複也。今日召見時又問及，各省進到遺書曾經御題者已發還未？我覆奏，現在趕辦，大約出月可畢，即當發往。上以此等書册無多，宜早發還，使人倍知鼓舞，專此寄聞，即以此遍致諸公，速辦爲妥。又，前日發出《佩文韻府》一本，内引"回雁高飛太液池"作王涯詩，而《全唐詩》刊作張仲素，《全唐詩録》又作王涯。上以此詩究係何人所作？查《永樂大典》所載如何，《韻府》即照改。專此寄知，并即查示爲囑。餘再悉。

中頓首　六月廿三日

［附記］《遵生八箋》日前覓到一部，板缺誤不堪，未知外間有初印本否？

繫　年

此函作於乾隆三十九年六月廿三日。

作年可定，理由有四：一、第三十二通手札云"《熱河志》内表及凡例，非目下所急，暫存此，俟得暇閲定寄回"，該函云"《熱河志》所論極是，即照此速辦，能早進呈更佳"，兩者相較，此當爲回函。二、乾隆三十九年五月十四日《大學士于敏中奏擬賞鮑士恭等〈古今圖書集成〉周厚堉等〈佩文韻府〉摺》及《諭内閣賞鮑士恭等〈古今圖書集成〉周厚堉等〈佩文韻府〉各一部》可考函中所説"前日發出《佩文韻府》一本"，當是乾隆三十九年之事。三、手札中于敏中商請陸錫熊查明"回雁"詩句作者一事，又見於第三十五通（乾隆三十九年六月廿九日），因而此函也作於乾隆三十九年。四、乾隆三十九年五月十四日《諭内閣賞鮑士恭等〈古今圖書集成〉周厚堉等〈佩文韻府〉各一部》云："復命將進到各書，於篇首用翰林院印，並加鈐記，載明年月姓名於面頁，俟將來辦竣後，仍給還各本家，自行收藏。其已經題詠諸本，并令書館先行録副，即將原書發還。"[①] 又，第二十九通手札云"外省進到奉有御題之書，所酌甚妥。既云不過月餘可畢，尤與諭旨相合也"，此與該函"今日召見時又問及，各省進到遺書曾經御題者已發還未？我覆奏，現在趕辦，大約出月可畢，即當發往"意有承接。由此可知，發還各家進呈蒙乾隆御題之書是在三十九年。

箋　證

《四庫全書》著録《文選》版本問題，陳垣在《書于文襄論四庫全書手札後》中説："今總集類六臣注《文選》仍與汲古閣本并録。"[②] 即今《四庫全書》著録《文選》兩種，一爲李善《文選注》六十卷本，一爲《六臣注文選》六十卷本[③]。于敏中認爲《文選》"照汲古閣本抄録最妥"，理由是"（皇）上所常閲及，前此命翰林所寫縮本即係汲古閣刻"，又因"若專録李注，不及五臣，而别用明人六臣注本，删去李注，是并寫既多費工夫，且又與御覽之本不能相合"，據此可推斷，于敏中辦書，一者以"速辦"爲要，二者以遵從乾隆御覽之本爲宗旨，這兩點不同程度地造成了《四庫全書》在文獻上的缺失。但由於四庫館臣對文獻較爲熟知，且有自己的判斷和主見，有時也並不惟總裁是從。通過今本《四庫全書》所著録書籍相關信息與手札不盡相同這一點可知，他們的主張是

① 中國第一歷史檔案館編：《纂修四庫全書檔案》上册，上海：上海古籍出版社，1997年版，第211頁。

② 陳垣：《書于文襄論四庫全書手札後》，《陳垣學術論文集》第二集，北京：中華書局，1982年版，第44頁。

③ 按，關於兩書的版本特徵見《欽定四庫全書總目》，第2599－2600頁。

得到了總裁認可的，這在一定程度上避免了總裁一人之見造成的文獻失誤。

《癸籤》，指明胡震亨的《唐音癸籤》；《統籤》，即《唐音統籤》，亦胡震亨編纂。《唐音癸籤》三十三卷，《總目》卷一九六集部詩文評類著録，江蘇巡撫採進本[①]。《總目》云："舊無刊版，至國朝康熙戊戌，江寧書肆乃得鈔本刻行。"[②]此説有誤，該本應刻成於順治十五年[③]。另，《總目》卷一九三，集部總集類存目中有胡震亨《唐音戊籤》二百零一卷《閏餘》六十四卷，亦是江蘇巡撫採進本[④]。《唐音統籤》，《四庫全書》未著録，其原因蓋因于敏中所云"《癸籤》既係詩話及論詩語，自應摘抄，若刊本無多，並不妨另刻，《統籤》則可不複也"；或因其卷帙龐大，刻之不易；又或因清代所編《全唐詩》實際上就是在《唐音統籤》基礎上補苴而成，再無刊刻之必要。然《總目》認爲"九籤之中，惟戊籤有刻"[⑤]，則不甚嚴謹。據《唐音統籤》出版説明所言，故宫博物院圖書館藏范希仁抄補本《唐音統籤》一千〇三十三卷，其中《甲》《乙》《戊》《癸》四籤全部爲刻本；《丙籤》與《丁籤》刻而未全，卷

---

① 按，《四庫採進書目》有兩條記録，一爲"江蘇省第一次書目"，二爲"編修勵（守謙）第一次至六次交出書目"。見《四庫採進書目》，第17、175頁。

② 紀昀等：《欽定四庫全書總目》下册，北京：中華書局，1997年版，第2757頁。

③ 按，古典文學出版社《唐音癸籤》出版説明考云："《癸籤》三十三卷，有金陵單刻本，向傳爲明刊，《四庫提要》稱'康熙戊戌，江寧書肆乃得鈔本刻行'。今詳加考核，卷一首葉板心下方有'金陵劉鳳鳴刻'字，卷七末行有'戊戌秋刻'字。檢明末迄康熙之以戊戌紀年者三：一五九八年即萬曆二十六年，一六五八年即順治十五年，一七一八年即康熙五十七年。按，胡震亨甫以萬曆二十五年舉鄉貢，成《統籤》乃在晚年，《癸籤》必不刊於萬曆二十六年之戊戌。此刻本中玄字不闕筆、不易字，則又必不刊於康熙時代之戊戌。舍此，鍥成於順治十五年甚明。《四庫提要》殆誤。"見胡震亨《唐音癸籤》出版説明，上海：古典文學出版社，1957年版，第2-3頁。

④ 按，《四庫採進書目》有兩條記録，一爲"兩江第一次書目"，二爲"編修勵（守謙）第一次至六次交出書目"，見《四庫採進書目》，第45、175頁。江蘇省進呈書目中無此本。

⑤ 紀昀等：《欽定四庫全書總目》下册，北京：中華書局，1997年版，第2757頁。

九三至九五、卷一七二至二一一、卷三二二至三九九、卷四八〇至五五二爲抄本，其他《己》《庚》《辛》《壬》四籤則全爲抄本。可見，除戊籤外，《甲》《乙》《癸》三籤俱爲刻本。《唐音統籤》共一千餘卷[①]，爲明胡震亨編纂，是一部卷帙浩繁、網羅宏富的唐五代詩歌總集。全書以十干爲紀，《甲籤》至《壬籤》輯録各類詩體，《癸籤》包括體凡、法微、評彙、樂通、詁箋、談叢、集録七部分内容，對唐詩的源流體制、流派作家作了系統評述，頗有文獻價值[②]。2003年上海古籍出版社影印出版了《唐音統籤》一書，以今存最完備的北京故宫博物院藏抄補本爲底本影印，十六開本共計九册，爲方便檢索，同時還編制了《唐音統籤篇目目録》和《作者索引》。

乾隆對書籍發還一事屢有明諭，自三十八年搜訪遺書時即言"將原書迅速發還"，三十八年閏三月二十日《兩淮鹽政李質穎奏解送馬裕家書籍摺》中夾批硃筆"俟辦完《四庫全書》，仍將原書發還，留此亦無用也"[③]。但于敏中此函所云係御題書籍及發還之事。乾隆三十九年五月十四日《大學士于敏中奏擬賞鮑士恭等〈古今圖書集成〉周厚堉等〈佩文韻府〉摺》云："查交書一百種以上，均經奉旨於所進書内，查其最佳者呈覽，奉有御題。"[④]御題之書手札中説"書册無多，宜早發還，使人倍知鼓舞"，同日所頒諭旨《諭内閣賞鮑士恭等〈古今圖書集成〉周厚堉等〈佩文韻府〉各一部》明確言明："其進書百種以上者，并命擇其中精醇之本，進呈乙覽，朕幾餘親爲評詠，題識簡端。復命將進到各書，於篇首用翰林院

① 按，《唐音統籤》編成後，未能全部刻印，歷代著録不同。《明史·藝文志》著録爲一千〇二十四卷，《千頃堂書目》著録爲一千〇三十二卷，《總目》則著録爲一千〇二十七卷。

② 胡震亨：《唐音統籤》出版説明，上海：上海古籍出版社，2003年版，第1頁。

③ 中國第一歷史檔案館編：《纂修四庫全書檔案》上册，上海：上海古籍出版社，1997年版，第87頁。

④ 中國第一歷史檔案館編：《纂修四庫全書檔案》上册，上海：上海古籍出版社，1997年版，第210頁。

印，并加鈐記，載明年月姓名於面頁，俟將來辦竣後，仍給還各本家，自行收藏。其已經題詠諸本，並令書館先行録副，即將原書發還，俾收藏之人，益增榮幸。”[①] 因御題書籍數量不多，又有上諭命予發還，所以此事應該如于敏中所言三十九年六月底即已發還完畢。但據《檔案》記載，四十二年八月初四日《浙江巡撫三寶奏遵旨辦理遺書情形并恭呈遺書清單摺》云：“前欽奉御題詩章，發回書十一種，於領回時，即按照單開呈獻之家，發給祇領。”[②] 可見，三十九年六月後，又陸續有書籍經御題詩章。黄愛平在《四庫全書纂修研究》第六章專辟一節介紹“翰林院底本的庋置”[③]，可參看。

函中“回雁高飛太液池”，全詩云：“回雁高飛太液池，新花低發上林枝。年光到處皆堪賞，春色人間總不知。”[④] 今本《全唐詩》卷三六七作張仲素撰，詩題爲《漢苑行二首》[⑤]。《御定全唐詩録》卷七一作王涯撰，題《漢苑行》[⑥]，共三首。此詩歸屬兩存，《唐詩類苑》卷二五署張仲素[⑦]，《唐音統籤》卷五三五作王涯[⑧]。現存《永樂大典》本已無記載，無從查考。今檢“回雁”，《佩文韻府》收

---

① 中國第一歷史檔案館編：《纂修四庫全書檔案》上册，上海：上海古籍出版社，1997年版，第211頁。

② 中國第一歷史檔案館編：《纂修四庫全書檔案》上册，上海：上海古籍出版社，1997年版，第677頁。

③ 黄愛平：《四庫全書纂修研究》，北京：中國人民大學出版社，2001年版，第165–182頁。

④《全唐詩》第一一册第三六七卷，北京：中華書局，1979年版，第4138頁。

⑤《全唐詩》第一一册第三六七卷，北京：中華書局，1979年版，第4138頁。

⑥ 徐倬編：《御定全唐詩録》，《景印文淵閣四庫全書》第一四七三册，臺北：臺灣商務印書館，1986年版，第306頁。

⑦ 張之象：《唐詩類苑》第一册第二五卷，上海：上海古籍出版社，2006年版，第416頁。

⑧ 胡震亨：《唐音統籤》第五册第五三五卷，上海：上海古籍出版社，2003年版，第600頁。

録此詞條，但下無此詩[①]，亦不知爲何，或因查《永樂大典》後《韻府》即删改。

《遵生八箋》十九卷，明高濂撰，《總目》卷一二三子部雜家類著録，通行本。《總目》詳細介紹此書内容，不涉一字版本來源。于氏信函中提及“（此書）日前覓到一部，板缺誤不堪，未知外間有初印本否”，通過《四庫全書》著録的通行本來看，此書似無初印本。檢《四庫採進書目》亦不見記載。今《中國古籍善本總目》録有此書兩條版本信息，均題作《雅尚齋遵生八箋》十九卷。一爲明萬曆十九年自刻本，九行十八字黑口，四周單邊，有刻工，國圖、北大、中科院歷史研究所、中國醫學科學院、上海圖書館、華東師範大學圖書館、遼寧省圖書館、南京圖書館等有藏本；二爲明萬曆建邑書林種德堂熊沖宇刻本，九行十八字白口，四周單邊，中國人民大學圖書館、吴縣圖書館有藏本[②]。據此可知，《四庫全書》著録的本子並非善本，當時應有印本行世，四庫館臣未見，致使《四庫全書》著録的此書版本不佳。

---

① 按，檢索上海古籍書店1983年《佩文韻府》本，此本根據商務印書館《萬有文庫》本影印。“回雁”詞條，第3018頁中，無“回雁高飛太液池”句。

② 翁連溪：《中國古籍善本總目》子部，北京：綫裝書局，2005年版，第1020頁。

第三十四通（陳垣本第四十三通）

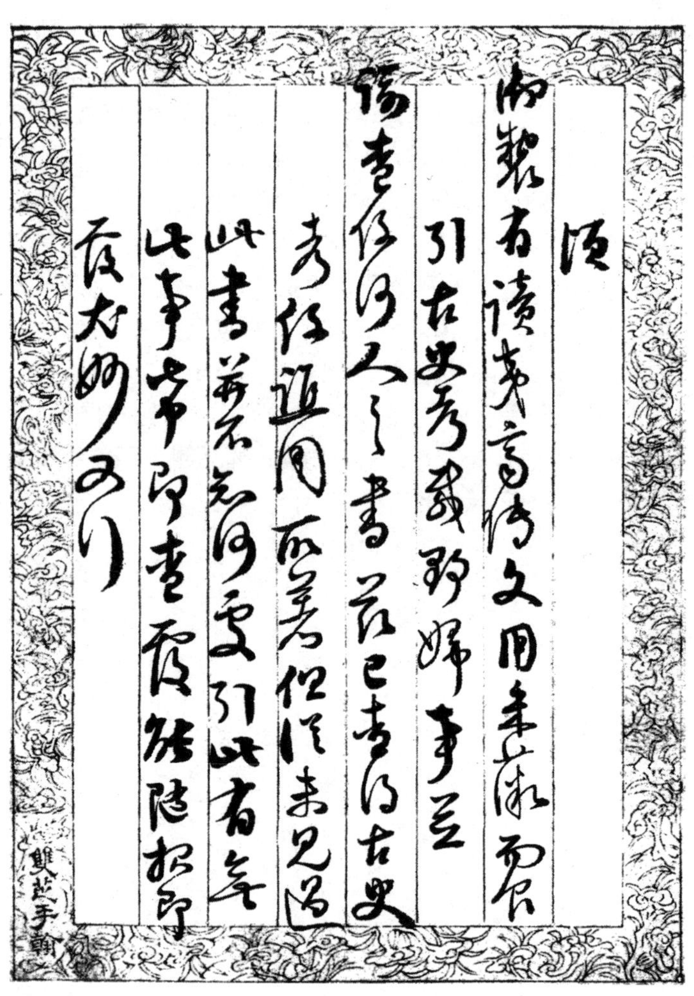

釋　文

頃御製有《讀夷齊傳》文，用“采薇而食”，引《古史考》載野婦事，並論查係何人之書。兹已查得《古史考》係譙周所著，但從未見過此書，並不知何處引此，有無此事，希即查覆，能隨報即覆尤妙。又拜。

繫　年

此函作於乾隆三十九年六月，爲第三十三通之附函。具體見箋證部分。

按，胡適云，筆跡與第四十二通（此四十二通指陳垣本順序，箋證本對應第五十一通）最相仿，當爲其附箋[①]。按筆跡對照，此函與第三十三通文末“《遵生八箋》日前覓到一部，板缺誤不堪，未知外間有初印本否”字跡亦是相近，胡言不足爲據。從用箋來看，此函雖係短箋，排在此亦是合理。據胡考“陳垣先生跋云：諸札之中‘用箋二種……六月望日三函，其二函筆式相同，且有另札寄語，知爲一日二書。其一函用箋不同，亦非一年之書也’。影印本不能保存兩種箋紙形式如何不同。我細看各札，始辨出札㉟以下都用短箋，不抬頭的各行，每行平均約十三個字。以前（①至㉞各札用長箋，不抬頭處，每行平均十七八個字。此是兩種箋式不同處。但短箋各札，影本都編在四十年五月以後，這是大錯。）如㊹札雖用短箋，應在卅九年。又如㊾札也用短箋，但也應在卅九年。大概説來，于氏在卅九年七月初六日㉞札之後。似乎就一律改用短箋了，故我改定的㊹㊺㊻㊼㊽㊿51 52八札都用短箋，都在卅九年，但都在七月初六日之後。陳垣先生與北平圖書館諸公用兩種箋式做分别年分的標準，確是一大貢獻。經過這一點修

① 胡適：《跋〈于文襄手札〉影印本》，《胡適全集》第一三卷，合肥：安徽教育出版社，2003年版，第540頁。

正，這個標準就更正確，更有用了。”[①] 按照胡適所言，三十九年所用短箋的情形，此函是包括在三十九年之内的。事實上，長短箋並非是判斷編年的唯一依據，三十八年信函亦有用短箋者，具體編年應以内容爲主，兼慮及信箋形制。

箋　證

乾隆《御製詩文集》有多首涉及夷齊典故者。按此函所言，檢《御製文二集》卷三五有《讀伯夷列傳》一文：

> 夷齊不食周粟，蓋謂義不仕周受禄，貧餓以終其身而死耳。自司馬遷有“采薇食之，遂餓死首陽山”之言，而譙周《古史考》遂舉野婦之語以實之，後世率謂夷齊果不食而餓餒以死。夫夷齊大節固在不仕周，而不在死與不死也。而遷乃更舉顔淵、盗蹠之事，謂天之報施善惡有或爽者，夷齊之死有或怨者，此則大謬而不可以不辨也。蓋窮通壽夭人事之適然，而善惡邪正天道之至公。千載之下，以夷齊、顔淵爲何如人？以盗蹠爲何如人？則夷齊之死固不怨，使其怨，當早食周粟而求生矣。殺身成仁者，豈皆怨乎？孔子曰“不怨天，不尤人”，遷實未知此耳。彼其犯國法，身殘處穢，動而見尤，憤懣不堪，怨天尤人，謬論天道之是非。是以遷之心爲夷齊之心，而夷齊必不若是也。余故以爲大謬，而不可以不辨也。[②]

文中“采薇而食”與“《古史考》載野婦事”俱在，据此可知，于氏所指《讀夷齊傳》即是此文。但《御製文》並未進行編

---

① 胡適：《跋〈于文襄手札〉影印本》，《胡適全集》第一三卷，合肥：安徽教育出版社，2003年版，第538頁。按，引文中的序號皆爲陳垣本順序。

② 乾隆：《御製文二集》卷三五，《景印文淵閣四庫全書》第一三〇一册，臺北：臺灣商務印書館，1986年版，第495–496頁。

年，因而此文作年似難以確考。今依相關史料，考其作於乾隆三十九年。

《御製文二集》梁國治、董誥所作序中稱："《御製文初集》久已經緯輿蓋，照耀羲娥。兹自甲申至乙巳二十二年，復得文四百一十一首。"[①]此序作於乾隆五十一年。序中甲申，即乾隆二十九年（1764），乙巳，即乾隆五十年（1785），共計廿二年，此文作年不出此範圍。查《乾隆帝起居注》，乾隆三十五年至四十三年闕，無史料可據。而三十五年之前、四十四年之後的起居檔册中，並無寫作此文或閱讀《史記·伯夷列傳》的記載。則可推測此文應作於三十六年至四十三年間。又因于敏中所書信函皆在三十八年至四十一年秋獮木蘭之時，則乾隆諭于敏中查《古史考》"係何人之書"亦在此間。

值得注意的是，這期間主要是編纂《四庫全書》，而乾隆的一部分工作即是御覽進呈書籍。因而此文所涉《古史考》一書即爲突破口。《古史考》，《隋志》記載"二十五卷，晋義陽亭侯譙周撰"[②]。此書早已散佚，因而于敏中言"未見過此書，並不知何處引此"。乾隆"引《古史考》載野婦事"，出自蕭統《文選》。《文選·辯命論》"夷叔斃淑媛之言"注云："《古史考》曰：伯夷、叔齊者，殷之末世孤竹君之二子也，隱於首陽山，采薇而食之。野有婦人謂之曰：子義不食周粟，此亦周之草木也。於是餓死。"[③]今章宗源輯佚《古史考》亦收有此注[④]。由《古史考》所引出的《文選》一書，則是此問題解决的關鍵。在于敏中的五十六通信函中，第三十二、三十三通皆提及《文選》，其中三十三通云："《文選》照汲古閣本抄録最妥，以上所常閲及前此命翰林所寫縮本即係汲古

① 乾隆：《御製文二集》序，《景印文淵閣四庫全書》第一三〇一册，臺北：臺灣商務印書館，1986年版，第271頁。

② 長孫無忌等：《隋書經籍志》卷二，上海：商務印書館，1955年版，第39頁。

③ 蕭統編，李善注：《文選》下册第五四卷，北京：中華書局，1977年版，第748頁。

④ 按，見章宗源《古史考》，龍溪精舍叢書本。

閣刻。若專録李注，不及五臣，而别用明人六臣注本，删去李注，是並寫既多費工夫，且又與御覽之本不能相合，似未悉協，希再酌之”（作於乾隆三十九年六月廿三日）。以上所引數言透露出如下信息 :《文選》是乾隆“常閱”之書，其對《文選》的熟悉程度可見一斑，並且在三十九年編纂《四庫全書》期間乾隆是御覽過翰林所寫汲古閣刻本《文選》的。那麽，乾隆讓于敏中查《古史考》一書著者問題就不難理解了，于敏中的“不知何處引此”之疑亦即釋。因此，此函應該置於第三十三通之後，即作於三十九年六月。

此函係全札中五封附函之一，按信函所涉内容的關聯性考查，其亦應與三十二通、三十三通繫爲同一年。

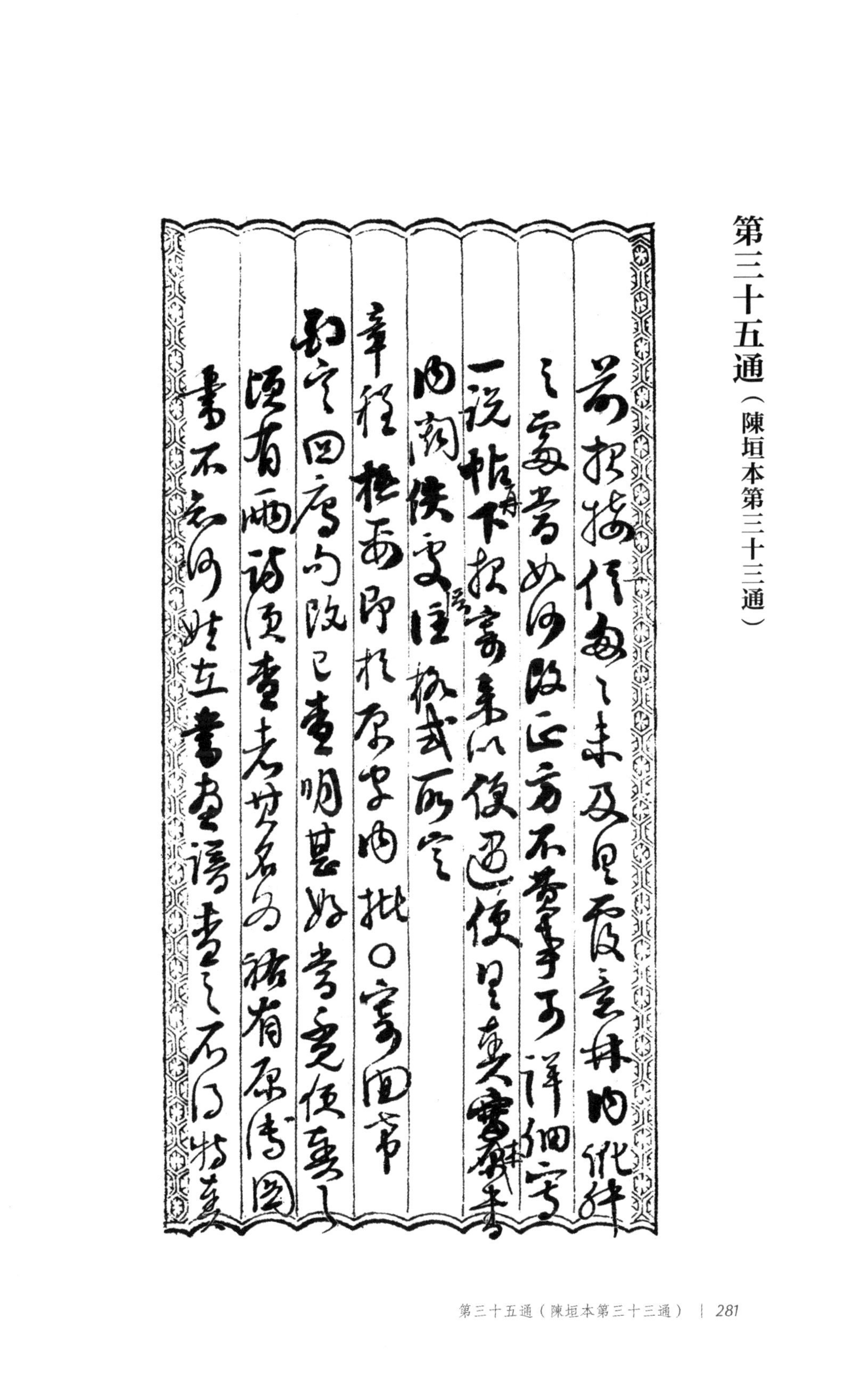

第三十五通（陳垣本第三十三通）

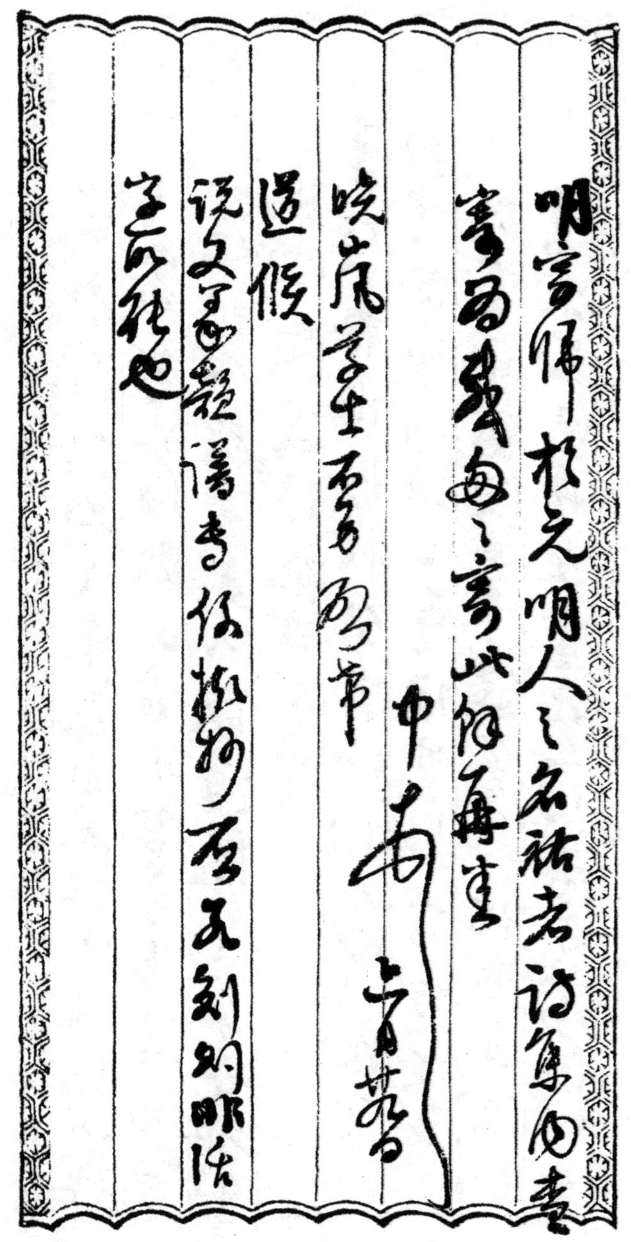

釋　文

前報接信，匆匆未及具覆。《意林》内訛舛之處當如何改正方不費事，可詳細寫一説帖，再下報寄來，以便遇便具奏。寫本原書内闕佚處添注格式，所定章程極妥，即於原字内批“○”寄回，希酌定。“回雁”句既已查明，甚好，當覓便奏之。頃有兩詩須查者，其名爲“祐”，有《原傳圖》書，不知何姓，在《書畫譜》查之不得，特奏明寄歸，於元明人之名“祐”者詩集内查寄爲感。匆匆寄此。餘再悉。

中頓首　六月廿九日

［附記］曉嵐學士不另啓，希道候。《説文篆韻譜》專係擬抄否？若刻，則非活字所能也。

繫　年

此函作於乾隆三十九年六月二十九日。

第三十三通云“又，前日發出《佩文韻府》一本，内引‘回雁高飛太液池’作王涯詩，而《全唐詩》刊作張仲素，《全唐詩録》又作王涯。上以此詩究係何人所作？查《永樂大典》所載如何，《韻府》即照改。專此寄知，并即查示爲囑”，此函説“‘回雁’句既已查明，甚好，當覓便奏之”，兩函有明顯承接關係。又，辦理《意林》一書事還見於第三十六通（乾隆三十九年七月初一日），推知此函應作於乾隆三十九年。

箋　證

《意林》五卷，唐馬總編，《總目》卷一二三子部雜家類著録，江蘇巡撫採進本。按，《四庫採進書目》江蘇省第一次書目著録爲

《意林語要》[①]，浙江省第五次范懋柱家呈送書目著録爲《意林》[②]。或因《四庫全書》不著録語録體，"語要"二字爲館臣所删，《意林》與《意林語要》係同一書。據《總目》所言，此書"今世所行有二本。一爲范氏天一閣寫本，多所佚脱。是以御題詩有'《太玄》以下竟佚亡之'之句。此本爲江蘇巡撫所續進，乃明嘉靖己丑廖自顯所刻，較鮑氏本少戴、柳二序，而首尾特完整"[③]。明嘉靖己丑即嘉靖八年西元1529年。今國家圖書館藏有《意林》最早刻本係明嘉靖五年黄鳳儀刻[④]。《中國古籍善本總目》著録《意林》(《意林語要》)明刻本七種，明抄本兩種，清刻（抄）本共十一種，又有《意林注》《意林校注》《意林校補》本等。

《原傳圖》不詳，待考，抑或于敏中誤記，之後的手札中亦未提及此書。《書畫譜》即《御定佩文齋書畫譜》，《總目》作康熙御定[⑤]，崔富章考"是書實孫岳頒、宋駿業、王原祁等輯，康熙間内府刻本及庫書《提要》載之甚明"[⑥]。

《説文篆韻譜》即《説文解字篆韻譜》五卷，南唐徐鍇撰，《總目》卷四一經部小學類著録，兩江總督採進本[⑦]。《總目》云"是書傳本甚少，此爲明巡撫李顯所刻"[⑧]。

函中提及"寫本原書内闕佚處添注格式，所定章程極妥，即於原字内批'○'寄回，希酌定"，係指《四庫全書》辦書之時，館臣在原刻（抄）本中勾畫的抄録格式。今所見四庫底本之中，多有館臣校勘痕跡，與于敏中此處指示勾畫"○"的符號一致。

---

① 吴慰祖：《四庫採進書目》，北京：商務印書館，1960年版，第26頁。

② 吴慰祖：《四庫採進書目》，北京：商務印書館，1960年版，第110頁。

③ 紀昀等：《欽定四庫全書總目》上册，北京：中華書局，1997年版，第1641頁。

④ 翁連溪：《中國古籍善本總目》子部，北京：線裝書局，2005年版，第1021頁。

⑤ 紀昀等：《欽定四庫全書總目》上册，北京：中華書局，1997年版，第1502頁。

⑥ 崔富章：《四庫提要補正》，杭州：杭州大學出版社，1990年版，第353頁。

⑦ 按，《四庫採進書目》中兩江第一次書目、浙江省第四次吴玉墀家呈送書目有記載（《四庫採進書目》，第45、87頁）。

⑧ 紀昀等：《欽定四庫全書總目》上册，北京：中華書局，1997年版，第538頁。

如《弊帚稿略》《蚓竅集》等四庫底本，附圖如下：

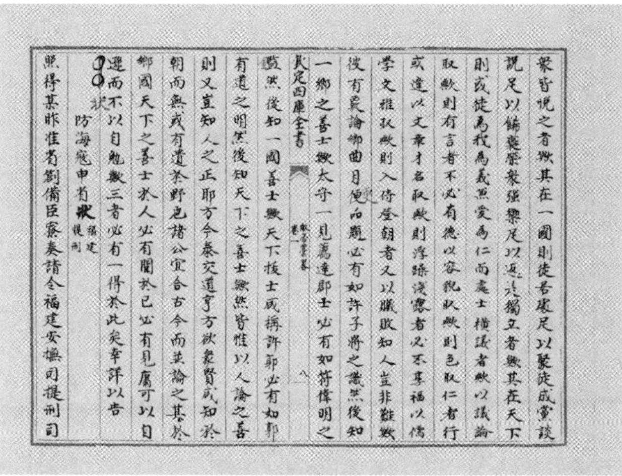

衆皆悦之者歟其在一國則徒者屨足以聚徒成黨談
説足以飾奸榮衆强禦足以返走獨立者歟其在天下
則或徒為我為義兼愛為仁而處士横議者歟以議論
取歟則有言者不必有德以容貌取歟則色取仁者行
或違以文章才名取歟則浮躁淺露者必不享福以儒
学文推取歟則入侍登朝者又以贓敗知人豈非難歟
後有衆論鄉曲月旦而觀必有如許子將之識然後知
一鄉之善士歟太守一見薦達郡士必有如符偉明之

欽定四庫全書　敝帚稿畧　卷一　八

識然後知一國善士歟天下掖士咸稱許郭必有如郭
有道之明然後知天下之善士歟然皆惟以人論之善
則又豈知人之正耶方今泰交道亨方欲聚賢咸知於
朝而無或有遺於野色諸公宜合古今而並論之其於
鄉國天下之善士於人必有聞於已必有見庶可以自
遜而不以自勉歟三者必有一得於此矣幸詳以告
○○狀
防海寇申省狀　福建提刑
照得某昨准省劄備臣寮奏請令福建安撫司提刑司

圖一《弊帚稿略》

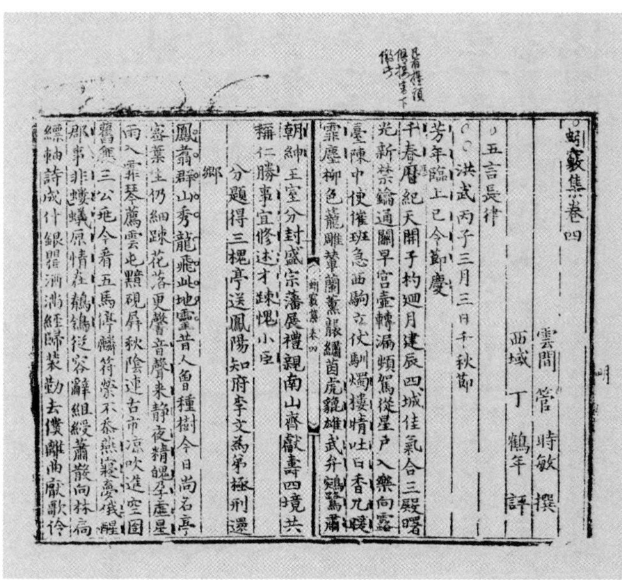

蚓竅集卷四
雲間　管時敏　撰
西域　丁鶴年　評
五言長律
洪武丙子三月三日千秋節
芳年臨上巳令節慶
千春曆紀天開子杓迴月建辰四城佳氣合三殿曙
光新禁鑰通關早宮壺轉漏頻駕從星戶入樂向露
臺陳中使催班急西駒立仗馴燭摟晴吐曰香九暖
霏塵柳色蘢雕輦蘭薰服纈茵虎貔雄武弁鵷鷺肅

蚓竅集　卷四

朝紳王室分封盛宗藩展禮親南山齊獻壽四境共
稱仁勝事宜修述才疎愧小臣
分題得三槐亭送鳳陽知府李文爲弟極刑還
鄉
鳳翥群山秀龍飛此地靈昔人曾種樹今日尚名亭
密葉生仍細疎花落更馨音聲來靜夜精魄孕台星
雨入霏琴薦雲屯黷硯屏秋陰連古市涼吹進空園
舊無三公兆今看五馬停麟符榮不忝燕寢夢俄醒
郡事非蠖蠖原情在鶺鴒從容辭組綬蕭散向林扃
縹軸詩成什銀罌酒滿經歸裝勤去僕離曲獻歌伶

圖二《蚓竅集》

第三十六通（陳垣本第三十四通）

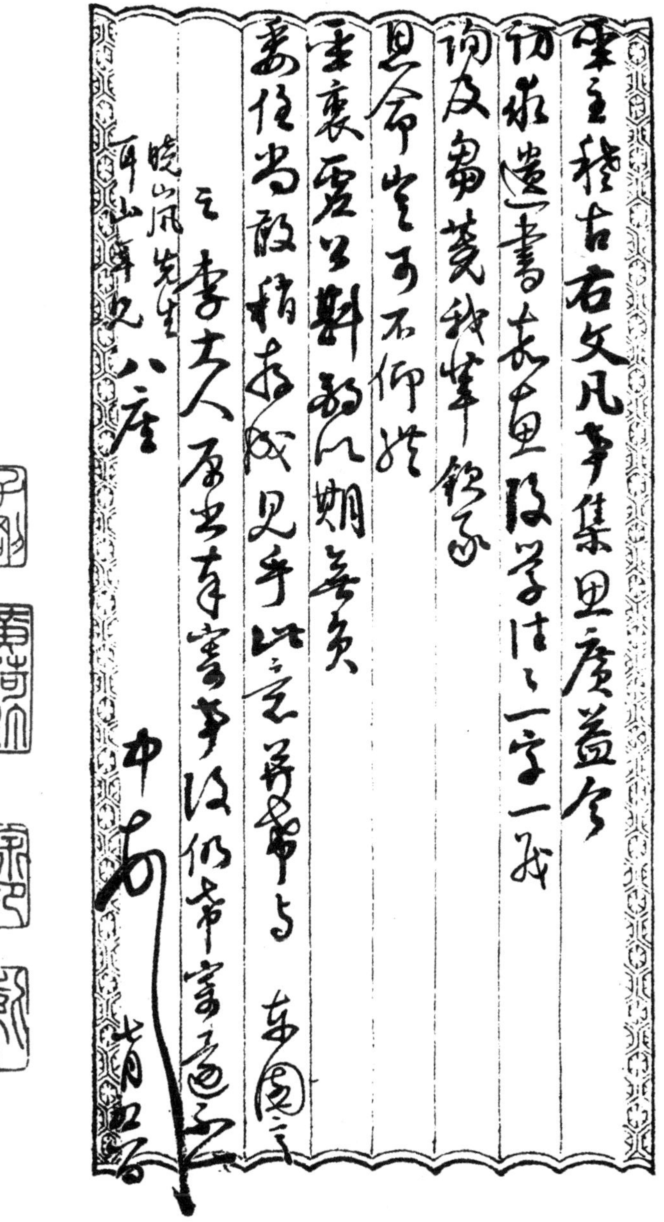

釋　文

接讀手教，得悉種種。（耳山年兄上報曾有字否，記匆冗時一閱，欲留俟下報再覆，今日遍檢不得，不知所言者何？下報寄知，并覆。）《意林》一事容俟從容再覆。頃接李少司空札，以《水經注》尚有可商，不可不酌求其是。愚學殖淺薄，不敢輕議，且相隔[①]甚遠，尤難彼此折衷。此事知東園深費苦心，且向曾探討及此，自當有所依據，其中或尚有應行酌定者，不妨再爲覆核。（大農處亦有札致及李公，原書並希於便中送閱。）聖主稽古右文，凡事集思廣益，今訪求遺書嘉惠後學，往往一字一義，詢及芻蕘。我輩欽承恩命，豈可不仰體聖衷。虛公斟酌，以期無負委任，尚敢稍存成見乎？此意並希與東園言之。李大人原書奉寄，事後仍希寄還。不一。曉嵐先生、耳山年兄八座。

中頓首　七月初一日

繫　年

此函作於乾隆三十九年七月初一日。

作年考證見第三十五通手札。另，陳垣《書于文襄論四庫全書手札後》考證稱“李友棠卅八年八月始擢工部侍郎，《水經注》卅九年十月校上，則此七月爲卅九年”[②]。今依陳考。

---

① 按，“隔”，原札圈删“商”字爲“隔”。

② 按，此句據1933年國立北平圖書館影印《于文襄手札》本後附陳垣《書于文襄論四庫全書手札後》。又見於《陳垣學術論文集》第二集，北京：中華書局，1982年版，第43-44頁。但不見於《國立北平圖書館館刊》第七卷第五號（村萃學社編集，周康燮主編的《〈四庫全書〉之纂修研究》收録，上海：大東圖書公司印行，1980年版，第353-355頁）。文本内容略有不同。

箋 證

此函涉及到的數位人物如下：

少司空，工部左、右侍郎別稱[①]。李少司空係李友棠，乾隆三十八年八月授工部侍郎，因有此稱。李友棠具體事蹟見第四通手札，朱汝珍《詞林輯略》、吴仲《續詩人徵略》等有李氏小傳。

"東園"，蓋作"東原"，于敏中筆誤。戴震，字東原，具體事蹟見第二十二通手札。戴震特詔入四庫館，首先擔任的是《永樂大典》的輯佚工作，後又校過經部、史部等部分書籍。

大農，指王際華；曉嵐先生，即紀昀；耳山年兄，乃陸錫熊。八座，亦作"八坐"，在清代指的是六部長貳（尚書、侍郎），都察院左右都御使，副都御使（包括帶右都御使、右副都御使銜的總督巡撫）之總名[②]。

《四庫全書》纂修過程中，各種意見尤難劃一，如今所看到的煌煌巨制，是各種意見相互博弈的結果。函中于氏云"愚學殖淺薄，不敢輕議，且相隔甚遠，尤難彼此折衷"，"折衷"一詞業已透露其中玄機。且四庫館臣對《四庫全書》編纂過程中所產生的主觀或客觀困難，難免有所成見，戴震即是其中之一。此函于敏中以乾隆修書思想相勸，"聖主稽古右文，凡事集思廣益，今訪求遺書嘉惠後學，往往一字一義，詢及芻蕘"，修書認真至"一字一義"，且涉"芻蕘"之人，因而于敏中以"我輩欽承恩命，豈可不仰體聖衷"爲由，囑陸錫熊"以期無負委任"，並要陸錫熊將此意告知戴震。

① 龔延明：《中國歷代職官別名大辭典》，上海：上海辭書出版社，2006年版，第107頁。

② 龔延明：《中國歷代職官別名大辭典》，上海：上海辭書出版社，2006年版，第11頁。

第三十七通（陳垣本第四十四通）

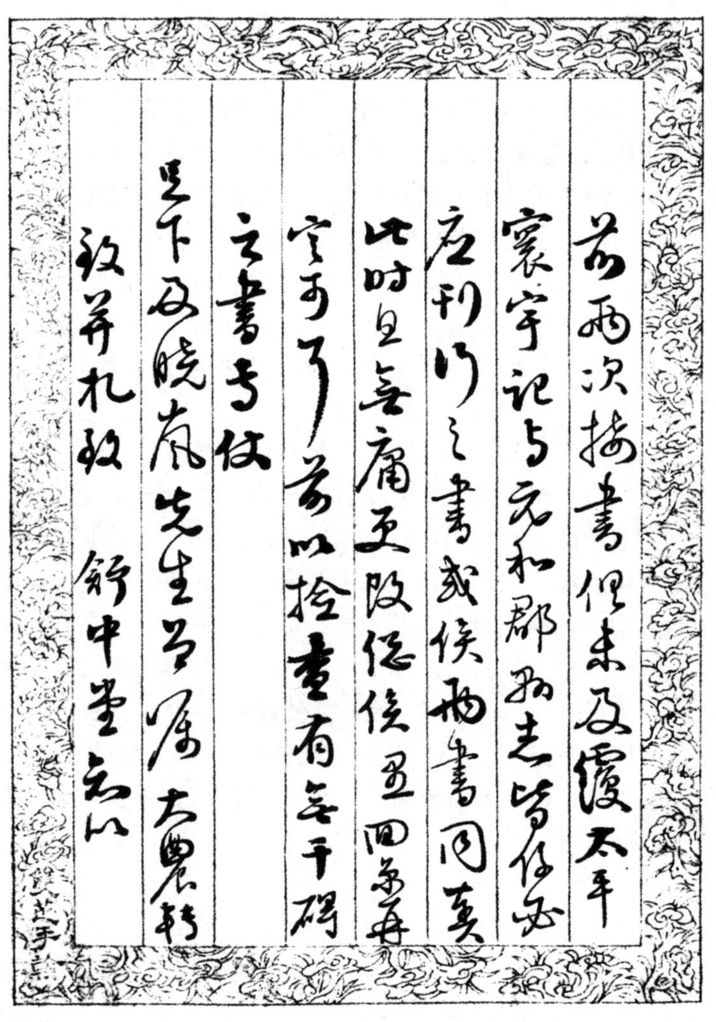

前兩次接書，但未及覆。太平
寰宇記與元和郡縣志皆係必
應刊行之書，或俟兩書同異
比對，且無庸更改，俟從容回奏再
定可了。前以檢查有無干礙
之書[illegible]仗
足下及曉嵐先生為[illegible] 大農轉
致，并札致 舒中堂亦以

上諭稿交閱恭繹
聖訓使于門一概理之道也即如宗壽集
禀已甚明尤不可不先一概去此書
尚歷有版依傳並須盡一查繳
不知何處紙到此本可查明繳
之其書有礙者尚傳述而不作
則去此數祇此二卷其餘似尚可存於
足下尚須詳細閱定再只能何略

題太多，以後的一兩我近

方于篇之後了，至前明目録此時且

可不必後或再議

而後的之後一樣也

至之年可以保住說已有後頃告不

調停使彼此無嫌無疑方為善

要智慧所後投何遠置也自取

垣與君後大異殊不可解現已者

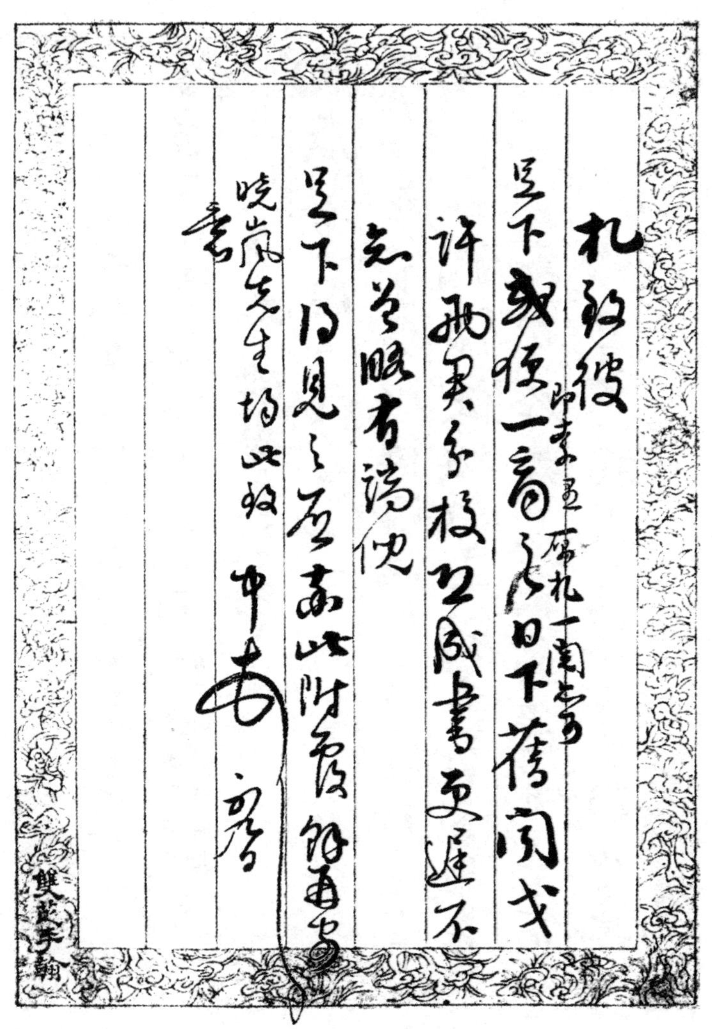

釋　文

前兩次接書，俱未及覆。《太平寰宇記》與《元和郡縣志》皆係必應刊行之書，或俟兩書同奏，此時且無庸更改，總俟愚回京再定可耳。前以檢查有無干礙之書，專仗足下及曉嵐先生，曾囑大農轉致并札致舒中堂知，以上諭稿交閱，恭繹聖訓，便可得辦理之道也。即如《容臺集》，僕已奏明，尤不可不先辦者，此書尚恐有版流傳，并須畫一查燬，不知何處繳到此本，可查明辦之。其書有礙者，尚係述而不作，删去此數卷（似止二卷），其餘似尚可存。然足下尚須詳細閲定，愚只能約略言之。其餘類此者，並須細心檢辦，不可稍誤，甚有關係也。《進呈書目提要》此時自以叙時代爲正，且俟辦《總目》時，再分細類批閲，似較順眼。其各書注、藏書之家，莫若即分注首行大字下，更覺眉目一清。（且省提要内附書之繁。）惟各家俱進[①]之書，若儘最初者，似未平允，若俱載，又覺太多，似須酌一妥式進呈，方可遵辦耳。至《簡明目録》此時且可不辦，或再蒙詢及酌辦一樣進呈，亦無不可。《水經注》既已另辦，須善爲調停，使彼此無嫌無疑，方爲萬妥。習庵所辦熱河建置，近日所增與前辦大異，殊不可解。現已有札致彼，足下或便一商之。（即索愚原札一閲亦可。）《日下舊聞》，戈、許兩君分校，恐成書更遲，不知曾略有端倪，足下得見之否？率此附覆。餘再寄。曉嵐先生均此致意。

中頓首　初九日

繫　年

此函作於乾隆三十九年八月初九日。具體見箋證部分。

---

① 按，“進”，原札圈改“皆”爲“進”。

箋證

函中說“前以檢查有無干礙之書……曾囑大農轉致并札致舒中堂知，以上諭稿交閱”，從檢查違礙之書及“上諭稿交閱”兩條信息可推斷此函具體作年。據乾隆三十九年八月初五日《寄諭各督撫查辦違礙書籍即行具奏》相關記載可知，于敏中奉乾隆諭旨向各巡撫傳達辦理違礙書籍事宜。其諭旨内容如下：

> 大學士于〈敏中〉字寄兩江總督高〈晋〉、江蘇巡撫薩〈載〉、安徽巡撫裴〈宗錫〉、江西巡撫海〈成〉、兩廣總督李〈侍堯〉、廣東巡撫德〈保〉、浙閩總督鍾〈音〉、浙江巡撫三〈寶〉、福建巡撫余〈文儀〉、署湖廣總督陳〈輝祖〉，乾隆三十九年八月初五日奉上諭：
>
> 前曾諭令各督撫採訪遺書，彙登册府，下詔數月，應者寥寥。彼時恐有司等因遺編中或有違背忌諱字面，懼涉干礙，而藏書家因而窺其意指，一切祕而不宣。因復明切宣諭，即或字義觸礙，乃前人偏見，與近時無涉，不必過於畏首畏尾，朕斷不肯因訪求遺籍，于書中尋摘瑕疵，罪及收藏之人。若仍前疑畏，不肯盡出所藏，將來或別露違礙之書，則是有意收存，其取戾轉大。所降諭旨甚明。并寄諭江浙督撫，以書中或有忌諱誕妄字句，不應留以貽惑後學者，進到時亦不過將書毁棄，轉諭其家不必收存，與藏書之人並無干涉。至督撫等經手彙送，更無關礙。朕辦事光明正大，各督撫皆所深知，豈尚不能見信於天下？該督撫等接奉前旨，自應將可備採擇之書，開單送館。其或字義觸礙者，亦當分别查出奏明，或封固進呈，請旨銷燬，或在外焚棄，將書名奏明，方爲實力辦理。乃各省進到書籍，不下萬餘種，並不見奏及稍有忌諱之書。豈有裒集如許遺書，竟無一違礙字跡之理？况明季末造野史者甚多，其間毁譽任意，傳聞異詞，必有詆觸本朝

之語，正當及此一番查辦，盡行銷燬，杜遏邪言，以正人心而厚風俗，斷不宜置之不辦。此等筆墨妄議之事，大率江浙兩省居多，其江西、閩粤、湖廣，亦或不免，豈可不細加查核？高晋、薩載、三寶、海成、鍾音、德保皆係滿洲大臣，而李侍堯、陳輝祖、裴宗錫等亦俱係世臣，若見有詆毀本朝之書，或係稗官私載，或係詩文專集，應無不共知切齒，豈有尚聽其潛匿流傳，貽惑後世？不知各該督撫等查繳遺書，于此等作何辦理者，著即行據實具奏。

至各省已經進到之書，現交四庫全書處檢查，如有關礙者，即行撤出銷燬。其各省繳到之書，督撫等或見其書有忌諱，撤留不解，亦未可知，或有竟未交一關礙之書，則恐其仍係匿而不獻。著傳諭該督撫等，於已繳藏書之家，再令誠妥之員，前去明白傳諭，如有不應存留之書，即速交出，與收藏之人，並無干礙。朕凡事開誠布公，既經明白宣諭，豈肯復事吹求。若此次傳諭之後，復有隱諱存留，則是有心藏匿僞妄之書，日後别經發覺，其罪轉不能逭，承辦之督撫等亦難辭咎。但各督撫必須選派妥員，善爲經理，毋得照常通行交地方官，辦理不善，致不肖吏役藉端滋擾。將此一并諭令知之。欽此。遵旨寄信前來。①

將諭旨與信函對讀，不難發現，此諭即是于敏中交付館中諸位大臣及各省督撫恭閲的聖諭。因此，此函作年當在乾隆三十九年八月初九日。又，將此函與第三十八通并讀，亦知此函之“初九日”爲八月之期。

這道由于敏中字寄各省督撫查禁違礙之書諭旨，係較早進行違礙之書查辦的上層旨意，在此之前，乾隆三十八年十二月初六

① 中國第一歷史檔案館編：《纂修四庫全書檔案》上册，上海：上海古籍出版社，1997年版，第239－241頁。

日《諭著山西按察使黄檢嚴查戎英家内書籍》是針對悖逆違礙書籍的個案檢查；在此之後，乾隆三十九年十一月初九日、初十日又連續下達兩道諭旨[①]，查禁違礙之書。此函所説，查檢違礙之書曾知會大農（王際華），且此諭旨王際華、舒赫德、紀昀、陸錫熊等人都應知曉，並“恭繹聖訓”。今在《王文莊（際華）日記》乾隆三十九年八月十七日中有這樣的記載：“卯入朝，遞請安摺，接金壇札，遂至武英作札答之，並寄查辦三書奏稿。”[②]“金壇札”，即于敏中信。王際華除了給于敏中回信外，又郵寄了三種違礙書籍書稿。于敏中將携有聖諭的信函遞回京師，約在八月初十日或十一日，王際華時爲在京總裁之一，負責辦理違礙書籍，合乎常理。王際華回信時間在八月十七日，在六七日時間裏查檢到三種書籍是有可能的。而王際華查辦違礙書籍，也確有史料記載，乾隆三十九年十二月初一日有諭云：“蔣賜棨著加恩令其在武英殿行走，隨同王際華查催書籍。”[③]這裏的“查催書籍”即指的是違礙書籍的查辦，可見在蔣賜棨於武英殿行走前，王際華已在處理干礙書籍。自乾隆三十九年八月初五日《寄諭各督撫查辦違礙書籍即行具奏》諭下達至十二月初一日即將四個月，浙江、江蘇、江西、兩江、閩浙、兩廣、湖廣、湖北、安徽等各地巡（督）撫已陸續上奏僞妄違礙書籍[④]，其中江蘇巡撫薩載於乾隆三十九年九月初九日、十一月十八日兩次奏查違礙書籍。

另，《簡明目録》要求編纂是在乾隆三十九年七月二十五日，

---

① 按，這兩道諭旨是：乾隆三十九年十一月初九日《寄諭各督撫再行曉諭如有違礙書不繳後經發覺以隱匿治罪》，乾隆三十九年十一月初十日《諭各督撫再行曉諭如有悖謬書不繳日後發覺不復輕宥》。見《纂修四庫全書檔案》上册，第282–284頁。

② 王際華：《王文莊日記》，劉家平、蘇曉君主編《中華歷史人物别傳集》第四〇册，北京：線裝書局，2003年版，第591頁。

③《清實録》第二〇册第七九二卷，北京：中華書局，1986年版，第1268頁。

④ 按，見《纂修四庫全書檔案》上册，第一七八至二一三條之間各省查辦違礙書籍摺。

此函言《簡明目録》"此時且可不辦，或再蒙詢及酌辦一様進呈"，應該在此後不久，當不出乾隆三十九年。

再，劉浦江先生將此函亦係爲乾隆三十九年八月初九日，見《〈四庫全書初次進呈存目〉再探——兼談〈四庫全書總目〉的早期編纂史》一文[①]。

《太平寰宇記》，一百九十三卷，浙江汪啓淑家藏本[②]，《總目》史部地理類著録。《四庫採進書目》浙江汪啓淑家藏本信息爲："《太平寰宇志》二百卷，目録二卷，宋樂史輯，十六本。"[③] 而《總目》則云："原本二百卷，諸家藏本并多殘闕。惟浙江汪氏進本，所闕自一百十三卷至一百十九卷，僅佚七卷。又每卷末附校正一頁，不知何人所作。辨析頗詳，較諸本最爲精善。今據以著録。"[④] 按，此書存有稿本提要，可參看，見《四庫全書初次進呈存目》史部[⑤]。

《元和郡縣志》，四十卷，浙江巡撫採進本[⑥]，《總目》史部地理類著録，云："輿記圖經隋唐《志》所著録者，率散佚無存。其傳於今者，惟此書爲最古，其體例亦爲最善。後來雖遞相損益，無能出其範圍。今録以冠地理總志之首，著諸家祖述之所自焉。"[⑦]

---

① 劉浦江：《〈四庫全書初次進呈存目〉再探——兼談〈四庫全書總目〉的早期編纂史》，《中華文史論叢》2014年第3期，第303頁。

② 吴慰祖校訂：《四庫採進書目》，北京：商務印書館，1960年版，第99頁。按，此書又有兩江第一次書目，第33頁。

③ 吴慰祖校訂：《四庫採進書目》，北京：商務印書館，1960年版，第99頁。

④ 紀昀等：《欽定四庫全書總目》上册，北京：中華書局，1997年版，第925頁。

⑤ 臺灣商務印書館、臺灣圖書館：《四庫全書初次進呈存目》史部二，臺北：臺灣商務印書館，2012年版，第513-514頁。

⑥ 吴慰祖校訂：《四庫採進書目》，北京：商務印書館，1960年版，第79頁。按，此書又有兩江第一次書目，兩淮商人馬裕家呈送書目，見《四庫採進書目》，第33、67頁。

⑦ 紀昀等：《欽定四庫全書總目》上册，北京：中華書局，1997年版，第925頁。

此書存有稿本提要，見《四庫全書初次進呈存目》史部[①]，但並無《總目》評價之語。

《容臺集》，《總目》集部别集類存目載有此書，“《容臺文集》九卷《詩集》四卷《别集》四卷，兩淮馬裕家藏本”[②]。《四庫全書初次進呈存目》有此書稿本提要：“明董其昌撰。其昌，字元宰，華亭人。萬曆己丑進士。官至禮部尚書。事蹟詳《明史》列傳。其昌以書畫擅名，深通禪理，尤精賞鑒。生平求乞者盈户，限寸縑尺幅，得者争寶藏之。嫁女齎所作書畫兩箱爲奩具，婿家或售以致富。其風流爲一時之冠，論者比之趙孟頫殆無愧色。然其詩文多率爾而成，不暇研煉。集中偉搆甚屬寥寥，以視孟頫殊不逮也。”[③]定本《總目》則更爲簡潔，僅不足百字：“明董其昌撰。其昌有《學科考略》，已著録。其昌以書畫擅名，論者比之趙孟頫。然其詩文則多率爾而成，不暇研煉。詞章之學，蓋不及孟頫多矣。”[④]函中説要查毁此書流傳之刻版，“不知何處繳到此本”，説明此書具體進呈信息尚不明確。于敏中説“其書有礙者，尚係述而不作，删去此數卷，其餘似尚可存”，然《四庫全書》並未抄録，只予以存目。“然足下尚須詳細閲定，愚只能約略言之”，説明于敏中尚未思考成熟，而通過第三十八通信札可知，陸錫熊擬了一個詳細的檢查“原則”，據于敏中信函行文邏輯，大概能够得出這樣兩條原則：一是“查檢明末諸書，寧嚴毋寬”；二是“南宋明初人著作，字面粗累者應毁”。應該説陸錫熊所定查檢進呈書籍的原則，首先是根據乾隆旨意制定的，其次是遵從官方意願，對各朝代書籍進行區别對待。在乾隆四十一年四月二十日《暫管江蘇巡

① 臺灣商務印書館、臺灣圖書館：《四庫全書初次進呈存目》史部二，臺北：臺灣商務印書館，2012年版，第475−476頁。

② 紀昀等：《欽定四庫全書總目》下册，北京：中華書局，1997年版，第2491頁。按，《四庫採進書目》没有此書記載。

③ 臺灣商務印書館、臺灣圖書館：《四庫全書初次進呈存目》集部二，臺北：臺灣商務印書館，2012年版，第601頁。

④ 紀昀等：《欽定四庫全書總目》下册，北京：中華書局，1997年版，第2491頁。

撫薩載奏續繳違礙書籍板片摺》所附違礙書籍清單中，即有“《容臺集》一部，九本，不全”①。可見，此書是在收繳、銷毀範圍内的。今國圖藏《容臺集》崇禎刻本兩種：其一，《容臺文集》九卷《詩集》四卷《别集》四卷；其二，《容臺文集》十卷《詩集》四卷《别集》五卷。兩本稍異，後者較前者文集、别集各補出一卷，《中國善本書提要》著録②。

《總目》的完成經歷了稿本到定本的發展過程。這裏所涉文獻包括《進呈書目提要》《簡明目録》《總目》。“進呈書目提要”指的是辦理各省進呈書籍時所撰寫的供四庫全書館總裁以及乾隆先行閱讀的稿本提要，這部分提要是零散進呈的，現在尚未發現大規模的提要稿。按照《總目》成書過程推測，現在存世的各纂修官（翁方綱、姚鼐、邵晋涵等）所擬寫的經、史、子、集各部提要稿，應該是進呈乾隆御覽之前最早的稿本狀態。而現在臺灣圖書館所藏之《四庫全書初次進呈存目》應該是進呈乾隆帝之後，經乾隆及于敏中等人修改，或根據其意見進行修改後的部分進呈提要的彙編本。如在第十一通手札中，有陸錫熊所進《中興小曆》一書提要，于敏中説“惟《中興小曆》一種，原單注擬刊刻。愚見以建炎南渡乃偏安而非中興，屢經御製詩駁正，且閲提要所開，是編頗有未純之處，似止宜抄而不宜刻，已於單内改補奏進”，可見于敏中是將提要進行“改補”，然後才“奏進”乾隆的。

進呈書籍提要的撰寫，截止乾隆三十九年八月初九日，應該已經有較大規模。此函言提要稿“以叙時代爲正”，辦《總目》時再“分細類批閲”，這對於快速纂輯諸書提要較爲有效。于敏中此函云“各書注、藏書之家，莫若即分注首行大字下，更覺眉目一清”，説的是書籍版本來源問題。檢《翁方綱纂四庫提要稿》、《四庫提要分纂稿》諸家提要、《四庫全書初次進呈存目》等，發現一

① 中國第一歷史檔案館編：《纂修四庫全書檔案》上册，上海：上海古籍出版社，1997年版，第512頁。

② 王重民：《中國善本書提要》，上海：上海古籍出版社，1983年版，第655頁。

個重要現象，那就是在各提要稿書名及卷數之下，缺失書籍採進來源[①]。换言之，定本《總目》中的“×× 採進本”，在稿本系統中並未標注。然而，《總目》也並未將“注、藏書之家”分注於“首行大字下”，而是採用更爲簡便且不易出錯的方式，直接以各省採進來源著録。也要指出，《總目》著録的“×× 採進本”在《四庫採進書目》中有很多查詢不到，另外有部分能够查詢到，但却與《總目》著録信息不一致。據筆者推斷，由於一開始進呈的提要稿没有進行標注，後來所撰稿本越來越多，再回頭對上萬種古籍進行版本來源查找、對照，這項工作也非易事，因而《總目》在著録某省進呈書目時或具有較大的隨意性，也或是評自己主觀判斷進行錯誤來源著録。現略舉數例如下：

序號	書目及卷數	《總目》著録來源	《四庫採進書目》著録來源（無者注 ×）
1	孔子家語十卷	内府藏本	×
2	握奇經一卷	浙江范懋柱家天一閣藏本	兩江第一次書目（一卷，一本）
3	心書一卷	陝西巡撫採進本	×
4	齊民要術十卷	浙江巡撫採進本	兩江第一次書目（十卷，八本） 浙江省第六次呈送書目（十卷，四本） 浙江採集遺書總録簡目（十卷）
5	甲乙經八卷	兩淮鹽政採進本	兩淮鹽政李續送書目（十二卷，四本） 兩江第二次書目（八卷，四本）
6	金匱要略論注二十四卷	通行本	×

① 按，《四庫全書初次進呈存目》中有七篇標注版本來源，劉浦江先生推斷這七篇提要是三十九年七月以後陸續進呈的（見劉浦江《〈四庫全書初次進呈存目〉再探——兼談〈四庫全書總目〉的早期編纂史》第306頁）。

續表

序號	書目及卷數	《總目》著録來源	《四庫採進書目》著録來源（無者注 ×）
7	傷寒論注十卷附傷寒明理論三卷論方一卷	内府藏本	×
8	張邱建算經三卷	吏部侍郎王傑家藏本	×
9	太玄經十卷	編修勵守謙家藏本	×
10	元包五卷附元包數總義二卷	浙江汪啓淑家藏本	江蘇省第一次書目（傳五卷，二本） 浙江省第四次汪啓淑家呈送書目（傳五卷，一本；總義二卷，一本） 武英殿第二次書目（傳五卷，總義二卷；四本）
11	古畫品録一卷	兩淮鹽政採進本	×
12	書品一卷	浙江鮑士恭家藏本	×
13	續畫品一卷	浙江巡撫採進本	×
14	山水松石格一卷	浙江鮑士恭家藏本	×
15	鼎録一卷	浙江鮑士恭家藏本	×
16	竹譜一卷	内府藏本	×
17	禽經一卷	内府藏本	×
18	人物志三卷	副都御使黄登賢家藏本	江蘇省第一次書目（三卷，一本） 山東巡撫呈送第一次書目（三卷，一本） 都察院副都御史黄交出書目（三卷，一本） 江蘇採輯遺書目録簡目（三卷，刊本）

續表

序號	書目及卷數	《總目》著録來源	《四庫採進書目》著録來源（無者注 ×）
19	劉子十卷	内府藏本	×
20	顏氏家訓二卷	江西巡撫採進本	江西巡撫海第二次呈送書目（二卷，二本）總裁曹交出書目（二卷，二本）
21	西京雜記六卷	内府藏本	×
22	世説新語三卷	内府藏本	江蘇省第一次書目（三卷，三本）武英殿第一次書目（三卷，二十本）
23	拾遺記十卷	内府藏本	江蘇省第一次書目(十卷，四本）
24	搜神記二十卷	内府藏本	×
25	搜神後記十卷	内府藏本	×
26	異苑十卷	江蘇巡撫採進本	×
27	續齊諧記一卷	江蘇巡撫採進本	×
30	述異記二卷	内府藏本	兩江第二次書目（二卷，一本）
32	莊子注十卷	江蘇巡撫採進本	武英殿第二次書目(十卷，四本）
33	抱樸子内外篇八卷	江蘇巡撫採進本	江蘇省第一次書目(八卷，二本）兩淮商人馬裕家呈送書目（四卷，四本）
34	枕中書一卷	江蘇巡撫採進本	×

上述表格僅隨意選取子部部分文獻爲例略舉數則，已足能説明問題。各省進呈書目有重複者在所難免，如第十一通手札就説“各省書單，大約陸續到齊，似即須行文咨取，毋庸再奏，並須除去重複外，令其概以全書送館，不宜專取略節也”，“除去重複”

即是明證。諸多同名、同版（或同名不同版）書籍彙集一起，在著録時就會存在選擇問題。于敏中已發現這個問題，要陸錫熊“酌一妥式進呈”，那麽這個著録規則是什麽，陸氏是如何解决這個問題的，暫無從查考。但是將《總目》與《四庫採進書目》進行對比，發現隨意性更强，也並無規律性。而且，據《四庫採進書目》僅有的簡略信息判斷，《總目》著録的部分書籍選用的版本並非完本、善本。

《水經注》，四十卷，永樂大典本[①]，《總目》史部地理類著録。《總目》之所以著録大典輯佚本，是因爲：“《元和郡縣志》《太平寰宇記》所引滹沱水、涇水、洛水皆不見於今書。然今書仍作四十卷，蓋宋人重刊，分析以足原數也。是書自明以來，絶無善本。惟朱謀㙔所校盛行於世，而舛謬亦復相仍。今以《永樂大典》所引，各案水名逐條參校。非惟字句之訛層出叠見，其中脱簡錯簡有自數十字至四百餘字者。其道元自序一篇，諸本皆佚，亦惟《永樂大典》僅存。”[②] 由提要知，館臣在辦輯《水經注》時，要參考《元和郡縣志》和《太平寰宇記》，而此二書本函也提及，但並未確定如何辦理。另，關於四庫本《水經注》的探究，胡適有《〈水經注〉疑案考證》專題研究，可參看[③]。

《熱河志》的催辦，于敏中從未停歇。在五十六通手札中，第八通、十一通、十二通、三十通、三十一通、三十二通、三十三通、三十七通、四十通等均有涉及，特别是第三十二通，于敏中親授纂修之法，用詞用語皆較爲嚴肅。習庵，即曹仁虎，主要負責此書的辦理，但辦書多不得法，似難以理解于敏中辦此書之意。此處言及“所辦熱河建置”，係《熱河志》第五五至六三卷的“建

① 按，兩江第一次書目有“《水經注》，漢桑欽著，後魏酈道元注，十二本”。見《四庫採進書目》，第43頁。

② 紀昀等：《欽定四庫全書總目》上册，北京：中華書局，1997年版，第945頁。

③ 胡適：《胡適全集》第一四至一七卷，合肥：安徽教育出版社，2003年版。

置沿革”問題[①]，共九卷内容。

《日下舊聞考》，戈、許兩君分校。戈，指戈源；許，指許寶善。在《欽定日下舊聞考·職銜》中有此二人，戈源官纂修，許寶善官總纂[②]，皆非分校，蓋纂修書籍過程中有所調整。乾隆四十九年十一月初六日《諭承辦〈日下舊聞考〉等書之總裁等官著分别加級紀録》記載，“陸費墀、孫士毅、竇光鼐、戈源、潘曾起、許寶善、張燾、蔡廷衡、吴錫麒、關槐、陸伯焜、孫希旦俱著紀録二次”[③]，戈、許二人具在列。許氏事蹟參第四十九通箋證。戈源，字仙舟，自號橘浦，戈濤弟[④]。據《大清畿輔先哲傳》知，戈源爲乾隆十九年進士[⑤]。由庶吉士官御史，歷官太僕寺少卿，山西學政。源工詩，其作收於《國朝畿輔詩集》《晚晴簃詩彙》等。濤、源兄弟共祀於畿輔先哲祠“歷代文苑”，紀昀比之爲“正似軾之有轍”[⑥]。事蹟見於紀昀《戈太僕傳》[⑦]。

---

① 和珅、梁國治等：《欽定熱河志》，《景印文淵閣四庫全書》第四九五、四九六册，臺北：臺灣商務印書館，1986年版。

② 于敏中、英廉等：《欽定日下舊聞考》卷首職銜，《景印文淵閣四庫全書》第四九七册，臺北：臺灣商務印書館，1986年版，第8頁。

③ 中國第一歷史檔案館編：《纂修四庫全書檔案》下册，上海：上海古籍出版社，1997年版，第1808–1809頁。

④ 戈濤著，劉青松輯校：《坳堂詩文集》附録二《獻縣戈芥舟先生年譜》，保定：河北大學出版社，2016年版，第275頁。

⑤ 徐世昌：《大清畿輔先哲傳》卷三三，周駿富輯《清代傳記叢刊》第二〇〇册綜録類一一，臺北：明文書局，1985年版，第657頁。

⑥ 戈濤著，劉青松輯校：《坳堂詩文集》附録二《獻縣戈芥舟先生年譜》，保定：河北大學出版社，2016年版，第284頁。

⑦ 紀曉嵐著，孫致中等點校：《紀曉嵐文集》第一册，石家莊：河北教育出版社，1995年版，第331–332頁。按，紀氏與戈氏世交，昀女許婚戈源三子，未嫁卒。見戈濤著，劉青松輯校《坳堂詩文集》附録二《獻縣戈芥舟先生年譜》，保定：河北大學出版社，2016年版，第279頁。

第三十八通（陳垣本第四十五通）

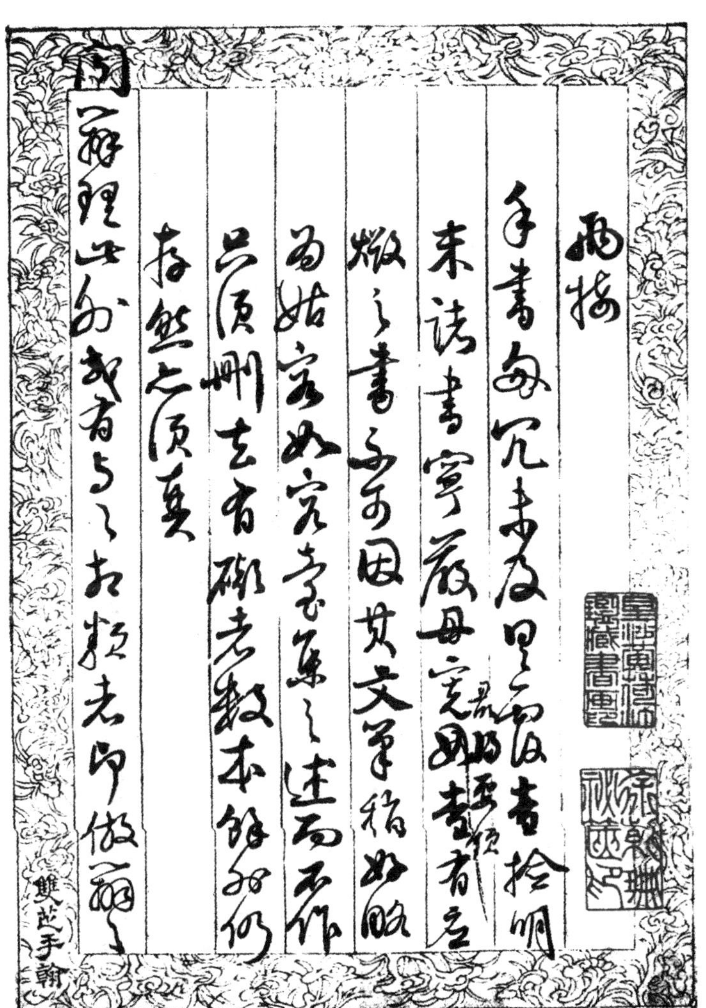

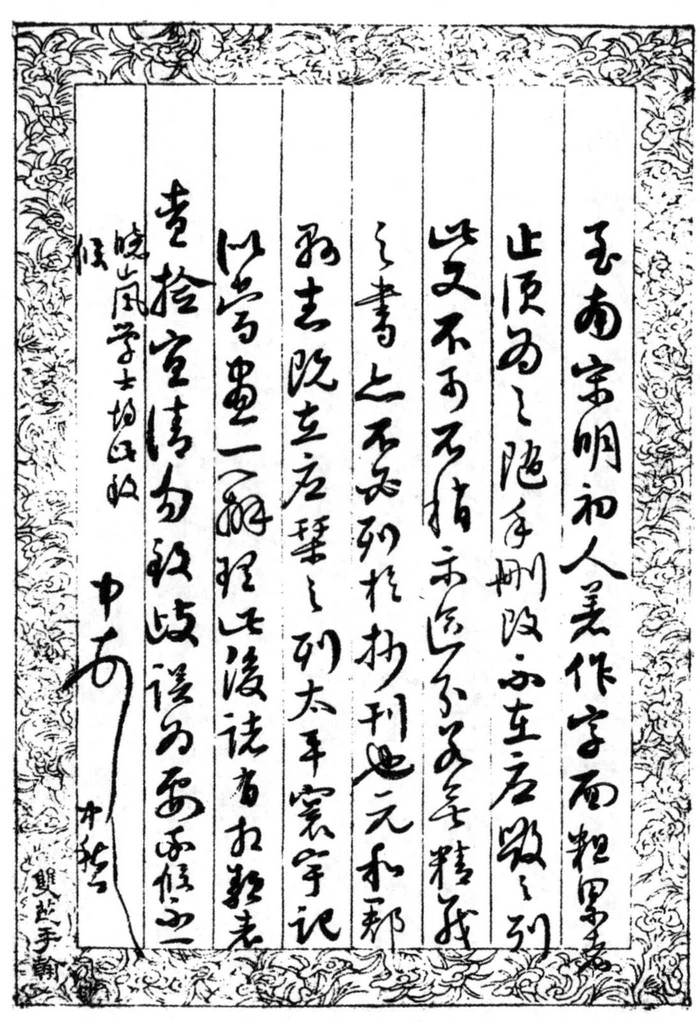

至南宋明初人著作字面粗畧者，
止須為之隨手刪改，亦在左右[illegible]之列。
此文不可不精，亦宜字字精確。
之書，上不必列於抄刊也。元和郡
縣志改在左右[illegible]之列，太平寰宇記
似當畫一辦理。此後諸書如勘者，
責檢宜隨為改正，謹為函致，亦候一一。
曉嵐學士均此致
候
中[illegible]

[illegible]手翰

釋　文

兩接手書，匆冗未及具覆。查檢明末諸書，寧嚴毋寬，最得要領。如查有應燬之書，不可因其文筆稍好，略爲姑容。如《容臺集》之述而不作，只須删去有礙者數本，餘外仍存，然亦須奏聞辦理。此外或有與之相類者，即仿辦之。至南宋明初人著作，字面粗累者，止須爲之隨手删改，不在應毁之列，此又不可不稍示區分，若無精義之書，亦不必列於抄刊也。《元和郡縣志》既在應栞之列，《太平寰宇記》似當畫一辦理。此後諸有相類者，查檢宜清，勿致歧誤爲要。率候，不一。曉嵐學士均此致候。

中頓首　中秋日

繫　年

此函作於乾隆三十九年八月十五日。

函中提及《容臺集》一書，涉及到此書違礙問題的處理方式；又有《元和郡縣志》《太平寰宇記》兩書的處理意見，與第三十七通順承。三十七通云“其書有礙者……然足下尚須詳細閲定，愚只能約略言之”，陸錫熊“詳細閲定”的結果即是此函所述部分内容，如“檢明末諸書，寧嚴毋寬”“南宋明初人著作，字面粗累者，毁之”等，因將此通繫在乾隆三十九年。具體參見第三十七通繫年。

箋　證

據乾隆三十九年八月初五日《寄諭各督撫查辦違礙書籍即行具奏》云：“明季末造野史者甚多，其間毁譽任意，傳聞異詞，必有詆觸本朝之語，正當及此一番查辦，盡行銷燬，杜遏邪言，以正人心而厚風俗，斷不宜置之不辦。”[①]諭旨特別指明明季之作，有較强針對性。之後，陸錫熊應有更爲詳細的查辦之法，對明末書籍採取“寧嚴毋寬”的策略，而且于敏中肯定此做法。自此諭送達，各督撫查辦書籍陸續有所回奏，奏摺中皆對明末書籍著重查辦。乾隆三十九年九月十三日《兩江總督高晋奏先後辦理違礙書籍情形摺》中説“遇有明末及國初人著作，更復留心翻閱，選定後仍送臣酌定”[②]；九月十五日《安徽巡撫裴宗錫奏從前裒集遺書並無忌諱及現在辦理緣由摺》更爲嚴苛，“如有明末僞妄之書，不論何項名色，概行繳出。其各屬書坊及收賣舊書荒攤内，亦恐不無存留，並責令各教官督率曉事紳士，一體廣爲尋訪。總期查辦淨盡，不致片簡隻字存留，貽惑後學，以仰副皇上杜遏邪言、維持風化至意”[③]；十月初四日《兩廣總督李侍堯等奏辦理遺書情形及查出屈大均等悖逆書籍摺》云“從前臣等止就其書籍之是否堪備採擇，行司照常辦理，竟未計及明末裨官私載，或有違礙字句，潛匿流傳，即可乘此查繳，以遏邪言，實屬愚昧。兹欽奉聖諭，詳晰指示”[④]等。

僅月餘後，乾隆三十九年十一月初九日和初十日連續頒佈兩道諭旨，第一道由于敏中字寄江蘇、浙江、江西、福建、湖廣各督撫《寄諭各督撫再行曉諭如有違礙書不繳後經發覺以隱匿治罪》，第二道《諭各督撫再行曉諭如有悖謬書不繳日後發覺不復輕宥》，兩道諭旨均特別指示“明末國初悖謬之書”須嚴查。諭旨下達後，全國性查繳違礙之書開始展開，書籍禁毁成爲《四庫全書》編纂期間的重要事項。需要指出的是，在這一諭令之下，明代經、

---

① 中國第一歷史檔案館編：《纂修四庫全書檔案》上册，上海：上海古籍出版社，1997年版，第240頁。

② 中國第一歷史檔案館編：《纂修四庫全書檔案》上册，上海：上海古籍出版社，1997年版，第259頁。

③ 中國第一歷史檔案館編：《纂修四庫全書檔案》上册，上海：上海古籍出版社，1997年版，第261頁。

④ 中國第一歷史檔案館編：《纂修四庫全書檔案》上册，上海：上海古籍出版社，1997年版，第268頁。

史、子、集各部書籍都在館臣的查察範圍内，而非僅限於明末之季，有明一代書籍之厄，可見一斑。函中“隨手删改”四字，對古籍版本原貌的破壞，恐超乎想象。後之研究《四庫全書》學者，亦對明集關注頗多。因而，《四庫全書》所收書籍的版本比較，即四庫本、所用底本以及原刊本之比較，將是一個重要學術點。

《元和郡縣志》《太平寰宇記》見第三十七通箋證。

第三十九通（陳垣本第四十六通）

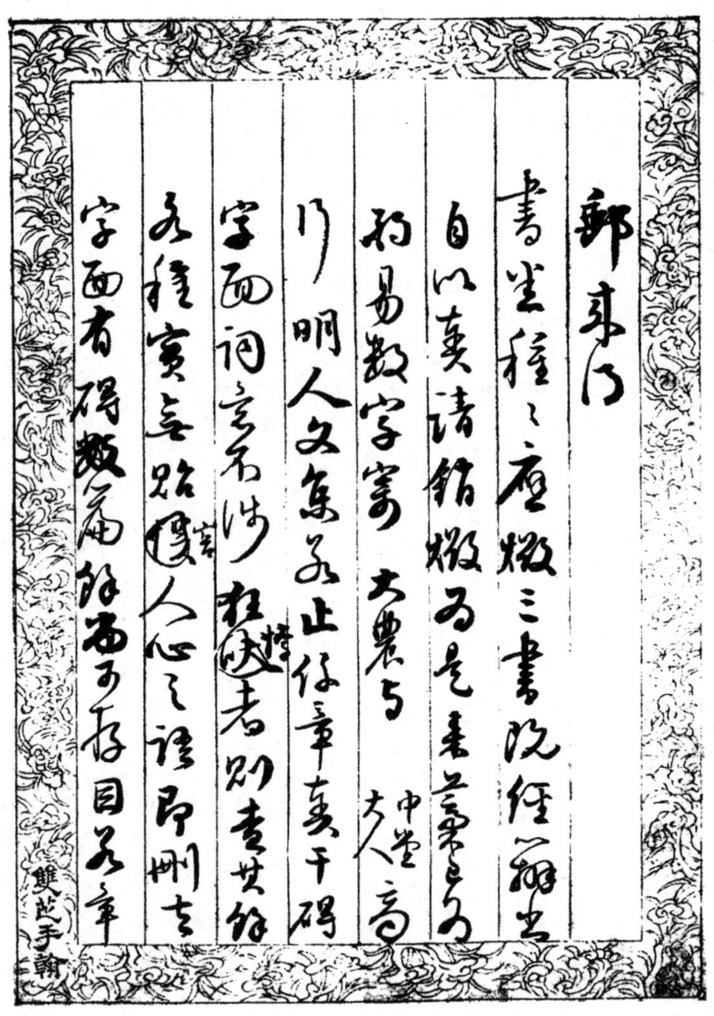

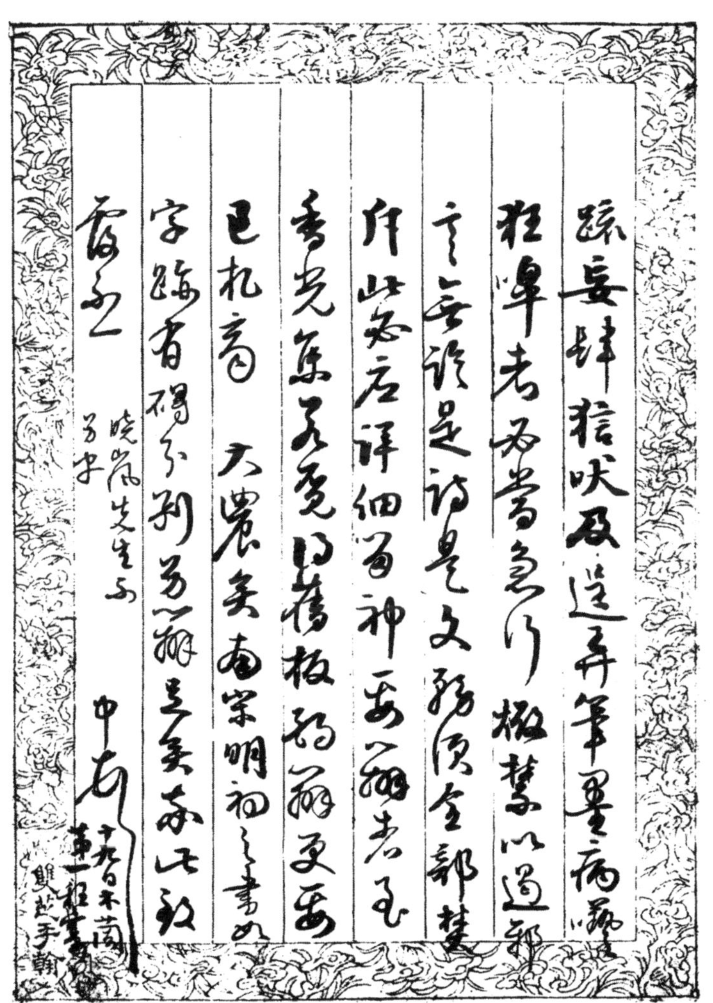

釋　文

郵來得書，悉種種。應燬之書，既經辦出，自以奏請銷燬爲是。來稿已爲酌易數字，寄大農與中堂大人商行。明人文集若止係章奏干礙，字面詞意不涉狂悖[①]者，則查其餘各種，實無貽害[②]人心之語，即删去字面有礙數篇，餘尚可存目。若章疏妄肆狺吠及逞弄筆墨、病囈狂嗥者，必當急行燬禁，以遏邪言，無論是詩是文，務須全部焚斥，此必應詳細留神妥辦者。至《香光集》若覓得舊板，酌辦更妥，已札商大農矣。南宋明初之書如字跡有礙，分别另辦足矣。率此致覆，不一。曉嵐先生不另字。

中頓首　十九日　木蘭第一程寄

繫　年

此函作於乾隆三十九年八月十九日。

首先，函中依舊涉及明代和南宋明初違礙書籍處理問題，此當在三十九年。其次，木蘭行程可考，胡適在《跋〈書于文襄手札〉影印本》已明確考實。跋中説："在那幾年之中，于敏中每年五月隨從皇帝到熱河行宫避暑，八月間到木蘭圍場進圍，九月才回京（陳跋云，'蓋扈從木蘭時所發'。此語不甚確。木蘭打圍時間甚短，而行宫避暑時期甚長。各札中只有第㊻札題'十九日木蘭第一程寄'，其下㊼㊽兩札亦似是扈從木蘭時所發。其餘各札，絶大多數是熱河行宫所發）。"[③]後又於後記中説："陳垣先生原跋中引《起居注》所記乾隆三十八年至四十一年皇帝'啓鑾秋獮木蘭'及'回京'的日期，因此他考定這五十六札'蓋扈從木蘭時所發'。我曾指出他此語不盡確，因爲皇帝五月出京，即往熱河行宫（避暑山

---

① 按，"悖"，原札圈改"吠"爲"悖"。

② 按，"害"，原札圈改"誤"爲"害"。

③ 胡適：《跋〈于文襄手札〉影印本》，《胡適全集》第一三卷，合肥：安徽教育出版社，2003年版，第528－529頁。按，胡適跋所用函札順序皆依陳垣本序。

莊）避暑，到八月才去木蘭打圍。故這些手札大多數是從熱河行宮發的。”[①] 所言甚是。據《清實録》，乾隆於八月十六日自避暑山莊啓鑾木蘭，十九日開始行圍[②]，函中云“十九日，木蘭第一程寄”，因而此十九日當是八月無疑。

箋　證

書籍禁毁以明代爲甚。于敏中授意，明人文集若只係干礙，不涉狂悖，無貽害人心之語，尚可存目；若妄肆狺吠、逞弄筆墨、病囈狂嗥之作，則要急行毁禁，無論是詩是文，全部焚斥。由《纂修四庫全書檔案》可知，各省查禁書籍清單中，幾乎全是明人集，又以史部和集部爲重。而對於南宋、明初之書，似有不同，以“另辦”予以區别。

《香光集》，即明董其昌《容臺集》，其昌號香光居士，于氏稱“香光集”源此。檢王際華日記，未見關於《容臺集》的處理結果。《容臺集》有明刻本存世，其中《容臺文集》九卷《詩集》四卷《别集》四卷本，國家圖書館、北京大學圖書館等有藏，係明崇禎三年華亭董庭刻本[③]，《四庫禁毁書叢刊》據北大藏本影印[④]。又有《容臺文集》十卷《詩集》四卷《别集》六卷本，上海市圖書館、浙江省圖書館有藏，係明崇禎八年葉有聲閩南刻本。還有其他刻本、抄本，見於國内各藏書單位。又參第三十七通箋證。

---

① 胡適：《跋〈于文襄手札〉影印本》，《胡適全集》第一三卷，合肥：安徽教育出版社，2003年版，第541頁。

②《清實録》第二〇册第九六五卷，北京：中華書局，1986年版，第1094–1095頁。

③ 中國古籍總目編纂委員會編：《中國古籍總目·集部》第二册，北京：中華書局、上海：上海古籍出版社，2012年版，第848頁。

④ 王鍾翰主編：《四庫禁毁書叢刊》集部第三二册，北京：北京出版社，1997年版。

第四十通（陳垣本第四十七通）

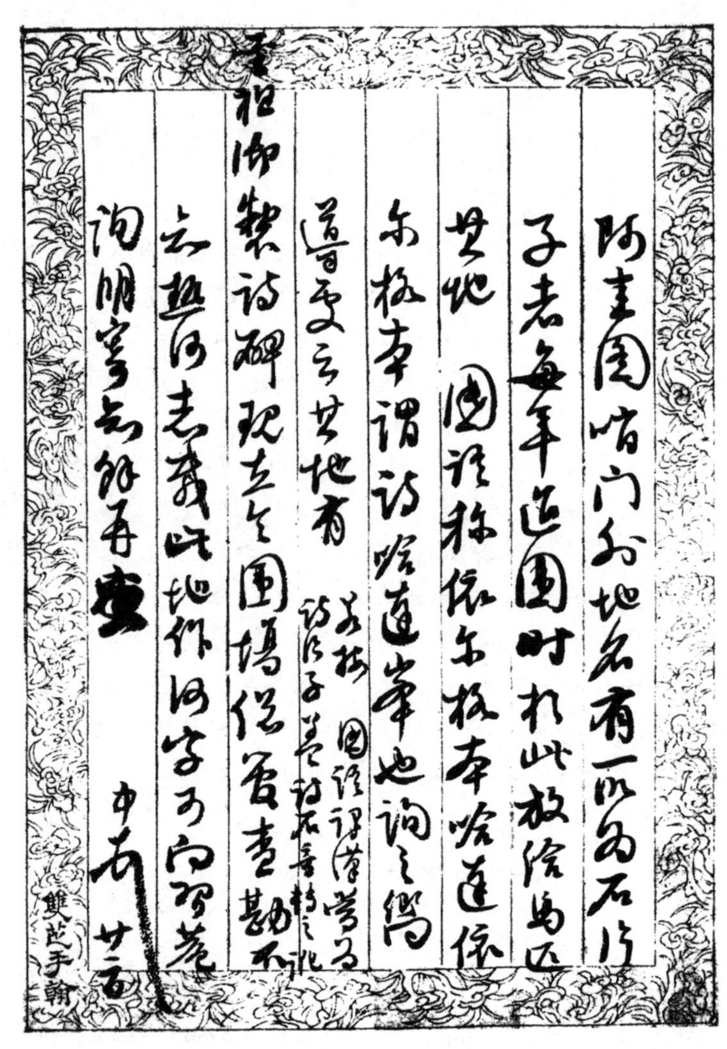

釋　文

阿圭圖哨門外，地名有所爲“石片子”者，每年進圍時於此放給馬匹。其地國語[①]稱“依爾格本哈達”，依爾格本，謂詩；哈達，峰也。（若按國語譯漢，當爲“詩片子”，蓋“詩”“石”音轉之訛。）詢之嚮導處云：其地有聖祖御製詩碑，現在令圍場總管查勘，不知《熱河志》載此地作何字，可向習庵詢明寄知。餘再悉。

中頓首　廿二日

繫　年

此函作於乾隆三十九年八月廿二日。

胡適在《跋〈書于文襄手札〉影印本》將第四十通（陳本第四十七通）繫爲三十九年八月廿二日，第四十一通（陳本第四十八通）繫爲三十九年八月廿八日。胡適給出的理由是“此兩札原有日無月。廿二日札云：‘阿圭圖哨門外，地名有所爲（謂）‘石片子’者，每年進圍時於此放給馬匹。其地國語稱依爾格本哈達。依爾格本，謂詩；哈達，峰也……不知《熱河志》此地作何字？可向習庵詢明。’廿八日札又論此依爾格本哈達問題。此正在木蘭第一程之後的地名，故我定爲八月。廿八日札末又論到《大典》内輯出各書經御題‘駁斥’者，應否抄存。所舉書爲《重明節館伴録》《都城紀勝録》《中興聖政草》，都是南宋人的書（此三書與《井田譜》都見卅九年正月八日重華宮茶宴《四庫全書聯句》詩注之内），與㊻札所論相銜接。此上三札是扈從入圍，途中所作，故字跡潦草，間有誤字。”[②]

今按，將第三十九通、四十通、四十一通手札并讀，發現

① 按，此處國語指滿語而言。

② 胡適：《跋〈于文襄手札〉影印本》，《胡適全集》第一三卷，合肥：安徽教育出版社，2003年版，第536頁。

三者確實爲順承關係。後兩通從内容上看，具有直接聯繫，皆有商討“石片子”出處之事。而《永樂大典》御題各書的辦理在三十九年，因而四十一通作年可定此年。如此，四十通只能爲三十九年所作。又，據《清實録》乾隆三十九年八月十六日前往木蘭，十九日行圍，至九月四日行圍止[①]，則此廿二日當在八月。胡適所考，然也。

箋　證

石片子，據《欽定熱河志》“張三營行宫”記載：“在波羅河屯行宫北六十二里，康熙四十二年建北，即石片子也。地近崖口，山勢雄奇峭拔，積翠霏藍，送爽迎秋，雲煙萬狀。歲行秋獮東道，由波羅河屯駐蹕於此殿，額曰：雲山寥廓。過此則御行營，逮木蘭回蹕，宴賞從獵諸蒙古亦多於此舉行云。”[②]康熙於四十二年肇建避暑山莊，“石片子”亦於此時建置。《圍場規制》則對周遭地域情形描述得更爲清晰：“國語謂‘哨鹿’曰木蘭，圍場爲哨鹿所，故以得名。地在蒙古各部落中，周一千三百餘里，南北二百餘里，東西三百餘里，東北爲翁牛特界，東及東南爲喀喇沁界，北爲克西克騰界，西北爲察哈爾正藍旗界，西及西南爲察哈爾正藍鑲白二旗界，南爲熱河廳界。圍場外，北爲巴林，東爲土默特，西爲西四旗察哈爾，南則入圍場之路也。圍場四面立界，曰柳條邊，自波羅河屯入圍場有二道。東道由崖口入，即石片子也；西道由濟爾哈朗圖入，每歲行圍俱出入崖口。乾隆二十四年建行宫於濟爾哈朗圖，於是車駕行圍由崖口入，則回鑾由濟爾哈朗圖；若由

① 《清實録》第二〇册第九六五、九六六卷，北京：中華書局，1986年版，第1094–1110頁。

② 和珅、梁國治等：《欽定熱河志》卷四四，《景印文淵閣四庫全書》第四九五册，臺北：臺灣商務印書館，1986年版，第752頁。

濟爾哈朗圖入，則回鑾由崖口。遂以爲例云。”[①] 那麽，崖口其實就是石片子。《熱河志》對“塔里雅圖圍”的地點描述，再一次重申了這個問題，“塔里雅圖圍，在正藍旗汗特穆爾卡倫之北，北接永安莽喀圍場，南則伊遜哈巴齊柵，有碑一，恭鐫《御製入崖口詩》，辛未八月作，自此西折而南則石片子營房，所謂崖口者也”[②]。檢《熱河志》，並無“詩片子”“詩峰”之説。

① 和珅、梁國治等：《欽定熱河志》卷四五，《景印文淵閣四庫全書》第四九五册，臺北：臺灣商務印書館，1986年版，第760頁。
② 和珅、梁國治等：《欽定熱河志》卷四六，《景印文淵閣四庫全書》第四九五册，臺北：臺灣商務印書館，1986年版，第775-776頁。

第四十一通（陳垣本第四十八通）

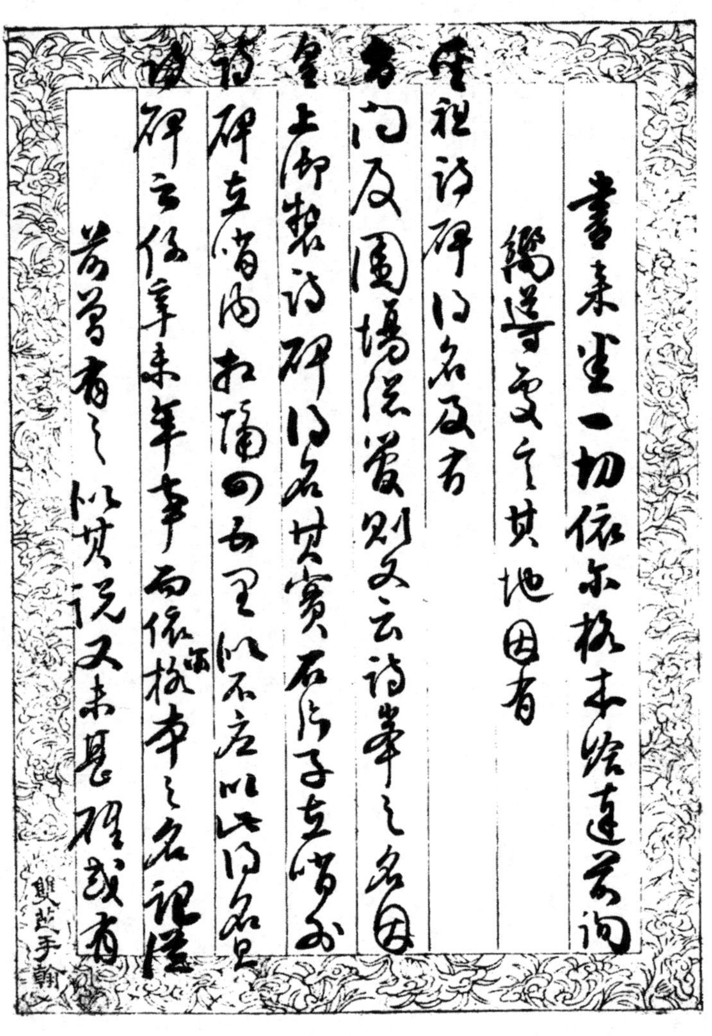

云因其山峯皴皺更有似也詩應岸之

故得詩峯之名然亦無可援載札

奉章內細書

聖祖御製詩名無稽及石脗子載詩峯之證

今上御製詩亦俱捨開即門雲霞玉水山（?）為內（?）

諭（?）老文書然並回諸來往詩俾自應抄存其（?）

餘如書明前（?）段作錄都城紀勝（?）得中

與重（?）路（?）萬千亦在版（?）傷之到其左為福（?）

雙□手翰

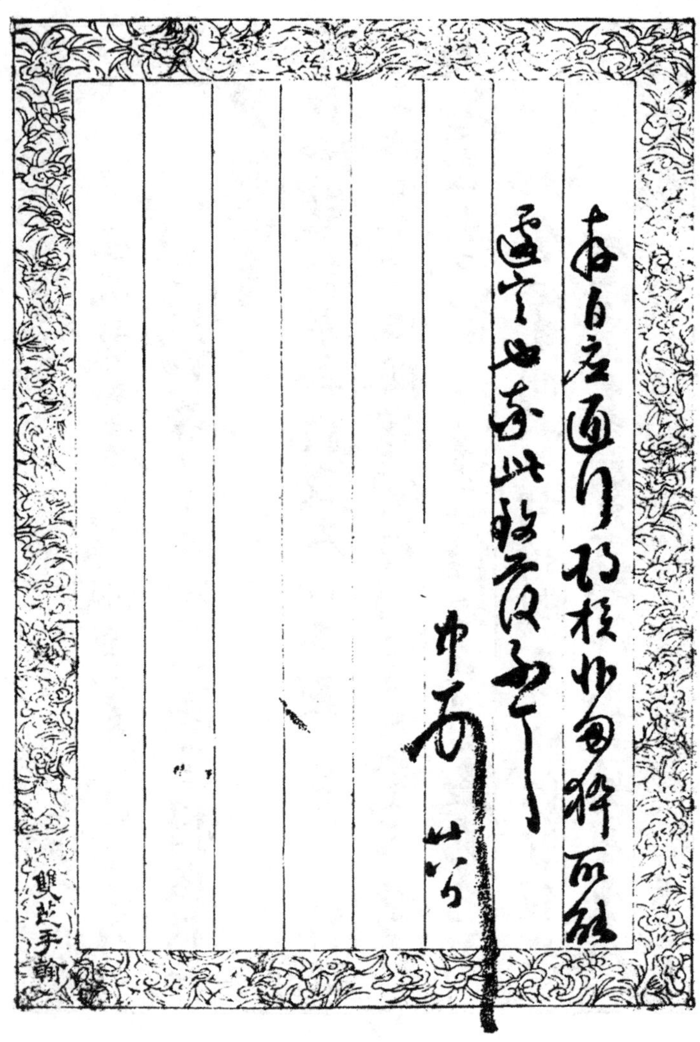

釋　文

書來悉一切。依爾格本哈達前詢嚮導處，言其地因有聖祖詩碑得名。及有旨問及圍場總管，則又云詩峰之名因皇上御製詩碑得名。其實石片子在哨外，詩碑在哨内，相隔四五里，似不應以此得名。且詩碑云係辛未年事，而依爾格本之名，記從前曾有之，似其説又未甚確，或有云因其山峰皴皺處有似題詩摩崖，故得詩峰之名，然亦無可據。或於天章内細查，聖祖御製詩有無提及"石片子"或"詩峰"之語，並今上御製詩亦須檢明，即行寄覆。至《永樂大典》内御題各書，如《井田譜》未經深斥，自應抄存；其餘如《重明節館伴録》《都城紀勝録》《中興聖政草》亦在駁飭之列，其應否抄存，自應通行酌核，非匆猝所能遽定也。率此致覆，不一一。

中頓首　廿八日

繫　年

此函作於乾隆三十九年八月廿八日。繫年参見第三十九、四十通手札。

箋　證

依爾格本哈達，漢譯名"詩峰"，或云因聖祖詩碑得名，又或因皇上御製詩碑得名。于敏中對此無法確定，遂囑陸錫熊於康熙、乾隆詩中查詢。按，依爾格本哈達其實即爲石片子，亦即崖口之謂。參第四十通箋證。檢《聖祖仁皇帝御製詩文集》《世宗憲皇帝御製詩文集》《御製詩初集、二集、三集、四集》，均未提及"石片子"和"詩峰"兩詞。然"崖口"一詞在乾隆《御製詩》中，有數十篇詩歌，其中《入崖口》《出崖口》同題詩就二十餘首，也就是乾隆秋獮木蘭時，凡經過崖口，多有詩作。

《井田譜》，參見第一、第二、第四十七通箋證。

《重明節館伴録》，即《重明節館伴語録》，一卷，永樂大典本，《總目》史部雜史類存目。存目之因蓋爲“時金强宋弱，方承事不遑，而序謂北人事朝廷方謹，遣使以重厚爲先，已爲粉飾。其他虚誇浮誕，不一而足。上下相欺，苟掩耳目，亦可謂言之不怍矣”[①]。是書倪思自序非《總目》所稱“粉飾”之詞，館臣此處係斷章取義。倪序云：“當紹熙初，虜之事朝廷方謹，選使尤以厚重爲先，而朝廷亦重於伴客之選，故思以掖垣備數，與虜使周旋半月，不過寒暄勞問而已。畢事，以語録上。其書不足存，然公見之儀，私覿之禮，皆斟酌用典，無過、弗及之患。”[②]可見，此書倪思已將其實質説明。蓋因大金爲女真族，與清朝爲同一祖先，從此點看，倪思所言干礙在所難免，因而《總目》將其存目。今《永樂大典》本存有此書，《全宋筆記》第六編有儲玲玲整理本。

《都城紀勝録》即《都城紀勝》，又名《古杭夢遊録》，一卷，内府藏本[③]，《總目》史部地理類著録。《總目》評價此書云：“作是書者既欲以富盛相誇，又自知苟安可愧，故諱而自匿，不著其名。伏讀御題，仰見聖鑒精深，洞其微暖（按，當作‘曖’）。起作者而問之，當亦無所置詞。以其中舊跡遺聞，尚足以資考核，而宴安鴆毒，亦足以垂戒千秋。故糾正其失，以示炯鑒，而書則仍録存之焉。”[④]余嘉錫對此有所辨證：“耐得翁所著書，至四五部之多，皆不署姓名，是祇以著述自娱，初不欲争名於世，其人之高致可想。《提要》乃謂其以苟安可愧，故諱而自匿，不知其他所作筆記小説，亦何所愧而自匿乎！是特以高宗御題有此忖度，遂不得不

① 紀昀等：《欽定四庫全書總目》上册，北京：中華書局，1997年版，第729頁。

② 倪思著，儲玲玲整理：《重明節館伴語録》，見上海師範大學古籍整理研究所編《全宋筆記》第六編第四册，鄭州：大象出版社，2013年版，第310頁。

③ 按，此書有兩江第一次書目，浙江省第五次范懋柱家呈送書目，武英殿第二次書目均有著録。見《四庫採進書目》，第45、111、195頁。

④ 紀昀等：《欽定四庫全書總目》上册，北京：中華書局，1997年版，第968頁。

出以深文，所謂欲加之罪，何患無詞也。”[①] 乾隆御題對南渡中興進行了批判，《御題南宋都城紀勝録》稱：“宋自南渡之後，半壁僅支。而君若臣溺於宴安，不以恢復爲念。西湖歌舞，日夕流連，豈知剩水殘山，已無足恃。顧有若將終焉之志，其去燕巢危幕幾何矣。而耐得翁爲此編，惟盛稱臨安之明秀，謂民物康阜過京師十倍，又謂中興百年餘，太平日久，視前又過十數倍。其昧於安危盛衰之機亦甚矣哉！然彼或窺見廟堂之上不能振作，爲此以逢其所欲。抑亦知其書流傳必貽笑於後世，故隱其姓名而托於子虛烏有之倫乎？”[②] 據《御製詩四集》，《題南宋都城紀勝録》一詩繫爲乾隆癸巳（三十八）年，而此函云“其餘如《重明節館伴録》《都城紀勝録》《中興聖政草》亦在駁飭之列”，則此函當在三十八年後；又，乾隆三十九年正月重華宫茶宴廷臣及内廷翰林用四庫全書聯句，《彙輯四庫全書聯句》中提及以上三書（《井田譜》亦在内）。袁守侗“譜謾區田誇井井”及謝墉“談惟畫紙泥硜硜”詩注有《井田譜》一書，李友棠“燕幕偷安羞越絶”詩注有《都城紀勝録》一書，汪廷璵“曲譽徒矜半壁撑”詩注有《中興聖政草》一書，汪永錫“良辰接伴詡張棚”詩注有《重明節館伴語録》一書[③]。

《中興聖政草》，宋留正（字仲至）著，四庫館臣從《永樂大典》輯出，但《總目》未著録。遍檢各種目録書籍，皆不見記載。然此書並未佚失。今《永樂大典》存本有《中興聖政草》兩條佚文和帶有陸游記言之全本，由於此書輯而未抄，後世知之甚少，

① 余嘉錫：《四庫提要辨證》第一册卷八，北京：中華書局，1985年版，第451頁。

② 耐得翁：《都城紀勝》，《景印文淵閣四庫全書》第五九〇册，臺北：臺灣商務印書館，1986年版，第1頁。按，詩云：“一綫南遷已甚爲，徽欽北去竟忘之。正當嘗膽卧薪日，却作觀山玩水時。後市前朝誇富庶，歌樓酒館鬭笙絲。咄哉耐得翁傳録，可似蘭臺兩賦奇。”

③ 乾隆：《御製詩四集》卷一七，《景印文淵閣四庫全書》第一三〇七册，臺北：臺灣商務印書館，1986年版，第540頁。

今録全本於下[①]，一則可存其書，二則可據以判斷《四庫全書》不著録甚至不予存目此書的原因。

以下（1）（2）條爲現存《永樂大典》殘本所引録《中興聖政草》散片，（3）爲《中興聖政草》一書全文。

（1）丙申主管頓遞官奏：巡幸日迫，爨竈器皿不備，請惟給衛士蒸餬，熟猪肉。上曰：今來巡幸，豈可騷擾？[②]

（2）壽聖於紹興二十年中，嘗問賀允中僧道之數。允中言：道士只有萬人，僧有二十萬。一夫當受田百畝，一夫爲僧，即百畝之田不耕矣。[③]

（3）建炎元年五月庚寅，上以四方勸進，群臣固請，即皇帝位於南京。（以汪伯彦《中興日曆》、耿延禧《中興記》參修）

臣等曰：堯舜所以獨高百王者，以其得天下及其傳天下而知之。湯有慚德，武未盡善，况於後世乎？漢高帝、唐太宗號爲盛主，然其得天下也以争，其傳天下也幾以致亂。大哉！太祖皇帝之受命與太上皇帝之中興也。謳歌獄訟，歸而不釋，則不得已而履大位。及夫爲天下得人，則舉成業授焉，不詢群臣，不謀卜筮，惟視天意之所在而已。自堯舜以來，數千載始有太祖及我太上皇帝，豈非希闊甚盛之際哉！

六月甲子，詔徽猷閣待制邢焕，授觀察使。時諫官衛膚敏，論焕后父，不當除待制。孟忠厚，隆祐太后兄子，不當除直學士。焕即有是命，而上以太后故，不忍罷忠厚職名。於是給事中劉珏、中書舍人汪藻引故事極論之乎。膚敏改中書舍人，言所論不行，不敢就職。明年正月丁未卒，授忠厚

---

① 按，孔學《陸游及〈高宗聖政草〉》一文有輯録。今依日本京都大學附屬圖書館藏《永樂大典》殘卷本再輯。日本京都本《永樂大典》卷首有“京都帝國大學圖書之印”“秋村遺志”朱文章。

②《永樂大典》第一册卷二二五九，北京：中華書局，1986年版，第724頁。

③《永樂大典》第四册卷八七〇六，北京：中華書局，1986年版，第4023頁。

承宣使，且詔后族勿任侍從官，著於令。（以汪伯彦《時政記》及汪藻所記參修）

臣等曰：臣聞章獻明肅太后垂簾時，外戚馬季良爲待制。仁宗親政，於明肅之政無大變更，獨季良即日易武弁，以爲祖宗之制，不可以私恩廢也。太上皇帝奉隆祐太后至矣，而不敢抑言者，以私忠厚。嗚呼！以我宋家法，萬世所當守也。臣是以詳著之。

辛亥，赦書：拘籍天下神霄宫貲産錢穀，付轉運司以克省計。先是即位，赦書已罷神霄宫，至是復申諭焉。丙午，又詔：道士林靈素、鄭知微、傳希烈家貲，令温、處州籍没。（以汪藻所記修入）

臣等曰：晋以老莊清言亂天下，車轍既東，而君臣莫知創艾，卒以不振。建炎中興，首黜方士之害，丁寧切至，如救焚拯溺。然非上聖，其孰能之？乃者方士稍稍以附託干恩澤，特旨冠其徒至數十人，侵害度牒法，歲給緡錢以千數，而齋醮祈禳，猶不與也。雖間採近臣之議，寢而弗行，然此門要不可啓，臣等敢論著本末，以備覽觀焉。

辛巳，詔："以知南康軍李定，通判韓璹，便宜誅許高、許亢，特轉一官。"先是臣僚論靖康末折彦質爲宣撫副使，錢蓋爲制置使，高、亢總兵守河，皆不戰而遁，今置不問，則後何以使人。詔彦質責授散官，昌化軍安置，蓋落職宫觀，高、亢編管海外。會南康奏高寓其境上，欲謀變。定、璹以便宜誅之而待罪。宰相李綱奏曰："淵聖委高、亢守河，付以兵甚衆。賊將至而先走，朝廷不能正軍法，而一軍壘守倅敢誅之，必健吏也。使後日受命扞賊者，知退走，而郡縣之吏有敢誅之者，其亦少知所戒，是當賞。"上曰："然。"乃有是命。（以李綱《時政記》修入）

臣等曰：古之守封疆者皆知進未必死於敵，而退必死於法，故援枹而鼓之士，争致命，以爲進猶或生，而退必死也。

况受命爲大將，任安危成敗之寄者乎！三代聖人，仁民愛物，忠厚惻怛至矣。然其出師不用命者必戮，弗敢赦也。太上皇帝之英斷，後世可忽忘哉！

丙戌，詔："京東、京西、河北、永興軍、淮南、江南、兩浙、荆湖路，皆置帥府、要郡、次要郡。帥府爲安撫使，帶馬步軍都總管。要郡帶兵馬鈐轄，次要郡帶兵馬都監，皆以武臣爲之副，改路分爲副總管，路鈐轄爲副鈐轄，州鈐轄爲副都監，皆以武臣爲之副。改路分爲副總管，路鈐轄爲副鈐轄，州鈐轄爲副都監。總管、鈐轄司許以便宜行軍馬事，辟置僚屬，依帥臣法屯兵，各有差。遇朝廷起兵，則副總管爲帥，副鈐轄、都監各以兵從，聽其節制。正官願行者聽，轉運使副一員，隨軍一員，留本路提點刑獄，彈壓本路盜賊。遇有盜賊，則量敵多寡，出兵會合，以相應援。"（以李綱《時政記》修入）

臣等曰：昔太祖皇帝監唐末、五代方鎮强，王室弱之弊，故削鎮兵以尊京師。暨我太上皇帝，親見靖康以來，群盜充斥，郡邑無備之患，故屯兵諸郡，且責提點刑獄，以警備盜賊，扶偏補弊，可謂各適其時矣。乃者郡邑安於無事，武備寖闕，一有非常，且復蹈前日之害。故臣具述其詳，以待制詔行焉。

十月丁巳，駕自南京登舟，巡幸淮甸。戊辰，宰執登御舟奏事。上曰："昨日有内侍至自京師，進内府珠玉二囊，朕投之汴水矣。"右僕射黄潛善曰："可惜。有之不必棄，無之不必求。"上曰："太古之世，擿玉毁珠，小盜不起，朕甚慕之。庶幾求所以息盜爾。"先是六月丁亥，上諭宰執："東京有司發到内庫寶器，有玻璃、碼磁之屬，皆遐方異物，内侍陳列以進，朕念玩物喪志，悉令碎之於殿庭。"（以李綱、江伯彦《時政記》參修）

臣等曰：方承平無事，時陳寶玉、飾珠琲以爲玩耳。嗚呼！安知是物之足以敗天下而召寇戎也。太上皇帝，身履艱難，撥亂中興，其視是物，猶蝮蛇鴆毒，肯復親之耶？碎寶器，棄珠玉，臣知出於至誠惻怛，非如唐明皇焚錦繡，姑以飾一時虚譽而止也。

十二月丁巳，詔："朕側身寅畏，與二三大臣宵旰圖治，罔貴奇玩，罔好畋遊，罔昵近習，使干政事，罔有斜封黑敕，以濫名器，夙夜正心持誠，祈天助順。聞小人爲奸，或欺誕請屬以鬻官爵，或臂鷹走犬以事畋獵，而率以'御前'爲名，使朕之好惡，何以昭示四方，格於上帝？其令三省、樞密院榜諭戒約，言事官覺察彈奏，敢有違者，重寘於法，並許人告，賞錢一千貫。内畋獵之人，輒稱'御前鷹犬'者，根治得實，配沙門島。"（以汪藻所記修入）

臣等曰：《春秋》之義，王者無外。天下，王者家也。善乎！諸葛亮之言曰："宫中、國中當爲一體。"往者，閹寺與奸臣相表裏，動挾"御前"之名以脅制上下，卒成天下之禍。臣讀是詔，至於大息流涕。嗟乎！此建炎、紹興之政所以赫然有祖宗風烈也。

建炎二年四月己未，詔："惟京畿、京東西、河北、河東、陜西依已降指揮置巡社，餘路悉罷。"時杭、温州已就緒，奏乞存留，亦弗聽。（以汪藻所記修入）

臣等曰：唐中葉以後，府衛之制盡廢。至梁、涅人爲軍，於是兵民逐分，雖以周世宗之善治兵，我太祖、太宗之神聖英武，且去唐未遠，而兵民已不可復合矣。治平以來，學士大夫乃始欲追古制而復之，識者固知其難矣。一變而爲義勇，再變而爲保甲，三變而爲巡社。法非不古，而習俗已成，復之無由，此太上皇帝所以不憚改令，以安元元也。

庚申，詔："御前軍器所，見織戰袍工匠，發還綾錦院，令依限織進。"初命監綾錦院姜涣，擇良工就御前軍器所專織戰袍，欲以賜有功將士。中書侍郎張慤等言於上曰："前日中人因事輒置局，紊亂紀綱，不可不深鑒，今若以織文責綾錦

院，而使少府監督其程限，則事歸有司，於體爲正。”上曰：“甚善！”故有是命。（以汪伯彦《時政記》修入）

臣等曰：臣聞明主之察治亂也審，而守法度也堅。寧逆志咈心，弗便於事，而常戒懼於細微蘖芽之間，不敢忽也。夫取工於綾錦院，而織袍於軍器所，又以賞功。由常人觀之，誠若無甚害，然太上皇帝矍然改令，不俟終日，何哉？官失其守，而事奪於貴臣，法廢其舊，而制出於一切，則亂由之，而作有不難矣。嗚呼！治亂之機如此其微也，非明主其孰察之。

乙丑，上諭宰執曰：“昨日有内侍輒奏曰：‘比侍講筵，竊聞講讀官某，敷陳甚善，陛下必亦謂然，臣輒撰奬諭詔書進呈。’朕曰：‘臣僚一時恩禮，當出朕意，非小臣所得預。若降詔書，自有學士，汝等各有職事，豈宜不安分如此？況此詔書，詞既未工，又不知體，取笑外人。’”上因曰：“朕每退朝過屏風後，押班以下欲奏事者，朕亦正衣冠，再御座，聽其所陳，未嘗與之款曙。性亦不喜與婦人久處，多在殿旁閤子垂簾獨坐，筆硯外不設長物，静思軍國合行大事，或省閲四方章奏。左右止留小黄門二人，一執事，一應門，至於内中掌文書，亦多是前朝老宫人，有來奏事者，朕亦出閤子外，處分畢，却入閤子坐，無一日不如是也。”（以汪伯彦《時政記》修入）

臣等曰：閹寺之禍著矣。佞柔側媚，以狗馬聲色惑其君，禍之小者也。剽略書傳，誦説古今，以才藝自售，則其爲禍，豈易測哉？建炎之初，天子厲精求治，而宦者技隙肆言，猶敢如此，亦可謂奸人之雄矣。非聖武英斷，絶其萌芽，則基亂胎禍，將何所不至。嗚呼！方其伺顔色，售才藝，能赫然拒絶之，固已難矣。又慕其情狀，告大臣，豈不甚難哉？至於清心寡欲，屏遠聲色，皆中興之本。臣是以論著之詳焉。

七月丁亥，楚州發歸朝官至行在。上諭宰執曰：“聞州郡多囚繫此輩，久者至經歲不得釋，少涉疑似，則殺之。覆燾間，皆吾赤子也。朕欲發諸郡拘囚，歸朝官盡赴行在存撫之，庶幾可召和氣。”（以汪伯彦《時政記》修入）

臣等曰：古之王者，蓋有殺一不辜而得天下，則弗爲者矣。彼奸雄忍酷之言，至曰寧我負人。嗚呼！人之用心，何止天壤之異哉！方建炎之初，所在盜起如蝟，窮荒絶漠，狼子野心之人，錯處郡縣，有司爲之禁防，或未過也。而太上皇帝，惻然哀矜，形於聖訓，不以防亂備患，而忘淫刑之戒，不以艱危多事，而廢好生之心，凜然有三代王者之遺風矣，是豈秦、漢以來所能髣髴哉？

八月癸丑，臣僚請復常平官，講補助之政，廣儲蓄之具，從之。十月壬戌，詔：“常平之法，歲久多弊，頃以‘紹述’爲名，雖知有公私不便，當增損更易者，亦莫敢言。今止爲常平本法，所繫甚大，非他司兼領，故復置提舉官。尚慮蹈襲前弊，反致害民，可明諭天下，《青苗散斂法》永勿復行。其餘條制，令葉夢得、孫覿、張徵討論以聞。”（以汪伯彦《時政記》及汪藻所記參修）

臣等曰：常平之法尚矣！穀賤則糴，穀貴則糶，無散斂之煩，而有救災之實。公私俱便，農末皆利，天下之良法也。孟子譏狗彘食人食而不知檢，塗有餓莩而不知發。使孟子而爲政於天下，常平之法必在所取矣。彼青苗出於近世，蓋非常平之舊。建炎之初，廢青苗以利民，而有司奉行失指，至侵耗常平之積，此詔書所以丁寧繼下也。今官存而事寖弛，法具而吏費虔。意者朝廷仁愛之心雖至，而責實之政尚寬歟。臣故著初詔於篇，願有稽焉。

乙亥，上御殿策進士。九月庚寅，賜李易等及第、出身、同出身。初，有司欲以上十人所對策進呈，且請以上意定名次，上却之，曰：“朕委主司取士，必不錯。”乃悉從所擬，不復更易。（以汪伯彦《時政記》及汪藻所記參修）

臣等恭惟太上皇帝，當建炎之初，策士於廷，一委主司，不以一人之好惡爲之升黜，天下之至公也。及紹興中，權臣罔上，假國家之科目以私其子弟親戚，則聖斷赫然，拔寒畯，抑權貴，亦天下之至公也。惟一出於至公，故静則爲天地之度，動則爲神明之斷。《傳》曰："公生明。"太上皇帝實有焉。

建炎三年三月辛巳，臣僚上言："宜倣唐制及祖宗舊制，應章奏委翰林學士、給事中、中書舍人，輪日於禁中看詳，條陳具奏，使是非與奪，盡從公論，左右小臣，不得妄言利害，既委臣僚，乞不差内臣轉送，只實封往復，庶免黨與交結之弊。"詔從之。（以路允迪《時政記》修入）

臣等曰：人主親决天下事，而不以假臣下，未爲甚害也。然天下之亂，往往輒生於此。秦始皇、隋文帝、唐德宗，皆是聰明過人，無待輔助。於是疏間群臣，厭忽公論，而不知近習小人，已陰竊其柄矣。太上皇帝深鑒前代之禍，博采在廷之議，以看詳章奏，專責儒臣，使左右小臣無所投其隙，防微杜漸至矣。今天子即位之初，首詔兩省，分閱公車之奏，條流來上，實遵建炎故事也。聖聖相繼，出於一道，蓋多類此。嗚呼！盛矣！

四月乙卯，赦書：仁宗皇帝在位四十餘年，恩結民心，社稷長久。應仁宗法度，理合舉行，元祐大臣，雖累降處分，盡還官職恩數，尚慮未盡霈恩。其令本家自陳，有司疾速施行。先是，元年六月赦書，舊係籍及上書人，悉還其元任官職及贈謚碑額等。至是，復申敕焉。

臣等曰：臣竊觀三代以來，風俗忠厚，莫若我宋，世世修德，澤被天下，最久莫若仁宗皇帝，比太上皇帝所以慨然發德音也。天監在上，克相聖志，海内乂安，年穀屢豐，於萬斯年，無疆維休，則亦躬享仁宗貪畏之福，可謂盛矣！元祐大臣，勳德相望，中更黨錮之禍，其死於紹聖，崇寧之前者，嘗被恩數，固可還之矣。其間不幸没於謫籍之後者，謚所以易名，而或未盡議；贈官所以念功，而或未盡舉；碑額所以旌賢，而或未盡賜。意者太上皇帝之心，將以啓迪嗣聖，故略而未行，以俟今日歟。此議即博士之責也。

五月辛巳，巡幸次鎮江府，上謂宰相吕頤浩等曰："張慤，古之遺直，陳東誅死可念，二人皆葬郡境，已降親札，令有司致祭，卿等更議恤其家。"癸未，中書舍人張忞被旨引對。甲申，上謂頤浩等曰："張忞謂朕即位以來，無纖毫之失。自古人君不患無過，患不能改過耳。忞諂諛如此，豈可寘之從班？可黜之。"於是詔忞落職宫觀。（以吕頤浩、張浚《時政記》，汪藻所記參修）

臣等曰：武王克商，有下車而爲之者，有未及下車而爲之者。建炎中，太上皇帝，櫛風沐雨，日不暇給，而汲汲於褒忠直，去佞諛。辛壬、癸甲，未越信宿，聖政可以傳後世者三焉。抑可謂明所先後矣。然臣伏觀是時，上方勵精政事，躬行勤儉，張忞稱述以爲無纖毫之失，亦未爲甚過也。而聖斷赫然屏遠斥絶之，惟恐少緩。臣知欺罔饞慝之奸，固無所容矣，是誠中興之本也。

丙戌，詔曰："建康之地，古稱名都，既前代創業之方，又仁祖興王之國，朕本繇代邸，光膺寶圖，載惟藩潛之名，實符建啓之義。蓋天人之允屬，况形勝之具存。興邦正議於宏規，繼夏不失於舊物。其令父老，再睹漢官之儀。亦冀士夫，無作楚囚之泣。江寧府可改爲建康府，其節鎮舊號如故。"

臣等曰：建炎初載，重違汴都，父老之意。是以車駕所臨，止曰"巡幸"，示不忍去故都耳。然自古未有爲國數十年而無定都者。江左之必居建業，猶中原之必居雍雒，天造地設，無可更議矣。王師北討，非盡復燕、趙並代。雖得河南，未可以舍建業而北也。自古披草莱，立都邑，不數年，遂致富盛者多矣。况經營如是之久乎？臣故具載初詔，冀天子有感焉。

八月戊申，上曰：“昨日，吴國長公主入内，以畫及小玉山、玉管筆爲獻，朕對以平生不識畫，因而不好。長主可惜錢買此，遂並玉山等復還之。”（以王綯《時政記》修入）

臣等曰：昔宋高祖未備音樂，湯仲文以爲言，帝曰：“日不暇給，且所不解。”仲文曰：“屢聽自然解之。”帝曰：“政以解則好之，故不習爾。蓋耳目之玩，解生於好，好生於解，惟澹然清静，則物莫能入。”太上皇帝，體堯蹈舜，固非區區宋高祖所能仰望。然其言有適用者，臣是以著之，以見開國治謀之君。躬履艱難，崇尚儉約，大抵皆如此也。

閏八月丙戌，上與宰執，論借補官資之弊曰：“三十年來，爵秩冒濫，日甚一日，政和、宣和則以應奉、花石之類補授，官爵遂輕。自宣和末以來，軍興借補，猥冗不可勝計，小使臣闕止二萬餘，今借補者，何啻三十五萬。將來事平，未知何以處之？”（以王綯《時政記》修入）

臣等曰：借補猶前代假版之類爾，雖甚冗濫，一旦朝廷澄清之，猶可爲也。而太上皇帝，已慮之如此。乃者軍興賞功，至五十萬有奇。往往貿亂相乘，又皆真命，一予不可復奪。天子雖當寧太息，思有以革其弊，而有司安常習故，終未能仰承上意也。臣誠竊憂之，敢論著於篇，以備省覽。

丙申，主管順遞官奏，巡幸日迫，爨竈器皿不備，請惟給衛士蒸餬、熟猪肉。上曰：“今來巡幸，豈可騷擾，如朕昨匆遽渡江，被褥亦不以自隨，偶携得一貂皮，披卧蓋各半，未嘗取索一物，而有司借湯瓶至四百枚，不知何用，只今可出黄榜告諭，所過州縣，除蒸餬外皆勿供，如違，當重寘之法。”（以王綯《時政記》修入）

臣等曰：前代當多故時，人主務行姑息之政，往往反以階亂。獨太上皇帝，神武英睿，深鑒兹弊，以爲人主猶暴衣露蓋，蒙犯霜露。宿衛之士，得飽餅餌多矣，其可重困吾民哉！故戎寇雖深，而軍律愈整，艱危雖極，而民心不離，卒以中興大業，垂裕萬世，聖矣！

夫游被命修《光堯皇帝聖政》，草創凡例，網羅放逸，雖寢食間，未嘗置也。然不敢以稿留私篋，暇日偶追記得此，命兒輩録之。隆興二年十月一日左通直郎通判鎮江軍府事陸游記。[①]

《中興聖政草》由館臣輯出後，乾隆有《題宋中興聖政草》一詩。詩云："少康光武始堪稱，何事建炎號中興。輕議武湯慚盡善，高談堯舜匹先登。偏安衹有姑息計，北伐曾無恢復能。徒曰親征望敵返，未聞業創受終膺。求賢進退都無定，遠佞優遊幾實曾。碎寶細人索供故，斥璫内侍竊權仍。舉凡率可知時政，曲譽安能逃後繩。七字永言昭鑒戒，艱哉天命慎欽承。"[②]詩中對南宋王朝進行了批判，此或爲《中興聖政草》雖經御題，却不被收入《四庫全書》的主要原因。《都城紀勝録》一書抄録，《重明節館伴語録》一書存目，而《中興聖政草》連存目資格都没有。從御題之語來看，其對《中興聖政草》的批判最爲嚴格，這也是三書地位出現差異的緣由。另，此詩有四百餘字小注，或可進一步看出此書不

---

① 按，孔學有《陸游及〈高宗聖政草〉》一文，刊於《史學月刊》1996年第4期，將《永樂大典》中《中興聖政草》一文録出，所據版本爲中華書局1986年版《永樂大典》第九册卷一二九二九，並有相關考證，可參看。《中興聖政草》又見孔學輯校《皇宋中興兩朝聖政輯校》附録四，北京：中華書局，2019年版。［美］蔡涵墨有《陸游〈中興聖政草〉考》一文，方笑一譯，此文刊於《歷史文獻研究》總第三六輯，摘要指出："陸游評論這些故事，雖明爲讚頌'聖政'，然而實爲諷喻批判高宗初年的政治腐敗。這部著作所記之'聖政'，既包含了陸游對高宗朝統治的遺憾，更表述了他對孝宗清明朝政的期待。"（第137頁）這一結論，與四庫館臣所論有不同。就文本來看，其所選史實，事小者多；陸游"臣等曰"諸語表述，過譽者多。館臣查察之下，對其不予著録，甚至不以存目，亦在其理。然蔡文所考論者，亦甚爲詳實，其對《中興聖政草》所選故事的歷史背景、價值理念方面的評判，亦可存之，以備一説。

② 乾隆：《御製詩四集》卷一五，《景印文淵閣四庫全書》第一三〇七册，臺北：臺灣商務印書館，1986年版，第496－497頁。

予存目的諸多細節。其注有云："古今中興之君，惟夏少康、漢光武足以當之。蓋少康誅寒浞以復姒基，光武誅新莽以全炎祚，實能定數十年之亂，繼墜緒而大一統。又如商之武丁，撻伐用武，嘉靖殷邦。周之宣王，外攘内修，紹美文武。皆能振作其既衰之業，雖足稱爲中興，然較之少康、光武，則有間矣。若唐肅宗收復兩京，其功固不可没，然唐室宗社未移，自不得謂之再造。至於宋高宗流離播遷，僅有東南半壁，始終委靡無能，苟圖自全之計，不思爲父兄雪耻，恢復中原，以爲偏安則可，然比之東晋元帝，尚有未逮。顧靦然詡爲中興，不亦深可鄙哉……宋祖受禪於周，得天下，即不以正。至高宗當徽欽失國之後，倉皇南渡，其即位始末，殊無足稱。乃陸游編輯此書序言，堯舜以來，獨宋爲甚盛之際，且謂湯有慚德，武未盡善，不復顧萬世公論，即爲尊、親者諱，亦何至是非顛倒若此……宋高宗親征一事，周必大侈爲鋪張，其實往還兩月餘，未嘗渡江與金人一戰，僅自鎮江至金陵，略無武功足紀。歸甫三月即傳位，孝宗退居德壽，彼時年未六十，惟圖自逸，不復存卧薪嘗膽之志，庸懦甚矣。至於文有李綱、趙鼎，武有韓世忠、岳飛。或以讒貶，或以冤死，皆不得竟其用。奸如秦檜，倚爲腹心，迷而不悟，求賢遠佞之謂何？乃盛稱其沉珠玉、碎寶器諸小節，謂出於至誠惻怛，抑亦不揣本而齊末矣？"①

① 乾隆：《御製詩四集》卷一五，《景印文淵閣四庫全書》第一三〇七册，臺北：臺灣商務印書館，1986年版，第496-497頁。

第四十二通（陳垣本第五十通）

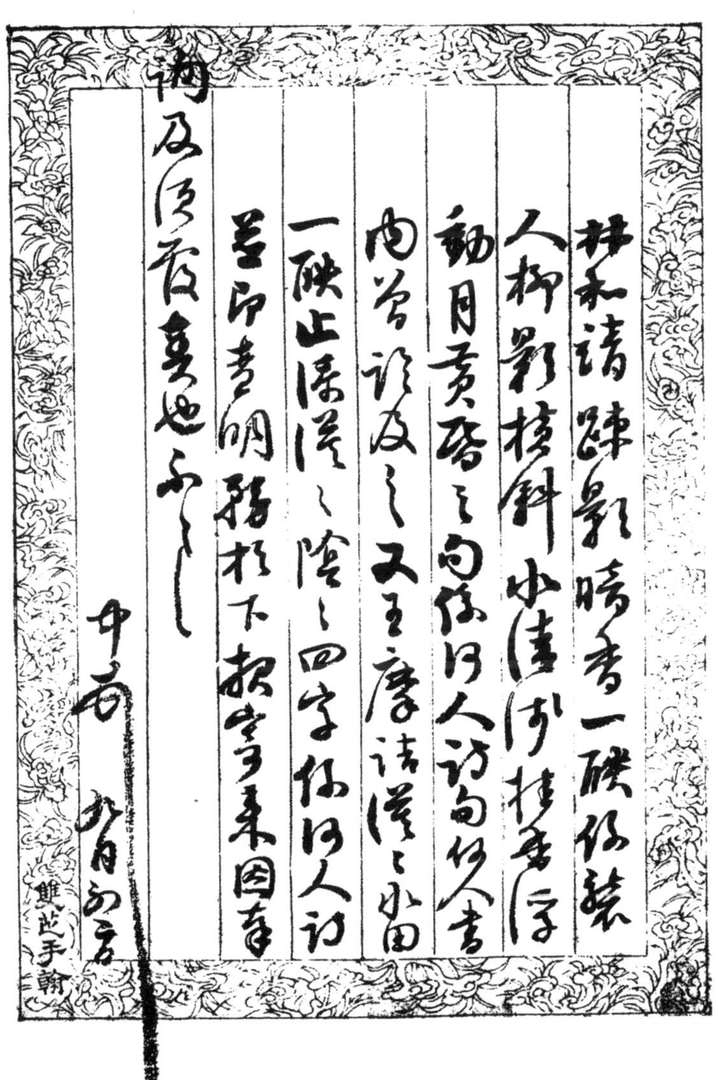

釋　文

林和靖"疏影暗香"一聯係襲人。"柳影横斜水清淺，桂香浮動月黄昏"之句，係何人詩句？何人書内曾論及之？又王摩詰"漠漠水田"一聯，止添"漠漠""陰陰"四字，係何人詩？並即查明，務於下報寄來，因奉詢及，須覆奏也。不一一。

中頓首　九月初二日

繫　年

此函作於乾隆三十九年九月初二日。

函中問及林逋詩歌問題，與第四十四通手札乃一前一後關係，因而此函繫爲乾隆三十九年。具體參見第四十四通繫年。

箋　證

于敏中問陸錫熊的兩個問題，乃乾隆所問，于氏"須覆奏"。林和靖，林逋，字君復，錢塘人，卒謚和靖先生，事蹟見《宋史》本傳。"柳影横斜水清淺，桂香浮動月黄昏"出自江爲殘詩，但"柳影"作"竹影"[①]。江爲，生卒年不詳，約爲十國時人。後宋林逋《山園小梅二首（其一）》化用此詩作："衆芳摇落獨暄妍，占盡風情向小園。疏影横斜水清淺，暗香浮動月黄昏。霜禽欲下先偷眼，粉蝶如知合斷魂。幸有微吟可相狎，不須檀板共金尊。"[②]關於"疏影横斜水清淺，暗香浮動月黄昏"一句，見沈幼征先生校注《林和靖詩集》。歐陽修、司馬光、蘇軾等對此皆有評論，于敏中詢問

---

① 王重民、孫望、童養年輯録：《全唐詩外編》下册《全唐詩續補遺》卷一五，北京：中華書局，1982年版，第584頁。按，江爲殘句云："竹影横斜水清淺，桂香浮動月黄昏。"

② 林逋著，沈幼徵校注：《林和靖詩集》卷二，杭州：浙江古籍出版社，1986年版，第89頁。

陸錫熊“何人書内曾論及”，蓋指上述諸詩論家之言。林逋此詩原爲七律，後人唱作《瑞鷓鴣》[①]，《梅苑》卷八收録此詞，文字略有差異，然“疏影”“暗香”兩句無異文。

關於王維詩歌“漠漠水田飛白鷺，陰陰夏木囀黄鸝”一句出自《積雨輞川莊作》詩[②]，第四十四通亦涉及此句。關於後世論及王維點化李嘉祐詩句，論者頗多，見四十四通箋證。

---

① 唐圭璋：《全宋詞》第一册，北京：中華書局，1995年版，第8頁。

② 王維著，陳鐵民校注：《王維集校注》第二册卷五，北京：中華書局，2015年版，第444頁。按，全詩云：“積雨空林煙火遲，蒸藜炊黍餉東菑。漠漠水田飛白鷺，陰陰夏木囀黄鸝。山中習静觀朝槿，松下清齋折露葵。野老與人争席罷，海鷗何事更相疑！”

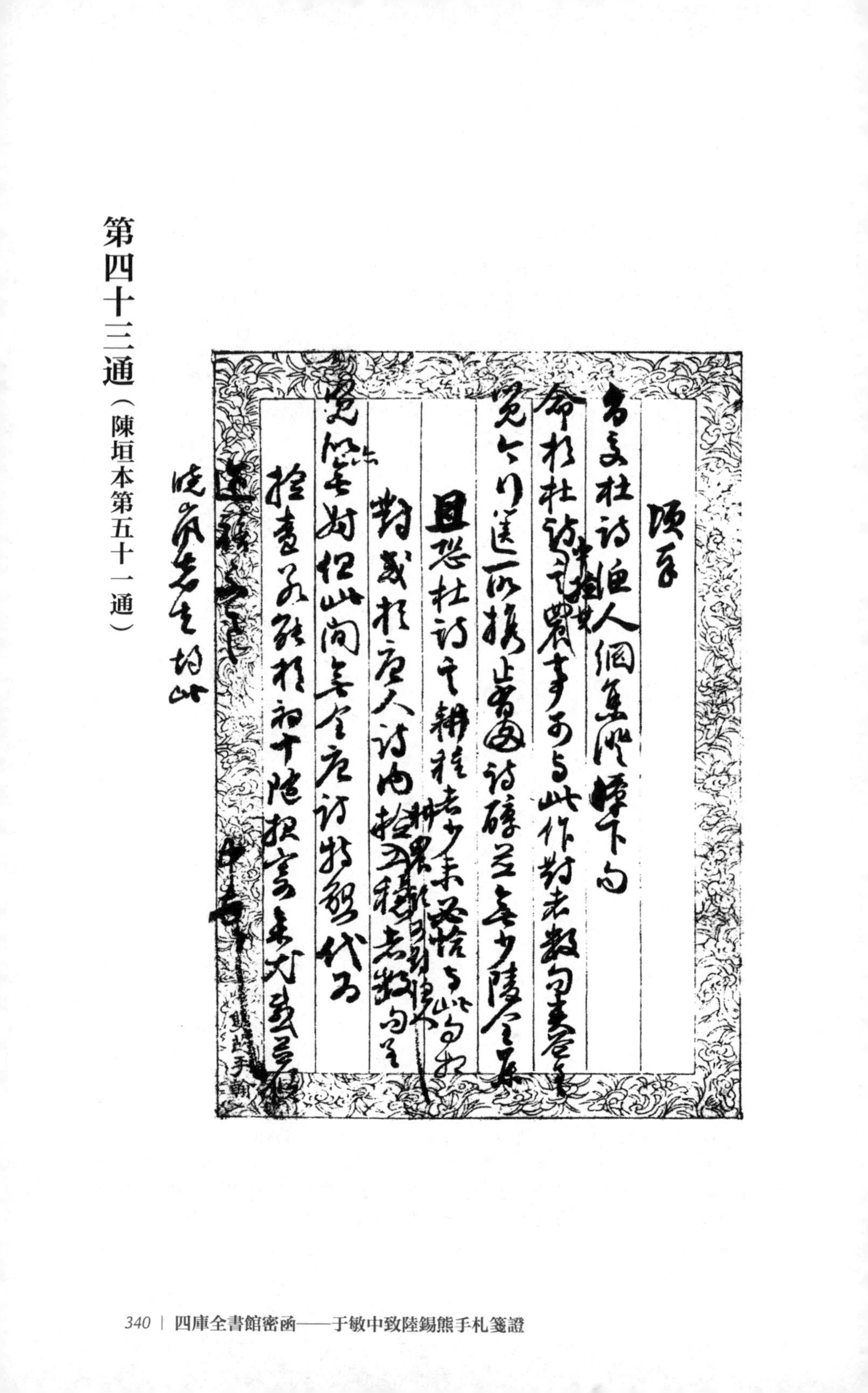

第四十三通（陳垣本第五十一通）

釋　文

頃奉旨交杜詩"漁人網集澄潭下"句，命於杜詩中檢其言農事，可與此作對者數句夾簽呈覽，今行篋所携止有《詩[①]醇》，並無《少陵全集》。且恐杜詩言耕種者少，未必恰與此句相對，或於唐人詩内檢工穩者數句呈覽（耕農語可對漁人），似亦無妨。但此間無《全唐詩》，特懇代爲檢查，若能於初十隨報寄來尤感。並候邇禧，不具。曉嵐先生均此。

中頓首

繫　年

此函作於乾隆三十九年九月初四至初七日間。

據函中"若能於初十隨報寄來尤感"，知此函應作於第四十二通、四十四通之間，作年或當繫於乾隆三十九年。具體參見此二函繫年。又據第四十四通云"寫信後得初九日字"，則此函最晚當作於初七日。

箋　證

"漁人網集澄潭下"句，出自杜甫《野老》詩："野老籬前江岸迴，柴門不正逐江開。漁人網集澄潭下，估客船隨返照來。長路關心悲劍閣，片雲何意傍琴臺。王師未報收東郡，城闕秋生畫角哀。"[②]黄鶴注此詩云："當是上元元年作。考乾元二年九月，東京及濟、汝、鄭、滑四州皆陷賊。上元元年六月，田神功破思明

① 按，"詩"前，原札圈删"文"字。

② 杜甫著，仇兆鼇注：《杜詩詳注》第三册卷九，北京：中華書局，2015年版，第905頁。

之兵於鄭州，然東京諸郡尚未收復。故詩云‘城闕秋生畫角哀’。”[①]此詩涉農事，然非農事詩。于氏讓陸氏代查數句農事相關詩作，今考陸氏回函於初九日到達承德，見第四十四通箋證。

《詩醇》，即《御選唐宋詩醇》，四十七卷，乾隆十五年御定，收唐代詩人四家，李白、杜甫、白居易、韓愈；宋代詩人二家，蘇軾、陸游。

《全唐詩》，康熙四十二年御定，收唐代詩人二千二百餘人，詩作四萬八千九百餘首。

---

① 杜甫著，仇兆鼇注：《杜詩詳注》第三册卷九，北京：中華書局，2015年版，第905頁。

第四十四通（陳垣本第五十二通）

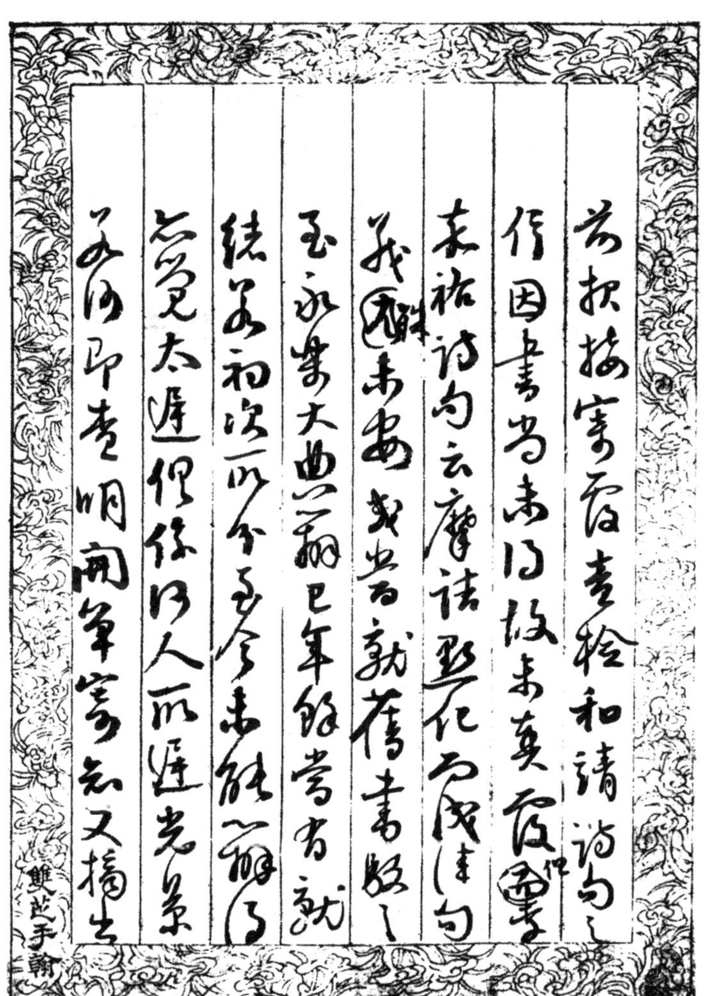

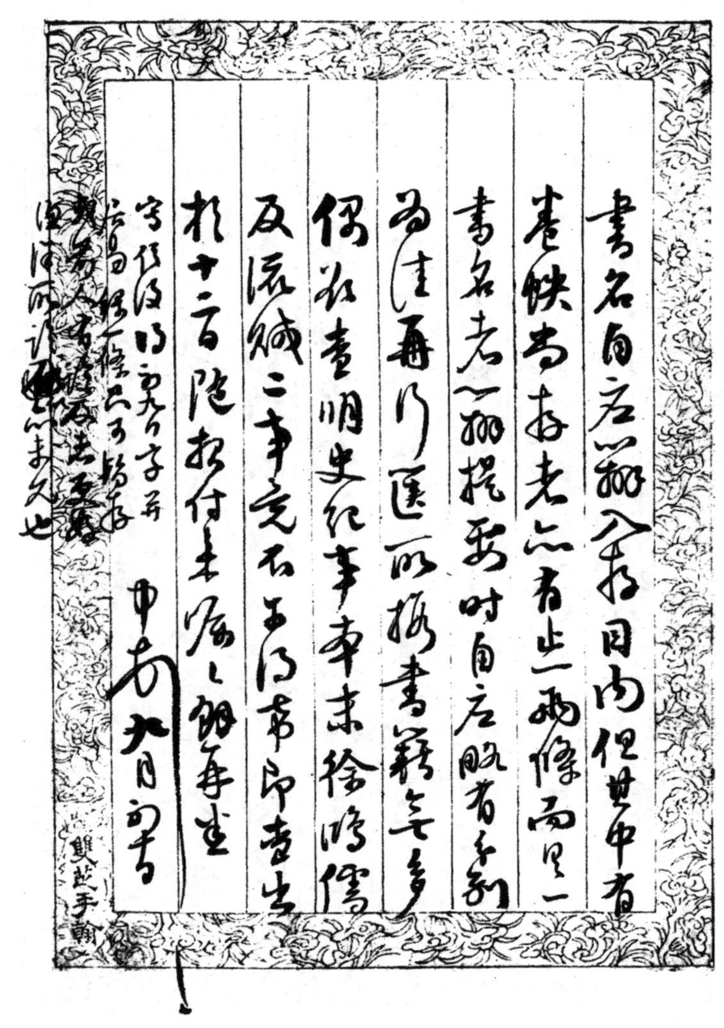

釋　文

前報接寄覆查檢和靖詩句之信，因書尚未得，故未奏覆。但[①]李嘉祐詩句云摩詰點化而成佳句，義殊[②]未安，或當就舊書駁之。至《永樂大典》辦已年餘，當有就緒，若初次所分，至今未能辦得，亦覺太遲，俱係何人所遲，光景若何，即查明開單寄知。又摘出書名，自應辦入存目内，但其中有卷帙尚存者，亦有止一兩條而具一書名者，辦《提要》時自應略有分别爲佳。再，行篋所携書籍無多，偶欲查《明史紀事本末》徐鴻儒及流賊二事，竟不可得，希即查出，於十二日隨報付來，囑囑。餘再悉。

中頓首　九月初十日

［附記］寫信後得初九日字并《居易録》一條，只可暫存，或前人有論及者更好，漁洋所論似亦未允也。

繫　年

此函作於乾隆三十九年九月初十日。

第一，據《纂修四庫全書檔案》，《永樂大典》辦理自乾隆三十八年二月十一日開始[③]。此函云“《永樂大典》辦已年餘”，則作年爲三十九年無疑。又，乾隆三十九年十月十八日《諭内閣四庫全書處進呈各書疵謬叠出總裁蔡新等著交部察議》中説：“《永樂大典》内由散篇輯成者，此次始行呈進，辦理已經年餘，而自朕五月間臨幸熱河以後，又閲半年之久……”[④]此亦可證此函作

① 按，“但”，原札圈改“而”字爲“但”。

② 按，“殊”，原札圈改“尤”字爲“殊”。

③ 按，乾隆三十八年二月十一日《諭内閣〈永樂大典〉體例未協著添派王際華裘曰修爲總裁官詳定條例分晰校核》。見《纂修四庫全書檔案》上册，上海：上海古籍出版社，1997年版，第56頁。

④ 中國第一歷史檔案館編：《纂修四庫全書檔案》上册，上海：上海古籍出版社，1997年版，第275頁。

於三十九年。第二，要求辦理《提要》時在乾隆三十九年七月二十五日[①]，于敏中在第三十七通云"《進呈書目提要》此時自以敘時代爲正，且俟辦《總目》時，再分細類批閱"（作於三十九年八月初九日），此函又云"辦《提要》時自應略有分别爲佳"，兩函均提及《提要》辦理細節問題，則本函當作於三十九年。"前報接寄覆查檢和靖詩句"，指第四十二通内容而言，兩函對讀可以推斷第四十二通亦作於三十九年。

箋　證

林和靖詩句見第四十二通箋證。

李嘉祐其人，見《唐才子傳》卷三，傅璇琮主編《唐才子傳校箋》一書有詳箋[②]。嘉祐詩歌見於《全唐詩》卷二〇六至卷二〇七兩卷，其中卷二〇七根據李肇《唐國史補》輯有殘句"水田飛白鷺，夏木囀黄鸝"[③]。此詩是否李嘉祐撰，待考。然嘉祐詩有"花間昔日黄鸝囀，妾向青樓已生怨。花落黄鸝不復來，妾老君心亦應變。君心比妾心，妾意舊來深。一别十年無尺素，歸時莫贈路傍金"[④]一詩，"黄鸝囀"一詞或可成爲"夏木囀黄鸝"詩之旁證。于敏中所言"李嘉祐詩句云摩詰點化而成佳句"，檢李嘉祐詩無此句，蓋于氏誤記。于氏"當就舊書駁之"，蓋要對王維竊李嘉祐詩進行駁正，今略取數家駁斥王襲李之言如下：宋李錞説："唐人詩流傳訛謬，有一詩傳爲兩人者，如'漠漠水田飛白鷺，陰陰夏木

① 按，乾隆三十九年七月二十五日《諭内閣著四庫全書處總裁等將藏書人姓名附載於各書提要末並另編〈簡明書目〉》。見《纂修四庫全書檔案》上册，上海：上海古籍出版社，1997年版，第228頁。

② 傅璇琮主編：《唐才子傳校箋》第一册卷三，北京：中華書局，1987年版，第473–480頁。

③《全唐詩》第六册第二〇七卷，北京：中華書局，1979年版，第2169頁。

④《全唐詩》第六册第二〇六卷，北京：中華書局，1979年版，第2145頁。

囀黄鸝'，既曰王維，又曰李嘉祐，以全篇考之，摩詰詩也。"[①] 宋晁公武云："李肇記維'漠漠水田飛白鷺，陰陰夏木囀黄鸝'之句，以爲竊李嘉祐者，今嘉祐集無之，豈肇厚誣乎？"[②] 陳振孫《直齋書録解題》卷一九《李嘉祐集》條亦云"嘉祐集無之"。明胡應麟曰："世謂摩詰好用他人詩，如'漠漠水田飛白鷺'，乃李嘉祐語，此極可笑。摩詰盛唐，嘉祐中唐，安得前人預偷來者？此正嘉祐用摩詰詩。宋人習見摩詰，偶讀嘉祐集，得此便爲奇貨。"[③]

《永樂大典》輯佚工作自三十八年開始。在所有五十六通手札中，三十八年所涉書籍大部分爲大典本輯佚書。具體參看第一通至第二十六通相關箋證。截至此函（三十九年九月初十日），大典本書籍的辦理工作已一年半有餘。于敏中勤於修書之事，對大典本輯佚、存抄等工作皆有指示。此函言及《永樂大典》分丁，其中有"初次所分，未能辦得"之語，説明大典本輯佚工作初期是認領任務的。今根據浙本《總目》職名表，約有四十餘人。這四十多人中，包括汪如藻、劉校之、劉躍雲、陳昌圖、勵守謙、藍應元、鄒玉藻、王嘉曾、莊承籛、吴壽昌、劉湄、吴典（琠）、黄軒、王增、王爾烈、閔思誠、陳昌齊、孫辰東、俞大猷、平恕、李堯棟、鄒炳泰、莊通敏、黄壽齡、余集、邵晋涵、周永年、戴震、楊昌霖、莫瞻籙、王坦修、范衷、許兆椿、于鼎、王春煦、吴鼎雯、吴省蘭、汪如洋、陳萬青、祝坤、徐天柱、張家駒、黎溢海、蘇青鼇等。張昇先生考大典本纂修官三十人[④]，職名表中四十餘人與

① 胡仔：《苕溪漁隱叢話》前集卷一五，北京：人民文學出版社，1981年版，第98頁。

② 晁公武著，孫猛校證：《郡齋讀書志校證》下册卷一七，上海：上海古籍出版社，2005年版，第839頁。

③ 胡應麟：《詩藪》内編卷五，上海：上海古籍出版社，1979年版，第104頁。

④ 張昇：《四庫全書館研究》，北京：北京師範大學出版社，2012年版，第71－72頁。按，張昇據《纂修四庫全書檔案》乾隆三十八年二月二十一日《大學士劉統勳等奏議定校核〈永樂大典〉條例並請撥房添員等事摺》"今奉旨校核《永樂大典》……酌選三十員，專司查辦"考，這三十人大概範圍是：陳昌圖、陳昌齊、陳初哲、陳國璽、陳科錩、劉湄、劉校之、劉躍雲、王嘉曾、王爾烈、（轉下頁）

張考原派三十人有較多重合，但亦有所不同，蓋因初次分配人員，後來有所調整。于氏此函針對的是初次分配人員書籍校勘遲緩問題，今不知陸錫熊回覆者爲何，然應不出上述之人範圍。

關於《四庫全書》著録和存目大典本輯佚書目，見孫馮翼《四庫全書輯永樂大典書目》一書[①]。實際上，四庫館臣輯出大典本書籍遠超過這個數字。具體見第二十二通箋證。札中言“有止一兩條而具一書名者”，係指大典本散片（篇）輯佚成果。今天看來，這些散片成果絶大部分是排斥在《四庫全書》之外的，或因無法輯佚成書，難以著録。又由於《總目》辦理對收録的書籍有一定要求，散片似不宜著録，捨棄在所難免。散片的輯佚，也正如第十九通手札所言，“《永樂大典》内湊集散片，原如鷄肋”。因此，定本《總目》並未如于氏所言“分别”説明只有一兩條的輯佚成果。事實上，倘數量能够形成一卷之本，《四庫全書》還是予以著録或存目的。如《易學辨惑》《易象意言》《易緯辨終備》《易緯乾元序制記》《易緯是類謀》《易緯坤靈圖》《洪範統一》《古洪範》《儀禮釋宫》《春秋傳説例》《春秋例要》《春秋握奇圖》《麟經指南》《孝經述注》《韶舞九成樂補》《蒙古譯語》《華夷譯語》《歷代帝王纂要譜括》《藝祖受禪録》《龍飛記》《景命萬年録》《重明節館伴語録》《誅吴録》《丁卯實編》《平叛録》《慶元黨禁》《東坡年譜》《綦崇禮年譜》《吕忠穆公遺事》《吕忠穆公年譜》《尹和靖年譜》等皆爲一卷本，皆係《永樂大典》輯佚本[②]。

（接上頁）王坦修、王增、王汝嘉、黄軒、黄壽齡、黄良棟、莊承籛、莊通敏、鄒炳泰、鄒玉藻、林澍蕃、蕭九成、蕭廣運、蕭際韶、姚頤、閔思誠、李堯棟、李鎔、吴典、吴壽昌、秦泉、藍應元、徐天柱、范衷、莫瞻籙、平恕、孫辰東、俞大猷、彭元琉、沈孫璉、周厚轅、周興岱、張家駒、黎溢海、蘇青鼇、潘曾起。

① 孫馮翼：《四庫全書輯永樂大典本書目》，見《遼海叢書》第四册，瀋陽：遼沈書社，1985年版。

② 按，詳參孫馮翼《四庫全書輯永樂大典本書目》一卷。見《遼海叢書》第四册，瀋陽：遼沈書社，1985年版，第2691-2703頁。

《明史紀事本末》，八十卷，《總目》史部紀事本末類著録[①]。于敏中查考徐鴻儒及流賊二事不得，要求陸錫熊代查並於“十二日隨報付來”，此函作於初十日，由此可見信函往返京城和承德之間只需要兩天時間。于氏之所以要求十二日隨報付來，或因距離九月十六日回鑾時間已近。

附記中“寫信後得初九日字並《居易録》一條”，這裏透露出兩條信息，一爲回函時間初九日，二是《居易録》一書。現據此函向前推，在九月初十日以前只有初二日的第四十二通和無月日的第四十三通。第四十三通係于氏請陸氏代爲查詢“農事”詩，並云“若能於初十隨報寄來尤感”，則于氏所收到的“初九日字”很可能是針對第四十三通的回函。《居易録》中“多論詩之語，標舉名俊”[②]，且存録很多關乎農事詩作，如卷三申湫詩云：“耕田消白日，采藥過青春。有水有山處，無榮無辱身。”[③]卷八有李齊賢詩：“黃雀何妨來去飛，一年農事不曾知。鰥翁獨自耕耘了，耗盡田中禾黍爲。”[④]又，《居易録》中還有記載康熙朝重視稼穡之故實。于敏中對王士禎論詩語不甚認可，認爲其所論未允，然具體情形如何恐難詳考。

---

① 紀昀等：《欽定四庫全書總目》上册，北京：中華書局，1997年版，第683頁。

② 紀昀等：《欽定四庫全書總目》上册，北京：中華書局，1997年版，第1635頁。

③ 王士禎：《居易録》卷三，《景印文淵閣四庫全書》第八六九册，臺北：臺灣商務印書館，1986年版，第341頁。

④ 王士禎：《居易録》卷八，《景印文淵閣四庫全書》第八六九册，臺北：臺灣商務印書館，1986年版，第404-405頁。

乾隆四十年

第四十五通（陳垣本第三十六通）

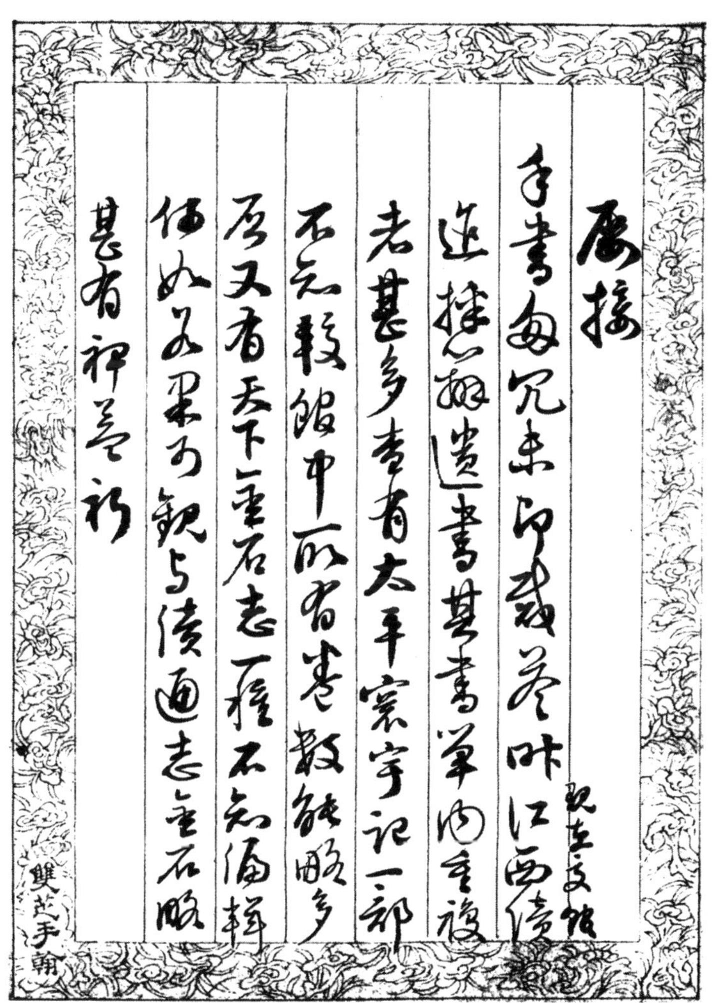

辱接

手書，每冗未即裁答。昨江西讀

達。樸兄搬遣書，其書單内重複

者甚多。書有太平寰宇記一部

不知敎館中取看某數頗多

否？又有天下金石志一種，不知編輯

何如？如果可觀，與續通志金石略

甚有裨益，祈

雙芝手翰

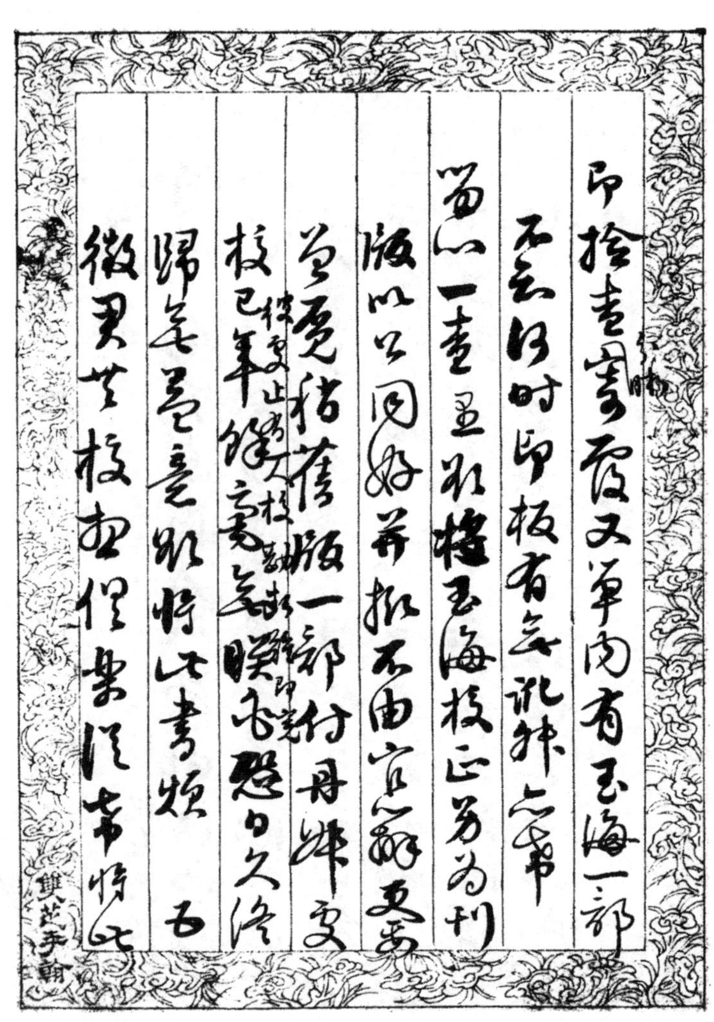

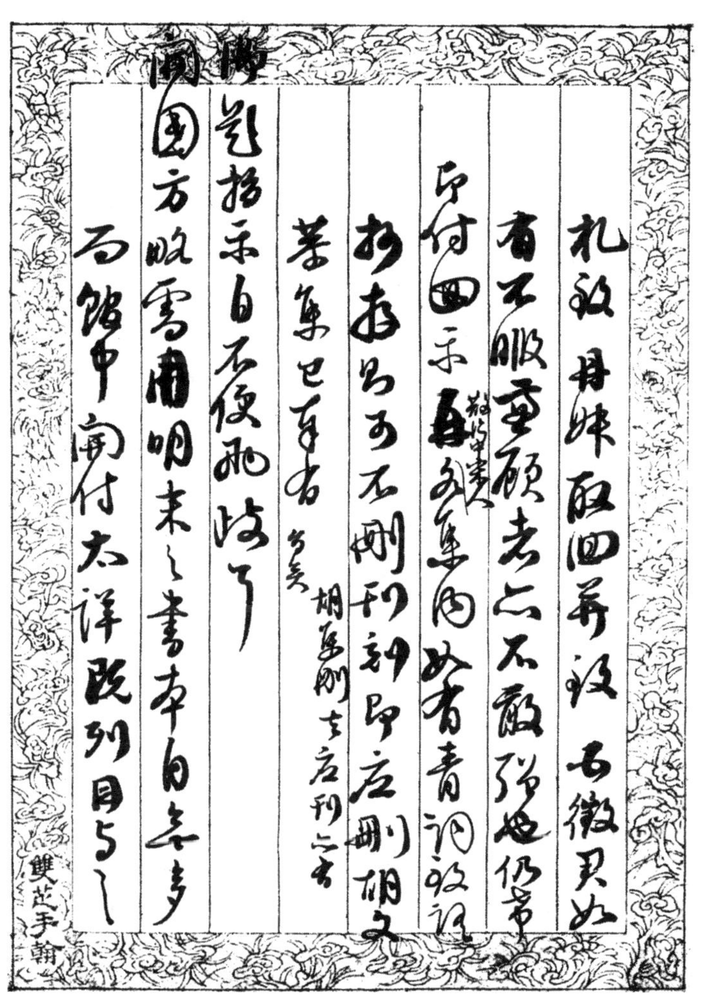

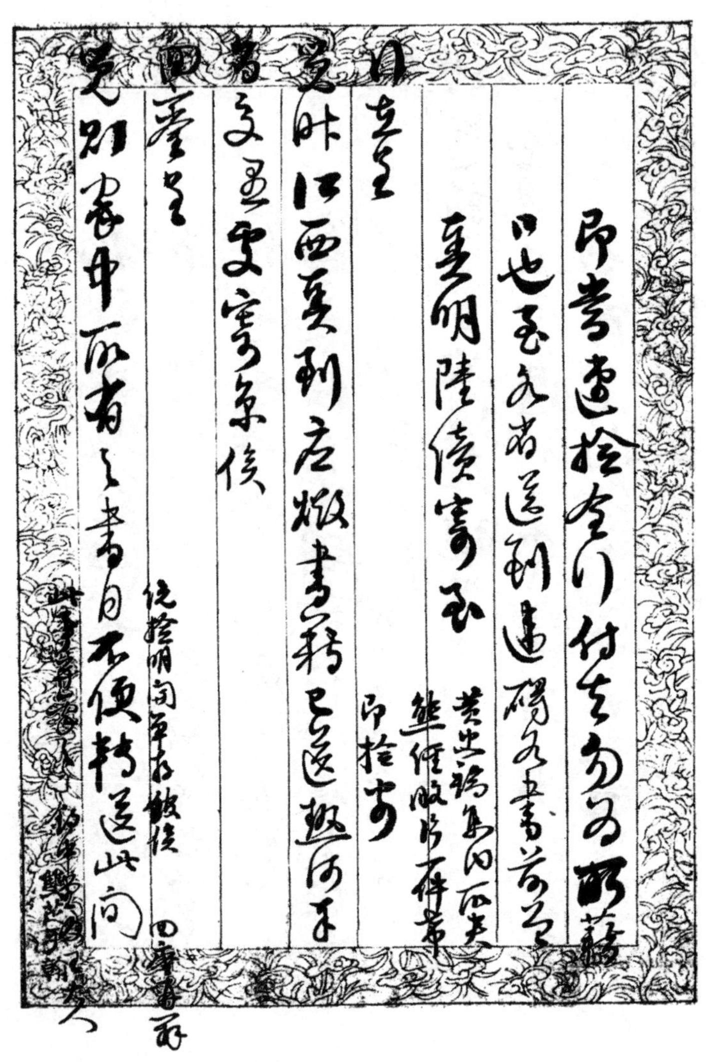

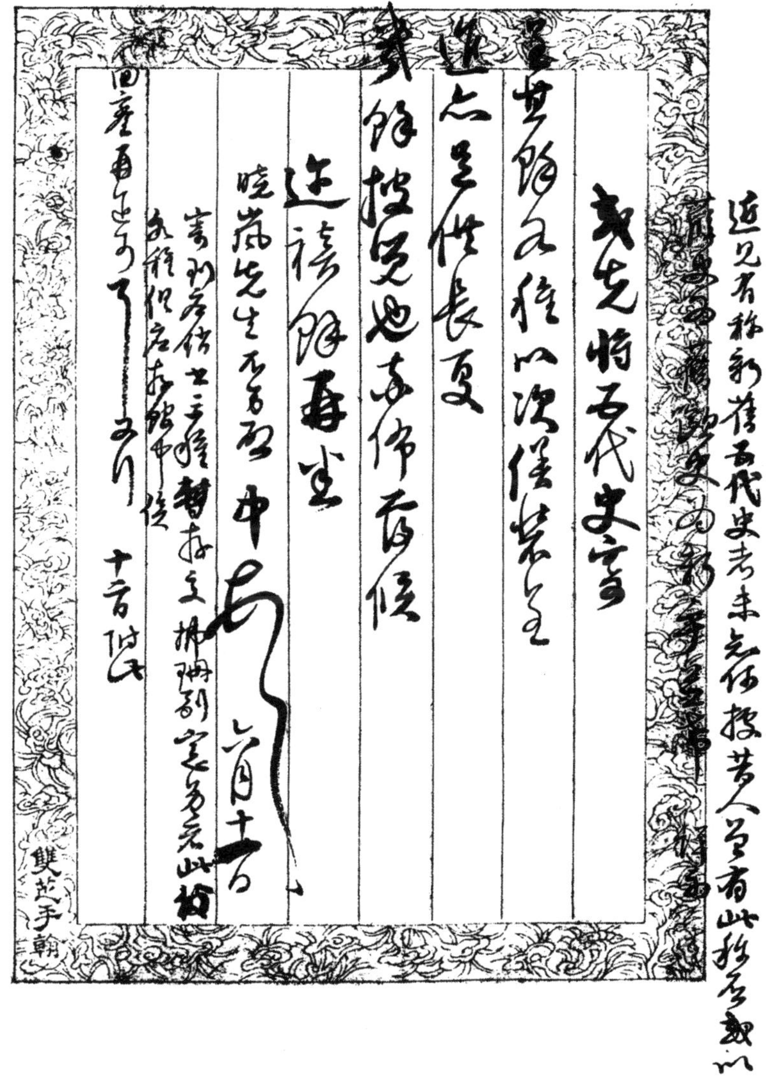

釋文

屢接手書，匆冗未即裁答。時江西續進（現在交館）採辦遺書，其書單内重複者甚多。查有《太平寰宇記》一部，不知較館中所有卷數能略多否。又有《天下金石志》一種，不知編輯何如，若果可觀，與《續通志·金石略》甚有裨益，祈即檢查，分晰寄覆。又單内有《玉海》一部，不知何時印板，有無訛舛，亦希留心一查。愚欲將《玉海》校正，另爲刊版，以公同好，並擬不由官辦更妥。曾覓稍舊版一部，付丹叔處校已年餘（彼處止有一人校勘，斷難即完），毫無朕兆，恐日久終歸無益，意欲將此書煩五徵君共校，想俱樂從。希將此札致丹叔取回，並致五徵君，如有不暇兼顧者，亦不敢强也，仍希即付回示。再，散片中宋人各集内如有青詞致語，抄存則可不删，刊刻即應删。《胡文恭集》已奉有御題指示（《胡集》删去應刊，亦有旨矣），自不便兩歧耳。《開國方略》需用明末之書本自無多，而館中開付太詳，既列目與之，即當速檢，全行付去，勿爲所藉口也。至各省送到違礙各書，前曾奏明，陸續寄至行在呈覽。（《黄忠端集》内所夾熊經略片一件，希即檢寄。）昨江西奏到應燬書籍已送熱河，奉旨交愚處寄京，俟回鑾呈覽。則家中所有之書，自不便轉送此間。（總檢明開單存館，俟回鑾再辦，此事並蒙之舒中堂及王大人。近見有稱新舊《五代史》者，未知何據，昔人曾有此稱否？或以《薛史》爲舊，《歐史》爲新乎？并希詳示。）或先將《五代史》寄呈，其餘各種以次繕裝呈進，亦足供長夏幾餘披覽也。率佈覆候，邇禧。餘再悉。曉嵐先生不另啓。

中頓首　六月十一日

［附記］寄到應銷書二十種，暫存交拂珊副憲。另看此後各種俱應存館中，俟回鑾再進可耳。又拜。十二日附此。

繫　年

此函作於乾隆四十年六月十一日。

作年可考。"江西奏到應毀書籍" 事有四條記載：分别是乾隆三十九年十二月（按：此條見於四十年四月十四日奏摺内），四十年四月十四日，四十年五月十一日，四十年九月十二日。此函落款爲六月十一日，作年當在四十年無疑。又，陳垣《書于文襄論四庫全書手札後》考"七夕函稱'《舊五代史》進呈後已蒙題詩'，《舊五代史》進呈於四十年七月三日，則此七夕爲四十年"[①]，則議進呈《舊五代史》事，亦當在乾隆四十年。

箋　證

據《四庫採進書目》，江西巡撫海成進呈書目共六次，前四次分别題"江西巡撫海第一（二、三、四）次呈送書目"，第五次題"江西巡撫海續購書目"，第六次題"六次續採"[②]。此函所云"續進採辦遺書"，當指第五次和第六次而言。江西省最後一次進呈書目，于氏云"書單内重複者甚多"，今查《四庫採進書目》所録江西省進呈書目並無重複，蓋編書目時已將相同之書删除。另，于氏提到的《太平寰宇記》《天下金石志》《玉海》三書（下文詳述），江西省進呈書目中並無記載，原因蓋有二焉：一、于敏中知會陸錫熊江西省進呈"書單内重複者甚多"，所舉此三種書爲例，陸錫熊接信札後將其删除；二、此三種書是經見之書，且已由其他省份進呈，自當不必著録，如《太平寰宇記》一書，《兩江第一次書目》《浙江省第四次汪啓淑家呈送書目》均有記載。

《太平寰宇記》一百九十三卷，宋樂史撰，《總目》卷六八史

---

① 陳垣：《書于文襄論四庫全書手札後》，《陳垣學術論文集》第二集，北京：中華書局，1982年版，第44頁。

② 吴慰祖校訂：《四庫採進書目》，北京：商務印書館，1960年版，第165頁。

部地理類著録，浙江汪啓淑家藏本[①]。札中説“江西續進採辦遺書……查有《太平寰宇記》一部，不知較館中所有卷數能略多否”，《四庫全書》不著録江西省進呈本，或因浙江汪啓淑家藏本卷數較江西省爲多。因《總目》指出此書：“原本二百卷，諸家藏本並多殘缺。惟浙江汪氏進本，所闕自一百十三卷至一百十九卷，僅佚七卷。又每卷末附校正一頁，不知何人所作。辨析頗詳，較諸本最爲精善。今據以著録。”[②]可見此書《四庫全書》著録本亦非全本。

《天下金石志》無卷數[③]，明于奕正撰，《總目》卷八七史部目録類存目著録，山東巡撫採進本[④]。《總目》評云：“其耳目所及者隘，其不能詳者亦宜也……詞頗儇佻，蓋染竟陵公安之習者。”[⑤]此或爲該書存目之因；又如手札所言與《續通志·金石略》相較，無甚裨益；再《總目》史部目録類著録此類書籍有《吴中金石編》《金石林時地考》《石墨鐫華》《金石史》等，已足爲此類之代表。

《玉海》二百卷附《辭學指南四卷》，宋王應麟撰，《總目》卷一三五子部類書類著録，兩江總督採進本[⑥]。札中云“單内有《玉海》一部，不知何時印板，有無訛舛，亦希留心一查”，《總目》則考云“諸書附梓，實始於元代。惟瓊稱慶元初刻之時，附書十二種，而今爲十三種。慶元刊書原序，亦言公書録於郡學者凡十有四，《玉海》其一”[⑦]。今存元至元六年慶元路儒學刻本、儒

---

① 吴慰祖校訂：《四庫採進書目》，北京：商務印書館，1960年版，第33、99頁。

② 紀昀等：《欽定四庫全書總目》上册，北京：中華書局，1997年版，第925頁。

③ 按，據中華書局整理本《欽定四庫全書總目》小注：今國家圖書館藏明崇禎刻本，作五十卷附録一卷，重慶圖書館藏明抄本及上海、北京、清華大學、臺北“中央”圖書館等藏清抄本皆不分卷，此書收入民國顧燮光輯《顧氏金石輿地叢書第一集》，作六十卷，今北京、上海等館藏民國會稽顧氏金佳石好樓排印石印本。見《欽定四庫全書總目》上册，北京：中華書局，1997年版，第1158頁。

④ 吴慰祖校訂：《四庫採進書目》，北京：商務印書館，1960年版，第151頁。

⑤ 紀昀等：《欽定四庫全書總目》上册，北京：中華書局，1997年版，第1158頁。

⑥ 吴慰祖校訂：《四庫採進書目》，北京：商務印書館，1960年版，第35頁。按，此書又有雲南省呈送書目，第171頁。

⑦ 紀昀等：《欽定四庫全書總目》下册，北京：中華書局，1997年版，第1786頁。

學刻元至正明正德遞修本、儒學刻元明遞修、儒學刻元明清遞修本等[①]。于敏中欲校正《玉海》，另爲刊版，已在陸費墀處校勘年餘，恐難完成，欲請五徵君共校，但現存《玉海》刊本中並無乾隆間刊本，或因五徵君無暇兼顧，終無刊行。即便如于氏所言"曾覓稍舊版一部"，在舊版基礎上校勘付梓，也未見相關版本存世記録。值得注意的是，國内部分圖書館藏元至元六年慶元路儒學刻元明清遞修本[②]，不知是否爲乾隆年間修，待考。

《胡文恭集》，《總目》作《文恭集》，宋胡宿撰，五十卷[③]，《補遺》一卷。係四庫館臣從《永樂大典》輯出，詩文一千五百餘首，又搜輯散見於他書者編爲補遺。收入《四庫全書》和《武英殿聚珍版叢書》時，删去其中青詞、致語十卷，並將《補遺》編入，定爲四十卷。今北京大學圖書館藏有清抄《文恭集》五十卷，《補遺》一卷[④]，文稿中有朱筆校過痕跡，亦有缺頁，該本蓋爲四庫館臣初輯本。《文恭集》四十卷本還有光緒年間刻常州先哲遺書本、清刻本等，國家圖書館有藏。館臣所删青詞、致語共計十卷，這些青詞、致語内容大致相近，無甚文學價值。

這裏附説一下道院青詞與教坊致語。陳繹曾説："青詞者，方士懺過之詞也，或以祈福，或以薦亡，爲（唯）道家用之。"[⑤]徐師曾《文體明辨序説》云："其謂密詞，則釋道通用矣。詞用儷語，諸集皆有，而《事文類聚》所載尤多……此外又有法誥，有告牒

---

① 中國古籍總目編纂委員會編：《中國古籍總目·子部》第五册，北京：中華書局、上海：上海古籍出版社，2012年版，第1996–1997頁。

② 按，此本上海圖書館、山東省圖書館、中國人民大學圖書館、福建省圖書館、山西省圖書館、鎮江博物館、中山大學圖書館等有藏（《中國古籍總目·子部》第五册，第1997頁）。

③ 按，文淵閣庫書作《文恭集》四十卷，無《補遺》一卷，删除了青詞、致語十卷。

④ 中國古籍總目編纂委員會編：《中國古籍總目·集部》第一册，北京：中華書局、上海：上海古籍出版社，2012年版，第182頁。按，2017年6月16日在北大圖書館經眼此書。

⑤ 陳繹曾《四六附説》之五"式"，見陳繹曾《文筌》，華東師範大學圖書館藏清李德棻家鈔本。

（以功德牒告亡者），有投簡（山簡、水簡，投諸山水以要長久之意），有解語（火解、水解，薦道士用之），有法語。而舉棺撒土，亦皆有文，其目至爲煩瑣，而諸集不載。愚謂二氏相傳，必有舊本，臨時録用，亦何不可，何必别撰而騁詞華於無益之地哉？”[①]也就是説，青詞爲二氏所用，有一定的通用性，文人有别撰，但詞華無益。致語，又名樂語，係優伶獻伎之詞，徐師曾考其淵源較詳，兹録於下，以備一説：

> 按樂語者，優伶獻伎之詞，亦名致語。古者天子、諸侯、卿大夫，朝覲聘問，皆有燕饗，以洽上下之情，而燕必奏樂，若《詩·小雅》所載《鹿鳴》《四牡》《魚麗》《嘉魚》諸篇，皆當時之樂歌也。夫樂曰雅樂，詩曰雅詩，則雖備其聲容，娱其耳目，要歸於正而已矣。
>
> 古道虧缺，鄭音興起，漢成帝時，其弊爲甚，黄門名倡、富顯於世。魏晋以還，聲伎寖盛。北齊後主爲魚龍爛漫等百戲，而周宣帝徵用之，蓋秦角抵之流也。隋煬帝欲誇突厥，總追四方散樂，大集東都，爲黄龍、繩舞、扛鼎、負山、吐火之戲，千變萬化，曠古莫儔，嗚呼極矣！自唐而下，雅俗雜陳，未有能洗其臣（塵）者也。宋制，正旦、春秋、興龍、地（明抄本作“坤”）成諸節，皆設大宴，仍用聲伎，於是命詞臣撰致語以畀教坊，習而誦之；而吏民宴會，雖無雜戲，亦有首章：皆謂之樂語。其制大戾古樂，而當時名臣，往往作而不辭，豈其限於職守，雖欲辭之而不可得歟？然觀其文，間有諷詞，蓋所謂曲終而奏雅者也。[②]

---

① 徐師曾：《文體明辨序説》，香港：太平書局，1965年版，第169頁。又見吴訥著，于北山校點，徐師曾著，羅根澤校點《文章辨體序説 文體明辨序説》，北京：人民文學出版社，1982年版，第172頁。

② 吴訥著，于北山校點，徐師曾著，羅根澤校點：《文章辨體序説 文體明辨序説》，北京：人民文學出版社，1982年版，第169−170頁。

可見，致語起源較早，隋唐時期大盛。據此可推斷文人創作致語，大多也與節日宴會有關。除青詞、致語外，尚有朱表（方士告天之席）、上梁文（匠人上梁之文）、寶瓶文（圬者鏝棟脊之文）等文體[①]。以上幾種文體蓋由宋元駢文應用到世俗中而産生的，也是新的駢文類型，具有鮮明的時代特點。

函中云"散片中宋人各集内如有青詞致語，抄存則可不删，刊刻即應删。《胡文恭集》已奉有御題指示（《胡集》删去應刊，亦有旨矣）"，今文淵閣本《四庫全書》前附有此御題詩。《御製題胡宿文恭集》全詩云："久曾割裂得全難，四庫搜羅爲復完。如此立朝有本末，可教遺帙聽凋殘。既經呈覽斯予事，自與發潛令彼安。通集原應俾鈔録，至文乃合命鎸刊。教坊致語寧忠告，道院青詞實異端。去取之間繫旌癉，示兹大略付儒官。"[②]按，此詩作於乾隆乙未仲春，乙未即乾隆四十年，此亦可作爲此函作年之旁證。值得注意的是，此詩小注有云："胡宿文筆頗佳，允宜刊以傳世。第集中兼及道場青詞，殊乖正道；且代教坊致語及爲内中侍御賀詞，則尤爲瑣狎，自當存其正者刊行，全集鈔存可耳。"[③]詩注説得很清楚，《文恭集》刊刻時"存其正者"，要删除道場青詞與教坊致語；而全集則可抄存，但庫書只四十卷，尤未抄存青詞、致語。青詞、致語的留存問題，乾隆還是頒佈了一道諭旨，在諭旨中明確提到其題胡宿《文恭集》一事。四十年十一月十六日《諭内閣〈學易集〉等有青詞一體跡涉異端抄本姑存刊刻從删》云："據四庫全書館總裁將所輯《永樂大典》散片各書進呈，朕詳加披閲，内宋劉跂《學易集》十二卷，擬請刊刻。其中有青詞一體，乃道

---

① 陳繹曾《四六附説》之五"式"，見陳繹曾《文筌》，華東師範大學圖書館藏清李德棻家鈔本。

② 胡宿：《文恭集》卷首《御製題胡宿文恭集》，《景印文淵閣四庫全書》第一〇八八册，臺北：臺灣商務印書館，1986年版，第609頁。

③ 胡宿：《文恭集》卷首《御製題胡宿文恭集》，《景印文淵閣四庫全書》第一〇八八册，臺北：臺灣商務印書館，1986年版，第609頁。

流祈禱之章，非斯文正軌。前因題《胡宿集》，見其有道曉（院）青詞、教坊致語之類，命删去刊行，而抄本仍存其舊。今劉跂所作，則因服藥交年瑣事，用青詞致告，尤爲不經。雖抄本不妨始（姑）存，刊刻必不可也。蓋青詞跡涉異端，不特周、程、張、朱諸儒所必不肯爲，即韓、楊、歐、蘇諸大家，亦正集所未見。若韓愈之送窮文、柳宗元之乞巧文，此乃假託神靈，遊戲翰墨，不過借以喻言，並非實有其事，偶一爲之，固屬無害。又如時文爲舉業所習，自前明以來，通人擅長者甚多，然亦只可聽其另集專行，不宜並登文集，況青詞之尤乖典故者乎？再所進書内，有擬請抄録之王質《靈山集》，内如《論和戰守疏》及《上宋孝宗書》諸篇，詞音剴切，頗當事理，竟宜付之剞劂，但其中亦有青詞一種，並當一律從删。"[①] 諭旨明確説明文集中青詞的處理方式。青詞具體面貌如何，《文恭集》五十卷本有大量存録，今欒貴明所輯館臣漏輯大典本《文恭集》中有《醴泉觀雅飾真君聖像祭告青詞》一道："伏以神泉有開，閒館惟舊。紹營祕寢，修奉晬容。祇告於靈，尚監兹志。"[②] 可見，此詞無實質性内容。關於這個問題的討論，參見《從館臣漏輯大典本宋集篇目看清代官學約束》一文[③]。

但是，青詞和致語在文淵閣本《四庫全書》中存留衆多，蓋因諭有"抄本仍存其舊"之説。以宋人別集爲例，蘇頌《蘇魏公文集》卷二七，王珪《華陽集》卷一二、卷一三，祖無擇《龍學文集》卷一〇，范祖禹《范太史集》卷二八至卷三一，韓維《南陽集》卷一五，歐陽修《文忠集》卷八二至卷八八[④]，王安石《臨川文集》卷四五、四六，蘇軾《東坡全集》卷九八，蘇轍《欒城集》

① 中國第一歷史檔案館編：《纂修四庫全書檔案》上册，上海：上海古籍出版社，1997年版，第474頁。

② 欒貴明：《四庫輯本别集拾遺》上册，北京：中華書局，1983年版，第25頁。

③ 張曉芝：《從館臣漏輯大典本宋集篇目看清代官學約束》，《武陵學刊》2017年第1期，第119–124頁。

④ 按，諭旨云"韓、楊、歐、蘇諸大家，亦正集所未見"，實際並非如此，歐陽修《文忠集》卷八二至卷八八，蘇軾《東坡全集》卷九八等皆存在大量青詞。

卷三四，陳師道《後山集》卷一七，李昭玘《樂静集》卷二三，劉安節《劉左史集》卷二，唐庚《眉山文集》卷一一，周必大《文忠集》卷三七等皆存在青詞。而致語亦是如此，上述的《蘇魏公文集》《華陽集》《范太史集》《（歐陽）文忠集》《東坡全集》等，又黄裳《演山集》卷三一，李之儀《姑溪居士前集》卷四七，傅察《忠肅集》卷下等，也都有各種致語留存。

《開國方略》，即《皇清開國方略》，三十二卷，乾隆三十八年奉敕撰，《總目》卷四七史部編年類著録。實際上虚飾、隱諱而曲筆失實處頗多，和太祖、太宗朝原檔以及各種本太祖實録、太宗實録相比，屬於二手材料，史料價值不高。據于氏函中所云“需用明末之書本自無多……即當速檢，全行付去，勿爲所藉口也”，明末之書用之不多，亦可見館臣修書時所體現出的政治傾向，此書部分史實之不確亦與選用之書有一定關聯。

函中所提諸人，丹叔，指陸費墀，見第二通手札箋證。五徵君，係戴震、邵晋涵、余集、周永年、楊昌霖五人，見第九通、二十二通箋證。王大人，指王際華，見第四通手札箋證及張昇《四庫全書館研究》第五章附録“總裁官王際華”。舒中堂大人，指舒赫德。舒赫德，字伯容，號明亭，滿洲正白旗人。雍正六年（1728）内閣中書。乾隆三十年，任國史副總裁，乾隆三十八年九月十七日充國史館、四庫全書處總裁[①]，四十一年七月初六日充文淵閣領閣直閣事[②]，四十二年充蒙古源流、臨清紀略正總裁，同年四月卒，謚號文襄。其事蹟主要見於《清史稿》《清史列傳》《國史列傳》《碑傳集》《清朝先正事略》《國朝耆獻類徵初編》《清代七百名人傳》等。

信札中有三處小字部分需加説明。

---

① 中國第一歷史檔案館編：《纂修四庫全書檔案》上册，上海：上海古籍出版社，1997年版，第154頁。

② 中國第一歷史檔案館編：《纂修四庫全書檔案》上册，上海：上海古籍出版社，1997年版，第529頁。

小字部分一："《黄忠端集》内所夾熊經略片一件"。

《黄忠端集》，又作《黄忠端公文集》，明黄尊素撰，有清康熙十五年（1676）許三禮清遠堂刻本。《四庫全書》未著録。熊經略，指熊廷弼，明末將領，字飛百，號芝岡，萬曆進士，由推官擢御史，巡按遼東，時在萬曆三十六年（1608）。天啓元年（1621），建州叛軍攻破遼陽，熊經略再任遼東經略。

小字部分二："近見有稱新舊《五代史》者，未知何據，昔人曾有此稱否"。

清代將薛居正等修的《五代史》稱爲《舊五代史》，歐陽修撰《五代史》稱爲《新五代史》，具體年代尚無人考究。據于敏中此函可知，新舊《五代史》之稱，在清乾隆四十年。《舊五代史》原來稱爲《五代史》，或《梁唐晋漢周書》，共一百五十卷。完成於宋太祖開寶六年（973）四月至第二年閏十月間，由薛居正監修，盧多遜、張澹、李昉等人同修，稱"薛史"。《新五代史》是歐陽修私修的史書，稱"歐史"。中國古代本來有私家修史的傳統，但隋文帝時下詔禁止私人修史，正史都由官修，歐陽修的《五代史》是唐以後唯一的一部私修正史。北宋時期，"薛史"與"歐史"並行於世，到後來"歐史"因更符合封建統治者的需要，越來越受到推崇，金章宗泰和七年（1207）下詔不用"薛史"而專用"歐史"，到元代，"薛史"就逐漸不行於世。清朝乾隆修《四庫全書》時，邵晋涵等人才從《永樂大典》等書中加以輯録整理，大致恢復了原來面貌的十分之七八，"薛史"再次呈現於世。

小字部分三："寄到應銷書二十種，暫存交拂珊副憲"。

應銷毁書籍查辦一事從三十九年八月開始①，後一直貫穿整個

---

① 按，乾隆三十九年八月初五日《寄諭各督撫查辦違礙書籍即行具奏》云："該督撫等接奉前旨，自應將可備採擇之書，開單送館。其或字義觸礙者，亦當分別查出奏明，或封固進呈，請旨銷燬，或在外焚棄，將書名奏明，方爲實力辦理。乃各省進到書籍，不下萬餘種，並不見奏及稍有忌諱之書。豈有裒集如許遺書，竟無一違礙字跡之理？况明季末造野史者甚多，其間毁譽任意，傳聞（轉下頁）

《四庫全書》纂修期間。副憲，都察院左副都御史的尊稱。左副都御史協助左都御史綜理院事，順治元年（1644）改左右參政爲左右副都御史，右副都御史係督撫兼銜，無定員。三年（1646）定左副都御史滿、漢各二人，秩正三品[①]。拂珊，今考係申甫。于敏中有詩《申光禄拂珊行帳中獲生麅一獻之大庖翼日即以頒賜木蘭扈蹕佳話也不可無詩紀其事輒賦六韻贈之》："特拜全麅賜，頒從數獲餘。喧傳徼𠛱得，列獻射生如（按，自注：是麅與從獵諸人所射者同列簿以獻）。食力償其願，旌勞溯厥初。幻殊迷鹿夢，笑擬弄麞書（按，自注：同人有舉弄麞事爲戲者）。行炙誇賓客，分鮮逮僕輿。東方工割肉（按，自注：拂珊昨在宴次，每以善割自負，故戲及之），歸遺一軒渠。"[②]詩題與詩注中均有"拂珊"之謂，官職中有"光禄"銜。此人與于敏中一同扈從木蘭。又，申拂珊其人戴璐《藤陰雜記》卷九"北城上"條有這樣一則記載："椿樹三條衚衕，汪文端公寓，以所藏快雪時晴帖顔齋，曰時晴。公後賜第東城，申拂珊副憲（甫）接住，賦詩，沈雲椒（初）和詩云：花底春風敞數楹，清華水石舊知名。簾陰虚受池光合，琴響疏傳竹韻並。高唱登壇凌白雪，小齋數典紀時晴。結廬豈必尋邱壑，早有雲煙拂袖迎。"[③]文内稱"申拂珊副憲（甫）"，則知拂珊爲申甫，筆者所見文獻僅此處記載拂珊之名甫。申甫事蹟見於王昶《都察院左副都御史申君墓誌銘》，《國朝耆獻類徵初編》一書收録

（接上頁）異詞，必有詆觸本朝之語，正當及此一番查辦，盡行銷毁，杜遏邪言，以正人心而厚風俗，斷不宜置之不辦。此等筆墨妄議之事，大率江浙兩省居多，其江西、閩粤、湖廣，亦或不免，豈可不細加查核？"見《纂修四庫全書檔案》上册，上海：上海古籍出版社，1997年版，第239-240頁。

① 朱金甫、張書才主編，李國榮副主編：《清代典章制度辭典》，北京：中國人民大學出版社，2011年版，第154頁。

② 于敏中：《素餘堂集》卷三四，《清代詩文集彙編》第三三四册，上海：上海古籍出版社，2010年版，第484頁。又，清梁章鉅、朱智《樞垣記略》卷二〇亦録有此詩，北京：中華書局，2008年版，第236頁。

③ 戴璐：《藤陰雜記》卷九，北京：北京古籍出版社，1982年版，第86頁。

此墓誌銘，其簡略小傳又見於《國朝詩人徵略初編》《續詩人徵略》《詞科掌録》《儒林集傳録存》等。申甫，字及甫，號笏山，江都人[①]，又有作浙江西安人[②]。乾隆元年徵博學鴻詞之士，六年中順天鄉試，七年試授中書舍人，九年在軍機處行走，十四年擢内閣侍讀，十五年遷刑部郎中，十八年授順天府府丞兼學政，二十八年授光禄寺卿[③]，二十九年授大理寺卿，三十一年授都察院左副都御史，三十二年以事降調，三十三年補太僕寺少卿，尋遷通政使，三十九年仍授左副都御史[④]，四十三年六月十五日卒，有《笏山詩集》十卷[⑤]。

① 王昶撰，毛慶善編：《湖海詩人小傳》卷九，周駿富輯《清代傳記叢刊》第二四册學林類三一，臺北：明文書局，1985年版，第520頁。

② 李集編：《鶴徵前録》卷二四，周駿富輯《清代傳記叢刊》第一三册學林類一〇，臺北：明文書局，1985年版，第668頁。

③ 按，于敏中詩《申光禄拂珊行帳中獲生麐一獻之大庖翼日即以頒賜木蘭㲉蹕佳話也不可無詩紀其事輒賦六韻贈之》，"光禄"係"光禄寺卿"。清設光禄寺卿滿、漢各一人，秩從三品，職掌宴勞薦饗之事，分辨其品式，稽核其經費，凡祭祀之期，會同太常寺卿省牲；祭禮畢，進胙於天子，頒胙於百官及執事人員等。見《清代典章制度辭典》，北京：中國人民大學出版社，2011年版，第241頁。

④ 按，此爲"副憲"之稱來源，手札中稱"副憲"，可見此函作於三十九年之後。

⑤ 按，以上事蹟見王昶《都察院左副都御史申君墓誌銘》。王昶《春融堂集》卷五六，《續修四庫全書》第一四三八册，上海：上海古籍出版社，2002年版，第223頁。

第四十六通（陳垣本第三十七通）

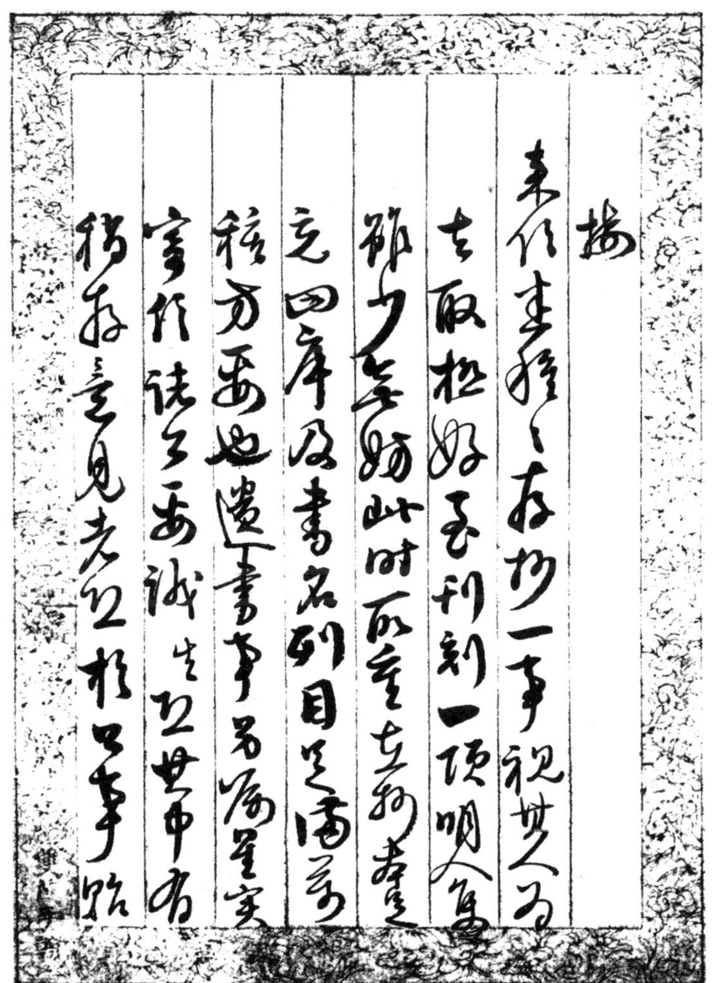

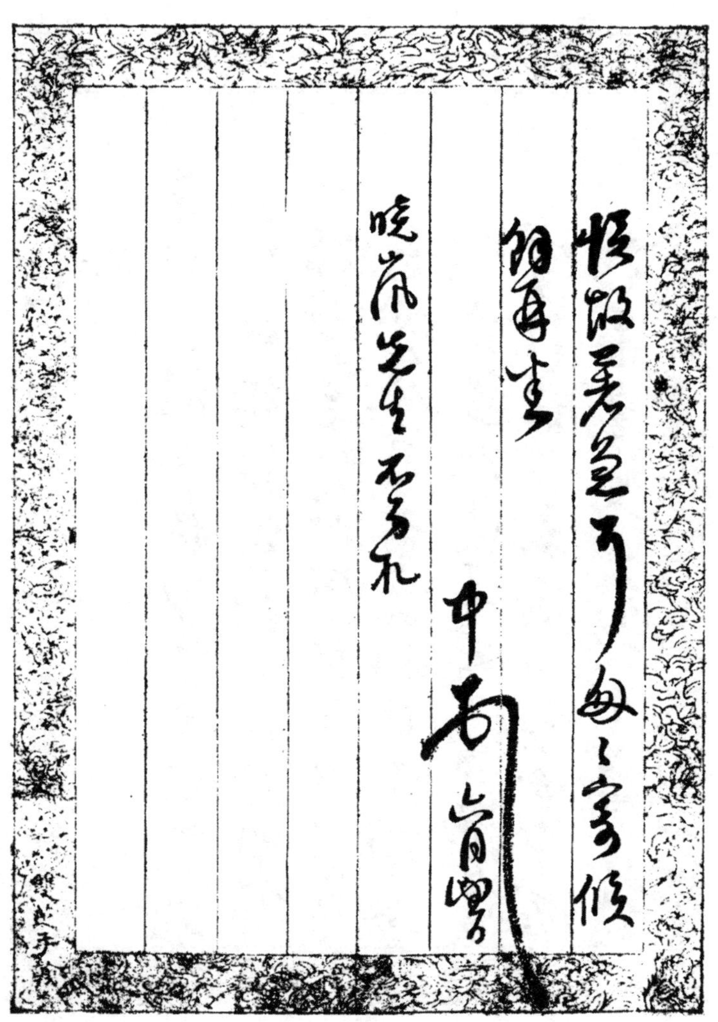

惟照料最爲可每每寄信
館中生
中南 肯堂
曉嵐先生不另札

釋　文

接來信，悉種種。存抄一事，視其人爲去取極好。至刊刻一項，明人集雖少無妨。此時所重在抄本足充四庫，及書名列目足滿萬種方妥也。遺書事，另囑星實寄信諸公妥議，生恐其中有稍存意見者，恐於公事貽誤，故著急耳。匆匆寄候，餘再悉。曉嵐先生不另札。

中頓首　六月望日

繫　年

此函作於乾隆四十年六月十五日。

作年可考。第一，書籍之刊、存、抄問題，乾隆三十八年、三十九年均在討論，如第四、五、六、十一、二十二、二十五、二十七、二十九、三十、三十一通手札等。此函有兩點信息值得注意，一是書籍存抄視人品去取。在書籍纂修過程中，人品與著述之間的關繫在三十八年、三十九年的纂修檔案史料中幾無記載。直至四十年閏十月十八日《寄諭高晋等查繳〈徧行堂集〉〈皇明實紀〉〈喜逢春傳奇〉書版》中有這樣的記載："朕昨檢閱各省呈繳應燬書籍内，有僧澹歸所著《徧行堂集》，係韶州府知府高綱爲之製序，兼爲募資刊行。因查澹歸名金堡，明末進士，曾任知縣，復爲桂王朱由榔給事中，當時稱爲五虎之一，後乃托跡緇流，藉以苟活。其人本不足齒，而所著詩文中多悖謬字句，自應銷燬。高綱身爲漢軍，且係高其佩之子，世受國恩，乃見此等悖逆之書，恬不爲怪，匿不舉道，轉爲製序募刻，其心實不可問。"[①] 此函"視其人爲去取極好"，于氏認爲陸錫熊意見可取，此或是頒諭之前的討論，因而此函很有可能作於四十年。二是書籍進呈的數量。書

---

① 中國第一歷史檔案館編：《纂修四庫全書檔案》上册，上海：上海古籍出版社，1997年版，第454頁。

籍纂修已經到明人集，可見《四庫全書》纂修已有較長時間。需要指出的是，明人集的刊刻，在修書時逐漸嚴苛，對明集的刊刻數量較少。但于氏説“明人集雖少無妨”，遺書總數足充四庫。且云“書名列目足滿萬種”，可見書籍進呈已經達萬種之多。這個數目在三十九年八月初五日《寄諭各督撫查辦違礙書籍即行具奏》中已明言“各省進到書籍，不下萬餘種”[①]，又云“况明季末造野史者甚多，其間毀譽任意，傳聞異詞，必有詆觸本朝之語，正當及此一番查辦，盡行銷燬，杜遏邪言，以正人心而厚風俗，斷不宜置之不辦”[②]。可見，明人集在覆檢、分理過程中已有要銷燬之書[③]，但刊刻數量的多寡却不會影響四庫書的總體數量，則此函應作於三十九年八月後，又據“六月望日”，可推斷此函應在四十年。

箋　證

“遺書事，另囑星實寄信諸公妥議，生恐其中有稍存意見者，恐於公事貽誤”，蓋亦指進呈書籍刊、抄、存的分類問題。星實，係馮應榴，秦瀛撰有《鴻臚寺卿星實馮君墓表》，對其事蹟有詳細記載。馮應榴，字星實，又字詒曾[④]、貽曾[⑤]，號夢蘇草堂，晚署踵息居士[⑥]，浙江桐鄉人。據《清史列傳》《馮君墓表》及《清實録》，

---

① 中國第一歷史檔案館編：《纂修四庫全書檔案》上册，上海：上海古籍出版社，1997年版，第240頁。

② 中國第一歷史檔案館編：《纂修四庫全書檔案》上册，上海：上海古籍出版社，1997年版，第240頁。

③ 按，手札第四十五通（作於四十年六月十一日）説“寄到應銷書二十種，暫存交拂珊副憲”，諭旨下達前已經開始查辦應銷燬之書。

④ 清國史館編：《清史列傳》第九册卷七一，周駿富輯《清代傳記叢刊》第一〇四册綜録類二，臺北：明文書局，1985年版，第844頁。

⑤ 陶湘：《昭代名人尺牘續集小傳》第一册第二卷，周駿富輯《清代傳記叢刊》第三二册學林類五〇，臺北：明文書局，1985年版，第163頁。

⑥ 閔爾昌：《碑傳集補》第一册第七卷，周駿富輯《清代傳記叢刊》第一二〇册綜録類五，臺北：明文書局，1985年版，第429頁。

馮應榴官履如下：乾隆二十六年進士，三十年乾隆南巡，召試行在，授内閣中書，三十一年入軍機處，隨遷宗人府主事，三十五年充湖北鄉試副考官，三十六年充順天鄉試同考官，薦升吏部郎中，四十六年七月“以鴻臚寺卿馮應榴爲江西布政使”①，五十一年充順天鄉試同考官，尋轉御史，遷户科給事中，五十四年充山東鄉試正考官，五十六年出爲江西布政使。應榴承家學，著有《學語稿》《虚懷集》《蘇文忠公詩合注》等。

馮應榴尤肆力於詩，以蘇詩注本疏舛尚多，爲合注五十卷附録五卷②，錢大昕《與馮星實鴻臚書》即是與馮應榴討論蘇詩注問題，稱其“注《蘇文忠公詩》，正王、施、查三家之誤，而補其漏略，可謂豪（毫）髮無遺憾矣”③，全文係對應榴所注蘇詩問題提出自己的考證依據，未涉一字私事，兹録文如下：

> 施氏元本，《春帖子》在《端午帖子》之後，查本始易其次，以僕考之，兩帖子皆元祐三年所進，是年閏在十二月，諺所云“一歲兩頭春”者也。其正月己酉朔，據子由《元日宿齋》詩，“今歲初辛日正三，明朝風氣漸東南。還家强作銀幡會，雪底蒿芹欲滿籃”，是正月三日辛亥祈穀，四日壬子立春也。公於時已差禮部知貢舉，例當鎖院，故不及供帖子。其閏十二月十五日丁巳爲己巳歲之立春節，公《次韻劉貢父春日賜幡勝》詩有“臘雪强飛纔到地”之句，此立春在臘月之證也。任注“元祐三年戊辰作”，正謂此詩作於戊辰臘月，非謂戊辰之春也。施氏編此詩於戊辰歲本無差誤，查氏强作解事，移此詩於己巳卷首，并將《春帖子》移於《端午》之前，

①《清實録》第二三册，北京：中華書局，1986年版，第187頁。

② 清國史館編：《清史列傳》第九册卷七一，周駿富輯《清代傳記叢刊》第一〇四册綜録類二，臺北：明文書局，1985年版，第844—845頁。

③ 錢大昕撰，吕友仁校點：《潛研堂集》上册，上海：上海古籍出版社，2009年版，第644頁。

則真誤矣。劉貢父集中題云《呈子瞻沖元内翰子開器資舍人》，執事據《許將傳》"知成都府，元祐三年再爲翰林學士"，謂將於三年方旋京，未必立春時即在朝，疑任注有誤。僕考東坡《内制集》有《元祐三年四月十九日宣詔許内翰入院口宣》，是則正月立春許固未在朝列，若閏十二月立春，正與坡公同直，任注本無誤也。《年譜》"先生生於景祐丙子十二月十九日"，不見干支，執事亦疑而未决，僕以《遼志》朔考證之，是年十二月實乙巳朔，則公生日當爲癸亥，施元之以爲壬戌者，殊未足信。伏惟詳察。①

錢大昕這封與馮應榴書，對馮氏注本中的問題進行了補充，涉及王十朋、施元之、查慎行三家注本，此三家注蘇之集關聯性極强，如"邵注正王注之訛，查注又摘邵注之誤"②，"（施）元之原本注在各句之下，長蘅病其間隔，乃彙注於篇末，又於原注多所刊削，或失其舊。後查慎行作《蘇詩補注》，頗斥其非，亦如長蘅之詆王注"③。因而，《四庫全書》全部予以著録。今查《總目》别集類著録王十朋《東坡詩注》三十二卷，施元之《施注蘇詩》四十二卷《東坡年譜》一卷《王注正訛》一卷《蘇詩續補遺》二卷④，查慎行《補注東坡編年詩》五十卷。在查慎行《補注東坡編年詩》提要中有這樣一句："其他訛漏之處，爲近時馮應榴合注本

---

① 錢大昕撰，吕友仁校點：《潛研堂集》上册，上海：上海古籍出版社，2009年版，第644–645頁。

② 紀昀等：《欽定四庫全書總目》下册，北京：中華書局，1997年版，第2064頁。

③ 紀昀等：《欽定四庫全書總目》下册，北京：中華書局，1997年版，第2065頁。

④ 按，中華書局1997年版《欽定四庫全書總目》校："文淵閣庫書另有總目二卷，卷首注蘇例言一卷、注蘇姓氏一卷、《宋史》本傳一卷、東坡先生墓誌銘一卷、東坡先生年譜一卷、蘇詩續補遺總目一卷。《總目》著録未全。"見《欽定四庫全書總目》下册，第2064頁。

所校補者，亦復不少。”[1] 綜合錢大昕《與馮星實鴻臚書》和《總目》記載可知，四庫館臣在校勘蘇集時，不僅參考了馮應榴注本，而且馮應榴本人抑或參與其中。

然檢現存《總目》各種稿本系統[2]，未見有相關信息，也就是説翁方綱、姚鼐、余集、邵晋涵、陳昌圖、鄒奕孝、鄭際唐、程晋芳、莊通敏等人或未進行蘇集提要的撰寫。《四庫全書初次進呈存目》亦未收録此三種蘇集之任何一種。

又，聯繫此函，馮應榴與在館諸臣還商討過“遺書事”。那麽，“遺書事”爲何事？今在“欽定四庫全書勘閲繕校諸臣職名”中有

---

① 紀昀等：《欽定四庫全書總目》下册，北京：中華書局，1997年版，第2065頁。按，文淵閣庫書《蘇詩補注》書前提要没有此句。見《景印文淵閣四庫全書》第一一一一册，第5頁。文溯閣、文津閣庫書書前提要亦無此句。見《文溯閣四庫全書提要》第四册，北京：中華書局，2014年版，第2836頁；《文津閣四庫全書提要彙編》集部上，北京：商務印書館，2006年版，第177頁。

② 按，稿本系統是指《四庫全書》纂修之初，依照乾隆諭旨各巡撫派人爲進呈書目所寫提要，纂修官所撰提要，以及紀昀删定的《總目》底本的統稱。涉及以下書籍及殘稿：一是《浙江採集遺書總録》《江蘇採輯遺書目録》，見張昇所編輯《四庫全書提要稿輯存》，北京：北京圖書館出版社，2006年版；二是《翁方綱纂四庫提要稿》（全二函十八册綫裝）上海：上海科學技術文獻出版社，2000年版，又有吴格整理本，上海：上海科學技術文獻出版社，2005年版；三是翁方綱等撰，吴格等標校《四庫提要分纂稿》，上海：上海書店，2006年版；四是《四庫全書初次進呈存目》，臺北：臺灣商務印書館，2012年版，影印臺灣圖書館藏稿；五是《紀曉嵐删定〈四庫全書總目〉稿本》，北京：北京圖書館出版社，2011年版，影印天津圖書館藏稿。除了上述五種稿本系統外，還有部分殘稿，主要見於下列論文：（1）沈津《校理〈四庫全書總目提要〉殘稿的一點新發現》（《中華文史論叢》1982年第1輯，第133—177頁），附録被毁殘存及未收書提要數十種，又見張昇編《〈四庫全書〉提要稿輯存》第五册附録。（2）黄燕生《校理〈四庫全書總目〉殘稿的再發現》（《中華文史論叢》總第四八輯，1991年版，第199—219頁）。（3）張昇輯《〈四庫全書〉提要散稿》（《〈四庫全書〉提要稿輯存》第五册附録，第359—378頁）。（4）杜澤遜《讀新見程晋芳一篇四庫提要分撰稿》（《圖書館建設》1995年第5期）。（5）司馬朝軍《〈四庫全書總目〉編纂考》（武漢：武漢大學出版社，2005年版）中所録上海圖書館藏提要殘稿。（6）胡建升《〈知不足齋叢書〉中的〈四庫提要〉稿輯考》（《四庫文叢》編委會，成都圖書館編《四庫文叢》第二卷，上海：上海交通大學出版社，2014年版，第26—32頁）等。

馮應榴名録，其四庫館銜爲提調官（浙本作“翰林院提調官”）[1]。據張昇先生考，翰林院提調的主要工作包括收發圖書、文移、稽查功課、處理還書及蓋印記；而武英殿提調負責的工作要多很多，除了與翰林院提調有相同工作外，“裝潢書籍、經管補缺、議叙、定稿、行文諸事”，爲謄抄本字畫潦草負責，追查遺失底本等也是其工作[2]。再結合手札推測，所謂“遺書事”總體上指的是書籍的分類與收發。

馮應榴修史、修書工作做了很多事情，如校刻《舊五代史》任總纂，《御批歷代通鑑輯覽》任收掌官，《平定准噶爾方略》任收掌官，《欽定捕臨清逆匪紀略》任漢纂修官，《欽定蘭州紀略》任漢提調等。

---

① 紀昀等：《欽定四庫全書總目》卷首二職名，北京：中華書局，1997年版，第17頁。

② 張昇：《四庫全書館研究》，北京：北京師範大學出版社，2012年版，第220頁。

第四十七通（陳垣本第三十八通）

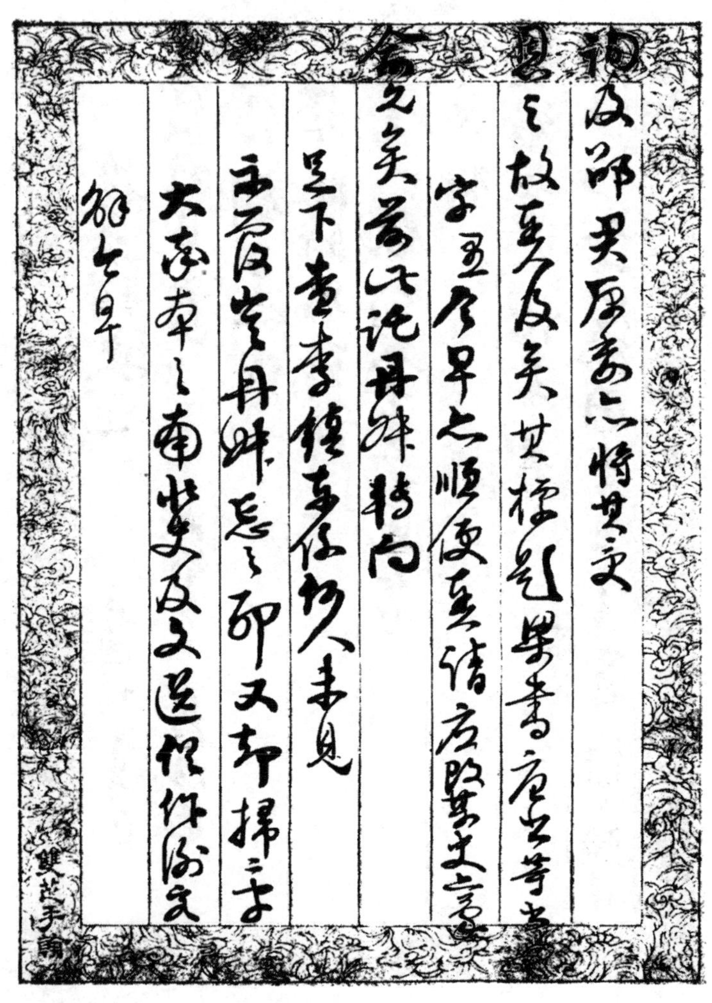

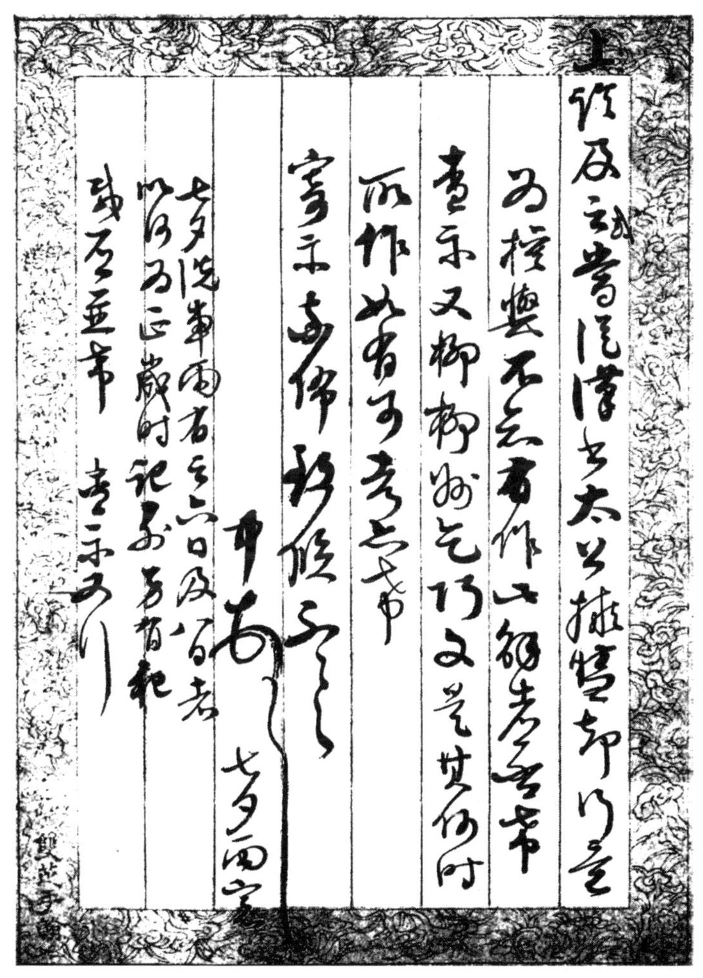

釋　文

《舊五代史》進呈後，昨已蒙題詩，劄子亦俱發下，暇時尚欲請述旨意，以便刻入卷前也。今日召見極獎辦書人認真，並詢係何人所辦，因奏二雲採輯之功。並詢及邵君原委，亦將其受恩之故奏及矣。其標題《梁書》《唐書》等“書”字，愚今早亦順便奏請應改“某史”，亦蒙俞允矣。前此託丹叔轉向足下，查李鎮東係何人，未見示覆，豈丹叔忘之耶？又“却埽”二字大率本之《南、北史》及《文選》，俱作謝客解。今早上論及云，或當從《漢書》“太公擁彗却行”，意爲權輿，不知有作此解者否？希查示。又柳柳州《乞巧文》是其何時所作，如有可考，亦希寄示。率佈致候，不一一。

中頓首　七夕雨窻

［附記］七夕洗車雨有云六日及八日者，以何爲正？《歲時記》外另有記載否？並希查示。又拜。

［附記］《耕織圖》《棉花圖》自應載入，《禮器圖》[1]曾載否？其圖或就原板刷印似稍省力耳。《授時通考》其圖與《耕織圖》相倣，曾辦及否？

［附記］《井田譜》等曾經御題之書，必應抄存。

繫　年

此函作於乾隆四十年七月初七日。

作年參看第四十五通箋證，陳垣《書于文襄論四庫全書手札後》繫此函於四十年，所考甚確。

箋　證

《御製題舊五代史八韻》見於文淵閣本《舊五代史》卷前，“上

① 按，徐慶豐讀爲《禮道圖》，誤。

承唐室下開宋，五代興衰紀欲詳。舊史原監薛居正，新書重撰吉歐陽。泰和獨用滋侵佚，永樂分收究未彰。四庫搜羅今制創，群儒排纂故編償。殘縑斷簡研磨細，合璧連珠體裁良。遂使已湮得再顯，果然紹遠藉搜旁。兩存例可援劉昫，專注事曾傳馬光。序以行之詩代序，惕懷殷鑒念尤長"[①]。詩中有詳細小注，叙此書裒輯之原委，兹合録如下：

> 宋開寶中詔修五代史，盧多遜、扈蒙、張澹、李昉、劉兼、李穆、李九齡同修，宰相薛居正監修，書成凡百五十卷，其後歐陽修别撰《五代史紀》七十五卷，蔵於家修，殁後官爲刊印……《歐史》既出遂與《薛史》並行，當時以《薛史》爲舊史，《歐史》爲新史，至金章宗泰和時，始詔學官專用《歐陽史》，於是《薛史》遂微，元明以來傳本漸就湮没……《永樂大典》雖載其文，然割裂淆舛已非居正等篇第之舊……因校《四庫全書》詞臣等，於《永樂大典》各韻所引《薛史》甄録條，繫得十之八九，復採《册府元龜》《太平御覽》《通鑑考異》《五代會要》《契丹國志》《北夢瑣言》諸書，以補其缺，並參考新舊《唐書》《東都事略》《宋史》《遼史》《續通鑑長編》《五代春秋》《九國志》《十國春秋》及宋人説部、文集並碑碣尚存者，以資辨證，卷帙悉符原書，而考核更加詳備……書成呈覽，館臣請倣劉昫《舊唐書》之例列於廿三史，刊布學官，從之……《薛史》文筆雖不及《歐史》謹嚴，而叙事頗爲詳核，其是非亦不詭於正，司馬光《通鑑》多採用之。[②]

---

① 薛居正：《舊五代史》卷首《御製題舊五代史八韻》，《景印文淵閣四庫全書》第二七七册，臺北：臺灣商務印書館，1986年版，第1頁。按，此詩《御製詩四集》卷三三繫於乾隆丙申，即乾隆四十一年，不確。

② 薛居正：《舊五代史》卷首《御製題舊五代史八韻》，《景印文淵閣四庫全書》第二七七册，臺北：臺灣商務印書館，1986年版，第1頁。

二雲，係邵晉涵，參見第九通箋證。乾隆極獎辦書人認真，于敏中對以此人。檢《奉旨開列校刻舊五代史諸臣職名》，分别有總裁永瑢、舒赫德、于敏中等十二人，總纂有陸錫熊、紀昀二人，纂修僅邵晉涵一人，提調有夢吉、劉錫嘏、百齡、馮應榴等九人。在這些纂修人員中，纂修官是實際上進行書籍校勘工作的，可見《舊五代史》的輯佚，邵晉涵功不可没。事實上，《舊五代史》也確爲邵晉涵所輯，據錢大昕所撰《日講起居注官翰林院侍讀學士邵君墓誌銘》載："自歐陽公《五代史》出，而薛氏舊史廢，獨《永樂大典》採此書，君在館會稡編次，其闕者採《册府元龜》諸書補之，由是《薛史》復傳人間。"① 邵氏長於史學，"被召入四庫館，總裁倚爲左右手"②，於修書工作付出巨多。其事蹟主要見於《清史稿》《清史列傳》《碑傳集》《文獻徵存録》《國朝詩人徵略初編》《國朝耆獻類徵初編》《清朝先正事略》《清代七百名人傳》等文獻。邵氏一生著述、輯佚之作甚多，《清儒學案》邵晉涵小傳記載其著作有《爾雅正義》《孟子述義》《穀梁正義》《韓詩内傳考》《舊五代史考異》《皇朝大臣事蹟録》《方輿金石編目》《輶軒日記》《南江詩文抄》《南江劄記》③。輯校書籍包括《舊五代史》《新唐書糾謬》《西漢年紀》《五代春秋》《史記輯評》《續通志·金石略》等，審正畢沅《續資治通鑑》④。臺灣師範大學林良如有《邵晉涵之文獻學探究》⑤，可參閱。

于氏稱"其標題《梁書》《唐書》等'書'字，愚今早亦順便

---

① 錢大昕撰，吕友仁校點：《潛研堂集》下册，上海：上海古籍出版社，2009年版，第787頁。

② 錢大昕撰，吕友仁校點：《潛研堂集》下册，上海：上海古籍出版社，2009年版，第786頁。

③ 徐世昌等：《清儒學案》第四册第九八卷，北京：中華書局，2008年版，第3974頁。

④ 黄雲眉：《清邵二雲先生晉涵年譜》，王雲五主編《新編中國名人年譜集成》第一七輯，臺北：臺灣商務印書館，1982年版。

⑤ 林良如：《邵晉涵之文獻學探究》，《古典文獻研究輯刊》六編第二六册，新北：花木蘭文化出版社，2008年版。

奏請應改‘某史’，亦蒙俞允”，今二十四史書名《梁書》《唐書》等一仍其舊，並未修改。以“書”名之者有《漢書》《後漢書》《晋書》《宋書》《南齊書》《梁書》《陳書》《魏書》《北齊書》《周書》《隋書》《舊唐書》《新唐書》十三部；以“史”名之者有《南史》《北史》《舊五代史》《新五代史》《宋史》《遼史》《金史》《元史》《明史》九部；另有《史記》和《三國志》兩種，關於“書”“史”之稱的問題，後人有較多討論的文章，其中楊聯升《國史探微》一書可參看[①]。

此外尚有三事需要陸錫熊查示。其一，于敏中讓陸費墀轉問陸錫熊，李鎮東係何人。今不知于敏中具體語意，僅考以李鎮東其人。以鎮東爲字、號考，有胡桂林、戴瀚、曹雋瀛三人，皆非李姓。以名考，查《中國歷代人名大辭典》亦無此人。檢唐韋續《墨藪》，有“李鎮東書如芙蕖出水，文彩鮮明，似刻金銀，乃有舒蹙勢”[②]數語。此句出自《隋僧智果書》一文，其中有云：“梁武帝評書，從漢末至梁有三十四人……李鎮東書如芙蓉之出水，文彩如鏤金。”[③]後世文獻中宋朱長文《墨池編》卷二，元盛熙明《法書考》卷一，明潘之淙《書法離鉤》卷七，清王士禎《池北偶談》卷一七，清王澍《淳化祕閣法帖考正》卷五，《御定佩文齋書畫譜》卷八，《欽定重刻淳化閣帖釋文》卷九等皆據《隋僧智果書》著録。因李鎮東書係梁武帝蕭衍所評，且云所評之人係“漢末至梁”間，則知李鎮東所處大概時代。宋姜夔撰《絳帖平》收録《隋僧智果書》，並有按語百餘字，其後有“三十三人官帖”，李鎮東居於蕭思話之後。蕭思話南朝宋官員，生於西元四〇六年，卒於四五五

---

① 楊聯升：《國史探微》，北京：新星出版社，2005年版。按，本書共收作者的論文十四篇，其中第十四篇爲《二十四史名稱試解》。

② 韋續：《墨藪》卷一，《景印文淵閣四庫全書》第八一二册，臺北：臺灣商務印書館，1986年版，第386頁。

③ 姜夔：《絳帖平》卷四，《景印文淵閣四庫全書》第六八二册，臺北：臺灣商務印書館，1986年版，第23頁。

年[①]，可大致推測李氏蓋爲南朝宋、齊間書法家。于敏中問及此人，或因進呈書籍中有載，事蹟却不詳。從手札中于敏中向陸錫熊所提各種問題推測，于氏此問抑或是應對乾隆問詢。《御製詩四集》有詩提及李鎮東其人，《荷二首》其二云，“文彩鏤金體嫋風，無薰香氣不夭紅。試看出水淨真度，書法全標李鎮東”[②]，此詩的出典依舊是梁武帝評李鎮東書。《荷二首》又收録於《欽定熱河志》卷九四，繫年乾隆壬寅，即乾隆四十七年（1782），此札距離作詩尚有七年之差。

其二，“却掃”二字涵義，《辭源》只作閉門謝客解，並無“權輿”之説。于敏中所言“却掃”出自《文選》不誤，《文選》梁江文通（淹）《恨賦》云：“閉關却掃，塞門不仕。”[③]“却行”，作倒退講，《漢書·高帝紀下》有“太公擁彗，迎門却行”[④]句，《漢紀·高祖紀》詳曰“後上朝太公，太公擁篲，迎門却行，欲拜”[⑤]。

其三，柳宗元《乞巧文》繫年問題。需要指出的是，文淵閣《四庫全書》本收録《詁訓柳先生文集》（文淵閣題《柳河東集》）和《柳河東集注》兩書，其中韓醇詁訓《柳河東集》中《乞巧文》前有考證文字：“《荆楚歲時記》：七夕，婦人以綵縷穿七孔針，陳几筵酒脯瓜果於庭中以乞巧。或云：見天漢中奕奕白氣，有光五色，以爲徵應，見者得福。此乞巧之所自也。然公假是以自見其拙於謀已耳。文曰‘貶名絶命，不負所知’，此文當作於貶謫之後，皆元和以後作。晁無咎取此文以變《離騷》，系之曰：周鼎鑄倕而使吃其指，先玉以見大巧之不可爲也。故子貢教抱甕者爲桔槔，用力少而見功多，而抱者羞之。夫鳩不巢，拙莫比焉。而屈原乃曰：

---

① 沈約等：《宋書》第七册第七八卷，北京：中華書局，1974年版，第2011–2018頁。

② 乾隆：《御製詩四集》卷九一，《景印文淵閣四庫全書》第一三〇八册，臺北：臺灣商務印書館，1986年版，第755頁。

③ 蕭統：《文選》上册第一卷，北京：中華書局，1977年版，第236頁。

④ 班固：《漢書》卷一下，北京：中華書局，1962年版，第62頁。

⑤ 荀悦著，張烈點校：《兩漢紀》上册《漢紀》卷三，北京：中華書局，2002年版，第43頁。

'雄鳩之鳴逝兮，吾獨惡其佻巧。'原誠傷世澆僞，因詆拙以爲巧，意昔之不然者，今皆然矣，甚之者。宗元之作，雖亦閔時奔鶩，要歸諸原，然宗元愧拙矣云。"[①] 值得注意的是，此段文字大部分見於百家集本柳集，唯"文曰'貶名絶命，不負所知'，此文當作於貶謫之後，皆元和以後作"一句未見。中華書局點校本《柳宗元集》以百家集注本爲底本，校以十餘種文集注本[②]，但以四庫本作爲校本，並未將此句出校。從柳集各校本無此句，可推測此繫年之句蓋爲館臣所校。

天頭地脚提及五種典籍：《耕織圖》《棉花圖》《禮器圖》《授時通考》和《井田譜》。

《耕織圖》，《四庫全書》未單獨著録，《欽定授時通考》卷五二、五三題作《耕織圖》，五十二卷爲《耕圖》，五十三卷爲《織圖》[③]。另《四庫全書》著録宋樓璹《耕織圖詩》一書，據《總目》所言："（樓）璹原書凡耕圖二十一，織圖二十四，各繫以詩。今内府所藏畫本尚在，業經御題勒石。此本僅存詩三十五首，不載其圖，蓋非原本矣。"[④]

《棉花圖》，《四庫全書》未著録。此書係乾隆時期直隸總督

---

① 柳宗元：《柳河東集》卷一八，《景印文淵閣四庫全書》第一〇七六册，臺北：臺灣商務印書館，1986年版，第168頁。

② 柳宗元：《柳宗元集》，北京：中華書局，1979年版，第487頁。按，百家集本柳集以百家注本爲底本，校以十一種柳集：（一）南宋原刻世綵堂本《河東先生集》，（二）元刻建本《增廣注釋音辯唐柳先生集》，（三）《四庫仝書》本《新刊詁訓唐柳先生文集》，（四）南宋原刻殘本及《四庫珍本》之《五百家注柳先生集》，（五）南宋原刻殘本《重校添注音辯唐柳先生文集》，（六）宋乾道永州郡庠本《柳柳州外集》，（七）明刻蔣之翹輯注本《唐柳河東集》，（八）明郭雲鵬刻濟美堂本《唐柳先生集》，（九）明遊居敬校刻本《柳文》，（十）清何焯批校《王荆石先生批評柳文》，（十一）何焯批校《增廣注釋音辯唐柳先生集》。見《柳宗元集》，第1507–1508頁。

③ 鄂爾泰、張廷玉等：《欽定授時通考》卷五二、五三，《景印文淵閣四庫全書》第七三二册，臺北：臺灣商務印書館，1986年版，第725–780頁。

④ 紀昀等：《欽定四庫全書總目》上册，北京：中華書局，1997年版，第1327頁。

方觀承命人編繪的一套反映棉花栽培和紡織的圖譜。乾隆三十年（1765）南巡時，方觀承將之進獻。《棉花圖》共有圖16幅，每幅圖附有簡要説明和清乾隆帝題詩，故又名《御題棉花圖》。嘉慶十三年（1808）皇帝命大學士董誥等編《授衣廣訓》，此書其實是在《御題棉花圖》中再增入嘉慶御題棉花詩、表文和跋而成。石刻《御題棉花圖》現藏於河北省博物館。

《禮器圖》即《欽定皇朝禮器圖式》，乾隆二十四年奉敕撰，三十一年又命廷臣重加校補而成，共二十八卷。全書“凡分六類，一曰祭器、二曰儀器、三曰冠服、四曰樂器、五曰鹵簿、六曰武備。每器皆列圖於右，繫説於左。詳其廣狹長短圍徑之度，金玉璣貝錦段之質，刻鏤繪畫組繡之制，以及品數之多寡，章采之等差，無不縷悉條分，一一臚載。”[①] 據《西清筆記》記載，“《欽定禮器圖》一書，成於王文莊公之手”[②]，王文莊公即王際華。

《授時通考》即《欽定授時通考》，收録於《四庫全書》子部農家類之中，共七十八卷，由鄂爾泰、張廷玉等於乾隆二年奉敕編纂。手札中説“《授時通考》其圖與《耕織圖》相仿，曾辦及否”，蓋指其中卷五二、五三的《耕圖》與《織圖》。不僅如此，《欽定授時通考》卷一三、一四《田制圖説》，卷四〇《攻治》，卷四一《牧事》等皆有圖。

《井田譜》即《周禮井田譜》，二十卷，《永樂大典》本，《總目》經部禮類存目。據《總目》説：“其書因井田之法，别以己意推演，創立規制。於鄉遂之官聯，溝遂之縱横，王侯之畿疆，田萊之差數，兵農之相因，頒禄之多寡，門子遊倅之法，兆域昭穆之制，郊社宗廟之位，城郭内外之分，以及次舍廬室市廛，次叙三鼓、四金、五常、九旗、五路、五車、和門、八節，皆摹繪爲

① 紀昀等：《欽定四庫全書總目》上册，北京：中華書局，1997年版，第1094頁。
② 沈初：《西清筆記》卷一，《筆記小説大觀》一編第一册，臺北：新興書局，1975年版，第657頁。

圖。"[①]于氏説"《井田譜》等曾經御題之書，必應抄存"，但實際上此書只予以存目，館臣給出的原因是"明唐樞作《周禮論》，力斥其謬……朱彝尊《經義考》注曰'未見'。蓋無用之書，傳之者少也。惟《永樂大典》之内全部具存。檢核所言，實無可采"[②]。按，乾隆《題夏休周禮井田譜》一詩存，相關信息參見第一通手札箋證。

① 紀昀等：《欽定四庫全書總目》上册，北京：中華書局，1997年版，第296頁。
② 紀昀等：《欽定四庫全書總目》上册，北京：中華書局，1997年版，第297頁。

第四十八通（陳垣本第三十九通）

頃接古農札，知吾兄生一革，尤爲未安，此後務設法

昨閲程功冊數篇一項，除周編修

所謄寫者極少外，每日每頁皆

有一定之程，惟遺書卷帙甚多

每纂修所分但有一千三百餘本

今此間有閲至一萬七八千本者，當設

尚易其一萬本，以爲亦可以歲月爲期

乃有不及萬本，甚至有不及五千本

者，如此辦法，尚成何期

本古文係古籀等因，今仍作古行切

此類據自說文，但与據廣入康熙之

意相反。至意謂當查陸德明經

典釋文作何讀，據為用之，則直係

注之音，自為可據。如釋文無此字音，

則於他書查一處可与康同音者

寄來為屬。六日松利已申正二刻後，倘

有餘再達。

中 七月十六

米法破者作斗法折去記耳。說志見問已節查核寄示

[illegible][illegible]手翰

釋　文

頃接大農札，知有重出一事，尤爲未妥，此後務設法杜之。昨閲程功册散篇一項，除周編修（山東）外，認真者極少。然每日五頁尚有一定之程，惟遺書卷帙甚多，每纂修所分，俱有一千三百餘本。今此内有每月閲至一百六七十本[①]者，告竣尚易，其一百本以外亦可以歲月相期；乃有不及百本甚至有不及五十本者，如此辦法，告成無期，與足下及曉嵐先生原定之期太覺懸遠。（原定上年可完，今已逾期矣，尚憶此言否？）倘蒙詢及，將何以對？愚實惶悚之至。足下當與看遺書諸公細商，自定限期，總録單寄示。庶得按册而稽，亦可稍救前言之妄，幸勿以泛語寘之。昨翁學士寄到"八庚韻"，賡下注云："按，《説文》'賡'本古文'續'字，徐鉉等曰：今俗作'古行切'。"此雖採自《説文》，但與"賡"[②]入"庚"韻之意相反。愚意謂當查陸德明《經典釋文》作何讀，採而用之，則在徐注之前，自爲可據。如《釋文》無此字音，則於他書查一"賡"字與"庚"同音者寄來爲囑。今日報到已申正，不及細覆。餘再悉。

中頓首　七月十一日

［附記］牛渚磯有作牛渚圻者，記曾於《一統志》見過，亦希查録寄示。

繫　年

此函作於乾隆四十年七月十一日。

作年可考，理由有三：一、大農，即王際華，卒於乾隆四十一年三月[③]，此函署"七月十一日"，則于氏"接大農札"當

① 按，"本"前，原札圈删"餘"字。

② 按，"賡"前，原札圈删"採"字。

③ 清國史館編：《國史列傳》第三册卷五九，周駿富輯《清代傳記叢刊》第三七册名人類一，臺北：明文書局，1985年版，第192頁。

在四十年或之前。二、山東周編修，係周永年，據《纂修四庫全書檔案》，授編修事在乾隆四十年四月（具體事蹟見第二十二通箋證）[①]。三、據此函言，各纂修已能够明確分得書籍，可見遺書總量已經確定，至少説明已經在乾隆三十九年後。如乾隆三十九年六月二十五日《多羅質郡王永瑢等奏黄壽齡遺失〈永樂大典〉六册交部議處摺》中説："臣等遵旨纂辦《永樂大典》内散篇各書，所有應行採録諸條，現在陸續摘抄將竣，因派令各纂修等將已經理清粘出副本，查對原書，逐一分頭詳細校勘，以便迅速編排成帙。正在上緊尅日催辦間，兹據纂修官・庶古士黄壽齡告稱：職蒙派纂輯散篇，所有現分之《考古質疑》《坦齋通編》二部，頭緒較繁，均須查對原本。"[②] 可見大典本纂輯工作採取的方法即是"現分"。又，函中云"原定上年可完，今已逾期"，據此可以推測此函作於乾隆四十年。

箋　證

重書事蓋有二端：一、各省進呈書籍有重複者，此實屬必然，無法杜之。二、辦輯之書重複，這種情形却可以"設法杜之"。辦輯之書的重複，首先即表現爲重複撰寫提要稿。據現存稿本系統提要考知，一書兩提要的情况時有發生。以翁方綱提要稿爲例，《金石録》提要即有兩篇，一篇在影印本第二册，一篇在影印本第十五册。爲説明問題，迻録如下：

> 金石録三十卷　宋趙明誠編
> 趙明誠《金石録》二册三十卷。

① 中國第一歷史檔案館編：《纂修四庫全書檔案》上册，上海：上海古籍出版社，1997年版，第77、316、382頁。

② 中國第一歷史檔案館編：《纂修四庫全書檔案》上册，上海：上海古籍出版社，1997年版，第213頁。

《目》十卷,《跋尾》二十卷。

前有趙明誠序,後有政和七年九月十日河間劉跂序,易安序。

此抄本内訛字甚多。

此書應刻。須以盧刊本校刻。

七月二日，又以黄登賢家所進國初（陽印）謝氏刻本相校一遍。其刻本不及今外間所刻本。

此提要後又有改定本。

謹按:《金石録》三十卷，宋東武趙明誠編。自歐陽修集金石文一千卷後，惟明誠此書最稱該博。然所集金石之目凡二千卷，而録中題跋止五百二卷耳。世無刻本已久，歸有光、朱彝尊所見，皆是抄本。又或疑爲未完之書。蓋當時原非卷卷有跋也。凡爲《目》十卷,《跋》二十卷。必存原目舊式，然後可以因目考跋。今此抄本已非舊式，而外間雖有刻本，又覺板式差小。應取對刻本，依其原目次第年月刊之，而校本附注之字，亦不妨並刊以資考核。[①]

金石録三十卷 宋趙明誠撰

丙申三月八日，以三本與自鈔本同校。

一、惠氏紅豆山房校本。(“紅豆山房校正善本”白文印,“惠士奇”印,“號曰半農”印,“春艸閣手定”朱文印,“紅豆書屋”朱文印,“臣棟”白文印,“松厓”朱文印。)

一、范氏天一閣舊抄本。(“東明艸堂印文”朱文印，“范氏尚友堂書畫印”白文印。)

一、陸丹叔所收舊抄本。(“石樓藏本”朱文印,“嬾髯”白文印,“一窗明月”朱文印,“語古雙淪”白文印,“古梅”朱文印。)

① 翁方綱:《翁方綱纂四庫提要稿》第一函第二册，上海：上海科學技術文獻出版社，2000年版，第12頁。文字識讀與整理見吴格整理本，第439頁。

是三本者，惠氏本暨丹叔本，皆以義門校本謄入。然二本亦皆不及盧刻本，范氏本則又不及二本也。從前曾以汪氏裘杼樓抄本校一遍，又以孫氏萬卷樓所藏謝刻本校一遍，與余所抄盧本，凡校過六本，以盧本爲優。三月八日記。

謹按：《金石録》三十卷，宋趙明誠著。明誠字德父，密州諸城人。歷官知湖州軍州事。所藏三代彝器及漢唐以來石刻，爲《目録》十卷、《辨證》二十卷。紹興中，其妻李清照表上之。有明誠自序並清照後序，蓋仿歐陽修《集古録》，而推闡之功倍之。洪适謂其"證據精博"，陳振孫謂其"考訂詳洽"。今《録》中後二十卷之跋，即洪适所謂"辨證"也。明誠所藏金石之文凡二千卷，皆以時代爲次，自第一至第二千，咸著於目，每題下注年月、撰書人名。其未有跋者，因亦得以考見其略，而其有跋者五百二卷而已。至其後卷中邢義、李憕、義興茶舍、般舟和尚四碑，轉有跋而無目者，則是當日編次偶有揩拄，既具於細目中，亦不必補於前目，以紊其二千卷之次矣。是書在宋時初鋟板於龍舒郡齋，至開禧元年浚儀趙不譾又重刻之，而其本皆罕傳於世。後來若歸有光、朱彝尊所見者皆是抄本，遂有疑其爲未完之書者，其實當日原非卷卷有跋也。然必存其原目舊式，而後可以因目考跋，而近來所傳之本或將目内次第之數删去，又或年月亦多舛誤。其十一卷以下，或删其每卷之細目，或又删節其後序，蓋抄本之脱漏久矣。近日所稱善本者，則有明焦竑從秘府鈔出本、文嘉從宋刻影鈔本、崑山葉氏本、閩中徐氏本、濟南謝氏重刻本，又有長洲何焯、錢塘丁敬諸校本，今揚州刻本皆所採録，又於注中以《隸釋》《隸續》《漢隸字原》《金石略》《金石文字記》《隸辨》等書增附按語者，較爲詳核，而遺書内之天一閣、紅豆山房諸校本皆不及也。今宜即以是本著録。①

① 翁方綱：《翁方綱纂四庫提要稿》第二函第一五册，上海：上海科學技術文獻出版社，2000年版，第1351頁。文字識讀與整理見吴格整理本，第439−440頁。

第一篇《金石録》提要云“七月二日，又以黄登賢家所進國初（陽印）謝氏刻本相校一遍”，據《纂修四庫全書檔案》，黄登賢進書在乾隆三十九年[①]，則知此提要蓋作於是年。第二篇提要云“丙申三月八日”，即乾隆四十一年（1776）三月八日。按照書籍進呈程式，上述兩稿總裁皆應閲過。

值得注意的是，《四庫全書初次進呈存目》中亦有《金石録》三十卷本提要，文曰：

> 金石録三十卷 宋趙明誠撰。明誠，字德父，諸城人。趙挺之之子。宋自歐陽修集金石文一千卷作《集古録》後，惟明誠此書最稱該博。是録前十卷其所得金石文之目録也，後二十卷明誠所自爲跋尾也。首有明誠《自序》，後有劉跂《後序》及其妻李清照《跋》。明誠集金石文二千卷，而録中有跋尾者止五百二卷，或以爲未成之書。觀李清照跋中云“二千卷中有題跋者五百二卷耳”，蓋當時原非卷卷有題跋也。又考洪邁《容齋四筆》云，《金石録》龍舒郡庫刻其書，而清照《序》不見取。比獲見元藁於王順伯，因爲撮述大槩，識於是書。據此是宋時刊本原無清照之《跋》。今所傳者乃與《容齋四筆》所載文同，蓋後人即取邁所删潤而附入之，非其原本矣。[②]

此提要與前兩提要皆不同，但主體内容與翁氏所撰相近。但考洪邁《容齋四筆》者，皆不見於翁氏提要稿，當有分纂官另爲撰寫[③]。

---

①中國第一歷史檔案館編：《纂修四庫全書檔案》上册，上海：上海古籍出版社，1997年版，第211頁。

②江慶柏等整理：《四庫全書初次進呈存目》，北京：人民文學出版社，2015年版，第192頁。

③按，夏長樸先生認爲《初次進呈存目》編纂完成時間爲四十年五月至四十一年正月之間，劉浦江先生認爲《初次進呈存目》是乾隆三十九年七月爲止已進呈提要的彙編本。以此《金石録》提要來看，夏先生所考時間可能更接近事實。

再來看定本《總目》中《金石録》提要：

金石録三十卷（兩淮馬裕家藏本）

宋趙明誠撰。明誠字德父，密州諸城人。歷官知湖州軍州事。是書以所藏三代彝器及漢唐以來石刻，仿歐陽修《集古録》例編排成帙。紹興中，其妻李清照表上於朝。張端義《貴耳集》謂清照亦筆削其間，理或然也。有明誠自序并清照後序。其前十卷皆以時代爲次，自第一至二千咸著於目。每題下注年月、撰書人名。後二十卷爲辨證，凡跋尾五百二篇。中邢義、李證、義興茶舍、般舟和尚四碑，目録中不列其名。或編次偶有疏舛，或所續得之本未及補入卷中歟？初鋟板於龍舒。開禧元年，浚儀趙不譾又重刻之，其本今已罕傳。故歸有光、朱彝尊所見皆傳抄之本。或遂指爲未完之書，其實當日有所考證，乃爲題識，故李清照跋稱，二千卷中有題跋者五百二卷耳，原非卷卷有跋，未可以殘闕疑也。清照跋，據洪邁《容齋四筆》，原爲龍舒刻本所不載，邁於王順伯家見原稿，乃撮述大概載之。此本所列，乃與邁所撮述者同，則後人補入，非清照之全文矣。自明以來，轉相抄録，各以意爲更移，或刪除其目内之次第，又或竄亂其目之年月，第十一卷以下，或併削每卷之細目，或竟佚卷末之後序，沿訛踵謬，彌失其真。顧炎武《日知録》載章邱刻本，至以後序"壯月朔"爲"牡丹朔"，其書之舛謬可以概見。近日所傳，惟焦竑從秘府抄出本，文嘉從宋刻影抄本，昆山葉氏本、閩中徐氏本，濟南謝氏重刻本，又有長洲何焯、錢塘丁敬諸校本，差爲完善。今揚州刻本皆爲採録，又於注中以《隸釋》《隸續》諸書增附按語，較爲詳核。别有范氏天一閣、惠氏紅豆山房諸校本，皆稍不及。故今從揚州所刊，著於録焉。①

① 紀昀等：《欽定四庫全書總目》上册，北京：中華書局，1997年版，第1137頁。

定本《總目》則將翁氏稿與《初次進呈存目》提要稿合併，洪邁所考亦赫然在焉，可知上述三提要皆對定本《總目》有影響。换言之，定本《總目》是參考了諸多重複提要稿而成文的。從某種意義上説，“重書”所造成的重複撰寫提要，也有一定的意義和價值。但從于敏中的角度看，修書工作費時費力，若重複辦書，將造成修書工作的延宕，且《總目》提要彙總後要經御覽，重複亦是不妥。

當然，除了書籍、作者皆同外，還有一種是同名異書的情況，這種書籍是不包括在重書裏面的，《初次進呈存目》就收録很多，如夏吕本中《春秋集解》，蘇轍《春秋集解》[①]；夏鏃《赤城集》，林表民《赤城集》[②]；王炎《雙溪集》，杭淮《雙溪集》等[③]。定本《總目》也收録同名異書之作。

程功册今未見。纂修所分書，按照本數計算工作量。于敏中所言數據係根據遺書數量及纂修人數進行分配的，此處辦輯之書是各省進呈書籍[④]。

翁學士，即翁方綱，字正三，號覃溪，又號蘇齋。其事蹟見於《清史稿》《清史列傳》《碑傳集三編》《清朝先正事略》《國朝耆獻類徵初編》《國朝詩人徵略初編》等。翁方綱乾隆十七年進士，改翰林院庶吉士，散館授編修，二十四年充江西鄉試副考官，二十七年充湖北鄉試副考官。二十九年，督學廣東[⑤]。乾隆三十八

① 臺灣商務印書館、臺灣圖書館：《四庫全書初次進呈存目》經部二，臺北：臺灣商務印書館，2012年版，第427、445頁。

② 臺灣商務印書館、臺灣圖書館：《四庫全書初次進呈存目》集部二、三，臺北：臺灣商務印書館，2012年版，第833、1059頁。

③ 臺灣商務印書館、臺灣圖書館：《四庫全書初次進呈存目》集部二，臺北：臺灣商務印書館，2012年版，第539、711頁。

④ 按，徐慶豐《〈于文襄手札〉考釋——並論于敏中與〈四庫全書〉纂修》對此有標注，可參照（第15頁）。

⑤ 蔡冠洛：《清代七百名人傳》第五編，周駿富輯《清代傳記叢刊》第一九六册綜録類九，臺北：明文書局，1985年版，第433頁。

年閏三月，“郎中姚鼐，主事程晋芳、任大椿，學政汪如藻，原任學士降調候補之翁方綱，亦皆留心典籍，見聞頗廣，應請添派爲纂修官，令其在館一同校閱，悉心考核，方足敷用”①。三十八年九月二十五日，“辦理四庫全書處現有分纂之翁方綱，因前在學政任内緣事降三級調用，其處分本所應得。第念其學問尚優，且曾任學士，著加恩授爲翰林院編修”②。此函稱“翁學士”，指其原任官銜。四十四年充江南鄉試副考官，四十六年擢國子監司業，尋遷洗馬，四十八年充順天鄉試副考官，四十九年遷詹事府少詹事，五十一年督學江西，五十五年擢内閣學士，五十六年督學山東。嘉慶元年賜千叟宴及御製詩珍物，四年左遷鴻臚寺卿，二十三年卒。翁方綱著述頗豐，有《復初齋文集》《集外文》《復初齋詩集》《兩漢金石記》《粵東金石略》《漢石經殘字考》《焦山鼎銘考》《廟堂碑唐本存字》《石洲詩話》《經義考補正》《小石帆亭著録》等③。翁方綱也曾進呈書籍至四庫館，《總目》史部目録類存目《續金石録》④，集部别集類著録《山谷别集注》⑤，二書皆標注“編修翁方綱家藏本”。

翁方綱所郵寄《唐韻》，已不可考，《翁方綱纂四庫提要稿》未收録一篇提要。《總目》著録共兩種，顧炎武《唐韻正》和紀容舒《唐韻考》⑥。檢《經典釋文》，共有兩處涉及到“賡”字，其一“加孟反，劉皆行反，《説文》以爲古‘續’字”⑦，其二“古孟反，沈

① 中國第一歷史檔案館編：《纂修四庫全書檔案》上册，上海：上海古籍出版社，1997年版，第77頁。

② 中國第一歷史檔案館編：《纂修四庫全書檔案》上册，上海：上海古籍出版社，1997年版，第157頁。

③ 按，其事蹟主要參照《清史列傳》《清代七百名人傳》等史料。

④ 紀昀等：《欽定四庫全書總目》上册，北京：中華書局，1997年版，第1160頁。

⑤ 紀昀等：《欽定四庫全書總目》下册，北京：中華書局，1997年版，第2067頁。

⑥ 按，見《欽定四庫全書總目》上册，第569、571頁。

⑦ 陸德明：《經典釋文》卷三《尚書音義》上《益稷》第五，《景印文淵閣四庫全書》第一八二册，臺北：臺灣商務印書館，1986年版，第406頁。

孫音‘庚’,《説文》以爲古文‘續’”[①],可見《經典釋文》其説亦採自《説文》。

牛渚磯與牛渚圻皆與牛渚山有關，二者在文獻中常混用。較早的文獻記載主要見於《太平御覽》《元和郡縣志》《太平寰宇記》等。于敏中所見《大清一統志》考索較爲詳實，茲録於下："牛渚山在當塗西北二十里，一名采石磯。後漢興平二年，孫策渡江攻劉繇牛渚營，盡得邸閣糧穀戰具，後孫權使孫瑜自溧陽移兵屯牛渚，自是以後常爲重地。晋咸寧五年伐吴，遣王渾向牛渚。隋開皇九年伐陳，韓擒虎以兵五百人宵濟襲采石。《元和志》：在縣北三十五里，古津渡處也，有采石戍在山上。《寰宇記》：牛渚山，突出江中謂之牛渚圻，山北謂之采石，對采石渡口，商旅於此取石，至都輪造石渚，故名。侯景東渡，路由於此。隋平陳，置赭圻鎮。唐貞觀初，於此置戍。宋開寶七年，曹彬敗江南兵於采石磯，先是樊若水嘗漁於采石，以小舟載絲維南岸，疾櫂抵北岸，以度江之廣狹，遂詣闕請造舟爲梁以渡江，由是大軍長驅如履平地。明太祖與元兵相拒於牛渚磯，元兵陳磯上，舟距岸且三丈餘，莫能登。遇春飛舸至太祖麾之前，遇春應聲，奮戈直前，敵接其戈，乘勢躍而上，大呼跳盪，元軍披靡。諸將乘之，遂拔采石。顧野王《輿地志》：牛渚山，昔有人潛行，云此處連洞庭，旁通無底，見有金牛狀，異驚怪而出。《舊志》：采石山，在縣西北二十五里，東北至江寧八十里，渡江西至和州二十五里，周十五里，高百仞，西接大江，三面俱繞姑溪，一名翠螺山，山下突入江處，名采石磯。"[②]

① 陸德明：《經典釋文》卷二九《爾雅音義》上《釋詁》第一，《景印文淵閣四庫全書》第一八二册，臺北：臺灣商務印書館，1986年版，第891頁。

② 和珅等：《欽定大清一統志》卷八四，《景印文淵閣四庫全書》第四七五册，臺北：臺灣商務印書館，1986年版，第658頁。

第四十九通（陳垣本第四十通）

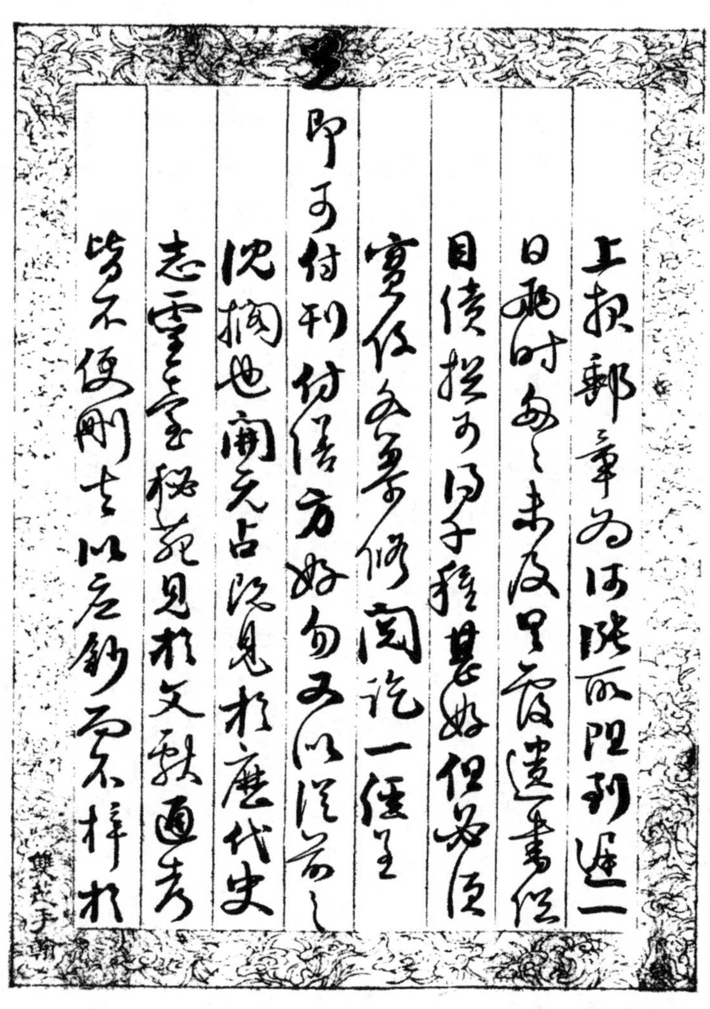

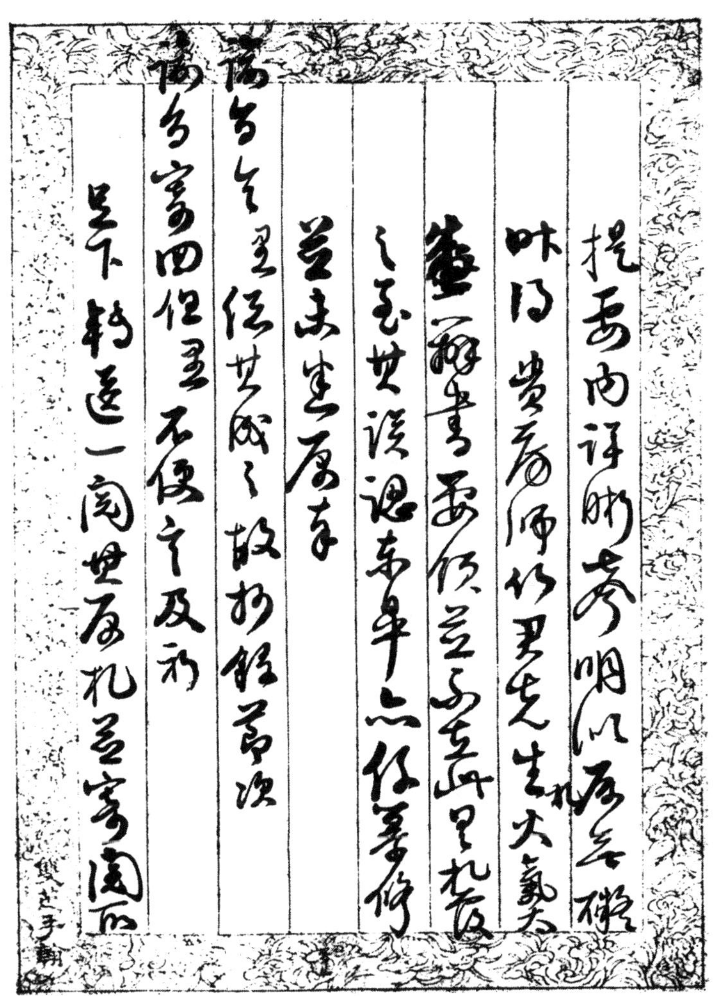

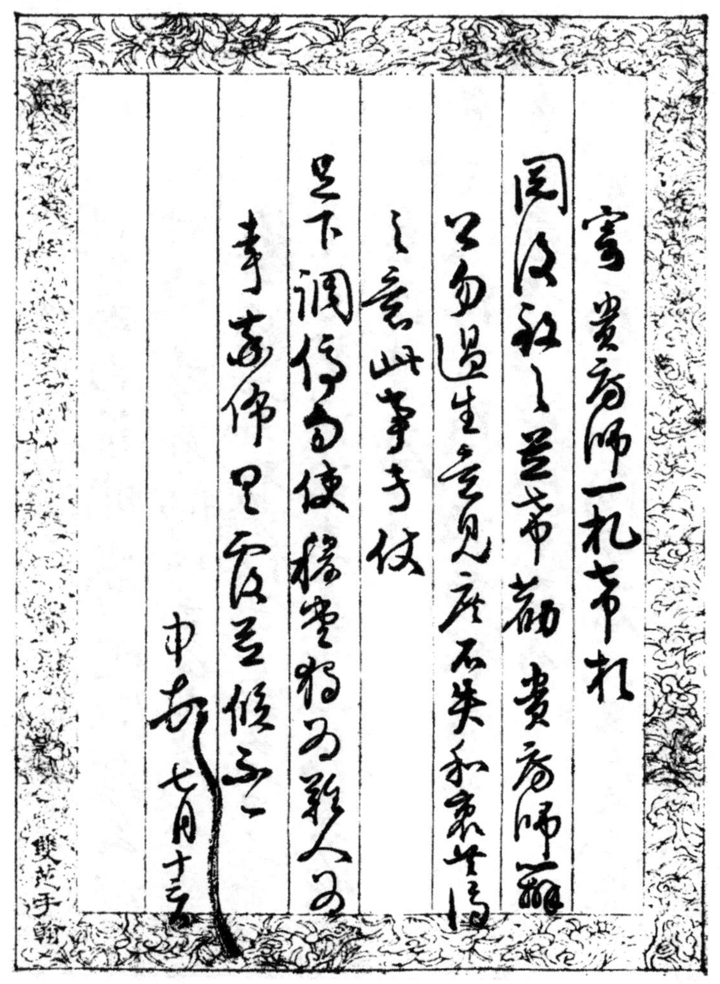

釋　文

上報郵章爲河漲所阻，到遲一日兩時，匆匆未及具覆。《遺書總目》續撰可得千種，甚好，但必須實係各纂修閱訖，一經呈覽即可付刊、付繕方好，勿又似從前之沉擱也。《開元占》既見於歷代史志，《靈臺秘苑》見於《文獻通考》，皆不便删去，以應鈔而不梓，於《提要》内詳晰聲明，似屬無礙。昨得貴房師[①]竹君先生札，火氣太盛，辦書要領並不在此，具札覆之。至其誤認東皋亦係纂修，並未悉原奉諭旨令愚總其成之故，抄録節次諭旨寄回。但愚不便言及，祈足下轉送一閲，其原札並寄閲。所寄貴房師一札，希於閲後致之，並希勸貴房師辦公勿過生意見，庶不失和衷共濟之意。此事專仗足下調停，勿使穆堂獨爲難人爲幸。率佈具覆，並候，不一。

中頓首　七月十三日

繫　年

此函作於乾隆四十年七月十三日。

關於此函繫年問題，陳垣未提及，胡適繫於四十年，理由是“仍論‘遺書’勿又沉擱”[②]，徐慶豐作“其年在乾隆三十九年之

---

① 按，房師，稱謂名。舉人、貢士對評閲舉薦本人試卷同考官之尊稱。同考官，亦稱房考官，在鄉試中協同主考官、會試中協同總裁分房閲卷之考官，因在闈中各居一室，故名。清制，順天鄉試和會試之房考官，由皇帝欽點翰林及進士出身的京官充任；外省鄉試之同考官，由監臨（一般由巡撫擔任）於本省州縣官中之舉人、進士出身者選充。凡試子之試卷，均由房考官先閲，加批薦給主考官或總裁，方能取中，故有此稱。見《清代典章制度辭典》，北京：中國人民大學出版社，2011年版，第435頁。

② 胡適：《跋〈于文襄手札〉影印本》，《胡適全集》第一三卷，合肥：安徽教育出版社，2003年版，第539頁。

後"[①]，今繫爲乾隆四十年。詳見以下三點：一、第三十通有云"遺書目録，六月底又可得千種，甚好。若辦得，即可寄來呈覽，但須詳對錯字，勿似上次之復經指摘也"，此函作於乾隆三十九年六月初五日，若將本函繫爲乾隆三十九年，則不合乎實情。本函云"《遺書總目》續撰可得千種，甚好"，又據函末"七月十三日"，按辦書速度推斷，進呈書籍提要的撰寫萬不能在月餘即有一千種提要，本函作年應在三十九年以後[②]。據函中所云"《遺書總目》……必須實係各纂修閲訖，一經呈覽即可付刊、付繕方好，勿又似從前之沉擱也"，有兩點可知，《遺書總目》的辦理需要纂修官親自閲讀把關，乾隆御覽後即進行刊刻和繕寫，較三十通"須詳對錯字"的要求明顯提高，也就是説提要一經完成即可定稿，這也不應爲一月後即提出的要求。另者，"勿又似從前之沉擱"透露出書籍提要的辦理曾被拖延。據此亦可認定本函不作於三十九年，

---

① 徐慶豐：《〈于文襄手札〉考釋——並論于敏中與〈四庫全書〉纂修》，北京師範大學碩士學位論文2005年，第16頁。

② 按，乾隆三十八年閏三月十一日《辦理四庫全書處奏遵旨酌議排纂四庫全書應行事宜摺》云："將應刊者即行次第刊刻，仍均倣劉向、曾鞏等目録序之例，將各書大旨及著作源流詳悉考證，詮疏崖略，列寫簡端，並編列總目，以昭全備。即應删者，亦存其書名，節叙删汰之故，附各部總目後。凡内廷儲藏書籍及武英殿官刻諸書，先行開列清單，按照四部分排，彙成副目。此外，或有向係通行並非應訪遺書，而從前未歸插架者，亦應查明開單，另爲編録。至於纂輯總目，應俟《永樂大典》採撮完竣及外省遺書開送齊全後，再行彙辦進呈……至各書詳檢確核，撮舉大綱，編纂總目，其中繁簡不一，條理紛繁，必須斟酌綜覈，方不致有參差罣漏。"（《纂修四庫全書檔案》上册，第74-77頁）這是最早關於編纂《總目》的文獻記載，而"纂輯總目，應俟《永樂大典》採撮完竣及外省遺書開送齊全後，再行彙辦進呈"一語，説明《總目》編纂尚未開始。又，乾隆三十八年五月初一日《諭内閣編四庫全書薈要著于敏中王際華專司其事》："特詔詞臣，詳爲勘核，釐其應刊、應抄、應存者，繫以提要，輯成總目，依經史子集部分類衆，命爲《四庫全書》。"（《纂修四庫全書檔案》上册，第108頁）乾隆三十八年五月十七日《諭内閣著總裁等將進到各書詳核彙爲總目並妥議給還遺書辦法》："其中有俚淺訛謬者，止存書名，彙爲總目，以彰右文之盛。此採擇《四庫全書》本指也。"（《纂修四庫全書檔案》上册，第117頁）至此，三十八年關於編纂《總目》還只處於計劃提出階段。

而應在此年之後。需要指出的是，三十通的“遺書目録”爲撰寫的各省進呈書目之提要稿本，本函的“遺書總目”亦應是提要之稿本。然“遺書總目”稱謂在《纂修四庫全書檔案》中并未出現，抑或相對於三十九年七月二十五日所提出的“另編《簡明目録》”而言[①]。此亦可作爲本函作於三十九年以後之旁證。二、據《纂修四庫全書檔案》載，朱筠自乾隆三十七年十一月二十五日奏陳購訪遺書及校核《永樂大典》，直至乾隆三十八年九月二十一日方才進入四庫館。《諭内閣著朱筠爲編修在四庫全書處行走》旨中云：“朱筠因生員欠考捐貢一案，部議降三級調用，自屬應得處分。念其學問尚優，著加恩授爲編修，在辦理四庫全書處行走。”[②]函中提及朱筠（字竹君）辦書，火氣太盛，説明朱筠已經在館，則本函定作於三十九年之後。三、根據“上報郵章爲河漲所阻，到遲一日兩時”一句檢《清實録》，乾隆四十年七月初九日記載“又諭：熱河自初七日以來，雨水稍多，昨晚至今晨，尤覺綿密。未知口内各屬及京城陰雨情形若何，是否不覺過多，莊稼有無妨礙，永定河水勢有無增長，是否不致出槽，深爲廑念。著傳諭舒赫德、

---

① 按，乾隆三十九年七月二十五日《諭内閣著四庫全書處總裁等將藏書人姓名附載於各書提要末並另編〈簡明書目〉》：“辦理四庫全書處進呈總目，於經史子集内，分晰應刻、應抄及應存書名三項。各條下俱經撰有提要，將一書原委，撮舉大凡，並詳著書人世次爵里，可以一覽了然。較之《崇文總目》，搜羅既廣，體例加詳，自應如此辦理……今進到之書，於纂輯後，仍須發還本家，而所撰總目，若不載明係何人所藏，則閲者不能知其書所自來，亦無以彰各家珍弆資益之善。著通查各省進到之書，其一人而收藏百種以上者，可稱爲藏古之家，應即將其姓名附載於各書提要末；其在百種以下者，亦應將由某省督撫某人採訪所得，附載於後。其官板刊刻及各處陳設庫貯者，俱載内府所藏，使其眉目分明，更爲詳備……至現辦《四庫全書總目提要》，多至萬餘種，卷帙甚繁，將其抄刻成書，繙閲已頗爲不易，自應於提要之外，另列《簡明書目》一編，祇載某書若干卷，註某朝某人撰，則篇目不煩而檢查較易。”（《纂修四庫全書檔案》上册，第228-229頁）《四庫全書總目提要》一名正式提出。

② 中國第一歷史檔案館編：《纂修四庫全書檔案》上册，上海：上海古籍出版社，1997年版，第155頁。

英廉、及周元理，即速確查，據實具奏”[①]；十一日又有“直隸總督周元理奏七月初七、初八日雨勢甚密，永定河水益長（漲），各工幸搶護平穩得旨，覽奏欣慰，但不知初九雨勢如何，速奏來”[②]；十三日又載“大學士舒赫德、刑部尚書英廉覆奏，京城近日雨勢雖密，無礙田稼，十一日天已開霽，報聞”[③]。十四日永定河出現險情，乾隆再次頒佈詳諭，由於諭旨所涉内容關切前面數日大臣所奏雨勢情形，兹詳録於下：

諭軍機大臣曰，周元理奏，永定河南北隄岸俱有漫口，現在加緊堵築情形一摺，深爲廑念。前據該督奏，本月初七、八日雨勢及永定河水陡漲，搶護平穩情形。彼時即慮及初九之雨甚大，兩岸隄工，是否不致疏虞，迅諭該督即速查奏。今據周元理奏，初八日密雨竟夜，初九夜雨更大，北岸三工於初九丑時，漫口二十餘丈；南岸頭工於初十卯時，漫口六十餘丈，業已飛調滿保，董率員弁多集兵夫，運料趕築，仍親赴該工，嚴催督辦務令剋期妥竣等語。看來此次漫工光景，較之乾隆三十五、六年情形稍輕。周元理在直年久，修防事宜尚所諳習，且親身在工督辦，自可易於集事。著傳諭詢問周元理，現在堵築漫口，如無庸派人幫辦，即著該督上緊趕築，剋期竣工。若或需人商辦，亦即據實奏聞，朕當特派大員前往，會同妥辦。又閲進到圖説，北岸漫水，泄入隄外減河，仍達鳳河歸淀，自可無虞旁溢；南岸漫水，雖由舊河溝一帶，趨琉璃河，至白溝河入淀，亦可不虞泛濫。但自漫口至歸琉璃河處，計二十餘里，所過村莊，未免稍被淹浸，田廬有無傷損，是否或有偏災。該督即應飭委妥幹大員，迅往據實履勘，如有應行撫恤者，一面奏聞，一面辦理，務使

①《清實録》第二一册，北京：中華書局，1986年版，第160頁。
②《清實録》第二一册，北京：中華書局，1986年版，第161頁。
③《清實録》第二一册，北京：中華書局，1986年版，第163頁。

均霑實惠。其積水處，並著加緊疏消，俾得無誤秋麥。至南北運河，雨後情形若何，並切軫念。雖南運河自興濟、捷地改閘爲壩，得以暢泄夏秋盛漲，不致漫溢爲虞。而北運河，自修葺王家務、筐兒港減壩以來，漲水易消，隄岸連年鞏固。但今年七月初七以後，雨勤而大，各處瀝水必多，且潮白諸河俱漲，亦歸於運，恐諸水併集，勢較浩瀚，能否循軌順下，不致衝突隄工，所關甚爲緊要。而天津一帶，尤係水鄉，是否不致成澇，倍切縈懷，並著周元理即速查明，一併據實覆奏。尋奏：永定河北岸三工漫口，隄基已築，祇須加高培厚，一二日内即可竣事。南岸頭工先將漫口兩頭軟鑲，逐段加樁，仍於鑲外加土培厚，一路接連築墊，留出龍口走溜，俟將次合龍之前，於中泓開引河一道，分溜歸槽，使龍口水勢平緩，即可下埽堵截，臣等熟籌已定，夫料亦已齊集，似無需派人幫辦。其南隄漫水，淹及沿邊窪地，幸水退甚速，禾稼無礙，村莊廬舍，亦無損傷。惟琉璃河下游之白溝河，被水較重，已委員往勘。南運河各工平穩，天津一帶地畝，亦無淹浸。北運河張家王甫土隄，現經漫口二十餘丈，據稟水入鳳河並未奪溜，已派員督率兵夫剋期堵築。至本月之雨，直屬各河俱報漲發，下游州縣有漫淹之處，俟勘明後奏聞。得旨，究屬成災幾分，尚易辦否，查明大約，速奏來。①

通過初九、十一、十三、十四日諸臣所奏以及諭旨所言，知此時直隸一帶雨勢較大，波及順天府、天津府、承德府等地，如此密集記載直隸漲水事，且時間剛好與此函所云吻合者，在三十九年之後唯此一年。自京師，經懷柔、密雲，一路北上至熱河，所經河流甚多，且有些河流係“口内各屬”②，即長城以内地區，受

①《清實録》第二一册，北京：中華書局，1986年版，第163–164頁。

②按，具體圖形參考中國歷史地圖集編輯部編輯《中國歷史地圖集》第八册（清時期），上海：中華地圖學社出版社，1975年版，第5–6頁。

降雨影響，京師來報爲雨水阻隔也與于氏所書相合，亦可推定此函作於乾隆四十年。

箋 證

《開元占》，全稱《大唐開元占經》，共一百二十卷[①]，清人稱《唐開元占經》。《總目》子部術數類著録此書，浙江巡撫採進本[②]。此書《舊唐書·藝文志》《宋史·藝文志》《崇文總目》《(兩朝)國史志》等皆有著録，《總目》考此書“成於開元十七年以前……書歷唐迄明約數百年”[③]。

《靈臺秘苑》，十五卷，浙江鮑士恭家藏本[④]。《文獻通考·象緯考四》記載：“《隋·天文志》，梁奉朝請祖暅，天監中，受詔集古天官及圖緯舊説，撰《天文録》三十卷。逮周氏克梁，獲庾季才，爲太史令，撰《靈臺秘苑》一百二十卷，占驗益備。”[⑤]

上二書皆抄入《四庫全書》之中，館臣蓋採納于氏“應抄而不梓”的建議。此處所謂“於《提要》内詳晰聲明，似屬無礙”的處理方法，亦被館臣接受。在定本《總目》子部術數類有這樣的“詳晰聲明”：“右術數類占候之屬，二部，一百三十五卷，皆文淵閣著録。案：作《易》本以垂教，而流爲趨避禍福。占天本

---

① 按，《總目》云“《唐書·藝文志》載一百十卷。《玉海》引《唐志》亦同，又注云：《國史志》四卷，《崇文目》三卷。此本一百二十卷，與諸書所載不符，當屬後人分卷之異。自一卷‘天占’至一百十卷‘星圖’，均占天象。自一百十一卷‘八穀占’至一百二十卷‘龍魚蟲蛇占’，均占物異。或一百十卷以前爲悉達原書，故與《唐志》及《玉海》卷數相符。其後十卷，後人以雜占增附之歟？”見《欽定四庫全書總目》上册，北京：中華書局，1997年版，第1429頁。

② 按，《四庫採進書目》只録有一種《大唐開元占經》，爲“安徽省呈送書目”，共十八本。見是書第142頁。

③ 紀昀等：《欽定四庫全書總目》上册，北京：中華書局，1997年版，第1429頁。

④ 按，《四庫採進書目》凡兩見，一爲“浙江省第四次鮑士恭呈送書目”記“《靈臺秘苑》，三本”，一爲“河南省呈送書目”載“《靈臺秘苑》，一百本”。見是書第90、157頁。

⑤ 馬端臨：《文獻通考》卷二八一，北京：中華書局，1986年版，第2233頁上。

以授時，而流爲測驗災祥。皆末流遷變，失其本初。故占候之與天文，名一而實則二也。王者無時不敬天，不待示變而致修省。王者修德以迓福，亦不必先期以告符命。後世以占候爲天文，蓋非聖人之本意。《七略》分之，其識卓矣。此類本不足録，以《靈臺秘苑》《開元占經》皆唐以前書，古籍之不存者，多賴其徵引以傳，故附收之，非通例也。"[①]《總目》所按，詳細説明二書性質，對於此二書予以著録的原因也進行了申述。

自"昨得貴房師竹君先生札"至文末數語，授意陸錫熊勸其房師辦書勿生意見。從個中關繫及其處理方式，可以看出于敏中處事能力之强。

函中説朱筠誤認東皋（竇光鼐號）爲纂修，此事當指纂辦《日下舊聞考》而言。三十八年九月二十九日乾隆頒旨"現在纂訂《日下舊聞考》，著竇光鼐隨同校辦"[②]，但此諭未明竇光鼐辦書之銜職。朱筠於同年九月二十一日入館，時間在此之前，以竇氏爲纂修抑或因諭旨未明其職。今檢《欽定日下舊聞考》書前職銜，竇光鼐係總纂[③]，位居朱筠之前。于氏言朱筠"並未悉原奉諭旨令愚總其成之故，抄録節次諭旨寄回"，則指在朱筠入館之前，即乾隆三十八年六月十六日"諭内閣著于敏中等編《日下舊聞考》"一事。諭中云："著福隆安、英廉、蔣賜棨、劉純煒選派所屬人員……並著于敏中總其成。"[④]手札第十三通亦云"昨奉辦《日下舊聞考》，命僕總其成"。第十四通、第十六通、第十七通、第三十七通都涉

① 紀昀等：《欽定四庫全書總目》上册，北京：中華書局，1997年版，第1429-1430頁。

② 中國第一歷史檔案館編：《纂修四庫全書檔案》上册，上海：上海古籍出版社，1997年版，第159頁。

③ 于敏中、英廉等：《欽定日下舊聞考》卷首職銜，《景印文淵閣四庫全書》第四九七册，臺北：臺灣商務印書館，1986年版，第7頁。按，總纂官四名，分别爲竇光鼐、朱筠、張燾、許寶善。

④ 中國第一歷史檔案館編：《纂修四庫仝書檔案》上册，上海：上海古籍出版社，1997年版，第129-130頁。

及到《日下舊聞考》的相關問題，可參看相關箋證。

朱筠，字竹君，一字美叔[①]，號笥河，人稱笥河先生，事蹟見於《清史稿》《清史列傳》《大清畿輔先哲傳》《續詩人徵略》《清代七百名人傳》《清朝先正事略》《國朝耆獻類徵初編》《碑傳集》《儒林集傳録存》《文獻徵存録》《國朝書人輯略》等文獻。章學誠、朱珪撰有朱筠墓誌銘，王昶撰有朱筠墓表，余廷燦、姚鼐、阮元撰有朱筠傳，孫星衍撰有朱筠行狀，洪亮吉撰有朱筠書事等。朱筠官履清晰，乾隆十九年進士，改翰林院庶吉士，散館，授編修。三十二年授贊善。三十三年擢侍讀學士，充日講起居注官。三十五年充福建鄉試正考官。三十六年提督安徽學政。三十七年奏購訪遺書及校刻《永樂大典》意見摺。三十八年二月初六日諭著派軍機大臣爲總裁官校核《永樂大典》，十一日又諭内閣《永樂大典》體例未協著添派王際華裘曰修爲總裁官詳定條例分晰校核，《四庫全書》纂修由此開始，實由朱筠肇其端。後朱筠因生員欠考捐貢案，降三級用。三十八年九月二十一日，乾隆念其學問尚優，著加恩授爲編修，在辦理四庫全書處行走，總辦《日下舊聞考》。四十四年提督福建學政，四十六年卒，年五十三，著有《笥河集》三十六卷[②]。《總目》中著録或存目朱筠進呈書籍共計十六種。文中于敏中稱朱筠爲陸錫熊房師，因陸錫熊爲朱筠所選出，還有程晋芳、任大椿等皆爲朱筠所選[③]。

東皋，竇光鼐號。光鼐，字元調，山東諸城人，乾隆七年進士，改庶吉士，散館，授編修。十三年正月，充會試同考官。八年，擢左中允。十五年充山西鄉試副考官。十六年，遷翰林院侍

---

① 按，朱筠又字東美（李元度《清朝先正事略》卷三五，見周駿富輯《清代傳記叢刊》第一九三册綜録類八，第379頁）。

② 蔡冠洛：《清代七百名人傳》第四編，周駿富輯《清代傳記叢刊》第一九六册綜録類九，臺北：明文書局，1985年版，第171–172頁。

③ 李桓：《國朝耆獻類徵初編》第二三册第一二八卷，周駿富輯《清代傳記叢刊》第一四九册綜録類七，臺北：明文書局，1985年版，第597頁。

讀。十七年二月，擢侍讀學士，六月，擢内閣學士，入直南書房，充湖北鄉試正考官，旋提督河南學政。十八年丁母憂，二十年服闋，授左副都御史，尋提督浙江學政。二十八年充殿試讀卷官。二十九年授順天府府尹。三十八年四月擢光禄寺卿，六月遷宗人府府丞，八月稽查右翼宗學，九月二十九日著竇光鼐隨同校辦《日下舊聞考》，任總纂官。三十九年八月十九日，《諭内閣著考官曹秀先等於鄉試落卷内挑取謄録備用》記載“現在京闈鄉試，各省貢監生應試者千有餘人，莫若發榜後落卷内擇其字畫匀淨可供抄録者，酌取備用，較爲省便。著交曹秀先、嵩貴同派出之同考官竇光鼐、吴玉綸、周於禮、趙佑、戈源、善聰，留住貢院，將未經取中南北中皿彌封墨卷，公同繙閱，挑取五六百卷，交與吏部，按照名次拆卷填註”①。乾隆四十四年二月初一日上諭皇八子永璇、皇十一子永瑆充四庫全書館正總裁。謝墉、周煌、達椿、汪廷璵、錢載、胡高望、竇光鼐、曹文埴、金士松、李汪度、朱珪、倪承寬、吉夢熊俱著充四庫全書館總閱，書成時與總裁一體列名②。四十四年十二月十一日上著添派王傑、竇光鼐同辦《明史》③。四十五年充福建鄉試正考官，四十七年五月授浙江學政。四十九年，上南巡，賜之以詩。五十一年，擢吏部右侍郎。六十年九月卒，有《省吾齋詩文集》④。其事蹟見於《清史稿》《清史列傳》《國史列傳》《國朝耆獻類徵初編》《清朝先正事略》《國朝臣工言行記》《碑傳集》等史料。

穆堂，此指許寶善。遍檢各種史料、墓誌、傳記，皆不見許

---

① 中國第一歷史檔案館編：《纂修四庫全書檔案》上册，上海：上海古籍出版社，1997年版，第246頁。

② 中國第一歷史檔案館編：《纂修四庫全書檔案》上册，上海：上海古籍出版社，1997年版，第998–999頁。

③ 中國第一歷史檔案館編：《纂修四庫全書檔案》上册，上海：上海古籍出版社，1997年版，第1138頁。

④ 蔡冠洛：《清代七百名人傳》第一編，周駿富輯《清代傳記叢刊》第一九四册綜録類九，臺北：明文書局，1985年版，第202–207頁。

寶善詳細事蹟記載。目力所及僅《青浦縣志》《清代官員履歷檔案全編》《清實録》有部分材料，現考録如下：許寶善，字斅虞，號穆堂，江蘇青浦（今屬上海市）人，乾隆二十一年（丙子）舉人[①]，二十五年進士，六月二日内閣、翰林院帶領新進士引見，得旨，“著分部學習”[②]，授户部主事，歷員外郎中，擢浙江、福建道監察御史[③]，兩充順天鄉試同考官，以墜車傷足，乞假。寶善早以詞章鳴，客莊親王邸，名流引重，晚年學益進，歷主鯤池、玉峰、敬業書院，而玉峰最久。五經四書俱輯要以導人，學者多成就，有《自怡軒詩集》及《穆堂詞曲》行世[④]。據《清代官員履歷檔案全編》乾隆三十四年四月二十八日所記："許寶善，江蘇松江府青浦縣進士，年三十六，由户部陝西司主事乾隆三十四年四月初七日保送引見，奉旨記名，以直隸州知州用，四月分簽升户部福建司員外郎缺。”[⑤]由此可知，寶善生於雍正十二年（1734），任福建司員外郎的時間則爲乾隆三十四年。據《清實録》，乾隆三十六年四月吏部帶領京察保送一等之翰林院編修五十一人覲見，許寶善在列，並“准其一等加一級”[⑥]，此時寶善官翰林院編修無疑。乾隆三十九年四月吏部帶領内閣侍讀八十六人覲見，許寶善亦在列，“准其一等加一級”[⑦]，此時官銜爲内閣侍讀。又，許寶善作爲總纂

① 楊卓主修，王昶纂修：《青浦縣志》卷二二科目，乾隆五十三年尊經閣本，第14頁。

②《清實録》第一六册第六一四卷，北京：中華書局，1986年版，第902頁。

③ 按，乾隆五十三年《青浦縣志》卷二二科目記載："許寶善，乾隆庚辰進士，官浙江道御史。”（《青浦縣志》卷二二科目，第22頁）

④ 陳其元等主修：《青浦縣志》第三册（《中國方志叢書·華中地方·第一六號》），臺北：成文出版社，1970年版，第1251頁。

⑤ 秦國經主編，唐益年、葉秀雲副主編：《清代官員履歷檔案全編》第一九册，上海：華東師範大學出版社，1997年版，第556頁。

⑥《清實録》第一九册第八八三卷，北京：中華書局，1986年版，第828頁。

⑦《清實録》第二〇册第九五七卷，北京：中華書局，1986年版，第966頁。

參與《日下舊聞考》的編纂，署銜監察御史[①]，此書乾隆四十八年二月初五日告竣，准議叙。於是，四十九年十一月初六日《諭承辦〈日下舊聞考〉等書之總裁等官著分别加級紀録》有載："竇光鼐……許寶善、張燾，俱著紀録二次。"[②]

再來看此函于敏中所言，"此事專仗足下調停，勿使穆堂獨爲難人爲幸"，在纂修《日下舊聞考》時，竇光鼐與朱筠出現矛盾，許寶善作爲四位總纂之一[③]，在其二人之間實爲"難人"，於是敏中授意陸錫熊參與調解。此與前文所考，函中所説之事指纂辦《日下舊聞考》而言，頗爲一致。

《總目》著録許寶善家藏本《白石道人歌曲》四卷《别集》一卷，提要評價云："此本從宋槧翻刻，最爲完善。"[④]由許寶善總纂《日下舊聞考》，進呈書籍等，亦可推斷其於《四庫全書》纂修貢獻頗多。今國家圖書館藏有許寶善撰、輯、定、選、評諸多集子，如撰有《自怡軒詞》五卷，《自怡軒樂府》四卷，《自怡軒詩》十二卷《續集》二卷；輯有《自怡軒詞譜》（又稱《詞譜》）六卷，《杜詩注釋》二十四卷；定有《自怡軒曲譜》；選有《自怡軒古文選》（杜綱輯），《同音集》（與王昶同選）；評杜綱撰《南史演義》三十二卷，《北史演義》六十四卷等。

---

① 于敏中、英廉等：《欽定日下舊聞考》卷首職銜，《景印文淵閣四庫全書》第四九七册，臺北：臺灣商務印書館，1986年版，第8頁。

② 中國第一歷史檔案館編：《纂修四庫全書檔案》下册，上海：上海古籍出版社，1997年版，第1808頁。按，朱筠爲總纂官之一，未參與議叙，因其已故。鯤池書院在浙江寧波，玉峰書院位於臺灣嘉義，《上海縣志》記載："敬業書院初名申江書院，在縣署北，明潘恩宅也。"

③ 于敏中、英廉等：《欽定日下舊聞考》卷首職銜，《景印文淵閣四庫全書》第四九七册，臺北：臺灣商務印書館，1986年版，第7–8頁。

④ 紀昀等：《欽定四庫全書總目》下册，北京：中華書局，1997年版，第2796頁。

第五十通（陳垣本第四十一通）

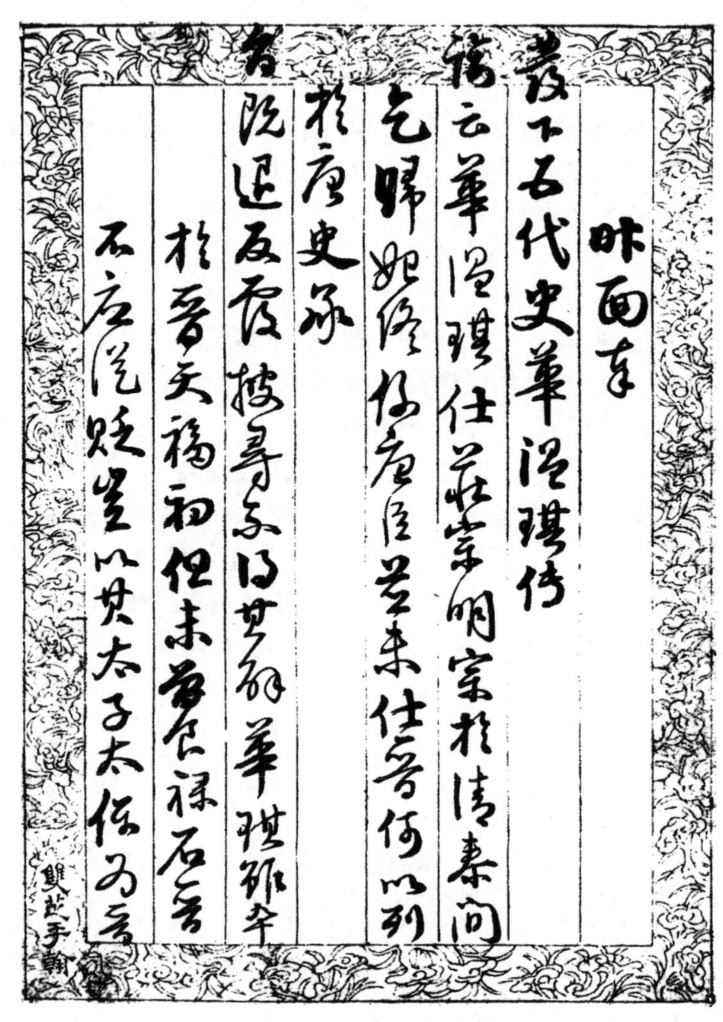

昨面示

舊五代史華溫琪傳

稱云華溫琪仕梁明宗於清泰間

乞歸姚傳稱唐臣無來仕晉何以列

於唐史耶

者既退反覆披尋各傳其稱華琪卒

於晉天福初但未著其祿石晉

不應從略疑以其太子太保為言

釋　文

昨面奉發下《五代史·華温琪傳》，諭云：華温琪仕莊宗、明宗，於清泰間乞歸，始終係唐臣，並未仕晋，何以列於唐[①]史？承旨既退，反覆披尋，不得其解。華琪雖卒於晋天福初[②]，但未曾食禄石晋，不應從貶，豈以其太子太保爲晋時所贈，遂屬之晋乎？復檢閲凡例，並未將此等分代原委叙明，及考《歐史》，温琪列爲"襍傳"，不屬何朝，似較妥協。希即詢之二雲太史，將因何列爲唐[③]臣之故詳晰寄知，以便覆奏。又奉詢金章宗專用《歐史》係何意，或因《薛史》措辭有礙大金否？並查明覆奏。此字接到後希告之王大人、嵇大人查覆語，並祈公商，妥協寄來。

繫　年

此函作於乾隆四十年七月十四日之後廿八日之前。

此函作年不難確定，有三點論斷：一、根據《校刻舊五代史諸臣職名》所載，總裁之中有經筵講官太子少傅户部尚書王際華，經筵講官兵部尚書嵇璜[④]，函中所言"王大人、嵇大人"即此二人。據《清實録》記載王際華卒於乾隆四十一年三月[⑤]，則此函應作於四十年或之前。二、又據《纂修四庫全書檔案》，嵇璜於乾隆三十九年十月十九日充四庫全書館總裁[⑥]，十月之期已不在秋獮木

① 按，于敏中筆誤，此當爲"晋"。

② 按，"華琪"當爲"華温琪"，于敏中此處疑有脱文。

③ 按，于敏中筆誤，此當爲"晋"。

④ 按，總裁十二人：永瑢、舒赫德、于敏中、福隆安、程景伊、王際華、蔡新、嵇璜、英廉、張有湝、曹秀先、金簡。總纂二人：陸錫熊、紀昀。纂修一人：邵晋涵。提調九人：夢吉、劉錫嘏、百齡、王仲愚、張燾、宋銑、蕭際韶、章寶、馮應榴。見文淵閣四庫本《舊五代史》，第3頁。

⑤《清實録》第二一册第一〇〇五卷，北京：中華書局，1986年版，第482–483頁。

⑥ 中國第一歷史檔案館編：《纂修四庫全書檔案》上册，上海：上海古籍出版社，1997年版，第275頁。

蘭期間，則此函只能作於四十年。二雲太史指邵晋涵，據《清邵二雲先生年譜》“乾隆四十年乙未，先生三十三歲……先生母袁太夫人卒，年六十有八……先生南歸”[①]，四十年南歸丁母憂，四十三年補官，亦可推定“希即詢之二雲太史”之事當在四十年。三、據《多羅質郡王永瑢等謹奏爲舊五代史編次成書恭呈御覽事》在乾隆四十年七月初三日[②]，此函云“昨面奉發下《五代史・華温琪傳》”，事在四十年無疑。此函具體月日大致範圍可定。據《清實録》，乾隆於四十年五月二十六日啓鑾赴熱河，九月十六日回京，則此函或作於七月至九月間。而第五十一通手札落款爲廿八日，當不爲九月，因而此函月份應定爲七月或八月。此函云“希即詢之二雲太史，將因何列爲唐（晋）臣之故，詳晰寄知”，而第五十一通又言“二雲復感甚念之，囑其加意調攝，不但不宜早出，並當囑其慎起居飲食，俟元氣全復方可無虞”，可推測于敏中先是知會陸錫熊請邵晋涵代爲查詢華温琪事，後得知邵晋涵身體有恙，于敏中囑其調攝，不用閱書，則此函應在第五十一通前，即七月廿八日之前。

箋　證

此函僅商討一事，即華温琪究係列於後唐還是後晋。乾隆指出，“華温琪仕莊宗、明宗，於清泰間乞歸，始終係唐臣，並未仕晋，何以列於唐（晋）史”。檢各種史料知，温琪歷後梁、後唐、後晋三朝。從黄巢至後梁，“華温琪初事黄巢，爲供奉官，巢敗，奔至温臺，以形貌魁岸，懼不自容，乃投白馬下流，俄而浮至淺

① 黄雲眉：《清邵二雲先生晋涵年譜》，王雲五主編《新編中國名人年譜集成》第十七輯，臺北：臺灣商務印書館，1982年版，第60、62頁。

② 薛居正：《舊五代史》卷首《多羅質郡王永瑢等謹奏爲舊五代史編次成書恭呈御覽事》，《景印文淵閣四庫全書》第二七七册，臺北：臺灣商務印書館，1986年版，第4頁。

處，又登桑，自經枝折不死，後果貴焉”[①]，“初仕梁，爲晉州刺史，温琪在平陽日，唐莊宗嘗引兵攻之，逾月不下，梁人賞之，升晉州爲定昌軍，以温琪爲節度使”[②]。後唐時，“華温琪初事莊宗，爲秦州節度使。明宗即位，因入廟，願留闕下，明宗嘉而許之，除左驍騎上將軍，歲餘，明宗謂樞密使安重誨曰：‘温琪舊人，宜選一重鎮處之。’重誨奏以天下無闕，他日又言之，重誨素强愎，對曰：‘臣累奏未有闕處可替者，惟樞密使而已。’明宗曰：‘可。’重誨不能答。温琪聞其事，懼近臣所怒，與重誨俱各稱疾，繇是數月不出，竟拜華州節度”[③]，後官至太子少保，清泰間致仕。後晉高祖天福元年十二月終於家，詔贈太子太保[④]。乾隆所謂，“始終係唐臣”似有不妥，後梁任職如何説辭？未仕晋，則確是。

歐陽修撰《新五代史》卷四七將温琪列入雜傳，于敏中以爲較妥協。然四庫本《舊五代史》卷九〇將華温琪列入《晋書》，並未按乾隆意列之爲唐臣。函札云“檢閲凡例，並未將此等分代原委叙明”，今檢四庫本《舊五代史》所編定的凡例，有關於分代問題的詳述，“五代諸臣，類多歷事數朝，首尾牽連，難於分析。歐陽修《新史》以始終從一者入梁、唐、晋、漢、周臣傳，其兼涉數代者，則創立雜傳歸之，褒貶謹嚴，於史法最合。《薛史》僅分代立傳，而以專事一朝及更事數姓者參差錯列，賢否混淆，殊乖史體，此即其不及《歐史》之一端。因篇有論贊，總叙諸人，難

① 王欽若等：《册府元龜》第一一册總録部第八八三卷，北京：中華書局，1960年版，第10467頁。

② 王欽若等：《册府元龜》第五册將帥部第四〇〇卷，北京：中華書局，1960年版，第4765頁。

③ 王欽若等：《册府元龜》第一册將帥部第五七卷，北京：中華書局，1960年版，第639頁。

④ 王欽若等：《册府元龜》第五册將帥部第三八七卷，北京：中華書局，1960年版，第4596頁。按，邵晋涵《舊五代史考異》卷三《晋書》十六校云：“制以太子少保致仕，案《歐陽史》作‘以太子太保致仕，贈太子太傅’。”見《續修四庫全書》第二九〇册，上海：上海古籍出版社，2002年版，第149頁。

以割裂更易，姑仍其舊，以備參考。得失所在，讀史者自能辨之”[①]，如此一來，華温琪及類似情形人物傳記的分代問題就解决了。其實，未依乾隆意願繫於後唐，也是因“難以割裂更易”。

函中云“奉詢金章宗專用《歐史》係何意，或因《薛史》措辭有礙大金否”，其中干礙之詞的關注，是從官方立場出發，出於維護統治者利益的考慮，由此亦可想見《四庫全書》纂修過程書籍查禁事。金章宗專用《歐史》事，見《金史》卷一二《章宗本紀四》記載：“（七年）十一月癸酉，詔新定學令内削去薛居正《五代史》，止用歐陽修所撰。”[②]至於陸錫熊如何覆答于敏中此問，檢陸氏《寶奎堂集》《篁村集》皆不得。孫先文《〈舊五代史〉研究》試對《舊五代史》逐漸堙没進行原因探究，指出“金章宗的詔令影響了《舊五代史》的傳播，但顯然並不是導致《舊五代史》失傳的根本原因”[③]。查相關史料亦不見金章宗只用《新五代史》的原因記載，清趙翼亦未詳明，僅言“宋、金時《五代史》尚用薛居正所修……今《歐史》列於正史，自章宗始也。書法嚴潔，固爲諸史之最”[④]。即便對《歐史》作此評價，亦指出其中可議之處。

附嵇璜相關事蹟：

嵇璜，字尚佐，一字黼庭，晚號拙修，江南無錫人，雍正七年，欽賜舉人，八年中進士，改庶吉士，散館，授編修。十二年擢右中允，十三年轉左諭德，充山西鄉試正考官。乾隆元年充陝西鄉試正考官，命南書房行走。三十九年十月十九日，充四庫全書處總裁。四十五年六月，教習庶吉士，九月十一日，兼文淵閣領閣事並充國史館總裁。四十六年二月十八日，充三通館總裁。

---

① 薛居正：《舊五代史》卷首《舊五代史編定凡例》，《景印文淵閣四庫全書》第二七七册，臺北：臺灣商務印書館，1986年版，第6頁。

② 脱脱等：《金史》第一册第一二卷，北京：中華書局，1975年版，第282頁。

③ 孫先文：《〈舊五代史〉研究》，安徽大學博士學位論文2014年，第42頁。

④ 趙翼著，曹光甫校點：《陔餘叢考》上册卷一三，上海：上海古籍出版社，2011年版，第207頁。

五十九年七月卒，贈太子太師[1]。嵇璜一生主要功業在水利修治方面，著有《治河年譜》一書。詩集有《錫慶堂詩集》八卷。其事蹟主要見於《清史稿》《清史列傳》《國史列傳》《清朝先正事略》《清代七百名人傳》《清代河臣傳》《續詩人徵略》以及秦瀛《書嵇文恭遺事》等文獻。

① 蔡冠洛：《清代七百名人傳》第三編，周駿富輯《清代傳記叢刊》第一九六册綜録類九，臺北：明文書局，1985年版，第45-52頁。

第五十一通（陳垣本第四十二通）

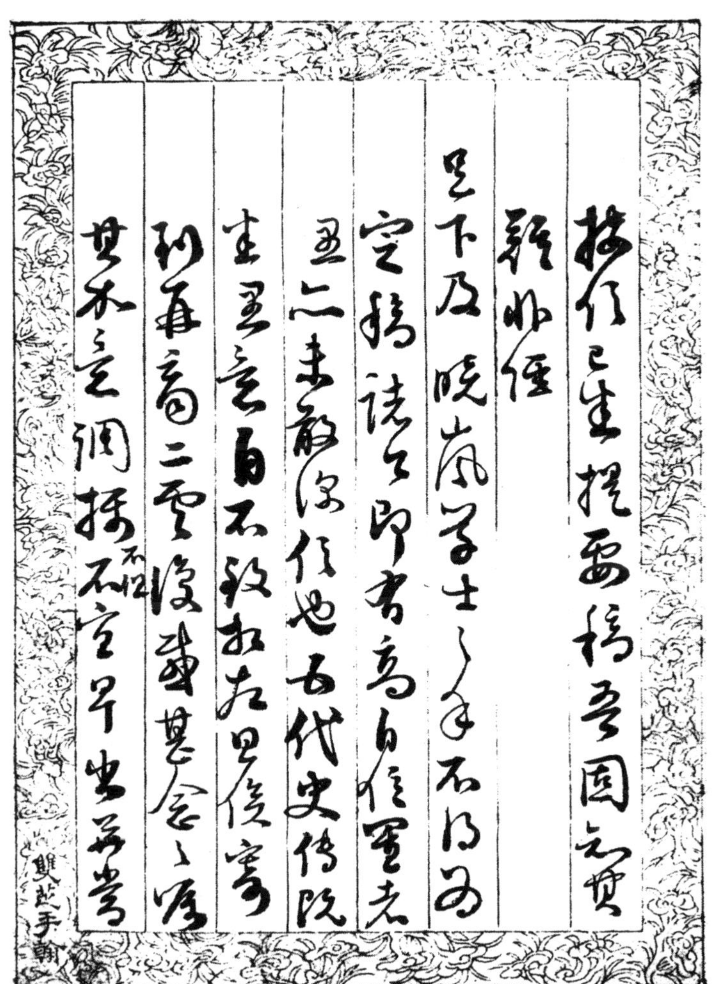

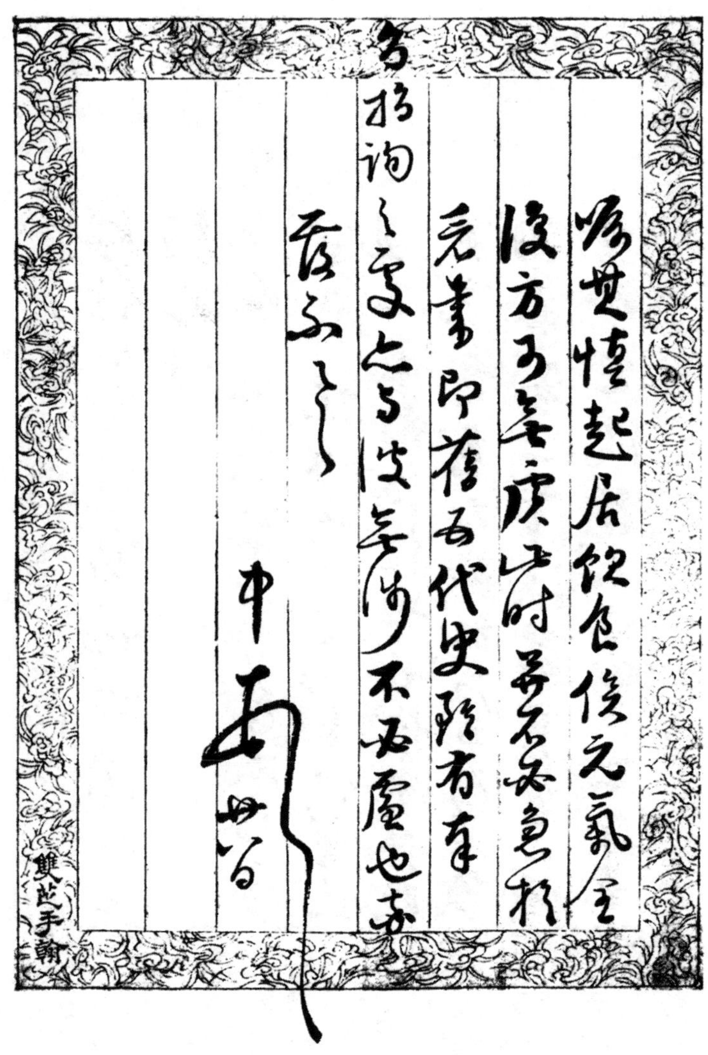

釋　文

接信已悉。《提要稿》吾固知其難，非經足下及曉嵐學士之手，不得爲定稿，諸公即有高自位置者，愚亦未敢深信也。《五代史》傳既悉，愚意自不致相左，且俟寄到再商。二雲復感甚念之，囑其加意調攝，不但不宜早出，並當囑其慎起居飲食，俟元氣全復方可無虞。此時並不必急於看書，即《舊五代史》雖有奉旨指詢之處，亦與彼無涉，不必慮也。率覆，不一一。

中頓首　廿八日

繫　年

此函作於乾隆四十年七月廿八日。

此函與第五十通有三處信息點重合，一是關於《舊五代史·華温琪傳》列分朝代問題，二是邵晋涵纂修《舊五代史》之事，三是乾隆指摘《舊五代史》中的相關問題。由此可定，此函作年亦爲乾隆四十年。並參第五十通繫年。另，此函提及陸錫熊、紀曉嵐所撰《提要稿》。據乾隆三十八年八月十八日《諭内閣紀昀陸錫熊校書勤勉著授爲翰林院侍讀以示獎勵》云，“辦理四庫全書處將《永樂大典》内檢出各書，陸續進呈……而撰述提要，粲然可觀，則成於紀昀、陸錫熊之手”[①]，此處提要係大典本書籍提要，且于敏中在乾隆三十八年信函中也説，“總叙、提要約計何時可完？愚覆奏以‘約計後年，當有眉目’。此即兩公承恩之由，祈即與紀大人相商酌辦，但不知果能如愚所言否”，若按于氏所言後年之期，當爲乾隆四十年。又，乾隆三十九年七月二十五日《諭内閣著四庫全書處總裁等將藏書人姓名附載於各書提要末並另編〈簡明書目〉》中説：“辦理四庫全書處進呈總目，於經史子集内，分晰應刻、

① 中國第一歷史檔案館編：《纂修四庫全書檔案》上册，上海：上海古籍出版社，1997年版，第145頁。

應抄及應存書名三項。各條下俱經撰有提要，將一書原委，撮舉大凡，並詳著書人世次爵里，可以一覽了然……至現辦《四庫全書總目提要》，多至萬餘種，卷帙甚繁，將其抄刻成書，繙閱已頗爲不易，自應於提要之外，另列《簡明書目》一編，衹載某書若干卷，註某朝某人撰，則篇目不煩而檢查較易。俾學者由書目而尋提要，由提要而得全書，嘉與海内之士，考鏡源流，用彰我朝文治之盛。著四庫全書處總裁等遵照，悉心妥辦，並著通諭知之。”[①] 此諭中有這樣幾個關鍵點："四庫全書處進呈總目""各條下俱經撰有提要""四庫全書總目提要""多至萬餘種""簡明書目"，這些信息説明《四庫全書總目提要》稿本可能已基本完成，有萬種之多，《簡明目録》編撰提上日程。此函所説"非經足下及曉嵐學士之手，不得爲定稿"，亦説明提要稿將完成。再據乾隆四十一年九月三十日《諭内閣著總裁等編刊〈四庫全書考證〉》所載，"前經降旨，令將四庫全書總目及各書提要，編刊頒行。所有諸書校訂各簽，並著該總裁等另爲編次，與總目、提要，一體付聚珍版排刊流傳"[②]，細繹諭旨所言，總目提要已經完成，那麼完成時間只能在四十一年之前，即四十年。當然，這並非是定稿《總目》，或即此函所云之"提要稿"。今臺灣圖書館所藏《四庫全書初次進呈存目》一書，或係《四庫全書》纂修期間，各省進呈書目所撰提要的彙編。關於這個稿抄本的研究，特别是編纂時間或許可作爲此函的輔證之一[③]。

---

① 中國第一歷史檔案館編：《纂修四庫全書檔案》上册，上海：上海古籍出版社，1997年版，第228−229頁。

② 中國第一歷史檔案館編：《纂修四庫全書檔案》上册，上海：上海古籍出版社，1997年版，第537頁。

③ 按，此書的編纂時間，夏長樸先生認爲在乾隆四十年五月至四十一年正月。見《〈四庫全書初次進呈存目〉初探——編撰時間與文獻價值》，《漢學研究》第30卷第2期，第183頁。劉浦江先生認爲此書是"乾隆三十九年七月爲止已進呈部分提要的彙編本"。見《〈四庫全書初次進呈存目〉再探——兼談〈四庫全書總目〉的早期編纂史》，《中華文史論叢》2014年第3期，第295頁。

本函月份的考訂，依據的是第五十、五十二通手札。據五十通手札知，此函之月份爲七月。胡適考證説："原無月分（份）。札中仍提到'《五代史》傳既悉，愚意自不致相左'。下文云：'二雲復感，甚念之，囑其加意調攝……即《舊五代史》雖有奉旨指詢之處，亦與彼無涉，不必慮也。'下一札㊾仍問'二雲曾全愈否？'而題八月廿九日。故我定此札爲八月廿八。"[①] 適之先生所定月份有誤。第五十二通云"二雲曾全愈否？念甚"，該函作於八月廿九日。本函云"二雲復感甚念之，囑其加意調攝，不但不宜早出，並當囑其慎起居飲食，俟元氣全復方可無虞。此時並不必急於看書，即《舊五代史》雖有奉旨指詢之處，亦與彼無涉，不必慮也"，可見邵晉涵病疾嚴重，非一日即可痊癒，而需要"加意調攝""慎起居飲食"。那麼，此函落款之廿八日就絶不是八月份。按常理推斷，于敏中如果連續兩天回函，則决然不會出現問邵晉涵痊癒之語。從這一點判斷，此廿八日當爲七月份。也就是説，邵晉涵七月病重，于敏中囑其調養，不必閲書，一個月後有痊癒與否的詢問方爲合理妥當。因而此函的月份定在七月。

箋　證

關於《總目》出於何人之手，通過此函于敏中所言可知，陸錫熊和紀昀應是《總目》重要的編撰者。關於紀昀與《總目》之關係，文獻記載多爲人所知，清仁宗顒琰《御賜碑文》[②]，朱珪《知足齋文集》中《紀公墓誌銘》[③]，劉權之、阮元、陳鶴《紀文達公遺

---

① 胡適：《跋〈于文襄手札〉影印本》，《胡適全集》第一三卷，合肥：安徽教育出版社，2003年版，第539—540頁。

② 紀昀：《紀文達公遺集》清仁宗《御賜碑文》，嘉慶間刻本。

③ 朱珪：《知足齋文集》卷五《經筵講官太子少保協辦大學士禮部尚書管國子監事謚文達紀公墓誌銘》，《續修四庫全書》第一四五二册，上海：上海古籍出版社，2002年版，第332頁。

集序》[①]，江藩《國朝漢學師承記·紀昀》[②]，昭槤《嘯亭雜録》[③]，洪亮吉《北江詩話》[④]，張維屏《聽松廬文鈔》[⑤]，陸以湉《冷廬雜識》[⑥]，李元度《紀文達公事略》[⑦]等，皆認爲《總目》係其所作。紀昀本人在其文集中也説"余癸巳受詔校書，殫十年之力，始勒爲《總目》進呈乙覽"[⑧]，"余所編四庫書《總目》出……群疑乃釋"[⑨]。然陸錫熊作爲總纂官，其亦於《總目》付出甚多，于敏中手札已明言。陸錫熊本人在《恭和御製經筵畢文淵閣賜茶作元韻》"中薄勤編勵省私"句下注云："臣等奉命纂輯《四庫全書總目》，現在編次成帙。"[⑩]在《恭和御製經筵畢文淵閣賜宴以四庫全書第一部告成庋閣内用幸翰林院例得近體四律首章即叠去歲詩韻元韻》詩"真嗤曾鞏徒勞爾"句下亦注："宋曾鞏校史館書，僅成目録序十一篇，臣等承命撰次《總目提要》，荷蒙指示體例，編成二百卷，遭際之隆，實遠勝於鞏。"[⑪]可見，陸錫熊是直接參與《總目》編撰的。道光己酉季秋陸成沅跋《篁村集》云："公遭際盛時，所著《四庫全書提

---

① 紀昀：《紀文達公遺集》劉權之、阮元、陳鶴序，嘉慶間刻本。

② 江藩：《漢學師承記》卷六，周駿富輯《清代傳記叢刊》第一册學林類一，臺北：明文書局，1985年版，第150–156頁。

③ 昭槤撰，何英芳點校：《嘯亭雜録》卷一〇，北京：中華書局，1980年版，第353頁。

④ 洪亮吉撰，陳邇冬點校：《北江詩話》卷一第三十四條，北京：人民文學出版社，1983年版，第15頁。

⑤ 張維屏：《松心文鈔》，《張南山全集》咸豐七年刻本，南開大學圖書館藏。

⑥ 陸以湉：《冷廬雜識》卷一，北京：中華書局，1984年版，第53頁。

⑦ 李元度：《清朝先正事略》卷二〇，周駿富輯《清代傳記叢刊》第一九二册綜録類八，臺北：明文書局，1985年版，第705頁。

⑧ 紀昀：《紀文達公遺集》卷八《詩序補義序》，嘉慶間刻本。

⑨ 紀昀：《紀文達公遺集》卷九《二樟詩鈔序》，嘉慶間刻本。

⑩ 陸錫熊：《篁村集》卷九，《續修四庫全書》第一四五二册，上海：上海古籍出版社，2002年版，第248頁。

⑪ 陸錫熊：《篁村集》卷九，《續修四庫全書》第一四五二册，上海：上海古籍出版社，2002年版，第250頁。

要》，懷槧握鉛之士無不共知。”[1] 陸錫熊與紀昀共同編撰《總目》，這在當時或是共識。

① 陸錫熊：《篁村集》續編，《續修四庫全書》第一四五二册，上海：上海古籍出版社，2002年版，第285頁。

第五十二通（陳垣本第四十九通）

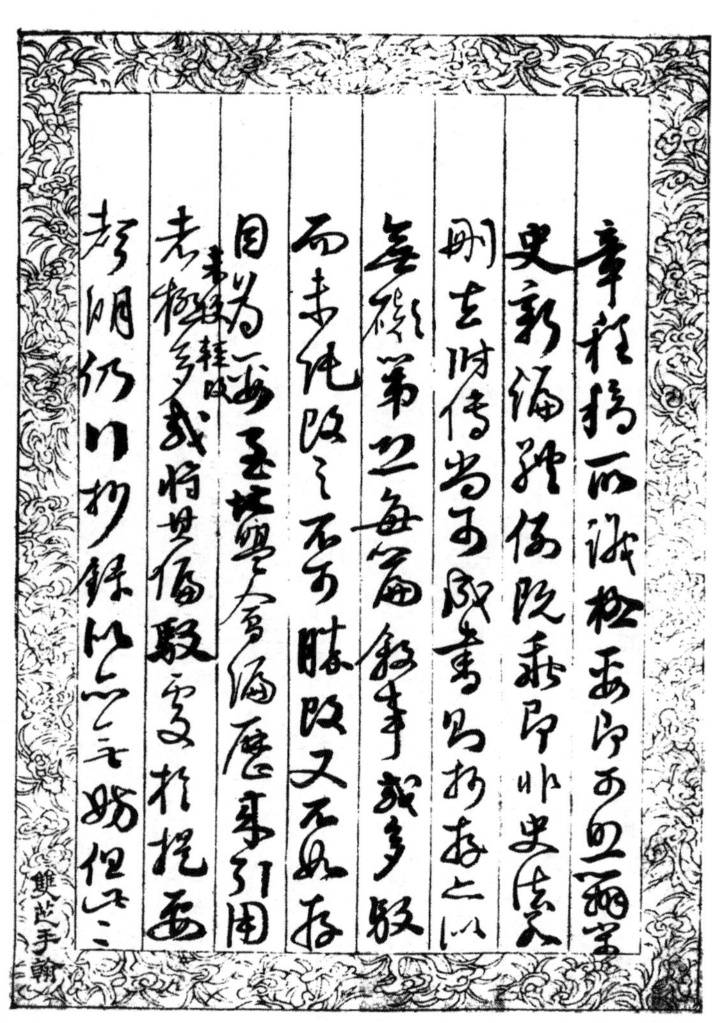

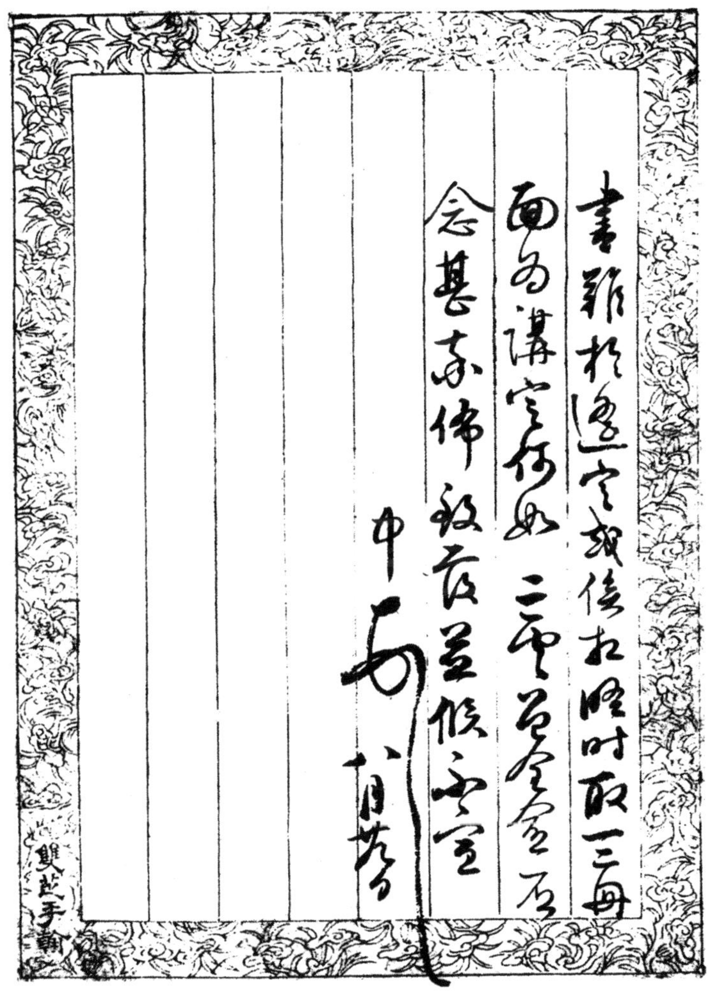

書難於遠寄，我信札隨時取一二，每
面爲講究何如。二兄[illegible]念[illegible]
念甚。余佛致意，並候[illegible]
中[illegible]
八月廿[illegible]

雙鉤手劄

釋　文

章程稿所議極妥，即可照辦。《宋史新編》體例既乖，即非史法，若删去附傳，尚可成書，則抄存亦似無礙；第恐每篇叙事或多駁而未純，改之不可勝改，又不如存目爲妥。至《北盟會編》歷來引用者極多（未便輕改），或將其偏駁處於《提要》聲明，仍行抄録，似亦無妨。但此二書難於遥定，或俟相晤時取一二册面爲講定，何如？二雲曾全愈否？念甚。率佈致覆，並候，不宣。

中頓首　八月廿九日

繫　年

此函作於乾隆四十年八月廿九日。

第四十二通手札云"二雲……囑其加意調攝，不但不宜早出，並當囑其慎起居飲食，俟元氣全復方可無虞"，此函又問及邵晋涵是否痊癒，可見兩函當作於同一年，即乾隆四十年。

箋　證

在全部手札中，"章程稿"一詞僅此函提及[①]。在乾隆四十年八月期間，也只存此一函，或可推測在八月廿九日之前蓋有數函手札佚失。依《纂修四庫全書檔案》所載，自三十七年開始就陸續制定書籍辦理章程、校録《四庫全書》章程等。四十年制定各種與纂修《四庫全書》相關的章程主要是違礙書籍的查辦。四十年正月初九日，海成搜羅遺書所辦周到，大學士舒（赫德）、于（敏中）字寄各省督撫按海成之章程照式妥辦[②]，亦即違礙書籍查辦之法。後來在具體實施過程中，不斷修正。根據此函内容，涉及

① 按，第五十三通有"酌議章程"四字。

② 中國第一歷史檔案館編：《纂修四庫全書檔案》上册，上海：上海古籍出版社，1997年版，第321頁。

書籍存抄問題。那麽，這個章程稿很可能是針對違礙書籍查辦事宜的。

《宋史新編》，二百卷，浙江孫仰曾家藏本[①]，《總目》别史類存目收録。此書國圖、北大、復旦、華東師大、臺灣圖書館、美國國會圖書館等有明嘉靖間刊本。王重民《中國善本書提要》著録美國國會圖書館藏本，其針對《總目》的批判之語，提出了不同的見解，亦有見地。王氏云："《提要》痛詆是書，一則曰：'最無理者，莫過於道學儒林之分傳'；再則曰：'强援蜀漢，增以景炎、祥興。又以遼、金二朝，置之外國，與西夏、高麗同列，又豈公論乎？'兹按館臣實惡道學，其詆爲道學立傳，尚有可原；至於金、元正統之争，在史學上雖亦有可討論，然出之館臣之口，僅是爲滿清張目，則完全失去客觀地位矣。平心而論，是書誠不能比於葉隆禮、宇文懋昭，然方之蕭常、郝經，未始不足爲讀《宋史》者之助。乾隆假修書之名，作焚燬之實，館臣益張其焰，故余於館臣之痛詆王洙，黜存惟騏，並深致遺憾焉。"[②] 于敏中此函説"恐每篇叙事或多駁而未純，改之不可勝改，又不如存目爲妥"，館臣採納于氏意見。然"改之不可勝改"以及下文所言"未便輕改"，透露出《四庫全書》收録書籍内容差異的原因之一。並由此可以推測，删改篇第、文字的行爲必然造成文獻本來面目的闕失。四庫底本與四庫本的差異，以及四庫底本與原刊（抄）本的異同成爲《四庫全書》研究亟需澄清的問題。需要指出的是，删改文字並非造成版本方面的問題，還涉及官方價值判斷、思想觀念、學術立場、文獻校勘等多方面内容。而且各種問題相互交織，複雜度極高。

《北盟會編》，全稱《三朝北盟會編》，二百五十卷，左都御

---

① 按，此書在江蘇省第一次書目、浙江省第四次孫仰曾家呈送書目、安徽省呈送書目有記録。見《四庫採進書目》，北京：商務印書館，1960年版，第13、81、147頁。

② 王重民：《中國善本書提要》，上海：上海古籍出版社，1983年版，第84–85頁。

史張若溎家藏本[①]，《總目》史部紀事本末類著録。函中説“將其偏駁處於《提要》聲明，仍行抄録”，但現存《四庫全書初次進呈存目》只説：“宋直秘閣清江徐夢莘撰。分上、中、下三帙。上爲宣、政（按，應爲政、宣）二十五卷，中爲靖康七十五卷，下爲炎、興，百五十卷。凡引書一百二種，雜考私書八十四種，金國諸録十種。凡事涉北盟者，悉爲詮次，並無去取，亦無所論斷。蓋是非並見，同異互存，以備後來之史材，故曰《會編》，非自著一書者比也。夢莘後又以前載不盡者五家，續編次於中、下二帙，以補其闕。靖康、炎興各爲二十五卷，名曰《北盟集補》。此本無之，意當時或二本各行耶？”[②]可見，當時進呈提要稿對此書並無過多評價。而定本《總目》則有“所記金人事蹟，往往傳聞失實，不盡可憑”[③]等多方面評論。所以僅據《初目》提要稿，此書存抄與否或“難於遥定”，因而于敏中説“俟相晤時取一二册面爲講定”。

二雲，又有函札稱邵會元，指邵晋涵，其事蹟見第九通箋證。

---

① 按，此書在江蘇省第一次書目、兩淮鹽政李（質穎）呈送書目、浙江省第四次孫仰曾家呈送書目、安徽省呈送書目、山東巡撫呈送第一次書目皆有著録。見《四庫採進書目》，北京：商務印書館，1960年版，第11、55、98、146、149頁。

② 臺灣商務印書館，臺灣圖書館：《四庫全書初次進呈存目》史部一，臺北：臺灣商務印書館，2012年版，第29-30頁。

③ 紀昀等：《欽定四庫全書總目》上册，北京：中華書局，1997年版，第676頁。

乾隆四十一年

第五十三通（陳垣本第五十三通）

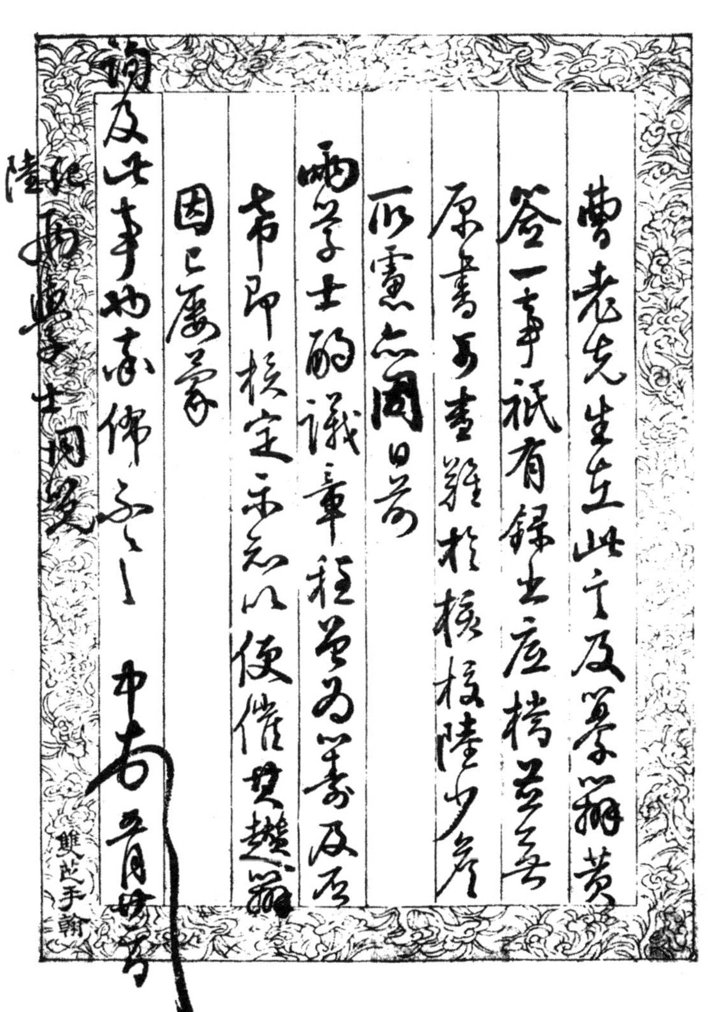

釋 文

曹老先生在此言及纂辦黄簽一事，衹有録出底檔，並無原書可查，難於核校，陸少詹所慮亦同。日前兩學士酌議章程，曾爲籌及否？希即核定示知，以便催其趲辦，因已屢蒙詢及此事也。率佈，不一一。紀、陸兩學士同覽。

中頓首　五月廿二日

繫 年

此函作於乾隆四十一年五月廿二日。

陳垣考“陸錫熊四十年七月始授翰林院侍讀學士，此稱學士於五月六日（廿二日），當爲四十一年”，胡適遵從陳氏所考，亦繫爲四十一年。按，函中“纂辦黄簽一事”，指的是《四庫全書考證》一書的編纂，王太岳、曹錫寶二人負責此事。據乾隆四十一年九月三十日《諭内閣著總裁等編刊〈四庫全書考證〉》，“所有諸書校訂各簽，並著該總裁等另爲編次，與總目提要，一體付聚珍版排刊流傳”①。細繹此函，當是諭旨頒佈前曹錫寶向總裁于敏中所提出的建議。因而，此函當作於四十一年。紀、陸兩學士酌議章程之事，指“議定文淵閣官制及赴閣觀覽章程”，亦在乾隆四十一年，具體見此函箋證部分。

箋 證

據《欽定四庫全書考證》目録後題名知，王太岳、曹錫寶是兩位纂輯官，又有原纂官王燕緒、朱鈐、倉聖脉、何思鈞、楊懋

① 中國第一歷史檔案館編：《纂修四庫全書檔案》上册，上海：上海古籍出版社，1997年版，第537頁。

珩、繆琪六人[①]。此函之曹老先生即曹錫寶。又，乾隆四十六年二月十九日《諭〈總目提要〉並黄簽考證書成時俱著列於四庫全書之首》云："此次所進《總目提要》，並王太岳、曹錫寶所辦黄簽考證，將來書成時，俱著列於四庫全書之首。"[②]由此，亦可知此曹姓爲曹錫寶。曹氏事蹟見於《清史列傳》《國史列傳》《清史稿》《清朝先正事略》《清代七百名人傳》等，朱珪撰有《掌陜西道監察御史特恩贈副都御史曹公（錫寶）墓誌銘》。錫寶字鴻書，號劍亭，江蘇上海人，乾隆六年舉人，考授内閣中書，直軍機處，二十二年進士，改翰林院庶吉士。三十一年散館，授刑部主事，遷員外郎。三十五年充河南鄉試副考官，擢郎中。三十六年充會試同考官，尋充山西學政。四十年在四庫全書處行走，分辦黄簽考證書[③]。五十七年卒。

黄簽，即《四庫全書》校勘時用黄紙謄抄的校記，附於書籍校改之處的眉端，專供進呈御覽之用[④]。《四庫全書考證》一書是將纂修官、分校官等人的考訂文字有選擇地進行删選，並再行考訂，然後彙編起來，因此只是録出底檔，而無原書可查。今國家圖書館、臺北故宫博物館藏有清乾隆内府寫本《欽定四庫全書考證》[⑤]。較爲易得的本子有1991年書目文獻出版社影印國圖藏清内府抄本，文淵、文津閣四庫全書本和武英殿聚珍版叢書本等影印本，又有國學基本叢書本、叢書集成初編本、臺灣鼎文書局等排印本。

---

① 王太岳、王燕緒等：《欽定四庫全書考證》，北京：書目文獻出版社，1991年版，第6頁。

② 中國第一歷史檔案館編：《纂修四庫全書檔案》下册，上海：上海古籍出版社，1997年版，第1295頁。

③ 朱珪：《知足齋文集》卷五，《續修四庫全書》第一四五二册，上海：上海古籍出版社，2002年版，第320－321頁。

④ 張昇：《〈四庫全書考證〉的成書及主要内容》，《史學史研究》2011年第1期，第111頁。按，《四庫全書館研究》第五章第四節"編次黄簽考證官——兼論黄簽及《四庫全書考證》"亦可參看。

⑤ 中國古籍總目編纂委員會編：《中國古籍總目·史部》第八册，北京：中華書局、上海：上海古籍出版社，2012年版，第4924頁。

陸少詹，指陸費墀。據《清史列傳》，陸費墀乾隆四十年擢侍讀學士，尋升任少詹事[①]。此函作於四十一年，因有此稱。據殿本《總目》《薈要》職名表及《纂修四庫全書檔案》，三十八年陸費氏任總校兼提調官。因而在四十三年八月《都察院爲知照四庫館總裁等官奉旨罰俸事致典籍廳移會》題本中有"總校·詹事府少詹事陸費墀照例罰俸三個月"云云。

函中紀昀、陸費墀兩學士酌議章程可考。據《纂修四庫全書檔案》記載，乾隆四十一年六月初三日《諭内閣著大學士會同吏部翰林院議定文淵閣官制及赴閣觀覽章程》頒佈。此旨内容如下：

> 昨四庫館呈進裒集《永樂大典》散篇内，有《麟臺故事》一編，爲宋時待制程俱撰，具詳當時館閣之制。所載典掌三館秘閣書籍，以執政領閣事，又有直秘閣、秘閣校理等官，頗稱賅備。方今蒐羅遺籍，彙爲四庫全書，每輯録奏進，朕親披閲釐定。特於文華殿后，建文淵閣以弆之，以充策府而昭文治，淵海縹緗，蔚然稱盛。第文淵閣國朝雖爲大學士兼銜，而非職掌，在昔並無其地。兹既崇構鼎新，琅函環列，不可不設官兼掌，以副其實。自宜酌衷宋制，設文淵閣領閣事總其成。其次爲直閣事，同司典掌。又其次爲校理，分司註册、點驗。所有閣中書籍，按時檢曝。雖責之内府官屬，而一切職掌，則領閣事以下各任之，於内閣、翰詹衙門内兼用。其每銜應設幾員，及以何官兼充，著大學士會同吏部、翰林院定議，列名具奏，候朕簡定。令各分職繫銜，將來即爲定額，用垂久遠。
>
> 至於四庫所集，多人（間）未見之書，朕勤加採訪，非徒廣金匱石室之藏，將以嘉惠藝林，啓牖後學，公天下之好

① 清國史館編：《清史列傳》卷二六，周駿富編《清代傳記叢刊》第九九册綜録類二，臺北：明文書局，1985年版，第206頁。

也。惟是鐫刊流傳，僅什之一，而鈔録儲藏者，外間仍無由窺覩。豈朕右文本意乎？翰林原許讀中秘書，即大臣官員中，有嗜古勤學者，並許告之所司，赴閣觀覽。第不得携取出外，致有損失。其如何酌定章程，並著具議以聞。①

此旨中主要內容是議定文淵閣官制和赴閣中看書章程兩事。據諭旨所言擬設文淵閣官制有以下諸職：一是文淵閣領閣事，總理一切事務；二是文淵閣直閣事，同司典掌；三是文淵閣校理，分司註册、點驗。但此時具體章程如何，尚未確定，因而乾隆要求大學士會同吏部、翰林院議定，列名具奏，令各分職繫銜，以形成定制。至於官員赴閣觀覽，規定不許携書外出，具體章程如何亦需具議。而此函作於諭旨頒佈十天前，再結合函中內容可知，于敏中詢催陸錫熊告知章程籌辦進展情形即指上述諭旨所發內容。函中説此事經乾隆皇帝屢次詢問，亦在情理之中。之後，六月二十日大學士舒赫德、于敏中，協辦大學士阿桂、程景伊，吏部左侍郎德保、董誥，吏部右侍郎瑚世泰、吴嗣爵奏遵旨詳議文淵閣官制及赴閣閲抄章程②；七月初六日諭“大學士舒赫德、于敏中著以原銜充文淵閣領閣事。署內閣學士劉墉、詹事金士松，侍讀學士陸費墀、陸錫熊，侍講學士紀昀、朱珪，俱著以原銜充文淵閣直閣事”③。關於文淵閣復建之事、職司之事、閣內佈置、閣外配建等情形，有相關史料記載，見《欽定日下舊聞考》《(乾隆)御製詩注》《乾隆朝上諭檔》《欽定總管內務府現行則例》《國朝宫史續編》《欽定清會典事例》《紀文達公集》《守意龕集》《養吉齋叢録》

---

① 中國第一歷史檔案館編：《纂修四庫全書檔案》上册，上海：上海古籍出版社，1997年版，第518頁。

② 按，參《大學士舒赫德等奏遵旨詳議文淵閣官制及赴閣閲抄章程摺》，見《纂修四庫全書檔案》上册，上海：上海古籍出版社，1997年版，第523–528頁。

③ 中國第一歷史檔案館編：《纂修四庫全書檔案》上册，上海：上海古籍出版社，1997年版，第529頁。

《郎潛紀聞》《清故宫文淵閣實測圖説》等。另,《清宫述聞》有關於文淵閣史料的部分輯録,可參看[①]。

① 章乃煒、王藹人:《清宫述聞》(正續編合編本)上册,北京:故宫出版社,2012年版。

第五十四通（陳垣本第五十四通）

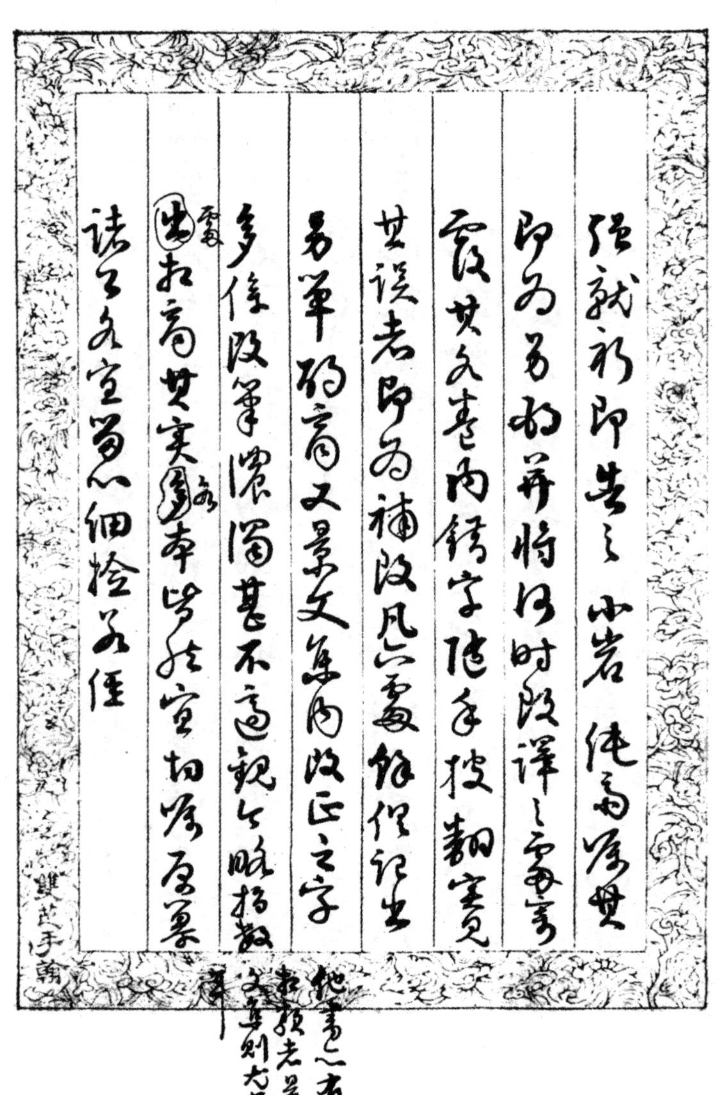

指

問鄰椿發者也又帶有黄斑者亦當換

今春當案內已摘出錄入單內另冊

因書隨手所寄繕錄一本其黄

斑更甚可細檢之至各內務處之

需似不便查致　從緩又不可不以告

閣部號達之另單附閱餘再生

耳山學士　　期弟[illegible]首　月廿四

曉嵐先生均此

釋　文

兩次寄到散篇一百十本，已隨報呈進。提要俱逐本檢閲，惟《景文集》略有可商，另單請酌。因尚非不可不改之病，仍照原本送上，俟寄回後酌定可耳。又《子淵集》“迺賢”作“納新”，對音甚不妥，不知館上何人所定，南音“賢”“延”音近，或作“納延”尚相合，若作“新”則與“賢”字母不同，斷難强就。祈即告之小岩、純齋，囑其即爲另酌，並將何時改譯之處寄覆。其各卷内錯字，隨手披翻，實見其誤者即爲補改，凡六處，餘俱記出，另單酌商。又《景文集》内改正之字，多係改筆，濃濁甚不適觀。今略指數處[①]相商，其實各[②]本皆然。（他書亦有相類，《景文集》則尤甚耳。）宜切囑原纂諸公，各宜留心細檢，若經指問，難於登答也。又帋有黄斑者，亦應换。今《産育集》内已録入，另單[③]。前日因查隱公事，所寄《經解》一本，其黄斑更甚，可細檢之。至簽内酌商之處，似不便直致總裁，又不可不以相聞，祈婉達之，外單附閲。餘再悉。耳山學士、曉嵐先生均此。

期［敏］中頓首　六月廿四日

繫　年

此函作於乾隆四十一年六月廿四日。

陳垣先生考此札稱“耳山學士”，陸錫熊四十年七月後始授翰林院侍讀學士，定此札爲四十一年。今依此。

箋　證

散篇提要指的是《永樂大典》輯佚書提要，共有一百一十本。

---

① 按，“處”，原札圈改“出”字爲“處”。

② 按，“各”，原札圈改“多”字爲“各”。

③ 按，“録入另單”，原札圈改“據書録入單内”爲“録入另單”。

第二十二通云“閲酌定散篇條例，妥協周詳，欽佩之至。惟末條云‘纂定之時，另録副本，方無舛漏’，似應略有分别。蓋所集四百餘種，未必盡能湊合成書，亦未必盡皆有用。誠如前札所云，不過得半之局”，如此計算至四十一年應該有九百餘種輯佚書。據函知，于敏中在將提要進呈乾隆御覽前先行“逐本檢閲”，足可見其對修書工作之上心。其細緻之處又如下文所指出的三點：一、書籍内改正之字，濃濁甚不適觀，要求原纂諸公留心細檢；二、針對用紙提出要求，有黄斑者要更换；三、于氏所指出的酌商之處，另單附閲，並授意陸錫熊婉轉傳達各總裁。

《景文集》，即宋祁《宋景文集》，《總目》著録《永樂大典》輯佚本。提要對此書版本考稱："據本傳稱，集百卷，《藝文志》則稱百五十卷，又有《濡削》一卷、《刀筆集》二十卷，已與本傳不符。馬端臨《通考》亦稱百五十卷，《書録解題》暨焦竑《經籍志》俱止稱百卷，王偁《東都事略》則文集百卷之外，又有《廣樂記》六十五卷。記載互殊，莫詳孰是。陸游集載祁詩有《出麾小集》《西州猥稿》，蜀人任淵曾與黄庭堅、陳無已二家同注，今亦不傳。近人所傳北宋小集中有《西州猥稿》一種，乃從《成都文類》《瀛奎律髓》《文翰類選》諸書采輯而成，非其原帙。兹就《永樂大典》所載，彙萃裒次，釐爲六十有二卷，又旁採諸書，纂成《補遺》二卷，並以軼聞餘事各爲考證，附録於末。"[①] 今日本宫内省有《景文宋公集》一百五十卷宋刻本殘本，存三十二卷；又有南宋建安麻沙刻本，存卷二六至三二、八一至八五、一二〇至一二五；又有佚存叢書本，存三十二卷[②]。

《子淵集》，即元張仲深《子淵詩集》，六卷，《永樂大典》本。于敏中對“迺賢”“納新”音譯問題提出意見，于氏針對的當是《子淵詩集》提要稿中的文字。今定本《總目》保留納新之名，未

① 紀昀等：《欽定四庫全書總目》下册，北京：中華書局，1997年版，第2040頁。
② 中國古籍總目編纂委員會編：《中國古籍總目·集部》第一册，北京：中華書局、上海：上海古籍出版社，2012年版，第183頁。

從于氏所説，提要云："納新《金臺集》有《懷明州張子淵》七律一首……玆分體綴輯，得詩六卷，多與納新、楊維楨、張雨、危素、袁華、周煥文、韓性、烏本良、斯道兄弟唱和之作，而納新爲尤夥。"①《欽定遼金元三史國語解》提要中有館臣按語稱"'納新'原本誤作'迺賢'，今改正"②。又，《河朔訪古記》(《永樂大典》本）中亦有按語云"郭囉洛原作葛邏禄，納新原作迺賢，今改正"③，提要中說"此書實納新作，焦氏考之未審。序稱十六卷，焦氏作十二卷，亦誤也。納新族出西北郭囉洛，因以爲氏。郭囉洛者，以《欽定西域圖志》考之，即今塔爾巴哈臺也。元時色目諸人，散處天下，故納新寓居南陽，後移於鄞縣"④。《總目》所收《金臺集》作"元納新撰"，自注"原本作乃賢，今改正"⑤。汪元量《汪水雲詩抄》、危素《危學士全集》、無名氏《宋遺民録》提要中皆作"納新"。今國家圖書館藏《羽庭集》六卷，其中有校改元代姓氏多處，如"蒲察"改"富察"、"迺賢"改"納新"、"葛邏禄"改"郭囉羅"等⑥。

關於音譯問題，于敏中提到兩個人，即小岩、純齋。小岩，即宋銑。銑"字舜音，號小岩，江南吴縣人，散館授編修，歷官湖南衡州府知府，罷復授編修"⑦。純齋，即劉錫嘏。錫嘏事蹟正史無傳，據《清實録》《書林藻鑑》《國朝書畫家筆録》《清畫家詩史》《甌缽羅室書畫過目考》等作者小傳記載，略得信息如下：錫嘏，字純齋，一字淳齋，號拙存，順天通州人，乾隆己丑（三十四年）

---

① 紀昀等：《欽定四庫全書總目》下册，北京：中華書局，1997年版，第2241-2242頁。

② 紀昀等：《欽定四庫全書總目》上册，北京：中華書局，1997年版，第640頁。

③ 紀昀等：《欽定四庫全書總目》上册，北京：中華書局，1997年版，第973頁。

④ 紀昀等：《欽定四庫全書總目》上册，北京：中華書局，1997年版，第974頁。

⑤ 紀昀等：《欽定四庫全書總目》下册，北京：中華書局，1997年版，第2241頁。

⑥ 按，見國家圖書館藏《羽庭集》。王重民《中國善本書提要》收録此書（第543頁）。

⑦ 朱汝珍：《詞林輯略》卷四，周駿富輯《清代傳記叢刊》第一六册學林類一八，臺北：明文書局，1985年版，第191頁。

進士，官江蘇淮徐道，精書法，工墨梅，有《十硯齋集》[①]。宋銑、劉錫嘏在浙本《總目》職名表中爲提調官，據此函知其二人兼任四庫對音官，又據《纂修四庫全書檔案》知，宋、劉又參與《金史》《遼史》《元史》《明史》《大清一統志》等書籍編纂，任纂修官。

《產育集》，即《產育寶慶方》，二卷，《永樂大典》本。《四庫全書》收録此書，《總目》對此書版本及輯佚本情況有詳細介紹。此二卷内容係"載於《永樂大典》者，得論二十一、陳言評十六、方三十四爲一卷，《產乳備要》暨經氣妊娠等證方六十二爲一卷，其《體元子借地法》，《永樂大典》佚不載，今亦闕焉"[②]。

① 按，主要見李濬之《清畫家詩史》丁下，周駿富輯《清代傳記叢刊》第七六册藝林類一二，臺北：明文書局，1985年版，第263頁。竇鎮《國朝書畫家筆録》卷二，周駿富輯《清代傳記叢刊》第八二册藝林類二二，臺北：明文書局，1985年版，第196頁。

② 紀昀等：《欽定四庫全書總目》上册，北京：中華書局，1997年版，第1346頁。

第五十五通（陳垣本第五十五通）

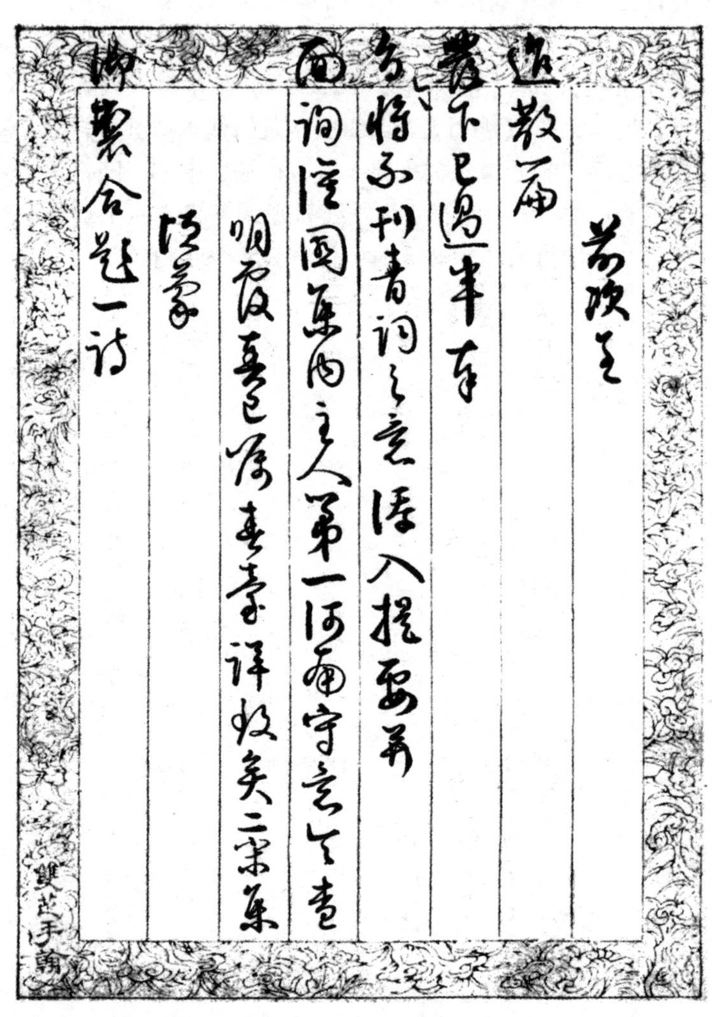

諸杉西集前并書之，自當并入（將此書）提要載
鈔將後一段意改作之，未高名其
遺集同時並出，且均起
魁豈以更親切耳。參要定經史子三種
但已足數，惟集部一門缺者尚多數
於內府出之集，以陸續付鈔爲好
座中如姻藏之也，未假承之
曉嵐先生閣下　[illegible]頓首

釋　文

前次呈進散篇，發下已過半。奉旨令將不刊青詞之意添入《提要》，並面詢《灌園集》内“主人第一河南守”意，今查明覆奏。已囑春臺詳致矣。《二宋集》頃蒙御製合題一詩，諭於兩集前并書之，自當將此意并入《提要》，或將[①]後一段意改作兄弟齊名，其遺集同時並出，且均邀題賞，似更親切耳。《薈要》處經、史、子三種俱已足數，惟集部所缺尚多。散片内辦出之集，以陸續付鈔爲妙，庶可如期蕆工也。率候，不一一。曉嵐先生均此。

期［敏］中頓首　六月廿七日

繫　年

此函作於乾隆四十一年六月廿七日。

繫於四十一年，原因有三：一、不刊青詞之諭頒於四十年十一月十六日，《諭内閣〈學易集〉等有青詞一體跡涉異端抄本姑存刊刻從删》云：“據四庫全書館總裁將所輯《永樂大典》散片各書進呈，朕詳加披閱，内宋劉跂《學易集》十二卷，擬請刊刻。其中有青詞一體，乃道流祈禱之章，非斯文正軌……見其有道曉（院）青詞、教坊致語之類，命删去刊行，而抄本仍存其舊……惟當於提要内闡明其故，使去取之義曉然。”[②] 此函“奉旨令將不刊青詞之意添入《提要》”在六月廿七日，因而當是四十一年。二、四十年十二月初九日于敏中、王際華奏請將《薈要》覆校改爲分校並添設總校二員，請旨摺中説：“凡各分校已校之書，彙交提調登册，由提調分發兩總校，細加磨勘，分别功過，改正舛誤，登列黄簽並各書銜於上，以專責成。俟積得數百册，仍彙交提調呈

---

① 按，“將”字前，原札圈删“就”字。

② 中國第一歷史檔案館編：《纂修四庫全書檔案》上册，上海：上海古籍出版社，1997年版，第474頁。

送，臣等再加詳核，然後進呈御覽……臣等即將《薈要》一萬册，每人各派給五千，令其陸續上緊趕辦。仍勒限以開年爲始，每季辦成書二千册，統於乾隆四十二年春季，將第一分《薈要》全行告竣。”[①] 其中云“以開年爲始”即從四十一年開始。又，本函言“《薈要》處經、史、子三種俱已足數，惟集部所缺尚多。散片内辦出之集，以陸續付鈔爲妙，庶可如期蕆工也”，亦即至六月廿七日經、史、子三種已辦好，如期蕆工則是四十二年春季第一份《薈要》全行告竣，因此此函作年爲四十一年。三、函中提到《二宋集》，即宋庠《元憲集》和宋祁《景文集》，第五十四通提及《景文集》，兩函内容承接，亦可推斷作於四十一年。

箋　證

集中不刊青詞僅四十年頒過一道諭旨。此函提及在《永樂大典》輯佚書提要中添入相關旨意，今定本《總目》著録大典本《學易集》提要就説“今恭承聖訓，於刊刻時削去青詞，以歸雅正”[②]。《蘆川歸來集》提要亦遵從諭旨，“雜文多禪家疏文、道家青詞，今從芟削”[③]。然並非所有大典本輯佚散篇都將青詞删去，而是根據文集具體情形分别對待，如《華陽集》提要云：“至其中有青詞、密詞、道場文、齋文、樂語之類，雖屬當時沿用之體，而究非文章正軌，不可爲訓。今以原集所有，姑附存之，而刊本則概加删削焉。”[④]《丹陽集》提要稱：“惟青詞、功德疏、教坊致語之類，沿宋人陋例，一概濫載於集中，殊乖文體。流傳既久，姑仍其舊，付諸無譏之列可矣。”[⑤]《雪山集》提要云：“至集中‘青詞’一體，

---

① 中國第一歷史檔案館編：《纂修四庫全書檔案》上册，上海：上海古籍出版社，1997年版，第489頁。

② 紀昀等：《欽定四庫全書總目》下册，北京：中華書局，1997年版，第2080頁。

③ 紀昀等：《欽定四庫全書總目》下册，北京：中華書局，1997年版，第2113頁。

④ 紀昀等：《欽定四庫全書總目》下册，北京：中華書局，1997年版，第2046頁。

⑤ 紀昀等：《欽定四庫全書總目》下册，北京：中華書局，1997年版，第2093頁。

本非文章之正軌，謹欽遵諭旨，於繕録之本姑仍其舊，於刊刻之本，則概予芟除。"[①]《渠庵集》提要曰："惟祈禳青詞本非文章正體，恕素以明道興教自任，更不宜稍涉異端。乃率爾操觚，殊爲失檢。今以其原集所有，姑附録之，而並糾其失於此焉。"[②] 另，除大典本輯佚書外，各省進呈書目提要中亦對文集中有青詞者著意提點。

《灌園集》，二十卷，《永樂大典》本。《總目》云"其子鬱編次遺文爲三十卷……十不存一。今據《永樂大典》所載，裒輯薈萃，篇帙尚夥。謹依類排次，釐爲二十卷"[③]。集内無"主人第一河南守"之句，于氏所言不知何意。

春臺，指孫永清。永清，字宏圖，一字（或作號）春臺，江南無錫人。二十二年爲諸生，入廣東布政使胡君文伯幕。乾隆南巡召試，列爲二等。三十三年順天鄉試舉人。三十四年會試，取授内閣中書，旋入直軍機房撰擬，悉當大學士劉文正（統勳）公、于文襄（敏中）公倚如左右手。三十八年遷内閣侍讀，充方略館纂修、提調官，又充文淵閣校理，四庫館纂修[④]，有《寶嚴堂詩鈔》。事蹟見王昶《兵部侍郎廣西巡撫孫君永清墓誌銘》《清史稿》《國朝詩人徵略初編》等。

宋庠《宋元憲集》四十卷，《總目》著録《永樂大典》輯佚本；《宋景文集》六十二卷《補遺》二卷《附録》一卷，亦從《永樂大典》輯出。文淵閣庫書兩集卷首及《御製詩》四集中均有《御製題元憲景文集並各書其卷首（有序）》一詩，詩云："二宋合刊曾紀王，惜哉分集失傳詳。學如有本終難晦，行不負言久益彰。伯也孤風表雅操，仲兮强識富文章。雖稱儉過及奢過，弗愧元方與季方。收拾碎珍得全册，吟題七字冠前行。休嗤大典紛割裂，愛

① 紀昀等：《欽定四庫全書總目》下册，北京：中華書局，1997年版，第2127頁。

② 紀昀等：《欽定四庫全書總目》下册，北京：中華書局，1997年版，第2227頁。

③ 紀昀等：《欽定四庫全書總目》下册，北京：中華書局，1997年版，第2083頁。

④ 王昶：《兵部侍郎廣西巡撫孫君永清墓誌銘》，《春融堂集》卷五四，《續修四庫全書》第一四三八册，上海：上海古籍出版社，2002年版，第207-209頁。

禮幸兹存餼羊。”[①]于氏建議“將後一段意改作兄弟齊名，其遺集同時並出，且均邀題賞，似更親切”，今定本《總目》將此建議納入提要之中。《宋景文集》提要稱“祁兄弟俱以文學名，當時號大宋、小宋。今其兄庠遺集已從《永樂大典》採掇成編，祁集亦於蠹蝕之餘得以復見於世。雖其文章足以自傳，實亦幸際聖朝表章遺佚，乃得晦而再顯，同邀乙夜之觀，其遭遇之奇，良非偶然也”[②]，此段與于敏中函中所云相和。

此函言及《薈要》的辦理。乾隆四十年十二月初九日《大學士于敏中等奏請將〈薈要〉覆校改爲分校並添設總校二員摺》稱：

臣于敏中、臣王際華謹奏，爲奏明請旨事。

臣等承辦《四庫全書薈要》，原擬二年半繕竣，續因書有增添，較初定幾加一倍，是以展限一年。今以謄録二百人計日程功，自可如限於四十一年冬底畢工。惟是繕寫雖可報竣，而校對難以剋期。雖曾定有分校、覆校字數章程，而虧欠纍纍，且所校之書，仍多亥豕，須臣等逐一簽改，始克進呈。比經睿覽，尚有舛誤，蒙指示者不一而足，自不得不倍加詳慎。是以辦書以來，僅進過二千册，尚有一萬册未進，亟應設法調劑，以冀早得觀成。

查本處額設分校官二十二員，覆校官十二員。向以分校收校謄録之書，以覆校稽核分校之書，層層相臨，原期毫無舛誤。但行之既久，覺多一層轉折，即多數日稽遲，且或分校、覆校彼此互相倚恃，反致多有掛漏。應請將《薈要》覆校通改爲分校，所有謄録二百人，均匀分派，每員約管六人，則每日僅各收繕書六千字，儘可從容詳校。其中謄寫平常者，亦責令即行駁换，以便及時賠寫。倘有仍前校對草率，稽延

① 乾隆：《御製詩四集》卷四一，《景印文淵閣四庫全書》第一三〇八册，臺北：臺灣商務印書館，1986年版，第22頁。

② 紀昀等：《欽定四庫全書總目》下册，北京：中華書局，1997年版，第2040頁。

缺課，并繕録不如式者，臣等查出並即辦理，輕則記過退缺，重則據實參奏，庶使人知謹凛，不致苟且塞責。

至各分校校出之書，臣等自應逐一覆閲進呈。但書籍浩繁，目力一時難周，仍恐不能迅速。臣等公同商酌，應請添設總校二員，專司其事。凡各分校已校之書，彙交提調登册，由提調分發兩總校，細加磨勘，分别功過，改正舛誤，登列黄簽并各書銜於上，以專責成。俟積得數百册，仍彙交提調呈送，臣等再加詳核，然後進呈御覽。所需之員，臣等查有候補國子監監丞侍朝，原充本處覆校，又查有候選内閣中書張能照。臣等現在延致辦書二人，俱係江南進士，學問素優，辦事實心，堪任其事。理合奏明請旨，即令二人補《薈要》處總校官。如蒙俞允，臣等即將《薈要》一萬册，每人各派給五千，令其陸續上緊趕辦。仍勒限以開年爲始，每季辦成書二千册，統於乾隆四十二年春季，將第一分《薈要》全行告竣。如此則事有專責，不致散漫難稽，而書得速成，亦可遞辦次分矣。

再，查侍朝、張能照，俱係應補七品京官，自備資斧效力，可否仰邀聖恩，照四庫全書纂修邵晋涵等之例，賞給庶吉士銜，毋庸給與俸禄。俟一年之後，如果奮勉得力，依限完工，臣等届時再行奏聞，請旨實授，與乙未科庶吉士一體散館，以示鼓勵之處，出自皇上天恩。①

奏摺中詳細説明了《薈要》辦理全竣的時間、所需人員、所成册數。此函云“散片内辦出之集，以陸續付鈔爲妙，庶可如期蕆工”，即進行大典本輯佚書的抄録。四十一年三月二十日承辦四庫全書及《薈要》事的王際華去世，董誥接辦所有《薈要》事務，

① 中國第一歷史檔案館編：《纂修四庫全書檔案》上册，上海：上海古籍出版社，1997年版，第488–489頁。

但于敏中依然是實際參與並全面統籌辦理《薈要》一書之人。乾隆四十二年七月十一日《大學士于敏中等奏請再添設總校辦理〈四庫全書薈要〉摺》即是于敏中、董誥二人請旨，據其所云“本年内第一分《薈要》一萬二千册可期全竣，其第二分業經發交謄録繕寫。據陸續交到已有三千二百餘册，存貯武英殿”[①]知，《薈要》辦理一事，于敏中在時間和人員的安排上均甚爲上心。

① 中國第一歷史檔案館編：《纂修四庫全書檔案》上册，上海：上海古籍出版社，1997年版，第635頁。

第五十六通（陳垣本第五十六通）

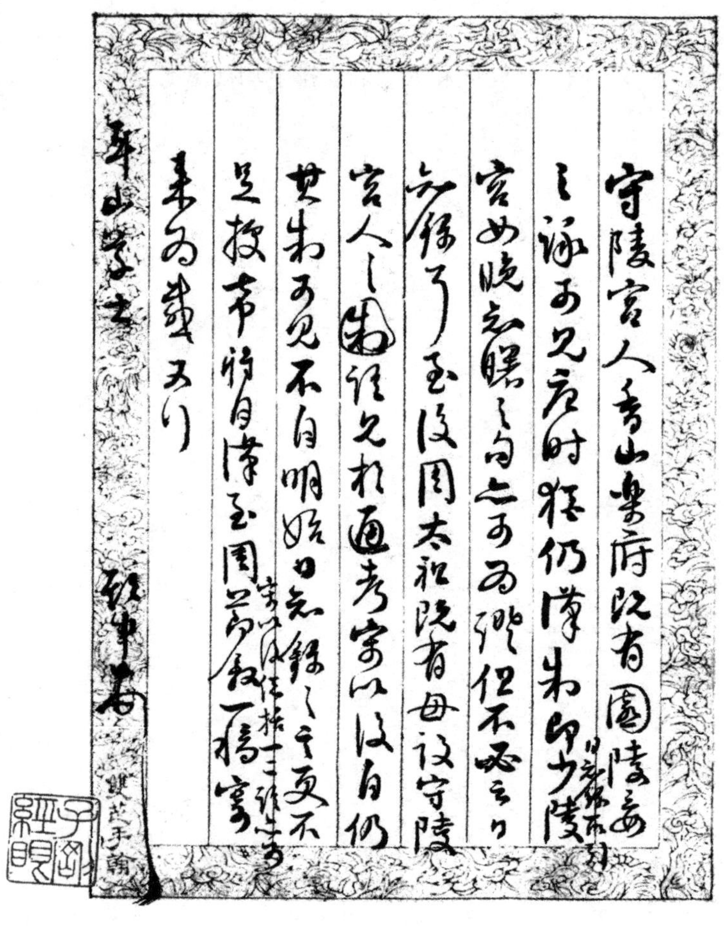

釋　文

守陵宫人，《香山樂府》既有《園陵妾》[①]之詠，可見唐時猶仍漢制，即《日知録》所引少陵“宫女晚知曙”之句，亦可爲證。但不必云《日知録》耳。至後周太祖既有毋設守陵宫人之語[②]，見於《通考》，宋以後自仍其制，可見不自明始，《日知録》之言更不足據。希將自漢至周節叙一稿（宋以後總括一二語亦可），寄來爲感。又拜。耳山學士。

期［敏］中頓首

繫　年

此函作於乾隆四十一年。今據影印本順序暫編於此。函中稱“耳山學士”，據陸錫熊任翰林院侍讀學士時間，此函或作於四十年七月之後，胡適作此考。但署“耳山學士”之札，只有此通及第五十四通，而四十年所作的八通信札，無一有此稱。特别是第五十二通，作於四十年八月廿九日，亦未以學士稱之。因而此函繫於四十一年更爲合理。

箋　證

白居易新樂府中詠“園陵”者有《陵園妾》一首，詩云：“陵園妾，顔色如花命如葉。命如葉薄將奈何，一奉寢宫年月多。年月多，時光换，春愁秋思知何限？青絲髮落叢鬢疏，紅玉膚銷繫裙慢。憶昔宫中被妒猜，因讒得罪配陵來。老母啼呼趁車别，中官監送鎖門迴。山宫一閉無開日，未死此身不令出。松門到曉月徘徊，柏城盡日風蕭瑟。松門柏城幽閉深，聞蟬聽燕感光陰。眼看菊蕊重陽淚，手把梨花寒食心。把花掩淚無人見，緑蕪墻繞青

① 按，于氏誤記，應爲《陵園妾》。
② 按，“語”字前，原札圈删“制”字。

苔院。四季徒支妝粉錢，三朝不識君王面。遥想六宫奉至尊，宣徽雪夜浴堂春。雨露之恩不及者，猶聞不啻三千人！我爾君恩何厚薄，願令輪轉直陵園，三歲一來均苦樂。”[①] 此詩可與《上陽白髮人》相互參證，具體見陳寅恪《元白詩箋證稿》[②]。

“宫女晚知曙”出自杜甫《橋陵詩三十韻因呈縣内諸官》，詩云：“先帝昔晏駕，兹山朝百靈。崇岡擁象設，沃野開天庭。即事壯重險，論功超五丁。坡陀因厚地，却略羅峻屏。雲闕虚冉冉，風松肅泠泠。石門霜露白，玉殿莓苔青。宫女晚知曙，祠官朝見星。空梁簇畫戟，陰井敲銅瓶。中使日夜繼，惟王心不寧。豈徒恤備享，尚謂求無形。孝理敦國政，神凝推道經。瑞芝産廟柱，好鳥鳴巖扃。高嶽前嵂崒，洪河左瀅濴。金城蓄峻趾，沙苑交迴汀。永與奥區固，川原紛眇冥。居然赤縣立，臺榭争岧亭。官屬果稱是，聲華真可聽。王劉美竹潤，裴李春蘭馨。鄭氏才振古，啖侯筆不停。遣辭必中律，利物常發硎。綺繡相展轉，琳琅愈青熒。側聞魯恭化，秉德崔瑗銘。太史候鳧影，王喬隨鶴翎。朝儀限霄漢，容思回林坰。轗軻辭下杜，飄飖凌濁涇。諸生舊短褐，旅泛一浮萍。荒歲兒女瘦，暮途涕泗零。主人念老馬，廨署容秋螢。流寓理豈愜，窮愁醉不醒。何當擺俗累，浩蕩乘滄溟。”[③]

《日知録》關於守陵宫人的考證如下：“金太宗天會二年二月詔：‘有盗發遼諸陵者罪死。’七年二月甲戌詔：‘禁醫巫閭山遼代山陵樵采。’獨元之世祖縱楊璉真伽發宋會稽攢宫不問，此自古所無之大變也。本朝洪武九年八月己酉，遣國子生周渭等三十一人，分視歷代帝王陵寢，命‘百步内禁人樵牧，設陵户二人守之。有

① 白居易撰，朱金城箋校：《白居易集箋校》第一册卷四，上海：上海古籍出版社，1988年版，第238–239頁。

② 陳寅恪：《元白詩箋證稿》第五章，北京：生活·讀書·新知三聯書店，2001年版，第274–277頁。

③ 杜甫著，仇兆鼇注：《杜詩詳注》第一册卷三，北京：中華書局，1979年版，第232–237頁。

經兵燹而崩摧者，有司督近陵之民以時封培。每三年一遣使致祭’。其後每登極詔書並有此文，而有司之能留意者鮮矣。”[①]于氏據以認定宫人守陵自明始。

于氏所言“勿設守陵宫人”見於《文獻通考》，其記載如下：“周太祖崩，葬嵩陵，在鄭州新鄭縣。先時帝屢戒晋王曰：昔吾西征見唐十八陵無不發掘者，此無他，惟多藏金玉故也。我死當衣以紙衣，斂以瓦棺，速營葬，勿久留宫中，壙中無用石，以甓代之。工人徒役，皆和雇，勿以煩民。葬畢，募近陵民三十户，蠲其雜徭，使之守視。勿修下宫，勿置守陵宫人，勿作石羊虎人馬。惟刻石至陵前云：周天子平生好儉約，遺令用紙衣瓦棺，嗣天子不敢違也，汝或違吾，吾不福汝。”[②]

① 顧炎武著，黄汝成集釋，欒保群、吕宗力點校：《日知録集釋全校本》中册卷一五，上海：上海古籍出版社，2006年版，第884-885頁。

② 馬端臨：《文獻通考》上册卷一二五，北京：中華書局，1986年版，第1127頁。

附　録

一、《于文襄手札》諸跋

何士祁跋

于文襄手札兩册，扈從木蘭時，四庫局諸公商酌考訂，此耳山先生所留存者也。其兢業詳慎之意溢於楮墨之間，當時侍從之臣能盡其職於此益見。而高廟稽古右文，於秋獮談武之餘，猶按日披覽，發凡示例，悉禀睿裁。用以人文化成，嘉惠來兹，誠前古所未有也。紫珊[①]丈公以見示，捧讀一過，謹誌數語於册尾。時道光戊申正月廿又八日，山陰何士祁書於上海署齋。

［何士祁印］(印)

黄芳跋

此上海陸小耳所存于文襄寄其先人手札，道光戊申歸於春暉堂徐氏，咸豐戊午徐氏負官錢以書畫抵還，余因得之。按文襄撤賢良祠在乾隆五十二年，總裁四庫全書之罰也。先是搜訪遺書，開局辦理，爲期二十餘年之久，寫書有六百餘人，而校勘之官不在此數。諸君營求入局，糜俸怠事。及至臨時呈進，始爲翻閱，

① 按，徐渭仁（1788—1855），字文台，號紫珊、子山、不寐居士。上海人。清著名藏書家、金石學家、書畫家。

以致謬誤不可收拾。而盛京閣貯之書，竟有裝潢無字者，因之命耳山先生特赴覆校。天氣驟寒，衣裘未至，凍死旅舍。此兩册皆在局往來札商，和衷同濟，略無意見，藹然如晤，前人之虚懷不可及如此。荷汀黄芳。戊申作甲辰。

［黄仲子］［嶽麓山人］（印）

按，文襄撤賢良祠，乾隆五十三年，總裁四庫全書之罰也。先是諸公營求入局，糜俸怠事，歷時二十餘年之久，寫書有六百餘人。及臨時進呈翻閲多裝訂無字者，因之命耳山先生覆校。天氣驟寒，衣裘未至，凍死旅舍。此兩册皆其往來札商，和衷同濟，略無意見，藹然如晤，前人之虚懷不可及如此。且比比與全書有關考證者，閲者勿以尋常尺牘視之。同治元年壬戌立秋前四日，黄芳書於天光雲影樓試張子和羊毫。

［黄仲子］［嶽麓山人］（印）

陳垣《書于文襄論四庫全書手札後》

右于文襄敏中致陸耳山錫熊論四庫全書事手札五十六通，計附函五，無月日及有日無月者各七，月日具者三十七，然皆無年，不易得其次序。函中最早者五月十八，最晚者九月初十，蓋扈從木蘭時所發，而年則不止一年。其中用箋二種，六月十一、七月初七、七月十三，均有二函，而用箋不同，殆非一年之書。又六月望日三函，其二函箋式相同，且有另札另寄語，知爲一日二書；其一函用箋不同，亦非一年之書也。原編徒以月日爲次，故事實多倒置，今細爲考證，知其間實有四年。六月初三日函云："聞初一夜雨甚大，較廿一之雨如何？"據實録，乾隆卅八年五月廿三日諭：廿一日懷柔、密雲一帶大雨，則此六月係卅八年。七月朔日函，述璞函從軍死事，璞函趙文哲，死於卅八年六月金川之役，則此七月亦卅八年。七月十三日、九月八日函，均述及諸城，諸城爲劉統勳，卒於卅八年十一月，則此七月九月亦卅八年。五月廿三日函，述黄副憲謝賞佩文韻府，黄登賢等賞佩文韻府見卅九年五月十四日諭，則此五月爲卅九年。七月初六日函云："接李少司空札，水經注尚有可商，希與東園言之。"李友棠卅八年八月始擢工部侍郎，水經注卅九年十月校上，則此七月爲卅九年。七夕函稱"舊五代史進呈後已蒙題詩"，舊五代史進呈於四十年七月三日，則此七夕爲四十年。五月廿二日函，稱紀、陸兩學士，六月廿四日函，稱耳山學士，陸錫熊四十年七月後始授翰林院侍讀學士，此稱學士於五月六月，當爲四十一年。據起居注，乾隆卅八年五月八日啓鑾秋獮木蘭，九月十二日回京，卅九年五月十六日啓鑾，九月十二日回京，四十年五月廿六日啓鑾，九月十六日回京，四十一年五月十三日啓鑾，九月十六日回京，故此諸函前後亘四年，而不出五月八日以前，九月十六日以後也。編纂四庫全書掌故，私家記載極稀，諸函備述當時辦理情形，多爲官文書所不及，事關中秘，殊可寶貴。于敏中以大學士總裁其事，據尋常觀察，必以爲徒擁虚名，機軸實出紀、陸二人之手，今觀諸札，所有體例之訂定，部居之分别，去取之標準，立言之法則，敏中均能發縱指示，密授機宜，不徒畫諾而已。雖其説與今四庫内容不盡相符，如六月廿三日函云："文選照汲古閣本抄録最妥，若别用六臣注本，並寫既多費工夫，又與御覽之本不合。"今總集類六臣注文選仍與汲古閣本並録。六月廿四日函云："子淵集迺賢作納新，對音甚不妥，祈即告小岩（宋銑）、純齋（劉錫嘏）囑其另酌。"今别集類金臺集、子淵集迺賢仍作納新，蓋因四庫全書之成，在敏中既卒之後，館臣不盡從其説也。然敏中學術之名，久爲高官所掩，此册刊出，可一改從前觀察。其他遺聞軼事，足資考鏡者尚夥。今日四庫全書精華，允推大典本，集部卷帙尤富，而當時士論，並不重視，據七月十三日函，劉統勳曾有不樂裒輯之意，于敏中亦以鷄肋比之，更有主張集部概行不辦者。另一七月十三日函云：竹君火氣太盛，諒亦因此。又曹習菴仁虎承辦熱河志，欲查各處行宫間架方向，此言營造學者所樂聞也，而敏中六月十七日函則曰"何必爲此費力而不討好之事"，又曰"節外生枝，徒自苦而無益”，蓋欲急於成書，不暇求備。全四庫書率如此，不獨一熱河志爲然。統觀諸札，辦書要旨：第一求速，故不能不草率；第二求無違礙，故不能不有所删改；第三求進呈本字畫無訛誤，故進呈本以外，訛誤遂不可問。敏中亦深知其弊，故其奉辦日下舊聞考附函有曰“此書私辦更勝於官辦”；六月十一日函亦曰“欲將玉海校正，另行刊板，不由官辦更妥”。然則世之震驚四庫全書者可以不必矣。此册舊爲上海徐氏所藏，後歸星沙黄氏，今歸武進陶氏，由北平圖書館重爲編次，付諸影印。黄氏跋謂敏中之撤賢良祠，係總裁四庫全書之罰，絶非史實，附正於此。民國二十二年立秋後四日。新會陳垣書於静宜園之見心齋。

——録自《陳垣學術論文集》(第二集)，
中華書局，1982年版，第43–45頁。[①]

陳垣《再跋于文襄論四庫全書手札》[②]

右于文襄辦四庫時手札二册，余昔見之陶蘭泉所爲册頁式，札皆有月無年，編次錯亂，袁君守和屬爲訂正，付北平圖書館影印，此民國廿二年事也。今謝君剛主携此册見示，則已照余所編改爲書本式，其第廿六及五十頁之收藏印章，即原本之首尾二頁，其第四十一頁之印章，則原本上册之末頁也。數年之間，物已三易其主，世變之亟，可爲浩歎，謝君其寶之。一九四二年春分後五日，新會陳垣。

——録自《陳垣學術論文集》(第二集)，
中華書局，1982年版，第59頁。

---

① 按，此文又載於《北平晨報·學園》一九三三年九月四日第十二版；《國立北平圖書館館刊》第七卷第五號（一九三三年九、十月合刊）；《圖書館學季刊》第七卷第四期（一九三三年十二月）；一九三三年國立北平圖書館影印《于文襄手札》附録；《陳垣史學論著選》(上海：上海人民出版社，1985年版)，陳智超編《陳垣四庫學論著》(北京：商務印書館，2012年版）亦收録此文。

② 按，題目爲編校者所加。

胡適《跋〈于文襄手札〉影印本》[1]

《于文襄手札》五十六通，民國廿二年（1933）北平圖書館影印本，有陳垣先生的長《跋》。

這五十六札，有三十七札是有月日的，有七札是有日無月的，有七札是無月日的；另有五箋是附函，没有月日。各札都無年分。其日子最早爲五月十八，最晚爲九月初十。從前的人誤認各札作於一年之中，故只依據[2]月日編排各札的先後。陳垣先生才依據各札内的事實，考定這五十六札是乾隆三十八年到四十一年，先後四年之中發的。在那幾年之中，于敏中每年五月隨從皇帝到熱河行宫避暑，八月間到木蘭圍場進圍，九月才回京。（陳《跋》云，"蓋扈從木蘭時所發"。此語不甚確。木蘭打圍時期甚短，而行宫避暑時期甚長。各札中只有第㊻札題"十九日木蘭第一程寄"，其下㊼㊽兩札亦似是扈從木蘭時所發。其餘各札，絶大多數是熱河行宫所發。）陳先生據《起居注》，考得這四年皇帝來往熱河的日期如下：

年分	"啓鑾秋獮"	回京
卅八年	五月初八	九月十二（依《實録》，應作十六日。此是從避暑山莊起程。二十二到京。）
卅九年	五月十六	九月十二（《實録》作十六日）
四十年	五月廿六	九月十六
四十一年	五月十三	九月十六

---

① 按，此題下有編者按語："本文又題《跋于敏中給陸錫熊的手札五十六通》。于敏中，字叔子，號耐圃，乾隆二年進士第一，累官至文華殿大學士兼户部尚書。陸錫熊，字健男，號耳山，乾隆時進士，任内閣中書直軍機處。本跋1945年7月23日寫成，8月20日又寫《後記》。録自《胡適遺稿及秘藏書信》第12册，黄山書社1994年12月版。"又按，手稿影印本收入耿雲志主編《胡適遺稿及秘藏書信》第十二册，合肥：黄山書社，1994年版，第310–355頁。又有排印本，見歐陽哲生編《胡適文集》（8），北京：北京大學出版社，1998年版，第527–539頁；季維龍整理《胡適全集》第十三卷，合肥：安徽教育出版社，2003年版，第528–542頁。今安徽本較北大本爲善，因據安徽本迻録，然其中亦有識讀訛誤之處，隨加脚注。爲保存胡文原本面目，部分識讀有誤之處未標註，讀者可查此書"釋文"部分。

② 按，安徽本漏"據"字，今補。

所以這五十六札的月日總不出五月八日以前，九月十六日以後。

陳垣先生根據這些事實，分别各函的年份：

> 第④札問六月初一夜大雨“較廿一之雨如何？”據《實録》，乾隆卅八年五月廿三日諭，廿一日懷柔、密雲一帶大雨。
>
> 第(15)札述“璞函從軍死事”。璞函爲趙文哲，死於卅八年六月金川之役。
>
> 第(18)札與第㉗札述及諸城，即劉統勳，死於卅八年十一月。
>
> 第㉘札述及黄副憲賞《佩文韻府》。黄登賢等賞《佩文韻府》見卅九年五月十四日諭。
>
> 第㉞札云：“接李少司空札，《水經注》尚有可商……希與東園言之。”李又棠[①]卅八年八月擢工部侍郎；《水經注》卅九年十月校上。
>
> 第㊳札云，“《舊五代史》進呈後已蒙題詩”。《舊五代史》進呈於四十年七月三日。
>
> 第㊸札與第㊹札都稱陸錫熊爲學士。陸錫熊四十年七月後始授翰林院侍讀學士。此二札作於五月與六月，當在四十一年。

北京圖書館依據陳垣先生考定年份的大間架，把這五十六札重行編定次序，影印發行。

我因爲考查戴震校的《水經注》的案子，注意到這一册手札，今年才得細細研究兩三遍。我很佩服我的老朋友陳垣先生考訂分年的方法精密。但我也看出了影印本的編次還有可以修正的地方。例如這裏面提及《水經注》的，共有兩札。前一札題“七月初六”，

---

① 按，應作“李友棠”，今識於此。

此本排在第㉞，陳先生考定在卌九年七月。但後一札題“初九日”，當是同年七月九日，或八月九日，何以排在第㊹，竟編入四十年八月去了！

因此，我把影印本各札編了號碼，依據各札的内容，重行編定這五十六札的年、月、日先後次序，大致如下：

札① 乾隆卌八年五月十八日。此札云，“頃奉還書諭旨，並議定印記章程”。此即卌八年五月十七日還書之諭，及劉統勳等所擬“刊刻木記，印於各書面頁，填注某官送到某人家所藏某書，並押以翰林院印，仍分别送檔存記[①]”之章程。此皆可確定此札之年月日。

札② 卌八年五月廿四日。

札③ 卌八年，無月日。札中云：“前蒙詢及館中現辦應刊應抄各種係何人專辦。中因舉李閣學以對。”李友棠卌八年五月擢内閣學士。此不但可考見此札年月，又可見李友棠在館中地位。

札④ 卌八年六月初三日。（陳《跋》考證此札之年，引見上文。）

札⑤ 初九日。

札⑥ 此是附函，其中論“《歷代紀元》一書……擬暫留録副寄還，希與自牧世兄言之。鍾淵映是名是字？何地人？或仕或隱？并希詢明寄知”。此與第④札借留《歷代建元考》録副，“煩爲先爲致勵公”同一事。《歷代建元考》是鍾淵映所著。自牧世兄即勵守謙也。故⑥札排在此，似不誤。

札⑩ 此札無月日，但有云：“今日召見時，詢及歷代訪求遺書之事，何代最多，最爲有益，可即詳悉查明，於十七日隨報發來……又前日詢催《熱河志》。可即促來寅（曹仁虎號來寅，又號來殷）儹辦，仍將現辦情形如何，先行寄知。”此札約計應在六月十五之前，故排在此。

① 按，《于文襄手札》作“造檔存證”，今識於此。

札⑪　此是上札的附函，云“聞邵會元已到”，又托問前歲《太后萬壽詩册》内“玉問”[1]出處。邵晋涵是乾隆三十六年辛卯科會元，正是“前歲”。

札⑦　卅八年六月望日。

札⑧　卅八年六月望日。此札中云：“《熱河志》屢奉詢催，萬難再緩。可切致習庵（曹仁虎），其‘互相查證’，及‘繕齊彙交’云云，乃歷來推託耽[2]延之故調，幸勿以此相誑也。”此札應在⑩札之後、⑫札之前。

札⑫　無月日。其中云“歷代求書本末，遲日另録清單進呈”，可見十七日陸錫熊答札⑩函已到了；又提及“玉問（閶）”，則是附函⑪囑問邵會元的回信已到了。此函月日當是六月十八日。説詳下。

札⑨　此是⑫札附函，無月日。影印本附在六月望日札⑧之下，是錯的。此雖是附函，長至兩紙，首云：“昨奉辦《日下舊聞考》，命僕總其成……其局擬設於蔣大人宅……此書凡例，茫無頭緒，足下可爲酌定款式一兩樣，略具大概。”卅八年六月十七日内閣奉上諭辦《日下舊聞考》：“著福隆安、英廉、蔣煬棨[3]、劉純煒選派所屬人員……並著于敏中總其大成……其如何釐定章程，發凡起例之處，著于敏中悉心酌議以聞。”故此附函作於六月十八日，無可疑。蔣大人即蔣煬棨（賜棨）。前札⑩囑陸錫熊查明歷代訪求遺書本末，“於十七日隨報發來”。當時驛報，一晝夜可達，故十八日可得北京十七日陸函，于氏答書後，因附一箋述《日下舊聞考》事。

札⑬　卅八年六月廿一日。札⑫附及“贍恩（此指《大典》本《河防通議》的作者贍恩）改作沙克什”問題[4]。此札云：“沙克什既於《提要》内聲明，自毋庸另注。”

---

①按，《于文襄手札》作“玉閶”，今識於此。下同。

②按，《于文襄手札》作“耽”。

③按，《纂修四庫全書檔案》作“蔣賜棨”，今識於此。

④按，“贍恩”應是“贍思”。

札⑭　無月日。當在六月廿一日之後，其中云“所定凡例大致極佳，感佩之至”，即是陸錫熊代擬的《日下舊聞考》凡例。

札⑮　卅八年七月朔日。陳垣先生據函中記“璞函（趙文哲）從軍死事”，考定爲卅八年。

札⑯　卅八年七月七日。

札⑰　卅八年七月十日。

札⑱　卅八年七月十三日。

札⑲　卅八年七月既望。

札㉑　卅八年七月二十日。中云：“十八之報，爲雨水阻滯八時，直至今早始到。”可見平時十八日之報，十九日下午可到熱河行宫。

札㉒　卅八年七月廿三日。此札末云：“邵、周兩君，並希致賀。”卅八年七月十一日有上諭，進士邵晋涵、周永年、余集，舉人戴震、楊昌霖……“著該總裁等留心試看年餘。如果……實於辦書有益，其進士出身者，准其與壬辰（三十七年）科庶吉士一體散館；舉人則准其與下科進士一體殿試，候朕酌奪降旨録用”。這時候，五人之中，邵、周已到館，故札中致賀。（邵到館，見札⑪。此諭是七月十一日下的，至廿三日札始致賀。大概周永年此時才到館。戴震到館在八月，見他十月卅日段玉裁手札墨蹟。）

札㉓　卅八年八月初二。

札㉔　卅八年八月初五日。此札首云：“叨荷渥恩，實慚非據。”此指于敏中爲文華殿大學士事。

札⑳　無月日。按上札問“《王子安集》（于氏自藏抄本《王子安集》，托陸氏用各省進到善本詳校，見札⑥）約計何時可得？”又札㉔問“《王子安集》所辦如何？”而札⑳云：“《王子安集》承費心，謝謝。”故排在此。又札㉔論“候補謄録，傳令抄書”事，云“昨已有札致王大農矣”。而札⑳云：“頃接錢塘宫傅（王際華，户部尚書，太子少傅，錢塘人）字云，傳謄録四十人，而札中又云六十人，何耶？”下札㉕仍論謄録事，故此札⑳應在㉔與㉕之間。

札㉕　卅八年八月初八日。

札㉖　卅八年八月廿一日。此札又提“《王子安集》承費清心，謝謝”。（此札中所論“南宋兩朝綱目”一案，可參看《兩朝綱目備要》的官本《提要》與邵晋涵《提要分纂稿》中的這篇《提要》原擬稿。）

乾隆三十八年八月十八日上論：“辦理四庫全書處將《永樂大典》内檢出各書陸續進呈。朕親加披閲，間予題評，見其考訂分排，具有條理。而撰述《提要》，粲然可觀，則成於紀昀、陸錫熊之手。二人學問本優，校書亦極勤勉……著加恩均授翰林侍讀，遇缺即補。”此札云：“又蒙詢及各種遺書分别應刊、應抄、應存、撰叙《提要》，約計何時可完。愚覆奏以約計後年當有眉目。此即兩公承恩之由……”札尾稱“耳山侍讀”，均指此論。

札㉗　卅八年九月八日。此爲卅八年最末一札，札中兩提“諸城”（劉統勳），陳垣先生定爲此年。（陳先生説：七月十三日⑱、九月八日㉗函，均提及諸城。其實七月望日⑲函也提及諸城。）

以上爲乾隆卅八年的手札二十七通。

札㉘　卅九年五月廿三日。札云：“今日黄副憲有謝賞《佩文韻府》之摺。館中紀侍讀、勵編修、汪學正三君似亦當呈謝。”陳垣先生考定此即指卅九年五月十四日賞黄登賢諸人《佩文韻府》之事。

札㉙　卅九年六月初五日。原有日而無月。札云：“遺書目録，六月底又可得千種，甚好。”影［印］本排在此，是也。

札㉚　卅九年六月十一日。

札㉛　卅九年六月十七日。以上三札都提到辦“燈聯”事，又提到《熱河志》“應查各件”。

札㉜　卅九年六月廿三日。

札㉝　卅九年六月廿九日。

札㉞　卅九年七月初六日。此即有名的論《水經注》第一札[①]，陳垣先生因《水經注》校上在卅九年十月，故定此札在卅九年。此札首論《意林》事，與上札㉝銜接；而㉝札提及㉜札所問“回雁高飛太液池”詩句，故影本排諸札於此。

札㊹　卅九年七月（？）初九日。此札原有日無月。影本誤編在乾隆四十年各札之後。誤編之故，是因爲自此以後各札均改用短箋，陳垣先生把短箋各札均編四十年五月之後。（說詳見下文札㊲條。）房兆楹、王重民兩先生因此札有“《水經注》既已另辦”等語，改定在卅九年八月初九日。我細考當時驛“報”的神速，于氏在初九日盡可得陸氏答覆初六日的信了。所以我定此札爲七月初九日。（此札主文論“檢查有無干礙之書”，云：“曾囑大農轉致［兩公］，並札致舒［赫德］中堂，知以上諭稿交閱。恭绎聖訓，便可得辦理之道也。”國會［圖書館］藏本上有鉛筆寫“三十九年八月五日上諭”一行，似是房兆楹君所記。此諭見《四庫全書檔案》頁30至31，即是檢查關礙之書，“盡行銷燬，杜遏邪言，以正人心而厚風俗”之諭。房君想必是因此諭月日爲八月初五，故定此札爲八月初九。但此札明說是“上諭稿”，可見其時諭旨尚未下。此札又論“各書［《提要》］注藏書之家，莫若即注首行大字下，更覺眉目一清，且省《提要》内附書之繁。惟各家俱進者，若盡取初者，似未平允。若俱載，又覺太多。似須酌一妥式進呈，方可遵辦耳”。此段全不提及卅九年七月二十五日上諭“於各書《提要》末”附載藏書家姓名或某人採訪所得的欽定辦法。此亦可證此札作於七月初九，在二十五日諭頒布辦法之前。）

札㊺　卅九年中秋日。此札與上札㊹都提到董其昌的《容臺集》後來列爲禁毀書之一，又都提及《元和郡縣志》與《太平寰宇記》，故此札似在此年。

札㊻　卅九年八月十九日。此札原題“十九日，木蘭第一程寄”。木蘭是圍場所在，八月是打圍時候。札中論“應毀三書”，

① 按，胡適手稿影印本中“《水經注》”后有“事”字，今識於此。

又泛論明人文集應毁禁或應删除有礙諸篇而存其目者；又論“南宋、明初之書，如字跡有礙，分别另辦”。皆與㊹㊺札相銜接。

札㊼　卅九年八月廿二日。

札㊽　卅九年八月廿八日。此兩札原有日無月。廿二日札云：“阿圭圖哨門外，地名有所爲（謂）‘石片子’者，每年進圍時於此放給馬匹。其地國語稱依爾格本哈達。依爾格本，謂詩；哈達，峰也……不知《熱河志》此地作何字？可向習庵詢明。”廿八日札又論此依爾格本哈達問題。此正在木蘭第一程之後的地名，故我定八月。廿八日札末又論到《大典》内輯出各書經御題“駁斥”者，應否抄存。所舉書爲《重明節館伴録》《都城紀勝録》《中興聖政草》，都是南宋人的書（此三書與《井田譜》都見卅九年正月八日重華宫茶宴《四庫全書聯句》詩注之内。）與㊻札所論相銜接。此上三札是扈從入圍，途中所作，故字跡潦草，間有誤字。

札㊿　卅九年九月初二日。問林和靖“疏影暗香”一聯與王摩詰“漠漠水田”一聯。

札㊿①　無年月。問杜詩“漁人網集澄潭下”可與杜詩或唐人詩何句作對。並囑“若能於初十日隨報寄來，尤感”。

札㊿②　卅九年九月初十日。首云“前報接寄覆和靖詩句之信”，故當與札㊿銜接。此札又云：“至《永樂大典》辦已年餘，當有就緒。若初次所分，至今未能辦得，亦覺太遲。俱係何人所遲？光景若何？即查明開單寄知……”據此段，此札應排在三十九年九月。若以影［印］本排在四十年九月，則辦《永樂大典》不止年餘了。（輯《永樂大典》内佚書之議，正式决定實行在乾隆三十八年二月。四庫館開始工作在三十八年三月。到卅九年九月，近一年又半了。）卅九年十月十八日諭：“《永樂大典》内由散篇輯成者，此次始行呈進。（適按：此指用《四庫全書》紅格紙繕寫之定本。其採輯清本則此一年半之中已陸續呈進幾百種了。參看三十八年八月十八日諭，見第廿六札考。）辦理已經年餘，而自朕五月間臨幸熱河以後，又閲半年之久。何當未能悉心校勘……”

可與此札互證。

以上爲乾隆三十九年的手札十五通。

札㉟　四十年五月廿九日。此札暫依影［印］本次第，編在此年。

札㊱　四十年六月十一日。此札編在此年，大概是依據兩點：一爲札中云："散片中宋人各集内如有青詞致語，抄存則可不删，刊刻即應删。《胡文恭集》已奉有御題指示，自不便兩歧耳。《胡集》删去應刊，亦有旨矣。"乾隆四十年十一月十七日上諭論劉跂《學易集》與王質《靈山集》的"青詞"，曾提及"前因題《胡宿集》，見其有道院青詞、教坊致語之類，命删去刊行，而抄本則仍其舊"。御題《胡宿集》必在十一月十七上諭之前，但劉跂、王質兩集都已辦進，不及改了。二爲札尾云："或先將《五代史》寄呈……亦足供長夏幾餘披覽也。"此是指薛［居正］氏《五代史》，其進呈在四十年七月。

札㊲　四十年六月望日。陳垣先生跋云：諸札之中"用箋二種……六月望日三函，其二函箋式相同，且有另札另寄語，知爲一日二書。（即上札⑦⑧）其一函用箋不同，亦非一年之書也"。影印本不能保存兩種箋紙形式如何不同。我細看各札，始辨出札㉟以下都用短箋，不抬頭的各行，每行平均約十三個字。以前（①與㉞）各札用長箋，不抬頭處，每行平均十七八個字。此是兩種箋式不同處。但短箋各札，影本都編在四十年五月以後，這是大錯。如㊹札雖用短箋，應在卅九年。又如㊾札也用短箋，但也應在卅九年。大概説來，于氏在卅九年七月初六日㉞札之後，似乎就一律改用短箋了。故我改定的㊹㊺㊻㊼㊽㊿51 52八札都用短箋，都在卅九年，但都在七月初六日之後。陳垣先生與北平圖書館諸公用兩種箋式做分別年份的標準，確是一大貢獻。經過這一點修正，這個標準就更正確、更有用了。

札㊳　四十年七夕。札云："《舊五代史》進呈後，昨已蒙題詩……今日召見，極奬辦書人認真，並詢係何人所辦。因奏二雲採輯之功。"

札㊴　四十年七月十一日。札云："昨閲《程功册》。散篇一項，除山東周編修外，認真者極少。"周永年授編修在四十年四月。又云："遺書卷帙甚多。每纂修所分，俱有一千三百餘本。今此内有每月閲至一百六七十本者，告竣尚易。其一百本以外，亦可以歲月相期。乃有［每月］不及百本，甚至有不及五十本者。如此辦法，告成無期。與足下及曉嵐先生原定之期太覺懸遠。原定上年可完，今已逾期矣，尚憶此言否？"此皆可見此札在四十年。

札㊵　四十年七月十三日。仍論"遺書"勿又沉擱。此札後半云："昨得貴房師竹君先生札，火氣太盛。辦書要領並不在此。具札覆之。至其誤認東皋，亦係纂修並未悉原奉諭旨令愚總其成之故。"陳垣先生論此事，説朱筠火氣太盛，諒亦因當時館中不重視《大典》本之故。我看此札所説朱筠發脾氣，是爲了《日下舊聞考》的事。朱筠是《日下舊聞考》總纂官，見章學誠所作《朱先生墓誌》(原文脱"考"字)，東皋是竇光鼐，他奉旨隨同校辦《日下舊聞考》，見三十八年九月廿九日上諭。于敏中奉旨總其大成，見卅八年六月十七日上諭，又見上⑨札。故此事與《大典》本無關，無可疑也。

札㊶　無月日。札云："昨面奉發下《五代史·華温琪傳》，諭云：'華温琪始終係唐臣，並未仕晋，何以列於《唐史》？'(援庵先生來札云：'此唐字及下文唐臣之唐字，均應作晋。原札筆誤。此傳原輯即入《晋書》，蓋《大典》本據薛《史》如此。')……希即詢之二雲太史，將因何列爲唐臣之故，詳晰寄知，以便覆奏……"

札㊷　四十年八月廿八日。原無月份。札中仍提到"《五代史》傳既悉，愚意自不致相左"。下文云："二雲復感，甚念之。囑其加意調攝……即《舊五代史》雖有奉旨指詢之處，亦與彼無涉，不必慮也。"下一札㊾仍問"二雲曾全愈否？"而題八月廿九日。

故我定此札爲八月廿八。

札㊸　此爲附函，無月日，筆跡與㊷札最相仿，當爲其附箋。

札㊾　四十年八月廿九日。此札問"二雲曾全愈否？"與㊷札銜接。影印本誤將此札與㊷㊸兩札隔開。

以上爲乾隆四十年手札十通。

札㊿　四十一年五月廿二日。陳垣先生因此札稱"紀、陸兩學士"，有下札稱"耳山學士"，陸錫熊四十年七月後始授翰林院侍讀學士，故定此兩札爲四十一年。

札54　四十一年六月廿四日。

札55　四十一年六月廿七日。上札54論《景文集》，此札論《二宋集》。

札56　無月日。尾稱"耳山學士"，故影本編在此年，但亦可繫在四十年七月以後。

以上爲乾隆四十一年的手札四通。

總計，乾隆三十八年　共二十七札。
　　　　　三十九年　共十五札。
　　　　　四十年　共十札。
　　　　　四十一年　共四札。

依這個新次序，這五十六札就很可讀了。

卅四，七，二十三夜寫成

後　記

陳垣先生原跋中引《起居注》所記乾隆三十八年至四十一年皇帝"啓鑾秋獮木蘭"及"回京"的日期，因此他考定這五十六札"蓋扈從木蘭時所發"。我曾指出他此語不盡確，因爲皇帝五月出京，即往熱河行宫（避暑山莊）避暑，到八月才去木蘭打圍。

故這些手札大多數是從熱河行宫發的。

王重民先生因此爲我檢查《高宗實録》，查得這四年皇帝來往熱河的行程日期，我摘抄在這裏：

三十八年五月初八日，自圓明園啓鑾。

五月十四日，駐蹕避暑山莊。

八月十六日，自避暑山莊啓鑾赴木蘭。

九月八日，回到避暑山莊。

九月十六日（陳《跋》誤作十二日），自避暑山莊回鑾。

九月廿六日回鑾，幸圓明園。

三十九年五月十六日，自圓明園啓鑾。

五月廿二日，到避暑山莊。

八月十六日，自避暑山莊啓鑾幸木蘭。

十九日，行圍。

廿十日，行圍。

廿一日，行圍。

廿二日，行圍。

以後或隔日行圍，或逐日行圍。

九月四日，行圍止，回鑾。

八日，駐蹕避暑山莊。

十六日，自避暑山莊回鑾。

廿二日，幸圓明園。

四十年　五月廿六日，自圓明園啓鑾。

六月二日，駐蹕避暑山莊。

八月十六日，自避暑山莊啓鑾幸木蘭。

九月十六日，自避暑山莊回鑾。

廿二日，幸圓明園。

四十一年五月十三日，自圓明園啓鑾。

五月十九日，駐蹕避暑山莊。

八月十六日，自山莊幸木蘭。

九月十六日，自山莊回鑾。

九月廿二日，幸圓明園。

這個行程表可以幫助我們瞭解這五十六札的背景。重民又說：

驛報普通一晝夜走四百里，最快走八百里。皇帝在熱河時，大約用六百里或八百里快遞。

三十九年以前，幸木蘭後，便不在秋獮時接一切驛報。四十年以後，驛報逐日直達木蘭。

卅四，八，廿夜

——录自《胡適全集》第十三卷，安徽教育出版社，2003年版，第528-542頁。

二、《于文襄手札》版本

（一）《于文襄手札》，乾隆間稿本，兩册，不分卷［按，此稿本版本特徵如下：每行字數不一，有長箋短箋兩種，無直格，白口，四周單邊］，藏於中國國家圖書館善本閱覽室。

（二）《于文襄手札》，陳垣署，國立北平圖書館影印本，民國二十二年（1933）。

（三）《于文襄公（敏中）手札》，沈雲龍主編《近代中國史料叢刊》第二十二輯，臺北：文海出版社，1966年版。

（四）《于文襄手札》，據中國國家圖書館藏善本復製，北京：全國圖書館文獻縮微中心，1985年版。

（五）《于文襄手札》，詹福瑞主編《國家圖書館藏鈔稿本乾嘉名人别集叢刊》（4），北京：國家圖書館出版社，2010年版。

（六）《于文襄手札》，《中華再造善本續編·清代編集部》，一函兩册，據中國國家圖書館藏善本影印，北京：國家圖書館出版社，2012年版。

三、《于文襄手札》鈐印

國家圖書館藏《于文襄手札》共鈐有三十枚印章，上册十四枚，下册十六枚，除下册各跋鈐有何士祁、黄芳、陳垣印章七枚外，其餘二十三枚印章皆爲收藏者或收藏單位章。爲便於檢索，今按箋證本順序，依次將相關印章識讀於下：

第一通（七枚）：

國立北平圖書館收藏

永寶用之顧子剛贈

子剛經眼

黄芳之印

荷汀

鷗侶亭

歐既金石癖米亦書畫顛

第三通（一枚）：

咸豐丙辰後黄氏所藏

第二十八通（三枚）：

咸豐丙辰後黄氏所藏

黄芳私印

荷汀（白紋印，按此印倒鈐）

第三十六通（四枚）：

子剛經眼

黄荷汀秘篋印

徐渭仁印

紫珊

第三十八通（二枚）：

星沙黄荷汀鑑藏書畫印

徐紫珊秘篋印

第五十六通（一枚）：

子剛經眼

第二册封面後襯頁（三枚）：

星沙黄芳天光雲景樓所藏書畫金石印

上海徐紫珊收藏書畫金石書籍印

子剛經眼

第二册封底襯頁（二枚）：

國立北平圖書館收藏

子剛經眼

四、于敏中傳記資料輯略

（一）

于敏中，江蘇金壇人。乾隆二年一甲一名進士，授修撰。八年，充日講起居注官。九年二月，遷左中允。七月，充山西鄉試正考官。十二月，提督山東學政。十一年，遷侍講。十二年九月，典山東武鄉試。十一月，調浙江學政。

十四年八月，轉侍讀，十一月，奏言："浙省生員遊幕在外，欠三考者七十餘人，請定限咨催，回籍補考。"諭曰："朕前降旨，生員欠考至三次以外者，皆行黜革。但念該省士子逾限尚係初次，且有七十餘人之多，伊等向來讀書入泮，亦非容易，若盡行除名，情有可憫。著加恩免其黜革，勒限催回原籍補考一次，若仍借端規避不赴考者，即行黜革。"十五年，入直上書房。十六年三月，遷侍讀學士。九月，充武試副考官。十七年九月，轉侍讀學士。十一月，遷少詹事。十八年二月，遷詹事。七月，授内閣學士。九月，提督山東學政。十九年，擢兵部右侍郎。二十年二月，轉左侍郎。七月，充經筵講官。二十一年，丁本生父憂，奏請歸宗持服。二十二年六月，起署刑部左侍郎。十一月，奏："村莊道路設汛分防，或以阻遠偷安，或以偏隅生玩。請令防兵晝則瞭望稽查，夜則支更巡邏，往來絡繹，擊柝相聞，俾征途倚以無虞，奸宄望而斂跡。並責成汛弁按季輪巡，統轄之副、參、遊、都等員分年巡查。"下部議行。二十三年五月，以嗣父于枋在籍病故，奏請回籍治喪。

二十四年正月，御史朱稽劾敏中兩次親喪，蒙混爲一，恝然赴任。諭曰："于敏中守制回籍，陳請歸宗，原爲伊本身生母起見。若非歸宗，則於例不得受封，此亦人子至情。至回籍後，復丁母憂，伊聞命暫署刑部侍郎時，未經具摺奏明，此一節原未免啓人訾議。但于敏中才力尚可造就，刑部侍郎缺出，一時未得其人，是以降旨起用。凡遇宴會，不令預列，此正與從前用蔣炳、莊有恭爲巡檢同一不得已之苦心，而該御史輒以侍郎、巡撫意爲區别，豈外任封疆不妨從權，而内任部務竟不必需人辦理耶。"閏六月，授刑部左侍郎，調户部右侍郎。二十五年，命在軍機處行走，充方略館總裁[①]。二十六年二月，充會試副考官。十一月，轉左侍郎，仍兼錢法堂事，充經筵講官。二十七年，命紫禁城内騎馬。三十年，

---

① 按，"總裁"《國朝耆獻類徵初編》作"副總裁"。

擢户部尚書。七月，充國史館副總裁。九月，諭曰："于敏中之子于齊賢屢應鄉試未能中式，因念于敏中侍直内廷有年，僅有一子，年已及壯，加恩照伊尚書品級，賞給廕生。"三十三年，加太子太保。三十六年，協辦大學士。三十八年閏三月，充《四庫全書》正總裁。八月，晋文華殿大學士，兼户部尚書。九月，充國史館、三通館正總裁。十一月，命在上書房爲總師傅，兼翰林院掌院學士。

三十九年七月，内監高雲從漏泄硃批記載事覺，詞連敏中曾向訊觀亮記載，及伊買地受騙具控曾懇敏中轉託蔣賜棨辦理等事。上親詰敏中，敏中奏："高雲從面求轉託，實無允從，並以未能據實劾奏引罪。"諭曰："内廷諸臣、内監等差使交涉事所必有，若一言及私情，即當據實奏聞，朕方嘉其持正，重治若輩之罪，又豈肯以語涉宦寺轉咎奏參者耶？于敏中侍朕左右有年，豈尚不知朕之辦事，而思爲此隱瞞耶？再，高雲從供有于敏中曾問及觀亮記載之語，于敏中以大學士在軍機處行走，日蒙召對，朕何所不言，何至轉向内監探問消息耶？自川省用兵以來，于敏中書旨查辦，終始是其經手。大功告竣在即，朕正欲加恩優叙，如大學士張廷玉之例，給以世職。乃事屬垂成，而于敏中適有此事，實伊福澤有限，不能受朕深恩。于敏中寧不痛自愧悔耶？因有此事相抵，于敏中著從寬免其治罪，仍交部嚴加議處。"尋部議革職，詔從寬留任。四十一年正月，金川平。諭曰："大學士于敏中自辦理軍務以來，承旨書諭，夙夜殫心，且能具細無遺，較衆尤爲勞勩，其前次過失尚可原恕，著賞給一等輕車都尉，以示格外恩眷，著世襲罔替。"七月充文淵閣領閣事。四十三年三月，充會試正考官。奏言："同考官評閱硃卷，向用藍筆，近科改用紫筆，紫與朱色近，設改易點乙數字，亦難辨别。内廉書吏繕寫文移檔案並用紫筆，尤覺非宜，請仍舊例用藍筆。"上從之。四十四年十二月，故。諭曰："于敏中才練學優，久直内廷，小心謹慎。自簡畀綸扉，辦理平定金川軍務，承旨書諭，懋著勤勞，因加恩列入功臣，特予世職，以彰優眷。恪恭匪懈，倚任方殷。前因其喘疾較甚，諭令乞假加意調攝，即派太醫院堂官前往診視並賜人蔘，俾資培益，用冀速痊，復屢遣大臣存問。昨聞病勢沉劇，倍增廑念，兹聞溘逝，深爲悼惜！著加恩入祀賢良祠。應得恤典該部察例具奏。”尋賜祭葬如例，謚文襄。

四十五年六月，敏中孫德裕訐堂叔時和挾制家産，擁眥回籍等事。上命大學士英廉嚴訊查辦，並以時和先行回籍，或隱占敏中原籍資産事，詔江蘇巡撫吴壇查辦。嗣吴壇奏時和吞占家産屬實，請將時和發往伊犁充當苦差，其所侵銀物，酌給德裕三萬餘兩，餘留充金壇開河費，允之。復以蘇松糧道章攀桂曾爲敏中覓匠修蓋花園，吴壇奏議革攀桂職，發軍臺效力。諭曰：“于敏中受朕深恩，乃聽本省地方官逢迎，爲之雇匠蓋房。若在生前，必當重治其罪。今既完名而殁，姑不深究，以示朕終始保全之意。至章攀桂逢迎卿宦，罔顧官箴，即發往軍臺亦所應得。但尚未出資幫助，亦姑不深究。章攀桂著革職，免其發往軍臺。”四十七年，詔以敏中孫德裕承襲一等輕車都尉世職，並加恩以主事用。

五十一年，諭曰：“朕因幾暇詠物，有嘉靖年間器皿。念及彼時嚴嵩專權煬弊，以致國是日非，朝多稗政。復取閲嚴嵩原傳，見其勢焰薰灼，賄賂公行，甚至生殺予奪，皆可潛竊威柄，顛倒是非，實爲前明奸佞之尤。本朝家法相承，紀綱整肅，太阿從不下移，本無大臣擅權之事。即原任大學士于敏中因任用日久，恩眷稍優，外間無識之徒，未免心存依附，而于敏中亦遂暗爲招引，潛受苞苴。然其時不過因軍機大臣中無老成更事之人，而福康安又年輕未能歷練，以致于敏中聲勢略張。究之于敏中亦止於侍直樞廷，承旨書諭，不特非前朝嚴嵩可比，其聲勢並不能如康熙年間明珠、徐乾學、高士奇等。即能寵眷聲勢，亦尚不及鄂爾泰、張廷玉，安能於朕前竊弄威福，濆亂是非耶？朕因于敏中在内廷供職尚屬勤慎，且宣力年久，是以於其身故仍加恩飾終，並准入賢良祠，以全終始。迨四十六年，甘肅捐監折收之事敗露，王亶望等侵欺貪黷，罪不容誅。因憶及此事，前經舒赫德奏請停止，而于敏中於朕前力言，甘肅捐監應開，部中既免撥解之煩，而閭閻又得糴販之利，實爲一舉兩得。朕以其言尚屬有理，是以准行。詎知勒爾謹竟如木偶，爲王亶望所愚，遂通同一氣，肥橐殃民，竟至釀成大案。設非于敏中爲之主持，勒爾謹豈敢遽行奏請耶？王亶望亦豈敢肆行無忌若此？是于敏中擁有厚資，亦必係王亶望等賄求酬謝，種種弊混，難逃朕之洞鑒。此案發覺時，設于敏中尚在，朕必嚴加懲治。雖不至如王亶望等之立置重典，亦不僅予以褫革而已也。因其時于敏中先已身故，不加深究，曲示矜全。但于敏中如此等營私舞弊，朕不爲已甚，不肯將其子孫治罪，已屬格外恩施。若賢良祠爲國家風勵有位，昭示來兹，盛典攸關，豈可以不慎廉隅之人濫行列入？朕久有此心，兹因覽嚴嵩傳，觸動鑒戒，恐無知之人將以嘉靖爲比，朕不受也。于敏中著撤出賢良祠，以昭儆戒。”六十年五月，諭曰：“昨國史館進呈于敏中列傳，朕詳加披閱，于敏中以大學士在軍機處、上書房行走有年，乃私向内監高雲從探問記載，又於甘肅監糧一事，伊爲之從中主持，慫恿開捐，以致釀成捏災冒賑鉅案，因此案發覺時，于敏中先已身故，不加追究，但于敏中簡任綸扉，不自檢束，既向宦寺交接，復與外省官吏夤緣舞弊。即此二節，實屬辜恩，非大臣所應有。使其身尚存，必當從重治罪。今雖已身故，若仍令其濫邀世職，又將何以示懲？于敏中之孫于德裕現官直隸知府，已屬格外恩施，所有承襲輕車都尉世職著即撤革，以爲大臣營私玷職者戒。”

——録自《滿漢名臣傳》第四册，黑龍江人民出版社，1991年版，第3441–3445頁。原文有誤之處，酌改。又見於《國史列傳》卷五六，《清代傳記叢刊》第三七册名人類一，明文書局，1985年版。李桓《國朝耆獻類徵初編》卷二七，《清代傳記叢刊》第一三九册綜録類七，明文書局，1985年版。《清史列傳》卷二一，《清代傳記叢刊》第九八册綜録類二，明文書局，1985年版。

（二）

于敏中，字叔子，江蘇金壇人。乾隆三年一甲一名進士，授翰林院修撰。以文翰受高宗知，直懋勤殿，敕書華嚴、楞嚴兩經。累遷侍講，典山西鄉試，督山東、浙江學政。十五年，直上書房。累遷内閣學士。十八年，復督山東學政。擢兵部侍郎。二十一年，丁本生父憂，歸宗持服。逾年，起署刑部侍郎。二十三年，嗣父枋歿，回籍治喪。未幾，丁本生母憂，未以上聞。御史朱嵇疏劾敏中"兩次親喪，蒙混爲一，恝然赴官"。並言："部臣與疆臣異，不宜奪情任事。"詔原之。尋實授。調户部，管錢法堂事。二十五年，命爲軍機大臣。敏中敏捷過人，承旨得上意。三十年，擢户部尚書。子齊賢，鄉試未中式。詔以敏中久直内廷，僅一子年已及壯，加恩依尚書品級予廕生。又以敏中正室前卒，特封其妾張爲淑人。三十三年，加太子太保。三十六年，協辦大學士。

三十八年，晋文華殿大學士，兼户部尚書如故。時下詔徵遺書，安徽學政朱筠請開局搜輯《永樂大典》中古書。大學士劉統勳謂非政要，欲寢其議。敏中善筠奏，與統勳力争，於是特開四庫全書館，命敏中爲正總裁，主其事。又充國史館、三通館正總裁。屢典會試，命爲上書房總師傅，兼翰林院掌院學士。

敏中爲軍機大臣久，頗接外吏，通聲氣。三十九年，内監高雲從漏泄硃批道府記載，下廷臣鞫治。雲從言敏中嘗向詢問記載，及雲從買地涉訟，嘗乞敏中囑託府尹蔣賜棨。上面詰，敏中引罪，詔切責之曰："内廷諸臣與内監交涉，一言及私，即當據實奏聞。朕方嘉其持正，重治若輩之罪，豈肯轉咎奏參者？于敏中侍朕左右有年，豈尚不知朕而爲此隱忍耶？于敏中日蒙召對，朕何所不言？何至轉向内監探詢消息？自川省用兵以來，敏中承旨有勞。大功告竣，朕欲如張廷玉例，領以世職。今事垂成，敏中乃有此事，是其福澤有限，不能受朕深恩，寧不痛自愧悔？免其治罪，嚴加議處。"部議革職，詔從寬留任。四十一年，金川平，詔嘉其勞勩，過失可原，仍列功臣，給一等輕車都尉，世襲罔替。四十四年，病喘，遣醫視，賜人蔘。卒，優詔賜恤，祭葬如例，祀賢良祠，謚文襄。

子齊賢，前卒。孫德裕，襲世職，以主事用。敏中從侄時和，擁其貲回籍，德裕訟之。江蘇巡撫吴壇察治，罪時和，戍伊犁。所侵奪者，還德裕三萬兩，餘充金壇開河用。

蘇松糧道章攀桂爲敏中營造花園，事覺，褫攀桂職。敏中受地方官逢迎，以已卒置不論。既而浙江巡撫王亶望以貪敗，上追咎敏中。五十一年，詔曰："朕幾餘詠物，有嘉靖年間器皿，念及嚴嵩專權煬蔽，以致國是日非，朝多秕政。取閲《嚴嵩傳》，見其賄賂公行，生死予奪，潛竊威柄，實爲前明奸佞之尤。本朝家法相承，紀綱整肅，太阿從不下移，本無大臣專權之事。原任大學士于敏中因任用日久，恩眷稍優。無識之徒，心存依附，敏中亦遂時相招引，潛受苞苴。其時軍機大臣中無老成更事之人，福康安年輕，未能歷練，以致敏中聲勢略張。究之亦止侍直承旨，不特非前朝嚴嵩可比，並不能如康熙年間明珠、徐乾學、高士奇等；即寵眷亦尚不及鄂爾泰、張廷玉，安能於朕前竊弄威福、淆亂是非耶？朕因其宣力年久，身故仍加恩飾終，准入賢良祠。迨四十六年甘肅捐監折收之事敗露，王亶望等侵欺貪黷，罪不容誅。因憶此事前經舒赫德奏請停止，于敏中於朕前力言甘肅捐監應開，部中免撥解之煩，閭閻有糶販之利，一舉兩得，是以准行。詎知勒爾謹爲王亶望所愚，通同一氣，肥橐殃民。非于敏中爲之主持，勒爾謹豈敢遽行奏請？王亶望豈敢肆無忌憚？于敏中擁有厚貲，必出王亶望等賄求酬謝。使于敏中尚在，朕必嚴加懲治。今不將其子孫治罪，已爲從寬；賢良祠爲國家風勵有位盛典，豈可以不慎廉隅之人濫行列入？朕久有此心，因覽《嚴嵩傳》，觸動鑒戒。恐無知之人，將以明世宗比朕，朕不受也。于敏中著撤出賢良祠，以昭儆戒。"六十年，國史館進呈《敏中列傳》，詔曰："于敏中簡任綸扉，不自檢束，既向宦寺交接，復與外省官吏夤緣舞弊。即此二節，實屬辜恩，非大臣所應有。若仍令濫邀世職，何以示懲？

其孫于德裕現官直隸知府，已屬格外恩施，所襲輕車都尉世職即撤革，以爲大臣營私玷職者戒。”

——録自趙爾巽等《清史稿》第三五册第三一九卷，中華書局，1977年版，第10749－10752頁。

（三）

卷五　鄉會考官類五

乾隆二年丁巳恩科會試

考官：内閣大學士張廷玉字衡臣，江南桐城人，庚辰進士。左都御史福敏字龍翰，滿洲鑲白旗人，丁丑進士。副都御史索柱字海峰，滿洲正黄旗人，乙未進士。吏部侍郎姚三辰字舜揚，浙江仁和人，癸巳進士。

題“既庶矣又”二節，“君子之所　見乎”，“人皆有不　政矣”。

會元何其睿字克思，江西贛州人。

狀元于敏中字仲常，江南金壇人。榜眼林枝春字青圃，福建福清人。探花任端書字念齋，江南溧陽人。

——録自法式善等《清秘述聞三種》上册卷五，中華書局，1997年版，第159頁。

卷六　鄉會考官類六

乾隆九年甲子科鄉試

山西考官：中允于敏中字耐圃，江南金壇人，丁巳進士。侍講雙慶字有亭，滿洲鑲白旗人，癸丑進士。

乾隆二十六年辛巳恩科會試

考官：吏部尚書劉統勳字延清，山東諸城人，甲辰進士。兵部侍郎觀保字伯容，滿洲正白旗人，丁巳進士。户部侍郎于敏中字重常，江南金壇人，丁巳進士。

——録自法式善等《清秘述聞三種》上册卷六，中華書局，1997年版，第172、210頁。

卷七　鄉會考官類七

乾隆四十三年戊戌科會試

考官：内閣大學士于敏中字重常，江南金壇人，丁巳進士。吏部侍郎王傑字惺園，陝西韓城人，辛巳進士。内閣學士嵩貴字撫棠，蒙古正黄旗人，辛巳進士。

——録自法式善等《清秘述聞三種》上册卷七，中華書局，1997年版，第253頁。

卷一〇　學政類二（浙江省）

于敏中字重常，江南金壇人，乾隆丁巳進士，十二年以侍講任。

——録自法式善等《清秘述聞三種》上册卷一〇，中華書局，1997年版，第333頁。

卷一一　學政類三（山東省）

于敏中字重常，江南金壇人，乾隆丁巳進士，十年以中允任。

——録自法式善等《清秘述聞三種》上册卷一一，中華書局，1997年版，第349頁。

卷一五　同考官類三

乾隆三年戊午科順天鄉試

修撰于敏中字重常，江南金壇人，丁巳進士。

乾隆六年辛酉科順天鄉試

修撰于敏中字重常，江南金壇人，丁巳進士。

乾隆七年壬戌科會試

修撰于敏中字重常，江南金壇人，丁巳進士。

——録自法式善等《清秘述聞三種》上册卷一五，中華書局，1997年版，第452、454、456頁。

（四）

天造昌運，聖人代興，必有命世之才應運卓起。雲龍風虎，爲之輔佐，雖或質文異尚。創守殊時，要在用達，於宜功報其志。

歷稽載籍，後先同揆，若相國金壇于公，蓋亦僅矣。

公諱某，字叔子，號耐圃。九世祖鎰，明萬載知縣，以理學政事顯名於憲宗朝。始籍金壇，自是名卿清宦，代有聞人。六傳至諱嗣昌，爲公曾祖，順治辛丑進士，官襄垣知縣，清介有惠政。祖諱漢翔，康熙壬戌進士，官山西提督僉事，人誦公明。父諱樹範，宜平知縣，廉潔有守，人稱典衣縣令。歲饑，力請上官發廩賑之，全活者甚衆。公生康熙五十三年甲午，母張太夫人感異兆生公。髫齡穎異過人，方六七歲，有族姑苦節，家貧不能自達有司，與子姓言之而悲，公遽曰："姑勿悲，兒他日成名，必顯揚姑。"後公貴，竟酬其志。年十三，從宜平公官舍。會賑饑，公已能經畫部署，老吏巨猾，悚息不敢爲奸。雍正七年舉於鄉，乾隆二年擢進士第一，除翰林修撰。既夙殊受，又早歲登朝。强力鋭志，潛記默識，以官爲學，歷階著成，專司守器，世氏師傳，人皆黽遑，公獨優裕。分習國書，即究諧音辨字，洞徹精蘊。既入詞苑，大肆力於詩、古文、詞。討論典籍，講求古今沿革利病。熟研朝章國故，切嗟久之達於實用。乾隆三年戊午、六年辛酉，分校順天鄉試。七年壬戌，分校禮部會試。九年，甲子典試山西。二十六年辛巳、四十三年戊戌，主禮部試。別裁僞體，識拔多知名士。九年，視學山東。十二年，視學浙江。釁滌士林，疏剔荒穢，並有成功。天子偉公才器，有意嚮用。十餘年間，自春坊中允洊陟臺閣。歷試卿貳，襄理兵刑。克允且明，遂佐地官。鉤稽考校，曹司式憲。既直南書房，又爲軍機大臣。贊襄中樞，夙夜在公，有嚴有翼。三十年乙酉，擢户部尚書。越四年戊子，加太子太保。越四年辛卯，以原官協辦大學士。越三年癸巳，即真文華殿大學士，仍兼户部尚書。

國家昇平，百餘十年，天子神聖，文武纘承。累朝奕葉重光，地平天成，政舉官修，先後四十餘年。涵育甄陶，人才輩出。前公居揆席者，若諸城劉文正公，以鎮重持大體；武進劉文定公，以清慎稱仔倚。公於其間，損益剛柔，斟酌學術，張弛有度，咸能仰副聖天子倚任。崇隆論者，以爲一門之盛。是時，典章大備，若五朝國史，平定準、回兩部及大小金川方略，續纂杜佑《通典》、鄭樵《通志》、馬貴與《文獻通考》。以次紹修，最後彙萃《四庫全書》，公並董正其事。載籍繁博，簿書填委。珥筆執簡之士，肩摩踵躡，議簧見幟，鉛墨紛挐，公爲擿抉精微，冰釋節解，各就識職。朝夕禁廷，應奉文字，隨時捷給，儒臣莫克與京。《御製詩》篇富有日新，中間指事類情，或援舊事，或寓微旨，儒臣無由仰測津涯。惟公獨喻堯舜，憂勤至意。又諫達於掌故，擬注多中窾要。雖至官秩、姓氏、年甲、地名，信筆而書。覆檢故事，不爽毫末。同列或羨公才，不知公之懋學於官，期實用也，固非一日云。

金川之役首尾五年，耗户部帑七千餘萬。天子宵衣旰食，西顧增勞。公終始其間，仰體皇衷，俯察機要，擬爲詔旨，纖悉周至，曲當無遺。上允裁出之達於閫外，與疆埸用武之臣，萬里心謀，合如左契。四十一年丙申，大功告成。天子嘉公勞績，特賜輕車都尉世襲罔替，加賜黄袿孔雀雙眼翎冠，圖像紫光之閣。儒臣際遇，百餘年來，無公比肩，然公用是亦已憊矣。初公得寒疾，御醫珍藥絡繹於道。病輒已，强入直。已而時作時已，入直如初，後遂劇。乾隆四十四年己亥冬十有二月十七日，終於賜第，春秋六十六。事聞，天子震悼，命皇八子親奠茶酒，特賜入賢良祠，追謚文襄，諭祭葬如制禮也。

公天性孝友，初爲季父編修諱枋嗣。編修公後有子，公官兵部侍郎，遭宣平之喪。公疏請歸宗持服，明年奪情，召署刑部侍郎。會編修公卒，公又疏請治喪，並乞墨衰終期年。署職不即，真示不忘本。遇先諱終身，孺慕不衰，于氏族姓繁衍。公既貴，仿宋范文正公立義莊、贍族建學，以教宗之俊秀。歲暮，必寄俸餘歸賑族人。與人交，申其誠款。爲翰林掌院學士，衡鑑人才，不失銖黍。屈申榮辱，惟人自爲公。無庸心非，久習之不察也。文章深厚，詩律閎壯，皆自成家。所著有《素餘堂集》若干卷，待梓行世。夫人俞氏，誥贈一品夫人。户部侍郎諱兆晟，孫翰林侍講諱某女也。男子子一人，齊賢，以尚書蔭授刑部員外郎，歷本部郎中，先公卒。女子子二人，刑部主事溧陽任嘉春，襲封衍聖公，長子賜二品服，曲阜孔憲培其壻也。孫男子三人，德裕，乾隆四十四年己亥舉人。德裕將以四十五年某月之吉，葬公於某鄉之原。俞夫人祔使來徵某爲銘，某辱公門下，受知最深誼，不敢辭。憶戊辰登第，公遺某詩有十年。得傳衣缽之語，言猶在耳，杖履不復可追，言之傷心。銘曰：

紫薇端拱，列星耀芒。喉舌之司，斗杓用章。猗歟於公，邦家之光。如彼霖雨，乘時澤滂。少窮丙穴，遂冠甲第。文尚綺縠，公求布幣。學究典墳，公習故事。束髮書生，相業有志。翔翱詞苑，屢試衡文。崇實黜浮，後起彬彬。歷躋卿貳，案牘横陳。仕優於學，章程可循。入直内庭，備承顧問。若嚮報谷，若泥受印。遂典樞機，同列輸藎。剖疑析難。如竹迎刃。帝曰汝嘉，擢冠百僚。公感知遇，瘁不知勞。昌運生才，嶽會崧高。公生其間，祥徵慶霄。部牘紛披，軍書房午。編摩稠叠，曹司接武。入聆皇言，出告儔侶。五官交瞀，紛應弗忤。經筵進講，前席稱俞。爲皇子師，敷道陳謨。才爲名相，德故醇儒。惟公備體，罔有齟齬。儒臣入相，武功著效。金川底定，公功最劭。黄袿章身，雙翎飾帽。圖勳紫光，世爵永紹。方謂盛事，可占耆年。如何不吊，箕尾歸全。九重軫悼，三事悲酸。溯風仰德，涕泗汍瀾。謚著太常，傳歸史職。官守故程，家傳遺集。水流潺湲，兩峙崱屴。惟公千秋，銘石不泐。

——録自章學誠《爲座主梁尚書撰于文襄公墓誌銘》,《章氏遺書》卷一六，吴興劉氏嘉業堂刊本。

（五）

于敏中，字叔子，乾隆丁巳狀元，授修撰。典山西鄉試，任浙江、山東學政。歷户部尚書加太子太保、文華殿大學士，平定金川以書旨功賞雙眼花翎，畫像紫光閣。通籍四十三年，服官三十七，任參贊密勿，執掌絲綸。高宗純皇帝崇文揚武，廟謨烜赫，實維贊襄，國史具書，兹弗備列。其浙江學政任内請免黜欠考生員展限補考。充會試總裁，請評卷文移均仍舊例，改紫筆用藍筆，永垂功令。至於行善，族黨置義田一千二百餘畝以贍無告，有范文正之遺風。薨於位，謚文襄，賜祭葬，有《素餘堂集》。子齊賢以恩蔭官刑部員外郎，升任郎中，在部五年，勤於所事，爲諸城劉相國器重，先敏中卒，諸城劉相國哭之慟曰："吾爲國家惜此人也。"

——録自馮煦等編《民國重修金壇縣志》,《中國地方誌集成·江蘇省府縣志輯㉝》，江蘇古籍出版社，1991年版，第97頁。

（六）

現今矗立金壇東門大街之華潤大厦、昌源國際商城、勞動大厦的地面，就是當年于敏中的"相府"遺址。

"相府"乃江南園林中名宅園之一。據于敏中後裔于生和老先生説：

"先祖于敏中府第，居城東街廛里之地。代代相傳，築室80餘間。初建於明成化年間，擴建在正德與萬曆中葉，成於清乾隆四十年代。歷時300餘載，最終形成一座坐北朝南具有江南風格宏大華貴的"相府"建築群落。它列東、中、西三路，左右兩弄，設雕花門樓，以嚴啓閉，築甬道繚以周垣。每路均有數進建築群體，每進之間，皆以封火墻相隔，廊門相通。先祖于章雲之復元堂落府第東北角孤曠之野，樓周桃李相繞，竹經篁密，巨樹林立。1937年日軍入侵，此樓焚毀。東路五進廳樓亦被付炬。由徑而南，直抵中路，正屋七進，爲官廳、祀屋、堂樓。西路五進，庫房、寢室，俱在其間。天井均以條石拼砌，呈棋盤狀；置石雕花台、陶瓷水缸，用作擺花和蓄水防火。廳樓底層皆以方磚鋪砌。道道廊門，進進廳樓，延向深處，顯得十分幽深，甚爲壯觀。今存先祖于敏中讀書樓臨花園水池東側而立，樓已朱漆色改，畫棟雕梁上之艷麗彩繪，早被廊下居民泥灶煙塵熏得黯然失色。細看仍可隱見‘八仙過海’‘百子鬧堂’等有板有眼的故事和有姓有名的人物。樓左存半廢花園，水池西首傾圮淤塞，亭軒基石外露，廊屋改作民宅。假山錯落有致，最奇一組山石，藏於西北桑竹隙間，係江蘇松太兵備道章攀桂於乾隆三十八年（1773年）營造花園時贈送的。名爲‘鷹立峰尖，俯猴嬉松假山’。你若立平軒，視假山半腰有一自然空洞，可直視其仕女含笑；左視猶如貓窺捉鼠；右視形如彌猴嬉松。它一直隱藏在一獨身老者居屋的天井内。1960年被毁，送建北門汽車站停車坪。整座‘相府’均按清制官爵品級建造的。清咸豐年間兵燹後，就未按原規制修葺。”

“相府”主人于敏中，字叔子，一字重裳，號耐圃，《章氏遺書》載：“康熙五十三年（1714年）生，乾隆四十四年（1780年1月23日）卒。”天資穎悟，幼承家學，四書五經，過目成誦。他受業於同邑雍正進士王步青門下，被授大學章句，遂能依注解經不謬。經、史、子、集皆手録爲文章，頃刻萬言。年未及冠，博通經史百氏、陰陽律曆諸書，佛道之説研釋有成，雍正七年（1729年）舉於鄉。《清秘述聞》卷5有載：“乾隆二年（1737年），丁巳恩科會試，内閣大學士張廷玉、左都御史福敏、副都御史索柱、吏部侍郎姚三辰爲考官。試題：“‘既庶矣又’二節，‘君子之所至見乎’‘人皆有不至政矣’，會元、江西贛州何其睿。”但敏中試文衆考官皆稱其善，大學士張廷玉向高宗舉薦；廷試時，高宗親召天下貢士300餘人在朝，敏中不動聲色，操筆立就。高宗秉燭夜覽試卷，親擢進士第一，與伯兄于振並稱兄弟狀元。于敏中時年23歲。後授翰林院修撰，以文翰受高宗賞識，直懋勤殿，充侍講，掌讀講經史，撰著朝事。高宗崇信佛學，知曉佛學乃是歷代帝王統治思想源流之一。故敕敏中譯抄《華嚴》《楞嚴》兩經。《華嚴》是以“十玄”“六相”來説明世界事物的相互依存、相互制約關繫的；而《楞嚴》，據《閱藏知津》稱：“它是佛家的宗教司南，性相總要，謂一代法門之精髓。”故憑藉兩經，可以用來揣摩治人治世之道。敏中才高，譯抄宣講，縱論政事，極爲得體，深得帝心。

敏中在此供職七年，退朝閉户進習諸多知識，能操漢滿蒙梵多種文字，繕寫典章，時爲朝臣所重。九年（1744年），典山西鄉試。十年（1745年），督山東學政。《板橋詩鈔》云：時與濰縣令鄭燮贈詩唱和。十一年（1746年），改督浙江學政。其時，《章氏遺書》載：著《浙程備覽》5卷，刊行於世。十三年（1748年），《鄭堂讀書記》載：序刊宋鄭樵撰《通志略》52卷。十五年（1750年），奉召回京，直上書房行走。奉上諭，教習皇子皇孫。是年，《西清古鑑》載：受命與梁詩正撰著描繪内府所藏明前567枚古錢之《錢録》16卷。同年春上，浙江嘉興清代著名女書畫家陳書居京。《清代名人傳略》（美國人編著）稱：敏中夫人俞光蕙，字滋蘭，從學於陳書。工畫花卉，妙手翰墨，稱譽一時，其作常懸京邸‘餘雨書屋’，宅以紫藤聞名。”敏中拜相後，清代大文學家袁枚曾造訪京師相府。《隨園詩話》載：“于耐圃相公、構蔬香閣，種菜數畦，題一聯曰：‘今日正宜知此味，當年曾自咬其根。’”袁枚誇其胸襟坦蕩。十六年（1751年），敏中遷内閣學士，始掌内廷重權，輔佐高宗朝事。十八年（1753年），復督山東學政。二十年（1755年），擢兵部侍郎。二十一年（1756年），其生父于樹範病故，歸宗持服。逾年，起署刑部左侍郎。二十三年（1758年），嗣父于枋歿，回籍治喪。未幾，生母故，未以上聞。御史朱嵇疏劾敏中謂：“兩次喪親，蒙混爲一，恝然赴官。”並言：“部臣與疆臣不同，不宜奪情任事。”詔諒之，尋授户部左侍郎，管錢法堂事。未久召撰《國朝宫史》36卷。二十五年（1760年），升軍機大臣。三十年（1765年），遷户部尚書。其子齊賢，鄉試未“中式”，詔以敏中久直内廷，僅一子，年已及壯，加恩以尚書品級予蔭生；又以敏中正室前卒，特封其妾張氏爲淑人。是年春，高宗因對厄魯特用兵，使新疆歸順大清。諭傅恒爲總裁，編纂《平定准噶爾方略》一書。因傅恒漢文欠通，故敕命劉統勳、于敏中、尹繼善等人參與編纂。全書分前正後三編。前編54卷，記述抗擊厄魯特戰事；正編85卷，敘述平定新疆幾個戰役的史實；後編32卷，載入於新疆地區施行的各項詔令法度。三十二年（1767年），高宗御覽明代李東陽撰著的《通鑑纂要》，見其引文多有錯誤，召敏中、劉倫、劉星煒等10人，重排增修《歷代通鑑輯覽》120卷。每卷成，高宗御覽，硃批於首。三十三年（1768年），緬人侵擾邊境，雲南總督明瑞征戰慘敗。越年，經略使傅恒再征染病，敗看病麥城。高宗一心欲使緬人就範，敏中深察帝心，遂疏派阿桂征戰，果成。緬敗議和，允其年年入貢。敏中以功加太子太保。三十四年（1769年），《彙帖舉要》載：敏中受命考正宋代《淳化法帖》，將其重纂爲《欽定淳化閣帖》。其中，敏中撰書釋義10卷。三十六年（1771年），敏中擢協辦大學士。時值金川酋索諾木、僧格桑動亂。四川總督阿爾泰征敗。上命定邊將軍阿桂、副將軍温福進剿，遂克阿喀木雅及資哩山。此後，兩金川敵酋相勾結，合謀相抗。敏中疏陳《出師行孫武‘知彼知己，百戰不殆’策》。帝以爲善，納之。遂兵分3路，阿桂西路一戰，復收失地。户部侍郎桂林南路失利。上命阿桂轉戰南路，小金川平。

《孔府内宅軼事》載："高宗一女孝賢皇后生，相術卜筮公主臉生黑痣主災。破災唯一方法，將公主下嫁比王公更顯之家。只有孔子後裔，叨沾聖人福澤，能與高宗平行御道。但漢滿不得通婚，高宗思策，遂以公主賜寄大學士于敏中爲義女，改姓于氏，下嫁孔府衍聖公。"後見李太黑撰《孔子世家譜》（民國版），在"世系"欄孔憲培名下注："清高宗以公主妻之。"《孔府家廟碑》又載："孔子七十二代孫襲封衍聖公孔憲培元配于夫人……金壇文襄公諱敏中第三女……乾隆二十年十月十三日生……三十七年十二月完婚……道光三年十月二十八日薨，享年69歲。"注文中言：其女婚後時念高宗和皇太后，《孔府檔案》1307卷《于太夫人行述》有載回宫一節："三十七年，季冬月吉，太夫人于歸京師。宣武門内，太僕寺街之賜等，珩璜協律，琴瑟和聲，三月教成，啓閣納九儀之幣，八鸞迎至盈門，爛百兩之車。一時公卿大夫以詩文來賀者指不勝計。""五十一年，恭遇覃恩，于太夫人受一品封典，制曰職重上卿，地道合含。"于夫人入孔府後，博綜群書；經學、小學致力甚深。詩作嫻雅清新，而論古紀事，時有獨見，曾著有《就蘭谷詩稿》一卷。于夫人卒後，道光五年（1825年），宣宗諭旨，祭拜于氏。在孔林于氏墓地神道前，敕建“鸞音褒德”木質牌坊1座，人祀慕恩堂。

三十八年（1773年），敏中晉文華殿大學士兼户部尚書，榮登文臣最高官位。時帝下詔征遺書。安徽學政朱筠奏請開局，搜輯明永樂大典中古書，大學士劉統勳謂非政要，不與動議。敏中持筠所奏，上從之。

詔開四庫全書館，命敏中爲正總裁，主其事。參編是書的儒林學者達4200餘人，歷時10載。《四庫全書》廣彙歷代典籍，多存古籍善本，爲我國古代文化遺産的整理與留傳作出了重要貢獻。高宗詔開四庫全書館時，已63歲。他深恐《四庫全書》卷帙浩繁，有生之年不能目睹全書功成，遂發擷取全書英華之想，並於同年五月頒旨："全書浩如煙海……惟摛藻堂向爲宮中陳設書籍之所，牙籤插架，原按四庫編排。朕每憩此觀書，取携最便。著於全書中，擷取菁華，繕爲薈要，其篇式一如全書之例。蓋彼極其博，此取其精，不相妨而實相助，庶縹緗羅列，得以隨時流覽，更足資好古敏求之益。著總裁于敏中，王際華專司其事書成，即以此旨冠於薈要首部，以代弁言。"

《四庫全書薈要》便按高宗構想，用6年時間修成。諭宴群臣，並有聯句之作："道資鑒古，薈玉圃以羅珍。理取精研，披金沙而聚粹。文河藻潤，兼收衆派之流。册府菁華，别挹群言之液。六年詳輯，將漸蕆夫全編。兩部先成，已統苞其要義。擷詞條而擢秀，摛藻如春。咀義府以含英，味腴在道。"高宗御書，道明瞭編修此書的經過、意義和價值。

爲撰此書不出差錯，在6年内，敏中與總纂官陸錫熊通函56封，今人於1933年以《于文襄論四庫書札》刊行於世。

此後敏中充國史、三通館正總裁。《東華録》記載了敏中編修彙集北京風土、傳聞軼事的《欽定日下舊聞考》160卷。平時，敏中常懷揣恩師步青所著《竹裏草堂遺稿》，累掌典會試。張舜徽在《清人文集別録》中評述此書："學者觀此，可見科舉取士之世，塾師之所以教，士子之所以學者奚在。"後雷鋐督學江蘇，從步青之子士鼇處取其稿，重爲删定，以《己山先生文集》10卷入《四庫全書》。敏中再充上書房總師傅兼翰林院掌院學士。三十九年（1774年），敏中奉旨再議討金川。疏授阿桂定西將軍統全軍，上命探實以計進剿。阿桂以其謀冒雪征戰，克復8山16寨。而副將軍温福軍駐木果木，鏖戰冰雪三晝夜，賊敗。會日暮撤兵，賊後尾追，温福戰亡。敏中又諫：采葡國傳教士傅作霖策，制火器擊之。分兵潛察，乘賊怠，南北挾戰，小金川酋僧格桑亡，金川東北遂掃平。

敏中爲軍機大臣日久，頗接外吏，通聲氣。内監高雲從家中因買宅地涉訟，曾托敏中向順天府尹蔣賜棨説情寬處。而敏中亦向内監高雲從探詢高宗硃批道府記載内情。上詰之，敏中引罪欲退。帝念其自川省用兵以來，日理萬機，書諭得體，承旨運籌帷幄，功大於過。帝因此而皆下"免其治罪，嚴加議處"。部議革職，詔從寬留任。四十年（1775年），敏中奉諭著《欽定天禄琳琅書目》10卷，《欽定户部則例》120卷。四十一年（1776年），金川傳捷，酋首索諾木降，逮京治罪，金川之戰平。詔嘉其勞勳，過失可原，仍列功臣。給一等輕車都尉，世襲罔替。並賞戴雙眼花翎，賜穿黄馬褂，圖形紫光閣。此等榮耀賜於漢族官員，殆自敏中始。

《通報》（1921年）187頁載："潘廷璋神父奉旨繪之于敏中大學士像，英法聯軍入侵北京後，被其掠走，後落入法國國務大臣伯樂丁之手。"是年，山東臨清白蓮教首王倫起事平，敏中奉敕著《欽定臨清紀略》16卷。四十二年（1777年），又受命與阿桂合撰《欽定滿洲源流考》20卷，著《欽定西清硯譜》24卷。四十三年（1778年），典戊戌科會試，充主考官，拔江西大庾戴衢亨試卷列呈卷首，助帝點爲狀元。時著《素餘堂詩文集》34卷稿成。其孫惇甫於嘉慶十一年（1806年）刊行於世。體仁閣大學士戴衢亨爲之作序。其書被時人稱道："握槧懷鉛之士，互相傳誦，奉爲圭臬。”儒子評説其文：“雅正宏博，藴籍風流爲一時。”敏中其才，於此享譽朝廷上下。至今，故宫慶華宫尚留有于敏中所撰之楹聯爲：“四壁圖書鑒今古，一庭花木驗農桑。”可見其中藴含著他文治天下之用心。

于敏中以文治國之功績，一言難以盡述。史載：其在内廷行走四十二年，朝廷所撰誥命、制敕、傳記、詩章、務歸典要、諸多論作，多出其手。高宗嘗謂閣臣曰：“于敏中學問人品俱優。”四十四年二月（1779年），于敏中病喘卧床，高宗遣御醫視治並恩賜人蔘，還曾諭差内務大臣和珅伴帝駕輦行視，賜其七律一首：

儒服由來體稱身，氣恩因以畫麒麟。
詎圖章采榮梓里，亦謂勤勞同藎臣。
緇席寧如赤帶子，鶯衣和著鷺翎人。
木天從此增佳話，黄絹原舊冠榜賓。

高宗盛讚敏中是“梓臣”，一再彰昭其文人武略，此詩可謂他一生的如實寫照。未幾，于敏中病卒於位，時年66歲。高宗又以詩悼之：

遺疏不堪視，挽詞那可忘；
悲今如伯施，述古歎文皇。

敏中故後，詔優賜恤，祭葬如例，入祠賢良祠，謚“文襄”。志書載其墓立金壇涑瀆鄉周莊村後。裔孫于生和老先生1946年掃墓見“國朝文華殿大學士于敏中墓”之碑石静静地豎立在故鄉的土地上。

確實，于敏中是位經世治國的大學士。他輔佐高宗締造了清乾盛世，其尊位重權在當時亦可謂無人可與比肩。可迨至于敏中卒後6年，甘肅總督勒爾謹捐監折收事敗露；浙江巡撫王亶望侵欺貪黷；江蘇松太兵備道章攀桂爲其營造“相府”花園事覺。諸吏供述曾賄求酬謝敏中。帝祭，將于敏中靈位撤出賢良祠、以昭儆戒。可到六十年（1795年），國史館進呈《于敏中列傳》時，又詔：“所襲一等輕車都尉世職，即撤革。”

綜觀其一生，于敏中爲造清乾盛世，曾竭盡心力；然其身居高位，又不自檢束，逝後9年，仍受到詰懲，“實爲諸吏營私玷職者戒”也。

參考書目：

1.《三十三種清代傳記綜合引得》

2.《清高宗御制詩五集》

3. 吉人版《四庫全書薈要》出版序言

4.《金壇縣志》（光緒版）

——録自王兆蘭《清代名臣于敏中》，金壇市政協文史委員會編《金壇文史資料》第十五輯，1997年，第94-102頁。

（七）

于文襄敏中書《華嚴楞嚴經寶塔》，蓋先畫成塔形，小楷寫經於畫格内，凡欄柱、簷瓦、窗階、鈴索皆有字，宛轉依線，讀之成文，此尚非難，難在每有“佛”字，皆算定寫在柱頂及簷際諸尊處，不得亂爲填寫。此數軸皆文襄初入懋勤殿時，奉敕所寫，凡排算將二年，寫將一年，實爲鉅製。

——録自阮元《石渠隨筆》卷七，文選樓叢書本，道光間刻本。

（八）

疏表傑作

本朝疏表傑作，備於《儷體金膏》一書。其最佳者，如禮親王永恩等《請祝萬壽表》云：“建極保極，會運世乃統於元；大生廣生，禄位名必得其壽。”直省將軍督撫永瑋、劉莪等《請祝萬壽表》云：“極天所覆，偕一十七省而共樂舒長；入人也深，閲五十二年而彌加淪浹。”又云：“雖天地爲心，如父母不言施報；而歲月以冀，即愚賤亦具性情。”大學士公阿桂《奏請編緝八旬盛典疏》云：“九五演易，九五演範，叠五策天地之全；八千歲春，八千歲秋，積八入宫商之頌。”又云：“嘉筵紹於彤墀，老吾老及三千叟；太和光於蔀屋，孫生孫者二百家。”兩廣總督孫士毅等《賀平臺灣林爽文表》云：“波澄海國，看王師洗甲而還；春暖臺陽，慶邊黎啓扉而卧。歷溯聖主當陽之顯烈，敢以削平蝸角，遽事頌颺；而仰睹先幾燭照之睿籌，則即綏靖鯤身，亦繩祖武。”禮親王《謝賞平定臺灣告成熱河文廟文摺》云：“書誦者萬本萬徧，越七觀六義以垂型；受藏而三沐三薰，合四海九州而忭頌。”大學士朱珪《謝進御製説經古文跋諭摺》云：“百四十四篇之經訓，日月光懸；八千大千世之心傳，孔姬道貫。作而善述，合文思勳業於一人；君實兼師，示心學躬行於萬禩。”户部侍郎曹文埴《請貤封胞伯故廩生曹某》云：“廿年家塾，劬勞不異於所生；一品朝榮，追逮忍歧於自出。”大學士于敏中《謝賜雙眼花翎》云：“若朝陽之翔翽羽，罕能比此文章；如順風之遇鴻毛，安足方斯遭際。”河南巡撫和蘭《謝賞戴花翎》云：“動色凛梁鵜之翼，豈徒聳異於觀瞻；關心比池鳳之毛，倍切欽承於負荷。”莆田鄭王臣《謁陵表》結聯云：“繼封禪七十二君，尤握貞元之秘；後天皇萬八千歲，長爲仁壽之君。”皆堂皇博大，不愧作家。

——録自陸以湉《冷廬雜識》卷五，中華書局，1984年版，第267–268頁。

（九）

不用内監

自世祖時，殷鑒前代宦官之禍，乃立鐵牌於交泰殿以示内官，不許干預政事。純皇待之尤嚴，稍有不法，必加箠楚。又命内務府大臣監攝其事，以法周官塚宰之制。凡有預奏事者，必改易其姓爲王，以其姓衆多，人難分辨，其用心周詳也若此。有内監高雲從素與于（敏中）相交善，稍泄機務，上聞之大怒，將高立置磔刑，其嚴明也如此。

——録自昭槤《嘯亭雜録》卷一，中華書局，1997年版，第19頁。

淳化帖

法帖之久，無如淳化閣帖。其後鼎、絳、汝諸帖互相仿摹，愈失舊規，近日祖帖收藏家，無過而問者。惟大内所藏，係當日所賜畢士安者，篇帙完善，墨瀋如新，成親王曾見之。純皇帝珍惜如寶，特建淳化軒以貯之。又命于文襄摹刻上石，頒賜諸王公卿，雖不及原帖之善，亦自成一家焉。

——録自昭槤《嘯亭雜録》卷二，中華書局，1997年版，第30頁。

本朝狀元宰相

本朝閣臣，最利鼇頭。如傅聊城以漸爲順治丙戌狀元，吕常州宫爲順治丁亥狀元，于文襄公敏中爲乾隆丁巳狀元，莊参政有恭爲乾隆己未狀元，梁文定公國治爲乾隆戊辰狀元，王文端公傑爲乾隆辛巳狀元，戴文端公衢亨爲乾隆戊戌狀元。今七卿中有潘芝軒世恩、胡希廬長齡、茹總憲棻、王司空以銜、姚閣學文田凡五人，皆有調羹之望焉。

——録自昭槤《嘯亭雜録》卷二，中華書局，1997年版，第32頁。

三姓門生

于金壇相國敏中當權時，凡詞林文士無不奔競其門。有某探花者，人愚闇，争慕時趨，命其妻拜于妾某爲母，情誼甚密。及于公死，梁瑶峰秉樞柄，某又令其妻拜梁爲義父，饋以珊瑚朝珠。紀曉嵐参政時作詩譏之云“昔曾相府拜乾娘，今日乾爺又姓梁。赫奕門楣新吏部，淒涼池館舊中堂。君如有意應憐妾，奴豈無顔只爲郎。百八牟尼親手捧，探來猶帶乳花香”之句，某慚恧謝病歸。及嘉慶己未，朱文正公内召，某復匍匐其門，靦顔求進。時又有疊前韻者云“人前惟説朱師傅，馬後跟隨戴侍郎”之句，時謂之“三姓門生”云。

——録自昭槤《嘯亭雜録》卷四，中華書局，1997年版，第110-111頁。

張文和之才

張文和公輔相兩朝，幾二十餘年，一時大臣皆出後進。年八十餘，精神矍鑠，裁擬諭旨，文采贍備。當時頗譏其袒庇同鄉，誅鋤異己，屢爲言官所劾。然其才幹實出於衆，凡其所平章政事及召對諸語，歸家時，燈下蠅頭書於秘册，不遺一字。至八十餘，書嘗顛倒一語，自擲筆歎曰：“精力竭矣！”世宗召對，問其各部院大臣及司員胥吏之名姓，公縷陳名姓籍貫及其科目先後，無所錯誤。又以謙沖自居，與鄂文端公同事十餘年，往往竟日不交一語。鄂公有所過失，公必以微語譏諷，使鄂公無以自容。暑日鄂公嘗脱帽乘涼，其堂宇湫隘，鄂公環視曰：“此帽置於何所？”公徐笑曰：“此頂還是在自家頭上爲妙。”鄂神色不怡者數日。然其善於窺測聖意，每事先意承志，後爲純皇帝所覺，因下詔罪之，逐公還家。致使汪文端、于文襄輩，互相承其衣缽，緘默成風。朝局爲之一變，亦公有以致之也。

——録自昭槤《嘯亭雜録》卷六，中華書局，1997年版，第183-184頁。

于文襄之敏

乾隆初，軍機大臣入參密勿，出覽奏章，無不屏除奔競，廉直自矢。如果毅公訥親，其人雖溪刻不近人情，而其門庭闃然，可張羅雀，其他人可知矣。惟汪文端公由敦，愛惜文才，延接後進，爲世所訾議。然所拔取者，皆寒畯之士，初無苞苴之議者。于文襄敏中承其衣缽，入調金鼎，初尚矯廉能以蒙上眷。繼則廣接外吏，頗有簠簋不飾之議。再當時傅文忠、劉文正諸公相繼謝事，秉鈞軸者惟公一人，故風氣爲之一變。其後和相繼之，政府之事益壞，皆由公一人作俑，識者譏之。然其才頗敏捷，非人之所能及。其初御製詩文，皆無煩定稿本，上朗誦後，公爲之起草，而無一字之誤。後梁瑶峰入軍機，上命梁掌詩本，而專委公以政事，公遂不復留心。一日，上召公及梁入，復誦天章，公目梁，梁不省。及出，公待梁謄默，久之不至，問之，梁茫然。公曰："吾以爲君之專司，故老夫不復記憶。今其事奈何？"梁公愧無所答。公曰："待老夫代公思之。"因默坐斗室中，刻餘録出，所差惟一二字耳，梁拜服之。故其得膺天眷，在政府幾二十年，而初無所譙責者，有以哉。

——録自昭槤《嘯亭雜録》卷七，中華書局，1997年版，第207–208頁。

梁瑶峰

梁文定公國治，中乾隆戊辰狀元，入直南書房。累任學使，後以粤東事免。復擢湖南巡撫。入繼于文襄輔政，故當時有于、梁之稱。其實公醇謹持躬，不敢濫爲交結，與文襄異趣也。其撫湘時，其家人索屬下賄不遂，故意阻其膳脯以激公怒，而公枵腹終日，初無怨嗟，惟吸煙草而已，亦不知爲其奴所紿也。在軍機時，和相以其懦弱可欺，故意揶揄，至用佩刀薙公髮以爲嬉笑，公亦歡容受之。亦可覘公之度矣。

——録自昭槤《嘯亭雜録》卷七，中華書局，1997年版，第208頁。

四布衣

乾隆中，上特開四庫全書館，延置群儒。劉文正公薦邵學士晋涵，于文襄公薦余學士集、周編修永年、戴東原檢討震於朝。上特授邵等三人編修，戴爲庶吉士，皆監修四庫書，時人謂之"四布衣"云。

——録自昭槤《嘯亭雜録》卷一〇，中華書局，1997年版，第326頁。

（十）

于敏中，字叔子，號耐圃，江蘇金壇人。乾隆丁巳狀元，官大學士，謚文襄。于文襄敏中，書華嚴經寶塔，蓋先畫成塔形，小楷寫經於畫格内，凡欄柱、簷瓦、窗階、鈴索皆有字。宛轉依綫讀之成文，此尚非難，難在每有佛字，皆算定寫在柱頂及簷際，諸尊處不得亂爲填寫。此數軸皆文襄初入懋勤殿時奉敕所寫，凡排算二年，寫將一年，實爲鉅製。（《石渠隨筆》）

——録自震鈞《國朝書人輯略》卷五，《清代傳記叢刊》第八五册藝林類二四，明文書局，1985年版，第354–355頁。

（十一）

于敏中，枋子，字重常，號耐圃，又號叔子，江南金壇人，授修撰，官至軍機大臣，文華殿大學士，謚文襄，著有《素餘堂集》。

——録自朱汝珍《詞林輯略》，《清代傳記叢刊》第一六册學林類一八，明文書局，1985年版，第150頁。

（十二）

于敏中，字叔子，號耐圃，江蘇金壇人，乾隆丁巳進士，以第一人及第，官至太保，文華殿大學士，贈太傅，謚文襄。

——録自陶湘《昭代名人尺牘續集》卷一，《清代傳記叢刊》第三二册學林類五〇，明文書局，1985年版，第161頁。

（十三）

于敏中字重裳，一字仲常，號叔子，又號耐圃，金壇人。乾隆二年第一人及第，官大學士，謚文襄。善真行書，由董趙上窺二王，高宗每命代筆。（《木葉原法書記》）

段玉裁《存素堂集序》略云："公夙慧絶人，弱冠時，詩文書法固已傾動一時，以文學受聖主知，稱公之書類褚遂良。"（《經韻

樓文集》)

——録自李放《皇清書史》卷四,《清代傳記叢刊》第八三册藝林類二三，明文書局，1985年版，第129頁。

（十四）

《御制文初集序》

于敏中排次數年來所爲《御製文初集》成，而以序爲請。

夫序者,所以叙陳經旨,故孔子作《書》序，子夏作《詩》序，未聞自序其文也。自序其文，蓋漢唐以後之事乎？爲天子者，所以修已治人，必當以三代以上自勖，豈可以漢唐以後自畫，此正務也。至於文，乃其餘事耳，然亦豈可以漢唐以後爲法哉？如是則敏中之請序，可以不允，既而思之，向之《樂善堂全集》及《御製詩初集》不既有序乎？於凡愓已敬天，本身徵民憫農桑，驗今昔，蓋已言之悉矣。例以向不可以不序，而以向之言之悉，則又可以不必序矣。雖然不欲與文人學士争長，亦向之本意也。則今之裒然成集者，與向之言爲合乎，爲否乎？以之自問，抑又不能措一辭云。乾隆甲申嘉平御製。

經筵講官户部左侍郎臣于敏中謹奏爲聖文日富，鉅製宜宣，恭請編刻，以昭化成事。欽惟我皇上濬哲天成，緝熙時懋，每當勤幾勤政之暇，尤著立言載道之功，經緯爲章，積盈卷册。臣伏見御制詩篇，前蒙命付剞劂《初集》《二集》，燦若珠聯……臣日侍禁近，先睹爲榮，謂宜并壽棗梨，垂光宇宙。區區愚悃，蓄有歲年，爲此繕摺瀆陳，仰懇皇上俯允臣請，俾以臣以次盥録，排類成編，上呈乙覽，恭候訓定，仍乞賜製序文，敬謹刊刻。冀縹函緗帙與詩集同布藝林，以式楷模而垂悠久，臣曷勝顒企踊躍之至。謹奏於乾隆二十八年正月二十五日。

奏奉旨如所請行。欽此。

《重刻淳化閣帖諭》

朕幾餘不自暇逸，典學之優時及臨池。曩曾輯内府所藏前人墨蹟，刻爲《三希堂》《墨妙軒》二帖，廣示藝林。復念古帖流傳，可補墨蹟所未備者，惟《宋淳化閣帖》。鐫集尤爲美富，遠出大觀太清樓諸本之上。但惜初搨與賜者絶尠，或云版尋殘損，當時已爲難得，後來翻刻愈繁，真意寖失。有志追摹者，末由津逮。内府舊藏《淳化閣帖》極多，而此畢士安所得賜本，搨最精好。爰特敕選工、鉤摹、上石，冀復舊觀。第王著昧於辨别，其所排類，標題舛陋，滋甚不當，聽其沿譌，以誤後學。因命于敏中等詳加考正，以次呈閲。候朕參定分識各卷，並命搜採諸家釋文，依字旁注，其互異者，折衷附記。於後以資省覽，是於考文稽古之中，兼寓舉墜訂譌之益，用嘉惠海内操觚之士焉。

《御製詩三集》卷首“于敏中奏文”

經筵講官太子太保協辦大學士户部尚書臣于敏中謹奏爲恭鐫《御製詩三集》告成，具摺進呈事。欽惟我皇上體行健之功，垂焕文之極，幾餘賡詠，歲積日新，溯自乾隆丙辰，以迄己卯。二紀所作已裒集爲《御製詩初集》《二集》，次第刊行。凡大小臣工以及四方承學之士，固無不蒸蒸然，就裁成於重規叠矩之中。而軌轍既尋，景嚮彌切，咸思得更誦《三集》，以進窺高深美富之盛。

臣日侍禁近，每當丹稿初宣，得預謄寫。竊以爲景慶之文先睹爲快，亦更以萬方共睹爲快。曾奏請如前例編刊，幸荷俯俞，因恭校庚辰以來詩篇，按年分卷，陸續付雕，迄於辛卯。星紀適周，編排亦就，卷則盈百，篇則積萬，一千六百有奇。是二集已倍於《初集》，兹《三集》之富，又合《初》《二集》之數而賅之。洵乎學海泉源，有時出不窮者矣。

臣伏見此十二年中，大慶駢臻，鴻儀叠舉，普蠲兩賦，再疏正途。施惠洽於四巡，歸順通乎重譯。紀恩眷以昭肯構，侍曾元以奉含飴。真意所存，鴻篇斯備。至於念民依而時切雨暘，熙庶績而無間遐邇，隨事物以闡理奥，因茂育以暢天機。叠韻則增而彌新，聯章則多而益善，用以昭示海寓，嘉惠藝林，誠足慰普天喁企之望。而臣又竊幸先睹新篇，行將編録《四集》，以再申共睹之願。叨榮沐慶，靡有涯既。兹因《三集》刻工告竣裝潢，隨摺恭進，伏祈睿鑒，臣曷勝踴躍歡忭之至。謹奏。

《御製詩三集》卷九三《偶臨懷素草書千字文卷賜尚書于敏中敏中成紀恩詩二十四韻以進即用其韻援筆成什仍命屬和》

悉新入春始，冒茀紀年初。韶律侵尋轉，臘寒即漸除。幾康無間敕，章奏有時疏。遣暇漏移鵠，賡吟硯滴蜍。儒臣曾賜字，客歲偶然書。事擬寶文閣，體宗君子漁。頌雖規不忘，歑則實非虛。亦識吾懷否，從來弗喜譽。因之成五字，聊以託三餘。詎曰姸辭騁，惟云素意攄。藏真法卓爾，興嗣句彬如。臨趁一時興，對還中路躇。平心不欲躁，逆志且爲徐。何有渴奔驥，休稱力挽車。手和筆相得，箋與帖俱臚。殊異癡蠅凍，猶嫌栩蝫蘧。那須藉排次，（每作書，先量度箋幅行款，排次起草，以備涉筆。時旁按比擬，規格此懋勤殿供奉常式也。是卷對本自臨，初不經敏中之手，因特賜之。）頗覺快爬梳。弆尚多存者，賚欣得所於。傳觀聽翰苑，謝詠就芸廬。既已披華藻，謂多鎸美璵。（敏中請摹上石，是以原詩有貞石衷同勒之句。）誠堪方蔡軸，奚用遜莊樗。（草書起伏頓挫，全以神行，至得意處，初非繩墨規矩所可囿。蔡襄謝賜書詩有云：混然器質不可寫，乃知學到非天真。正與莊周大樗之喻，别進一解。予以幾間乘興臨此，非欲争勝藝林也。）應勖襄兮贊，漫孤諸與居。雅當繹義府，豈止玩緗儲。承布司農教，毋徒耀里閭。

《御製詩四集》卷三五《大學士于敏中乞翎帽黄褂笑而俞之並成是什仍命和韻》

儒服由來本稱身，乞恩因以畫麒麟。（漢文職大臣由鼎甲出身者，無賞花翎黄褂之例，昨因金川功成，詔同諸功臣畫像紫光閣中，敏中以是爲請，故賜之。）詎圖章采榮梓里，亦謂勤勞同藎臣。緇蓆寧如赤芾子，鶯衣合著鷩翎人。木天從此增佳話，黄絹原歸冠榜賓。

——以上録自《景印文淵閣四庫全書》，臺灣商務印書館，1986年版。

五、各本繫年對照表

陳垣			胡適	
編次順序（1933年影印本）	原署日期	編年	重編1933年影印本順序	編年
第一通	五月十 八日		第一通	三十八年五月十八日
第二通	五月廿四日		第二通	三十八年五月二十四日
第三通	無月日		第三通	三十八年
第四通	六月初三日	三十八年六月初三日	第四通	三十八年六月初三日
第五通	初九日		第五通	三十八年? 月初九日
第六通	附函（無月 日）		第六通	三十八年（附函）
第七通	六月十 五日		第十通	三十八年六月十五日前
第八通	六月十 五日		第十一通	三十八年（附函）
第九通	附函（無月 日）		第七通	三十八年六月十五日
第十通	無月日		第八通	三十八年六月十五日
第十一通	附函（無月 日）		第十二通	三十八年六月十八日
第十二通	無月日		第九通	三十八年六月十八日（十二通附函）
第十三通	六月廿一日		第十三通	三十八年六月二十一日
第十四通	無月日		第十四通	三十八年六月二十一日後
第十五通	七月一日	三十八年七月初一日	第十五通	三十八年七月朔日
第十六通	七月七日		第十六通	三十八年七月七日
第十七通	七月十日		第十七通	三十八年七月十日
第十八通	七月十三日	三十八年七月十三日	第十八通	三十八年七月十三日
第十九通	七月十六日		第十九通	三十八年七月既望
第二十通	無月日		第二十一通	三十八年七月二十日
第二十一通	七月二 十日		第二十二通	三十八年七月二十三日

續表

陳　垣			胡　適	
編次順序（1933年影印本）	原署日期	編年	重編1933年影印本順序	編年
第二十二通	七月廿三日		第二十三通	三十八年八月初二日
第二十三通	八月初二日		第二十四通	三十八年八月初五日
第二十四通	八月初五日		第二十通	三十八年（無月日）
第二十五通	八月初八日		第二十五通	三十八年八月初八日
第二十六通	八月廿一日		第二十六通	三十八年八月二十一日①
第二十七通	九月八日	三十八年九月八日	第二十七通	三十八年九月八日
第二十八通	五月廿三日	三十九年五月二十三日	第二十八通	三十九年五月二十三日
第二十九通	初五日		第二十九通	三十九年六月初五日②
第三十通	六月十 一日		第三十通	三十九年六月十一日
第三十一通	六月十 七日		第三十一通	三十九年六月十七日
第三十二通	六月廿三日		第三十二通	三十九年六月二十三日
第三十三通	六月廿九日		第三十三通	三十九年六月二十九日
第三十四通	七月初一日	三十九年七月初一日	第三十四通	三十九年七月初六日
第三十五通	五月廿九日		第四十四通	三十九年七月（？）初九日③
第三十六通	六月十 一日		第四十五通	三十九年中秋日④

① 劉浦江：《〈四庫全書初次進呈存目〉再探——兼談〈四庫全書總目〉的早期編纂史》,《中華文史論叢》2014年第3期，第302-303頁。繫於三十八年八月二十一日。

② 劉浦江：《〈四庫全書初次進呈存目〉再探——兼談〈四庫全書總目〉的早期編纂史》,《中華文史論叢》2014年第3期，第300-301頁。繫於三十九年六月初五日。

③ 劉浦江：《〈四庫全書初次進呈存目〉再探——兼談〈四庫全書總目〉的早期編纂史》,《中華文史論叢》2014年第3期，第303頁。繫於三十九年八月初九日。

④ 劉浦江：《〈四庫全書初次進呈存目〉再探——兼談〈四庫全書總目〉的早期編纂史》,《中華文史論叢》2014年第3期，第304頁。繫於三十九年八月初九日。

續表

陳垣			胡適	
編次順序（1933年影印本）	原署日期	編年	重編1933年影印本順序	編年
第三十七通	六月十五日		第四十六通	三十九年八月十九日
第三十八通	七月初七日	四十年七月初七日	第四十七通	三十九年八月二十二日
第三十九通	七月十一日		第四十八通	三十九年八月二十八日
第四十通	七月十三日		第五十通	三十九年九月初二日
第四十一通	附函（無月日）		第五十一通	無年月日
第四十二通	廿八日		第五十二通	三十九年九月初十日
第四十三通	附函（無月日）		第三十五通	四十年五月二十九日
第四十四通	初九日		第三十六通	四十年六月十一日
第四十五通	八月十五日		第三十七通	四十年六月望日
第四十六通	八月十九日		第三十八通	四十年七夕
第四十七通	八月廿二日		第三十九通	四十年七月十一日
第四十八通	八月廿八日		第四十通	四十年七月十三日①
第四十九通	八月廿九日		第四十一通	四十年（無月日）
第五十通	九月初二日		第四十二通	四十年八月二十八日
第五十一通	無月日		第四十三通	四十年（無月日）附函
第五十二通	九月初十日		第四十九通	四十年八月二十九日
第五十三通	五月廿二日	四十一年五月二十二日	第五十三通	四十一年五月二十二日
第五十四通	六月廿四日	四十一年六月二十四日	第五十四通	四十一年六月二十四日
第五十五通	六月廿七日		第五十五通	四十一年六月二十七日
第五十六通	無月日		第五十六通	四十一年（無月日）或四十年七月以後

① 劉浦江：《〈四庫全書初次進呈存目〉再探——兼談〈四庫全書總目〉的早期編纂史》,《中華文史論叢》2014年第3期，第301頁。繫於三十九年七月十三日。

續表

徐慶豐		箋證本	
編次順序（1933年影印本）	編年	重編1933年影印本順序	編年
第一通	三十八年五月十八日	第一通	三十八年五月十八日
第二通	三十八年五月二十四日	第二通	三十八年五月廿四日
第三通	三十八年五月至六月	第三十五通	三十八年五月廿九日
第四通	三十八年六月初三日	第三通	三十八年六月初一日
第五通	三十八年六月初九日	第四通	三十八年六月初三日
第六通	三十八年	第五通	三十八年六月初九日
第七通	三十八年六月十五日	第六通	三十八年初十日至十四日之間
第八通	三十八年六月十五日	第十通	三十八年初十日至十四日之間
第九通	三十八年六月十七日	第十一通	三十八年初十日至十四日之間
第十通	約三十八年六月中旬	第七通	三十八年六月十五日
第十一通	約乾隆三十八年六月中旬	第八通	三十八年六月十五日
第十二通	三十八年六月中旬	第十二通	三十八年六月十六日或十七日
第十三通	三十八年六月二十一日	第九通	三十八年六月十七日
第十四通	三十八年六月底至七月初	第十三通	三十八年六月廿一日
第十五通	三十八年七月初一日	第十四通	三十八年六月廿二日至三十日間
第十六通	三十八年七月初七日	第十五通	三十八年七月初一日
第十七通	三十八年七月十日	第十六通	三十八年七月初七日
第十八通	三十八年七月十三日	第十七通	三十八年七月初十日
第十九通	三十八年七月十六日	第十八通	三十八年七月十三日
第二十通	三十八年七月底八月初	第十九通	三十八年七月十六日
第二十一通	三十八年七月二十日	第二十一通	三十八年七月二十日

續表

徐慶豐		箋證本	
編次順序（1933年影印本）	編年	重編1933年影印本順序	編年
第二十二通	三十八年七月二十六日	第二十二通	三十八年七月廿三日
第二十三通	三十八年八月初二日	第二十三通	三十八年八月初二日
第二十四通	三十八年八月初五日	第二十四通	三十八年八月初五日
第二十五通	三十八年八月初八日	第二十通	三十八年八月初六或初七日
第二十六通	三十八年八月二十一日	第二十五通	三十八年八月初八日
第二十七通	三十八年九月初八日	第二十六通	三十八年八月廿一日
第二十八通	三十九年五月二十二日	第二十七通	三十八年九月初八日
第二十九通	三十九年六月初五日	第二十八通	三十九年五月廿三日
第三十通	三十九年六月十一日	第二十九通	三十九年六月初五日
第三十一通	三十九年	第三十通	三十九年六月十一日
第三十二通	三十九年六月二十三日	第三十一通	三十九年六月十七日
第三十三通	三十九年六月二十九日	第三十二通	三十九年六月廿三日
第三十四通	三十九年七月初一日	第四十三通	三十九年六月廿三日
第三十五通	五月二十九日，年份不詳	第三十三通	三十九年六月廿九日
第三十六通	四十年六月十一日	第三十四通	三十九年七月初一日
第三十七通	六月十五日，年份不詳	第四十四通	三十九年八月初九日
第三十八通	四十年七月初七日	第四十五通	三十九年八月十五日
第三十九通	四十年七月十一日	第四十六通	三十九年八月十九日
第四十通	七月十三日，其年在三十九年以後	第四十七通	三十九年八月廿二日
第四十一通	四十年	第四十八通	三十九年八月廿八日
第四十二通	四十年	第五十通	三十九年九月初二日
第四十三通	年月日不詳	第五十一通	三十九年九月初四至初七日間

續表

徐慶豐		箋證本	
編次順序（1933年影印本）	編年	重編1933年影印本順序	編年
第四十四通	三十九年	第五十二通	三十九年九月初十日
第四十五通	三十九年六月十五日	第三十六通	四十年六月十一日
第四十六通	年月日不詳	第三十七通	四十年六月十五日
第四十七通	年月不詳	第三十八通	四十年七月初七日
第四十八通	年月不詳	第三十九通	四十年七月十一日
第四十九通	四十年八月二十九日	第四十通	四十年七月十三日
第五十通	三十九年九月初三日	第四十一通	四十年七月十三日後廿八日前
第五十一通	年月日不詳	第四十二通	四十年七月廿八日
第五十二通	三十九年九月初十日	第四十九通	四十年八月廿九日
第五十三通	四十一年五月二十一日	第五十三通	四十一年五月廿二日
第五十四通	四十一年六月二十四日	第五十四通	四十一年五月廿四日
第五十五通	年月日不詳	第五十五通	四十一年五月廿七日
第五十六通	年月日不詳	第五十六通	四十一年

參考文獻

于敏中：《于文襄手札》，國立北平圖書館影印本，民國二十二年（1933）版。

于敏中：《于文襄手札》，《中華再造善本續編·清代編集部》，一函兩册，據中國國家圖書館藏善本影印，國家圖書館出版社，2012年版。

于敏中：《素餘堂集》三十四卷，嘉慶九年刻本。

于敏中：《素餘堂集》三十四卷，《清代詩文集彙編》第334册，上海古籍出版社，2010年版。

王傑：《葆淳閣集》二十四卷《易説》二卷，嘉慶二十年刻本。

王太岳：《青虚山房集》十一卷，光緒十九年定興鹿傳霖刻本。

王太岳：《青虚山房集》十卷，上海圖書館藏稿本。

王太岳：《青虚山房文集》五卷《詩集尺牘》不分卷，上海圖書館藏抄本。

王爾烈：《瑶峰集》二卷《附録》一卷，遼海叢書本，1931–1934年排印本。

王念孫：《丁亥詩抄》一卷，道光十四年刻本。

永瑢：《九思堂詩抄》，乾隆間刻本。

永珵：《詒晋齋集》八卷，道光二十八年刻本。

永璇：《古訓堂詩》，清抄本。

朱珪：《知足齋詩集》二十卷《續集》四卷《文集》六卷《進呈稿》

二卷，嘉慶十年刻本。
朱筠：《笥河詩集》二十卷《文抄》三卷，嘉慶九年刻本。
劉汝謨：《寄春吟》一卷詞一卷，光緒三年劉宗海刻本。
劉綸：《須庵内集》十六卷《外集》八卷，乾隆三十七年用拙堂刻本。
劉墉：《劉文清公遺集》十七卷，道光六年東武味經書屋刻本。
劉權之：《長沙劉文恪公詩集進呈集》二卷《剩餘詩草》二卷《續草》二卷，光緒五年刻本。
紀昀著，孫致中等校點：《紀曉嵐文集》，河北教育出版社，1995年版。
紀昀：《紀曉嵐詩文集》，江蘇廣陵古籍刻印社，1997年版。
孫永清：《寶巖堂詩集》四卷，道光間刻本。
孫玉庭：《延釐堂集》，同治十一年刻本。
許兆椿：《秋水閣詩集》八卷，嘉慶二十一年刻本；道光二十五年刻本。
吴俊：《榮性堂文集》八卷《詩集》二十卷，嘉慶二十二年刻本。
吴樹萱：《霽春堂集》十四卷，嘉慶六年刻本。
吴省蘭：《聽彝堂偶存稿》二十一卷附《文字辨訛》不分卷，乾隆間刻本。
吴錫麒：《有正味齋詩集》十六卷，嘉慶十三年序刻本。
吴蔚光：《執虚詩抄》二卷《詞抄》一卷，光緒二十一年排印本。
吴蔚光：《素修堂詩集》二十四卷《後集》六卷，嘉慶十八年刻本。
吴壽昌：《虚白齋存稿》十四卷，乾隆五十五年刻本；《四庫未收書輯刊》第十輯25册。
余集：《憶漫庵剩稿》不分卷，清刻本。
余集：《秋室學古録》六卷《歸棹録》一卷《憶剩稿》一卷，嘉慶間刻本。
邵晋涵：《南江詩抄》四卷《文抄》十二卷《札記》四卷，嘉慶八年至道光十二年刻本。

邵晋涵：《南江書録》一卷，聚學軒叢書第五集第八十三册，貴池劉世珩校刊本。
汪昶：《柏井集》六卷，同治九年刻本。
汪如藻：《頌聖詩經進詩稿》不分卷，清刻本。
汪如洋：《葆沖書屋集》四卷《外集》二卷《詩餘》一卷，嘉慶刻本。
汪學金：《静厓詩初稿》十二卷《續稿》六卷《後稿》十二卷《井福堂文稿》，乾隆五十四年刻本。
沈初：《蘭韻堂文集》五卷《御覽集》十二卷《經進文稿》二卷，《四庫未收書輯刊》第十輯第23册。
沈琨：《嘉蔭堂文集》三集，清抄本。
沈琨：《嘉蔭堂詩存》四卷，嘉慶十八年家刻本。
沈叔埏：《頤彩堂文集》十六卷，光緒九年刻本。
周煌：《海山存稿内集》八卷《外集》十二卷，乾隆五十八年刻本；《四庫未收書輯刊》第九輯第29册。
周永年：《先正讀書訣》一卷，《四庫未收書輯刊》第六輯第12册。
陳昌圖：《南屏山房集》二十四卷，乾隆五十六年刻本；《四庫未收書輯刊》第十輯第24册。
陳昌齊：《賜書堂全集》，清刻本。
陸錫熊：《寶奎堂文集》十二卷《篁村詩集》十二卷《詩餘》一卷，道光二十九年刻本。
陸錫熊：《寶奎堂文集》十二卷《篁村詩集》十二卷《詩餘》一卷，《續修四庫全書》第1451册；《清代詩文集彙編》第383册。
張敦培：《蔚秀軒詩存》一卷，光緒十四年刻本。
張羲年：《啖蔗全集》，光緒十九年上海著易堂排印本。
張塤：《竹葉庵文集詩》二十四卷《詞》九卷，乾隆五十一年自刻本。
鄒炳泰：《午風堂全集》，嘉慶四年刻本。
鄒炳泰：《午風堂叢談》，盛宣懷刻本，1911年。
林澍蕃：《南陔草》六卷附一卷，《四庫未收書輯刊》第十輯第26册。

英廉：《夢堂詩稿》十五卷，乾隆四十八年刻本。
英廉等：《欽定日下舊聞考》，北京古籍出版社，1981年版。
趙懷玉：《亦有生齋詩鈔》三十二卷，嘉慶二十年刻本。
趙懷玉：《亦有生齋文集》二十卷，嘉慶道光間刻本。
趙懷玉：《亦有生齋全集》六十八卷，嘉慶道光間刻本。
饒慶捷：《桐陰詩集》八卷，1937年鉛印本。
祝德麟：《悦親樓詩集》三十卷，嘉慶二年姑蘇張遇青刻本。
祖之望：《皆山堂詩抄》十二卷，嘉慶十七年留香室刻本。
姚頤：《春雨軒詩草》十卷《經進詩》一卷，乾隆五十二年刻本。
姚鼐：《惜抱軒書録》，清光緒五年（1879）刻本。
姚鼐：《惜抱軒全集》，臺灣世界書局，1984年版。
姚鼐：《惜抱軒全集》，中國書店，1991年版。
洪梧：《群玉堂日抄》一卷，中國科學院圖書館藏稿本。
翁方綱：《復初齋詩集》七十卷，復旦大學圖書館藏清抄本。
翁方綱：《復初齋集外文》四卷，復旦大學圖書館藏清魏氏續語堂抄本。
翁方綱：《蘇齋筆記》四卷，《四庫未收書輯刊》第四輯第9册。
翁方綱：《翁方綱纂四庫提要稿》，上海科學技術文獻出版社，2000年版。
翁方綱：《翁氏家事略記》，國家圖書館藏抄本。
顧宗泰：《月滿樓詩集》二十七卷，乾隆三十八年刻本。
顧宗泰：《月滿樓文集》六卷《詩集》十卷《詞集》一卷，乾隆間刻本。
錢棨：《湘舲詩稿》四卷，嘉慶十四年刻本。
錢栻：《適意吟》一卷《有真意齋遺文》一卷，光緒二十二年刻本。
秦瀛：《小峴山人詩集》二十六卷《文集》六卷《文續集》二卷，清刻本。
曹秀先：《賜書堂全集》，清刻本。
曹文埴：《石鼓硯齋詩抄》三十二卷《試帖》二卷《文抄》二十卷

《直廬集》八卷，嘉慶五年家刻本。
曹錫寶：《古雪齋詩》八卷，乾隆二十一年刻本。
曹錫寶：《古雪齋文》一卷，宣統二年鉛印本。
曾燠：《賞雨茅屋集》二十二卷，嘉慶二十四年刻本。
温汝適：《携雪齋詩抄》六卷續一卷《文抄》三卷，嘉慶刻本。
謝登雋：《退滋堂詩抄》八卷《補遺》一卷，道光十一年滋蘭堂刻本。
裘曰修：《裘文達公詩集》六卷，嘉慶刻本。
裘曰修：《裘文達公文集》六卷附《補遺》一卷，乾隆間刻本；嘉慶刻本。
裘曰修：《裘文達公全集》文集六卷詩集八卷奏議一卷，乾隆間刻本。
蔡新：《緝齋文集》八卷首一卷《附録》二卷，乾隆五十年刻本；《四庫未收書輯刊》第九輯第29册。
蔡廷衡：《梁州剩草》一卷，光緒五年刻本。
德保：《樂賢堂詩抄》三卷，乾隆五十三年英和刻本。
潘奕雋：《三松堂詩文集》三十卷，嘉慶十六年序刻本。
戴震：《戴震文集》，中華書局，1980年版。
戴震：《戴震全集》，清華大學出版社，1997年版。
戴震：《戴震全書》，黄山書社，1994年版。
馮敏昌：《馮雨山先生書札》，國家圖書館藏稿本。
闞槐：《青城山人集》十八卷，清刻本。
劉墉：《劉文清公家書》，甘肅省圖書館藏抄本。
孫士毅：《百一山房詩集》八卷，清刻本。
孫士毅：《百一山房文集》十二卷，清刻本。
孫辰東：《種紙山房詩稿》十二卷，道光間刻本。
孫希旦：《孫敬軒先生遺稿》，道光十年刻本。
孫希旦：《敬軒遺文》，温州圖書館藏玉海樓抄本。
李堯棟：《寫十三經堂詩集》，常熟文管會藏清抄本。

李廷敬 :《平遠山房詩抄》，清刻本。
李汪度 :《寶幢詩抄》不分卷，南京圖書館藏抄本。
李友棠 :《侯鯖集》，乾隆間刻本。
楊世綸 :《尚志堂詩集》一卷，咸豐七年刻本。
周永年 :《林汲山房遺文》不分卷，清抄本。
陸費墀 :《頤齋文稿》不分卷，國家圖書館藏清抄本。
張塤 :《瘦銅詩覺》不分卷，清抄本。
谷際岐 :《采蘭堂詩文稿》不分卷，寧波天一閣藏稿本。
谷際岐 :《龍華山草》一卷《彩雲別墅存稿》一卷，嘉慶十二年刻本。
和珅 :《嘉樂堂詩集》不分卷，嘉慶十六年刻本。
鄭際唐 :《須庵詩集》十一卷，福建省圖書館藏稿本。
鄭際唐 :《須庵遺集》四卷，福建師範大學圖書館藏抄本。
鄭際唐 :《須庵集》不分卷，福建省圖書館清抄本。
趙秉淵 :《退密删存稿》二卷，乾隆三十八年刻本。
錢世錫 :《百泉詩稿》，北京大學圖書館藏稿本。
錢世錫 :《麂山老屋詩集》十六卷，清刻本。
莫瞻菉 :《硯雨山房詩集》四卷，河南省圖書館藏抄本。
徐步雲 :《爨餘詩抄》四卷，嘉慶二十二年自刻本。
徐步雲 :《小樓詩集》八卷，道光元年刻本。
徐如澍 :《寶研山房詩集》，貴州圖書館藏稿本。
梁國治 :《敬思堂集》十六卷，嘉慶刻本。
梁國治 :《敬思堂詩集》六卷，抄本。
龔敬身 :《桂隱山房遺稿》二卷，清刻本。
彭元瑞 :《恩餘堂經進初稿》十二卷《續稿》二十二卷《三稿》十一卷，乾隆年間刻本。
程景伊 :《雲堂詩抄》十五卷，乾隆間活字本。
程晋芳 :《勉行堂詩集》二十四卷《文集》六卷，嘉慶二十三年至二十五年刻本。

程晋芳著，魏世民校點：《勉行堂詩文集》，黄山書社，2012年版。
程昌期：《蘆艇詩存》一卷，浙江省圖書館藏稿本。
嵇璜：《錫慶堂詩集》八卷，咸豐九年刻本。
舒赫德：《節口詩》，乾隆十四年刻本。
謝墉：《聽鐘山房集》二十卷，上海圖書館藏稿本；浙江省圖書館藏清抄本。
裘行簡：《静宜室詩集》八卷，乾隆間刻本。
福慶：《蘭泉詩稿》一卷，中國科學院圖書館藏稿本。
德保：《定圃先生遺稿》不分卷，國家圖書館藏清抄本。
德生：《葆光書屋詩集》六卷，道光八年刻本。
戴聯奎：《戴紫垣先生尺牘》不分卷，國家圖書館藏稿本。
楊芳燦著，楊緒容、靳建明校：《楊芳燦集》，人民文學出版社，2014年版。
王曇著，鄭興校：《王曇詩文集》，人民文學出版社，2014年版。
王文治著，劉奕校：《王文治詩文集》，人民文學出版社，2014年版。
王際華著，張昇整理：《王際華日記》，鳳凰出版社，2021年版。
法式善著，劉青山校：《法式善詩文集》，人民文學出版社，2015年版。
法式善著，涂雨公校：《陶廬雜録》，中華書局，1997年版。
法式善等撰，張偉點校：《清秘述聞三種》（全三册），中華書局，1997年版。
法式善：《槐廳載筆》，清嘉慶刊刻，哈佛大學圖書館藏本。
法式善：《存素堂全集》，沈雲龍編《近代中國史料叢刊》第1編第374册，文海出版社，1969年版。
王又曾著，朱洪舉校：《王又曾集》，人民文學出版社，2015年版。
畢沅著，楊焄校：《畢沅詩集》，人民文學出版社，2015年版。
戈濤著，劉青松校：《坳堂詩文集》，河北大學出版社，2016年版。
郭麐著，姚蓉等校：《郭麐詩集》，人民文學出版社，2016年版。
吴忠匡等校訂：《滿漢名臣傳》，黑龍江人民出版社，1991年版。

張廷玉：《清文獻通考》，浙江古籍出版社，1988年版。
嵇璜：《清通志》，臺灣商務印書館，1987年版。
王鍾翰點校：《清史列傳》，中華書局，1987年版。
趙爾巽等：《清史稿》，中華書局，1977年版。

紀昀等總纂：《景印文淵閣四庫全書》，臺灣商務印書館，1986年版。
楊訥、李曉明：《文淵閣四庫全書補遺》，北京圖書館出版社，1997年版。
《續修四庫全書》編委會編：《續修四庫全書》，上海古籍出版社，2002年版。
《四庫全書存目叢書》編委會編：《四庫全書存目叢書》，齊魯書社，1997年版。
《四庫全書存目叢書》編委會編：《四庫全書存目叢書補編》，齊魯書社，2001年版。
《四庫禁毀書叢刊》編委會編：《四庫禁毀書叢刊》，北京出版社，2000年版。
《四庫禁毀書叢刊》編委會編：《四庫禁毀書叢刊補編》，北京出版社，2005年版。
《四庫未收書輯刊》編纂委員會編：《四庫未收書輯刊》，北京出版社，2000年版。
紀昀等：《四庫全書總目》，中華書局，1983年版。
紀昀等：《欽定四庫全書總目》（整理本），中華書局，1997年版。
永瑢：《四庫全書簡明目録》，上海古籍出版社，1985年版。
邵懿辰撰，邵章續録：《增訂四庫簡明目録標注》，上海古籍出版社，2000年版。
朱學勤：《朱修伯批本四庫簡明目録》，北京圖書館出版社，2001年版。
杜澤遜：《四庫存目標注》，上海古籍出版社，2007年版。
臺灣圖書館：《四庫全書初次進呈存目》，臺灣商務印書館，2012

年版。
金毓黻：《金毓黻手定本文溯閣四庫全書提要》，中華全國圖書館文獻縮微復製中心，1999年版。
翁方綱：《翁方綱纂四庫提要稿》，社會科學技術文獻出版社，2000年版。
翁方綱撰，吴格整理：《翁方綱纂四庫提要稿》，社會科學技術文獻出版社，2005年版。
翁方綱等著，吴格、樂怡標校：《四庫提要分纂稿》，上海書店出版社，2006年版。
《四庫全書》出版工作委員會編：《文津閣四庫全書提要彙編》，商務印書館，2006年版。
紀曉嵐：《紀曉嵐刪定四庫全書總目稿本》，國家圖書館出版社，2011年版。
江慶柏等：《四庫全書薈要總目提要》，人民文學出版社，2011年版。
金毓黻：《文溯閣四庫全書提要》，中華書局，2014年版。
阮元：《四庫未收書目提要》，商務印書館，民國二十四年（1935）版。
姚覲元編，孫殿起輯：《清代禁毀書目（補遺） 清代禁書知見録》，商務印書館，1957年版。
余嘉錫：《余嘉錫論學雜著》，中華書局，1963年版。
胡玉縉撰，王欣夫輯：《四庫全書總目提要補正》，中華書局，1964年版。
孫殿起：《販書偶記續編》，上海古籍出版社，1980年版。
孫殿起：《販書偶記》，上海古籍出版社，1982年版。
欒貴明：《四庫輯本别集拾遺》，中華書局，1983年版。
楊家駱主編，孫殿起著：《四庫書目續編》，臺灣世界書局，1984年版。
余嘉錫：《四庫提要辨證》，中華書局，1985年版。
任松如：《四庫全書答問》，巴蜀書社，1988年版。

李裕民：《四庫提要訂誤》，書目文獻出版社，1990年版。
崔富章：《四庫提要補正》，杭州大學出版社，1990年版。
王太岳、王燕緒等：《欽定四庫全書考證》，書目文獻出版社，1991年版。
李學勤、吕文鬱：《四庫大辭典》，吉林大學出版社，1996年版。
雷夢辰：《清代各省禁書彙考》，北京圖書館出版社，1997年版。
王俊義：《清代學術文化史論》，文津出版社，1999年版。
楊武泉：《四庫全書總目辨誤》，上海古籍出版社，2001年版。
周積明：《文化視野下的〈四庫全書總目〉》，中國青年出版社，2001年版。
黄愛平：《四庫全書纂修研究》，中國人民大學出版社，2001年版。
胡玉縉撰，吴格整理：《續四庫提要三種》，上海書店出版社，2002年版。
顧志興：《文瀾閣與四庫全書》，杭州出版社，2004年版。
司馬朝軍：《〈四庫全書總目〉研究》，社會科學文獻出版社，2004年版。
司馬朝軍：《〈四庫全書總目〉編纂考》，武漢大學出版社，2005年版。
李裕民：《四庫提要訂誤》（增訂本），中華書局，2005年版。
張舜徽：《四庫提要叙講疏》，雲南人民出版社，2005年版。
張昇：《四庫全書提要稿輯存》，北京圖書館出版社，2006年版。
張傳峰：《〈四庫全書總目〉學術思想研究》，學林出版社，2007年版。
陳曉華：《〈四庫全書〉與十八世紀的中國知識份子》，社會科學文獻出版社，2009年版。
劉玉珺：《四庫唐人文集研究》，巴蜀書社，2010年版。
孫彦、王姿怡、李曉明選編：《四庫全書研究》，國家圖書館出版社，2010年版。
徐蘇：《文宗書韻：文宗閣與〈四庫全書〉》，江蘇大學出版社，

2011年版。
陳垣著，陳智超編：《陳垣四庫學論著》，商務印書館，2012年版。
張昇：《四庫全書館研究》，北京師範大學出版社，2012年版。
魏小虎：《四庫全書總目彙訂》，上海古籍出版社，2012年版。
鎮江市歷史文化名城研究會等編：《文宗閣暨〈四庫全書〉與鎮江學術研討會論文集》，江蘇大學出版社，2012年版。
何宗美、張曉芝：《〈四庫全書總目〉的官學約束與學術缺失》，人民文學出版社，2017年版。
陳曉華主編：《四庫學》（第一、二輯），社會科學文獻出版社，2017年版。
陳曉華主編：《四庫學》（第三輯），社會科學文獻出版社，2018年版。
鄧洪波主編：《中國四庫學》（第一、二輯），中華書局，2018年版。
鄧洪波主編：《中國四庫學》（第三輯），中華書局，2019年版。
鄧洪波主編：《中國四庫學》（第四、五輯），中華書局，2020年版。

故宫博物院掌故部編：《掌故叢編》，故宫博物院，1928年版。
蔣良騏：《東華録》，中華書局，1980年版。
孫殿起：《琉璃廠小志》，北京古籍出版社，1982年版。
故宫明清檔案部、中國第一歷史檔案館編：《清代檔案史料叢編》，中華書局，1984年版。
章乃煒：《清宫述聞》，北京古籍出版社，1988年版。
周駿富編：《明代傳記叢刊》，明文書局，1991年版。
中國第一歷史檔案館編：《纂修四庫全書檔案》，上海古籍出版社，1997年版。
中國第一歷史檔案館編：《乾隆朝上諭檔》，中國檔案出版社，1998年版。
梁章鉅：《制義叢話 試律叢話》，上海書店出版社，2001年版。
王先謙、朱壽朋：《東華録 東華續録》，上海古籍出版社，2007

年版。
梁章鉅著，朱智校：《樞垣記略》，中華書局，2008年版。
故宫博物院編：《文獻叢編》，北京圖書館出版社，2008年版。
黄宗羲著，沈芝盈點校：《明儒學案》，中華書局，2008年版。
《清代詩文集彙編》編纂委員會編：《清代詩文集彙編》，上海古籍出版社，2010年版。
上海書店編：《清代文字獄檔》（增訂本），上海書店出版社，2011年版。
章梫：《康熙政要》，中州古籍出版社，2012年版。
章乃煒、王藹人：《清宫述聞》（正續編合編本），故宫出版社，2012年版，
陳登原：《國史舊聞》（全四册），中華書局，2015年版。

吴慰祖：《四庫採進書目》，商務印書館，1960年版。
王重民：《中國善本書提要》，上海古籍出版社，1983年版。
傅增湘：《藏園群書經眼録》，中華書局，1983年版。
傅增湘：《藏園群書題記》，上海古籍出版社，1989年版。
王重民：《中國善本書提要補編》，北京圖書館出版社，1997年版。
中國古籍善本書目編輯委員會編：《中國古籍善本書目》，上海古籍出版社，1998年版。
李靈年、楊忠：《清人别集總目》，安徽教育出版社，2000年版。
柯愈春：《清人詩文集總目提要》，北京古籍出版社，2001年版。
上海古籍出版社編：《四庫全書目録索引》，上海古籍出版社，2003年版。
翁連溪：《中國古籍善本總目》，綫裝書局，2005年版。
中國古籍總目編纂委員會編：《中國古籍總目》，上海古籍出版社，2012年版。
北京大學圖書館編：《北京大學圖書館藏“大倉文庫”善本書録》，中華書局，2014年版。

中華書局編 :《四庫全書目録資料三種》，中華書局，2016年版。
［日］倉石武四郎、趙萬里 :《舊京書影 1933年北平圖書館善本書目》，人民文學出版社，2011年版。

姜亮夫撰，陶秋英校 :《歷代人物年里碑傳綜表》，中華書局，1959年版。
陳乃乾 :《清代碑傳文通檢》，中華書局，1959年版。
柴德賡 :《史學叢考》，中華書局，1982年版。
張慧劍 :《明清江蘇文人年表》，上海古籍出版社，1986年版。
謝巍 :《中國歷代人物年譜考録》，中華書局，1992年版。
楊廷福、楊同甫 :《清人室名别稱字號索引》（增補本），上海古籍出版社，2001年版。
張伯偉 :《中國古代文學批評方法研究》，中華書局，2002年版。
郭康松 :《清代考據學研究》，崇文書局，2003年版。
黄仁生 :《日本現藏稀見元明文集考證與提要》，嶽麓書社，2004年版。
朱彭壽等 :《清代人物大事紀年》，北京圖書館出版社，2005年版。
江慶柏 :《清代人物生卒年表》，人民文學出版社，2005年版。
江慶柏 :《清朝進士題名録》，中華書局，2007年版。

馮春生 :《于敏中卒年和中進士年份小考》，《浙江師範大學學報（社會科學版）》1987年第2期。
烏蘭其木格 :《清乾隆朝漢族名臣——于敏中述評》，《内蒙古師範大學學報（哲學社會科學版）》2004年第2期。
張旋 :《早歲登朝仕途順　雨餘書屋紫藤香——述論清乾隆朝名臣于敏中》，《首都師範大學學報（社會科學版）》2009年增刊。
張曉芝 :《于敏中與〈四庫全書〉》，《讀書》2013年第11期。
楊雪 :《于敏中研究綜述》，《語文學刊》2013年第6期。
王維維、賈秀芬 :《乾隆首席漢族軍機大臣于敏中的政治人生》，

《蘭臺世界》2014年11月下旬。
趙嘉：《〈于文襄公手札〉與〈四庫全書〉纂修》,《圖書館雜志》2015年第12期。
張曉芝：《于敏中及其手札述略——兼論〈四庫全書〉纂修的若干問題》,《中國四庫學》(第四輯),中華書局,2020年版。

楊慧慧：《金壇于敏中家族的文化貢獻和文學成就》,蘇州大學碩士論文2009年。
楊雪：《于敏中年譜》,南京師範大學碩士論文2014年。
劉貝嘉：《于敏中年譜新編》,南京大學碩士學位論文2019年。